KB189411

마하반야바라밀다경 1

摩訶般若波羅蜜多經 1

마하반야바라밀다경 1
摩訶般若波羅蜜多經 1

三藏法師 玄奘 漢譯 | 釋 普雲 國譯

혜안

역자의 말

보운

　세존의 가르침을 수행하는 불교학을 자각(自覺)하고 수행하면서 나아
간다고 일반 대중들은 알고 있으며 다른 사람들에게도 전하고 있다.
또한 이 가운데에 반야(般若)가 중시되고 있다고 사부대중들이 인식하고
있다. 불자를 제외한 일반의 대중이라도 이 단어를 알지 못하는 사람들은
매우 적으나, 반야가 무슨 가르침을 내포하고 있고, 이 가르침을 어떻게
추구해야 하는가의 관점에 대하여 깊이 논의하고 반야의 사상을 유통하는
사부대중은 매우 드물다.

　수행자는 스스로가 존재하는 이유를 다르마의 시선을 통하여 세간의
현실을 따라서 일어나는 여러 현상에서 정각(正覺)을 향하는 원력으로
외입(外入)을 자각하면서 내면을 향하여 끊임없는 질문과 대답을 도출하
는 순환적인 사유를 끊임없이 하나하나 모아서 사유의 탑으로 쌓아가는
과정이리라.

　어느덧 20년이 넘는 수행의 과정에서 소소하게 마주치는 일상으로
나를 향하여 '법사인가?', '율사인가?' 등의 물음에 '나는 출가하던 때부터
선사(禪師)의 길을 가고 있다.'라고 대답하면 의아해하시는 불자들이
많으시고, 또한 '무슨 까닭으로 많은 시간에 걸쳐서 율장을 번역하였고,
현재는 『대품반야경』을 번역하는가?'라고 다시 묻곤 하신다. 이러한 물음
도 또한 나에게 스스로가 내면에 던졌던 것이었고, 스스로가 도출하였던
대답은 '세존의 다르마에 명료하게 접근하려는 원력이다.'라고 대답하
고 있다.

　스스로가 지닌 법성(法性)을 찾아가는 수행의 과정에서 많은 시간을 할애하여 논장과 율장을 번역하였고 의궤를 찬집하면서 10년이 넘는 시간을 보냈으나, 출가하면서 아스라이 발원하였던 『마하반야바라밀다경』을 번역하겠다는 발원은 지금 생(生)의 과업으로 남아있었다. 출가 사문으로 지내왔던 세월 속에서 병고(病苦)와 싸웠던 시간이 가장 길게 자리잡고 있었어도, 이러한 불사를 이끌어왔던 것은 시방(十方)의 불·보살들님과 나한님들의 가피(加被)가 지금까지 무한하게 이어지고 있음이리라!

　하루·하루와 한 해·한 해를 보냈던 세월을 다만 하루의 신기루와 같이 느껴지는 겨울이고 창문 너머의 낮게 펼쳐진 산에는 하얀 눈들이 자신들의 풍경을 그려내고 있다. 한 해·한 해를 보냈던 많은 세월들이 다만 하루의 신기루와 같이 느껴지는 겨울인데, 저 창문을 넘어서 낮게 펼쳐진 앞산에는 하얀 눈들이 자신들의 풍경을 그려내어 보여주고 있다. 한 사람의 존재로 인과를 유전하는 가운데에서 세간에서 나와는 다른 사람들을 마주하면서 유난히도 마음을 끌어당기는 인연들이 있었다. 승가의 대중들과 신도님들을 제외하고서 차(茶)를 통하여 만났던 쾌활 정경원 님이 베풀어주었던 많은 도움은 매우 기억의 상념을 일깨운다. 『마하반야바라밀다경』은 600권에 이르는 방대한 분량이고, 이 번역불사를 마칠 수 있는가의 의문점이 생겨나더라도, 지금은 앞을 향하여 나아가야 할 때이다.

　『마하반야바라밀다경』의 역경불사에는 많은 신심과 원력이 담겨 있으나, 번역과 출판을 위하여 동참하신 사부대중들은 현세에서 스스로가 소원하는 소원에서 무한한 이익을 얻고, 세간에서 생겨나는 삼재팔난의 장애를 벗어나기를 발원드리며, 이미 생(生)의 인연을 마치신 영가들께서는 아미타불의 극락정토에 왕생하시기를 발원드린다. 현재까지의 역경과 출판을 위하여 항상 후원과 격려를 보내주시는 은사이신 세영 스님과 죽림불교문화연구원의 사부대중들께 감사드리면서, 이 불사에 동참하신

분들께 불보살들의 가호(加護)가 항상 가득하기를 발원하면서 인사의
글을 마친다.

불기 2567년(2023) 12월 장야(長夜)에
서봉산 자락의 죽림불교문화연구원에서
사문 보운이 삼가 적다

출판에 도움을 주신 분들

경 국丘	도 우尼	설 안尼	지 은尼	지 정尼	혜 곡丘
정영우家族	이창우家族	이수빈家族	강 운家族	권태임家族	함용재家族
남장규家族	박창립家族	채두석家族	김혜진家族	홍순학家族	김봉수家族
하명춘家族	조선행家族	강석호家族	이영자家族	김성도家族	이종규家族
성락정家族	김광운家族	황미옥家族	허완봉家族	김영길家族	김태건家族
임진택家族	노영심家族	황선원家族	임춘웅家族	김 용家族	정해관家族
전금란家族	국윤부家族	정송순家族	홍태의家族	이종원家族	엄해식家族
안윤성家族	정경원家族	김형석家族	김채영家族	송인엽家族	

차 례

역자의 말 5

출판에 도움을 주신 분들 8

일러두기 13

해제(解題) 15

1. 성립과 한역 15
2. 설처(說處)와 결집(結集) 18
3. 각 품(品)의 권수와 구성 21

초분 初分

마하반야바라밀다경 제1권 31

대당삼장성교서(大唐三藏聖教序) | 태종 문황제(太宗文皇帝)가 짓다(製) 31

대반야경초회서(大般若經初會序) | 서명사(西明寺) 사문(沙門) 현칙(玄則)이 짓다 39

1. 연기품(緣起品)(1) 42

마하반야바라밀다경 제2권 68

1. 연기품(緣起品)(2) 68

10

마하반야바라밀다경 제3권　96
　2. 학관품(學觀品)(1)　96

마하반야바라밀다경 제4권　124
　2. 학관품(學觀品)(2)　124
　3. 상응품(相應品)(1)　139

마하반야바라밀다경 제5권　147
　3. 상응품(相應品)(2)　147

마하반야바라밀다경 제6권　167
　3. 상응품(相應品)(3)　167

마하반야바라밀다경 제7권　189
　3. 상응품(相應品)(4)　189
　4. 전생품(轉生品)(1)　201

마하반야바라밀다경 제8권　208
　4. 전생품(轉生品)(2)　208

마하반야바라밀다경 제9권　230
　4. 전생품(轉生品)(3)　230

마하반야바라밀다경 제10권　255
　5. 찬승덕품(讚勝德品)　255
　6. 현설상품(現舌相品)　264

마하반야바라밀다경 제11권　277
　7. 교계교수품(敎誡敎授品)(1)　277

마하반야바라밀다경 제12권 302

　　7. 교계교수품(敎誡敎授品)(2) 302

마하반야바라밀다경 제13권 326

　　7. 교계교수품(敎誡敎授品)(3) 326

마하반야바라밀다경 제14권 351

　　7. 교계교수품(敎誡敎授品)(4) 351

마하반야바라밀다경 제15권 376

　　7. 교계교수품(敎誡敎授品)(5) 376

마하반야바라밀다경 제16권 402

　　7. 교계교수품(敎誡敎授品)(6) 402

마하반야바라밀다경 제17권 422

　　7. 교계교수품(敎誡敎授品)(7) 422

마하반야바라밀다경 제18권 447

　　7. 교계교수품(敎誡敎授品)(8) 447

마하반야바라밀다경 제19권 482

　　7. 교계교수품(敎誡敎授品)(9) 482

마하반야바라밀다경 제20권 513

　　7. 교계교수품(敎誡敎授品)(10) 513

마하반야바라밀다경 제21권 546

　　7. 교계교수품(敎誡敎授品)(11) 546

12

마하반야바라밀다경 제22권　578

　7. 교계교수품(敎誡敎授品)(12)　578

마하반야바라밀다경 제23권　610

　7. 교계교수품(敎誡敎授品)(13)　610

마하반야바라밀다경 제24권　635

　7. 교계교수품(敎誡敎授品)(14)　635

마하반야바라밀다경 제25권　658

　7. 교계교수품(敎誡敎授品)(15)　658

마하반야바라밀다경 제26권　682

　7. 교계교수품(敎誡敎授品)(16)　682

마하반야바라밀다경 제27권　705

　7. 교계교수품(敎誡敎授品)(17)　705

마하반야바라밀다경 제28권　729

　7. 교계교수품(敎誡敎授品)(18)　729

마하반야바라밀다경 제29권　752

　7. 교계교수품(敎誡敎授品)(19)　752

마하반야바라밀다경 제30권　776

　7. 교계교수품(敎誡敎授品)(20)　776

일러두기

1. 이 책의 저본(底本)은 고려대장경(高麗大藏經) 1권부터 결집된 『대반야바라밀다경(大般若波羅蜜多經)』이다.

2. 원문은 600권으로 구성되어 있으나 이 책에서는 각 권수를 표시하되 30권을 한 권의 책으로 편집하여 번역하였다.

3. 번역의 정밀함을 기하기 위해 여러 시대와 왕조에서 각각 결집된 여러 한역대장경을 대조하고 비교하며 번역하였다.

4. 원문은 현장 삼장의 번역을 충실하게 따랐으나, 반복되는 용어를 생략하였던 용어에서는 번역자가 생략 이전의 본래의 용어로 통일하여 번역하였다.

5. 원문에 나오는 '필추(苾芻)', '필추니(苾芻尼)' 등의 용어는 음사(音寫)이므로 현재에 사용하는 '비구(比丘)', '비구니(比丘尼)'라고 번역하였다.

6. 원문에서의 이전의 번역과는 다른 용어가 사용되고 있으므로 원문을 존중하여 저본의 용어로 번역하였다.
   예) 보시·지계·인욕·정진·선정·지혜바라밀다 → 보시(布施)·정계(淨戒)·안인(安忍)·정진(精進)·정려(靜慮)·반야바라밀다(般若波羅蜜多), 축생 → 방생(傍生), 아귀→ 귀계(鬼界)

7. 원문에서 사용되고 있으나, 현재의 용어와 많이 다른 경우는 현재 용어로 번역하였고, 생략되거나, 어휘가 변화된 용어도 현재의 용어를 사용하여 번역하였다.
   예) 루(漏) → 번뇌, 악취(惡趣) → 악한 세계, 여래(如來)·응(應)·정등각(正等覺) → 여래·응공·정등각, 수량(壽量) → 수명, 성판(成辦) → 성취

8. 원문에서 사용한 용어 중에 현재와 음가(音價)가 다르게 변형된 사례가 많이 발견된다. 원문의 뜻을 최대한 살려 번역하였으나 현저하게 의미가 달라진 용어의 경우 현재 사용하는 용어로 바꾸어 번역하였다.

　　예) 우파색가(鄔波索迦)→ 우바색가, 나유다(那庾多)→ 나유타(那庾多)

9. 앞에서와 같이 동일한 문장이 계속하여 반복되는 경우에는 원문에서 내지(乃至) 라는 용어가 사용되고 있는데, 현재의 의미로 해석하여 '…… 나아가 ……' 또는 '나아가'의 형태로 바꾸어 번역하였다.

해제(解題)

1. 성립과 한역

　이 경전의 범명(梵名)은 Mahāprajñāpāramitā Sūtra이다. 모두 600권으로 결집되었고, 여러 반야부의 경전들을 집대성하고 있다. 선행연구에서 대략 AD.1~200년경에 성립되었다고 연구되고 있으며, 인도의 쿠샨 왕조 시대에 남인도에서 널리 사용되었다고 추정되고, 뒤에 북인도에서 대중화되었으며, 산스크리트어로 많은 부분이 남아있다.

　본 번역의 저본은 고려대장경에 수록된『대반야바라밀다경(大般若波羅蜜多經)』으로 당(唐)의 현장(玄奘)이 방주(方州)의 옥화궁사(玉華宮寺)에서 659년 또는 660년에 번역을 시작하여 663년에 번역한 경전이고, 당시까지 번역된 경전과 현장이 새롭게 번역한 경전들을 모두 함께 수록하고 있다.

　중국에서 반야경의 유통은 동한(東漢)의 지루가참(支婁迦讖)이 역출(譯出)한『도행반야경(道行般若經)』10권을 번역하였던 것이 확인할 수 있는 최초의 사례이다. 이후에 삼국시대의 오(吳)나라 지겸(支謙)은『대명도무극경(大明度無極經)』6권으로 중역(重譯)하여 완성하였으며, 축법호(竺法護)는『광찬반야바라밀경(光讚般若波羅蜜經)』10권을 번역하였고, 조위(曹魏)의 사문 주사행(朱士行)이 감로(甘露) 5년(260)에 우전국(于闐國)에서 이만송대품반야범본(二萬頌大品般若梵本)을 구하여 무라차(無羅叉)와 함께 『방광반야바라밀경(放光般若波羅蜜經)』20권으로 번역하였으며, 요진(姚秦)의 구마라집(鳩摩羅什)은 홍시(弘始) 6년(404)에 대품이만송(大品二萬頌)의 『마하반야바라밀경(摩訶般若波羅蜜經)』을 중역하였고,, 홍시(弘始) 10년(408)에 『마하반야바라밀경(摩訶般若波羅蜜經)』과 『금강반야경(金剛般若經)』 등을 역출(譯出)하였으며, 북위(北魏) 영평(永平) 2년(509)에 보리유지(菩提流支)는 『금강반야경(金剛般若經)』 1권을 역출하였다.

용수보살이 주석한 대지도론에서는 "또 삼장(三藏)에는 올바른 30만의 게송(偈)이 있고, 아울러 960만의 설(言)이 있으나, 마하연은 너무 많아서 무량하고 무한하다. 이와 같아서 「반야바라밀품(般若波羅密品)」에는 2만2천의 게송이 있고, 「대반야품(大般若品)」에는 10만의 게송이 있다."라고 전하고 있고, 세친(世親)이 저술하고 보리유지가 번역한 『금강선론(金剛仙論)』에서는 "8부(八部)의 반야가 있는데, 분별한다면 『대반야경초(大般若經初)』는 10만의 게송이고, 『대품반야경(大品般若經)』은 2만 5천의 게송이며, 『대반야경제삼회(大般若經第三會)』는 1만 8천의 게송이고, 『소품반야경(小品般若經)』은 8천의 게송이며, 『대반야경제오회(大般若經第五會)』는 4천의 게송이고, 『승천왕반야경(勝天王般若經)』은 2천 5백의 게송이며, 『문수반야경(文殊般若經)』은 6백의 게송이고, 『금강경(金剛經)』은 3백의 게송이다."라고 주석하고 있다.

본 경전의 다른 명칭으로는 『대반야경(大般若經)』, 『대품반야경(大品般若經)』, 또는 6백부반야(六百部般若)라고 불린다. 6백권의 390품이고 약 4백6십만의 한자로 결집되어 있으므로 현재 전하는 경장과 율장 및 논장의 가운데에서 가장 방대한 분량이다.

반야경의 한역본을 살펴보면 중복되는 명칭이 경전을 제외하더라도 여러 소경(小經)의 형태로 번역되었던 것을 살펴볼 수 있다. 그 사례를 살펴보면 『방광반야경(放光般若經)』(20卷), 『광찬경(光贊經)』(10卷), 『마하반야바라밀경(摩訶般若波羅蜜經)』(27卷), 『도행반야경(道行般若經)』(10卷), 『대명도경(大明度經)』(6卷), 『마하반야초경(摩訶般若鈔經)』(5卷), 『소품반야바라밀경(小品般若波羅蜜經)』(10卷), 『불설불모출생삼법장반야바라밀다경(佛說佛母出生三法藏般若波羅蜜多經)』(25卷), 『불설불모보덕장반야바라밀경(佛說佛母寶德藏般若波羅蜜經)』(3卷), 『성팔천송반야바라밀다일백팔명진실원의다라니경(聖八千頌般若波羅蜜多一百八名眞實圓義陀羅尼經)』, 『승천왕반야바라밀경(勝天王般若波羅蜜經)』(7卷), 『문수사리소설마하반야바라밀경(文殊師利所說摩訶般若波羅蜜經)』(2卷), 『문수사리소설반야바라밀경(文殊師利所說般若波羅蜜經)』, 『불설유수보살무상청정분위경(佛說濡首菩薩無上淸淨分衛經)』(2卷), 『금강반야바라밀경(金剛般若波羅密經)』, 『금강능단반야바라밀경(金剛能斷般若波羅蜜經)』, 『불설능단금강반야바라밀다경(佛說能斷金剛般若波羅蜜多經)』, 『실상반야바라밀경(實相般若波羅蜜經)』, 『금강정유가이취반야경(金剛頂瑜伽理趣般若經)』, 『불설변조반야바라밀경(佛說遍照般若波羅蜜經)』, 『대락금강불공진실삼마야경(大樂金剛不空眞實三麼耶經)』, 『불설최상근본대락금강불공삼매대교왕경(佛說最上根本大樂金剛不空三昧大敎王經)』(7卷), 『불설인왕반야바라밀경(佛說仁王般若波羅蜜經)』(2卷), 『인왕호국반야바라밀다경(仁王護國般若波羅蜜多經)』(2卷), 『불설요의반야바라밀다경(佛說了義般若波羅蜜多經)』, 『불설오십송성반야바라밀경(佛說五十頌聖般若波羅蜜經)』, 『불설제석반야바라밀다심경(佛說帝釋般若波羅蜜多心經)』, 『마하반야바라밀대명주경(摩訶般若波羅蜜大明呪經)』, 『반야바라밀다심경(般若波羅蜜多心經)』, 『보편지장반야바라밀다심경(普遍智藏般若波羅蜜多心經)』, 『당범번대자음반야바라밀다심경(唐梵飜對字音般若波羅蜜多心經)』, 『불설성불모반야바라밀다경(佛說聖佛母般若波羅蜜多經)』, 『불설성불모소자반야바라밀다경(佛說聖佛母小字般若波羅蜜多經)』, 『불설관상불모반야바라밀다보살경(佛說觀想佛母般若波羅蜜多菩薩經)』, 『불설개각자성반야바라밀다경(佛說開覺自性般若波羅蜜多經)』(4卷), 『대승이취육바라밀다경(大乘理趣六波羅蜜多經)』(10卷) 등의 독립된 경전으로 다양하게 번역되었다.

2. 설처(說處)와 결집(結集)

　　마하반야바라밀다경의 결집은 4처(處) 16회(會)로 구성되어 있는데, 제1회에서 제6회까지와 제15회는 왕사성의 영취산에서, 제7회에서 제9회까지와 제11회에서 제14회까지는 사위성의 기원정사에서, 제10회는 타화자재천 왕궁에서, 제16회는 왕사성의 죽림정사에서 이루어졌으며, 표로 구성한다면 아래와 같다.

九部般若	四處	『大般若經』의 卷數	특기사항(別稱)
上品般若	鷲峰山	初會79品(1~400卷)	十萬頌般若
中品般若		第二會85品(401~478卷)	二萬五千頌般若, 大品般若經
		第三會31品(479~537卷)	一萬八千頌般若
下品般若		第四會29品(538~555卷)	八千頌般若, 小品般若經
		第五會24品(556~565卷)	四千頌般若
天王般若		第六會17品(566~573卷)	勝天王般若經
文殊般若	給孤獨園	第七會(574~575卷, 曼殊室利分)	七百頌般若, 文殊說般若經
那伽室利般若		第八會(576卷, 那伽室利分)	濡首菩薩經
金剛般若		第九會(577卷, 能斷金剛分)	三百頌般若, 金剛經
理趣般若	他化自在天	第十會(578卷, 般若理趣分)	理趣百五十頌, 理趣般若經
六分般若	給孤獨園	第十一會(579卷~583卷, 布施波羅蜜多分)	五波羅蜜多經
		第十二會(584卷~588卷, 戒波羅蜜多分)	
		第十三會(589卷, 安忍波羅蜜多分)	
		第十四會(590卷, 精進波羅蜜多分)	
	鷲峰山	第十五會(591~592卷, 靜慮波羅蜜多分)	
	竹林精舍	第十六會(593~600卷, 般若波羅蜜多分)	善勇猛般若經

　　제1회는 범어로는 Śatasāhasrikāprajñāpāramitāsūtra이고, 제1권~제400

권의 10만송으로 결집되고 있으며, 79품으로 이루어져 있고, 전체의
3분의 2에 해당하는 분량이다. 현장에 의해 처음으로 번역되었으므로
이역본이 없다.

제2회는 범어로는 Pañcaviṁśatisāhasrikāprajñāpāramitā sūtra이고, 제
401권~제478권의 2만5천송(大品般若)으로 결집되고 있으며, 85품으로
이루어져 있고, 제1회와 비교하여 「상제보살품(常啼菩薩品)」과 「법용보살
품(法涌菩薩品)」의 두 품이 생략되어 있다. 이역본으로 『방광반야바라밀
경(放光般若波羅蜜經)』, 『마하반야바라밀경(摩訶般若波羅蜜經)』, 『광찬경
(光讚經)』 등이 있다.

제3회는 범어로는 Aṣṭādaśasāhasrikāprajñāpāramitā sūtra이고, 제479
권~제537권의 1만8천송으로 결집되고 있으며, 31품으로 이루어져 있고,
제2회와 같이 「상제보살품」과 「법용보살품」이 생략되어 있다.

제4회는 범어로 Aṣṭasāhasrikāsūtra이고, 제538권~제555권의 8천송(小
品般若)으로 결집되고 있으며, 29품으로 이루어져 있다.

제5회는 범어로 Aṣṭasāhasrikāprajñāpāramitā sūtra이고, 제556권~제
565권의 8천송(小品般若)으로 결집되고 있으며, 24품으로 이루어져 있다.
반야경은 큰 위력이 있어서 그 자체가 신비한 주문이라고 설하면서 수지하
고 독송하는 것을 강조하였다. 이역본으로는 『마하반야초경(摩訶般若鈔
經)』, 『도행반야경(道行般若經)』, 『대명도경(大明度經)』, 『마하반야바라밀
경(小品般若)』, 시호 역의 『불모출생삼장반야바라밀다경』, 법현 역의 『불
모보덕반야바라밀다경』, 시호 역의 『성팔천송반야바라밀다일백팔명진
실원의다라니경』 등이 있다.

제6회는 범어로 Devarājapravaraprajñāpāramitā sūtra이고, 제566권~제
573권으로 결집되고 있으며, 17품으로 이루어져 있다. 이역본으로 『승천
왕반야바라밀경(勝天王般若波羅蜜經)』이 있다.

제7회는 범어로는 Saptaśatikāprajñāpāramitā sūtra이고, 제574~제575
권으로 결집되고 있으며, 7백송이다. 만수실리분(曼殊室利分)이라고도
부르는데, 만수실리는 문수사리를 가리킨다. 이역본으로 『문수사리소설

마하반야바라밀경(文殊師利所說摩訶般若波羅蜜經)』,『문수사리소설반야
바라밀경(文殊師利所說般若波羅蜜經)』이 있다.

제8회는 범어로는 Nāgaśrīparipṛcchā sūtra이고, 제576권으로 결집되고
있으며, 5백송이다. 이역본으로『불설유수보살무상청정분위경(佛說濡首
菩薩無上淸淨分衛經)』이 있다.

제9회는 범어로 Vajracchedikāprajñāpāramitā sūtra이고, 제577권으로
결집되고 있으며, 능단금강분(能斷金剛分)이라 한다. 이역본으로 구마라
집·보리유지·진제가 각각 번역한『금강반야바라밀경』과 현장이 번역한
『능단금강반야바라밀다경』, 의정(義淨)이 번역한『불설능단금강반야바
라밀다경』이 있다.

제10회는 1백50송이며, 범어로는 Adhyardhaśatikāprajñāpāramitā sūtra
이고, 제578권으로 결집되고 있으며, 1백50송이고, 반야이취분(般若理趣
分)이라고 부른다. 이역본으로『실상반야바라밀경(實相般若波羅蜜經)』,
『금강정유가이취반야경(金剛頂瑜伽理趣般若經)』,『변조반야바라밀경(遍
照般若波羅蜜經)』,『최상근본금강불공삼매대교왕경(最上根本金剛不空三
昧大敎王經)』등이 있다.

제11회부터 제15회까지는 범어로는 Pañcapāramitānirdeśa이고 1천8백
송이다. 제16회는 범어로는 Suvikrāntavikramiparipṛcchāprajñāpāramitā
sūtra이고, 2천1백송이다. 구체적으로 살펴보면, 제11회는 제579권~제
583권의 보시바라밀다분이고, 제12회는 제584권~제588권의 정계바라
밀다분이며, 제13회는 제589권의 안인바라밀다분이고, 제14회는 제590
권의 정진바라밀다분이며, 제15회는 제591권~제592권의 정려바라밀다
분이고, 제16회는 제593권~제600권의 반야바라밀다분으로 결집되어
있다.

3. 각 품(品)의 권수와 구성

『마하반야바라밀다경』의 결집은 4처(處) 16회(會)로 구성되어 있으나, 설법(說法)에 따른 분량에서 매우 많은 차이를 보여주고 있다. 이러한 차이는 각 법문의 내용과 대상에 따른 차이를 반영하고 있는데, 표를 통하여 600권에 수록된 각각의 품(品)과 분(分)을 살펴보면 다음과 같다.

법회(法會)	구분(區分)	설법의 분류	수록권수(收錄卷數)	특기사항
初會	緣起品	第1-1~2	1~2권	서문 수록
	學觀品	第2-1~2	3~4권	
	相應品	第3-1~4	4~7권	
	轉生品	第4-1~3	7~9권	
	贊勝德品	第5	10권	
	現舌相品	第6	10권	
	敎誡敎授品	第7-1~26	11~36권	
	勸學品	第8	36권	
	無住品	第9-1~2	36~37권	
	般若行相品	第10-1~4	38~41권	
	譬喩品	第11-1~4	42~45권	
	菩薩品	第12-1~2	45~46권	
	摩訶薩品	第13-1~3	47~49권	
	大乘鎧品	第14-1~3	49~51권	
	辨大乘品	第15-1~6	51~56권	
	贊大乘品	第16-1~6	56~61권	
	隨順品	第17	61권	
	無所得品	第18-1~10	61~70권	
	觀行品	第19-1~5	70~74권	
	無生品	第20-1~2	74~75권	
	淨道品	第21-1~2	75~76권	
	天帝品	第22-1~5	77~81권	
	諸天子品	第23-1~2	81~82권	
	受敎品	第24-1~3	82~83권	
	散花品	第25	84권	
	學般若品	第26-1~5	85~89권	
	求般若品	第27-1~10	89~98권	
	嘆衆德品	第28-1~2	98~99권	

攝受品	第29-1~5	99~103권	
校量功德品	第30-1~66	103~169권	
隨喜迴向品	第31-1~5	169~172권	
贊般若品	第32-1~10	172~181권	
謗般若品	第33	181권	
難信解品	第34-1~103	182~284권	
贊清淨品	第35-1~3	285~287권	
着不着相品	第36-1~6	287~292권	
說般若相品	第37-1~5	292~296권	
波羅蜜多品	第38-1~2	296~297권	
難聞功德品	第39-1~6	297~304권	
魔事品	第40-1~2	304~305권	
佛母品	第41-1~4	305~308권	
不思議等品	第42-1~3	308~310권	
辦事品	第43-1~2	310~311권	
衆喩品	第44-1~3	311~313권	
眞善友品	第45-1~4	313~316권	
趣智品	第46-1~3	316~318권	
眞如品	第47-1~7	318~324권	
菩薩住品	第48-1~2	324~325권	
不退轉品	第49-1~3	326~328권	
巧方便品	第50-1~3	328~330권	
願行品	第51-1~2	330~331권	
殑伽天品	第52	331권	
善學品	第53-1~5	331~335권	
斷分別品	第54-1~2	335~336권	
巧便學品	第55-1~5	337~341권	
願喩品	第56-1~2	341~342권	
堅等贊品	第57-1~5	342~346권	
囑累品	第58-1~2	346~347권	
無盡品	第59-1~2	347~348권	
相引攝品	第60-1~2	349~350권	
多問不二品	第61-1~13	350~363권	
實說品	第62-1~3	363~365권	
巧便行品	第63-1~2	365~366권	
遍學道品	第64-1~7	366~372권	
三漸次品	第65-1~2	372~373권	
無相無得品	第66-1~6	373~378권	
無雜法義品	第67-1~2	378~379권	
諸功德相品	第68-1~5	379~383권	

	諸法平等品	第69-1~4	383~386권	
	不可動品	第70-1~5	386~390권	
	成熟有情品	第71-1~4	390~393권	
	嚴淨佛土品	第72-1~2	393~394권	
	淨土方便品	第73-1~2	394~395권	
	無性自性品	第74-1~2	395~396권	
	勝義瑜伽品	第75-1~2	396~397권	
	無動法性品	第76	397권	
	常啼菩薩品	第77-1~2	398~399권	
	法湧菩薩品	第78-1~2	399~400권	
	結勸品	第79	400권	
二會	緣起品	第1	401권	서문 수록
	歡喜品	第2	402권	
	觀照品	第3-1-4	402~405권	
	無等等品	第4	405권	
	舌根相品	第5	405권	
	善現品	第6-1~3	406~408권	
	入離生品	第7	408권	
	勝軍品	第8-1~2	408~409권	
	行相品	第9-1~2	409~410권	
	幻喩品	第10	410권	
	譬喩品	第11	411권	
	斷諸見品	第12	411권	
	六到彼岸品	第13-1~2	411~412권	
	乘大乘品	第14	412권	
	無縛解品	第15	413권	
	三摩地品	第16-1~2	413~414권	
	念住等品	第17-1~2	414~415권	
	修治地品	第18-1~2	415~416권	
	出住品	第19-1~2	416~417권	
	超勝品	第20-1~2	417~418권	
	無所有品	第21-1~3	418~420권	
	隨順品	第22	420권	
	無邊際品	第23-1~4	420~423권	
	遠離品	第24-1~2	423~424권	
	帝釋品	第25-1~2	425~426권	
	信受品	第26	426권	
	散花品	第27-1~2	426~427권	
	授記品	第28	427권	
	攝受品	第29-1~2	427~428권	

窣堵波品	第30	428권	
福生品	第31	429권	
功德品	第32	429권	
外道品	第33	429권	
天來品	第34-1~2	429~430권	
設利羅品	第35	430권	
經文品	第36-1~2	431~432권	
隨喜迴向品	第37-1~2	432~433권	
大師品	第38	434권	
地獄品	第39-1~2	434~435권	
清淨品	第40	436권	
無摽幟品	第41-1~2	436~437권	
不可得品	第42	437권	
東北方品	第43-1~3	438~440권	
魔事品	第44	440권	
不和合品	第45-1~2	440~441권	
佛母品	第46-1~2	441~442권	
示相品	第47-1~2	442~443권	
成辦品	第48	444권	
船等喩品	第49-1~2	444~445권	
初業品	第50-1~2	445~446권	
調伏貪等品	第51	446권	
眞如品	第52-1~3	446~448권	
不退轉品	第53	448권	
轉不退轉品	第54	449권	
甚深義品	第55-1~2	449~450권	
夢行品	第56	451권	
願行品	第57	451권	
殑伽天品	第58	451권	
習近品	第59	452권	
增上慢品	第60-1~3	452~454권	
同學品	第61-1~2	454~455권	
同性品	第62-1~2	455~456권	
無分別品	第63	456권	
堅非堅品	第64-1~2	456~457권	
實語品	第65-1~2	457~458권	
無盡品	第66	458권	
相攝品	第67	459권	
巧便品	第68-1~4	459~463권	
樹喩品	第69	463권	

	菩薩行品	第70	464권	
	親近品	第71	464권	
	遍學品	第72-1~2	464~465권	
	漸次品	第73-1~2	465~466권	
	無相品	第74-1~2	466~467권	
	無雜品	第75-1~2	467~468권	
	衆德相品	第76-1~4	468~471권	
	善達品	第77-1~3	471~473권	
	實際品	第78-1~2	473~474권	
	無闕品	第79-1~2	474~475권	
	道土品	第80	476권	
	正定品	第81	477권	
	佛法品	第82	477권	
	無事品	第83	478권	
	實說品	第84	478권	
	空性品	第85	478권	
第三會	緣起品	第1	479권	서문 수록
	舍利子品	第2-1~4	479~482권	
	善現品	第3-1~17	482~498권	
	天帝品	第4-1~3	498~500권	
	現窣堵波品	第5-1~3	500~502권	
	稱揚功德品	第6-1~2	502~503권	
	佛設利羅品	第7	503권	
	福聚品	第8-1~2	503~504권	
	隨喜迴向品	第9-1~2	504~505권	
	地獄品	第10-1~2	505~506권	
	嘆淨品	第11-1~2	506~507권	
	贊德品	第12	507권	
	陀羅尼品	第13-1~2	508~509권	
	魔事品	第14	509권	
	現世間品	第15	510권	
	不思議等品	第16	511권	
	譬喩品	第17	511권	
	善友品	第18	512권	
	眞如品	第19-1~2	513~514권	
	不退相品	第20-1~2	514~515권	
	空相品	第21-1~3	515~517권	
	殑伽天品	第22	517권	
	巧便品	第23-1~4	517~520권	
	學時品	第24	520권	

	見不動品	第25-1~2	521~522권	
	方便善巧品	第26-1~4	523~526권	
	慧到彼岸品	第27	527권	
	妙相品	第28-1~5	528~532권	
	施等品	第29-1~4	532~535권	
	佛國品	第30-1~2	535~536권	
	宣化品	第31-1~2	536~537권	
第四會	妙行品	第1-1~2	538~539권	서문 수록
	帝釋品	第2	539권	
	供養窣堵波品	第3-1~3	539~541권	
	稱揚功德品	第4	541권	
	福門品	第5-1~2	541~542권	
	隨喜迴向品	第6-1~2	543~544권	
	地獄品	第7	544권	
	清淨品	第8	545권	
	讚歎品	第9	545권	
	總持品	第10-1~2	545~546권	
	魔事品	第11-1~2	546~547권	
	現世間品	第12	547권	
	不思議等品	第13	547권	
	譬喻品	第14	548권	
	天贊品	第15	548권	
	眞如品	第16-1~2	548~549권	
	不退相品	第17	549권	
	空相品	第18-1~2	549~550권	
	深功德品	第19	550권	
	殑伽天品	第20	550권	
	覺魔事品	第21-1~2	551권	
	善友品	第22-1~2	551~552권	
	天主品	第23	552권	
	無雜無異品	第24	552권	
	迅速品	第25-1~2	552~553권	
	幻喻品	第26	553권	
	堅固品	第27-1~2	553~554권	
	散花品	第28	554권	
	隨順品	第29	555권	
第五會	善現品	第1	556권	서문 수록
	天帝品	第2	556권	
	窣堵波品	第3	557권	
	神呪品	第4	557권	

	設利羅品	第5	558권	
	經典品	第6	558권	
	迴向品	第7	558권	
	地獄品	第8	559권	
	淸淨品	第9	559권	
	不思議品	第10-1~2	559~560권	
	魔事品	第11	560권	
	眞如品	第12	560권	
	甚深相品	第13	560~561권	
	船等喩品	第14	561권	
	如來品	第15-1~2	561~562권	
	不退品	第16	562권	
	貪行品	第17-1~2	562~563권	
	姉妹品	第18	563권	
	夢行品	第19	563권	
	勝意樂品	第20	564권	
	修學品	第21	564권	
	根栽品	第22-1~2	564~565권	
	付囑品	第23	565권	
	見不動佛品	第24	565권	
第六會	緣起品	第1	566권	서문 수록
	通達品	第2	566권	
	顯相品	第3	567권	
	法界品	第4-1~2	567~568권	
	念住品	第5	568권	
	法性品	第6	569권	
	平等品	第7	570권	
	現相品	第8	570권	
	無所得品	第9	571권	
	證勸品	第10	571권	
	顯德品	第11	572권	
	現化品	第12	572권	
	陀羅尼品	第13	572권	
	勸誡品	第14-1~2	572~573권	
	二行品	第15	573권	
	讚歎品	第16	573권	
	付囑品	第17	573권	
第七會	曼殊室利分	第1~2	574~575권	서문 수록
第八會	那伽室利分	第1	576권	서문 수록
第九會	能斷金剛分	第1	577권	서문 수록

第十會	般若理趣分	第1	578권	서문 수록
第十一會	施波羅蜜多分	第1~5	579~583권	서문 수록
第十二會	淨戒波羅蜜多分	第1~5	584~588권	서문 수록
第十三會	忍波羅蜜多分	第1	589권	서문 수록
第十四會	精進波羅蜜多分	第1	590권	서문 수록
第十五會	靜慮波羅蜜多分	第1~2	591~592권	서문 수록
第十六會	般若波羅蜜多分	第1~8	593~600권	서문 수록

따라서 마하반야바라밀다경은 설법의 내용을 따라서 각각 다른 결집의 형태를 보여주고 있으며, 매우 방대하였던 까닭으로 반야계통의 경전인 『소품반야경』, 『금강반야경』, 『반야심경』 등에 비교하여 많이 연구되지 않고 있다. 그러나 『고려대장경』의 처음에 『마하반야바라밀다경』을 배치하고 있는 것은 한국불교에서는 『마하반야바라밀다경』의 사상적인 위치가 매우 중요하였다고 추정할 수 있다.

초분
初分

마하반야바라밀다경 제1권

대당삼장성교서(大唐三藏聖教序)

태종 문황제(太宗文皇帝)가 짓다(製)

대체로 들으니, 하늘과 땅(二儀)이 모습(像)이 있어서 드러내고 덮으면서 생명(含生)을 포용하고 있고, 네 계절(四時)은 형체(形)가 없어도 추위와 더위(寒暑)를 감추어서 사물을 변화시킨다고 한다. 이러한 까닭으로 하늘을 살펴보고 땅을 관찰한다면 범부와 어리석은 사람이라도 모두 그 단서(端)를 알겠으나, 음(陰)을 밝히고 양(陽)을 통하는 지혜롭고 냉철한 자의 그 숫자(數)는 매우 적다. 그러나 천지가 음양(陰陽)에 싸여 있더라도 쉽게 알 수 있는 것은 그 모습이 있는 까닭이고, 음양이 천지에 거처하여도 알기 어려운 것은 그 형체가 없는 까닭이다. 따라서 모습이 드러나는 징조(徵)를 알 수 있다면 비록 어리석더라도 미혹되지 않으나, 형체가 잠겨서 볼 수 없다면 지혜가 있더라도 오히려 미혹되는 것이다.

하물며 불도(佛道)는 공(虛)을 숭상하나니, 그윽함을 타고 고요함을 이끌어서 널리 만품(萬品)을 제도하며, 시방세계를 제어하는 법전(典)이니, 위엄있는 영혼을 일으키더라도 (이것보다) 높을 수 없고, 신력(神力)으로 누르더라도 (이것보다) 낮은 것은 없다. 크게 본다면 곧 우주(宇宙)를 가득히 채우고, 작게 본다면 곧 호리(毫釐)[1]에도 들어가며, 소멸함도 없고, 태어남도 없으며, 천겁(千劫)을 지내더라도 늙지 않고, 감추어진

것과 같으며, 드러나는 것과 같고, 백복(百福)을 운용(運)하면서 오래도록
지금이니라.

오묘한 도리(妙道)는 엉켜져서 현묘하고, 그것을 좇아도 그 끝자락을
알지 못하며, 법의 흐름은 맑고 고요하여 그것을 퍼내더라도 그 근원을
헤아릴 수 없다. 그러므로 어리석고 준준(蠢蠢)2)하는 범부와 구구(區區)3)
하고 용렬한 사람이나 비천한 자에게 그 종지(旨趣)를 던지더라도 능히
의혹을 없앨 것이다.

그러하므로 곧 대교(大敎)4)는 서토(西土)5)에 기초하여 일어났으나,
한나라의 조정에 날아올라 꿈으로 밝게 빛났고, 동역(東域)6)을 비추어
자비가 흐르게 하였다. 옛날에 형체를 나누고 자취를 나누던(分形分迹)
때7)에는 말하지 않아도 교화가 빠르게 성취되었고, 당상(當常)과 현상(現
常)의 세상에서는8) 백성들이 덕을 우러러보았고 좇는 것을 알았으며,
또한 그림자를 감추면서 진여(眞如)에 귀의하였고, 위의를 옮겨서 세상을
벗어났으므로9), 금빛 용모는 색깔을 잃고 삼천세계에 빛으로 비추지
못하였으며, 아름다운 형상을10) 그림으로 펼쳐놓았는데, 허공에 단엄한
32상이 남았다.

이러한 심오한 말씀이 널리 퍼져서 함류(含類)11)를 삼도(三塗)12)에서

---

1) 본래의 뜻은 자(尺) 또는 저울의 눈금인 호(毫)와 이(釐)를 가리키고, 매우 적은
   분량(分量)이라고 의역한다.
2) 본래의 뜻은 벌레가 움직이는 모양(模樣)을 뜻하고, 비유한다 미혹하고 어리석어서
   사리(事理)를 판별(判別)치 못하는 자가 움직인다는 뜻이다.
3) 떳떳하지 못하고 구차(苟且)하다는 뜻이다.
4) 불법(佛法)을 가리키는 말이다.
5) 인도(印度)를 가리키는 말이다.
6) 당나라(唐)를 가리키는 말이다.
7) 세존께서 출세(出世)하시기 이전의 때를 가리킨다.
8) '언제나 당연하고 언제나 나타나는 세상'이라는 뜻으로, '세존께서 출세하신 이후'
   라는 뜻이다.
9) 세존께서 열반하신 것을 가리킨다.
10) 세존의 32상과 80종호를 가리킨다.
11) 중생들을 가리킨다.

제도하셨고, 유훈(遺訓)을 멀리 펼쳐서 군생(群生)을 십지(十地)로 인도하셨다. 그러나 진실한 가르침은 우러러보는 것이 어려우므로 능히 그 지귀(旨歸)[13]를 하나로 할 수 없었고, 곡학(曲學)[14]은 따르기가 쉬우니, 삿됨과 정법이 분규(紛糾)[15]하였다. 그러한 까닭으로 공(空)과 유(有)[16]의 논쟁은 세속의 시비(是非)를 익혔고, 대·소승은 곧 시대를 좇아서 번성하였고 쇠퇴하였다.

현장(玄奘) 법사(法師)는 법문(法門)의 영수(領袖)이다. 어려서부터 마음이 곧고 지혜가 총명하여 일찍이 3공(空)[17]의 마음을 깨달았고, 장성해서는 신정(神情)에 계합하여 먼저 4인(忍)[18]의 행을 닦았다. 소나무에 스치는 바람과 물에 비친 달이라도 그의 맑고 빛나는 것에 비교하더라도 충분하지 않은데, 선로(仙露)[19]와 명주(明珠)가 어찌 그의 밝고 부드러움과 비교할 수 있겠는가? 그러므로 지혜는 무루(無累)에 통하고, 정신은 형상으로 헤아릴 수 없으며, 6진(塵)[20]을 뛰어넘어서 멀리 벗어났으므로, 천고(千古)를 기다려도 상대가 없다.

마음을 내신(內身)의 경계(內境)에 잡아두고서 정법(正法)이 점차 쇠퇴하는 것을 슬퍼하였으며, 생각을 현문(玄門)[21]에 담아두었으며, 심문(深文)[22]의 오류를 개탄하여, 조목을 나누고 이치를 분석하였으며, 그 이전에

---

12) 지옥, 아귀, 축생의 3악도를 가리킨다.
13) 종지(宗旨)에서 가장 중요한 것을 가리킨다.
14) 진리를 벗어난 학문을 뜻한다.
15) 일이 뒤얽혀 말썽이 많고 시끄러운 상태를 가리킨다.
16) 실체와 가립(假立)을 가리킨다.
17) 해탈문인 공해탈문(空解脫門)·무상해탈문(無相解脫門)·무원해탈문(無願解脫門)을 말한다.
18) 보살이 이치에 안주(安住)하여 마음이 움직이지 않는 것으로, 무생법인(無生法忍)·무멸인(無滅忍)·인연인(因緣忍)·무주인(無住忍)을 가리킨다.
19) 신선이 마시는 이슬이라는 뜻이다.
20) 6식(識)으로 인식하는 것인 색(色)·성(聲)·향(香)·미(味)·촉(觸)·법(法)을 가리킨다.
21) 오묘한 법문(法門)인 정법을 가리킨다.
22) 경장을 가리킨다.

들었던 것(前聞)을 넓히고, 오류는 잘라내고 진실은 이어주었으며, 이것을
후학들이 열어가게 하였다. 이러한 까닭으로 마음에서 정토(淨土)를 사모
하여 서역(西域)으로 가서 유행하였는데, 위태로움을 타고서 멀리 떠나가
면서 지팡이를 의지하여 홀로 길을 갔다.

쌓였던 눈이 새벽에 날린다면 도중에 길을 잃었고, 놀랐던 모래가
저녁에 일어나면 허공 밖의 하늘을 알 수 없었다. 만 리(萬里)의 산천(山川)
에서 안개와 노을을 헤치면서 그림자와 함께 나아갔고, 백 겹보다 무거운
추위와 더위, 서리와 비를 맞으며 발걸음을 앞으로 옮겼다. 정성은 무겁게
수고로움은 가볍게 하였고, 심오하게 탐구하였으며, 대원을 통달하였고,
서역을 두루 유행하면서 17년을 넘겼으며, 불법의 나라를 모두 다니면서
바른 가르침을 묻고 구하였다. 쌍림(雙林)23)을 지나갔고, 팔수(八水)24)를
건넜으며, 도를 맛보았고 바람을 마셨으며, 녹야원(鹿苑)과 영취산(鷲峯)
을 지나면서 기이한 것을 보았고 신이(異)를 우러러보았다.

이전의 성자의 지극한 말씀을 받들었고, 뛰어난 현자(上賢)에게서 진실
한 가르침을 받았으며, 오묘한 문(妙門)을 탐구하였고, 심오한 업(奧業)을
정밀하게 궁구하였으므로, 일승(一乘)과 다섯 율장(五律)25)의 도(道)가
심지(心田)를 치달렸고, 8장(八藏)26)과 삼협(三篋)27)의 문장이 구해(口海)
에서 파도처럼 일어났다. 그리하여 스스로가 거쳐왔던 나라들에서 삼장

---

23) 세존께서 열반하신 사라쌍수(沙羅雙樹)를 가리킨다.
24) 인도의 여덟 개의 큰 강으로, 항하(恒河), 염마라(閻魔羅), 살라(薩羅), 아이라발제
(阿夷羅跋提), 마하(摩河), 신두(辛頭), 박차(博叉), 실타(悉陀) 등을 가리킨다.
25) 법장부(法藏部)의 『사분율(四分律)』, 화지부(化地部)의 『미사색부혜오분율(彌沙
塞部和醯五分律)』, 설일체유부(說一切有部)의 『십송율(十誦律)』, 근본설일체유부
(根本說一切有部)의 『근본설일체유부비나야(根本說一切有部毘奈耶)』, 대중부(大衆
部)의 『마하승기율(摩訶僧祇律)』, 음광부(飮光部)의 『해탈계경(解脫戒經)』 등이다.
26) 첫째는 태화장(胎化藏), 중음장(中陰藏), 마하연방등장(摩訶衍方等藏), 계율장(戒律
藏), 십주보살장(十住菩薩藏), 잡장(雜藏), 금강장(金剛藏), 불장(佛藏)을 가리키고,
또는 대·소승(大小乘)의 각 경장(經藏), 율장(律藏), 논장(論藏) 및 밀교의 사장(四藏)
을 합쳐서 팔장(八藏)이라고 부른다.
27) 삼장(三藏)을 다르게 부르는 말이다.

(三藏)의 중요한 문헌을 모아서 가지고 왔는데, 대체로 657부이며, 중하(中夏)에 번역하여 베풀어서 수승한 업(勝業)을 드높였다.

자비의 구름을 서쪽 끝자락에서 끌어다가 법우(法雨)를 동쪽 끝자락에 뿌리는 것이며, 성스러운 가르침은 불완전하였어도 다시 완전해졌고, 창생(蒼生)은 죄를 지었으나 도리어 복을 받았다. 화택(火宅)의 마른 불꽃에 물을 뿌려서 함께 미혹의 길에서 건져냈고, 애수(愛水)의 어두운 파도를 맑게 하여 함께 저 언덕에 이르게 하였다. 이것으로 악(惡)은 업(業)으로써 인(因)으로 떨어지고, 선(善)은 연(緣)으로써 올라가나니, 올라가는 것과 떨어지는 것의 단서가 오직 사람에게 의지하는 것이라고 하겠다.

비유한다면 일반적으로 계수나무가 높은 봉우리에서 자라나면 구름과 이슬이 그 꽃을 적시고, 연꽃이 맑은 물에서 자라나면 날아다니는 티끌이 능히 그 잎을 더럽히지 못하는 것이다. 연꽃의 성품이 스스로가 깨끗하거나, 계수나무의 성품이 본래 곧은 것은 아니며, 진실로 의지하는 곳이 높다면 미물도 능히 더럽힐 수 없고 의지하는 곳이 깨끗하다면 혼탁한 부류가 능히 더럽힐 수 없다. 대체로 풀과 나무가 무지(無知)한 까닭으로, 오히려 선(善)한 자질로 선을 이루는 것이니, 하물며 어찌 인륜(人倫)의 지식이 있는데 경사(慶)를 연(緣)으로 경사를 구하지 않는가? 이 경전이 유포되어 장차 해와 달처럼 끝이 없고, 곧 이 복덕이 널리 퍼져서 하늘과 땅과 함께 영원히 커지는 것을 바라노라.

대당황제(大唐皇帝)[28]가 춘궁(春宮)[29]에서 성스러운 글(聖記)을 짓다.

일반적으로 바른 가르침을 드러내어 널리 알리는 것은 지혜롭지 않다면 그 문장으로써 넓히지 못하고, 심오한 말씀을 숭상하며 밝혀내는 것은 현명하지 않다면 그 종지를 결정할 수가 없다. 대체로 진여(眞如)의 성스러

---

28) 당(唐)의 고종(高宗) 이치(李治)를 가리킨다.
29) 동궁(東宮)을 뜻하는데, 고종이 세자로 있던 때를 가리킨다.

운 가르침은 제법의 현묘한 종지(玄宗)이고, 여러 경전의 궤칙(軌躅)이다. 크고 먼 이치를 총괄하여도 심오한 뜻은 멀고도 깊어서, 지극한 공(空)과 유(有)는 정밀하고 미묘하므로 생멸(生滅)의 요지(機要)를 체득해야 한다.

말은 무성하고 도는 넓은데, 그것을 찾는 자가 그 근원을 궁극적으로 탐구하지 않고, 문장은 드러났어도 뜻은 매우 깊으므로 그것을 실천하는 자는 그 끝을 헤아리지 못한다. 그러므로 성인의 자비가 미치는 곳의 업(業)에는 이르지 않는 선(善)이 없고, 오묘한 교화가 펼쳐지는 곳의 연(緣)에는 끊어지지 않는 악(惡)이 없는 것을 알 수 있다.

법망(法網)의 그물코(綱紀)를 열어서 6도(六度)30)의 바른 가르침을 넓혔고, 여러 존재들을 도탄(塗炭)에서 건져냈으며, 3장(藏)의 비밀스러운 빗장을 열었다. 이러한 까닭으로 명성은 날개가 없었으나 길게 날아올랐고, 도(道)는 뿌리가 없었으며 영원히 단단하다. 도와 명성은 백성들에게 경사를 베푸나니, 오랜 시간을 지나도 항상 머무르고, 나아가 응신(應身)으로 감응하며, 진겁(塵劫)이 지나도록 쇠퇴하지 않는다. 아침에는 종을 울리고 저녁에는 독경하여 두 가지의 소리가 영취산에 교차하게 하고, 지혜의 햇빛과 법의 물결의 두 바퀴를 녹야원에서 굴렸으니, 공중에 펼쳐진 보개(寶蓋)31)는 날아가는 구름과 마주하여 함께 날아가고, 들판에 펼쳐진 봄의 수풀은 천화(天花)와 함께 합쳐서 채색하고 있다.

엎드려 생각하건대, 황제 폐하께서는 상현(上玄)32)의 복을 갖추어서 팔짱을 끼고 팔황(八荒)33)을 다스리시는데, 덕이 백성들에게 미치므로, 옷깃을 여미고 만국(萬國)의 조회를 받으신다. 은혜는 썩은 뼈까지도 더해져서 석실(石室)의 패엽(貝葉)34)인 문장이 돌아왔고, 은혜가 곤충까

---

30) 산스크리트어 pāramitā의 번역으로, 육바라밀(六波羅蜜)을 다르게 부르는 말이다.
31) 보옥(寶玉)으로 꾸며놓은 화려한 일산(日傘)에서 유래하였다. 후대에는 탑에서 보륜 위에 덮개 모양(模樣)을 이루고 있는 부분(部分)을 가리킨다.
32) 하늘 또는 하느님을 가리키는 말이다.
33) 멀고 넓은 범위이므로 모든 세상을 뜻한다. 또한 팔굉(八紘) 또는 팔극(八極)이라고도 말한다.
34) 산스크리트어 pattra의 음사인 패다라(貝多羅)의 준말이다. 고대 인도에서는 세존

지 미쳐서 금(金) 궤짝의 범어의 말씀이었던 게송이 유포되었다. 그리하여 아뇩달(阿耨達)35)의 물을 신구(神旬)36)의 여덟 하천에 통하게 하였고, 기사굴산(耆闍崛山)37)을 숭산과 화산(嵩華)38)의 푸른 고개와 마주하게 하였다.

깊이 생각하건대, 법성(法性)은 고요하게 함축되므로 귀의하는 마음이 아니라면 통하지 않고, 지지(智地)는 현오(玄奧)하여 간절한 정성에 감응하여 마침내 드러나나니, 어찌 어두운 밤에 지혜의 횃불을 밝히고 화택(火宅)의 아침에 법우(法雨)의 은혜를 뿌리지 않겠는가? 이것에서 많은 강물이 다른 곳에서 흐를지라도 함께 바다에서 만나고, 여러 나라들이 뜻(義)을 나누었더라도 모두 진실을 성취하는데, 어찌 탕무(湯武)39)와 비교하여 그 우열을 비교할 수 있겠고, 요순(堯舜)40)과 그 성덕(聖德)을 비교할 수 있겠는가?

현장(玄奘) 법사는 일찍이 총명함과 선량함을 품어서 뜻을 세운 것이 크고 간결하였다. 초츤(齠齔)41)의 나이 때에 정신이 맑았고, 몸은 부화(浮華)42)한 세상에서 벗어났으며, 마음은 정실(定室)에 놓아두었고, 흔적을

---

35) 산스크리트어 anavatapta의 음사이고, 무열(無熱)·무열뇌(無熱惱)라고 번역한다. 향취산(香醉山)의 남쪽인 대설산(大雪山)의 북쪽에 있다는 연못을 가리킨다.

36) 인도를 다르게 부르는 말이다.

37) 산스크리트어 Gṛdhrakūṭa의 음사이고, 영취(靈鷲)·취두(鷲頭)·취봉(鷲峰)이라고 번역한다. 고대 인도에 있던 마가다국의 도읍지인 왕사성(王舍城)에서 동쪽 약 3㎞ 지점에 있는 산을 가리킨다.

38) 중국의 숭산(嵩山)과 화산(華山)을 가리키고 중국의 국운이 숭산과 화산처럼 우뚝하게 솟아나고 오래 지속한다는 뜻으로 쓰였다.

39) 은(殷)나라의 탕왕(湯王)이 하(夏)나라의 걸왕(桀王)을 정벌한 것과, 주(周)나라의 무왕(武王)이 은나라 주왕(紂王)을 정벌한 역성혁명(易姓革命)을 가리킨다.

40) 중국 고대 전설상의 성제(聖帝)인 오제(五帝)의 왕들을 가리킨다. 요임금은 백성이 잘 따라 평화로웠다고 하며, 순 역시 요의 뒤를 이어 선정(善政)을 베푼 임금이다.

41) 어린아이가 이빨을 가는 무렵인 칠팔 세의 나이를 가리킨다.

42) 실속이 없이 겉만 화려(華麗)한 것을 뜻한다.

커다란 바위에 숨겨서 3선(三禪)에서 머물렀으며, 10지(十地)를 다니면서 유행하였다. 6진(塵)의 경계를 뛰어넘어서 혼자서 가유(迦維)[43]를 거닐었고, 일승(一乘)의 종지를 모았으며, 근기를 따라 중생을 교화하였다.

중화(中華)에는 자료가 없었으므로 인도의 진문(眞文)을 찾았는데, 멀리 항하(恒河)를 건너면서 끝내 완전한 문자를 얻으려고 희망하였고, 자주 설령(雪嶺)을 올랐으며, 다시 나머지 반절의 구슬을 얻었다. 도를 묻고 돌아온 것이 17년인데, 세존의 경전에 두루 통달한 것은 사람들을 이익되게 하려는 마음이었다.

정관(貞觀) 19년 2월 6일에 홍복사(弘福寺)에서 황제의 칙명을 받들어 성스러운 가르침의 중요한 문장을 번역한 것이 모두 657부(部)인데, 대해(大海)의 법류(法流)를 끌어다가 진로(塵勞)를 씻어도 마르지 않을 것이다. 길게 타오르는 지혜의 등불을 전하여 깊은 어둠을 밝혀서 항상 밝으니, 스스로가 오랫동안 수승한 인연을 심지 않았다면 어찌 이러한 종지를 나타내어 드날렸겠는가? 이를테면, 법상(法相)은 항상 머무르면서 삼광(三光)[44]의 밝음과 같고 우리 황제께 이르렀던 복은 하늘과 땅의 단단함과 같다.

엎드려 생각하건대, 황제께서 지으신 여러 경론(經論)의 서문은 옛날을 비추고 지금에도 뛰어나서 이치는 금석(金石)의 소리를 머금고 있고 문장은 바람과 구름의 윤택함을 감싸안고 있다. 나는[45] 문득 가벼운 티끌로 산(嶽)에 쌓고 이슬을 내려서 강물에 더하면서, 간략하게 대강(大綱)을 거론하며 이것을 기록한다.

---

43) 산스크리트어 Kapilavastu의 음사인 가유라위성(迦維羅衛城)의 약칭으로 세존이 출가 이전에 머무르시던 나라를 가리킨다.
44) 해·달·별빛의 세 가지를 가리킨다.
45) 당 고종인 이치를 가리킨다.

대반야경초회서(大般若經初會序)

서명사(西明寺) 사문(沙門) 현칙(玄則)이 짓다

『대반야경』은 희대(希代)의 절창(絶唱)[46]이고, 광겁(曠劫)의 먼 나루터이다. 빛(光)은 사람과 하늘을 비추어 진속(眞俗)을 묶었고, 정성은 신(神)의 심오한 곳(奧府)에 들어가는 영진(靈鎭)의 나라가 있었다. 성스러운 덕(聖德)이 멀리 미쳐서 철인(哲人)이 혼자 나타나지 않는다면 방음(方音)[47]이 대부분이 통하지 않는데, 원교(圓敎)를 어찌 말하겠는가? 그러므로 제(帝)께서 금(金)을 서술하여 비추었고, 황(皇)께서 경(瓊)[48]을 기술하여 알리시니, 일은 천고(千古)보다 아득하고 이치는 삼신(三辰)[49]의 거울보다 밝으며 빽빽하구나!

이 문장이여. 이 날짜에 갖추어졌구나. 그러나 곧 부(部)가 여덟 개로 나누어졌고, 옛날의 도중들이 그 절반의 구슬을 맡아서 지녔고, 법회(會)를 열여섯 번을 행하였으나, 지금에 그 완전한 보배를 잡게 되었구나.

깊이 생각하건대, 제회(諸會)는 별도로 일어났고, 매번 1부(部)에 비교하여도, 곧 다시 근본으로 돌아가면 흔적을 다르게 각자 한 서문을 펼치고 있다. 영취산의 처음의 법회에 이르더라도, 크나큰 말씀이 앞장서서 달리면서 몸의 근원을 다스려 흐르게 하였고 심요(心要)를 넓게 펼치었다. 왜 그러한가?

일반적으로 오온(五蘊)은 유정(有情)의 무덤(封)이고, 2아(二我)[50]는 무덤의 혈(宅)이다. 아(我)를 혈을 거론한다면 목마른 불꽃의 물이 비로소

---

46) 뛰어난 시구(詩)를 뜻한다.
47) 방언(方言)에 나타나는 발음(發音)을 가리킨다.
48) '금(金)'과 '경(瓊)'은 아름다운 문장이라는 뜻이다.
49) '해'와 '달'과 '별빛'의 세 가지를 이르는 말이다.
50) '인아(人我)'와 '법아(法我)'를 가리킨다.

깊어지고, 온(蘊)을 무덤으로 삼아서 거처하면 심향(尋香)51)의 성가퀴(堞彌)52)가 더욱 높아진다. 대체로 아(我)는 근본이라는 것의 생각(想)이고, 상(想)이 허망하다면 아(我)는 존재하지 않으며, 온(蘊)은 묶였다는 것의 이름이며, 이름이 거짓이라면 온은 의지할 곳이 없다고 어찌 알지 않는가?

그러므로 곧 공(空)의 말씀이 열려서 말을 잊어버리는 이치가 펼쳐진다면 분분한 세속을 움직이지 않는 곳에서 보는 것이고, 어리석은 무리(蠢徒)를 태어나지 않는 곳에 놓아두며, 계곡의 메아리를 백 가지의 이름으로 가지런하게 하고, 거울과 같은 자태는 만상(萬像)과 같은 부류가 된다.

전제(筌宰)53)를 의지를 잃은 뒤에 진재(眞宰)54)가 혼자 드러나는 것이고, 규준(規准)의 시행이 없어진 뒤에 충규(沖規)가 오묘하게 성립된다. 생각의 길의 천 갈래가 사라지게 하고 언어의 서술이 사방으로 막히게 하며 지혜가 얕은 무리를 알게 하고, 구속당한 자를 형벌에서 풀어주며, 사남(司南)55)과 짝하여 있게 하고, 같이 북극성을 에워싸듯이 귀의할 곳을 알게 한다. 뜻(義)이 하늘처럼 멀어진 뒤에 말(辭)이 비로소 바다처럼 넘치게 된다. 또한 여러 부분의 근본이 되는 것이고, 또한 이전의 옛날에는 아직 전해지지 않은 것으로, 모두 400권 85품을 묶어서 완성하였으나, 혹은 권(攉)의 방토(方土)56)에서는 이치로 잘라내고 번역해야 한다고 하였다.

깊이 생각하고서 그것에 대답하여 말하였다.

"한마디로 요약할 수 있으나, 아름다운 게송(雅頌)을 지었던 것이 장(章)

---

51) 산스크리트어 gandharva-nagara의 번역으로 건달바성(乾達婆城), 건달박성(犍達縛城) 등으로 음사한다. 실체가 없이 공중에 나타나는 성곽인 바다 위나 사막 또는 열대지방에 있는 벌판의 상공(上空)에서 공기의 밀도와 광선의 굴절작용으로 일어나는 신기루(蜃氣樓)를 가리킨다.
52) 성 위에 낮게 쌓은 담장을 가리킨다.
53) 어리석은 재상을 뜻한다.
54) 진실한 재상을 뜻한다.
55) 중국 고대의 나침반을 가리킨다.
56) 어느 한 지방(地方)을 가리킨다.

을 연결하고 있고, 두 글자로 제목이 가능하더라도, 열반(涅槃)의 음성이 축(軸)으로 쌓여서 부드럽고 느린데, 그 자비로운 가르침이겠는가! 만약 번역하면서 삭제할 수 있으나, 손을 다치는 것이 두렵다.”

　지금 전하면서 근본이 필요하고, 넘치는 말에서 비난이 없기를 바라노라. 하물며 책을 붙잡은 새벽에는 감개무량한 생각이 늘어나고 줄어들며, 혼교(魂交)[57]하는 저녁에는 맑은 계율이 밝게 빛나는구나! 감응을 주었던 시작과 끝은 별록(別錄)에 갖추어진 것과 같다. 만일 큰마음(大心)의 인재(茂器)가 오랫동안 듣고 지내면서 받든 자가 있다면 스스로 놀라지도 않고 두려워하지도 않아서 함께 의논하고 함께 헤아릴 것이다.

---

57) 마음이 산란한 것을 뜻한다.

1. 연기품(緣起品)(1)

이와 같이 나는 들었다.

한때에 박가범(薄伽梵)[58]께서는 왕사성(王舍城)[59]의 취봉산(鷲峰山)[60]
의 정상에서 대비구(大苾芻)[61] 대중인 1,250인과 함께 머무르셨다.

모두가 아라한(阿羅漢)[62]으로 여러 번뇌(漏)를 마쳤으므로 다시 번뇌가
없었고, 진실한 자재(自在)를 얻었으며, 마음을 잘 해탈하였고, 지혜를
잘 해탈하였다. 조련된 지혜로운 말(馬)과 같았고, 역시 큰 용과도 같았으
며, 지을 것은 이미 지었고, 해야 할 일은 이미 마쳤으며, 여러 무거운
짐은 버렸고, 스스로가 이익을 얻었으며, 여러 유결(有結)[63]을 없앴고,
정지(正知)[64]로 해탈(解脫)하였으며, 지극한 마음으로 자재하여 제일(第
一)의 구경(究竟)에 이르렀고, 아난다(阿難陀)[65]는 제외되었는데, 예류과
(預流果)[66]를 증득하여 혼자서 학지(學地)[67]에 머물렀으며, 대가섭파(大迦

---

58) 산스크리트어 bhagavati의 음사이고, 유덕(有德)·중우(衆祐)·세존(世尊)이라 번역
한다.
59) 산스크리트어 Rājagaha의 음사이고, 고대 인도에 있던 마가다국(magadha)의
도읍지이다.
60) 산스크리트어 gṛdhra-kūṭa의 음사이고, 고대 인도의 마가다국의 도읍지인 왕사성
(王舍城)에서 동쪽 약 3㎞ 지점에 있는 산이다. 정상에 있는 검은 바위의 모양이
마치 독수리 같으므로 '취(鷲)'라고 불렀고, 신성하게 생각하여 '영(靈)'이라고
불렀다.
61) 산스크리트어 bhiksu, bhikkhu의 음사이고, 비구(比丘)를 다르게 한역한 말이다.
62) 산스크리트어 arhat의 음사이고, '살적(殺賊)', '불생(不生)', '응공(應供)' 등으로
한역한다.
63) 사람을 미혹(迷惑)에 얽매이게 하는 번뇌(煩惱)를 뜻한다. 유(有)는 생사(生死)의
과보(果報)를 가리키고, 결(結)은 결박(結縛)한다는 뜻이다.
64) 산스크리트어 sampajañña의 번역이고, '염(念)', '정지(正知)' 등으로 다르게 한역한
다. 현재는 '알아차림' 등의 의미로 이해하는 경우가 있다.
65) 산스크리트어 Ānanda의 음사이고, '환희(歡喜)', '경희(慶喜)', '무염(無染)' 등으로
한역한다.
66) 산스크리트어 śrota-āpanna의 번역이고, 수다원(須陀洹)을 가리킨다.

葉波)[68]가 상수(上首)이었다.

다시 500명의 비구니(苾蒭尼)[69]들이 있었고, 모두가 아라한이었으며 대승생주(大勝生主)[70]가 상수(上首)이었다. 다시 무량(無量)한 우바색가 (鄔波索迦)[71]와 우바사가(鄔波斯迦)[72]가 있었는데, 모두 성스러운 진리를 보았다.

다시 무량하고 무수(無數)한 보살마하살(菩薩摩訶薩)[73]의 대중(大衆)이 있었는데, 일체(一切)의 모두가 다라니문(陀羅尼門)[74]과 삼마지문(三摩地 門)[75]을 얻었고, 공(空)·무상(無相)·무분별(無分別)의 서원(願)에 머물렀 으며, 이미 제법(諸法)의 평등성인(平等性忍)[76]을 얻었고, 사무애해(四無碍 解)[77]를 성취하여 구족(具足)하였으며, 일반적으로 연설(演說)하는 변재

---

67) 유학(有學)의 다른 표현이고, 아직 수행의 경지가 남아 있는 것을 뜻한다.

68) 산스크리트어 Maha kāśyapa의 음사이다.

69) 산스크리트어 Bhikṣuṇī의 음사이고, 비구니(比丘尼)를 다르게 한역한 말이다.

70) 산스크리트어 Mahāprajāpatī이고 摩訶波闍波提로 음사하며 대애도(大愛道), 대세 주(大世主)로 한역한다.

71) 산스크리트어 upāsaka의 음사이고, '청신사(淸信士)', '근사남(近事男)', '근선남(近 善男)' 등으로 한역하고, 심귀의와 오계를 받은 청정한 재가의 남신도를 가리킨다.

72) 산스크리트어 Upāsikā의 음사이고, '청신녀(淸信女)', '거사녀(居士女)', '청정녀(淸 淨女)', '근선녀(近善女)', '근사녀(近事女)' 등으로 한역하고, 심귀의와 오계를 받은 청정한 재가의 여신도를 가리킨다.

73) 산스크리트어 Mahāsattva의 음사이고, Mahābodhisattva의 줄임말이며, Mahā와 bodhisattva의 합성어이다. Mahā는 '대(大)'의 뜻이고, bodhisattva는 '각유정(覺有 情)'의 뜻이므로 합쳐서 '대각유정(大覺有情)'이라고 번역할 수 있다.

74) 산스크리트어 dhāraṇī의 음사이고, 진언(眞言)이라고도 한역한다. '문(門)'은 정각 으로 들어가는 방편을 뜻한다.

75) 산스크리트어 samādhi의 음사이고, '삼매(三昧)', '삼마제(三摩提)' 등으로 음사하 며, '선정(禪定)' '등지(等持)', '정정(正定)', '정심행처(正心行處)' 등으로 한역한다.

76) 산스크리트어 āśraya-parāvṛtti위 번역이고, 평등성지라고 말한다. 진여(眞如)와 무분별지(無分別智)를 성취하는 것을 말한다.

77) 4무애해(四無礙解)는 막힘없이 명료하게 이해하고 말하는 네 가지 능력이다. 첫째는 법무애해(法無礙解)로 가르침을 표현한 글귀나 문장을 막힘없이 명료하게 이해하고 말하는 것이고, 둘째는 의무애해(義無礙解)로 글귀나 문장으로 표현된 가르침의 의미를 막힘없이 명료하게 이해하고 말하는 것이며, 셋째는 사무애해(詞

(辯才)에 끝이 없었다.

5신통(神通)에서 자재하게 유희(遊戲)하였고, 증득하였던 지덕(智德)[78]
과 단덕(斷德)[79]에서 영원히 퇴전(退轉)하여 잃은 것이 없었으며, 언행(言
行)은 위엄이 있고, 엄숙하여 듣는 자들이 모두 공경하게 받아들였으며,
용맹스럽게 정진(精進)하여 여러 게으름을 떠났고, 능히 친한 자와 재물을
버렸으며, 몸과 목숨을 돌아보지 않았고, 거짓을 벗어났으며, 염오(染)를
벗어나서 구하는 것이 없었고, 유정(有情)[80]들을 위하여 널리 정법(正法)
을 설하였으며, 깊은 법인(法認)에 계합(契合)하여 궁극적인 최극(最極)에
나아갔고, 무소외(無所畏)[81]를 얻어서 그 마음이 크게 활연(豁然)하였고,
여러 마장(魔障)의 경계를 초월하였으며 여러 업장(業障)에서 벗어났다.

일체 번뇌(煩惱)의 원적(怨敵)을 꺾어서 소멸시켰고, 정법의 깃발(幢)을
세워서 여러 삿된 논쟁들을 조복(調伏)시켰으므로 성문(聲聞)[82]과 독각(獨
覺)[83]은 능히 측량(測量)할 수 없었으며, 마음의 자재함을 얻었고 법의
자재함을 얻었으며, 업의 의혹과 견해의 장애를 모두 벗어났고, 택법(擇
法)[84]과 변설(辯說)은 선교(善巧)하지 않음이 없었으며, 깊은 연기(緣起)[85]
의 생멸하는 법문(法門)에 들어갔어도 견해(見)와 수면(隨眠)[86]을 떠났고

無礙解)로 여러 가지의 언어를 막힘없이 명료하게 이해하고 말하는 것이고, 넷째는
변무애해(辯無礙解)로 이치에 따라 막힘없이 가르침을 설하는 것이다.
78) 세존의 삼덕(三德)의 하나이고, 지혜로써 모든 것을 일시에 보는 공덕을 가리킨다.
79) 세존의 삼덕(三德)의 하나이고, 모든 번뇌를 소멸한 공덕을 가리킨다.
80) 산스크리트어 sattva의 번역이고 윤회하는 모든 존재를 가리키며, 중생(衆生)을
다르게 부르는 말이다.
81) 산스크리트어 āśvāsa의 번역이고, 번뇌의 속박에서 벗어나서 두려움과 불안도
없는 평온한 마음의 상태를 가리킨다.
82) 산스크리트어 Śrāvaka의 번역이다.
83) 산스크리트어 Pratyeka-buddha의 번역이고, 벽지불(辟支佛)이라고 한역한다.
84) 산스크리트어 dharma-pravicaya의 번역이고, 제법(諸法)을 살펴서 참된 것과
거짓된 것, 선한 것과 악한 것을 판별하여, 참된 것과 선한 것을 취하고 거짓된
것과 악한 것을 버리는 것이다.
85) 산스크리트어 pratītya-samutpāda의 번역이다.
86) 산스크리트어 anuśaya의 번역이고, 모든 번뇌를 마음을 따라 일어나는 근본번뇌를

여러 전결(纏結)[87]을 벗어났으며, 지혜는 여러 성스러운 진리(諦理)를 통달하여 일찍이 무수한 겁(劫)으로부터 큰 서원(誓願)[88]을 일으켰다.

용모(容貌)는 빛나고 부드러웠으며, 말에 앞서 끌어들였고 찌푸리지 않았으며 말은 맑고 온화했으며, 찬탄하는 선교(善巧)와 변재는 걸림이 없었고, 무변(無邊)한 대중에 있으면서 위엄과 덕이 엄숙하였고, 억누르고 치켜올리는 것이 자재하여서 모두 두려워하는 것이 없었으며, 많은 구지(俱胝)[89]의 겁을 교묘히 설하면서 끝이 없었다.

여러 법문(法門)에서는 '환영(幻)과 같고, 아지랑이와 같으며, 꿈과 같고, 물속의 달과 같으며, 메아리와 같고, 허공의 꽃과 같으며, 형상(像)과 같고, 그림자 같으며, 변화하는 일과 같고, 심향성(尋香城)[90]과 같아서, 비록 모두가 실체가 없으나 있는 것처럼 나타난다.'라고 수승한 지혜로 관찰(觀察)하였으며, 하열(下劣)한 마음을 벗어나서 설법하면서 두려움이 없었고, 능히 무량한 법문을 따라서 증득(證得)하면서 들어갔으며, 유정들이 마음으로 나아가면서 행하는 것을 잘 알아서 미묘한 지혜로써 제도하여 해탈시켰으므로 여러 유정들의 마음은 장애(罣礙)가 없었다.

최상(最上)의 무생법인(無生法忍)[91]을 성취하여 제법의 평등성지(平等性智)[92]에 잘 들어가서 매우 깊은 법성을 여실(如實)하게 알았고, 그것을 상응하는 것을 따라서 교묘하게 깨달음에 들어가게 하였으며, 능히 연기(緣起)의 법문을 잘 선설(宣說)하였고, 무변한 불국토의 대원(大願)을 섭수

가리킨다.
87) 번뇌를 다르게 부르는 말이다.
88) 산스크리트어 praṇidhāna의 번역이다.
89) 산스크리트어 koṭi의 음사이고, 숫자의 단위로서 10^7을 가리킨다.
90) 산스크리트어 gandharva-nagara의 번역이고, 건달바성(犍闥婆城)을 가리키며, 신기루와 같은 뜻으로 통용된다.
91) 산스크리트어 anutpattika-dharma-kṣānti의 음사이고, 불생불멸(不生不滅)하는 법성(法性)을 인지(忍知)하고, 거기에 안주(安住)하여 움직이지 않는 것을 가리킨다.
92) 산스크리트어 samatā-jñāna의 번역이고, 번뇌에 오염된 말나식(末那識)을 질적으로 변혁하여 얻은 청정한 지혜로써 자아에 대한 집착을 떠나 자타(自他)의 평등을 깨달아 대자비심을 일으키는 지혜를 가리킨다.

(攝受)하였으며, 시방(十方)의 세계에서 무수한 제불(諸佛)의 등지(等持)[93]와 정념(正念)[94]이 항상 앞에 나타나고, 제불이 세간에 출현하면 모두 능히 섬겼으며, 역시 정법륜(正法輪)을 굴리시면서 열반하지 않고 무량한 대중들을 제도하시게 권청(勸請)하였으며, 능히 일체 유정들의 여러 종류의 견해에 얽힌 것과 여러 번뇌의 불길을 잘 조복시켜서 없앴다.

잠깐 사이에 백천(百千)의 등지를 유희하면서 무변한 수승한 공덕을 일으켰나니, 이 제보살들은 이러한 미묘한 공덕의 바다를 갖추었고, 설사 무량한 구지(俱胝)의 대겁(大劫)을 지나면서 찬탄하더라도 능히 끝마칠 수 없습니다. 그 보살들의 명호를 말한다면, 현수보살마하살(賢守菩薩摩訶薩), 보성(寶性)보살마하살, 보장(寶藏)보살마하살, 보수(寶授)보살마하살, 도사(導師)보살마하살, 인수(仁授)보살마하살, 성수(星授)보살마하살, 신수(神授)보살마하살, 제수(帝授)보살마하살, 광혜(廣慧)보살마하살, 승혜(勝慧)보살마하살, 상혜(上慧)보살마하살, 증장혜(增長慧)보살마하살, 무변혜(無邊慧)보살마하살, 불허견(不虛見)보살마하살, 무장혜(無障慧)보살마하살, 선발취(善發趣)보살마하살, 선용맹(善勇猛)보살마하살, 극정진(極精進)보살마하살, 상정진(常精進)보살마하살, 상가행(常加行)보살마하살, 불사액(不捨軛)보살마하살, 일장(日藏)보살마하살, 월장(月藏)보살마하살, 무비혜(無比慧)보살마하살, 자재(自在)보살마하살, 득대세(得大勢)보살마하살, 묘길상(妙吉祥)보살마하살, 보인수(寶印手)보살마하살, 최마력(崔摩力)보살마하살, 금강혜(金剛慧)보살마하살, 금강장(金剛藏)보살마하살, 상거수(常擧手)보살마하살, 대비심(大悲心)보살마하살, 대장엄(大莊嚴)보살마하살, 장엄왕(莊嚴王)보살마하살, 산봉(山峰)보살마하살, 보봉(寶峰)보살마하살, 덕왕(德王)보살마하살, 자씨(慈氏)보살마하살

---

93) 산스크리트어 samādhi의 음사이고, '삼마지(三摩地)', '삼매(三昧)'로 한역한다. 마음을 한곳에 집중하여 산란하지 않는 상태로써 마음이 들뜨거나 침울하지 않고 한결같이 평온한 상태를 가리킨다.
94) 산스크리트어 samyak-smṛti의 번역이고, 분별과 삿된 생각을 버리고 항상 대도의 정법을 생각하여 정진하면서 정신을 집중하는 것을 뜻한다.

이었으니, 이와 같은 한량없는 백천 구지·나유타(那庾多)95)의 보살마하살
등이었다. 이와 같은 무량한 백천 구지·나유타의 보살마하살은 모두가
법왕자(法王子)이었고, 여래(佛)의 계위를 이을 수 있는 상수(上首)이었다.

그때 세존께서는 사자좌(師子座)의 위에서 스스로가 니사단(尼師壇)96)
을 펼치셨고 가부좌(跏趺坐)를 맺으셨으며, 몸을 단정하게 하셨고, 바른
서원으로 서로 마주하는 생각에 머무시면서 등지왕(等持王)의 묘한 삼마
지(三摩地)97)에 들어가셨는데, 여러 삼마지는 이러한 삼마지 가운데에
포함되고, 이것에서 흘러나온 까닭이었다. 그때 세존께서는 정지(正知)98)
와 정념(正念)99)으로 등지왕의 삼마지에서 안상(安詳)100)하게 일어나셨
고, 청정한 천안(天眼)으로 시방의 긍가(殑伽)101)의 모래와 같은 제불의
세계를 관찰하셨으므로 몸이 가볍고 상쾌하셨다.

두 발바닥의 천폭륜상(千輻輪相)102)을 따라서 각 방위(方位)에 60백천
구지·나유타 광명을 놓으시고, 열 개의 발가락, 두 개의 발의 뒷등, 두
개의 발꿈치, 네 개의 복사뼈, 두 개의 정강이103), 두 개의 허벅지, 두
개의 무릎, 두 개의 허벅지, 두 개의 넓적다리, 허리와 옆구리, 배와
등, 배꼽과 명치, 가슴의 덕자(德字)와 두 개의 유두, 두 개의 겨드랑이,
두 개의 어깨, 두 개의 어깨뼈, 두 개의 팔꿈치, 두 개의 팔, 두 개의 팔뚝,

---

95) 인도의 숫자의 단위로서, 산스크리트어 nayuta 또는 nayutaḥ의 음사이다. '헤아릴
수 없을 만큼 많은 숫자'라는 뜻이고,『대방광불화엄경(大方廣佛華嚴經)』80권본의
「제30아승기품」에서는 나유타는 124개의 큰 숫자의 단위 가운데에서 네 번째
숫자의 단위로 10^{28}을 가리킨다.
96) 산스크리트어 niṣīdana의 음사이고, 좌구(坐具)라고 번역한다. 수행자가 앉거나
눕는 때에 바닥에 펼치는 직사각형의 섬유를 가리킨다.
97) 각주 21번을 참조하라.
98) 산스크리트어 Sampajañña의 음사이다.
99) 산스크리트어 sammā sati의 번역이다.
100) 조심스럽고 우아하게 일어나는 모습을 뜻한다.
101) 산스크리트어 gaṅgā의 음사이고, 인도의 갠지스강을 가리킨다.
102) 세존의 삼십이상(三十二相)의 하나이다. 세존의 발바닥에 있는 천 개의 수레바퀴살
과 같은 무늬를 가리킨다.
103) 무릎 아래에서 앞 뼈가 있는 부분을 가리킨다.

두 개의 손, 두 개의 손바닥, 열 개의 손가락, 목과 목구멍, 턱과 뺨, 이마와 머리, 정수리, 두 개의 눈썹, 두 개의 눈, 두 개의 귀, 두 개의 코, 입과 네 어금니, 40개의 치아, 눈썹 사이의 백호상(白毫相) 등의 하나·하나인 몸의 부분에서 각각 60백천 구지·나유타의 광명을 놓으셨고, 이 하나·하나의 광명은 각각 삼천대천세계(三千大千世界)를 비추었으며, 이것을 따라서 전전(展轉)하여 시방의 긍가의 모래와 같은 제불의 세계를 두루 비추었으며, 그 가운데 있는 유정들이 이 광명을 만났던 자라면 반드시 무상정등보리(無上正等菩提)[104]를 얻었다.

그때 세존께서는 그 입(面門)에서 넓고 긴 혓바닥을 내미셨고, 삼천대천세계를 두루 덮으시면서 살포시 미소를 지으셨으며, 다시 이 혓바닥에서 무량한 백천 구지·나유타의 광명을 놓으셨는데, 그 광명은 여러 가지의 빛깔이었다. 이 여러 가지의 빛깔에서 하나·하나의 광명의 가운데에서 보배 연꽃을 나타내셨는데, 그 꽃은 일천의 잎이었고 모두가 금빛이었으며 여러 보배로 장엄(莊嚴)되었고 아름답게 꾸며져서 선명(鮮榮)하였으므로 매우 사랑스러웠으며, 향기는 자욱하게 널리 흩어졌는데 미세하게 미끄러웠고 부드러워서 접촉하면 묘한 즐거움이 생겨났다.

여러 꽃받침의 가운데에는 모두 화현(化現)이신 부처님께서 가부좌를 맺고서 미묘한 법음(法音)을 연설하셨고 하나·하나의 법음에서는 모두 반야바라밀다(般若波羅蜜多)와 상응(相應)하는 법을 설하셨으므로, 유정이 들은 자라면 반드시 무상정등보리를 얻었으며, 이것을 좇아서 전전하여 시방의 긍가의 모래와 같은 제불의 세계에 두루 퍼졌으므로 설법의 이익도 역시 이와 같았다.

그때 세존께서는 자리에서 일어나지 않으셨으며, 다시 사자유희등지(師子遊戲等持)에 들어가시어 신통력을 나타내시어 이 삼천대천세계를 여섯 종류 변동(變動)을 시키셨는데 이를테면, 동극동등극동(動極動等極

---

104) 산스크리트어 anuttara-samyak-sambodhi의 번역이고, 무상정등각(無上正等覺)으로도 번역한다. anuttarā는 '무상(無上)', samyaksambodhi는 '정등보리(正等菩提)'로 번역된다.

動)[105], 용극용등극용(踊極踊等極踊)[106], 진극진등극진(震極震等極震)[107], 격극격등극격(擊極擊等極擊)[108], 후극후등극후(吼極吼等極吼)[109], 폭극폭등극폭(爆極爆等極爆)[110]의 그것이었다.

또한 이 세계가 동쪽에서 솟아났고 서쪽으로 잠겼으며, 서쪽에서 솟아났고 동쪽으로 잠겼으며, 남쪽에서 솟아났고 북쪽으로 잠겼으며, 북쪽에서 솟아났고 남쪽으로 잠겼으며, 가운데서 솟아났고 끝자락으로 잠겼으며, 끝자락에서 솟아났고 가운데로 잠기게 하셨으므로, 그 땅이 청정하고 윤택하며 부드러워서 여러 유정들에게 이익과 안락이 생겨나게 하셨다.

그때 이 삼천대천세계에서 소유한 지옥의 방생(傍生)[111]과 아귀(餓鬼)[112]의 세계와 나아가 틈새가 없는 험악(險惡)한 세계(趣)의 일체의 유정들은 모두 고통을 벗어났고, 이곳에서 목숨을 버리고서 인간의 가운데에 태어나거나, 6욕천(六欲天)[113]에 태어났는데, 모두가 이전에 머물렀던 것을 기억하였으며, 환희하고 용약(踊躍)[114]하면서 함께 세존의 처소로 나아갔고, 은근하고 청정한 마음으로 세존의 발에 예경하였다.

---

105) 이 변동은 첫째는 미동(微動)이고, 둘째는 극동(極動)이고, 둘째는 등극동(等極動)이다.
106) 이 변동은 첫째는 미용(微涌)이고, 둘째는 극용(極涌)이고, 둘째는 등극용(等極涌)이다.
107) 이 변동은 첫째는 미진(微震)이고, 둘째는 극진(極震)이고, 둘째는 등극진(等極震)이다.
108) 이 변동은 첫째는 미격(微擊)이고, 둘째는 극격(極擊)이고, 둘째는 등극격(等極擊)이다.
109) 이 변동은 첫째는 미후(微吼)이고, 둘째는 극후(極吼)이고, 둘째는 등극후(等極吼)이다.
110) 이 변동은 첫째는 미폭(微爆)이고, 둘째는 극폭(極爆)이고, 둘째는 등극폭(等極爆)이다.
111) 산스크리트어 Tiryagyoni의 번역이고, 축생을 다르게 부르는 말이다.
112) 산스크리트어 Preta의 번역이다.
113) 산스크리트어 kāma-dhātu-deva의 번역이고, 사천왕천(四天王天), 도리천(忉利天), 야마천(夜摩天), 도솔천(兜率天), 낙변화천(樂變化天), 타화자재천(他化自在天)을 가리킨다.
114) 매우 좋아서 뛰면서 기뻐하는 것이다.

이것으로 전전하여 시방의 긍가의 모래와 같은 제불의 세계까지 널리 세존의 신통력으로써 여섯 종류로 변동시켰으므로, 이때 그 세계의 여러 악한 세계(惡趣)의 일체의 유정들도 모두 고통을 벗어났고, 이곳에서 목숨을 버리고서 인간의 가운데에 태어나거나, 6욕천에 태어났는데, 모두가 이전에 머물렀던 것을 기억하였으며, 환희(歡喜)하고 용약(踊躍)하면서 함께 세존의 처소로 나아갔고, 은근하고 청정한 마음으로 세존의 발에 예경하였다.

그때 삼천대천세계와 시방의 긍가의 모래와 같은 세계의 유정들의 맹인(盲人)은 볼 수 있었고 귀머거리는 들을 수 있었으며, 벙어리는 말할 수 있었고, 미친 자는 바른 생각을 얻었으며, 산란한 자는 안정을 얻었고, 가난한 이는 재물을 얻었으며, 발가벗은 자는 옷을 얻었고, 굶주린 자는 음식을 얻었고, 목마른 자는 음료를 얻었으며, 병든 자는 나았고, 추(醜)한 자는 단엄(端嚴)하였으며, 형체가 손상된 자는 구족(具足)되었고, 근(根)이 손상된 자는 원만하게 되었으며, 기절한 자는 깨어났고, 피로한 자는 평안하였다.

이때 여러 유정들은 평등한 마음으로 서로 향하면서 아버지와 같았고 어머니와 같았으며 형과 같았고 아우와 같았으며 누나와 같았고 누이와 같았으며 벗과 같았고 친족과 같았으며, 삿된 말·업(業)·생활을 벗어났고, 바른 말·업·생활을 닦았으며, 십악(十惡)[115]의 업도(業道)[116]를 벗어났고 십선(十善)의 업도를 닦았으며, 악(惡)한 심사(尋思)[117]를 벗어났고 선(善)한 심사를 닦았으며, 범행(梵行)이 아닌 것을 벗어났고 바른 범행을 닦았으

---

115) 산스크리트어로 daśakuśala-karmāni의 번역이고, 살생(殺生), 투도(偸盜), 사음(邪淫), 망어(妄語), 양설(兩舌), 악구(惡口), 기어(綺語), 탐욕(貪欲), 진에(瞋恚), 사견(邪見) 등을 가리킨다.
116) 산스크리트어 karma-mārga의 번역이고, 중생이 업과(業果)를 받도록 인도하는 것을 뜻한다.
117) 산스크리트어 vitakka와 vicāra의 번역이고, '심(尋)'과 '사(伺)'의 합성어이다. 마음 작용을 통칭하며, 깊이 생각하는 것 또는 마음을 가라앉혀 깊이 사색(思索)하는 것이다.

며, 청정(淨)을 좋아하고 번민(穢)을 버렸으며, 적정(靜)을 좋아하고 번잡함(喧)을 버렸으므로 몸과 마음이 크게 편안하여 홀연히 묘한 즐거움이 생겨나서 수행자가 제3선정(第三定)에 들어간 것과 같았다.

다시 수승한 지혜가 홀연히 앞에 나타났으므로 함께 이렇게 생각하였다. '보시(布施)·조복(調伏)[118]·안인(安忍)[119]·용진(勇進)[120]·적정(寂靜)[121]·제관(諦觀)[122]으로 방일(放逸)을 멀리 벗어나고 범행을 수행(修行)하며 여러 유정들에게 자(慈)·비(悲)·희(喜)·사(捨)로 서로가 어지럽지 않으니 어찌 선하지 않겠는가!'

그때 세존께서는 사자좌에 머무셨으며 광명은 특이하셨고 위덕이 높고 높으셨으므로 삼천대천세계와 시방의 긍가의 모래와 같은 제불 국토의 소미로산(蘇迷盧山)[123]과 윤위산(輪圍山)[124] 등과 더불어 일체의 용·귀신·천궁(天宮), 나아가 정거천(淨居天)[125]에 이르기까지 빛이 가려져서 모두 나타나지 못하게 하셨으므로, 가을의 보름달이 많은 별을 비추는 것과 같았고, 여름의 햇볕이 여러 색깔을 빼앗은 것과 같았으며, 네 가지 보배의 묘고산왕(妙高山王)이 여러 산을 비춘다면 위덕과 광명이 밖으로 향하는 것과 같았다.

세존께서는 신통력으로써 본래의 색신(色身)을 나타내시어 이 삼천대천세계의 유정들이 모두 볼 수 있게 하셨으므로, 이때 이 삼천대천세계의

---

118) 육바라밀의 가운데에서 지계(持戒) 바라밀을 뜻한다.
119) 육바라밀의 가운데에서 인욕(忍辱) 바라밀을 뜻한다.
120) 육바라밀의 가운데에서 정진(精進) 바라밀을 뜻한다.
121) 육바라밀의 가운데에서 선정(禪定) 바라밀을 뜻한다.
122) 육바라밀의 가운데에서 반야(般若) 바라밀을 뜻한다.
123) 산스크리트어 Sumeru의 번역이고, 당나라 말로는 妙高山이라고 부르며, 수미산(須彌山)의 다른 이름이다.
124) 산스크리트어 Cakravada이고 작가라파라(斫迦羅婆羅)라고 번역한다. 다른 이름으로는 '금강산(金剛山)', '금강위산(金剛圍山)', '철륜위산(鐵輪圍山)' 등이 있다.
125) 산스크리트어 Śuddhāvāsa의 번역이고, 색계 제4선천(第四禪天)의 '무번천(無煩天)', '무열천(無熱天)', '선현천(善現天)', '선견천(善見天)', '색구경천(色究竟天)' 등을 통틀어 일컫는 말이다.

무량하고 무수한 정거천부터 아래로 욕계(欲界)의 사대왕천(四大王天)[126]들과 더불어 일체의 인비인(人非人)[127]들이 모두 여래의 처소인 사자좌를 보았는데, 위덕과 광명이 대금산(大金山)과 같이 환하게 빛나는 것을 보았고, 환희하고 용약하면서 미증유(未曾有)라고 찬탄하였으며, 각자 무량한 천화(天花)·향기로운 꽃다발·바르는 향·태우는 향·가루 향·의복(衣服)·영락(瓔珞)·보배의 당번(幢幡)[128]과 일산·음악(伎樂)·여러 보물, 무량한 종류의 천청련화(天靑蓮花)·천적련화(天赤蓮花)·천백련화(天白蓮花)·천향련화(天香蓮花)·천황련화(天黃蓮花)·천홍련화(天紅蓮花)·천금전수화(天金錢樹花)와 천향엽(天香葉)과 아울러 나머지의 물과 땅의 생화(生花)를 가지고 세존의 처소로 나아갔으며 받들어 세존의 위에 흩뿌렸으며, 세존께서는 신력으로써 여러 꽃다발을 회전시키면서 합쳐서 화대(花臺)를 이루셨는데, 크기는 삼천대천세계와 같았고, 천화(天花) 일산·보배 방울·구슬 깃발 등을 아름답게 장식하였고 화려하게 늘어트려서 매우 사랑스러웠다.

그때 이 불국토(佛國土)는 미묘하게 장엄되었으므로 오히려 서방(西方)의 극락세계(極樂世界)와 같았으며, 세존의 광휘(光暉)가 삼천대천세계를 비추었는데, 물건과 허공이 모두 금빛과 같았고, 시방으로 각각 긍가의 모래와 같은 제불의 세계도 역시 다시 이와 같았다.

그때 이 삼천대천세계의 불국토의 남쪽의 섬부주(贍部洲)[129], 동쪽의 승신주(勝身洲)[130], 서쪽의 우화주(牛貨洲)[131], 북쪽의 구로주(俱盧洲)[132]

---

126) 산스크리트어 Caturmahārājakāyikās의 번역이고, 일반적으로 사천왕(四天王)이라고 말한다. 동방(東方)의 지국천왕(持國天王), 남방(南方)의 증장천왕(增長天王), 서방(西方)의 광목천왕(廣目天王), 북방(北方)의 다문천왕(多聞天王)이 있다.

127) 팔부중(八部衆)의 가운데에서 야차, 아수라, 긴나라 등을 가리킨다.

128) 당(幢)과 번(幡)의 합성어이고, '당(幢)'은 산스크리트어 dhvaja이고, '번(幡)'은 산스크리트어 Ketu이며, '당'과 '번'의 합성어이다. 염색한 직물에 글씨, 문양, 그림 등을 그리거나, 각종 구슬을 엮어서 사찰에 걸어서 불·보살님들의 공덕을 장엄하는 깃발을 뜻한다.

129) 산스크리트어 Jambu-dvipa의 번역이다.

130) 산스크리트어 Pūrva-videha의 번역이다.

의 그 가운데의 여러 사람들은 세존의 신력을 까닭으로 각각이 세존께서 그들의 앞에 바르게 앉아있는 것을 보고서 모두가 말하였다.

'여래께서 나를 위하여 설법하시는구나!'

이와 같이 사대왕중천(四大王衆天), 삼십삼천(三十三天)[133], 야마천(夜摩天)[134], 도사다천(覩史多天)[135], 낙변화천(樂變化天)[136], 타화자재천(他化自在天)[137], 범중천(梵衆天)[138], 범보천(梵補天)[139], 범회천(梵會天)[140], 대범천(大梵天)[141], 광천(光天), 소광천(少光天)[142], 무량광천(無量光天)[143], 극광정천(極光淨天)[144], 정천(淨天), 소정천(少淨天)[145], 무량정천(無量淨天)[146], 변정천(遍淨天)[147], 광천(廣天), 소광천(少廣天)[148], 무량광천(無量光

---

131) 산스크리트어 Apara-godānlya의 번역이다.

132) 산스크리트어 Uttara-kuru의 번역이다.

133) 산스크리트어 Trayastrimśa의 번역이고, 욕계(欲界) 육천(六天)의 제2도리천(忉利天)을 말한다. 수미산 정상에 있는 중앙에 왕인 제석(帝釋)이 있고 사방의 봉우리에 각각 8신(神)이 있어 33신(神)들이 머무는 천상이다.

134) 산스크리트어 Suyāma의 번역이고, 욕계 육천의 제3염마천(焰摩天)을 말한다.

135) 산스크리트어 Tuṣita의 번역이고, 욕계 육천의 제4도솔천(兜率天)을 말한다.

136) 산스크리트어 Nirmāṇarati의 번역이고, 욕계 육천의 제5화락천(化樂天)을 말한다.

137) 산스크리트어 Paranirmita-vaśavartin의 번역이고, 욕계 육천의 제6천타화천(他化天)을 말한다.

138) 산스크리트어 Brahmakāyikā의 번역이고, 색계(色界) 십팔천(十八天)의 제1천(天)이며, 사바세계(娑婆世界)의 주인(主人)인 대범천왕(大梵天王)이 다스리는 천상을 뜻한다.

139) 산스크리트어 Brahmapurohita의 번역이고, 색계 십팔천의 제2무량광천(無量光天)을 말한다.

140) 산스크리트어 Ābhassarā의 번역이고, 색계 십팔천의 제3광음천(光音天)을 말한다.

141) 산스크리트어 Mahābrahmā의 번역이다.

142) 산스크리트어 Paṇīttābha의 번역이고, 색계 십팔천의 제5광요천(光曜天)을 말한다.

143) 산스크리트어 Apramāṇābha의 번역이고, 색계 십팔천의 제6극광천(極光天)을 말한다.

144) 산스크리트어 Ābhāsvara의 번역이고, 색계 십팔천의 제7광음천(光音天)을 말한다.

145) 산스크리트어 Paṇīttaśubha의 번역이고, 색계 십팔천의 제8극광천(極光天)을 말한다.

146) 산스크리트어 Apramāṇaśubha의 번역이고, 색계 십팔천의 제8극광천(極光天)을 말한다.

天)149), 광과천(廣果天)150), 무번천(無繁天)151), 무열천(無熱天)152), 선현
천(善現天)153), 선견천(善見天)154), 색구경천(色究竟天)155) 등도 역시 세존
의 신력을 까닭으로 각각이 세존께서 그들의 앞에 바르게 앉아있는 것을
보고서 모두가 말하였다.

'여래께서 나를 위하여 설법하시는구나!'

이때 세존께서는 자리에서 일어나지 않으셨고 빙그레 미소를 지으셨으
며 그 입으로부터 대광명(大光明)을 펼쳐놓아서 삼천대천의 불국토와
아울러 나머지의 시방의 긍가의 모래와 같은 제불의 세계를 두루 비추시었
다. 이때 이 삼천대천세계 불국토의 일체의 유정들은 세존의 광명을
찾아서 시방의 긍가의 모래와 같은 제불의 세계에서 일체의 여래(如來)156)
·응공(應供)157)·정등각(正等覺)158)께서 성문(聲聞)159)과 보살(菩薩)160)
들의 대중들에게 위요(圍繞)되어 있었고, 나머지의 유정과 무정(無情)들의
품류(品類)가 차별되는 것을 두루 보았다.

이때 그 시방의 긍가의 모래와 같은 제불 세계의 일체의 유정들도
세존의 광명을 찾았고 역시 이 국토의 석가모니 여래·응공·정등각께서
성문과 보살들의 대중들에게 위요(圍繞)되어 있었고, 나머지의 유정과

---

147) 산스크리트어 Śubhakṛtsna의 번역이고, 색계 십팔천의 제9극광천(極光天)을 말한다.
148) 산스크리트어 Anabhraka의 번역이고, 색계 십팔천의 제10극광천(極光天)을 말한다.
149) 산스크리트어 Puṇyaprasava의 번역이고, 색계 십팔천의 제11극광천(極光天)을 말한다.
150) 산스크리트어 Bṛhatphala의 번역이고, 색계 십팔천의 제12극광천(極光天)을 말한다.
151) 산스크리트어 Avṛha의 번역이고, 색계 십팔천의 제13무운천(無雲天)을 말한다.
152) 산스크리트어 Atapa의 번역이고, 색계 십팔천의 제14복생천(福生天)을 말한다.
153) 산스크리트어 Sudṛśa의 음사이다.
154) 산스크리트어 Sudarśana의 음사이다.
155) 산스크리트어 Akaniṣṭha의 음사이다.
156) 산스크리트어 Tathāgata의 번역이다.
157) 산스크리트어 Arhat의 번역이다.
158) 산스크리트어 Samyak-sambodhi의 번역이다.
159) 산스크리트어 Śrāvaka의 번역이다.
160) 산스크리트어 Bodhisattva의 번역이다.

무정들의 품류가 차별되는 것을 두루 보았다.

　그때 동방(東方)의 긍가의 모래와 같은 세계를 지나가면 최후의 세계를 다보(多寶)라고 이름하며, 여래(佛)의 명호는 보성(寶性)여래·응공·정등각·명행원만(明行圓滿)161)·선서(善逝)162)·세간해(世間解)163)·무상장부(無上丈夫)164)·조어사(調御士)165)·천인사(天人師)166)·불·박가범(佛薄伽梵)167)이셨다. 이때 현재 그곳에서 안은하게 머무르시면서 제보살마하살들을 위하여 대반야바라밀다(大般若波羅蜜多)168)를 설하셨다.

　그곳에 보살이 있어 보광(普光)이라고 이름하였는데, 이 큰 광명과 대지(大地)의 변동과 불신(佛身)의 상호를 보고 마음속으로 오히려 의심을 품고 세존의 처소로 나아가서 머리 숙여 두 발에 예경하고서 아뢰어 말하였다.

　“세존이시여. 무슨 인연으로 이런 상서로움이 있습니까?”

　그때 보성불께서는 보광보살마하살에게 말씀하셨다.

　“선남자여. 이곳에서 서방(西方)으로 긍가의 모래와 같은 세계를 지나가면 최후의 세계를 감인(堪忍)이라고 이름하고, 여래의 명호는 석가모니여래·응공·정등각·명행원만·선서·세간해·무상장부·조어사·천인사·불·박가범이시며, 지금 현재 그곳에서 안은하게 머무르면서 제보살마하살(諸菩薩摩訶薩)들을 위하여 대반야바라밀다를 설하시고 있으며, 그 여래의 신력을 까닭으로 이러한 상서가 나타나느니라.”

　보광보살은 듣고 환희하고 용약하면서 거듭하여 여래께 아뢰어 말하였다.

---

161) 산스크리트어 Vidyā-carana-sajpanna의 번역이다.
162) 산스크리트어 Sugata의 번역이다.
163) 산스크리트어 Lokavid의 번역이다.
164) 산스크리트어 Anuttara의 번역이다.
165) 산스크리트어 Puruṣadamya－sārathi의 번역이다.
166) 산스크리트어 satthā devamanussāna의 번역이다.
167) 산스크리트어 Buddha-Bhagavān의 번역이다.
168) 산스크리트어 Mahā-Prajñāpāramitā의 번역이다.

"여래이시여. 저는 지금 감인세계로 나아가서 석가모니여래와 제보살마하살들을 보고서 예경하고 공양하며, 무애해다라니문(無碍解陀羅尼門)과 삼마지문(三摩地門)을 얻어 신통이 자재하고 최후신(最後身)[169]의 존귀한 계위를 이어갈 자로 머물겠습니다. 오직 원하옵건대 자비로 애민(哀愍)하게 생각하시어 허락하여 주십시오."

이때 보성불께서는 보광보살에게 말씀하셨다.

"옳도다.(善哉)[170] 옳도다. 지금이 바로 때이니라. 그대의 뜻을 따라서 가도록 하라."

곧 일천의 보배의 잎으로 장엄된 일천 줄기의 금색(金色)의 연꽃을 보광보살에게 주시면서 가르쳐서 말씀하셨다.

"그대는 이 꽃을 가지고 석가모니불의 처소에 이르러 나의 말과 같이 아뢰도록 하게.

'보성여래께서 무량하게 문신(問訊)하셨습니다. 병이 적으시고 번뇌가 적으시며, 기거(起居)는 가볍고 편리하십니까? 기력(氣力)은 조화(調和)롭고 안락하게 머무르십니까? 세간의 일은 인욕하실 수 있습니까? 중생들을 제도하시는 것은 쉬우십니까? 이 연꽃을 가지고 여래께 드리겠사오니 불사(佛事)를 삼으십시오.'

그대가 그 세계에 이른다면 바른 지혜에 상응하여 머무르고 그 불국토와 여러 대중을 관찰하면서 업신여기는 마음을 품어서 스스로를 훼손시키고 해치지 않도록 하게. 왜 그러한가? 그 제보살(諸菩薩)들의 위덕은 미치기 어렵나니, 자비와 서원으로 마음을 훈습하였고 큰 인연으로 그 국토에 태어났던 까닭이니라."

이때 보광보살은 꽃을 받았고 칙명(勅)을 받들고서 무량한 백천 구지·나

---

169) 산스크리트어 antima-deha의 번역이고, '최후생(最後生)', '최후유(最後有)', '최후보살(後身菩薩)' 등으로 번역된다. 모든 번뇌를 끊고 열반에 이르는 아라한(arhat)을 말하고, 대승(大乘)에서는 불과(佛果)를 얻은 보살의 몸을 말한다.

170) 산스크리트어 Sādhu의 번역이다. 감탄사로 매우 빈번하게 사용되며, '좋다.', '예', '그렇다.' 등의 비슷한 질문에 대한 대답의 동의 또는 승인을 나타내는 말이다.

유타의 출가(出家)·재가(在家)의 보살마하살과 무수한 백천의 동남(童男)·
동녀(童女)와 함께 여래의 발에 머리 숙여 예경하고 오른쪽으로 돌면서
떠나갔다. 각자 무량한 여러 종류의 꽃·향·보배의 당번·일산·의복·보배
장식과 나머지의 공양구(供養具)를 지니고 떠나오면서 지나는 곳의 동방
에서 긍가의 모래와 같은 제불 세계의 한 분·한 분의 여래들께도 공양(供養)
하였고 공경(恭敬)하였으며 존중(尊重)하고 찬탄(讚歎)하였으며, 헛되게
지나치지 않았다.

　이 세존의 처소에 이르러서 두 발에 머리 숙여 예경하고 백천 번을
돌고 물러나서 한쪽에 서 있었는데, 보광보살이 세존의 앞에서 아뢰어
말하였다.

　"세존이시여. 이곳에서 동방의 긍가의 모래와 같은 세계를 지나가면
최후에 있는 세계를 다보라고 이름하옵고 여래의 명호는 보성여래·응공·
정등각·명행원만·선서·세간해·무상장부·조어사·천인사·불·박가범이
시며, 세존께 무량하게 문신하셨습니다.

　'병이 적으시고 번뇌가 적으시며, 기거는 가볍고 편리하십니까? 기력은
조화롭고 안락하게 머무르십니까? 세간의 일은 인욕할 수 있습니까?
중생들을 제도하시는 것은 쉬우십니까? 이 연꽃을 가지고 세존께 드리겠
사오니 불사를 삼으십시오.'"

　이때 석가모니불께서는 이 연꽃을 받으셨고 동방의 긍가의 모래와
같은 제불의 세계에 뿌리셨다. 세존의 신력을 까닭으로 이 연꽃들이
제불 국토에 널리 퍼졌고, 여러 화대(花臺)의 가운데에서는 각각 화불(化
佛)께서 가부좌를 맺으셨으며 제보살들을 위하여 대반야바라밀다와 상응
한 법을 설하셨고, 유정이 들었던 자는 반드시 무상정등보리를 얻었다.
이때 보광보살과 여러 권속들은 이러한 일을 보고서 미증유라고 환희하고
용약하면서 각자 선근(善根)과 공양구의 많고 적음을 따라서 세존과 보살
들에게 공양하고 공경하고 존중하고 찬탄하였으며, 물러나서 한쪽에
앉았다.

　이와 같이 최후의 세계보다 이전에 있었던 동방의 하나·하나의 제불

국토에서도 각각 여래께서 머무르셨고 현재의 대중들을 위하여 미묘한 법을 연설하셨다. 이 제불의 처소에서도 역시 한 상수(上首)의 보살이 있었는데, 이 큰 광명과 대지의 변동과 불신의 상호를 보고 마음속으로 오히려 의심을 품고 여래의 처소로 나아가서 머리 숙여 두 발에 예경하고서 아뢰어 말하였다.

"여래이시여. 무슨 인연으로 이런 상서로움이 있습니까?"

이때 그 처소의 여래께서는 각각 알려 말씀하셨다.

"선남자여. 이곳의 서방에 감인이라는 세계가 있고, 여래의 명호는 석가모니여래·응공·정등각·명행원만·선서·세간해·무상장부·조어사·천인사·불·박가범이시며, 장차 제보살마하살들을 위하여 대반야바라밀다를 설하시고 있으며, 그 여래의 신력을 까닭으로 이러한 상서가 나타나느니라."

상수보살들은 듣고 환희하고 용약하면서 각자 감인세계로 가서 세존과 보살들께 예경하고 공양하고자 청(請)하였고, 그곳의 제여래(諸如來)께서도 좋다고 찬탄하시면서 가는 것을 허락하셨고 각자 금빛의 일천 줄기의 보배 연꽃을 주시면서 알려 말씀하셨다.

"그대들은 이 꽃을 가지고 석가모니불의 처소에 이르러 나의 말을 갖추어 자세하게 말하도록 하라.

'여래께서 무량하게 문신하셨습니다. 병이 적으시고 번뇌가 적으시며, 기거는 가볍고 편리하십니까? 기력은 조화롭고 안락하게 머무르십니까? 세간의 일은 인욕하실 수 있습니까? 중생들을 제도하시는 것은 쉬우십니까? 이 연꽃을 가지고 세존께 드리겠사오니 불사를 삼으십시오.'

그대가 그 세계에 이른다면 바른 지혜에 상응하여 머무르고 그 불국토와 여러 대중을 관찰하면서 업신여기는 마음을 품어서 스스로를 훼손시키고 해치지(毁傷) 않도록 하게. 왜 그러한가? 그 제보살들의 위덕은 미치기 어렵나니, 자비와 서원으로 마음을 훈습하였고 큰 인연으로 그 국토에 태어났던 까닭이니라."

이때 한 명·한 명의 상수보살은 꽃을 받았고 칙명(勅)을 받들고서

무량한 백천 구지·나유타의 출가·재가의 보살마하살과 무수한 백천의
동남·동녀와 함께 세존께 예경하였으며, 공양구를 지니고 떠나오면서
지나는 제불 세계의 한 분·한 분의 여래들께도 공양하면서 헛되게 지나치
지 않았다.

이 세존의 처소에 이르러서 두 발에 머리 숙여 예경하였고 백천 번을
돌았으며 꽃을 받들었으며 일을 자세히 말하였다. 이때 석가모니불께서
는 이 연꽃을 받으셨고 되돌려서 동방의 세계에 뿌리셨고, 세존의 신력을
까닭으로 이 연꽃들이 제불 국토에 널리 퍼졌고, 여러 화대의 가운데에서
는 각각 화불께서 가부좌를 맺으셨으며 제보살들을 위하여 대반야바라밀
다와 상응한 법을 설하셨고, 유정이 들었던 자는 반드시 무상정등보리를
얻었다.

상수보살과 여러 권속들은 이러한 일을 보고서 미증유라고 환희하고
용약하면서 각자 선근(善根)과 공양구의 많고 적음을 따라서 세존과 보살
들에게 공양하고 공경하고 존중하고 찬탄하였으며, 물러나서 한쪽에
앉았다.

그때 남방(南方)의 긍가의 모래와 같은 세계를 지나가면 최후의 세계를
이일체우(離一切憂)라고 이름하며, 여래의 명호는 무우덕(無憂德)여래·응
공·정등각·명행원만·선서·세간해·무상장부·조어사·천인사·불·박가
범이셨다. 이때 현재 그곳에서 안은하게 머무르면서 제보살마하살들을
위하여 대반야바라밀다를 설하셨다.

그곳에 보살이 있어 이우(離憂)라고 이름하였는데, 이 큰 광명과 대지의
변동과 불신의 상호를 보고 마음속으로 오히려 의심을 품고 여래의 처소로
나아가서 머리 숙여 두 발에 예경하고서 아뢰어 말하였다.

"여래이시여. 무슨 인연으로 이런 상서로움이 있습니까?"

그때 무우덕불께서는 이우보살마하살에게 말씀하셨다.

"선남자여. 이곳에서 북방(北方)으로 긍가의 모래와 같은 세계를 지나
가면 최후의 세계를 감인이라고 이름하고, 여래의 명호는 석가모니여래·

응공·정등각·명행원만·선서·세간해·무상장부·조어사·천인사·불·박
가범이시며, 지금 현재 그곳에서 안은하게 머무르면서 제보살마하살들을
위하여 대반야바라밀다를 설하시고 있으며, 그 여래의 신력을 까닭으로
이러한 상서가 나타나느니라."

이우보살은 듣고 환희하고 용약하면서 거듭하여 여래께 아뢰어 말하였다.

"여래이시여. 저는 지금 감인세계로 나아가서 석가모니여래와 제보살
마하살들을 보고서 예경하고 공양하며, 무애해다라니문과 삼마지문을
얻어 신통이 자재하고 최후신의 존귀한 계위를 이어갈 자로 머물겠습니
다. 오직 원하옵건대 자비로 애민하게 생각하시어 허락하여 주십시오."

그때 무우덕불께서는 이우보살에게 말씀하셨다.

"옳도다. 옳도다. 지금이 바로 때이니라. 그대의 뜻을 따라서 가도록
하게."

곧 일천의 보배의 잎으로 장엄된 일천 줄기의 금색의 연꽃을 이우보살에
게 주시면서 가르쳐서 말씀하셨다.

"그대는 이 꽃을 가지고 석가모니불의 처소에 이르러 나의 말과 같이
아뢰도록 하라.

'무우덕여래께서 무량하게 문신하셨습니다. 병이 적으시고 번뇌가
적으시며, 기거는 가볍고 편리하십니까? 기력은 조화롭고 안락하게 머무
르십니까? 세간의 일은 인욕하실 수 있습니까? 중생들을 제도하시는
것은 쉬우십니까? 이 연꽃을 가지고 세존께 드리겠사오니 불사를 삼으십
시오.'

그대가 그 세계에 이른다면 바른 지혜에 상응하여 머무르고 그 불국토와
여러 대중을 관찰하면서 업신여기는 마음을 품어서 스스로를 훼손시키고
해치지 않도록 하게. 왜 그러한가? 그 제보살들의 위덕은 미치기 어렵나
니, 자비와 서원으로 마음을 훈습하였고 큰 인연으로 그 국토에 태어났던
까닭이니라."

이때 이우보살은 꽃을 받았고 칙명을 받들고서 무량한 백천 구지·나유
타의 출가·재가의 보살마하살과 무수한 백천의 동남·동녀와 함께 세존의

발에 머리 숙여 예경하고 오른쪽으로 돌면서 떠나갔다. 각자 무량한 여러 종류의 꽃·향·보배의 당번·일산·의복·보배 장식과 나머지의 공양구를 지니고 떠나오면서 지나는 곳의 동방 긍가의 모래와 같은 제불 세계의 한 분·한 분의 여래들께도 공양하였고 공경하였으며 존중하고 찬탄하였으며, 헛되게 지나치지 않았다.

이 세존의 처소에 이르러서 두 발에 머리 숙여 예경하고 백천 번을 돌고 물러나서 한쪽에 서 있었는데, 이우보살이 세존의 앞에서 아뢰어 말하였다.

"세존이시여. 이곳에서 남방의 긍가의 모래와 같은 세계를 지나가면 최후에 있는 세계를 이일체우라고 이름하옵고 여래의 명호는 무덕여래·응공·정등각·명행원만·선서·세간해·무상장부·조어사·천인사·불·박가범이신데, 세존께 무량하게 문신하셨습니다.

'병이 적으시고 번뇌가 적으시며, 기거는 가볍고 편리하십니까? 기력은 조화롭고 안락하게 머무르십니까? 세간의 일은 인욕할 수 있습니까? 중생들을 제도하시는 것은 쉬우십니까? 이 연꽃을 가지고 세존께 드리겠사오니 불사를 삼으십시오.'"

이때 석가모니불께서는 이 연꽃을 받으셨고 남방에서 긍가의 모래와 같은 제불의 세계에 뿌리셨다. 세존의 신력을 까닭으로 이 연꽃들이 제불 국토에 널리 퍼졌고, 여러 화대의 가운데에서는 각각 화불께서 가부좌를 맺으셨으며 제보살들을 위하여 대반야바라밀다와 상응한 법을 설하셨고, 유정이 들었던 자는 반드시 무상정등보리를 얻었다. 이때 이우보살과 여러 권속들은 이러한 일을 보고서 미증유라고 환희하고 용약하면서 각자 선근과 공양구의 많고 적음을 따라서 세존과 보살들에게 공양하고 공경하고 존중하고 찬탄하였으며, 물러나서 한쪽에 앉았다.

이와 같이 최후의 세계보다 이전에 있었던 남방의 하나·하나의 제불 국토에서도 각각 여래께서 머무셨고 현재의 대중들을 위하여 미묘한 법을 연설하셨다. 이 제불의 처소에서도 역시 한 상수의 보살이 있었는데, 이 큰 광명과 대지의 변동과 불신의 상호를 보고 마음속으로 오히려 의심을 품고 세존의 처소로 나아가서 머리 숙여 두 발에 예경하고서 아뢰어 말하였다.

"여래이시여. 무슨 인연으로 이런 상서로움이 있습니까?"

이때 그 처소·처소의 여래께서는 각각 알려 말씀하셨다.

"선남자여. 이곳의 북방에 감인이라는 세계가 있고, 세존의 명호는 석가모니여래·응공·정등각·명행원만·선서·세간해·무상장부·조어사·천인사·불·박가범이시며, 장차 제보살마하살들을 위하여 대반야바라밀다를 설하시고 있으며, 그 세존의 신력을 까닭으로 이러한 상서가 나타나느니라."

상수보살들은 듣고 환희하고 용약하면서 각자 감인세계로 가서 세존과 보살들께 예경하고 공양하고자 청하였고, 그곳의 제여래께서도 좋다고 찬탄하시면서 가는 것을 허락하셨고 각자 금빛의 일천 줄기의 보배 연꽃을 주시면서 알려 말씀하셨다.

"그대들은 이 꽃을 가지고 석가모니불의 처소에 이르러 나의 말을 갖추어 자세하게 말하도록 하라.

'세존께서 무량하게 문신하셨습니다. 병이 적으시고 번뇌가 적으시며, 기거는 가볍고 편리하십니까? 기력은 조화롭고 안락하게 머무르십니까? 세간의 일은 인욕하실 수 있습니까? 중생들을 제도하시는 것은 쉬우십니까? 이 연꽃을 가지고 세존께 드리겠사오니 불사를 삼으십시오.'

그대가 그 세계에 이른다면 바른 지혜에 상응하여 머무르고 그 불국토와 여러 대중을 관찰하면서 업신여기는 마음을 품어서 스스로를 훼손시키고 해치지 않도록 하게. 왜 그러한가? 그 제보살들의 위덕은 미치기 어렵나니, 자비와 서원으로 마음을 훈습하였고 큰 인연으로 그 국토에 태어났던 까닭이니라."

이때 한 명·한 명의 상수보살은 꽃을 받았고 칙명을 받들고서 무량한 백천 구지·나유타의 출가·재가의 보살마하살과 무수한 백천의 동남·동녀와 함께 세존께 예경하였으며, 공양구를 지니고 떠나오면서 지나는 제불세계의 한 분·한 분의 여래들께도 공양하면서 헛되게 지나치지 않았다.

이 세존의 처소에 이르러서 두 발에 머리 숙여 예경하였고 백천 번을 돌았으며 꽃을 받들었으며 일을 자세히 말하였다. 이때 석가모니불께서는 이 연꽃을 받으셨고 되돌려서 남방의 세계에 뿌리셨고, 세존의 신력을 까닭으로 이 연꽃들이 제불 국토에 널리 퍼졌고, 여러 화대의 가운데에서는 각각 화불께서 가부좌를 맺으셨으며 제보살들을 위하여 대반야바라밀다와 상응한 법을 설하셨고, 유정이 들었던 자는 반드시 무상정등보리를 얻었다.

상수보살과 여러 권속들은 이러한 일을 보고서 미증유라고 환희하고 용약하면서 각자 선근과 공양구의 많고 적음을 따라서 세존과 보살들에게 공양하고 공경하고 존중하고 찬탄하였으며, 물러나서 한쪽에 앉았다.

그때 서방(西方)의 긍가의 모래와 같은 세계를 지나가면 최후의 세계를 근적정(近寂靜)이라고 이름하며, 여래의 명호는 보염(寶焰)여래·응공·정등각·명행원만·선서·세간해·무상장부·조어사·천인사·불·박가범이셨다. 이때 현재 그곳에서 안은하게 머무르면서 제보살마하살들을 위하여 대반야바라밀다를 설하시었다.

그곳에 보살이 있어 행혜(行慧)라고 이름하였는데, 이 큰 광명과 대지의 변동과 불신의 상호를 보고 마음속으로 오히려 의심을 품고 여래의 처소로 나아가서 머리 숙여 두 발에 예경하고서 아뢰어 말하였다.

"여래이시여. 무슨 인연으로 이런 상서로움이 있습니까?"

그때 보염불께서는 행혜보살마하살에게 말씀하셨다.

"선남자여. 이곳에서 동방으로 긍가의 모래와 같은 세계를 지나가면 최후의 세계를 감인이라고 이름하고, 세존의 명호는 석가모니여래·응공·정등각·명행원만·선서·세간해·무상장부·조어사·천인사·불·박가범이시며, 지금 현재 그곳에서 안은하게 머무르면서 제보살마하살들을 위하여 대반야바라밀다를 설하시고 있으며, 그 세존의 신력을 까닭으로 이러한 상서가 나타나느니라."

행혜보살은 듣고 환희하고 용약하면서 거듭하여 여래께 아뢰어 말하였다.

"여래이시여. 저는 지금 감인세계로 나아가서 석가모니여래와 제보살 마하살들을 보고서 예경하고 공양하며, 무애해다라니문과 삼마지문을 얻어 신통이 자재하고 최후신의 존귀한 계위를 이어갈 자로 머물겠습니 다. 오직 원하옵건대 자비로 애민하게 생각하시어 허락하여 주십시오."

그때 보염불께서는 행혜보살에게 말씀하셨다.

"옳도다. 옳도다. 지금이 바로 때이니라. 그대의 뜻을 따라서 가도록 하게."

곧 일천의 보배의 잎으로 장엄된 일천 줄기의 금색의 연꽃을 행혜보살에 게 주시면서 가르쳐서 말씀하셨다.

"그대는 이 꽃을 가지고 석가모니불의 처소에 이르러 나의 말과 같이 아뢰도록 하라.

'보염여래께서 무량하게 문신하셨습니다. 병이 적으시고 번뇌가 적으 시며, 기거는 가볍고 편리하십니까? 기력은 조화롭고 안락하게 머무르십 니까? 세간의 일은 인욕하실 수 있습니까? 중생들을 제도하시는 것은 쉬우십니까? 이 연꽃을 가지고 세존께 드리겠사오니 불사를 삼으십시오.'

그대가 그 세계에 이른다면 바른 지혜에 상응하여 머무르고 그 불국토와 여러 대중을 관찰하면서 업신여기는 마음을 품어서 스스로를 훼손시키고 해치지 않도록 하게. 왜 그러한가? 그 제보살들의 위덕은 미치기 어렵나 니, 자비와 서원으로 마음을 훈습하였고 큰 인연으로 그 국토에 태어났던 까닭이니라."

이때 행혜보살은 꽃을 받았고 칙명을 받들고서 무량한 백천 구지·나유 타의 출가·재가의 보살마하살과 무수한 백천의 동남·동녀와 함께 여래의 발에 머리 숙여 예경하고 오른쪽으로 돌면서 떠나갔다. 각자 무량한 여러 종류의 꽃·향·보배의 당번·일산·의복·보배 장식과 나머지의 공양구 를 지니고 떠나오면서 지나는 곳의 동방 긍가의 모래와 같은 제불 세계의 한 분·한 분의 여래들께도 공양하였고 공경하였으며 존중하고 찬탄하였 으며, 헛되게 지나치지 않았다.

이 세존의 처소에 이르러서 두 발에 머리 숙여 예경하고 백천 번을 돌고 물러나서 한쪽에 서 있었는데, 행혜보살이 세존의 앞에서 아뢰어 말하였다.

"세존이시여. 이곳에서 서방의 긍가의 모래와 같은 세계를 지나가면 최후에 있는 세계를 근적정이라고 이름하옵고 여래의 명호는 보염여래·응공·정등각·명행원만·선서·세간해·무상장부·조어사·천인사·불·박가범이신데, 세존께 무량하게 문신하셨습니다.

'병이 적으시고 번뇌가 적으시며, 기거는 가볍고 편리하십니까? 기력은 조화롭고 안락하게 머무르십니까? 세간의 일은 견딜 수 있습니까? 중생들을 제도하시는 것은 쉬우십니까? 이 연꽃을 가지고 세존께 드리겠사오니 불사를 삼으십시오.'"

이때 석가모니불께서는 이 연꽃을 받으셨고 서방의 긍가의 모래와 같은 제불의 세계에 뿌리셨다. 세존의 신력을 까닭으로 이 연꽃들이 제불 국토에 널리 퍼졌고, 여러 화대의 가운데에서는 각각 화불께서 가부좌를 맺으셨으며 제보살들을 위하여 대반야바라밀다와 상응한 법을 설하셨고, 유정이 들었던 자는 반드시 무상정등보리를 얻었다. 이때 행혜보살과 여러 권속들은 이러한 일을 보고서 미증유라고 환희하고 용약하면서 각자 선근과 공양구의 많고 적음을 따라서 세존과 보살들에게 공양하고 공경하고 존중하고 찬탄하였으며, 물러나서 한쪽에 앉았다.

이와 같이 최후의 세계보다 이전에 있었던 서방의 하나·하나의 제불 국토에서도 각각 여래께서 머무셨고 현재의 대중들을 위하여 미묘한 법을 연설하셨다. 이 제불의 처소에서도 역시 한 상수의 보살이 있었는데, 이 큰 광명과 대지의 변동과 불신의 상호를 보고 마음속으로 오히려 의심을 품고 여래의 처소로 나아가서 머리 숙여 두 발에 예경하고서 아뢰어 말하였다.

"여래이시여. 무슨 인연으로 이런 상서로움이 있습니까?"

이때 그 처소·처소의 여래께서는 각각 알려 말씀하셨다.

"선남자여. 이곳의 동방에 감인이라는 세계가 있고, 세존의 명호는

석가모니여래·응공·정등각·명행원만·선서·세간해·무상장부·조어사·
천인사·불·박가범이시며, 장차 제보살마하살들을 위하여 대반야바라밀
다를 설하시고 있으며, 그 세존의 신력을 까닭으로 이러한 상서가 나타나
느니라."

상수보살들은 듣고 환희하고 용약하면서 각자 감인세계로 가서 세존과
보살들께 예경하고 공양하고자 청하였고, 그곳의 제여래께서도 좋다고
찬탄하시면서 가는 것을 허락하셨고 각자 금빛의 일천 줄기의 보배 연꽃을
주시면서 알려 말씀하셨다.

"그대들은 이 꽃을 가지고 석가모니불의 처소에 이르러 나의 말을
갖추어 자세하게 말하도록 하라.

'세존께서 무량하게 문신하셨습니다. 병이 적으시고 번뇌가 적으시며,
기거는 가볍고 편리하십니까? 기력은 조화롭고 안락하게 머무르십니까?
세간의 일은 인욕하실 수 있습니까? 중생들을 제도하시는 것은 쉬우십니
까? 이 연꽃을 가지고 세존께 드리겠사오니 불사를 삼으십시오.'

그대가 그 세계에 이른다면 바른 지혜에 상응하여 머무르고 그 불국토와
여러 대중을 관찰하면서 업신여기는 마음을 품어서 스스로를 훼손시키고
해치지 않도록 하게. 왜 그러한가? 그 제보살들의 위덕은 미치기 어렵나
니, 자비와 서원으로 마음을 훈습하였고 큰 인연으로 그 국토에 태어났던
까닭이니라."

이때 한 명·한 명의 상수보살은 꽃을 받았고 칙명을 받들고서 무량한
백천 구지·나유타의 출가·재가의 보살마하살과 무수한 백천의 동남·동녀
와 함께 여래께 예경하였으며, 공양구를 지니고 떠나오면서 지나는 제불
세계의 한 분·한 분의 세존들께도 공양하면서 헛되게 지나치지 않았다.

이 세존의 처소에 이르러서 두 발에 머리 숙여 예경하였고 백천 번을
돌았으며 꽃을 받들었으며 일을 자세히 말하였다. 이때 석가모니불께서
는 이 연꽃을 받으셨고 되돌려서 서방의 세계에 뿌리셨고, 세존의 신력을
까닭으로 이 연꽃들이 제불 국토에 널리 퍼졌고, 여러 화대의 가운데에서
는 각각 화불께서 가부좌를 맺으셨으며 제보살들을 위하여 대반야바라밀

다와 상응한 법을 설하셨고, 유정이 들었던 자는 반드시 무상정등보리를 얻었다.

상수보살과 여러 권속들은 이러한 일을 보고서 미증유라고 환희하고 용약하면서 각자 선근과 공양구의 많고 적음을 따라서 세존과 보살들에게 공양하고 공경하고 존중하고 찬탄하였으며, 물러나서 한쪽에 앉았다.

마하반야바라밀다경 제2권

1. 연기품(緣起品)(2)

그때 북방(北方)의 긍가의 모래와 같은 세계를 지나가면 최후의 세계를 최승(最勝)이라고 이름하며, 세존의 명호는 승제(勝帝)여래·응공·정등각·명행원만·선서·세간해·무상장부·조어사·천인사·불·박가범이셨다. 이때 현재 그곳에서 안은하게 머무르면서 제보살마하살들을 위하여 대반야바라밀다를 설하시었다.

그곳에 보살이 있어 승수(勝授)라고 이름하였는데, 이 큰 광명과 대지의 변동과 불신의 상호를 보고 마음속으로 오히려 의심을 품고 세존의 처소로 나아가서 머리 숙여 두 발에 예경하고서 아뢰어 말하였다.

"세존이시여. 무슨 인연으로 이런 상서로움이 있습니까?"

그때 승제불께서는 승수보살마하살에게 말씀하셨다.

"선남자여. 이곳에서 남방으로 긍가의 모래와 같은 세계를 지나가면 최후의 세계를 감인이라고 이름하고, 세존의 명호는 석가모니여래·응공·정등각·명행원만·선서·세간해·무상장부·조어사·천인사·불·박가범이시며, 지금 현재 그곳에서 안은하게 머무르면서 제보살마하살들을 위하여 대반야바라밀다를 설하시고 있으며, 그 세존의 신력을 까닭으로 이러한 상서가 나타나느니라."

승수보살은 듣고 환희하고 용약하면서 거듭하여 세존께 아뢰어 말하였다.

"세존이시여. 저는 지금 감인세계로 나아가서 석가모니여래와 제보살마하살들을 보고서 예경하고 공양하며, 무애해다라니문과 삼마지문을

얻어 신통이 자재하고 최후신의 존귀한 계위를 이어갈 자로 머물겠습니
다. 오직 원하옵건대 자비로 애민하게 생각하시어 허락하여 주십시오.”

그때 승제불께서는 승수보살에게 말씀하셨다.

“옳도다. 옳도다. 지금이 바로 때이니라. 그대의 뜻을 따라서 가도록
하게.”

곧 일천의 보배의 잎으로 장엄된 일천 줄기의 금색의 연꽃을 승수보살에
게 주시면서 가르쳐서 말씀하셨다.

“그대는 이 꽃을 가지고 석가모니불의 처소에 이르러 나의 말과 같이
아뢰도록 하라.

‘승제여래께서 무량하게 문신하셨습니다. 병이 적으시고 번뇌가 적으
시며, 기거는 가볍고 편리하십니까? 기력은 조화롭고 안락하게 머무르십
니까? 세간의 일은 인욕하실 수 있습니까? 중생들을 제도하시는 것은
쉬우십니까? 이 연꽃을 가지고 세존께 드리겠사오니 불사를 삼으십시
오.’

그대가 그 세계에 이른다면 바른 지혜에 상응하여 머무르고 그 불국토와
여러 대중을 관찰하면서 업신여기는 마음을 품어서 스스로를 훼손시키고
해치지 않도록 하게. 왜 그러한가? 그 제보살들의 위덕은 미치기 어렵나
니, 자비와 서원으로 마음을 훈습하였고 큰 인연으로 그 국토에 태어났던
까닭이니라.”

이때 승수보살은 꽃을 받았고 칙명을 받들고서 무량한 백천 구지·나유
타의 출가·재가의 보살마하살과 무수한 백천의 동남·동녀와 함께 세존의
발에 머리 숙여 예경하고 오른쪽으로 돌면서 떠나갔다. 각자 무량한
여러 종류의 꽃·향·보배의 당번·일산·의복·보배 장식과 나머지의 공양구
를 지니고 떠나오면서 지나는 곳의 동방 긍가의 모래와 같은 제불 세계의
한 분·한 분의 세존들께도 공양하였고 공경하였으며 존중하고 찬탄하였
으며, 헛되게 지나치지 않았다.

세존의 처소에 이르러서 두 발에 머리 숙여 예경하고 백천 번을 돌고
물러나서 한쪽에 서 있는데, 승수보살이 세존의 앞에서 아뢰어 말하였

다.

"세존이시여. 이곳에서 북방의 긍가의 모래와 같은 세계를 지나가면 최후에 있는 세계를 최승이라고 이름하옵고 여래의 명호는 승제여래·응공·정등각·명행원만·선서·세간해·무상장부·조어사·천인사·불·박가범이시며 세존께 무량하게 문신하셨습니다.

'병이 적으시고 번뇌가 적으시며, 기거는 가볍고 편리하십니까? 기력은 조화롭고 안락하게 머무르십니까? 세간의 일은 인욕하실 수 있습니까? 중생들을 제도하시는 것은 쉬우십니까? 이 연꽃을 가지고 세존께 드리겠사오니 불사를 삼으십시오.'"

이때 석가모니불께서는 이 연꽃을 받으셨고 북방의 긍가의 모래와 같은 제불의 세계에 뿌리셨다. 세존의 신력을 까닭으로 이 연꽃들이 제불 국토에 널리 퍼졌고, 여러 화대의 가운데에서는 각각 화불께서 가부좌를 맺으셨으며 제보살들을 위하여 대반야바라밀다와 상응한 법을 설하셨고, 유정이 들었던 자는 반드시 무상정등보리를 얻었다. 이때 승수보살과 여러 권속들은 이러한 일을 보고서 미증유라고 환희하고 용약하면서 각자 선근과 공양구의 많고 적음을 따라서 세존과 보살들에게 공양하고 공경하고 존중하고 찬탄하였으며, 물러나서 한쪽에 앉았다.

이와 같이 최후의 세계보다 이전에 있었던 북방의 하나·하나의 제불 국토에서도 각각 여래께서 머무셨고 현재의 대중들을 위하여 미묘한 법을 연설하셨다. 이 제불의 처소에서도 역시 한 상수의 보살이 있었는데, 이 큰 광명과 대지의 변동과 불신의 상호를 보고 마음속으로 오히려 의심을 품고 여래의 처소로 나아가서 머리 숙여 두 발에 예경하고서 아뢰어 말하였다.

"여래이시여. 무슨 인연으로 이런 상서로움이 있습니까?"

이때 그 처소·처소의 여래께서는 각각 알려 말씀하셨다.

"선남자여. 이곳의 남방에 감인이라는 세계가 있고, 세존의 명호는 석가모니여래·응공·정등각·명행원만·선서·세간해·무상장부·조어사·

천인사·불·박가범이시며, 장차 제보살마하살들을 위하여 대반야바라밀다를 설하시고 있으며, 그 세존의 신력을 까닭으로 이러한 상서가 나타나느니라."

상수보살들은 듣고 환희하고 용약하면서 각자 감인세계로 가서 세존과 보살들께 예경하고 공양하고자 청하였고, 그곳의 제여래께서도 좋다고 찬탄하시면서 가는 것을 허락하셨고 각자 금빛의 일천 줄기의 보배 연꽃을 주시면서 알려 말씀하셨다.

"그대들은 이 꽃을 가지고 석가모니불의 처소에 이르러 나의 말을 갖추어 자세하게 말하라.

'세존께서 무량하게 문신하셨습니다. 병이 적으시고 번뇌가 적으시며, 기거는 가볍고 편리하십니까? 기력은 조화롭고 안락하게 머무르십니까? 세간의 일은 인욕하실 수 있습니까? 중생들을 제도하시는 것은 쉬우십니까? 이 연꽃을 가지고 세존께 드리겠사오니 불사를 삼으십시오.'

그대가 그 세계에 이른다면 바른 지혜에 상응하여 머무르고 그 불국토와 여러 대중을 관찰하면서 업신여기는 마음을 품어서 스스로를 훼손시키고 해치지 않도록 하게. 왜 그러한가? 그 제보살들의 위덕은 미치기 어렵나니, 자비와 서원으로 마음을 훈습하였고 큰 인연으로 그 국토에 태어났던 까닭이니라."

이때 한 명·한 명의 상수보살은 꽃을 받았고 칙명을 받들고서 무량한 백천 구지·나유타의 출가·재가의 보살마하살과 무수한 백천의 동남·동녀와 함께 여래께 예경하였으며, 공양구를 지니고 떠나오면서 지나는 제불세계의 한 분·한 분의 여래들께도 공양하면서 헛되게 지나치지 않았다.

세존의 처소에 이르러서 두 발에 머리 숙여 예경하였고 백천 번을 돌았으며 꽃을 받들었으며 일을 자세히 말하였다. 이때 석가모니불께서는 이 연꽃을 받으셨고 되돌려서 북방의 세계에 뿌리셨고, 세존의 신력을 까닭으로 이 연꽃들이 제불 국토에 널리 퍼졌고, 여러 화대의 가운데에서는 각각 화불께서 가부좌를 맺으셨으며 제보살들을 위하여 대반야바라밀다와 상응한 법을 설하셨고, 유정이 들었던 자는 반드시 무상정등보리를 얻었다. 상수보살과 여러 권속들은 이러한 일을 보고서 미증유라고 환희하고 용약하면서 각자 선근과 공양구의 많고 적음을 따라서 세존과 보살들에게 공양하고 공경하고 존중하고 찬탄하였으며, 물러나서 한쪽에 앉았다.

그때 동북방(東北方)의 긍가의 모래와 같은 세계를 지나가면 최후의 세계를 정장엄(定莊嚴)이라고 이름하며, 여래의 명호는 정상승덕(定象勝德)여래·응공·정등각·명행원만·선서·세간해·무상장부·조어사·천인사·불·박가범이셨다. 이때 현재 그곳에서 안은하게 머무르면서 제보살마하살들을 위하여 대반야바라밀다를 설하셨다.

그곳에 보살이 있어 이진용맹(離塵勇猛)이라고 이름하였는데, 이 큰 광명과 대지의 변동과 불신의 상호를 보고 마음속으로 오히려 의심을 품고 여래의 처소로 나아가서 머리 숙여 두 발에 예경하고서 아뢰어 말하였다.

"여래이시여. 무슨 인연으로 이런 상서로움이 있습니까?"

그때 정상승덕불께서는 이진용맹보살마하살에게 말씀하셨다.

"선남자여. 이곳에서 서남방으로 긍가의 모래와 같은 세계를 지나가면 최후의 세계를 감인이라고 이름하고, 세존의 명호는 석가모니여래·응공·정등각·명행원만·선서·세간해·무상장부·조어사·천인사·불·박가범이시며, 지금 현재 그곳에서 안은하게 머무르면서 제보살마하살들을 위하여 대반야바라밀다를 설하시고 있으며, 그 세존의 신력을 까닭으로 이러한 상서가 나타나느니라."

이진용맹보살은 듣고 환희하고 용약하면서 거듭하여 여래께 아뢰어 말하였다.

"여래이시여. 저는 지금 감인세계로 나아가서 석가모니여래와 제보살마하살들을 보고서 예경하고 공양하며, 무애해다라니문과 삼마지문을 얻어 신통이 자재하고 최후신의 존귀한 계위를 이어갈 자로 머물겠습니다. 오직 원하옵건대 자비로 애민하게 생각하시어 허락하여 주십시오."

그때 정상승덕불께서는 이진용맹보살에게 말씀하셨다.

"옳도다. 옳도다. 지금이 바로 때이니라. 그대의 뜻을 따라서 가도록 하라."

곧 일천의 보배의 잎으로 장엄된 일천 줄기의 금색의 연꽃을 이진용맹보살에게 주시면서 가르쳐서 말씀하셨다.

"그대는 이 꽃을 가지고 석가모니불의 처소에 이르러 나의 말과 같이 아뢰도록 하라.

'정상승덕여래께서 무량하게 문신하셨습니다. 병이 적으시고 번뇌가 적으시며, 기거는 가볍고 편리하십니까? 기력은 조화롭고 안락하게 머무르십니까? 세간의 일은 인욕하실 수 있습니까? 중생들을 제도하시는 것은 쉬우십니까? 이 연꽃을 가지고 세존께 드리겠사오니 불사를 삼으십시오.'

그대가 그 세계에 이른다면 바른 지혜에 상응하여 머무르고 그 불국토와 여러 대중을 관찰하면서 업신여기는 마음을 품어서 스스로를 훼손시키고 해치지 않도록 하게. 왜 그러한가? 그 제보살들의 위덕은 미치기 어렵나니, 자비와 서원으로 마음을 훈습하였고 큰 인연으로 그 국토에 태어났던 까닭이니라."

이때 이진용맹보살은 꽃을 받았고 칙명을 받들고서 무량한 백천 구지·나유타의 출가·재가의 보살마하살과 무수한 백천의 동남·동녀와 함께 여래의 발에 머리 숙여 예경하고 오른쪽으로 돌면서 떠나갔다. 각자 무량한 여러 종류의 꽃·향·보배의 당번·일산·의복·보배 장식과 나머지의 공양구를 지니고 떠나오면서 지나는 곳의 동북방 긍가의 모래와 같은 제불 세계의 한 분·한 분의 여래들께도 공양하였고 공경하였으며 존중하고 찬탄하였으며, 헛되게 지나치지 않았다.

세존의 처소에 이르러서 두 발에 머리 숙여 예경하고 백천 번을 돌고 물러나서 한쪽에 서 있었는데, 이진용맹보살이 세존의 앞에서 아뢰어 말하였다.

"세존이시여. 이곳에서 동북방의 긍가의 모래와 같은 세계를 지나가면 최후에 있는 세계를 정장엄이라고 이름하고 여래의 명호는 정상승덕여래·응공·정등각·명행원만·선서·세간해·무상장부·조어사·천인사·불·박가범이시며 세존께 무량하게 문신하셨습니다.

'병이 적으시고 번뇌가 적으시며, 기거는 가볍고 편리하십니까? 기력은 조화롭고 안락하게 머무르십니까? 세간의 일은 인욕하실 수 있습니까? 중생들을 제도하시는 것은 쉬우십니까? 이 연꽃을 가지고 세존께 드리겠사오니 불사를 삼으십시오.'"

이때 석가모니불께서는 이 연꽃을 받으셨고 동북방의 긍가의 모래와 같은 제불의 세계에 뿌리셨다. 세존의 신력을 까닭으로 이 연꽃들이 제불 국토에 널리 퍼졌고, 여러 화대의 가운데에서는 각각 화불께서 가부좌를 맺으셨으며 제보살들을 위하여 대반야바라밀다와 상응한 법을 설하셨고, 유정이 들었던 자는 반드시 무상정등보리를 얻었다. 이때 이진용맹보살과 여러 권속들은 이러한 일을 보고서 미증유라고 환희하고 용약하면서 각자 선근과 공양구의 많고 적음을 따라서 세존과 보살들에게 공양하고 공경하고 존중하고 찬탄하였으며, 물러나서 한쪽에 앉았다.

이와 같이 최후의 세계보다 이전에 있었던 동북방의 하나·하나의 제불 국토에서도 각각 여래께서 머무셨고 현재의 대중들을 위하여 미묘한 법을 연설하셨다. 이 제불의 처소에서도 역시 한 상수의 보살이 있었는데, 이 큰 광명과 대지의 변동과 불신의 상호를 보고 마음속으로 오히려 의심을 품고 여래의 처소로 나아가서 머리 숙여 두 발에 예경하고서 아뢰어 말하였다.

"여래이시여. 무슨 인연으로 이런 상서로움이 있습니까?"

이때 그 처소·처소의 여래께서는 각각 알려 말씀하셨다.

"선남자여. 이곳의 서남방에 감인이라는 세계가 있고, 세존의 명호는 석가모니여래·응공·정등각·명행원만·선서·세간해·무상장부·조어사·천인사·불·박가범이시며, 장차 제보살마하살들을 위하여 대반야바라밀다를 설하시고 있으며, 그 세존의 신력을 까닭으로 이러한 상서가 나타나느니라."

상수보살들은 듣고 환희하고 용약하면서 각자 감인세계로 가서 세존과 보살들께 예경하고 공양하고자 청하였고, 그곳의 제여래께서도 좋다고 찬탄하시면서 가는 것을 허락하셨고 각자 금빛의 일천 줄기의 보배 연꽃을 주시면서 알려 말씀하셨다.

"그대들은 이 꽃을 가지고 석가모니불의 처소에 이르러 나의 말을 갖추어 자세하게 말하라.

'세존께서 무량하게 문신하셨습니다. 병이 적으시고 번뇌가 적으시며, 기거는 가볍고 편리하십니까? 기력은 조화롭고 안락하게 머무르십니까? 세간의 일은 인욕하실 수 있습니까? 중생들을 제도하시는 것은 쉬우십니까? 이 연꽃을 가지고 세존께 드리겠사오니 불사를 삼으십시오.'

그대가 그 세계에 이른다면 바른 지혜에 상응하여 머무르고 그 불국토와 여러 대중을 관찰하면서 업신여기는 마음을 품어서 스스로를 훼손시키고 해치지 않도록 하게. 왜 그러한가? 그 제보살들의 위덕은 미치기 어렵나니, 자비와 서원으로 마음을 훈습하였고 큰 인연으로 그 국토에 태어났던 까닭이니라."

이때 한 명·한 명의 상수보살은 꽃을 받았고 칙명을 받들고서 무량한 백천 구지·나유타의 출가·재가의 보살마하살과 무수한 백천의 동남·동녀와 함께 여래께 예경하였으며, 공양구를 지니고 떠나오면서 지나는 제불세계의 한 분·한 분의 여래들께도 공양하면서 헛되게 지나치지 않았다.

이 세존의 처소에 이르러서 두 발에 머리 숙여 예경하였고 백천 번을 돌았으며 꽃을 받들었으며 일을 자세히 말하였다. 이때 석가모니불께서는 이 연꽃을 받으셨고 되돌려서 동북방의 세계에 뿌리셨고, 세존의 신력을 까닭으로 이 연꽃들이 제불 국토에 널리 퍼졌고, 여러 화대의 가운데에서는 각각 화불께서 가부좌를 맺으셨으며 제보살들을 위하여 대반야바라밀다와 상응한 법을 설하셨고, 유정이 들었던 자는 반드시 무상정등보리를 얻었다. 상수보살과 여러 권속들은 이러한 일을 보고서 미증유라고 환희하고 용약하면서 각자 선근과 공양구의 많고 적음을 따라서 세존과 보살들에게 공양하고 공경하고 존중하고 찬탄하였으며, 물러나서 한쪽에 앉았다.

그때 동남방(東南方)의 궁가의 모래와 같은 세계를 지나가면 최후의 세계를 묘각장엄(妙覺莊嚴)이라고 이름하며, 여래의 명호는 연화승덕(蓮花勝德)여래·응공·정등각·명행원만·선서·세간해·무상장부·조어사·천인사·불·박가범이셨다. 이때 현재 그곳에서 안은하게 머무르면서 제보살마하살들을 위하여 대반야바라밀다를 설하시었다.

그곳에 보살이 있어 연화수(蓮花手)라고 이름하였는데, 이 큰 광명과 대지의 변동과 불신의 상호를 보고 마음속으로 오히려 의심을 품고 여래의 처소로 나아가서 머리 숙여 두 발에 예경하고서 아뢰어 말하였다.

"여래이시여. 무슨 인연으로 이런 상서로움이 있습니까?"

그때 연화승덕불께서는 연화수보살마하살에게 말씀하셨다.

"선남자여. 이곳에서 서북방(西北方)으로 궁가의 모래와 같은 세계를 지나가면 최후의 세계를 감인이라고 이름하고, 세존의 명호는 석가모니여래·응공·정등각·명행원만·선서·세간해·무상장부·조어사·천인사·불·박가범이시며, 지금 현재 그곳에서 안은하게 머무르면서 제보살마하살들을 위하여 대반야바라밀다를 설하시고 있으며, 그 세존의 신력을 까닭으로 이러한 상서가 나타나느니라."

연화수보살은 듣고 환희하고 용약하면서 거듭하여 여래께 아뢰어 말하였다.

"여래이시여. 저는 지금 감인세계로 나아가서 석가모니여래와 제보살마하살들을 보고서 예경하고 공양하며, 무애해다라니문과 삼마지문을 얻어 신통이 자재하고 최후신의 존귀한 계위를 이어갈 자로 머물겠습니다. 오직 원하옵건대 자비로 애민하게 생각하시어 허락하여 주십시오."

이때 연화승덕불께서는 연화수보살에게 말씀하셨다.

"옳도다. 옳도다. 지금이 바로 때이니라. 그대의 뜻을 따라서 가도록 하라."

곧 일천의 보배의 잎으로 장엄된 일천 줄기의 금색의 연꽃을 연화수보살에게 주시면서 가르쳐서 말씀하셨다.

"그대는 이 꽃을 가지고 석가모니불의 처소에 이르러 나의 말과 같이 아뢰도록 하라.

'연화승덕여래께서 무량하게 문신하셨습니다. 병이 적으시고 번뇌가 적으시며, 기거는 가볍고 편리하십니까? 기력은 조화롭고 안락하게 머무르십니까? 세간의 일은 인욕하실 수 있습니까? 중생들을 제도하시는 것은 쉬우십니까? 이 연꽃을 가지고 세존께 드리겠사오니 불사를 삼으십시오.'

그대가 그 세계에 이른다면 바른 지혜에 상응하여 머무르고 그 불국토와 여러 대중을 관찰하면서 업신여기는 마음을 품어서 스스로를 훼손시키고 해치지 않도록 하게. 왜 그러한가? 그 제보살들의 위덕은 미치기 어렵나니, 자비와 서원으로 마음을 훈습하였고 큰 인연으로 그 국토에 태어났던 까닭이니라."

이때 연화수보살은 꽃을 받았고 칙명을 받들고서 무량한 백천 구지·나유타의 출가·재가의 보살마하살과 무수한 백천의 동남·동녀와 함께 여래의 발에 머리 숙여 예경하고 오른쪽으로 돌면서 떠나갔다. 각자 무량한 여러 종류의 꽃·향·보배의 당번·일산·의복·보배 장식과 나머지의 공양구를 지니고 떠나오면서 지나는 곳의 동남방 긍가의 모래와 같은 제불세계의 한 분·한 분의 여래들께도 공양하였고 공경하였으며 존중하고 찬탄하였으며, 헛되게 지나치지 않았다.

세존의 처소에 이르러서 두 발에 머리 숙여 예경하고 백천 번을 돌고 물러나서 한쪽에 서 있었는데, 연화수보살이 세존의 앞에서 아뢰어 말하였다.

"세존이시여. 이곳에서 동남방의 긍가의 모래와 같은 세계를 지나가면 최후에 있는 세계를 묘각장엄이라고 이름하고, 여래의 명호는 연화승덕여래·응공·정등각·명행원만·선서·세간해·무상장부·조어사·천인사·불·박가범이시며, 세존께 무량하게 문신하셨습니다.

'병이 적으시고 번뇌가 적으시며, 기거는 가볍고 편리하십니까? 기력은 조화롭고 안락하게 머무르십니까? 세간의 일은 인욕하실 수 있습니까? 중생들을 제도하시는 것은 쉬우십니까? 이 연꽃을 가지고 세존께 드리겠사오니 불사를 삼으십시오.'"

이때 석가모니불께서는 이 연꽃을 받으셨고 동남방의 긍가의 모래와 같은 제불의 세계에 뿌리셨다. 세존의 신력을 까닭으로 이 연꽃들이 제불 국토에 널리 퍼졌고, 여러 화대의 가운데에서는 각각 화불께서 가부좌를 맺으셨으며 제보살들을 위하여 대반야바라밀다와 상응한 법을 설하셨고, 유정이 들었던 자는 반드시 무상정등보리를 얻었다. 이때 연화수보살과 여러 권속들은 이러한 일을 보고서 미증유라고 환희하고 용약하면서 각자 선근과 공양구의 많고 적음을 따라서 세존과 보살들에게 공양하고 공경하고 존중하고 찬탄하였으며, 물러나서 한쪽에 앉았다.

이와 같이 최후의 세계보다 이전에 있었던 동남방의 하나·하나의 제불 국토에서도 각각 여래께서 머무셨고 현재의 대중들을 위하여 미묘한 법을 연설하셨다. 이 제불의 처소에서도 역시 한 상수의 보살이 있었는데, 이 큰 광명과 대지의 변동과 불신의 상호를 보고 마음속으로 오히려 의심을 품고 여래의 처소로 나아가서 머리 숙여 두 발에 예경하고서 아뢰어 말하였다.

"여래이시여. 무슨 인연으로 이런 상서로움이 있습니까?"

이때 그 처소·처소의 여래께서는 각각 알려 말씀하셨다.

"선남자여. 이곳의 서북방에 감인이라는 세계가 있고, 세존의 명호는 석가모니여래·응공·정등각·명행원만·선서·세간해·무상장부·조어사·천인사·불·박가범이시며, 장차 제보살마하살들을 위하여 대반야바라밀다를 설하시고 있으며, 그 세존의 신력을 까닭으로 이러한 상서가 나타나느니라."

상수보살들은 듣고 환희하고 용약하면서 각자 감인세계로 가서 세존과 보살들께 예경하고 공양하는 것을 청하였고, 그곳의 제여래께서도 좋다고 찬탄하시면서 가는 것을 허락하셨고 각자 금빛의 일천 줄기의 보배 연꽃을 주시면서 알려 말씀하셨다.

"그대들은 이 꽃을 가지고 석가모니불의 처소에 이르러 나의 말을 갖추어 자세하게 말하도록 하라.

'세존께서 무량하게 문신하셨습니다. 병이 적으시고 번뇌가 적으시며, 기거는 가볍고 편리하십니까? 기력은 조화롭고 안락하게 머무르십니까? 세간의 일은 인욕하실 수 있습니까? 중생들을 제도하시는 것은 쉬우십니까? 이 연꽃을 가지고 세존께 드리겠사오니 불사를 삼으십시오.'

그대가 그 세계에 이른다면 바른 지혜에 상응하여 머무르고 그 불국토와 여러 대중을 관찰하면서 업신여기는 마음을 품어서 스스로를 훼손시키고 해치지 않도록 하게. 왜 그러한가? 그 제보살들의 위덕은 미치기 어렵나니, 자비와 서원으로 마음을 훈습하였고 큰 인연으로 그 국토에 태어났던 까닭이니라."

이때 한 명·한 명의 상수보살은 꽃을 받았고 칙명을 받들고서 무량한 백천 구지·나유타의 출가·재가의 보살마하살과 무수한 백천의 동남·동녀와 함께 여래께 예경하였으며, 공양구를 지니고 떠나오면서 지나는 제불세계의 한 분·한 분의 여래들께도 공양하면서 헛되게 지나치지 않았다.

세존의 처소에 이르러서 두 발에 머리 숙여 예경하였고 백천 번을 돌았으며 꽃을 받들었으며 일을 자세히 말하였다. 이때 석가모니불께서는 이 연꽃을 받으셨고 되돌려서 동남방의 세계에 뿌리셨고, 세존의 신력을 까닭으로 이 연꽃들이 제불 국토에 널리 퍼졌고, 여러 화대의 가운데에서는 각각 화불께서 가부좌를 맺으셨으며 제보살들을 위하여 대반야바라밀다와 상응한 법을 설하셨고, 유정이 들었던 자는 반드시 무상정등보리를 얻었다. 상수보살과 여러 권속들은 이러한 일을 보고서 미증유라고 환희하고 용약하면서 각자 선근과 공양구의 많고 적음을 따라서 세존과 보살들에게 공양하고 공경하고 존중하고 찬탄하였으며, 물러나서 한쪽에 앉았다.

그때 서남방(西南方)의 긍가의 모래와 같은 세계를 지나가면 최후의 세계를 이진취(離塵聚)라고 이름하며, 여래의 명호는 일륜변조승덕(日輪遍照勝德)여래·응공·정등각·명행원만·선서·세간해·무상장부·조어사·천인사·불·박가범이셨다. 이때 현재 그곳에서 안은하게 머무르면서 제보살마하살들을 위하여 대반야바라밀다를 설하시었다.

그곳에 보살이 있어 일광명(日光明)이라고 이름하였는데, 이 큰 광명과 대지의 변동과 불신의 상호를 보고 마음속으로 오히려 의심을 품고 여래의 처소로 나아가서 머리 숙여 두 발에 예경하고서 아뢰어 말하였다.

"여래이시여. 무슨 인연으로 이런 상서로움이 있습니까?"

이때 일륜변조승덕불께서는 일광명보살마하살에게 말씀하셨다.

"선남자여. 이곳에서 동북방으로 긍가의 모래와 같은 세계를 지나가면 최후의 세계를 감인이라고 이름하고, 세존의 명호는 석가모니여래·응공·정등각·명행원만·선서·세간해·무상장부·조어사·천인사·불·박가범이시며, 지금 현재 그곳에서 안은하게 머무르면서 제보살마하살들을 위하여 대반야바라밀다를 설하시고 있으며, 그 세존의 신력을 까닭으로 이러한 상서가 나타나느니라."

일광명보살은 듣고 환희하고 용약하면서 거듭하여 여래께 아뢰어 말하였다.

"여래이시여. 저는 지금 감인세계로 나아가서 석가모니여래와 제보살마하살들을 보고서 예경하고 공양하며, 무애해다라니문과 삼마지문을 얻어 신통이 자재하고 최후신의 존귀한 계위를 이어갈 자로 머물겠습니다. 오직 원하옵건대 자비로 애민하게 생각하시어 허락하여 주십시오."

그때 일륜변조승덕불께서는 일광명보살에게 말씀하셨다.

"옳도다. 옳도다. 지금이 바로 때이니라. 그대의 뜻을 따라서 가도록 하게."

곧 일천의 보배의 잎으로 장엄된 일천 줄기의 금색의 연꽃을 일광명보살에게 주시면서 가르쳐서 말씀하셨다.

"그대는 이 꽃을 가지고 석가모니불의 처소에 이르러 나의 말과 같이 아뢰도록 하라.

'일륜변조승덕여래께서 무량하게 문신하셨습니다. 병이 적으시고 번뇌가 적으시며, 기거는 가볍고 편리하십니까? 기력은 조화롭고 안락하게 머무르십니까? 세간의 일은 인욕하실 수 있습니까? 중생들을 제도하시는 것은 쉬우십니까? 이 연꽃을 가지고 세존께 드리겠사오니 불사를 삼으십시오.'

그대가 그 세계에 이른다면 바른 지혜에 상응하여 머무르고 그 불국토와 여러 대중을 관찰하면서 업신여기는 마음을 품어서 스스로를 훼손시키고 해치지 않도록 하게. 왜 그러한가? 그 제보살들의 위덕은 미치기 어렵나니, 자비와 서원으로 마음을 훈습하였고 큰 인연으로 그 국토에 태어났던 까닭이니라."

이때 일광명보살은 꽃을 받았고 칙명을 받들고서 무량한 백천 구지·나유타의 출가·재가의 보살마하살과 무수한 백천의 동남·동녀와 함께 여래의 발에 머리 숙여 예경하고 오른쪽으로 돌면서 떠나갔다. 각자 무량한 여러 종류의 꽃·향·보배의 당번·일산·의복·보배 장식과 나머지의 공양구를 지니고 떠나오면서 지나는 곳의 서남방 긍가의 모래와 같은 제불세계의 한 분·한 분의 여래들께도 공양하였고 공경하였으며 존중하고 찬탄하였으며, 헛되게 지나치지 않았다.

이 세존의 처소에 이르러서 두 발에 머리 숙여 예경하고 백천 번을 돌고 물러나서 한쪽에 서 있었는데, 일광명보살이 세존의 앞에서 아뢰어 말하였다.

"세존이시여. 이곳에서 서남방의 긍가의 모래와 같은 세계를 지나가면 최후에 있는 세계를 이진취라고 이름하옵고 여래의 명호는 일륜변조승덕여래·응공·정등각 명행원만·선서·세간해·무상장부·조어사·천인사·불·박가범이신데, 세존께 무량하게 문신하셨습니다.

'병이 적으시고 번뇌가 적으시며, 기거는 가볍고 편리하십니까? 기력은 조화롭고 안락하게 머무르십니까? 세간의 일은 인욕하실 수 있습니까? 중생들을 제도하시는 것은 쉬우십니까? 이 연꽃을 가지고 세존께 드리겠사오니 불사를 삼으십시오.'"

이때 석가모니불께서는 이 연꽃을 받으셨고 서남방의 긍가의 모래와 같은 제불의 세계에 뿌리셨다. 세존의 신력을 까닭으로 이 연꽃들이 제불 국토에 널리 퍼졌고, 여러 화대의 가운데에서는 각각 화불께서 가부좌를 맺으셨으며 제보살들을 위하여 대반야바라밀다와 상응한 법을 설하셨고, 유정이 들었던 자는 반드시 무상정등보리를 얻었다. 이때 일광명보살과 여러 권속들은 이러한 일을 보고서 미증유라고 환희하고 용약하면서 각자 선근과 공양구의 많고 적음을 따라서 세존과 보살들에게 공양하고 공경하고 존중하고 찬탄하였으며, 물러나서 한쪽에 앉았다.

이와 같이 최후의 세계보다 이전에 있었던 서남방의 하나·하나의 제불 국토에서도 각각 여래께서 머무셨고 현재의 대중들을 위하여 미묘한 법을 연설하셨다. 이 제불의 처소에서도 역시 한 상수의 보살이 있었는데, 이 큰 광명과 대지의 변동과 불신의 상호를 보고 마음속으로 오히려 의심을 품고 여래의 처소로 나아가서 머리 숙여 두 발에 예경하고서 아뢰어 말하였다.

"여래이시여. 무슨 인연으로 이런 상서로움이 있습니까?"

이때 그 처소·처소의 여래께서는 각각 알려 말씀하셨다.

"선남자여. 이곳의 동북방에 감인이라는 세계가 있고, 세존의 명호는 석가모니여래·응공·정등각·명행원만·선서·세간해·무상장부·조어사·천인사·불·박가범이시며, 장차 제보살마하살들을 위하여 대반야바라밀다를 설하시고 있으며, 그 세존의 신력을 까닭으로 이러한 상서가 나타나느니라."

상수보살들은 듣고 환희하고 용약하면서 각자 감인세계로 가서 세존과 보살들께 예경하고 공양하고자 청하였고, 그곳의 제여래께서도 좋다고 찬탄하시면서 가는 것을 허락하셨고 각자 금빛의 일천 줄기의 보배 연꽃을 주시면서 알려 말씀하셨다.

"그대들은 이 꽃을 가지고 석가모니불의 처소에 이르러 나의 말을 갖추어 자세하게 말하도록 하라.

'세존께서 무량하게 문신하셨습니다. 병이 적으시고 번뇌가 적으시며, 기거는 가볍고 편리하십니까? 기력은 조화롭고 안락하게 머무르십니까? 세간의 일은 인욕하실 수 있습니까? 중생들을 제도하시는 것은 쉬우십니까? 이 연꽃을 가지고 세존께 드리겠사오니 불사를 삼으십시오.'

그대가 그 세계에 이른다면 바른 지혜에 상응하여 머무르고 그 불국토와 여러 대중을 관찰하면서 업신여기는 마음을 품어서 스스로를 훼손시키고 해치지 않도록 하게. 왜 그러한가? 그 제보살들의 위덕은 미치기 어렵나니, 자비와 서원으로 마음을 훈습하였고 큰 인연으로 그 국토에 태어났던 까닭이니라."

이때 한 명·한 명의 상수보살은 꽃을 받았고 칙명을 받들고서 무량한 백천 구지·나유타의 출가·재가의 보살마하살과 무수한 백천의 동남·동녀와 함께 여래께 예경하였으며, 공양구를 지니고 떠나오면서 지나는 제불세계의 한 분·한 분의 여래들께도 공양하면서 헛되게 지나치지 않았다.

세존의 처소에 이르러서 두 발에 머리 숙여 예경하였고 백천 번을 돌았으며 꽃을 받들었으며 일을 자세히 말하였다. 이때 석가모니불께서는 이 연꽃을 받으셨고 되돌려서 서남방의 세계에 뿌리셨고, 세존의 신력을 까닭으로 이 연꽃들이 제불 국토에 널리 퍼졌고, 여러 화대의 가운데에서는 각각 화불께서 가부좌를 맺으셨으며 제보살들을 위하여 대반야바라밀다와 상응한 법을 설하셨고, 유정이 들었던 자는 반드시 무상정등보리를 얻었다. 상수보살과 여러 권속들은 이러한 일을 보고서 미증유라고 환희하고 용약하면서 각자 선근과 공양구의 많고 적음을 따라서 세존과 보살들에게 공양하고 공경하고 존중하고 찬탄하였으며, 물러나서 한쪽에 앉았다.

그때 서북방(西北方)의 긍가의 모래와 같은 세계를 지나가면 최후의 세계를 진자재(眞自在)라고 이름하며, 여래의 명호는 일보개승(一寶蓋勝) 여래·응공·정등각·명행원만·선서·세간해·무상장부·조어사·천인사·불·박가범이셨다. 이때 현재 그곳에서 안은하게 머무르면서 제보살마하살들을 위하여 대반야바라밀다를 설하셨다.

그곳에 보살이 있어 보승(寶勝)이라고 이름하였는데, 이 큰 광명과 대지의 변동과 불신의 상호를 보고 마음속으로 오히려 의심을 품고 여래의 처소로 나아가서 머리 숙여 두 발에 예경하고서 아뢰어 말하였다.

"여래이시여. 무슨 인연으로 이런 상서로움이 있습니까?"

이때 일보개승불께서는 보승보살마하살에게 말씀하셨다.

"선남자여. 이곳에서 동남방으로 긍가의 모래와 같은 세계를 지나가면 최후의 세계를 감인이라고 이름하고, 세존의 명호는 석가모니여래·응공·정등각·명행원만·선서·세간해·무상장부·조어사·천인사·불·박가범이시며, 지금 현재 그곳에서 안은하게 머무르면서 제보살마하살들을 위하여 대반야바라밀다를 설하시고 있으며, 그 세존의 신력을 까닭으로 이러한 상서가 나타나느니라."

보승보살은 듣고 환희하고 용약하면서 거듭하여 세존께 아뢰어 말하였다.

"세존이시여. 저는 지금 감인세계로 나아가서 석가모니여래와 제보살마하살들을 보고서 예경하고 공양하며, 무애해다라니문과 삼마지문을 얻어 신통이 자재하고 최후신의 존귀한 계위를 이어갈 자로 머물겠습니다. 오직 원하옵건대 자비로 애민하게 생각하시어 허락하여 주십시오."

그때 일보개승불께서는 보승보살에게 말씀하셨다.

"옳도다. 옳도다. 지금이 바로 때이니라. 그대의 뜻을 따라서 가도록 하라."

곧 일천의 보배의 잎으로 장엄된 일천 줄기의 금색의 연꽃을 보승보살에게 주시면서 가르쳐서 말씀하셨다.

"그대는 이 꽃을 가지고 석가모니불의 처소에 이르러 나의 말과 같이 아뢰도록 하라.

'일보개승여래께서 무량하게 문신하셨습니다. 병이 적으시고 번뇌가 적으시며, 기거는 가볍고 편리하십니까? 기력은 조화롭고 안락하게 머무르십니까? 세간의 일은 인욕하실 수 있습니까? 중생들을 제도하시는 것은 쉬우십니까? 이 연꽃을 가지고 세존께 드리겠사오니 불사를 삼으십

시오.'

그대가 그 세계에 이른다면 바른 지혜에 상응하여 머무르고 그 불국토와 여러 대중을 관찰하면서 업신여기는 마음을 품어서 스스로를 훼손시키고 해치지 않도록 하게. 왜 그러한가? 그 제보살들의 위덕은 미치기 어렵나니, 자비와 서원으로 마음을 훈습하였고 큰 인연으로 그 국토에 태어났던 까닭이니라."

이때 보승보살은 꽃을 받았고 칙명을 받들고서 무량한 백천 구지·나유타의 출가·재가의 보살마하살과 무수한 백천의 동남·동녀와 함께 여래의 발에 머리 숙여 예경하고 오른쪽으로 돌면서 떠나갔다. 각자 무량한 여러 종류의 꽃·향·보배의 당번·일산·의복·보배 장식과 나머지의 공양구를 지니고 떠나오면서 지나는 곳의 서북방 긍가의 모래와 같은 제불세계의 한 분·한 분의 여래들께도 공양하였고 공경하였으며 존중하고 찬탄하였으며, 헛되게 지나치지 않았다.

세존의 처소에 이르러서 두 발에 머리 숙여 예경하고 백천 번을 돌고 물러나서 한쪽에 서 있었는데, 보승보살이 세존의 앞에서 아뢰어 말하였다.

"세존이시여. 이곳에서 서북방의 긍가의 모래와 같은 세계를 지나가면 최후에 있는 세계를 진자재라고 이름하고, 여래의 명호는 일보개승여래·응공·정등각·명행원만·선서·세간해·무상장부·조어사·천인사·불·박가범이시며, 세존께 무량하게 문신하셨습니다.

'병이 적으시고 번뇌가 적으시며, 기거는 가볍고 편리하십니까? 기력은 조화롭고 안락하게 머무르십니까? 세간의 일은 인욕하실 수 있습니까? 중생들을 제도하시는 것은 쉬우십니까? 이 연꽃을 가지고 세존께 드리겠사오니 불사를 삼으십시오.'"

이때 석가모니불께서는 이 연꽃을 받으셨고 서북방의 긍가의 모래와 같은 제불의 세계에 뿌리셨다. 세존의 신력을 까닭으로 이 연꽃들이 제불 국토에 널리 퍼졌고, 여러 화대의 가운데에서는 각각 화불께서 가부좌를 맺으셨으며 제보살들을 위하여 대반야바라밀다와 상응하는 법을 설하셨고, 유정이 들었던 자는 반드시 무상정등보리를 얻었다.

이때 보승보살과 여러 권속들은 이러한 일을 보고서 미증유라고 환희하고 용약하면서 각자 선근과 공양구의 많고 적음을 따라서 세존과 보살들에게 공양하고 공경하고 존중하고 찬탄하였으며, 물러나서 한쪽에 앉았다.

이와 같이 최후의 세계보다 이전에 있었던 서북방의 하나·하나의 제불국토에서도 각각 여래께서 머무셨고 현재의 대중들을 위하여 미묘한 법을 연설하셨다. 이 제불의 처소에서도 역시 한 상수의 보살이 있었는데, 이 큰 광명과 대지의 변동과 불신의 상호를 보고 마음속으로 오히려 의심을 품고 여래의 처소로 나아가서 머리 숙여 두 발에 예경하고서 아뢰어 말하였다.

"여래이시여. 무슨 인연으로 이런 상서로움이 있습니까?"

이때 그 처소·처소의 여래께서는 각각 알려 말씀하셨다.

"선남자여. 이곳의 동남방에 감인이라는 세계가 있고, 세존의 명호는 석가모니여래·응공·정등각·명행원만·선서·세간해·무상장부·조어사·천인사·불·박가범이시며, 장차 제보살마하살들을 위하여 대반야바라밀다를 설하시고 있으며, 그 세존의 신력을 까닭으로 이러한 상서가 나타나느니라."

상수보살들은 듣고 환희하고 용약하면서 각자 감인세계로 가서 세존과 보살들께 예경하고 공양하는 것을 청하였고, 그곳의 제여래께서도 좋다고 찬탄하시면서 가는 것을 허락하셨고 각자 금빛의 일천 줄기의 보배 연꽃을 주시면서 알려 말씀하셨다.

"그대들은 이 꽃을 가지고 석가모니불의 처소에 이르러 나의 말을 갖추어 자세하게 말하라.

'세존께서 무량하게 문신하셨습니다. 병이 적으시고 번뇌가 적으시며, 기거는 가볍고 편리하십니까? 기력은 조화롭고 안락하게 머무르십니까? 세간의 일은 인욕하실 수 있습니까? 중생들을 제도하시는 것은 쉬우십니까? 이 연꽃을 가지고 세존께 드리겠사오니 불사를 삼으십시오.'

그대가 그 세계에 이른다면 바른 지혜에 상응하여 머무르고 그 불국토와 여러 대중을 관찰하면서 업신여기는 마음을 품어서 스스로를 훼손시키고 해치지 않도록 하게. 왜 그러한가? 그 제보살들의 위덕은 미치기 어렵나니, 자비와 서원으로 마음을 훈습하였고 큰 인연으로 그 국토에 태어났던 까닭이니라."

이때 한 명·한 명의 상수보살은 꽃을 받았고 칙명을 받들고서 무량한 백천 구지·나유타의 출가·재가의 보살마하살과 무수한 백천의 동남·동녀와 함께 여래께 예경하였으며, 공양구를 지니고 떠나오면서 지나는 제불 세계의 한 분·한 분의 여래들께도 공양하면서 헛되게 지나치지 않았다.

세존의 처소에 이르러서 두 발에 머리 숙여 예경하였고 백천 번을 돌았으며 꽃을 받들었으며 일을 자세히 말하였다. 이때 석가모니불께서는 이 연꽃을 받으셨고 되돌려서 서북방의 세계에 뿌리셨고, 세존의 신력을 까닭으로 이 연꽃들이 제불 국토에 널리 퍼졌고, 여러 화대의 가운데에서는 각각 화불께서 가부좌를 맺으셨으며 제보살들을 위하여 대반야바라밀다와 상응한 법을 설하셨고, 유정이 들었던 자는 반드시 무상정등보리를 얻었다. 상수보살과 여러 권속들은 이러한 일을 보고서 미증유라고 환희하고 용약하면서 각자 선근과 공양구의 많고 적음을 따라서 세존과 보살들에게 공양하고 공경하고 존중하고 찬탄하였으며, 물러나서 한쪽에 앉았다.

그때 하방(下方)의 긍가의 모래와 같은 세계를 지나가면 최후의 세계를 연화(蓮花)라고 이름하며, 여래의 명호는 연화덕(蓮花德)여래·응공·정등각·명행원만·선서·세간해·무상장부·조어사·천인사·불·박가범이셨다. 이때 현재 그곳에서 안은하게 머무르면서 제보살마하살들을 위하여 대반야바라밀다를 설하시었다.

그곳에 보살이 있어 연화승(蓮花勝)이라고 이름하였는데, 이 큰 광명과 대지의 변동과 불신의 상호를 보고 마음속으로 오히려 의심을 품고 여래의 처소로 나아가서 머리 숙여 두 발에 예경하고서 아뢰어 말하였다.

"여래이시여. 무슨 인연으로 이런 상서로움이 있습니까?"

이때 연화덕불께서는 연화승보살마하살에게 말씀하셨다.

"선남자여. 이곳에서 상방(上方)으로 긍가의 모래와 같은 세계를 지나가면 최후의 세계를 감인이라고 이름하고, 세존의 명호는 석가모니여래·응공·정등각·명행원만·선서·세간해·무상장부·조어사·천인사·불·박가범이시며, 지금 현재 그곳에서 안은하게 머무르면서 제보살마하살들을 위하여 대반야바라밀다를 설하시고 있으며, 그 세존의 신력을 까닭으로 이러한 상서가 나타나느니라."

연화승보살은 듣고 환희하고 용약하면서 거듭하여 세존께 아뢰어 말하였다.

"세존이시여. 저는 지금 감인세계로 나아가서 석가모니여래와 제보살마하살들을 보고서 예경하고 공양하며, 무애해다라니문과 삼마지문을 얻어 신통이 자재하고 최후신의 존귀한 계위를 이어갈 자로 머물겠습니다. 오직 원하옵건대 자비로 애민하게 생각하시어 허락하여 주십시오."

그때 연화덕불께서는 연화승보살에게 말씀하셨다.

"옳도다. 옳도다. 지금이 바로 때이니라. 그대의 뜻을 따라서 가도록 하게."

곧 일천의 보배의 잎으로 장엄된 일천 줄기의 금색의 연꽃을 연화승보살에게 주시면서 가르쳐서 말씀하셨다.

"그대는 이 꽃을 가지고 석가모니불의 처소에 이르러 나의 말과 같이 아뢰도록 하라.

'연화덕여래께서 무량하게 문신하셨습니다. 병이 적으시고 번뇌가 적으시며, 기거는 가볍고 편리하십니까? 기력은 조화롭고 안락하게 머무르십니까? 세간의 일은 인욕하실 수 있습니까? 중생들을 제도하시는 것은 쉬우십니까? 이 연꽃을 가지고 세존께 드리겠사오니 불사를 삼으십시오.'

그대가 그 세계에 이른다면 바른 지혜에 상응하여 머무르고 그 불국토와 여러 대중을 관찰하면서 업신여기는 마음을 품어서 스스로를 훼손시키고 해치지 않도록 하게. 왜 그러한가? 그 제보살들의 위덕은 미치기 어렵나니, 자비와 서원으로 마음을 훈습하였고 큰 인연으로 그 국토에 태어났던 까닭이니라."

이때 연화승보살은 꽃을 받았고 칙명을 받들고서 무량한 백천 구지·나유타의 출가·재가의 보살마하살과 무수한 백천의 동남·동녀와 함께 여래의 발에 머리 숙여 예경하고 오른쪽으로 돌면서 떠나갔다. 각자 무량한 여러 종류의 꽃·향·보배의 당번·일산·의복·보배 장식과 나머지의 공양구를 지니고 떠나오면서 지나는 곳의 하방 긍가의 모래와 같은 제불 세계의 한 분·한 분의 여래들께도 공양하였고 공경하였으며 존중하고 찬탄하였으며, 헛되게 지나치지 않았다.

세존의 처소에 이르러서 두 발에 머리 숙여 예경하고 백천 번을 돌고 물러나서 한쪽에 서 있었는데, 연화승보살이 세존의 앞에서 아뢰어 말하였다.

"세존이시여. 이곳에서 하방의 긍가의 모래와 같은 세계를 지나가면 최후에 있는 세계를 진자재라고 이름하고, 세존의 명호는 일보개승여래·응공·정등각·명행원만·선서·세간해·무상장부·조어사·천인사·불·박가범이시며, 세존께 무량하게 문신하셨습니다.

'병이 적으시고 번뇌가 적으시며, 기거는 가볍고 편리하십니까? 기력은 조화롭고 안락하게 머무르십니까? 세간의 일은 인욕하실 수 있습니까? 중생들을 제도하시는 것은 쉬우십니까? 이 연꽃을 가지고 세존께 드리겠사오니 불사를 삼으십시오.'"

이때 석가모니불께서는 이 연꽃을 받으셨고 하방의 긍가의 모래와 같은 제불의 세계에 뿌리셨다. 세존의 신력을 까닭으로 이 연꽃들이 제불 국토에 널리 퍼졌고, 여러 화대의 가운데에서는 각각 화불께서 가부좌를 맺으셨으며 제보살들을 위하여 대반야바라밀다와 상응하는 법을 설하셨고, 유정이 들었던 자는 반드시 무상정등보리를 얻었다. 이때 연화승보살과 여러 권속들은 이러한 일을 보고서 미증유라고 환희하고 용약하면서 각자 선근과 공양구의 많고 적음을 따라서 세존과 보살들에게 공양하고 공경하고 존중하고 찬탄하였으며, 물러나서 한쪽에 앉았다.

 이와 같이 최후의 세계보다 이전에 있었던 하방의 하나·하나의 제불국토에서도 각각 여래께서 머무셨고 현재의 대중들을 위하여 미묘한 법을 연설하셨다. 이 제불의 처소에서도 역시 한 상수의 보살이 있었는데, 이 큰 광명과 대지의 변동과 불신의 상호를 보고 마음속으로 오히려 의심을 품고 여래의 처소로 나아가서 머리 숙여 두 발에 예경하고서 아뢰어 말하였다.

 "여래이시여. 무슨 인연으로 이런 상서로움이 있습니까?"

 이때 그 처소·처소의 여래께서는 각각 알려 말씀하셨다.

 "선남자여. 이곳의 상방에 감인이라는 세계가 있고, 세존의 명호는 석가모니여래·응공·정등각·명행원만·선서·세간해·무상장부·조어사·천인사·불·박가범이시며, 장차 제보살마하살들을 위하여 대반야바라밀다를 설하시고 있으며, 그 세존의 신력을 까닭으로 이러한 상서가 나타나느니라."

 상수보살들은 듣고 환희하고 용약하면서 각자 감인세계로 가서 세존과 보살들께 예경하고 공양하고자 청하였고, 그곳의 제여래께서도 좋다고 찬탄하시면서 가는 것을 허락하셨고 각자 금빛의 일천 줄기의 보배 연꽃을 주시면서 알려 말씀하셨다.

 "그대들은 이 꽃을 가지고 석가모니불의 처소에 이르러 나의 말을 갖추어 자세하게 말하라.

 '세존께서 무량하게 문신하셨습니다. 병이 적으시고 번뇌가 적으시며, 기거는 가볍고 편리하십니까? 기력은 조화롭고 안락하게 머무르십니까? 세간의 일은 인욕하실 수 있습니까? 중생들을 제도하시는 것은 쉬우십니까? 이 연꽃을 가지고 세존께 드리겠사오니 불사를 삼으십시오.'

 그대가 그 세계에 이른다면 바른 지혜에 상응하여 머무르고 그 불국토와 여러 대중을 관찰하면서 업신여기는 마음을 품어서 스스로를 훼손시키고 해치지 않도록 하게. 왜 그러한가? 그 제보살들의 위덕은 미치기 어렵나니, 자비와 서원으로 마음을 훈습하였고 큰 인연으로 그 국토에 태어났던 까닭이니라."

이때 한 명·한 명의 상수보살은 꽃을 받았고 칙명을 받들고서 무량한 백천 구지·나유타의 출가·재가의 보살마하살과 무수한 백천의 동남·동녀와 함께 여래께 예경하였으며, 공양구를 지니고 떠나오면서 지나는 제불 세계의 한 분·한 분의 여래들께도 공양하면서 헛되게 지나치지 않았다.

세존의 처소에 이르러서 두 발에 머리 숙여 예경하였고 백천 번을 돌았으며 꽃을 받들었으며 일을 자세히 말하였다. 이때 석가모니불께서는 이 연꽃을 받으셨고 되돌려서 하방의 세계에 뿌리셨고, 세존의 신력을 까닭으로 이 연꽃들이 제불 국토에 널리 퍼졌고, 여러 화대의 가운데에서는 각각 화불께서 가부좌를 맺으셨으며 제보살들을 위하여 대반야바라밀다와 상응한 법을 설하셨고, 유정이 들었던 자는 반드시 무상정등보리를 얻었다. 상수보살과 여러 권속들은 이러한 일을 보고서 미증유라고 환희하고 용약하면서 각자 선근과 공양구의 많고 적음을 따라서 세존과 보살들에게 공양하고 공경하고 존중하고 찬탄하였으며, 물러나서 한쪽에 앉았다.

그때 상방(上方)의 긍가의 모래와 같은 세계를 지나가면 최후의 세계를 환희(歡喜)라고 이름하며, 여래의 명호는 희덕(喜德)여래·응공·정등각·명행원만·선서·세간해·무상장부·조어사·천인사·불·박가범이셨다. 이때 현재 그곳에서 안은하게 머무르면서 제보살마하살들을 위하여 대반야바라밀다를 설하시었다.

그곳에 보살이 있어 희수(喜授)라고 이름하였는데, 이 큰 광명과 대지의 변동과 불신의 상호를 보고 마음속으로 오히려 의심을 품고 여래의 처소로 나아가서 머리 숙여 두 발에 예경하고서 아뢰어 말하였다.

"여래이시여. 무슨 인연으로 이런 상서로움이 있습니까?"

이때 희덕불께서는 희수보살마하살에게 말씀하셨다.

"선남자여. 이곳에서 하방으로 긍가의 모래와 같은 세계를 지나가면 최후의 세계를 감인이라고 이름하고, 세존의 명호는 석가모니여래·응공·

정등각·명행원만·선서·세간해·무상장부·조어사·천인사·불·박가범이
시며, 지금 현재 그곳에서 안은하게 머무르면서 제보살마하살들을 위하여
대반야바라밀다를 설하시고 있으며, 그 세존의 신력을 까닭으로 이러한
상서가 나타나느니라."

희수보살은 듣고 환희하고 용약하면서 거듭하여 세존께 아뢰어 말하였다.

"세존이시여. 저는 지금 감인세계로 나아가서 석가모니여래와 제보살
마하살들을 보고서 예경하고 공양하며, 무애해다라니문과 삼마지문을
얻어 신통이 자재하고 최후신의 존귀한 계위를 이어갈 자로 머물겠습니
다. 오직 원하옵건대 자비로 애민하게 생각하시어 허락하여 주십시오."

그때 희덕불께서는 희수보살에게 말씀하셨다.

"옳도다. 옳도다. 지금이 바로 때이니라. 그대의 뜻을 따라서 가도록
하게."

곧 일천의 보배의 잎으로 장엄된 일천 줄기의 금색의 연꽃을 희수보살에
게 주시면서 가르쳐서 말씀하셨다.

"그대는 이 꽃을 가지고 석가모니불의 처소에 이르러 나의 말과 같이
아뢰도록 하라.

'희덕여래께서 무량하게 문신하셨습니다. 병이 적으시고 번뇌가 적으
시며, 기거는 가볍고 편리하십니까? 기력은 조화롭고 안락하게 머무르십
니까? 세간의 일은 인욕하실 수 있습니까? 중생들을 제도하시는 것은
쉬우십니까? 이 연꽃을 가지고 세존께 드리겠사오니 불사를 삼으십시오.'

그대가 그 세계에 이른다면 바른 지혜에 상응하여 머무르고 그 불국토와
여러 대중을 관찰하면서 업신여기는 마음을 품어서 스스로를 훼손시키고
해치지 않도록 하게. 왜 그러한가? 그 제보살들의 위덕은 미치기 어렵나
니, 자비와 서원으로 마음을 훈습하였고 큰 인연으로 그 국토에 태어났던
까닭이니라."

이때 희수보살은 꽃을 받았고 칙명을 받들고서 무량한 백천 구지·나유
타의 출가·재가의 보살마하살과 무수한 백천의 동남·동녀와 함께 여래의
발에 머리 숙여 예경하고 오른쪽으로 돌면서 떠나갔다. 각자 무량한

여러 종류의 꽃·향·보배의 당번·일산·의복·보배 장식과 나머지의 공양구를 지니고 떠나오면서 지나는 곳의 하방 긍가의 모래와 같은 제불 세계의 한 분·한 분의 여래들께도 공양하였고 공경하였으며 존중하고 찬탄하였으며, 헛되게 지나치지 않았다.

세존의 처소에 이르러서 두 발에 머리 숙여 예경하고 백천 번을 돌고 물러나서 한쪽에 서 있었는데, 희수보살이 세존의 앞에서 아뢰어 말하였다.

"세존이시여. 이곳에서 상방의 긍가의 모래와 같은 세계를 지나가면 최후에 있는 세계를 환희라고 이름하고, 여래의 명호는 희덕여래·응공·정등각·명행원만·선서·세간해·무상장부·조어사·천인사·불·박가범이시며, 세존께 무량하게 문신하셨습니다.

'병이 적으시고 번뇌가 적으시며, 기거는 가볍고 편리하십니까? 기력은 조화롭고 안락하게 머무르십니까? 세간의 일은 인욕하실 수 있습니까? 중생들을 제도하시는 것은 쉬우십니까? 이 연꽃을 가지고 세존께 드리겠사오니 불사를 삼으십시오.'"

이때 석가모니불께서는 이 연꽃을 받으셨고 상방의 긍가의 모래와 같은 제불의 세계에 뿌리셨다. 세존의 신력을 까닭으로 이 연꽃들이 제불 국토에 널리 펴졌고, 여러 화대의 가운데에서는 각각 화불께서 가부좌를 맺으셨으며 제보살들을 위하여 대반야바라밀다와 상응하는 법을 설하셨고, 유정이 들었던 자는 반드시 무상정등보리를 얻었다. 이때 희수보살과 여러 권속들은 이러한 일을 보고서 미증유라고 환희하고 용약하면서 각자 선근과 공양구의 많고 적음을 따라서 세존과 보살들에게 공양하고 공경하고 존중하고 찬탄하였으며, 물러나서 한쪽에 앉았다.

이와 같이 최후의 세계보다 이전에 있었던 상방의 하나·하나의 제불 국토에서도 각각 여래께서 머무셨고 현재의 대중들을 위하여 미묘한 법을 연설하셨다. 이 제불의 처소에서도 역시 한 상수의 보살이 있었는데, 이 큰 광명과 대지의 변동과 불신의 상호를 보고 마음속으로 오히려 의심을 품고 세존의 처소로 나아가서 머리 숙여 두 발에 예경하고서 아뢰어 말하였다.

"세존이시여. 무슨 인연으로 이런 상서로움이 있습니까?"

이때 그 처소·처소의 세존께서는 각각 알려 말씀하셨다.

"선남자여. 이곳의 하방에 감인이라는 세계가 있고, 세존의 명호는 석가모니여래·응공·정등각·명행원만·선서·세간해·무상장부·조어사·천인사·불·박가범이시며, 장차 제보살마하살들을 위하여 대반야바라밀다를 설하시고 있으며, 그 세존의 신력을 까닭으로 이러한 상서가 나타나느니라."

상수보살들은 듣고 환희하고 용약하면서 각자 감인세계로 가서 세존과 보살들께 예경하고 공양하고자 청하였고, 그곳의 제여래께서도 좋다고 찬탄하시면서 가는 것을 허락하셨고 각자 금빛의 일천 줄기의 보배 연꽃을 주시면서 알려 말씀하셨다.

"그대들은 이 꽃을 가지고 석가모니불의 처소에 이르러 나의 말을 갖추어 자세하게 말하라.

'세존께서 무량하게 문신하셨습니다. 병이 적으시고 번뇌가 적으시며, 기거는 가볍고 편리하십니까? 기력은 조화롭고 안락하게 머무르십니까? 세간의 일은 인욕하실 수 있습니까? 중생들을 제도하시는 것은 쉬우십니까? 이 연꽃을 가지고 세존께 드리겠사오니 불사를 삼으십시오.'

그대가 그 세계에 이른다면 바른 지혜에 상응하여 머무르고 그 불국토와 여러 대중을 관찰하면서 업신여기는 마음을 품어서 스스로를 훼손시키고 해치지 않도록 하게. 왜 그러한가? 그 제보살들의 위덕은 미치기 어렵나니, 자비와 서원으로 마음을 훈습하였고 큰 인연으로 그 국토에 태어났던 까닭이니라."

이때 한 명·한 명의 상수보살은 꽃을 받았고 칙명을 받들고서 무량한 백천 구지·나유타의 출가·재가의 보살마하살과 무수한 백천의 동남·동녀와 함께 여래께 예경하였으며, 공양구를 지니고 떠나오면서 지나는 제불세계의 한 분·한 분의 여래들께도 공양하면서 헛되게 지나치지 않았다.

이 세존의 처소에 이르러서 두 발에 머리 숙여 예경하였고 백천 번을 돌았으며 꽃을 받들었으며 일을 자세히 말하였다. 이때 석가모니불께서는 이 연꽃을 받으셨고 되돌려서 상방의 세계에 뿌리셨고, 세존의 신력을 까닭으로 이 연꽃들이 제불 국토에 널리 퍼졌고, 여러 화대의 가운데에서는 각각 화불께서 가부좌를 맺으셨으며 제보살들을 위하여 대반야바라밀다와 상응한 법을 설하셨고, 유정이 들었던 자는 반드시 무상정등보리를 얻었다. 상수보살과 여러 권속들은 이러한 일을 보고서 미증유라고 환희하고 용약하면서 각자 선근과 공양구의 많고 적음을 따라서 세존과 보살들에게 공양하고 공경하고 존중하고 찬탄하였으며, 물러나서 한쪽에 앉았다.

마하반야바라밀다경 제3권

2. 학관품(學觀品)(1)

그때 세존께서는 세계의 만약 천마(天魔)[1]이거나, 범왕(梵王)[2]이거나, 만약 여러 사문(沙門)[3]이거나, 만약 바라문(波羅門)[4]이거나, 만약 건달박(乾達縛)[5]이거나, 만약 아소락(阿素洛)[6]이거나, 만약 여러 용(龍)[7]과 귀신(鬼)이거나, 만약 보살마하살들로서 최후신(最後身)[8]에 머무르면서 존귀한 계위를 이어갈 자이거나, 만약 나머지의 일체법에서 인연이 있는 인비인(人非人) 등이 모두 와서 모였던 것을 아시고, 곧 구수(具壽)[9] 사리자

---

1) 산스크리트어 Māra의 음사이고, 자재천마(自在天魔)의 줄임말이다. 욕계(欲界) 제6천(第六天)인 타화자재천(他化自在天)의 마왕(魔王)을 가리킨다.
2) 산스크리트어 Brahma의 음사이고, '범천(梵天)'이라고 다르게 부른다. 색계(色界) 초선천(初禪天)의 왕을 가리킨다.
3) 산스크리트어 śramaṇa의 음사이다.
4) 산스크리트어 brāhmaṇa의 음사이다.
5) 산스크리트어 gandharva의 음사이고, '심향행(尋香行)', '심향(尋香)', '식향(食香)' 등으로 한역되며, 제석(帝釋)의 음악을 맡은 신이고, 향기를 먹으면서 살아간다고 말한다.
6) 산스크리트어 Asura의 음사이고, '비천(非天)', '비류(非類)' '부단정(不端正)' 등으로 한역한다.
7) 산스크리트어 nāga의 번역이다.
8) 산스크리트어 Antima-deha의 번역이고, 또한 최후유(最後有)라고도 말한다. 생사의 세계에 있어서 최후의 생존한다는 뜻으로 아라한(阿羅漢)을 가리키고, 대승(大乘)에서는 불과(佛果)를 증명하는 각자(覺者)인 보살의 몸을 말한다.
9) 산스크리트어 khiksu의 음사이고, 비구(比丘)를 가리키는 말이다.

(舍利子)[10]에게 알려 말씀하셨다.

"만약 보살마하살이 일체법 등에서 일체상(一切相)을 깨닫고자 한다면 마땅히 반야바라밀다를 수학해야 하느니라."

이때 사리자는 세존의 말씀을 듣고 환희하고 용약하면서 곧 자리에서 일어나서 세존의 처소로 나아가서 두 발에 머리 숙여 예경하고 왼쪽 어깨를 덮고서 오른쪽 무릎을 땅에 붙이고서 합장하고 공경하면서 세존께 아뢰어 말하였다.

"세존이시여. 보살마하살이 일체법 등에서 일체상을 깨닫고자 한다면 어떻게 마땅히 반야바라밀다를 수학해야 합니까?"

세존께서 구수 사리자에게 말씀하셨다.

"사리자여, 제보살마하살은 무주(無住)로써 상응하고, 방편을 삼아서 반야바라밀다에 안주(安住)해야 하나니, 머무르는 것과 능히 머무는 것을 얻을 수 없는 까닭이니라. 제보살마하살은 버리지는 않는 것(無捨)으로써 방편으로 삼아서 보시바라밀다(布施波羅蜜多)를 원만하게 해야 하나니, 보시하는 자와 받는 자와 나아가 보시하는 물건은 얻을 수 없는 까닭이니라. 제보살마하살은 수호하지 않는 것(無護)으로써 방편으로 삼아서 정계바라밀다(淨戒波羅蜜多)[11]를 원만하게 해야 하나니, 범하는 것과 범하지 않는 것의 형상을 얻을 수 없는 까닭이니라. 제보살마하살은 취하지 않는 것(無取)으로써 방편으로 삼아서 안인바라밀다(安忍波羅蜜多)[12]를 원만하게 해야 하나니, 동요하는 것과 동요하지 않는 것의 형상을 얻을 수 없는 까닭이니라.

제보살마하살은 부지런하지 않는 것(無勤)으로써 방편으로 삼아서 정진바라밀다(精進波羅蜜多)를 원만하게 해야 하나니, 몸과 마음의 부지런한 것과 게으른 것을 얻을 수 없는 까닭이니라. 제보살마하살은 사유하지 않는 것(無思)으로써 방편으로 삼아서 정려바라밀다(靜盧波羅蜜多)[13]를

---

10) 산스크리트어 Śāriputra의 음사이다.
11) 지계바라밀다(持戒波羅蜜多)를 다르게 부르는 말이다.
12) 인욕바라밀다(忍辱波羅蜜多)를 다르게 부르는 말이다.

원만하게 해야 하나니, 맛(味)이 있는 것과 맛이 없는 것을 얻을 수 없는 까닭이니라. 제보살마하살은 무착(無着)으로써 방편으로 삼아서 반야바라밀다를 원만하게 해야 하나니, 제법(諸法)의 성품(性)과 형상(相)은 얻을 수 없는 까닭이니라.

다시 다음으로 사리자여. 제보살마하살은 반야바라밀다에 안주하면서 무소득(無所得)으로써 방편으로 삼아서 4념주(念住)14)·4정단(正斷)15)·4신족(神足)16)·5근(根)17)·5력(力)18)·7등각지(等覺支)19)·8성도지(聖道

---

13) 선정바라밀다(禪定波羅蜜多)를 다르게 부르는 말이다.

14) 산스크리트어 catvāri smṛty-upasthānāni의 번역이고, '4념주(四念住)'라고 말하며, 정각에 이르기 위한 네 가지 마음을 관조하는 것을 뜻한다. 첫째는 신염처(身念處)로 신체를 있는 그대로 관조하는 것이고, 둘째는 수염처(受念處)로 느낌이나 감정을 있는 그대로 관조하는 것이며, 셋째는 심염처(心念處)로 마음을 있는 그대로 관조하는 것이고, 넷째는 법염처(法念處)로 모든 현상을 있는 그대로 관조하는 것이다.

15) 산스크리트어 catvāri prahāṇāni의 번역이고, 4정근(四正勤)이라고 말하며, 정각에 이르기 위한 네 가지 바른 노력을 뜻한다. 첫째는 단단(斷斷)으로 이미 생긴 악은 없애려고 노력하는 것이고, 둘째는 율의단(律儀斷)으로 아직 생기지 않은 악을 경계하는 것이며, 셋째는 수호단(隨護斷)으로 아직 생겨나지 않은 선은 생겨나도록 노력하는 것이고, 넷째는 수단(修斷)으로 이미 생긴 선은 더욱 커지도록 노력하는 것이다.

16) 산스크리트어 catvāri ṛddhipāda의 번역이고, 4여의족(四如意足)이라고 말하며, 신통(神通)을 얻기 위한 뛰어난 선정(禪定)에 들어가는 네 가지 수행을 뜻한다. 첫째는 욕신족(欲神足)으로 신통을 얻기 위하여 뛰어난 선정에 들어가고자 발원하는 것이고, 둘째는 정진신족(精進神足)으로 신통을 얻기 위한 뛰어난 선정에 들어가고자 노력하는 것이며, 셋째는 심신족(心神足)으로 신통을 얻기 위한 뛰어난 선정에 들려고 마음을 닦는 것이고, 넷째는 사유신족(思惟神足)으로 신통을 얻기 위한 뛰어난 선정에 들려고 사유하는 것이다.

17) 산스크리트어로 panca indriya의 번역이고, 오근의 장애, 또는 번뇌를 끊고 정각으로 나아가면서 필요한 근을 뜻하고, 신근(信根), 진근(進根), 염근(念根), 정근(定根), 혜근(慧根) 등이다.

18) 산스크리트어 Pañca balā의 번역이고, 정각으로 나아가면서 수행에 필요한 다섯 가지 힘을 뜻하며, 신력(信力), 진력(進力), 염력(念力), 정력(定力), 혜력(慧力) 등이다.

19) 산스크리트어 sapta bodhyanga의 번역이고, 차례로 수행하는 일곱 가지를 뜻한다. 첫째는 염각지(念覺支)로 사념처 등의 바른 견해를 항상 생각하며 수행하는 것이고,

支)20)에 상응하여 원만하게 해야 하나니, 이 37보리분법(菩提分法)21)은 얻을 수 없는 까닭이니라. 제보살마하살은 반야바라밀다에 안주(安住)하면서 얻을 것이 없는 것으로써 방편으로 삼아서 공해탈문(空解脫門)·무상해탈문(無相解脫門)·무원해탈문(無願解脫門)에 상응하여 원만하게 해야 하나니, 3해탈문22)은 얻을 수 없는 까닭이니라. 제보살마하살은 반야바라밀다에 안주하면서 얻을 수 없는 것으로써 방편으로 삼아서 4정려(靜慮)23)·4무량(無量)24)·4무색정(無色定)25)에 상응하여 원만하게 해야 하나니, 정려·무량·무색정은 얻을 수 없는 까닭이니라.

제보살마하살은 반야바라밀다에 안주하면서 얻을 수 없는 것으로써

둘째는 택법각지(擇法覺支)로 염각지의 지혜로 선한 것만 선택하는 것이며, 셋째는 정진각지(精進覺支)로 선한 것만 택해 선법을 수행하는 것이고, 넷째는 희각지(喜覺支)로 계율에 기초한 정진각지를 닦음으로써 바른 힘을 얻는 것이며, 다섯째는 제각지(除覺支)로 선정의 힘이 더욱 깊어져 산란, 혼침이 없어지고 심신이 편안한 상태가 되는 것이고, 여섯째는 정각지(定覺支)로 선정력에 따라 일체가 평등해지고 번뇌망상이 일어나지 않는 것이며, 일곱째는 사각지(捨覺支)로 마음의 평정이 흔들리지 않아 선정에 들어가는 때나 나오는 때나 모두 마음이 고요하고 흔들리지 않는 경지에 이르는 상태를 말한다.

20) 산스크리트어 āryāṣṭāṅgamārga의 번역이고, 8정도(八正道)를 가리키며, 정견(正見), 정사유(正思惟), 정어(正語), 정업(正業), 정명(正命), 정정진(正精進), 정념(正念), 정정(正定) 등이다.

21) 산스크리트어 bodhipakṣa dharma의 번역이고, 37각분(三十七覺分)·37각지(三十七覺支)·37조도법(三十七助道法)이라고도 말하며, 초기불교에서 설명하고 있는 37가지의 도품(道品) 즉 수행법(修行法)을 가리킨다.

22) 산스크리트어 trīni vimoksa-mukhāni의 번역이고, 삼계의 고통의 원인이 되는 번뇌에서 해탈하여 열반을 증득하는 방편(門)을 가리킨다.

23) 산스크리트어 catvāri dhyānāni의 번역이고, '4선정(四禪定)', '4정정려(四定靜慮)' '색계정(色界定)' 등이라고 한역되며, 색계의 4가지의 선정(禪定)인 초선·제2선·제3선·제4선을 통칭하는 말이다.

24) 산스크리트어 catur-apramāṇa의 번역이고, 자무량심(慈無量心), 비무량심(悲無量心), 희무량심(喜無量心), 사무량심(捨無量心) 등이 있다.

25) 산스크리트어 catsra ārūpya-samāoattaya의 번역이고, 무색계정(無色界定)이라고도 말하며, 무색계와 관련된 선정이며, 공무변처정(空無邊處定), 식무변처정(識無邊處定), 무소유처정(無所有處定), 비상비비상처정(非想非非想處定) 등이다.

방편으로 삼아서 8해탈(八解脫)26)·8승처(八勝處)27)·9차제정(九次第定)28)
·10변처(十遍處)29)에 상응하여 원만하게 해야 하나니, 해탈·승처·등지(等
持)30)·변처는 얻을 수 없는 까닭이니라. 제보살마하살은 반야바라밀다에
안주하면서 얻을 수 없는 것으로써 방편으로 삼아서 9상(九想)을 원만하게
해야 하나니, 이를테면, 방창상(膖脹想)31)·농란상(膿爛想)32)·이적상(異赤
想)33)·청어상(靑瘀想)34)·탁담상(啄噉想)35)·이산상(離散想)36)·해골상(骸
骨想)37)·분소상(焚燒想)38)과 일체의 세간은 보존될 수 없다는 생각의

---

26) 산스크리트어 aṣṭau vimokṣa의 번역이고, 내유색상관외색해탈(內有色想觀外色解
   脫)·내무색상관외색해탈(內無色想觀外色解脫)·정해탈신작증구족주(淨解脫身作
   證具足住)·공무변처해탈(空無邊處解脫)·식무변처해탈(識無邊處解脫)·무소유처
   해탈(無所有處解脫)·비상비비상처해탈(非想非非想處解脫)·멸수상정해탈(滅受想
   定解脫) 등이다.
27) 산스크리트어 astāvabhibhv-āyatanāni의 번역이고, 내유색상관외색소승처(內有
   色想觀外色少勝處), 내유색상관외색다승처(內有色想觀外色多勝處), 내무색상관외
   색소승처(內無色想觀外色少勝處), 내무색상관외색다승처(內無色想觀外色多勝處),
   내무색상관외색청승처(內無色想觀外色靑勝處), 내무색상관외색황승처(內無色想
   觀外色黃勝處), 내무색상관외색적승처(內無色想觀外色赤勝處), 내무색상관외색백
   승처(內無色想觀外色白勝處) 등이다.
28) 산스크리트어 navānupūrva-samāpattayaḥ의 번역이고, 유루의 선정인 4선·4무색
   정·멸진정의 9가지 선정을 차례로 간격이 없이[無間] 수행하여 최후의 멸진정(滅盡
   定)에 드는 것을 말한다.
29) 산스크리트어 daśakṛtsnāyatanāni의 번역이고, 십일체입(十一切入), 십일체처(十
   一切處), 십변처정(十遍處定)이라고도 말하며, 지처(地處), 수처(水處), 화처(火處),
   풍처(風處), 청처(靑處), 황처(黃處), 적처(赤處), 백처(白處), 공처(空處), 식처(識處)
   등이다.
30) 신역(新譯)으로 삼마지(三摩地, Samādhi)로 번역되며, 삼매를 가리키는 말이다.
31) 시체(屍體)가 부패하여 내부에서 부풀어 올라서 팽창하였다고 생각하는 것이다.
32) 시체가 부패하여 녹아내리고 있다고 생각하는 것이다.
33) 시체가 붉은색으로 변하였다고 생각하는 것이다.
34) 시체가 검푸른 색으로 변하였다고 생각하는 것이다.
35) 시체를 새가 쪼아먹었다고 생각하는 것이다.
36) 시체가 흩어지고 있다고 생각하는 것이다.
37) 시체가 해골과 같다고 생각하는 것이다.
38) 시체가 불타서 재가 남았다고 생각하는 것이다.

이러한 여러 생각은 얻을 수 없는 까닭이니라.

제보살마하살은 반야바라밀다에 안주하면서 얻을 수 없는 것으로써 방편으로 삼아서 8해탈(解脫)[39]·8승처(勝處)[40]·9차제정(次第定)[41]·10변처(遍處)에 상응하여 원만하게 해야 하나니, 해탈·승처·등지(等持)[42]·변처는 얻을 수 없는 까닭이니라. 제보살마하살은 반야바라밀다에 안주하면서 얻을 수 없는 것으로써 방편으로 삼아서 9상(想)을 원만하게 해야 하나니, 이를테면, 방창상(膖脹想)[43]·농란상(膿爛想)[44]·이적상(異赤想)[45]·청어상(靑瘀想)[46]·탁담상(啄噉想)[47]·이산상(離散想)[48]·해골상(骸骨想)[49]·분소상(焚燒想)[50]·일체세간불가보상(一切世間不可保相)의 이와 같은 여러 생각은 얻을 수 없는 까닭이니라.

---

39) 산스크리트어 aṣṭau vimokṣa의 번역이고, 내유색상관외색해탈(內有色想觀外色解脫), 내무색상관외색해탈(內無色想觀外色解脫), 정해탈신작증구족주(淨解脫身作證具足住), 공무변처해탈(空無邊處解脫), 식무변처해탈(識無邊處解脫), 무소유처해탈(無所有處解脫), 비상비비상처해탈(非想非非想處解脫), 멸수상정해탈(滅受想定解脫) 등이다.

40) 산스크리트어 astāvabhibhv-āyatanāni의 번역이고, 내유색상관외색소승처(內有色想觀外色少勝處), 내유색상관외색다승처(內有色想觀外色多勝處), 내무색상관외색소승처(內無色想觀外色少勝處), 내무색상관외색다승처(內無色想觀外色多勝處), 내무색상관외색청승처(內無色想觀外色靑勝處), 내무색상관외색황승처(內無色想觀外色黃勝處), 내무색상관외색적승처(內無色想觀外色赤勝處), 내무색상관외색백승처(內無色想觀外色白勝處) 등이다.

41) 산스크리트어 navānupūrva-samāpattayaḥ의 번역이고, 유루의 선정인 4선·4무색정·멸진정의 9가지 선정을 차례로 수행하여 최후의 멸진정(滅盡定)에 드는 것을 말한다.

42) 신역(新譯)으로 삼마지(三摩地, Samādhi)로 번역되며, 삼매를 가리키는 말이다.

43) 시체(屍體)가 부패하여 내부에서 부풀어 올라서 팽창하였다고 생각하는 것이다.

44) 시체가 부패하여 녹아내리고 있다고 생각하는 것이다.

45) 시체가 붉은색으로 변하였다고 생각하는 것이다.

46) 시체가 검푸른 색으로 변하였다고 생각하는 것이다.

47) 시체가 새가 쪼아먹었다고 생각하는 것이다.

48) 시체가 흩어지고 있다고 생각하는 것이다.

49) 시체가 해골과 같다고 생각하는 것이다.

50) 시체가 불타서 재가 남았다고 생각하는 것이다.

제보살마하살은 반야바라밀다에 안주하면서 얻을 수 없는 것으로써 방편으로 삼아서 10수념(隨念)51)을 원만하게 해야 하나니 이를테면, 불수념(佛隨念)·법수념(法隨念)·승수념(僧隨念)·계수념(戒隨念)·사수념(捨隨念)·천수념(天隨念)·입출식수념(入出息隨念)·염수념(厭隨念)·사수념(死隨念)·신수념(身隨念)이다.

제보살마하살은 반야바라밀다에 안주하면서 얻을 수 없는 것(無所得)으로써 방편으로 삼아서 10상(十想)을 원만하게 해야 하나니 이를테면·무상상(無常想)·고상(苦想)·무아상(無我想)·부정상(不淨想)·사상(死想)·일체세간불가락상(一切世間不可樂想)·염식상(厭食想)·단상(斷想)·이상(離想)·멸상(滅想) 등의 이러한 여러 생각은 얻을 수 없는 까닭이니라.

제보살마하살은 반야바라밀다에 안주하면서 얻을 수 없는 것으로써 방편으로 삼아서 11지(十一智)52)를 원만하게 해야 하나니 이를테면, 고지(苦智)·집지(集智)·멸지(滅智)·도지(道智)·진지(盡智)·무생지(無生智)·법지(法智)·유지(類智)·세속지(世俗智)·타심지(他心智)·여설지(如說智)의 이러한 여러 지혜는 얻을 수 없는 까닭이니라. 제보살마하살은 반야바라밀다에 안주하면서 얻을 수 없는 것으로써 방편으로 삼아서 유심유사삼마지(有尋有伺三摩地)·무심유사삼마지(無尋唯伺三摩地)·무심무사삼마지(無尋無伺三摩地)에 상응하여 원만하게 해야 하나니, 이 세 종류의 등지(等持)는 얻을 수 없는 까닭이니라.

제보살마하살은 반야바라밀다에 안주하면서 얻을 수 없는 것으로써 방편으로 삼아서 미지당지근(未知當智根)·이지근(已知根)·구지근(具知根)에 상응하여 원만하게 해야 하나니, 이러한 여러 근은 얻을 수 없는 까닭이니라. 제보살마하살은 반야바라밀다에 안주하면서 얻을 수 없는 것으로써 방편으로 삼아서 부정처관(不淨處觀)·변만처관(遍滿處觀)·일체

---

51) 산스크리트어 Anusmṛti의 번역이고, 자신의 생각을 특정 대상에 고정하고 표류하지 않으며, 안정적이고 견고한 마음 상태이며, 사마타관에 해당한다.

52) 초기불교에서 설하는 십지(十智)에 부가된 여실지(如實智)의 하나이다. 일체법을 여실하게 아는 장애가 없는 지혜이고, 세존의 지혜를 가리키는 말이다.

지지(一切智智)⁵³⁾ · 사마타(奢摩他)⁵⁴⁾ · 비바사나(毘鉢舍那)⁵⁵⁾에 상응하여
원만하게 하나니, 이러한 다섯 종류는 얻을 수 없는 까닭이니라.

제보살마하살은 반야바라밀다에 안주하면서 얻을 수 없는 것으로써
방편으로 삼아서 4섭사(四攝事)⁵⁶⁾ · 4승주(四勝住)⁵⁷⁾ · 3명(三明)⁵⁸⁾ · 5안(五
眼)⁵⁹⁾ · 6신통(六神通)⁶⁰⁾ · 6바라밀다를 원만하게 해야 하나니, 이와 같은
여섯 가지는 얻을 수 없는 까닭이니라. 제보살마하살은 반야바라밀다에
안주하면서 얻을 수 없는 것으로써 방편으로 삼아서 7성재(七聖財)⁶¹⁾ · 8대
사각(八大士覺)⁶²⁾ · 9유정거지(九有情居智)⁶³⁾ · 다라니문 · 삼마지문을 원만

---

53) 산스크리트어 Sarvajña-jñāna의 음사이고, 부처님은 모든 지혜와 모든 지혜의
   화신이라고 한다. 보고 듣는 지혜와 부처님의 지혜는 구별되며, 부처님이 지니신
   모든 지혜를 가리킨다.
54) 산스크리트어 śamatha의 음사이고, '적지(寂止)', '지식(止息)', '적정(寂靜)', '등관
   (等觀)' 등으로 한역한다.
55) 산스크리트어 vipaśyanā의 음사이고, 관찰(觀察) · 관경(觀見) · 관조(觀照) · 각찰(覺
   察) · 각조(覺照) 등으로 한역한다.
56) 사섭법(四攝法)이라고도 말하며, 보시섭(布施攝), 애어섭(愛語攝), 이행섭(利行攝),
   동사섭(同事攝)을 가리킨다.
57) 산스크리트어 smṛtyupasthāna의 번역이고, 4념주(四念住), 4념처(四念處), 4념지
   (四念止), 4의지(四意止) 등으로 한역되며, 신념처(身念處) · 수념처(受念處) · 심념처
   (心念處) · 법념처(法念處) 등이다.
58) 붓다나 아라한이 가지는 세 가지에 대해 밝게 아는 불가사의한 능력으로, 숙명지명
   (宿命智明) · 천안지명(天眼智明) · 누진지명(漏盡智明) 등이고, 숙명통(宿命通) · 천안
   통(天眼通) · 누진통(漏盡通)이라고도 말한다.
59) 육안(肉眼) · 천안(天眼) · 혜안(慧眼) · 법안(法眼) · 불안(佛眼) 등이다.
60) 산스크리트어 ṣaḍ-abhijñā의 번역이고, 천안통(天眼通), 천이통(天耳通), 타심통
   (他心通), 숙명통(宿命通), 신족통(神足通), 누진통(漏盡通) 등이다.
61) 산스크리트어 Saptadhana의 번역이고, 신(信), 계(戒), 문(聞), 참(慚), 괴(愧),
   사(捨), 혜(慧) 등이다.
62) 산스크리트어 Aṣṭa mahāpuruṣavitarkāḥ의 번역이고, '팔대인념(八大人念)', '팔대
   장부각(八大丈夫覺)', '팔대사각(八大士覺)', '팔대인법(八大人法)' 등으로 한역하며,
   소욕(少欲), 지족(知足), 원리(遠離), 정진(精進), 정념(正念), 정정(正定), 정혜(正
   慧), 불희론(不戲論) 등이다.
63) 욕계의 인천(人天), 범중천(梵衆天), 극광정천(極光淨天), 변정천(遍淨天), 무상천
   (無想天), 공무변처(空無邊處), 식무변처(識無邊處), 무소유처(無所有處), 비상비비

하게 해야 하나니, 이러한 다섯 가지는 얻을 수 없는 까닭이니라.

제보살마하살은 반야바라밀다에 안주하면서 얻을 수 없는 것으로써 방편으로 삼아서 10지(十地)[64]·10행(十行)[65]·10인(十忍)[66]·20증상의요(二十增上意樂)를 원만하게 해야 하나니, 이러한 네 가지는 얻을 수 없는 까닭이니라. 제보살마하살은 반야바라밀다에 안주하면서 얻을 수 없는 것으로써 방편으로 삼아서 여래의 10력(十力)[67]·4무소외(四無所畏)[68]·4무애해(四無礙解)[69]·18불불공법(十八佛不共法)[70]·32대사상(三十二大士

상처(非想非非想處) 등이다.

(64) 산스크리트어 daśa-bhūmi의 번역이고, 환희지(歡喜地), 이구지(離垢地), 발광지(發光地), 염혜지(焰慧地), 난승지(難勝地), 현전지(現前地), 원행지(遠行地), 부동지(不動地), 선혜지(善慧地), 법운지(法雲地) 등이다.

(65) 환희행(歡喜行), 요익행(饒益行), 무위역행(無違逆行), 무굴요행(無屈撓行), 이치난행(離癡亂行), 선현행(善現行), 무착행(無著行), 난득행(難得行), 선법행(善法行), 진실행(眞實行) 등이다.

(66) 음성인(音聲忍), 순인(順忍), 무생법인(無生法忍), 여환인(如幻忍), 여염인(如焰忍), 여몽인(如夢忍), 여향인(如響忍), 여전인(如電忍), 여화인(如化忍), 여허공인(如虛空忍) 등이다.

(67) 지각처비처지력(知覺處非處智力), 지삼세업보지력(知三世業報智力), 지제선해탈삼매지력(知諸禪解脫三昧智力), 지제근승렬지력(知諸根勝劣智力), 지종종해지력(知種種解智力), 지종종계지력(知種種界智力), 지일체지소도지력(知一切至所道智力), 지천안무애지력(知天眼無礙智力), 지숙명무루지력(知宿命無漏智力), 지영단습기지력(知永斷習氣智力) 등이다.

(68) 산스크리트어 catvāri vaiśāradyāni의 번역이고, 일체지무소외(一切智無所畏), 누진무소외(漏盡無所畏), 설장도무소외(說障道無所畏), 설진고도무소외(說盡苦道無所畏) 등이다.

(69) 산스크리트어 catasrah pratisajvidah의 번역이고, 법무애해(法無礙解), 의무애해(義無礙解), 사무애해(詞無礙解), 변무애해(辯無礙解) 등이다.

(70) 산스크리트어 aṣṭādaś-āveṇika-buddha-dharma의 번역이고, 신무실(身無失), 구무실(口無失), 염무실(念無失), 무이상(無異想), 무부정심(無不定心), 무부지기사(無不知己捨), 욕무멸(欲無滅), 정진무멸(精進無滅), 念無滅(念無滅), 혜무멸(慧無滅), 해탈무멸(解脫無滅), 해탈지견무멸(解脫知見無滅), 일체신업수지혜행(一切身業隨智慧行), 일체구업수지혜행(一切口業隨智慧行), 일체의업수지혜행(一切意業隨智慧行), 지혜지과거세무애(智慧知過去世無礙), 지혜지미래세무애(智慧知未來世無礙), 지혜지현재세무애(智慧知現在世無礙) 등이다.

相)71)·80수호(八十隨好)72)를 원만하게 해야 하나니, 이러한 여섯 가지는 얻을 수 없는 까닭이니라.

제보살마하살은 반야바라밀다에 안주하면서 얻을 수 없는 것으로써 방편으로 삼아서 무망실법(無忘失法)·항주사성(恒住捨性)·일체지(一切智)·도상지(道相智)·일체상지(一切相智)·일체상미묘지(一切相微妙智)를 원만하게 해야 하나니, 이러한 여섯 가지 법은 얻을 수 없는 까닭이니라. 제보살마하살은 반야바라밀다에 안주하면서 얻을 수 없는 것으로써 방편으로 삼아서 대자(大慈)·대비(大悲)·대희(大喜)·대사(大捨)와 나머지의 무량하고 무변한 불법을 원만하게 해야 하나니, 이러한 제법은 얻을 수 없는 까닭이니라.

다시 다음으로 사리자여. 만약 보살마하살이 일체지지를 빠르게 증득하고자 한다면 반야바라밀다에 상응하여 수학해야 하느니라. 만약 보살마하살이 일체지와 도상지와 일체상지를 빠르게 원만하게 하고자 한다면 반야바라밀다에 상응하여 수학해야 하느니라. 만약 보살마하살이 일체의 유정심행상지(有情心行相智)와 일체의 상미묘지(相微妙智)를 빠르게 증득하고자 한다면 반야바라밀다에 상응하여 수학해야 하느니라. 만약 보살마하살이 일체의 번뇌와 습기(習氣)를 뽑아내고자 한다면 반야바라밀다에 상응하여 수학해야 하느니라. 만약 보살마하살이 성문(聲聞)과 독각(獨覺)의 지위를 뛰어넘고자 한다면 반야바라밀다에 상응하여 수학해야 하느니라. 만약 보살마하살이 보살의 불퇴전(不退轉)의 계위에 머무르고자 한다면 반야바라밀다에 상응하여 수학해야 하느니라.

만약 보살마하살이 여섯 종류의 민첩하고 빠른 신통을 얻고자 한다면 반야바라밀다에 상응하여 수학해야 하느니라. 만약 보살마하살이 일체 유정들의 마음으로 행하면서 나아가는 차별(差別)을 알고자 한다면 반야바라밀다에 상응하여 수학해야 하느니라. 만약 보살마하살이 일체의

---

71) 세존께서 색신(色身)에 구족하신 32종류의 독특한 특징을 가리킨다.
72) 팔십종호(八十種好)라고도 말하며, 세존과 보살이 갖추고 있는 80종류의 색신의 특징을 가리킨다.

성문과 독각의 지혜 작용(作用)보다 수승(殊勝)하고자 한다면 반야바라밀다에 상응하여 수학해야 하느니라. 만약 보살마하살이 일체의 다라니문과 삼마지문을 얻고자 한다면 반야바라밀다에 상응하여 수학해야 하느니라.

만약 보살마하살이 일념(一念)을 따라서 기뻐하는 마음을 갖추고서 일체의 성문과 독각들이 소유한 보시를 초월(超過)하고자 한다면 반야바라밀다에 상응하여 수학해야 하느니라. 만약 일념을 따라서 기뻐하는 마음을 갖추고서 일체의 성문과 독각들이 소유한 계율을 초월하고자 한다면 반야바라밀다에 상응하여 수학해야 하느니라. 만약 보살마하살이 일념을 따라서 기뻐하는 마음을 갖추고서 일체의 성문과 독각들의 정려(定)·지혜(慧)·해탈(解脫)·해탈지견(解脫智見)을 초월하고자 한다면 반야바라밀다에 상응하여 수학해야 하느니라.

만약 보살마하살이 일념을 따라서 기뻐하는 마음을 갖추고서 일체의 성문과 독각들의 정려와 해탈과 등지(等持)와 나머지의 선법(善法)을 초월하고자 한다면 반야바라밀다에 상응하여 수학해야 하느니라. 보살마하살이 일념으로써 법으로 일체의 이생(異生)[73]·성문·독각의 선법보다 초월하고자 한다면 반야바라밀다에 상응하여 수학해야 하느니라. 만약 보살마하살이 적은 부분의 보시·정계·안인·정진·정려·반야를 행하여 여러 유정들을 위하여 방편선교(方便善巧)로써 무상정등보리에 회향(迴向)하고, 곧 무량하고 무변한 공덕을 얻고자 한다면 반야바라밀다에 상응하여 수학해야 하느니라.

다시 다음으로 사리자여. 만약 보살마하살이 행하는 보시·정계·안인·정진·정려·반야바라밀다의 여러 장애를 벗어나고, 빠르게 원만하게 하고자 한다면 반야바라밀다에 상응하여 수학해야 하느니라. 만약 보살마하살이 세상·세상에서 항상 여래를 보고서 항상 정법(正法)을 들어서 여래의 깨달음을 얻고자 하며, 세존의 억념(憶念)·교계(敎誡)·교수(敎授)를 얻고

---

73) 산스크리트어 pṛthag-jana의 번역이고 범부를 가리킨다. 범부는 미혹한 여러 가지 행위에 따라 각각 지옥, 아귀, 축생 등의 다른 세계에 태어나는 까닭으로 이생(異生)이라고 말한다.

자 한다면 반야바라밀다에 상응하여 수학해야 하느니라. 만약 보살마하살이 여래의 32대장부상·80수호를 갖추고 원만한 장엄(莊嚴)을 얻고자 한다면 반야바라밀다에 상응하여 수학해야 하느니라.

만약 보살마하살이 세상·세상에서 항상 숙세(宿世)에 머무는 것을 기억하고, 결국 대보리심(大菩提心)을 잃지 않으며, 악(惡)한 벗을 멀리하고, 선(善)한 벗과 친근하며, 항상 보살마하살의 행을 수습(修習)하고자 한다면 반야바라밀다에 상응하여 수학해야 하느니라. 만약 보살마하살이 세상·세상에서 항상 대위덕(大威德)을 구족하여 여러 마장(魔)과 원수를 꺾어버리고 여러 외도를 절복(折伏)시키고자 한다면 반야바라밀다에 상응하여 수학해야 하느니라. 만약 보살마하살이 세상·세상에서 일체의 번뇌와 업장(業障)을 멀리하고 제법에 통달하여 마음에 장애(罣礙)가 없고자 한다면 반야바라밀다에 상응하여 수학해야 하느니라.

만약 보살마하살이 세상·세상에서 선한 마음·선한 발원·선한 행이 상속(相續)하면서 항상 게으름이 없고자 한다면 반야바라밀다에 상응하여 수학해야 하느니라. 만약 보살마하살이 불가(佛家)에 태어나서 동진지(童眞地)[74]에 들어가서 항상 제불·보살들을 멀리 벗어나지 않고자 한다면 반야바라밀다에 상응하여 수학해야 하느니라. 만약 보살마하살이 세상·세상에서 일체의 상호(相好)를 구족하여 단엄(端嚴)하고 여래와 같아서 일체의 유정들이 보고 환희하며 무상정등각(無上正等覺)[75]의 마음을 일으키고 빠르게 능히 제불의 공덕(功德)을 성취하고자 한다면 반야바라밀다에 상응하여 수학해야 하느니라.

만약 보살마하살이 여러 수승한 선근(善根)의 힘으로써 뜻을 따라서 능히 상묘(上妙)한 공양구를 가지고 일체의 여래·응공·정등각들께 공양(供養)하고 공경(恭敬)하며 존중(尊重)하고 찬탄(讚歎)하면서 여러 선근을 빠르고 원만하게 하고자 한다면 반야바라밀다에 상응하여 수학해야 하느니라. 만약 보살마하살이 일체의 유정들이 구하는 음식(飮食)·의복(衣服)·

74) 부동지(不動地)를 다르게 부르는 말이고, '무생법인'을 증득한 계위를 가리킨다.
75) 산스크리트어 Anuttara-Samyak-Sambodhi의 번역이다.

평상(床)·걸상(榻)⁷⁶⁾·와구(臥具)·병을 인연하여 의약품(病緣醫藥)과 여러 종류의 꽃(花)·향(香)·등불(燈明)·수레(車乘)·원림(園林)·집(舍宅)·재물 (財)·곡식(穀)·진기한 보배의 장식품(珍奇寶飾)·음악(伎樂)과 나머지의 여 러 상묘한 악기(樂具)를 만족하게 하고자 한다면 반야바라밀다에 상응하 여 수학해야 하느니라.

다시 다음으로 사리자여. 만약 보살마하살이 허공계(虛空界)와 법계(法 界)를 끝마치도록 세계의 일체의 유정들을 잘 안립(安立)하여 모두가 보시·정계·안인·정진·정려·반야바라밀다에 안주(安住)하게 하고자 한 다면 반야바라밀다에 상응하여 수학해야 하느니라. 만약 보살마하살이 일념의 선한 마음을 일으켜서 얻었던 공덕으로 나아가 미묘한 보리좌(菩提 座)에 안좌(安坐)하고 무상정등보리를 증득하면서 역시 끝마치지 않게 하고자 한다면 반야바라밀다에 상응하여 수학해야 하느니라. 만약 보살 마하살이 시방의 제불 세계의 일체의 여래·응공·정등각과 제보살마하살 들의 대중이 함께 찬탄하는 것을 얻고자 한다면 반야바라밀다에 상응하여 수학해야 하느니라.

만약 보살마하살이 한 번의 마음을 일으켜서 곧 능히 시방으로 각각 긍가의 모래와 같은 세계까지 널리 이르러서 제불께 공양하고 유정들이 이익되고 즐겁게 하고자 한다면 반야바라밀다에 상응하여 수학해야 하느 니라. 만약 보살마하살이 한 번의 소리를 일으켜서 곧 능히 시방으로 각각 긍가의 모래와 같은 세계까지 널리 채워서 제불을 찬탄하고 유정들을 교계(敎誨)하고자 한다면 반야바라밀다에 상응하여 수학해야 하느니라. 만약 보살마하살이 일념에 시방으로 긍가의 모래와 같은 제불 세계의 일체의 유정들을 안정되게 세워서 모두가 10선업도(十善業道)⁷⁷⁾를 수습하 여 배우고 삼귀의(歸依)를 받아서 금계(禁戒)를 호지(護持)하게 하고자

---

76) 좁고 길며 비교적 낮은 평상을 가리킨다.
77) 산스크리트어 Daśa-kuśala-karmāni의 번역이고, 불살생(不殺生), 불투도(不偸盜), 불사음(不邪婬), 불망어(不妄語), 불양설(不兩舌), 불악구(不惡口), 불기어(不綺語), 불탐욕(不貪欲), 불진에(不瞋恚), 불사견(不邪見) 등이다.

한다면 반야바라밀다에 상응하여 수학해야 하느니라.

만약 보살마하살이 일념에 시방으로 긍가의 모래와 같은 제불 세계의 일체의 유정들을 안정되게 세워서 모두를 4정려·4무량·4무색정을 수습하여 배우고 5신통을 얻게 하고자 한다면 반야바라밀다에 상응하여 수학해야 하느니라. 만약 보살마하살이 일념에 시방으로 긍가의 모래와 같은 제불 세계의 일체의 유정들을 안정되게 세워서 대승에 머무르면서 보살행을 수습하고 나머지의 계위(乘)를 훼방(毁)하지 않게 하고자 한다면 반야바라밀다에 상응하여 수학해야 하느니라. 만약 보살마하살이 부처의 종자(佛種)를 잇고 끊이지 않게 하며 보살의 집(菩薩家)을 보호하고 퇴전(退轉)하지 않으며 엄숙하고 청정한 불토를 빠르게 성취하게 하고자 한다면 반야바라밀다에 상응하여 수학해야 하느니라.

다시 다음으로 사리자여. 만약 보살마하살이 내공(內公)·외공(外空)·내외공(內外空)·공공(空空)·대공(大空)·승의공(勝義空)·유위공(有爲空)·무위공(無爲空)·필경공(畢竟空)·무제공(無際空)·산공(散空)·무변이공(無變異空)·본성공(本性空)·자상공(自相空)·공상공(空相空)·일체법공(一切法空)·불가득공(不可得空)·무성공(無性空)·자성공(自性空)·무성자성공(無性自性空)을 통달하고자 한다면 반야바라밀다에 상응하여 수학해야 하고, 만약 보살마하살이 일체법에서 진여(眞如)·법계(法界)·법성(法性)·불허망성(不虛妄性)·불변이성(不變異性)·평등성(平等性)·이생성(離生性)·법정(法定)·법주(法住)·실제(實際)·허공계(虛空戒)·부사의계(不思議界)를 통달하고자 한다면 반야바라밀다에 상응하여 수학해야 하느니라. 만약 보살마하살이 일체법에서 진소유성(盡所有性)·여소유성(如所有性)을 통달하고자 한다면 반야바라밀다에 상응하여 수학해야 하고, 만약 보살마하살이 일체법의 인연(因緣)·등무간연(等無間緣)·소연연(所緣緣)·증상연(增上緣)의 성품을 통달하고자 한다면 반야바라밀다에 상응하여 수학해야 하느니라.

만약 보살마하살이 일체법은 환상(幻)과 같고 꿈과 같으며 메아리와 같고 허상(像)과 같으며 빛의 그림자(光影)와 같고 아지랑이(陽焰)와 같으

며 허공의 꽃(空花)과 같고 심향성(尋香城)과 같으며 변화하는 일과 같아서
오직 마음으로 나타나는 것이고, 성품과 형상이 함께 공(空)하다고 통달하
고자 한다면 반야바라밀다에 상응하여 수학해야 하느니라. 만약 보살마
하살이 삼천대천세계의 허공·대지·여러 산·큰 바다·강(江)·하천(河)·연
못(池)·늪(沼)·산골짜기(澗谷)·제방(陂)·호수(湖)·땅·물·불·바람 등의 여
러 극미(極微)의 양(量)까지도 알고자 한다면 반야바라밀다에 상응하여
수학해야 하느니라.

　만약 보살마하살이 한 터럭을 쪼개어 일백 개로 나누고 그 한 부분의
터럭을 취하여 여러 삼천대천세계의 큰 바다·강·하천·연못·늪·산골짜기
·제방·호수 안의 물을 들어올려서 다른 지방의 끝이 없는 세계에 버려두면
서도 물과 접촉하는 생물들을 번민하지 않게 하고자 한다면 반야바라밀다
에 상응하여 수학해야 하느니라. 만약 보살마하살이 겁화(劫火)가 있어서
삼천대천세계를 널리 태워서 하늘과 땅이 동연(同然)[78]한 것을 보고서
한 번을 부는 입김으로써 단숨에 꺼트리고자 한다면 반야바라밀다에
상응하여 수학해야 하느니라.

　만약 보살마하살이 삼천대천세계가 의지하는 풍륜(風輪)이 회오리바
람으로 위로 솟아나서 삼천대천세계의 소미로산(蘇迷盧山)·대소미로산
(大蘇迷盧山)·윤위산(輪圍山)·대윤위산(大輪圍山)과 나머지의 작은 산과
대지 등의 물건을 쌀겨와 같이 부수는 것을 보고서 한 손가락으로써
그 바람의 힘을 막아 멈추게 하며 일어나지 않게 하고자 한다면 반야바라
밀다에 상응하여 수학해야 하느니라. 만약 보살마하살이 삼천대천세계에
서 한 번의 가부좌를 맺고서 허공에 가득히 채우고자 한다면 반야바라밀다
에 상응하여 수학해야 하느니라.

　만약 보살마하살이 한 터럭의 비단실을 취하여 삼천대천세계의 소미로
산·대소미로산·윤위산·대윤위산과 작은 산과 대지 등의 물건을 들어올려
서 다른 지방의 무량하고 무변한 세계를 던져서 지나가면서도 여러 접촉하

---

78) 막힘이 없이 트여서 밝고 환한 것이다.

는 유정들을 번민하지 않게 하고자 한다면 반야바라밀다에 상응하여
수학해야 하느니라. 만약 보살마하살이 하나의 음식·하나의 꽃·하나의
향·하나의 당기·하나의 일산·하나의 번기·하나의 장막·하나의 등불·하
나의 옷·하나의 음악 등으로 시방의 긍가의 모래와 같은 세계의 일체의
여래·응공·정등각과 제자들에게 공양하고 공경하며 존중하고 찬탄하면
서 부족하지 않게 하고자 한다면 반야바라밀다에 상응하여 수학해야
하느니라.

만약 보살마하살이 시방으로 각각 긍가의 모래와 같은 세계의 일체의
유정들을 완전하게 세워서 계온(戒蘊)에 머무르게 하거나, 혹은 정온(定蘊)
에 머무르게 하거나, 혹은 혜온(慧蘊)에 머무르게 하거나, 혹은 해탈온(解
脫蘊)에 머무르게 하거나, 혹은 해탈지견온(解脫知見蘊)에 머무르게 하거
나, 혹은 예류과(預流果)에 머무르게 하거나, 혹은 일래과(一來果)에 머무
르게 하거나, 혹은 불환과(不還果)에 머무르게 하거나, 혹은 아라한과(阿羅
漢果)에 머무르게 하거나, 혹은 독각의 보리(菩提)에 머무르게 하거나,
나아가 무여의열반계(無如依涅槃戒)에 들어가게 하고자 한다면 반야바라
밀다에 상응하여 수학해야 하느니라."

"다시 다음으로 사리자여. 만약 보살마하살이 반야바라밀다를 수행한
다면 이와 같은 보시는 큰 과보(果報)를 얻는다는 것을 여실(如實)하게
아는데 이를테면, 이와 같은 보시는 찰제리(刹帝利)[79]의 대종성(大種姓)에
태어나고, 이와 같은 보시는 바라문(波羅門)[80]의 대종성에 태어나며,
이와 같은 보시는 장자(長者)[81]의 대종성에 태어나고, 이와 같은 보시는
거사(居士)[82]의 대종성에 태어나며, 이와 같은 보시는 사대왕중천(四大王

---

79) 산스크리트어 kṣatriya의 음사이고, 고대 인도에서 왕의 관리들을 포함한 군사력을
    지녔던 귀족들을 가리킨다.
80) 산스크리트어 brāhmana의 음사이고, 인도의 카스트제도 중에서 가장 높은 성직자
    계급 또는 이것에 속한 사람들을 가리킨다.
81) 산스크리트어 grhapati의 번역이고, '가주(家主)', '재가(在家)'라고도 한역한다.
    호족(豪族)이나 부귀한 사람, 덕행이 뛰어나고 나이가 많은 이에 대한 존칭이다
82) 스크리트어 kulapati의 번역이고, 가라월(迦羅越)이라고 번역한다. 출가하지 않고

衆天)⁸³⁾에 태어나며 혹은 33천(天)에 태어나고, 혹은 야마천(夜摩天)에 태어나고, 혹은 도사다천(都史多天)⁸⁴⁾에 태어나고, 혹은 낙변화천(樂變化天)⁸⁵⁾에 태어나고, 혹은 타화자재천(他化自在天)에 태어나며, 이러한 보시를 인연으로 초정려(初靜慮)를 얻고, 혹은 2정려를 얻으며, 혹은 3정려를 얻고, 혹은 4정려를 얻으며, 이러한 보시를 인연으로 공무변처정(空無邊處定)을 얻고, 혹은 식무변처정(息無邊處定)을 얻으며, 혹은 무소유처정(無所有處定)을 얻고, 혹은 비상비비상처정(非想非非想處定)을 얻으며, 이러한 보시를 인연하여 37보리분법을 얻으며, 이러한 보시를 인연하여 3해탈문을 얻고, 이러한 보시를 인연으로 인하여 8해탈을, 혹은 8승처를, 혹은 9차제정을, 혹은 10변처를 얻고, 이러한 보시를 인연으로 다라니문을, 혹은 삼마지문을 얻고, 이러한 보시를 인연으로 보살의 정성이생(正性離生)에 들어가게 되며, 이러한 보시를 인연으로 극희지(極喜地)를, 혹은 이구지(離垢地)를, 혹은 발광지(發光地)를, 혹은 염혜지(焰慧地)를, 혹은 극난승지(極難勝地)를, 혹은 현전지(現前地)를, 혹은 원행지(遠行地)를, 혹은 부동지(不動地)를, 혹은 선혜지(善慧地)를, 혹은 법운지(法雲地)를 얻고, 이러한 보시를 인연으로 여래의 5안(五眼)을, 혹은 6신통을 얻으며, 이러한 보시를 인연으로 여래의 10력을, 혹은 4무소외를, 혹은 4무애해를, 혹은 18불불공법을, 혹은 대자·대비·대희·대사를 얻고, 이러한 보시를 인연으로 32대장부상(三十二大丈夫相)을, 혹은 80수호(八十隨好)를 얻으며, 이러한 보시를 인연으로 무망실법을, 혹은 항주사성을 얻으며, 이러한 보시를 인연으로 일체지를, 혹은 도상지를, 혹은 일체상지를 얻으며, 이러한 보시를 인연으로 예류과를, 혹은 일래과를, 혹은 불환과를, 혹은 아라한을, 혹은 독각의 보리를, 혹은 무상정등보리를 얻는다는 것을 여실히 아느니라. 이와 같이 정계·안인·정진·정려·반야는 큰 과보를 얻는다는 것을

집에 있으면서 수행하는 남자를 가리킨다.
83) 사천왕천을 가리킨다.
84) 도솔천을 가리킨다.
85) 화락천을 가리킨다.

여실히 아는 것도 역시 이와 같으니라.

다시 다음으로 사리자여. 만약 보살마하살이 반야바라밀다를 수행한다면 이와 같은 보시의 방편선교(方便善巧)는 보시바라밀다를 능히 채우고, 이와 같은 보시의 방편선교는 정계바라밀다를 능히 채우며, 이와 같은 보시의 방편선교는 안인바라밀다를 능히 채우고, 이와 같은 보시의 방편선교는 정진바라밀다를 능히 채우며, 이와 같은 보시의 방편선교는 정려바라밀다를 능히 채우고, 이와 같은 보시의 방편선교는 반야바라밀다를 능히 채운다는 것을 여실히 아느니라. 이와 같은 정계의 방편선교는 정계바라밀다를 능히 채우고, 이와 같은 정계의 방편선교는 안인바라밀다를 능히 채우며, 이와 같은 정계의 방편선교는 정진바라밀다를 능히 채우고, 이와 같은 정계의 방편선교는 정려바라밀다를 능히 채우며, 이와 같은 정계의 방편선교는 보시바라밀다를 능히 채운다는 것을 여실히 아느니라. 이와 같은 안인의 방편선교는 정진바라밀다를 능히 채우고, 이와 같은 안인의 방편선교는 정려바라밀다를 능히 채우며, 이와 같은 안인의 방편선교는 반야바라밀다를 능히 채우고, 이와 같은 안인의 방편선교는 보시바라밀다를 능히 채우며, 이와 같은 안인의 방편선교는 정계바라밀다를 능히 채운다는 것을 여실히 아느니라.

이와 같은 정진의 방편선교는 정진바라밀다를 능히 채우고, 이와 같은 정진의 방편선교는 정려바라밀다를 능히 채우며, 이러한 정진의 방편선교는 반야바라밀다를 능히 채우고, 이와 같은 정진의 방편선교는 보시바라밀다를 능히 채우며, 이와 같은 정진의 방편선교는 정계바라밀다를 능히 채우고, 이와 같은 정진의 방편선교는 안인바라밀다를 능히 채운다는 것을 여실히 아느니라. 이와 같은 정려의 방편선교는 정려바라밀다를 원만하게 하고, 이와 같은 정려의 방편선교는 반야바라밀다를 원만하게 하고, 이와 같은 정려의 방편선교는 보시바라밀다를 원만하게 하고, 이와 같은 정려의 방편선교는 정계바라밀다를 원만하게 하고, 이와 같은 정려의 방편선교는 안인바라밀다를 원만하게 하고, 이와 같은 정려의 방편선교는 정진바라밀다를 능히 채운다는 것을 여실히 아느니라.

이와 같은 반야의 방편선교는 반야바라밀다를 능히 채우고, 이와 같은 반야의 방편선교는 보시바라밀다를 능히 채우며, 이와 같은 반야의 방편선교는 정계바라밀다를 능히 채우고, 이와 같은 반야의 방편선교는 안인바라밀다를 능히 채우며, 이와 같은 반야의 방편선교는 정진바라밀다를 능히 채우고, 이와 같은 반야의 방편선교는 정려바라밀다를 능히 채운다는 것을 여실히 아느니라."

그때 사리자가 세존께 아뢰었다.

"세존이시여. 어찌 보살마하살이 반야바라밀다를 수행한다면 이와 같은 보시·정계·안인·정진·정려·반야가 방편선교를 까닭으로 보시·정계·안인·정진·정려·반야바라밀다를 능히 채운다는 것을 여실히 알겠습니까?"

세존께서 구수 사리자에게 말씀하셨다.

"제보살마하살이 반야바라밀다를 수행한다면 여실히 알 수 있나니, 만약 보살마하살이 얻을 수 없는 것으로써 방편으로 삼아서 보시바라밀다를 수행하고, 일체의 보시하는 자와 받는 자와 보시하는 물건을 모두 얻을 수 없다고 명료하게 통달하는 이와 같은 보시의 방편선교로 능히 보시·정계·안인·정진·정려·반야바라밀다를 채울 수 있느니라. 만약 보살마하살이 얻을 수 없는 것으로써 방편으로 삼아서 정계바라밀다를 수행하고, 일체의 범함과 범함이 없는 형상을 모두 얻을 수 없다고 명료하게 통달하는 이와 같은 정계의 방편선교로 능히 보시·정계·안인·정진·정려·반야바라밀다를 채울 수 있느니라.

만약 보살마하살이 얻을 수 없는 것으로써 방편으로 삼아서 안인바라밀다를 수행하고, 일체의 움직임과 움직임이 없는 형상을 모두 얻을 수 없다고 명료하게 통달하는 이와 같은 안인의 방편선교로 능히 보시·정계·안인·정진·정려·반야바라밀다를 채울 수 있느니라. 만약 보살마하살이 얻을 수 없는 것으로써 방편으로 삼아서 정진바라밀다를 수행하고, 일체의 몸과 마음, 부지런함과 게으름을 모두 얻을 수 없다고 명료하게 통달하는 이와 같은 정진의 방편선교로 능히 보시·정계·안인·정진·정려·반야바라밀다를 채울 수 있느니라.

만약 보살마하살이 얻을 수 없는 것으로써 방편으로 삼아서 정려바라밀다를 수행하고, 일체의 맛이 있고 맛이 없는 것을 모두 얻을 수 없다고 명료하게 통달하는 이와 같은 정려의 방편선교로 능히 보시·정계·안인·정진·정려·반야바라밀다를 채울 수 있느니라. 만약 보살마하살이 얻을 수 없는 것으로써 방편으로 삼아서 반야바라밀다를 수행하고, 만약 성(性)이거나, 만약 상(相)인 것을 모두 얻을 수 없다고 명료하게 통달하는 이와 같은 반야의 방편선교로 능히 보시·정계·안인·정진·정려·반야바라밀다를 채울 수 있느니라.

다시 다음으로 사리자여. 만약 보살마하살이 과거·미래·현재의 일체 여래·응공·정등각들께서 소유(所有)하신 공덕을 얻고자 한다면 반야바라밀다에 상응하여 수학해야 하느니라. 만약 보살마하살이 유위(有爲)와 무위(無爲)의 제법의 그 피안에 널리 이르고자 한다면 반야바라밀다에 상응하여 수학해야 하느니라. 만약 보살마하살이 과거·미래·현재의 제법의 진여·법계·법성·무생(無生)·실제(實際)를 궁극적으로 구하고자 한다면 반야바라밀다에 상응하여 수학해야 하느니라. 만약 보살마하살이 일체의 성문과 독각에게 인도하는 상수가 되어 주고자 한다면 반야바라밀다에 상응하여 수학해야 하느니라. 만약 보살마하살이 일체의 여래를 친근하게 시봉하는 자가 되고자 한다면 반야바라밀다에 상응하여 수학해야 하느니라.

만약 보살마하살이 제불의 내부의 권속(眷屬)이 되고자 한다면 반야바라밀다에 상응하여 수학해야 하느니라. 만약 보살마하살이 세상·세상에서 큰 권속을 갖추어 얻고자 한다면 반야바라밀다에 상응하여 수학해야 하느니라. 만약 보살마하살이 보살들과 항상 권속이 되고자 한다면 반야바라밀다에 상응하여 수학해야 하느니라. 만약 보살마하살이 청정한 몸의 그릇으로 세간의 공양과 공경을 받고자 한다면 반야바라밀다에 상응하여 수학해야 하고, 만약 보살마하살이 여러 간탐(慳貪)의 마음을 영원히 꺾어서 조복하고자 한다면 반야바라밀다에 상응하여 수학해야 하느니라. 만약 보살마하살이 여러 계율을 범하는 마음을 영원히 일으키지 않고자 한다면 반야바라밀다에 상응하여 수학해야 하느니라. 만약 보살마하살이 여러 성내는 마음을 영원히 제거(除去)하고자 한다면 반야바라밀다에 상응하여 수학해야 하느니라.

만약 보살마하살이 여러 게으른 마음을 영원히 버리고자 한다면 반야바라밀다에 상응하여 수학해야 하느니라. 만약 보살마하살이 여러 산란한 마음을 영원히 멈추고자 한다면 반야바라밀다에 상응하여 수학해야 하느니라. 만약 보살마하살이 여러 악한 지혜를 영원히 멀리 떠나고자 한다면 반야바라밀다에 상응하여 수학해야 하느니라. 만약 보살마하살이 일체 유정들에게 보시 성품의 복업사(福業事)·지계 성품의 복업사·수행(修) 성품의 복업사·공양하고 시봉하는 성품의 복업사·의지가 있는 성품의 복업사를 널리 안정되게 세우고자 한다면 반야바라밀다에 상응하여 수학해야 하느니라. 만약 보살마하살이 5안(五眼)인 육안(肉眼)·천안(天眼)·혜안(慧眼)·법안(法眼)·불안(佛眼)을 얻고자 한다면 반야바라밀다에 상응하여 수학해야 하느니라.

다시 다음으로 사리자여. 만약 보살마하살이 천안으로써 시방의 긍가의 모래와 같은 제불 세계의 일체 여래·응공·정등각을 널리 보고자 한다면 반야바라밀다에 상응하여 수학해야 하느니라. 만약 보살마하살이 천이(天耳)로써 시방의 긍가의 모래와 같은 제불 세계의 일체 여래·응공·정등각께서 널리 말씀하신 정법을 널리 듣고자 한다면 반야바라밀다에 상응하여 수학해야 하느니라. 만약 보살마하살이 시방의 긍가의 모래와 같은 일체 여래·응공·정등각의 심·심소법(心心所法)을 여실히 알고자 한다면 반야바라밀다에 상응하여 수학해야 하느니라. 만약 보살마하살이 시방의 긍가의 모래와 같은 제불 세계의 한 분·한 분의 처소에서 들었던 정법을 항상 게으르지 않고 들었던 법과 나아가 무상정등보리를 끝내 잊어버리지 않고자 한다면 반야바라밀다에 상응하여 수학해야 하느니라.

만약 보살마하살이 과거·미래·현재의 시방세계의 여러 종류의 불국토를 보고자 한다면 반야바라밀다에 상응하여 수학해야 하며, 만약 보살마

하살이 과거·미래·현재의 시방의 제불께서 설하신 일체의 계경(契經)[86]·
응송(應頌)[87]·기별(記別)[88]·풍송(諷誦)[89]·자설(自說)[90]·인연(因緣)[91]·
본사(本事)[92]·본생(本生)[93]·방광(方廣)[94]·희법(希法)[95]·비유(譬喩)[96]·
논의(論議)[97] 등의 여러 성문들이 만약 듣지 못한 것을 듣고서 모두가
매우 깊은 뜻을 통달하면서 나아가고자 한다면 반야바라밀다에 상응하여
수학해야 하느니라.

만약 보살마하살이 과거·미래·현재의 시방의 제불께서 설하신 법문을
스스로가 능히 수지(受持)하고 독송(讀誦)하며 예리하게 통달하여 뜻을
잘 이해하고 다른 사람을 위하여 널리 설하고자 한다면 반야바라밀다에
상응하여 수학해야 하느니라. 만약 보살마하살이 과거·미래·현재의 시방
의 제불께서 설하신 법문을 스스로가 여실하게 설하신 것과 같이 수행하

---

86) 산스크리트어 sūtra의 번역이다.
87) 산스크리트어 geya의 번역이고, 또한 '중송(重頌)', '중송게(重頌偈)' 등으로 번역된
다. 경전의 산문을 요약하여 서술하는 시구의 형태이다.
88) 산스크리트어 vyakarana의 번역이고, 또한 '수기(受記)', '기설(記說)', '수결(受決)'
등으로 한역한다.
89) 산스크리트어 gāthā의 번역이고, '가타(伽陀)', '게타(偈陀)', '게(偈)'로 음사되고,
운율을 지닌 시구의 형식을 취하고 있으며, 산문체로 된 경전의 1절 또는 총결한
끝에 아름다운 구절로서 묘한 뜻을 읊어 놓은 운문 부분을 가리킨다.
90) 산스크리트어 Udana의 번역이고, 세존께서 묻는 사람이 없었으나, 스스로가
설하신 것이다.
91) 산스크리트어 nidāna의 번역이고, 또한 '인연담(因緣譚)', '연기(緣起)' 등으로 한역
한다.
92) 산스크리트어 itivṛttaka의 번역이고, 또한 '여시어(如是語)', '여시법(如是法)' 등으
로 한역한다.
93) 산스크리트어 jātaka의 번역이고, 또한 '감흥게(感興偈)', '감흥어(感興語)' 등으로
한역한다.
94) 산스크리트어 vaipulya의 번역이고, 또한 '방등(方等)', '광박(廣博)' 등으로 한역한다.
95) 산스크리트어 adbhūtadharma의 번역이고, 또한 '미증유법(未曾有法)' 등으로 한역
한다.
96) 산스크리트어 avadāna의 번역이고, 또한 '비유담(譬喩譚)' 등으로 한역한다.
97) 산스크리트어 upadeśa의 번역이고, 우바제사(優波提舍)로 음사한다.

고, 역시 능히 방편으로 다른 사람에게 권유하면서 여실하게 설하신 것과 같이 수행하고자 한다면 반야바라밀다에 상응하여 수학해야 하느니라. 만약 보살마하살이 시방의 긍가의 모래와 같은 유명세계(幽冥世界)와 하나·하나 세계의 중간에 해와 달 등의 빛이 비치지 않는 곳에서 광명(光明)이 되고자 한다면 반야바라밀다에 상응하여 수학해야 하느니라.

만약 보살마하살이 시방의 긍가의 모래와 같은 우암세계(愚闇世界)의 그 가운데의 유정들이 삿된 소견이 치성(熾盛)하여 악한 행도 믿지 않고 묘(妙)한 행도 믿지 않으며, 악한 행과 묘한 행의 이숙(異熟)도 믿지 않고, 전생(前世)도 믿지 않고 후생(後世)도 믿지 않으며, 고제(苦諦)도 믿지 않고 집제(集諦)도 믿지 않으며, 멸제(滅諦)도 믿지 않고, 도제(道諦)도 믿지 않으며, 보시·정계·안인·정진·정려·반야 등의 행은 세간과 출세간(出世間)의 과보를 얻는다는 것도 믿지 않았고, 불명(佛名)·법명(法名)·승명(僧名)도 듣지 못하였으므로, 방편을 열어서 교화하여 정견을 일으키고 삼보(三寶)의 이름을 듣고 환희하면서 믿고 받아들여서 여러 악한 행을 버리고 여러 묘한 행을 수습(修習)하게 하고자 한다면 반야바라밀다에 상응하여 수학해야 하느니라.

만약 보살마하살이 시방의 긍가의 모래와 같은 세계의 유정들을 자기의 위력(威力)으로써 장님이었던 자는 능히 보고, 귀머거리이었던 자는 능히 들으며, 벙어리이었던 자는 능히 말하고, 미쳤던 자는 생각을 얻으며, 산란하였던 자는 안정을 얻고, 가난하였던 자는 부유함을 얻으며, 헐벗었던 자는 옷을 얻고, 굶주렸던 자는 음식을 얻으며, 목말랐던 자는 물을 얻고, 병들었던 자는 치료되며, 추루하였던 자는 단정함을 얻고, 몸이 여위었던 자는 살찌며, 근(根)이 손상되었던 자는 원만해지고, 기절하였던 자는 깨어나며, 피로하였던 자는 평안(平安)하게 하고자 한다면 반야바라밀다에 상응하여 수학해야 하느니라.

만약 보살마하살이 시방의 긍가의 모래와 같은 세계의 유정들을 자기의 위력으로써 자비로운 마음으로 서로를 향하면서 아버지와 같고, 어머니와 같으며, 형과 같고, 아우와 같으며, 누나와 같고, 누이와 같으며, 벗과 같고, 친족과 같아서 서로를 해치지 아니하고 전전(展轉)하여 이익되고 안락하게 하고자 한다면 반야바라밀다에 상응하여 수학해야 하느니라. 만약 보살마하살이 시방의 긍가의 모래와 같은 세계의 유정들이 자기의 위력으로써 악한 세계(惡趣)에 있는 자라면 모두 악한 세계에서 벗어나서 선한 세계(善趣)로 와서 나아가게 하고, 선한 세계에 있는 자라면 항상 선한 세계에 기거하면서 악한 세계에 떨어지지 않게 하고자 한다면 반야바라밀다에 상응하여 수학해야 하느니라.

만약 보살마하살이 시방의 긍가의 모래와 같은 세계의 유정들을 자기의 위력으로써 악업(惡業)을 수습한 자라면 모두 선업(善業)을 수습하면서 항상 게으름이 없게 하고자 한다면 반야바라밀다에 상응하여 수학해야 하느니라. 만약 보살마하살이 시방의 긍가의 모래와 같은 세계의 유정들을 자기의 위력으로써 여러 계율을 범한 자는 모두 계온에 머무르게 하고, 여러 산란한 자는 모두가 정온에 머무르게 하며, 여러 어리석은 자는 모두 혜온에 머무르게 하고, 아직 해탈을 얻지 못한 자는 모두 해탈온에 머무르게 하며, 아직 해탈지견을 얻지 못한 자는 모두 해탈지견온에 머물게 하고자 한다면 반야바라밀다에 상응하여 수학해야 하느니라.

만약 보살마하살이 시방의 긍가의 모래와 같은 세계의 유정들을 자기의 위력으로써 아직 진리(諦)를 보지 못한 자에게 진리를 보게 하면서 예류과를, 혹은 일래과를, 혹은 불환과에 머무르게 하거나, 혹은 아라한의 과위를 증득하게 하거나, 혹은 독각의 보리를 증득하게 하거나, 혹은 무상정등보리를 증득하게 하고자 한다면 반야바라밀다에 상응하여 수학해야 하느니라. 만약 보살마하살이 제불의 수승한 위의(威儀)를 수학하여 여러 유정들이 그것을 보게 하고 싫어함이 없어서 일체의 악을 없애고 일체의 선을 생겨나게 하고자 한다면 반야바라밀다에 상응하여 수학해야 하느니라.

다시 다음으로 사리자여. 만약 보살마하살이 '나는 어느 때에 코끼리의 왕이 바라보는 것과 같이 대중을 위하여 설법하면서 용모와 위의(容止)가 엄숙하겠는가?'라고 이렇게 사유를 지었고, 이러한 보살마하살이 이 일을 성취하고자 한다면 반야바라밀다에 상응하여 수학해야 하느니라. 만약 보살마하살이 '나는 어느 때에 몸·말·뜻의 업(業)이 모두 청정하고 지혜를 따라서 행하겠는가?'라고 이렇게 사유를 지었고, 이 보살마하살이 이 일을 성취하고자 한다면 반야바라밀다에 상응하여 수학해야 하느니라. 만약 보살마하살이 '나는 어느 때에 발로 땅을 밟지 않으면서 네 손가락의 양(量)과 같게 자재(自在)하게 다니겠는가?'라고 이렇게 사유를 지었고, 이 보살마하살이 이러한 일을 성취하고자 한다면 반야바라밀다에 상응하여 수학해야 하느니라.

　만약 보살마하살이 '나는 어느 때에 마땅히 백천 구지·나유타의 사대왕중천·삼십삼천·야마천·도사다천·낙변화천·타화자재천·범중천·범보천·범회천·대범천·광천·소광천·무량광천·극광정천·정천·소정천·무량정천·변정천·광천·소광천·무량광천·광과천·무번천·무열천·선현천·선견천·색구경천과 여러 용들과 귀신들이 공양하고 공경하며 존중하고 찬탄하면서 따르면서 둘러싸며 보리수(菩提樹)에 나아가겠는가?'라고 이렇게 사유를 지었고, 이 보살마하살이 이러한 일을 성취하고자 한다면 반야바라밀다에 상응하여 수학해야 하느니라. 만약 보살마하살이 '나는 어느 때에 마땅히 무량한 백천 구지·나유타의 4대왕중천에서 나아가 색구경천 및 여러 용들과 귀신들까지 보리수 아래에서 보배 옷으로써 자리를 삼겠는가?'라고 이렇게 사유를 지었고, 이 보살마하살이 이러한 일을 성취하고자 한다면 반야바라밀다에 상응하여 수학해야 하느니라.

　만약 보살마하살이 '나는 어느 때에 보리수 아래에서 가부좌를 맺고 여러 묘한 형상으로 장엄한 손으로 대지를 어루만지고, 그곳의 지신(地神)[98]과 아울러 여러 권속들이 함께 일시(一時)에 솟아올라서 나타나서 증명(證明)하겠는가?'라고 이렇게 사유를 지었고, 이 보살마하살이 이 일을 성취하고자 한다면 반야바라밀다에 상응하여 수학해야 하느니라. 만약 보살마하살이 '나는 어느 때에 보리수에 앉아서 여러 마장을 항복을 받고서 무상정등보리를 증득하겠는가?'라고 이렇게 사유를 지었고, 이

---

98) 산스크리트어 Bhūmi의 번역이고, '견뢰신(堅牢神)', '지모(地母)', '지천(地天)' 등으로 한역한다.

보살마하살이 이러한 일을 성취하고자 한다면 반야바라밀다에 상응하여 수학해야 하느니라. 만약 보살마하살이 '나는 어느 때에 무상정등각을 증득하고서 지방(地方)의 처소를 따르더라도 행(行)·주(住)·좌(坐)·와(臥)가 모두 금강(金剛)이 되겠는가?'라고 이렇게 사유를 지었고, 이 보살마하살이 이러한 일을 성취하고자 한다면 반야바라밀다에 상응하여 수학해야 하느니라.

만약 보살마하살이 '나는 어느 때에 마땅히 나라의 왕위를 버리고 출가하는 날에 곧 무상정등보리를 성취하고, 다시 이 날짜에 묘한 법륜(法輪)을 굴려서 곧 무량하고 무수한 유정들에게 번뇌(塵)를 멀리하며 번민(垢)을 벗어나서 청정한 법안(法眼)이 생겨나게 하고, 다시 무량하고 무수한 유정들에게 영원히 여러 번뇌의 마음(漏心)을 없애고 지혜로 해탈하게 하며, 역시 무량하고 무수한 유정들에게 모두 무상정등보리에서 물러나지 않는 것을 얻게 하겠는가?'라고 이렇게 사유를 지었고, 이 보살마하살이 이러한 일을 성취하고자 한다면 반야바라밀다에 상응하여 수학해야 하느니라.

만약 보살마하살이 '나는 어느 때에 마땅히 무상정등보리를 얻고서 무량하고 무수한 성문과 보살들을 제자들로 삼고서 한 번을 설법하는 때라도 무량하고 무수한 여러 유정들이 그 자리에서 일어나지도 않고, 한꺼번에 아라한의 과위를 증득하며, 무량하고 무수한 여러 유정들이 그 자리에서 일어나지도 않고 한꺼번에 무상정등보리에서 물러나지 않겠는가?'라고 이렇게 사유를 지었고 이 보살마하살이 이러한 일을 성취하고자 한다면 반야바라밀다에 상응하여 수학해야 하느니라.

만약 보살마하살이 '나는 어느 때에 수명(壽量)이 끝이 없고, 몸은 무량하고 무변한 광명이 있으며, 상호(相好)는 장엄되어 보는 자가 싫어하지 않고, 다니는 때에는 일천 잎의 연꽃이 자연스럽게 솟아나서 나타나며, 매번 그 발을 따라서 땅 위에는 천폭륜(千輻輪)[99]이 나타나고, 발을 들고서

---

99) 세존의 발바닥에 있는 천 개의 바퀴살 모양의 문양을 가리킨다.

걸어 다닌다면 대지가 진동하더라도 땅에 거주하는 유정들을 요란스럽게 하지 않으며, 되돌아보고자 하는 때에는 몸이 들려져서 모두 움직이고, 발로 밟는 곳은 금강(金剛)의 끝자락까지도 없어지면서 수레바퀴의 양과 같이 땅도 역시 따라서 움직이겠는가?'라고 이렇게 사유를 지었고 이 보살마하살이 이러한 일을 성취하고자 한다면 반야바라밀다에 상응하여 수학해야 하느니라.

　만약 보살마하살이 '나는 어느 때에 몸을 들어올리면 지절(支節)이 모두 무량하고 무수한 광명을 쏟아내면서 시방의 무변한 세계를 널리 비추고, 비추는 곳을 따라서 여러 유정들을 위하여 큰 요익(饒益)을 짓겠는가?'라고 이렇게 사유를 지었고, 이 보살마하살이 이러한 일을 성취하고자 한다면 반야바라밀다에 상응하여 수학해야 하느니라. 만약 보살마하살이 '나는 어느 때에 마땅히 무상정등보리를 얻어서 나의 불국토 가운데에는 일체의 탐욕(貪欲)·진에(瞋恚)·우치(愚癡) 등의 이름이 없으며, 역시 지옥(地獄)·방생(傍生)[100]·귀계(鬼界)의 악한 세계를 듣지 않겠는가?'라고 이렇게 사유를 지었고, 이 보살마하살이 이러한 일을 성취하고자 한다면 반야바라밀다에 상응하여 수학해야 하느니라.

　만약 보살마하살이 '나는 어느 때에 마땅히 무상정등보리를 얻어서 나의 불국토 가운데의 여러 유정들이 다른 불국토와 같이 미묘한 지혜를 성취하여서 매번 보시하고 조복(調伏)하며 안인하고 용맹하게 정진하고 적정(寂靜)하며 제관(諦觀)[101]하고, 여러 방일(放逸)을 벗어나서 부지런히 범행(梵行)을 수습하며, 여러 유정들에게 자(慈)·비(悲)·희(喜)·사(捨)에서 서로가 번뇌로 접촉하지 않는다면 어찌 좋지 않겠는가?'라고 이렇게 사유를 지었고 이 보살마하살이 이러한 일을 성취하고자 한다면 반야바라밀다에 상응하여 수학해야 하느니라.

　만약 보살마하살이 '나는 어느 때에 마땅히 무상정등보리를 얻어서

---

100) 축생(畜生)을 다르게 부르는 말이다.
101) 사물(事物)의 본체(本體)를 충분하게 꿰뚫어 보는 것, 또는 마음에 품었던 생각을 끊어버리는 것을 가리킨다.

나의 불국토 가운데의 여러 유정들이 여러 종류의 수승한 공덕을 성취하게
하고, 다른 불국토 가운데의 여러 불·보살들이 함께 칭찬하게 할 수
있겠는가?'라고 이렇게 사유를 지었고, 이 보살마하살이 이러한 일을
성취하고자 한다면 반야바라밀다에 상응하여 수학해야 하느니라. 만약
보살마하살이 '나는 어느 때에 마땅히 무상정등보리를 얻고 교화하는
일이 이미 넓어서 반열반(般涅槃)[102]하는 뒤에도 정법이 멸진(滅盡)하는
기한이 없으며, 항상 유정들에게 이익되는 일을 짓게 하겠는가?'라고
이렇게 사유를 지었고, 이 보살마하살이 이러한 일을 성취하고자 한다면
반야바라밀다에 상응하여 수학해야 하느니라.

　만약 보살마하살이 '나는 어느 때에 마땅히 무상정등보리를 얻고서
시방으로 각각 긍가의 모래와 같은 여러 유정들이 나의 이름을 들었던
자는 반드시 무상정등보리를 얻게 하겠는가?'라고 이렇게 사유를 지었고,
이 보살마하살이 이러한 일을 성취하고자 한다면 반야바라밀다에 상응하
여 수학해야 하느니라. 사리자여. 제보살마하살이 이러한 무량하고 무수
하며 불가사의하고 희유(希有)한 공덕을 얻고자 한다면 반야바라밀다에
상응하여 수학해야 하느니라."

---

102) 산스크리트어 paranirvāṇa의 번역이고, '반니원(般泥洹)', '적멸(寂滅)', '해탈(解脫)',
　　'원적(圓寂)' 등으로 한역한다.

마하반야바라밀다경 제4권

2. 학관품(學觀品)(2)

세존께서 사리자에게 말씀하셨다.

"만약 보살마하살이 반야바라밀다를 수행하여 능히 이와 같은 공덕을 성취(成辦)하였다면, 그때 삼천대천세계의 사대천왕들이 모두 크게 환희하면서 '우리들은 지금 네 개의 발우를 상응하여 이 보살에게 받들겠나니, 옛날에 천왕(天王)들이 먼저 세존께 발우를 받드는 것과 같다.'라고 생각하느니라.

이 삼천대천세계의 삼십삼천(三十三天)·야마천(夜摩天)·도사다천(覩史多天)·낙변화천(樂變化天)·타화자재천(他化自在天)도 모두 크게 환희하면서 함께 '우리들도 모두 마땅히 이와 같은 보살에게 공양하고 공경하고 존중하고 찬탄하여서 아소락(阿素洛) 등의 흉악한 붕당(朋黨)을 손감(損減)시키고, 여러 천인(天衆)들의 권속들은 증익(增益)시켜야 한다.'라고 이렇게 생각을 짓느니라.

이때 삼천대천세계의 범중천(梵衆天)·범보천(梵輔天)·범회천(梵會天)·대범천(大梵天)·광천(光天)·소광천(少光天)·무량광천(無量光天)·극광정천(極光淨天)·정천(淨天)·소정천(少淨天)·무량정천(無量淨天)·변정천(遍淨天)·광천(廣天)·소광천(少廣天)·무량광천(無量廣天)·광과천(廣果天)·무번천(無繁天)·무열천(無熱天)·선현천(善現天)·선견천(善見天)·색구경천(三十三天) 등이 환희하고 즐거워하면서 모두 '우리들은 마땅히 이와 같은 보살에게 빠르게 무상정등보리를 증득하고 묘한 법륜을 굴리면서 일체를 요익하게 하라고 청해야 한다.'라고 이렇게 생각을 짓느니라.

사리자여. 보살마하살이 반야바라밀다를 수행하여 여섯 종류의 바라밀다를 증익(增益)시키는 때에, 그 세계의 여러 선남자와 선여인들이 만약 보았거나, 만약 들었다면 모두가 크게 환희하면서 함께 '우리들은 이와 같은 보살들은 마땅히 부모·형제·자매·처자(妻子)·권속(眷屬)·지식(知識)·벗으로 삼겠으며, 이 방편을 인연으로 여러 착한 업을 닦고, 역시 마땅히 무상보리(無上菩提)를 증득하는 것을 원한다.'라고 이렇게 생각을 짓느니라.

그때 그 세계의 사대왕중천, …… 나아가 …… 색구경천 등이 만약 보았거나, 만약 들었다면 모두가 크게 환희하면서 함께 '우리들은 마땅히 여러 종류의 방편을 지어서 이 보살들이 범행이 아닌 것을 벗어나게 하고, 초발심(初發心)부터 나아가 성불(成佛)에 이르기까지 항상 범행을 수행하게 하겠다. 왜 그러한가? 만약 색욕(色欲)에 물든다면 범천에 태어나는 것도 오히려 능히 장애가 되는데, 하물며 무상정등보리를 증득하는 것이겠는가!'라고 이렇게 생각을 짓느니라. 이러한 까닭으로 보살은 욕망을 끊고 출가하여 범행을 수습한다면 능히 무상정등보리를 얻을 수 있으며, 끊지 못하는 자는 얻지 못하느니라."

그때 사리자가 세존께 아뢰어 말하였다.

"세존이시여. 제보살마하살은 마땅히 부모·처자·여러 친한 벗이 있는 것이 필요합니까?"

세존께서 구수 사리자에게 말씀하셨다.

"혹은 어느 보살은 부모·처자·권속을 갖추고 있으면서 보살마하살의 행을 수습하는 자도 있고, 혹은 어느 보살마하살은 처자가 없어도 초발심부터 성불에 이르기까지 항상 범행을 수습하면서 동진(童眞)[1]을 무너뜨리지 않기도 하며, 혹은 어느 보살마하살은 방편선교(方便善巧)로써 오욕락을 받는 것을 보여주면 싫어하며 버리고 출가하여 범행을 수행하고 비로소

---

1) 산스크리트어 Kumarabhuta의 번역이고, 사미(沙彌)를 다르게 부르는 말이다.

무상정등보리를 증득하느니라. 사리자며. 비유한다면 마술사(幻師)이거나, 혹은 그의 제자가 마술(幻法)에서 환상의 일을 잘 지었고, 여러 종류의 5욕락(五妙欲)을 갖추었으며, 그 가운데에서 스스로가 마음대로 함께 서로가 오락(娛樂)한다면, (그대의) 뜻은 어떠한가? 그 환상으로 지은 것들이 진실로 있겠는가?"

사리자가 말하였다.

"아닙니다. 세존이시여. 아닙니다. 선서(善逝)[2]이시여."

세존께서 말씀하셨다.

"사리자여. 보살마하살도 역시 다시 이와 같아서 여러 유정들을 성숙시키려는 까닭으로 방편인 선교로 변화된 오욕(五欲)을 받을지라도, 진실로 이러한 일은 없느니라. 그리고 이 보살마하살은 오욕의 가운데에서 깊은 싫어함이 생겨나므로 오욕의 허물에 물들지 않고, 무량한 방편(門)으로서 여러 욕망을 꾸짖는데, 욕망은 타오르는 불이므로 몸과 마음을 태우는 까닭이고, 욕망은 더러운 악(惡)이므로 나와 다른 사람을 물들이는 까닭이며, 욕망은 괴회(魁膾)[3]이므로 과거·미래·현재에 항상 피해를 주는 까닭이고, 욕망은 원적(怨敵)이므로 장야(長夜)를 엿보고 구하면서 손해(衰損)를 짓는 까닭이니라. 욕망은 풀의 횃불과 같고, 욕망은 쓴 열매와 같으며, 욕망은 날카로운 칼과 같고, 욕망은 불더미와 같으며, 욕망은 독약(毒藥)의 그릇과 같고, 욕망은 환상의 유혹과 같으며, 욕망은 어두운 우물과 같고, 욕망은 거짓으로 친하게 속이는 전다라(旃茶羅)[4] 등과 같으니라.

사리자여. 제보살마하살은 이와 같은 무량한 허물의 문(門)인 여러 애욕을 꾸짖으며, 이미 여러 애욕의 허물을 잘 알고 있는데, 어찌 진실로 여러 애욕의 일을 받는 것이 있겠는가? 다만 교화할 유정을 요익하게 하고자 방편선교로써 여러 애욕을 받는 것을 보여주는 것이니라."

그때 사리자가 세존께 아뢰어 말하였다.

"세존이시여. 어떻게 보살마하살은 반야바라밀다에 상응하여 수행해야 합니까?"

세존께서 구수 사리자에게 알려 말씀하셨다.

"사리자여. 보살마하살은 반야바라밀다를 수행하는 때에 이와 같이 상응하여 관찰(觀察)해야 하느니라. 진실로 보살이 있더라도 보살이 있다고 보지 않아야 하고, 보살의 이름을 보지 않아야 하며, 반야바라밀다를 보지 않아야 하고, 반야바라밀다의 이름을 보지 않아야 하며, 행을 보지 않아야 하고, 행하지 않는 것을 보지 않아야 하느니라. 왜 그러한가? 사리자여. 보살의 자성(自性)은 공(空)하고 보살의 이름이 공한 까닭이니라. 왜 그러한가? 색(色)의 자성은 공하고, 공하지 않은 까닭이다. 색은 공이고 색이 아니며, 색은 공을 떠나지도 않고, 공은 색을 떠나지도 않으므로, 색은 곧 공이고 공이 곧 색이니라.5)

수(受)·상(想)·행(行)·식(識)의 자성은 공하고 공하지 않은 까닭이다. 수·상·행·식은 공하고 수·상·행·식이 아니며, 수·상·행·식은 공을 떠나지도 않고 공도 수·상·행·식을 떠나지 않으므로, 수·상·행·식은 곧 공이고 공이 곧 수·상·행·식이니라. 왜 그러한가? 사리자여. 이것은 다만 이름으로 있으므로 보리(菩提)라 말하고, 이것은 다만 이름이 있으므로 살타(薩埵)라고 말하며, 이것은 다만 이름으로 있으므로 보리살타(菩提薩埵)6)라고 말하고, 이것은 다만 이름으로 있으므로 공이라 말하며, 이것은 다만 이름으로 있으므로 색·수·상·행·식이라 말하느니라. 이와 같이 자성은 생겨나는 것도 없고 소멸하는 것도 없으며 염오되는 것도 없고 청정한

---

5) 원문은 '色自性空. 不由空故. 色空非色. 色不離空. 空不離色. 色卽是空. 空卽是色.'이다.

6) 산스크리트어 Bodhisattva의 음사이고, bodhi는 '깨달음'의 뜻이고, sattva는 '살아있는 존재', 곧 '중생'을 뜻하므로 보살은 '깨달음을 구하는 중생'으로 번역할 수 있다.

것도 없느니라.

보살마하살은 이와 같이 반야바라밀다를 수행한다면 생겨나는 것도 보지 않아야 하고, 소멸하는 것도 보지 않아야 하며, 염오(染汚)된 것도 보지 않아야 하고, 청정(清淨)한 것도 보지 않아야 하느니라. 왜 그러한가? 다만 객명(客名)으로 가립(假立)7)하여 별도·별도인 법에서 분별(分別)을 일으키고, 객명을 가립한 언설(言說)과 여여(如如)8)한 언설을 따라서 일어나면서 이와 같고 이와 같은 집착(執著)을 일으키는 것이므로, 보살마하살은 반야바라밀다를 수행하는 때에 이와 같은 것 등의 일체를 보지 않아야 하며, 보지 않는 까닭으로 집착이 생겨나지 않느니라.

다시 다음으로 사리자여. 제보살마하살은 반야바라밀다를 수행하는 때에는 이와 같이 상응하여 관찰해야 하느니라. 보살은 다만 명칭(名)으로 있고, 부처도 다만 명칭으로 있으며, 반야바라밀다도 다만 명칭으로 있다. 색은 다만 명칭으로 있고, 색·수·상·행·식도 다만 이름으로 있으며, 안처(眼處)도 다만 명칭으로 있고, 이(耳)·비(鼻)·설(舌)·신(身)·의처(意處)도 다만 명칭으로 있으며, 색처(色處)는 다만 명칭으로 있고, 성(聲)·향(香)·미(味)·촉(觸)·법처(法處)도 다만 명칭으로 있으며, 안계(眼界)는 다만 명칭으로 있고, 이·비·설·신·의계도 다만 명칭으로 있으며, 안식계(眼識界)는 다만 명칭으로 있고, 이·비·설·신·의식계(意識界)도 다만 명칭으로 있느니라.

안촉(眼觸)은 다만 명칭으로 있고, 이·비·설·신·의촉도 다만 명칭으로 있으며, 안촉이 연(緣)을 삼아서 생겨나는 여러 수(受)라는 것도 다만 명칭으로 있고, 이·비·설·신·의도 연을 삼아서 생겨나는 여러 수라는 것도 다만 명칭으로 있으며, 지계(地界)는 다만 명칭으로 있고, 수(水)·화

7) '임시방편으로 세우는 수단'이라는 뜻이고, 어떠한 대상에 명칭을 부여하는 것을 가리킨다.
8) 산스크리트어 tathatā의 번역이고, 분별이 끊어져서 마음의 작용이 일어나지 않는 상태를 가리킨다. 따라서 분별이 끊어져서 존재하고 있는 상태로 대상을 파악하는 마음의 상태인 것이다.

(火)·풍(風)·공(空)·식계(識界)도 다만 명칭으로 있다. 인연(因緣)은 다만 명칭으로 있고, 등무간연·소연연·증상연도 다만 명칭으로 있으며, 연(緣)을 따라서 생겨나는 제법도 다만 명칭으로 있다. 무명(無明)은 다만 명칭으로 있고, 행(行)·식(識)·명색(名色)·육처(六處)·촉(觸)·수(受)·애(愛)·취(取)·유(有)·생(生)·노사(老死)의 수탄고우뇌(愁歎苦憂惱)도 다만 명칭으로 있느니라.

보시바라밀다는 다만 명칭으로 있고, 정계(淨戒)·안인(安忍)·정진(精進)·정려(靜慮)·반야(般若)바라밀다도 다만 명칭으로 있고, 내공(內空)은 다만 명칭으로 있으며, 외공(外空)·내외공(內外空)·공공(空空)·대공(大空)·승의공(勝義空)·유위공(有爲空)·무위공(無爲空)·필경공(畢竟空)·무제공(無際空)·산공(散空)·무변이공(無變異空)·본성공(本性空)·자상공(自相空)·공상공(共相空)·일체법공(一切法空)·불가득공(不可得空)·무성공(無性空)·자성공(自性空)·무성자성공(無性自性空)도 다만 명칭으로 있고, 4념주(四念住)는 다만 이름으로 있으며, 4정단(四正斷)·4신족(四神足)·5근(五根)·5력(五力)·7등각지(七等覺支)·8성도지(八聖道支)도 다만 명칭으로 있다. 공해탈문은 다만 명칭으로 있고, 무상·무원·해탈문도 다만 명칭으로 있으며, 고성제(苦聖諦)도 다만 명칭으로 있고, 집(集)·멸(滅)·도성제(道聖諦)도 다만 명칭으로 있으며, 4정려(四靜慮)는 다만 명칭으로 있고, 4무량(四無量)·4무색정(四無色定)도 다만 명칭으로 있느니라.

8해탈(八解脫)은 다만 명칭으로 있고, 8승처(八勝處)·9차제정(九次第定)·10변처(十遍處)도 다만 명칭으로 있으며, 다라니문(陀羅尼門)은 다만 명칭으로 있고, 삼마지문(三摩地門)도 다만 명칭으로 있으며, 극희지(極喜地)는 다만 명칭으로 있고, 이구지(離垢地)·발광지(發光地)·염혜지(焰慧地)·극난승지(極難勝地)·현전지(現前地)·원행지(遠行地)·부동지(不動地)·선혜지(善慧地)·법운지(法雲地)도 다만 이름으로 있다. 정관지(正觀地)는 다만 이름으로 있고, 종성지(種性地)·제팔지(第八地)·견지(見地)·박지(薄地)·이욕지(離欲地)·이판지(已辦地)·독각지(獨覺地)·보살지(菩薩地)·여래지(如來地)도 다만 명칭으로 있으며, 5안(眼)은 다만 명칭으로 있고,

6신통(六神通)도 다만 명칭으로 있으며, 여래의 10력(十力)도 다만 명칭으로 있고, 4무소외(四無所畏)·4무애해(四無礙解)·대자(大慈)·대비(大悲)·대희(大喜)·대사(大捨)·18불불공법(十八佛不共法)도 다만 이름으로 있으며, 32대사상(三十二大士相)은 다만 명칭으로 있고, 80수호(八十隨好)도 다만 명칭으로 있느니라.

무망실법(無忘失法)은 다만 명칭으로 있고, 항주사성(恒住捨性)도 다만 명칭으로 있으며, 일체지도 다만 명칭으로 있고, 도상지(道相智)·일체상지(一切相智)도 다만 명칭으로 있으며, 일체지지도 다만 명칭으로 있고, 영발번뇌습기상속(永拔煩惱習氣相續)도 다만 명칭으로 있다. 예류과는 다만 명칭으로 있고, 일래과·불환과·아라한과도 다만 명칭으로 있으며, 독각의 보리는 다만 명칭으로 있고, 일체 보살마하살의 행도 다만 명칭으로 있으며, 제불의 무정등보리도 다만 명칭으로 있다. 세간법은 다만 명칭으로 있고, 출세간법(出世間法)도 다만 명칭으로 있으며, 유루법(有漏法)은 다만 명칭으로 있고, 무루법(無漏法)도 다만 명칭으로 있으며, 무위법(無爲法)의 법도 다만 명칭으로 있다.

사리자여. 나(我)는 다만 명칭으로 있으므로 나는 진실로 얻을 수 없는 것과 같다. 이와 같이 유정(有情)·명자(命者)·생자(生者)·착자(着者)·사부(士夫)·보특가라(補特伽羅)·의생(意生)·유동(儒童)·작자(作者)·사작자(使作者)·기자(起者)·사기자(使起者)·수자(受者)·사수자(使受者)·지자(知者)·견자(見者) 등도 역시 다만 명칭으로 있으며, 유정부터 나아가 견자에 이르기까지 얻을 수 없는 공한 까닭이니라. 다만 세속을 따라서 객명으로 가립하여 명칭하였나니, 제법도 또한 그와 같으므로 집착하지 않아야 하느니라. 이러한 까닭으로 보살마하살이 반야바라밀다를 수행하는 때에는 나(我)라는 것부터 견자에 이르기까지 있다고 보지 않아야 하고, 역시 일체의 법성(法性)도 있다고도 보지 않아야 하느니라.

사리자여. 제보살마하살(諸菩薩摩訶薩)이 이와 같은 매우 깊은 반야바라밀다를 수행한다면 제불의 지혜를 제외하고는 일체의 성문과 독각 등의 지혜인 것으로 능히 미칠 수가 없나니, 얻을 수 없는 공한 까닭이니라.

그 까닭은 무엇인가? 이 보살마하살은 명칭에서 명칭이라는 것을 함께 얻을 수 없나니, 관찰하여 보지 않으므로 집착이 없는 까닭이니라. 사리자여. 제보살마하살이 만약 이와 같은 반야바라밀다를 능히 수행한다면 매우 깊은 반야바라밀다를 잘 수행한다고 이름하느니라.

　사리자여. 가사(假使) 그대이거나, 대목건련(大目乾連)9)이 남섬부주(南贍部洲)10)에 가득한 벼(稻)·삼나무(麻)·대나무(竹)·갈대(葦)·사탕수수(甘蔗)·숲(林) 등과 같게 소유한 지혜를 반야바라밀다를 행하는 한 보살마하살의 지혜와 비교한다면, 백분(百分)의 일(一)에도 미치지 못하고, 천분의 일에도 미치지 못하며, 백천분의 일에도 미치지 못하고, 구지분(俱胝分)의 일에도 미치지 못하며, 백구지분의 일에도 미치지 못하고, 천구지분의 일에도 미치지 못하며, 백천구지분의 일에도 미치지 못하며, 수분(數分)·산분(算分)·계분(計分)·유분(喩分), 나아가 오파니살담분(鄔波尼殺曇分)11)의 일에도 미치지 못하느니라.

　왜 그러한가? 사리자여. 이 보살마하살의 지혜는 능히 이체의 유정들을 반열반에 나아가게 시킬 수 있나니, 일체의 성문과 독각의 지혜로는 이와 같지 않은 까닭이다. 또한 사리자여. 반야바라밀다를 수행하는 보살마하살이 하루 동안에 수습한 지혜를 일체의 성문과 독각의 지혜로 능히 미칠 수 없느니라.

---

9) 산스크리트어 Mahāmaudgalyāyana의 음사이다.
10) 산스크리트어 Jambu-dvīpa의 음사이다. 불교의 우주론에서 하나의 우주이고, 1개의 3천대천세계(三千大千世界)를 구성하는 기본 단위인 1수미세계(一須彌世界)이며, 대지(大地)의 위에 존재하는 수미산(須彌山)을 포함한 아홉의 대산(大山)과 그 산들을 둘러싼 여덟의 대해(大海)를 말한다. 바다인 외해(外海)인 제8해에는 인간이 거주하고 있는 동승신주(東勝身洲)·남섬부주(南贍部洲)·서우화주(西牛貨洲)·북구로주(北俱盧洲)의 네 개의 대륙이 있으며, 이곳을 통칭하여 4대주(四大洲) 또는 4천하(四天下)라 부른다. 4대주의 가운데에서 남섬부주는 우리들이 거주하고 있는 대륙이다.
11) 산스크리트어 upanisadam-api의 음사이고, '매우 작다.' 또는 '미세(微細)하다.'는 뜻이다.

사리자여. 섬부주는 내려두고 가사 그대이거나, 대목건련이 사대주(四大洲)에 가득한 벼·삼나무·대나무·갈대·사탕수수·숲 등과 같게 소유한 지혜를 반야바라밀다를 행하는 한 보살마하살의 지혜와 비교한다면, 백분의 일에도 미치지 못하고, 천분의 일에도 미치지 못하며, 백천분의 일에도 미치지 못하고, 구지분의 일에도 미치지 못하며, 백구지분의 일에도 미치지 못하고, 천구지분의 일에도 미치지 못하며, 백천구지분의 일에도 미치지 못하며, 수분·산분·계분·유분, 나아가 오파니살담분의 일에도 미치지 못하느니라.

왜 그러한가? 사리자여. 이 보살마하살의 지혜는 능히 이체의 유정들을 반열반에 나아가게 시킬 수 있나니, 일체의 성문과 독각의 지혜로는 이와 같지 않은 까닭이다. 또한 사리자여. 반야바라밀다를 수행하는 보살마하살이 하루 동안에 수습한 지혜를 일체의 성문과 독각의 지혜로 능히 미칠 수 없느니라.

사리자여. 사대주는 내려놓고 가사 그대이거나, 대목건련이 삼천대천 세계에 가득한 벼·삼나무·대나무·갈대·사탕수수·숲 등과 같게 소유한 지혜를 반야바라밀다를 행하는 한 보살마하살의 지혜와 비교한다면, 백분의 일에도 미치지 못하고, 천분의 일에도 미치지 못하며, 백천분의 일에도 미치지 못하고, 구지분의 일에도 미치지 못하며, 백구지분의 일에도 미치지 못하고, 천구지분의 일에도 미치지 못하며, 백천구지분의 일에도 미치지 못하며, 수분·산분·계분·유분, 나아가 오파니살담분의 일에도 미치지 못하느니라.

왜 그러한가? 사리자여. 이 보살마하살의 지혜는 능히 이체의 유정들을 반열반에 나아가게 시킬 수 있나니, 일체의 성문과 독각의 지혜로는 이와 같지 않은 까닭이다. 또한 사리자여. 반야바라밀다를 수행하는 보살마하살이 하루 동안에 수습한 지혜를 일체의 성문과 독각의 지혜로 능히 미칠 수 없느니라.

사리자여. 사대주는 내려놓고 가사 그대이거나, 대목건련이 시방의 긍가의 모래와 같은 제불의 세계에 가득한 벼·삼나무·대나무·갈대·사탕수수·숲 등과 같게 소유한 지혜를 반야바라밀다를 행하는 한 보살마하살의 지혜와 비교한다면, 백분의 일에도 미치지 못하고, 천분의 일에도 미치지 못하며, 백천분의 일에도 미치지 못하고, 구지분의 일에도 미치지 못하며, 백구지분의 일에도 미치지 못하고, 천구지분의 일에도 미치지 못하며, 백천구지분의 일에도 미치지 못하며, 수분·산분·계분·유분, 나아가 오파니살담분의 일에도 미치지 못하느니라.

왜 그러한가? 사리자여. 이 보살마하살의 지혜는 능히 이체의 유정들을 반열반에 나아가게 시킬 수 있나니, 일체의 성문과 독각의 지혜로는 이와 같지 않은 까닭이다. 또한 사리자여. 반야바라밀다를 수행하는 보살마하살이 하루 동안에 수습한 지혜를 일체의 성문과 독각의 지혜로 능히 미칠 수 없느니라."

그때 사리자가 세존께 아뢰어 말하였다.

"세존이시여. 만약 성문승(聲聞乘)인 예류·일래·불환·아라한의 지혜이거나, 만약 독각승(獨覺乘)의 지혜이거나, 만약 보살마하살의 지혜이거나, 만약 여래·응공·정등각의 지혜의 이러한 여러 지혜는 모두가 차별이 없고 서로가 어긋나지 않으며 생겨남도 없고 소멸함도 없으며 자성(自性)이 모두 공합니다. 만약 법에 차별이 없고 서로가 어긋나지 않으며 생겨남도 없고 소멸함도 없으며 자성이 모두 공하다면 이러한 법의 차별은 이미 얻을 수 없는데, 어찌하여 세존께서는 반야바라밀다를 행하는 한 보살마하살이 하루 동안에 닦은 지혜를 일체의 성문과 독각의 지혜로는 능히 미칠 수 없다고 설하십니까?"

세존께서 구수 사리자에게 알려 말씀하셨다.

"사리자여. 그대의 뜻은 어떠한가? 반야바라밀다를 수행하는 한 보살마하살이 하루 동안에 닦은 지혜의 수승한 일이 일체의 성문과 독각의 지혜에서도 이러한 일이 있는가?"

사리자가 말하였다.

"없습니다. 세존이시여. 없습니다. 선서시여."

"또한 사리자여. 그대의 뜻은 어떠한가? 반야바라밀다를 수행하는
한 보살마하살이 하루 동안에 닦은 지혜에서 '나는 마땅히 일체상미묘지
(一切相微妙智)·일체지(一切智)·도상지(道相智)·일체상지(一切相智)를 수
행하여 일체의 유정들을 이익되고 안락하게 하겠다.'라고 이렇게 생각하
면서 말을 지었고, 그가 일체법에서 일체상(一切相)을 깨닫고서 방편으로
일체의 유정들을 무여의열반계(無餘依涅槃界)에 안립(安立)시키는 일이
일체의 성문과 독각의 지혜에서도 이러한 일이 있겠는가?"

사리자가 말하였다.

"아닙니다. 세존이시여. 아닙니다. 선서시여."

"또한 사리자여. 그대의 뜻은 어떠한가? 일체의 성문과 독각이 모두가
'나는 마땅히 무상정등각의 보리를 증득하여 방편으로 일체의 유정들을
무여의열반계에 안립시키겠다.'라고 이렇게 생각을 짓겠는가?"

사리자가 말하였다.

"없습니다. 세존이시여. 없습니다. 선서시여."

"또한 사리자여. 그대의 뜻은 어떠한가? 일체의 성문과 독각이 '나는
마땅히 보시·정계·안인·정진·정려·반야바라밀다를 수행해야겠다. 나는
마땅히 수승한 4념주·4정단·4신족·5근·5력·7등각지·8성도지를 수행해
야겠다. 나는 마땅히 수승한 4정려·4무량·4무색정을 수행해야겠다. 나는
마땅히 수승한 8해탈·8승처·9차제정·10변처를 수행해야겠다. 나는 마땅
히 수승한 공·무상·무원의 해탈문을 수행하겠다. 나는 마땅히 외공·내외
공·공공·대공·승의공·유위공·무위공·필경공·무제공·산공·무변이공·
본성공·자상공·공상공·일체법공·불가득공·무성공·자성공·무성자성
공에 편안하게 머물러야겠다. 나는 마땅히 진여·법계·법성·불허망성·불
변이성·평등성·이생성·법정·법주·실제·허공계·부사의계에 편안하게
머물러야겠다.

나는 마땅히 수승한 고·집·멸·도성제에 편안하게 머물러야겠다. 나는
마땅히 일체의 다라니문·삼마지문을 수행해야겠다. 나는 마땅히 극희지·
이구지·발광지·염혜지·극난승지·현전지·원행지·부동지·선혜지·법운

지를 수행해야겠다. 나는 마땅히 원만한 보살의 신통으로 유정들을 성숙시키고 불국토를 장엄해야겠다. 나는 마땅히 5안·6신통을 원만하게 해야겠다. 나는 마땅히 여래의 10력·4무소외·4무애해·대자·대비·대희·대사·18불불공법을 원만하게 해야겠다. 나는 마땅히 32대사상·80수호를 원만하게 해야겠다. 나는 마땅히 무망실법·항주사성을 원만하게 해야겠다. 나는 마땅히 원만한 일체지·도상지·일체상지로 영원히 일체의 번뇌와 습기를 뽑아내고 무상정등보리를 증득하여 방편으로 무량(無量)하고 무수(無數)이며 무변(無邊)한 유정들을 무여의열반계에 안립시키겠다.'라고 이렇게 생각하겠는가?"

사리자가 말하였다.

"아닙니다. 세존이시여. 아닙니다. 선서시여."

세존께서 말씀하셨다.

"사리자여. 반야바라밀다를 수행하는 제보살마하살들이 모두 '나는 마땅히 보시·정계·안인·정진·정려·반야바라밀다를 수행하겠으며, …… 나아가 …… 나는 마땅히 영원히 일체의 번뇌와 습기를 뽑아내고 무상정등보리를 증득하여 방편으로 무량하고 무수이며 무변한 유정들을 무여의열반계에 안립시키겠다.'라고 이렇게 생각하느니라.

사리자여. 비유한다면 반딧불이 '나는 광명을 능히 섬부주에 널리 비추어서 매우 밝게 하겠다.'라고 생각하지 못하는 것과 같이, 이와 같이 일체의 성문과 독각도 '나는 보시·정계·안인·정진·정려·반야바라밀다를 수행해야겠다.'라고 이와 같이 생각하는 것이 없으며, …… 나아가 …… '나는 마땅히 일체의 번뇌와 습기를 뽑아내고 무상정등보리를 증득하여 방편으로 무량하고 무수이며 무변한 유정들을 무여의열반계에 안립시키겠다.'라고 생각하지 못하느니라.

사리자여. 비유한다면 해의 광명이 치성하여 섬부주를 비추면서 널리 비추지 않는 곳이 없는 것과 같이, 반야바라밀다를 수행하는 일체의 보살마하살은 '나는 마땅히 보시·정계·안인·정진·정려·반야바라밀다를 수행하겠으며, …… 나아가 …… 나는 일체의 번뇌와 습기를 뽑아내고 무상정등보리를 증득하여 방편으로 무량하고 무수이며 무변한 유정들을 무여의열반계에 안립시키겠다.'라고 생각하느니라.

이러한 까닭으로 사리자여. 일체의 성문과 독각이 소유한 지혜를 이러한 반야바라밀다를 행하는 한 보살마하살이 하루 동안에 수습하는 지혜와 비교한다면, 백분의 일에도 미치지 못하고, 천분의 일에도 미치지 못하며, 백천분의 일에도 미치지 못하고, 구지분의 일에도 미치지 못하며, 백구지분의 일에도 미치지 못하고, 천구지분의 일에도 미치지 못하며, 백천구지분의 일에도 미치지 못하고, 수분·산분·계분·유분, 나아가 오파니살담분의 일에도 미치지 못한다고 마땅히 알아야 하느니라."

그때 사리자가 세존께 아뢰어 말하였다.

"세존이시여, 어떻게 보살마하살은 능히 성문과 독각 등의 지위(地)를 초월하여 보살의 불퇴전지(不退轉地)12)를 얻으며, 능히 무상불보리도(無上佛菩提道)를 청정하게 합니까?"

세존께서 구수 사리자에게 알려 말씀하셨다.

"사리자여. 일체의 보살마하살은 초발심(初發心)을 쫓아서 보시·정계·안인·정진·정려·반야·방편선교(方便善巧)·묘원(妙願)·역(力)·지(智)바라밀다를 수행하여 공·무상·무원의 법에 머무르므로, 곧 일체의 성문과 독각 등의 지위를 초월하고, 능히 보살의 불퇴전지를 얻으며, 능히 무상불보리도를 청정하게 하느니라."

이때 사리자가 다시 세존께 아뢰어 말하였다.

"세존이시여. 제보살마하살은 무슨 지위에 머무르면서 일체의 성문과 독각들에게 진실한 복전(福田)을 짓습니까?"

세존께서 구수 사리자에게 알려 말씀하셨다.

"사리자여. 일체의 보살마하살은 초발심을 쫓아서 보시·정계·안인·정진·정려·반야·방편선교·묘원·역·지바라밀다를 수행하여 공·무상·무원의 법에 머무르고, 나아가 묘한 보리좌(菩提座)에 편안히 앉으시므로

---

12) 산스크리트어 avinivartanīya의 번역이고, 아비발치(阿毘跋致)로 음사한다. 보살이 수행의 과정에서 물러나지 않게 되는 경지를 가리킨다.

항상 일체의 성문과 독각들에게 진실한 복전을 짓느니라.

왜 그러한가? 사리자여. 보살마하살에 의지하는 까닭으로 일체의 선법(善法)이 세간에 출현(出現)하나니 이를테면, 보살마하살은 10선업도(十善業道)·5근사계(五近事戒)13)·8근주계(八近住戒)14)·4정려·4무량·4무색정·보시성업사(施性福業事)·계성복업사(戒性福業事)·수성복업사(修性福業事) 등이니라. 또한 보살마하살에 의지하는 까닭으로 4념주·4정단·4신족·5근·5력·7등각지·8성도지·공·무상·무원·해탈문·고·집·멸·도성제 등이 세간에 출현하느니라.

또한 보살마하살에 의지하는 까닭으로 보시·정계·안인·정진·정려·반야바라밀다가 세간에 출현하고, 내공·외공·내외공·공공·대공·승의공·유위공·무위공·필경공·무제공·산공·무변이공·본성공·자상공·공상공·일체법공·불가득공·무성공·자성공·무성자성공이 세간에 출현하는 것이 있느니라. 일체법의 진여·법계·법성·불허망성·불변이성·평등성·이생성·법정·법주·실제·허공계·부사의계 등이 세간에 나타나고, 8해탈·8승처·9차제정·10변처가 있어서 세간에 출현하며, 일체의 다라니문·삼마지문·보살의 10지(地)가 있어서 세간에 출현하느니라.

5안·6신통이 있어서 세간에 나타나고, 여래의 10력·4무소외·4무애해·대자·대비·대희·대사·18불불공법이 있어서 세간에 출현하며, 무망실법·항주사성이 있어서 세간에 출현하고, 일체지·도상지·일체상지가 있어서 세간에 출현하고, 유정을 성숙시키고 청정한 불국토를 장엄하는 등의 무량하고 무수하며 무변한 선법(善法)이 있어서 세간에 출현하느니라.

이와 같은 여러 선법이 있는 까닭으로 세간에는 곧 찰제리의 대종족·바라문의 대종족·장자의 대종족·거사의 대종족이 있고, 이와 같은 여러 선법이 있는 까닭으로 세간에는 곧 사대왕중천·삼십삼천·야마천·도사다천·낙변화천·타화자재천이 있으며, 이와 같은 여러 선법이 있는 까닭으로 세간에는 곧 범중천·범보천·범회천·대범천·광천·소광천·무량광천·극

---

13) 신도들이 수지할 5계를 가리킨다.
14) 8재계(齋戒)를 가리킨다.

광정천·정천·소정천·무량정천·변정천·광천·소광천·무량광천·광과천·
무상유정천·무번천·무열천·선현천·선견천·색구경천이 있고, 이와 같은
여러 선법이 있는 까닭으로 세간에는 곧 공무변처천·식무변처천·무소유
처천·비상비비상처천이 있으며, 이와 같은 여러 선법이 있는 까닭으로 세간
에는 곧 예류·일래·불환·아라한·독각이 있고, 이와 같은 여러 선법이 있는
까닭으로 세간에는 곧 보살마하살과 제여래·응공·정등각이 있느니라.”

　　그때 사리자가 세존께 아뢰어 말하였다.

　　“세존이시여. 제보살마하살은 다시 반드시 시주(施主)[15]의 은혜를 갚아
야 합니까?”

　　세존께서 구수 사리자에게 알려 말씀하셨다.

　　“사리자여. 제보살마하살은 다시 반드시 시주의 은혜를 갚지 않을
수 있느니라. 왜 그러한가? 이미 많이 갚았던 까닭이니라. 그 까닭은
무엇인가? 사리자여. 제보살마하살은 대시주(大施主)가 되어서 여러 유정
들에게 무량한 선법을 베풀었나니 이를테면, 유정들에게 10선업도·5근사
계·8근주계와 4정려·4무량·4무색정과 보시·정계·정려의 성품인 세 가지
의 복업사를 베풀었고, 또한 유정들에게 4념주·4정단·4신족·5근·5력·7
등각지·8성도지와 공·무상·무원의 해탈문과 고·집·멸·도성제를 베풀었
으며, 또한 유정들에게 보시·정계·안인·정진·정려·반야·방편선교·묘원
·역·지·바라밀다를 베풀었고, 또한 유정들에게 내공·외공·내외공·공공·
대공·승의공·유위공·무위공·필경공·무제공·산공·무변이공·본성공·
자상공·공상공·일체법공·불가득공·무성공·자성공·무성자성공을 베풀
었으며, 또한 유정들에게 일체법의 진여·법계·법성·불허망성·불변이성·
평등성·이생성·법정·법주·실제·허공계·부사의계 등을 베풀었고, 또한
유정들에게 8해탈·8승처·9차제정·10변처를 베풀었으며, 또한 유정들에
게 다라니문·삼마지문·보살의 10지를 베풀었고, 또한 유정들에게 5안·6
신통을 베풀었으며, 또한 유정들에게 여래의 10력·4무소외·4무애해·대

---

15) 산스크리트어 dānapati의 번역이고, ‘단월(檀越)’, ‘단나(檀那)’ 등으로 음사한다.
　　사찰과 승가에게 음식과 의복 등의 물건을 제공하는 사람들을 가리킨다.

자·대비·대희·대사·18불불공법(佛不共法)을 베풀었고, 또한 유정들에게 무망실법·항주사성을 베풀었으며, 또한 유정들에게 일체지·도상지·일체상지를 베풀었고, 또한 유정들에게 보시·애어(愛語)·이행(利行)·동사(同事)로 유정을 성숙시키고 청정한 불국토를 장엄하는 방편선교를 베풀었으며, 또한 유정들에게 예류·일래·불환·아라한·독각의 보리를 베풀었고, 또한 유정들에게 일체의 보살마하살의 행과 제불의 무상정등보리를 베풀었느니라.

사리자여. 제보살마하살들은 여러 유정들에게 이와 같은 종류의 무량하고 무수이며 무변한 선법을 베풀었던 까닭으로 보살을 대시주라고 설하는 것이고, 이것을 이유로 이미 여러 시주들의 은혜를 갚았으며, 진실한 복전이고 수승한 복을 생장(生長)시키느니라."

3. 상응품(相應品)(1)

그때 사리자가 세존께 아뢰어 말하였다.

"세존이시여. 반야바라밀다를 수행하는 보살마하살은 무슨 법과 상응(相應)하는 까닭으로 마땅히 반야바라밀다와 함께 상응한다고 말합니까?"

세존께서 구수 사리자에게 알려 말씀하셨다.

"사리자여. 반야바라밀다를 수행하는 보살마하살이 색(色)은 공(空)한 상(空相)과 함께 상응하는 까닭으로 마땅히 반야바라밀다와 함께 상응한다고 말하고, 수(受)·상(想)·행(行)·식(識)의 공한 상과 함께 상응하는 까닭으로 마땅히 반야바라밀다와 함께 상응한다고 말하느니라. 사리자여. 반야바라밀다를 수행하는 보살마하살이 안처(眼處)의 공한 상과 함께 상응하는 까닭으로 마땅히 반야바라밀다와 함께 상응한다고 말하고, 이(耳)·비(鼻)·설(舌)·신(身)·의처(意處)의 공한 상과 함께 상응하는 까닭으로 마땅히 반야바라밀다와 함께 상응한다고 말하느니라.

사리자여. 반야바라밀다를 수행하는 보살마하살이 색처(色處)의 공한 상과 함께 상응하는 까닭으로 마땅히 반야바라밀다와 함께 상응한다고 말하고, 성(聲)·향(香)·미(味)·촉(觸)·법처(法處)의 공한 상과 상응하는 까닭으로 마땅히 반야바라밀다와 함께 상응한다고 말하느니라. 사리자여. 반야바라밀다를 수행하는 보살마하살이 안계(眼界)의 공한 상과 함께 상응하는 까닭으로 마땅히 반야바라밀다와 함께 상응한다고 말하고, 이·비·설·신·의계(意界)의 공한 상과 함께 상응하는 까닭으로 마땅히 반야바라밀다와 상응한다고 말하느니라.

사리자여. 반야바라밀다를 수행하는 보살마하살이 색계(色界)의 공한 상과 함께 상응하는 까닭으로 마땅히 반야바라밀다와 상응한다고 말하고, 성·향·미·촉·법계(法界)의 공한 상과 상응하는 까닭으로 마땅히 반야바라밀다와 함께 상응한다고 말하느니라. 사리자여. 반야바라밀다를 수행하는 보살마하살이 안식계(眼識界)의 공한 상과 함께 상응하는 까닭으로 마땅히 반야바라밀다와 상응한다고 말하고, 이식·비식·설식·신식·의식계(意識界)의 공한 상과 상응하는 까닭으로 마땅히 반야바라밀다와 함께 상응한다고 말하느니라.

사리자여. 반야바라밀다를 수행하는 보살마하살이 안촉(眼觸)의 공한 상과 함께 상응하는 까닭으로 마땅히 반야바라밀다와 상응한다고 말하고, 이·비·설·신·의촉(意觸)의 공한 상과 상응하는 까닭으로 마땅히 반야바라밀다와 함께 상응한다고 말하느니라. 사리자여. 반야바라밀다를 수행하는 보살마하살이 안촉과 함께 연(緣)으로 삼아서 생겨나는 수(受)의 공한 상과 상응하는 까닭으로 마땅히 반야바라밀다와 상응한다고 말하고, 이·비·설·신·의촉과 함께 연으로 삼아서 생겨나는 수의 공한 상과 상응하는 까닭으로 마땅히 반야바라밀다와 상응한다고 말하느니라.

사리자여. 반야바라밀다를 수행하는 보살마하살이 지계(地界)의 공한 상과 함께 상응하는 까닭으로 마땅히 반야바라밀다와 함께 상응한다고 말하고, 수(水)·화(火)·풍(風)·공(空)·식계(識界)의 공한 상과 함께 상응하는 까닭으로 마땅히 반야바라밀다와 함께 상응한다고 말하느니라. 사리자여. 반야바라밀다를 수행하는 보살마하살이 인연의 공한 상과 함께 상응하는 까닭으로 마땅히 반야바라밀다와 함께 상응한다고 말하고, 등무간연·소연연·증상연과 여러 연을 따라서 생겨나는 제법의 공한 상과 함께 상응하는 까닭으로 마땅히 반야바라밀다와 상응한다고 말하느니라.

사리자여. 반야바라밀다를 수행하는 보살마하살이 무명(無明)의 공한 상과 함께 상응하는 까닭으로 마땅히 반야바라밀다와 함께 상응한다고 말하고, 행(行)·식(識)·명색(名色)·육처(六處)·촉(觸)·수(受)·애(愛)·취(取)·유(有)·생(生)·노사(老死)의 수탄고우뇌(愁歎苦憂惱)의 공한 상과 함께 상응하는 까닭으로 마땅히 반야바라밀다와 함께 상응한다고 말하느니라.

사리자여. 반야바라밀다를 수행하는 보살마하살이 보시바라밀다의 공한 상과 함께 상응하는 까닭으로 마땅히 반야바라밀다와 함께 상응한다고 말하고, 정계·안인·정진·정려·반야바라밀다의 공한 상과 함께 상응하는 까닭으로 마땅히 반야바라밀다와 함께 상응한다고 말하느니라. 사리자여. 반야바라밀다를 수행하는 보살마하살이 내공의 공한 상과 함께 상응하는 까닭으로 마땅히 반야바라밀다와 함께 상응한다고 말하고, 외공·내외공·공공·대공·승의공·유의공·무위공·필경공·무제공·산공·무변이공·본성공·자상공·공상공·일체법공·불가득공·무성공·자성공·무성자성공의 공한 상과 함께 상응하는 까닭으로 마땅히 반야바라밀다와 함께 상응한다고 말하느니라.

사리자여. 반야바라밀다를 수행하는 보살마하살이 진여의 공한 상과 함께 상응하는 까닭으로 마땅히 반야바라밀다와 함께 상응한다고 말하고, 법계·법성·불허망성·불변이성·평등성·이생성·법정·법주·실제·허공계·부사의계의 공한 상과 함께 상응하는 까닭으로 마땅히 반야바라밀다와 함께 상응한다고 말하느니라. 사리자여. 반야바라밀다를 수행하는 보살마하살이 4념주의 공한 상과 함께 상응하는 까닭으로 마땅히 반야바라밀다와 함께 상응한다고 말하고, 4정단·4신족·5근·5력·7등각지·8성도지의 공한 상과 함께 상응하는 까닭으로 마땅히 반야바라밀다와 함께 상응한다고 말하느니라.

사리자여. 반야바라밀다를 수행하는 보살마하살이 고성제(苦聖諦)의 공한 상과 함께 상응하는 까닭으로 마땅히 반야바라밀다와 함께 상응한다고 말하고, 집(集)·멸(滅)·도성제(道聖諦)의 공한 상과 함께 상응하는 까닭으로 마땅히 반야바라밀다와 함께 상응한다고 말하느니라. 사리자여. 반야바라밀다를 수행하는 보살마하살이 10선업도의 공한 상과 함께 상응하는 까닭으로 마땅히 반야바라밀다와 함께 상응한다고 말하고, 5근사계·8근주계의 공한 상과 함께 상응하는 까닭으로 마땅히 반야바라밀다와 함께 상응한다고 말하느니라.

사리자여. 반야바라밀다를 수행하는 보살마하살이 보시인 성품 복덕사의 공한 상과 함께 상응하는 까닭으로 마땅히 반야바라밀다와 함께 상응한다고 말하고, 정계·정려인 성품 복덕사의 공한 상과 함께 상응하는 까닭으로 마땅히 반야바라밀다와 함께 상응한다고 말하느니라. 사리자여. 반야바라밀다를 수행하는 보살마하살이 4정려의 공한 상과 함께 상응하는 까닭으로 마땅히 반야바라밀다와 함께 상응한다고 말하고, 4무량·4무색정의 공한 상과 함께 상응하는 까닭으로 마땅히 반야바라밀다와 함께 상응한다고 말하느니라.

사리자여. 반야바라밀다를 수행하는 보살마하살이 8해탈의 공한 상과 함께 상응하는 까닭으로 마땅히 반야바라밀다와 함께 상응한다고 말하고, 8승처·9차제정·10변처의 공한 상과 함께 상응하는 까닭으로 마땅히 반야바라밀다와 함께 상응한다고 말하느니라. 사리자여. 반야바라밀다를 수행하는 보살마하살이 공해탈문의 공한 상과 함께 상응하는 까닭으로 마땅히 반야바라밀다와 함께 상응한다고 말하고, 무상·무원의 해탈문의 공한 상과 함께 상응하는 까닭으로 마땅히 반야바라밀다와 함께 상응한다고 말하느니라.

사리자여. 반야바라밀다를 수행하는 보살마하살이 일체의 다라니문의 공한 상과 함께 상응하는 까닭으로 마땅히 반야바라밀다와 함께 상응한다고 말하고, 일체의 삼마지문의 공한 상과 함께 상응하는 까닭으로 마땅히 반야바라밀다와 함께 상응한다고 말하느니라. 사리자여. 반야바라밀다를 수행하는 보살마하살이 극희지의 공한 상과 함께 상응하는 까닭으로 마땅히 반야바라밀다와 함께 상응한다고 말하고, 이구지·발광지·염혜지·극난승지·현전지·원행지·부동지·선혜지·법운지의 공한 상과 함께 상응하는 까닭으로 마땅히 반야바라밀다와 함께 상응한다고 말하느니라.

사리자여. 반야바라밀다를 수행하는 보살마하살이 5안의 공한 상과 함께 상응하는 까닭으로 마땅히 반야바라밀다와 함께 상응한다고 말하고, 6신통의 공한 상과 함께 상응하는 까닭으로 마땅히 반야바라밀다와 함께 상응한다고 말하느니라. 사리자여. 반야바라밀다를 수행하는 보살마하살이 여래 10력의 공한 상과 함께 상응하는 까닭으로 마땅히 반야바라밀다와 함께 상응한다고 말하고, 4무소외·4무애해·대자·대비·대희·대사·18불불공법의 공한 상과 함께 상응하는 까닭으로 마땅히 반야바라밀다와 함께 상응한다고 말하느니라.

사리자여. 반야바라밀다를 수행하는 보살마하살이 32대사상의 공한 상과 함께 상응하는 까닭으로 마땅히 반야바라밀다와 함께 상응한다고 말하고, 80수호의 공한 상과 함께 상응하는 까닭으로 마땅히 반야바라밀다와 함께 상응한다고 말하느니라. 사리자여. 반야바라밀다를 수행하는 보살마하살이 무망실법의 공한 상과 함께 상응하는 까닭으로 마땅히 반야바라밀다와 함께 상응한다고 말하고, 항주사성의 공한 상과 함께 상응하는 까닭으로 마땅히 반야바라밀다와 함께 상응한다고 말하느니라.

사리자여. 반야바라밀다를 수행하는 보살마하살이 일체지의 공한 상과 함께 상응하는 까닭으로 마땅히 반야바라밀다와 함께 상응한다고 말하고, 도상지·일체상지의 공한 상과 함께 상응하는 까닭으로 마땅히 반야바라밀다와 함께 상응한다고 말하느니라. 사리자여. 반야바라밀다를 수행하는 보살마하살이 일체지지(一切智智)의 공한 상과 함께 상응하는 까닭으로 마땅히 반야바라밀다와 함께 상응한다고 말하고, 일체 번뇌의 습기를 영원히 뽑은 것의 공한 상과 함께 상응하는 까닭으로 마땅히 반야바라밀다와 함께 상응한다고 말하느니라.

　　사리자여. 반야바라밀다를 수행하는 보살마하살이 예류과의 공한 상과 함께 상응하는 까닭으로 마땅히 반야바라밀다와 함께 상응한다고 말하고, 일래과·불환과·아라한과·독각 보리의 공한 상과 함께 상응하는 까닭으로 마땅히 반야바라밀다와 함께 상응한다고 말하느니라. 사리자여. 반야바라밀다를 수행하는 보살마하살이 일체 보살마하살의 행(行)의 공한 상과 함께 상응하는 까닭으로 마땅히 반야바라밀다와 함께 상응한다고 말하고, 제불 무상정등보리의 공한 상과 함께 상응하는 까닭으로 마땅히 반야바라밀다와 함께 상응한다고 말하느니라.

　　사리자여. 반야바라밀다를 수행하는 보살마하살이 나(我)의 공한 상과 함께 상응하는 까닭으로 마땅히 반야바라밀다와 함께 상응한다고 말하고, 유정(有情)·명자(命者)·생자(生者)·양자(養者)·사부(士夫)·보특가라(補特伽羅)·의생(意生)·유동(孺童)·작자(作者)·사작자(使作者)·기자(起者)·사기자(使起者)·수자(受者)·사수자(使受者)·지자(知者)·견자(見者)의 공한 상과 함께 상응하는 까닭으로 마땅히 반야바라밀다와 함께 상응한다고 말하느니라. 사리자여. 반야바라밀다를 수행하는 보살마하살이 이와 같은 것 등의 공한 상과 함께 상응하는 까닭으로 마땅히 반야바라밀다와 함께 상응한다고 말하느니라."

　　"사리자여. 반야바라밀다를 수행하는 보살마하살이 이와 같은 것 등의 공한 상과 함께 상응하는 때에 색(色)이 만약 상응하거나, 만약 상응하지 않더라도 보지 않고, 수(受)·상(想)·행(行)·식(識)이 만약 상응하거나, 만약 상응하지 않더라도 보지 않느니라. 왜 그러한가? 사리자여. 이 보살마하살이 색이 만약 생겨나는 법이거나, 만약 소멸하는 법이라도 보지 않고, 수·상·행·식이 만약 생겨나는 법이거나, 만약 소멸하는 법이라도 보지 않으며, 색이 만약 염오된 법(染法)이거나, 만약 청정한 법(淨法)이라도 보지 않고, 수·상·행·식이 만약 염오된 법이거나, 만약 청정한 법이라도 보지 않는 것이니라.

　　사리자여. 보살마하살은 색과 수가 합쳐진다고 보지 않고, 수와 상이

합쳐진다고 보지 않으며, 상과 행이 합쳐진다고 보지 않고, 행과 식이 합쳐진다고 보지 않느니라. 왜 그러한가? 사리자여. 어떠한 작은 법도 작은 법과 합쳐지는 것이 없나니, 본성(本性)이 공한 까닭이니라. 그 까닭은 무엇인가? 사리자여. 여러 색은 공(空)하므로 그것은 색이 아닌 것이고, 여러 수·상·행·식도 공하므로 그것은 수·상·행·식도 아닌 것이다.

  왜 그러한가? 사리자여. 여러 색은 공하므로 그것은 변하고 장애인 형상(變礙相)이 아니고, 여러 수는 공하므로 그것은 받아들이는 형상(領納相)이 아니며, 여러 상은 공하므로 그것은 형태를 취하는 형상(取像相)이 아니고, 여러 행은 공하므로 그것은 짓는 형상(造作相)이 아니며, 여러 식은 공하므로 깨닫고 분별하는 형상(了別相)이 아닌 것이다. 왜 그러한가? 사리자여. 색은 공과 다르지 않고 공은 색과 다르지 않으며, 색은 곧 공이고 공은 곧 색이며, 수·상·행·식은 공과 다르지 않고 공은 수·상·행·식과 다르지 않으며, 수·상·행·식은 곧 공이고, 공은 곧 수·상·행·식인 것이니라. 왜 그러한가? 사리자여. 제법은 공한 형상이므로 생겨나지도 않고 소멸하지도 않으며 염오되지도 않고 청정하지도 않으며 늘어나지도 않고 줄어들지도 않으며 과거도 아니고 미래도 아니며 현재도 아닌 것이니라.

  사리자여. 이와 같은 공의 가운데에는 색도 없고 수·상·행·식도 없으며, 지계도 없고 수·화·풍·공(空)·식계(識界)도 없으며, 안처(眼處)도 없고 이·비·설·신·의처(意處)도 없으며, 안계(眼界)도 없고 이·비·설·신·의계(意界)도 없으며, 안촉(眼觸)도 없고 이·비·설·신·의촉(意觸)도 없으며, 안촉을 연으로 삼아서 생겨나는 수도 없고, 이·비·설·신·의촉을 연으로 삼아서 생겨나는 수도 없으며, 무명의 생겨남도 없고 무명의 소멸도 없으며, 행·식·명색·육처·촉·수·애·취·유·생·노사의 수탄고우뇌의 생겨남도 없고 행, 나아가 노사의 수탄고우뇌의 소멸함도 없으며, 고성제도 없고, 집·멸·도성제도 없으며, 예류과도 없으며, 일래도 없고 일래과도 없으며, 불환도 없고 불환과도 없으며, 아라한도 없고 아라한과도 없으며, 독각도 없고 독각의 보리도 없으며, 보살도 없고 보살행도 없으며, 여래도

없고 세존의 깨달음도 없느니라. 사리자여. 반야바라밀다를 수행하는
보살마하살이 이와 같은 등의 법과 상응하는 까닭으로 마땅히 반야바라밀
다와 함께 상응한다고 말하느니라."

마하반야바라밀다경 제5권

3. 상응품(相應品)(2)

"다시 다음으로 사리자여. 제보살마하살은 반야바라밀다를 수행하면서 색이 만약 상응하거나 만약 상응하지 않는다고 보지 않아야 하고, 수·상·행·식이 만약 상응하거나 만약 상응하지 않는다고 보지 않아야 하며, 안처가 만약 상응하거나, 만약 상응하지 않는다고 보지 않아야 하고, 이·비·설·신·의처가 만약 상응하거나 만약 상응하지 않는다고 보지 않아야 하며, 안계가 만약 상응하거나 만약 상응하지 않는다고 보지 않아야 하고, 이·비·설·신·의계가 만약 상응하거나 만약 상응하지 않는다고 보지 않아야 하며, 색계가 만약 상응하거나 만약 상응하지 않는다고 보지 않아야 하고, 성·향·미·촉·법계가 만약 상응하거나, 만약 상응하지 않는다고 보지 않아야 하느니라.

안식계가 만약 상응하거나, 만약 상응하지 않는다고 보지 않아야 하고, 이·비·설·신·의식계가 만약 상응하거나 만약 상응하지 않는다고 보지 않아야 하며, 안촉이 만약 상응하거나 만약 상응하지 않는다고 보지 않아야 하고, 이·비·설·신·의촉이 만약 상응하거나 만약 상응하지 않는다고 보지 않아야 하며, 안촉을 연(緣)으로 삼아서 생겨나는 여러 수가 만약 상응하거나 만약 상응하지 않는다고 보지 않아야 하고, 이·비·설·신·의촉과 연으로 삼아서 생겨나는 여러 수가 만약 상응하거나 만약 상응하지 않는다고 보지 않아야 하며, 지계가 만약 상응하거나 만약 상응하지 않는다고 보지 않아야 하고, 수·화·풍·공·식계가 만약 상응하거나 만약 상응하지 않는다고 보지 않아야 하느니라.

　인연이 만약 상응하거나 만약 상응하지 않는다고 보지 않아야 하고, 등무간연·소연연·증상연이 만약 상응하거나 만약 상응하지 않는다고 보지 않아야 하며, 연을 쫓아서 생겨나는 제법이 만약 상응하거나 만약 상응하지 않는다고 보지 않아야 하고, 무명이 만약 상응하거나 만약 상응하지 않는다고 보지 않아야 하며, 행·식·명색·육처·촉·수·애·취·유· 생·노사의 수탄고우뇌가 만약 상응하거나, 만약 상응하지 않는다고 보지 않아야 하느니라.

　욕계(欲界)가 만약 상응하거나 만약 상응하지 않는다고 보지 않아야 하고, 색계(色界)·무색계(無色界)가 만약 상응하거나 만약 상응하지 않는 다고 보지 않아야 하며, 보시바라밀다가 만약 상응하거나 만약 상응하지 않는다고 보지 않아야 하고, 정계·안인·정진·정려·반야바라밀다가 만약 상응하거나 만약 상응하지 않는다고 보지 않아야 하며, 내공이 만약 상응하거나 만약 상응하지 않는다고 보지 않아야 하고, 외공·내외공·공공 ·대공·승의공·유위공·무위공·필경공·무제공·산공·무변이공·본성공· 자상공·공상공·일체법공·불가득공·무성공·자성공·무성자성공이 만약 상응하거나 만약 상응하지 않는다고 보지 않아야 하며, 진여가 만약 상응하거나 만약 상응하지 않는다고 보지 않아야 하고, 법계·법성·불허망 성·불변이성·평등성·이생성·법정·법주·실제·허공계·부사의계가 만약 상응하거나, 만약 상응하지 않는다고 보지 않아야 하느니라.

　4념주가 만약 상응하거나 만약 상응하지 않는다고 보지 않아야 하고, 4정단·4신족·5근·5력·7등각지·8성도지가 만약 상응하거나 만약 상응하 지 않는다고 보지 않아야 하며, 고성제가 만약 상응하거나 만약 상응하지 않는다고 보지 않아야 하고, 집·멸·도성제가 만약 상응하거나 만약 상응하 지 않는다고 보지 않아야 하며, 10선업도가 만약 상응하거나 만약 상응하 지 않는다고 보지 않아야 하고, 5근사계·8근주계가 만약 상응하거나 만약 상응하지 않는다고 보지 않아야 하며, 보시 성품의 복업사가 상응한 다거나 상응하지 않는다고 보지 않아야 하고, 정계·정려인 자성의 복업사가 상응한다거나 상응하지 않는다고 보지 않아야 하느니라.

4정려가 만약 상응하거나, 만약 상응하지 않는다고 보지 않아야 하고, 4무량·4무색정이 만약 상응하거나, 만약 상응하지 않는다고 보지 않아야 하며, 8해탈이 만약 상응하거나, 만약 상응하지 않는다고 보지 않아야 하고, 8승처·9차제정·10변처가 만약 상응하거나, 만약 상응하지 않는다고 보지 않아야 하며, 공해탈문이 만약 상응하거나, 만약 상응하지 않는다고 보지 않아야 하고, 무상·무원·해탈문이 만약 상응하거나, 만약 상응하지 않는다고 보지 않아야 하며, 일체의 다라니문이 만약 상응하거나, 만약 상응하지 않는다고 보지 않아야 하고, 일체의 삼마지문이 만약 상응하거나, 만약 상응하지 않는다고 보지 않아야 하며, 극희지가 만약 상응하거나, 만약 상응하지 않는다고 보지 않아야 하고, 이구지·발광지·염혜지·극난승지·현전지·원행지·부동지·선혜지·법운지가 만약 상응하거나, 만약 상응하지 않는다고 보지 않아야 하느니라.

5안이 만약 상응하거나 만약 상응하지 않는다고 보지 않아야 하고, 6신통이 만약 상응하거나 만약 상응하지 않는다고 보지 않아야 하며, 여래의 10력이 만약 상응하거나 만약 상응하지 않는다고 보지 않아야 하고, 4무소외·4무애해·대자·대비·대희·대사·18불불공법이 만약 상응하거나 만약 상응하지 않는다고 보지 않아야 하며, 32대사상이 만약 상응하거나 만약 상응하지 않는다고 보지 않아야 하고, 80수호가 만약 상응하거나 만약 상응하지 않는다고 보지 않아야 하며, 무망실법이 만약 상응하거나, 만약 상응하지 않는다고 보지 않아야 하고, 항주사성이 만약 상응하거나, 만약 상응하지 않는다고 보지 않아야 하며, 일체지가 만약 상응하거나 만약 상응하지 않는다고 보지 않아야 하고, 도상지·일체상지·일체상미묘지가 만약 상응하거나 만약 상응하지 않는다고 보지 않아야 하며, 일체지지가 만약 상응하거나 만약 상응하지 않는다고 보지 않아야 하고, 일체 번뇌의 습기를 영원히 뽑아내는 것이 만약 상응하거나 만약 상응하지 않는다고 보지 않아야 하느니라.

예류과가 만약 상응하거나 만약 상응하지 않는다고 보지 않아야 하고,

일래과·불환과·아라한과가 만약 상응하거나, 만약 상응하지 않는다고 보지 않아야 하며, 독각의 보리가 만약 상응하거나 만약 상응하지 않는다고 보지 않아야 하고, 일체의 보살마하살의 행이 만약 상응하거나 만약 상응하지 않는다고 보지 않아야 하며, 제불의 무상정등보리가 만약 상응하거나 만약 상응하지 않는다고 보지 않아야 하고, 내가 만약 상응하거나 만약 상응하지 않는다고 보지 않아야 하며, 유정·명자·생자·양자·사부·보특가라·의생·유동·작자·사작자·기자·사기자·수자·사수자·지자·견자가 상응한다거나 상응하지 않는다고 보지 않아야 하느니라. 사리자여. 이러한 인연을 이유로 제보살마하살은 반야바라밀다를 수행한다면 마땅히 반야바라밀다와 함께 상응한다고 말하는 것이라고 알지니라.

다시 다음으로 사리자여. 제보살마하살은 반야바라밀다를 수행하면서 공(空)이 공과 만약 상응하거나 만약 상응하지 않는다고 보지 않아야 하고, 무상(無相)이 무상과 만약 상응하거나 만약 상응하지 않는다고 보지 않아야 하며, 무원(無願)이 무원과 만약 상응하거나 만약 상응하지 않는다고 보지 않아야 하느니라. 왜 그러한가? 사리자여. 공·무상·무원은 모두 상응하거나, 상응하지 않는 것이 없는 까닭이니라. 사리자여. 제보살마하살은 반야바라밀다를 수행하면서 이와 같은 법과 상응하는 까닭으로 마땅히 반야바라밀다와 함께 상응한다고 말하느니라."

"다시 다음으로 사리자여. 제보살마하살은 반야바라밀다를 수행하면서 일체법이 자상공(自相空)에 들어갔더라도 색이 만약 상응하거나 만약 상응하지 않는다고 보지 않아야 하고, 수·상·행·식이 만약 상응하거나 만약 상응하지 않는다고 보지 않느니라. 이 보살마하살은 색이 전제(前際)와 함께 만약 상응하거나 만약 상응하지 않는다고 보지 않느니라. 왜 그러한가? 전제를 보지 않는 까닭이니라. 수·상·행·식이 전제와 함께 만약 상응하거나, 만약 상응하지 않는다고 보지 않느니라. 왜 그러한가? 전제를 보지 않는 까닭이니라.

색이 후제(後際)와 함께 만약 상응하거나, 만약 상응하지 않는다고 보지 않느니라. 왜 그러한가? 후제를 보지 않기 까닭이니라. 수·상·행·식이 후제와 함께 만약 상응하거나 만약 상응하지 않는다고 보지 않느니라. 왜 그러한가? 후제를 보지 않는 까닭이니라. 색이 현재(現在)와 함께 만약 상응하거나 만약 상응하지 않는다고 보지 않느니라. 왜 그러한가? 현재를 보지 않는 까닭이니라. 수·상·행·식이 현재와 함께 만약 상응하거나 만약 상응하지 않는다고 보지 않느니라. 왜 그러한가? 현재를 보지 않는 까닭이니라.

다시 다음으로 사리자여. 제보살마하살은 반야바라밀다를 수행하면서 전제가 후제와 함께 만약 상응하거나 만약 상응하지 않는다고 보지 않아야 하고, 전제가 현재와 함께 만약 상응하거나 만약 상응하지 않는다고 보지 않아야 하며, 후제가 전제와 함께 만약 상응하거나 만약 상응하지 않는다고 보지 않아야 하고, 후제가 현재와 함께 만약 상응하거나 만약 상응하지 않는다고 보지 않아야 하며, 현재가 전제와 함께 만약 상응하거나 만약 상응하지 않는다고 보지 않아야 하고, 현재가 후제와 함께 만약 상응하거나 만약 상응하지 않는다고 보지 않아야 하며, 전제가 후제·현재와 함께 만약 상응하거나 만약 상응하지 않는다고 보지 않아야 하고, 후제가 전제·현재와 함께 만약 상응하거나 만약 상응하지 않는다고 보지 않아야 하며, 현재가 전제·후제와 함께 만약 상응하거나 만약 상응하지 않는다고 보지 않아야 하고, 전제·후제·현재가 함께 만약 상응하거나 만약 상응하지 않는다고 보지 않아야 하느니라. 왜 그러한가? 사리자여. 삼세(三世)는 공한 까닭이니라. 사리자여. 제보살마하살은 반야바라밀다를 수행하면서 이와 같은 법과 상응하는 까닭으로 마땅히 반야바라밀다와 함께 상응한다고 말하느니라.

다시 다음으로 사리자여. 제보살마하살은 반야바라밀다를 수행하면서 일체지(一切智)가 과거와 함께 만약 상응하거나 만약 상응하지 않는다고 보지 않느니라. 왜 그러한가? 오히려 과거도 있다고 보지 않는데, 하물며 일체지가 과거와 함께 만약 상응하거나 만약 상응하지 않는다고 보겠는가? 일체지가 미래와 함께 만약 상응하거나 만약 상응하지 않는다고 보지 않느니라. 왜 그러한가? 오히려 미래가 있다고 보지 않는데, 하물며 일체지가 미래와 함께 만약 상응하거나 만약 상응하지 않는다고 보겠는 가? 일체지가 현재와 함께 만약 상응하거나 만약 상응하지 않는다고 보지 않느니라. 왜 그러한가? 오히려 현재도 있다고 보지 않는데, 하물며 일체지가 현재와 함께 만약 상응하거나 만약 상응하지 않는다고 보겠는 가? 사리자여. 제보살마하살은 반야바라밀다를 수행하면서 이와 같은 법과 상응하는 까닭으로 마땅히 반야바라밀다와 함께 상응한다고 말하느 니라.

　다시 다음으로 사리자여. 제보살마하살은 반야바라밀다를 수행하면서 일체지가 색과 함께 만약 상응하거나 만약 상응하지 않는다고 보지 않느니 라. 왜 그러한가? 오히려 색도 있다고 보지 않는데, 하물며 일체지가 색과 함께 만약 상응하거나 만약 상응하지 않는다고 보겠는가? 일체지가 수·상·행·식과 함께 만약 상응하거나 만약 상응하지 않는다고 보지 않느 니라. 왜 그러한가? 오히려 수·상·행·식이 있다고 보지 않는데, 하물며 일체지가 수·상·행·식과 함께 만약 상응하거나 만약 상응하지 않는다고 보겠는가? 사리자여. 제보살마하살은 반야바라밀다를 수행하면서 이와 같은 법과 상응하는 까닭으로 마땅히 반야바라밀다와 함께 상응한다고 말하느니라.

　다시 다음으로 사리자여. 제보살마하살은 반야바라밀다를 수행하면서 일체지가 안처와 만약 상응하거나 만약 상응하지 않는다고 보지 않느니 라. 왜 그러한가? 오히려 안처가 있다고 보지 않는데, 하물며 일체지가 안처와 함께 만약 상응하거나 만약 상응하지 않는다고 보겠는가? 일체지 가 이·비·설·신·의처와 함께 만약 상응하거나, 만약 상응하지 않는다고 보지 않느니라. 왜 그러한가? 오히려 이·비·설·신·의처가 있다고 보지 않는데, 하물며 일체지가 이·비·설·신·의처와 함께 만약 상응하거나 만약 상응하지 않는다고 보겠는가? 사리자여. 제보살마하살은 반야바라 밀다를 수행하면서 이와 같은 법과 상응하는 까닭으로 마땅히 반야바라밀 다와 함께 상응한다고 말하느니라.

다시 다음으로 사리자여. 제보살마하살은 반야바라밀다를 수행하면서 일체지가 색처와 함께 만약 상응하거나 만약 상응하지 않는다고 보지 않느니라. 왜 그러한가? 오히려 색처가 있다고 보지 않는데, 하물며 일체지가 색처와 함께 만약 상응하거나 만약 상응하지 않는다고 보겠는가? 일체지가 성·향·미·촉·법처와 함께 만약 상응하거나 만약 상응하지 않는다고 보지 않느니라. 왜 그러한가? 오히려 성·향·미·촉·법처가 있다고 보지 않는데, 하물며 일체지가 성·향·미·촉·법처와 함께 만약 함께 상응하거나 만약 상응하지 않는다고 보겠는가? 사리자여. 제보살마하살은 반야바라밀다를 수행하면서 이와 같은 법과 상응하는 까닭으로 마땅히 반야바라밀다와 함께 상응한다고 말하느니라.

다시 다음으로 사리자여. 제보살마하살은 반야바라밀다를 수행하면서 일체지가 안식처와 함께 만약 상응하거나 만약 상응하지 않는다고 보지 않느니라. 왜 그러한가? 오히려 안처가 있다고 보지 않는데, 하물며 일체지가 안식처와 함께 만약 상응하거나 만약 상응하지 않는다고 보겠는가? 일체지가 이·비·설·신·의식처와 만약 상응하거나 만약 상응하지 않는다고 보지 않느니라. 왜 그러한가? 오히려 이·비·설·신·의처가 있다고 보지 않는데, 하물며 일체지가 이·비·설·신·의식처와 함께 만약 상응하거나 만약 상응하지 않는다고 보겠는가? 사리자여. 제보살마하살은 반야바라밀다를 수행하면서 이와 같은 법과 상응하는 까닭으로 마땅히 반야바라밀다와 함께 상응한다고 말하느니라.

다시 다음으로 사리자여. 제보살마하살은 반야바라밀다를 수행하면서 일체지가 안촉과 함께 만약 상응하거나 만약 상응하지 않는다고 보지 않느니라. 왜 그러한가? 오히려 안촉이 있다고 보지 않는데, 하물며 일체지가 안촉과 함께 만약 상응하거나 만약 상응하지 않는다고 보겠는가? 일체지가 이·비·설·신·의촉과 함께 만약 상응하거나, 만약 상응하지 않는다고 보지 않느니라. 왜 그러한가? 오히려 이·비·설·신·의촉이 있다고 보지 않는데, 하물며 일체지가 이·비·설·신·의촉과 함께 만약 상응하거나 만약 상응하지 않는다고 보겠는가? 사리자여. 제보살마하살은 반야바라밀다를 수행하면서 이와 같은 법과 상응하는 까닭으로 마땅히 반야바라밀다와 함께 상응한다고 말하느니라.

다시 다음으로 사리자여. 제보살마하살은 반야바라밀다를 수행하면서 일체지가 안촉을 연으로 삼아서 생겨나는 여러 수와 함께 만약 상응하거나 만약 상응하지 않는다고 보지 않느니라. 왜 그러한가? 오히려 안촉을 연으로 삼아서 생겨나는 여러 수가 있다고 보지 않는데, 하물며 일체지가 안촉과 함께 만약 상응하거나 만약 상응하지 않는다고 보겠는가? 일체지가 이·비·설·신·의촉을 연으로 삼아서 생겨나는 여러 수와 함께 만약 상응하거나 만약 상응하지 않는다고 보지 않느니라. 왜 그러한가? 오히려 이·비·설·신·의촉이 있다고 보지 않는데, 하물며 일체지가 이·비·설·신·의촉을 연으로 삼아서 생겨나는 여러 수와 함께 만약 상응하거나 만약 상응하지 않는다고 보겠는가? 사리자여. 제보살마하살이 반야바라밀다를 수행하면서 이와 같은 법과 상응하는 까닭으로 마땅히 반야바라밀다와 함께 상응한다고 말하느니라.

다시 다음으로 사리자여. 제보살마하살은 반야바라밀다를 수행하면서 일체지가 지계와 함께 만약 상응하거나 만약 상응하지 않는다고 보지 않느니라. 왜 그러한가? 오히려 지계가 있다고 보지 않는데, 하물며 일체지가 지계와 함께 만약 상응하거나 만약 상응하지 않는다고 보겠는가? 일체지가 수·화·풍·공·식계와 만약 상응하거나 만약 상응하지 않는다고 보지 않느니라. 왜 그러한가? 오히려 수·화·풍·공·식계가 있다고 보지 않는데, 하물며 일체지가 수·화·풍·공·식계와 함께 만약 상응하거나 만약 상응하지 않는다고 보겠는가? 사리자여. 제보살마하살은 반야바라밀다를 수행하면서 이와 같은 법과 상응하는 까닭으로 마땅히 반야바라밀다와 함께 상응한다고 말하느니라.

다시 다음으로 사리자여. 제보살마하살은 반야바라밀다를 수행하면서 일체지가 인연과 함께 만약 상응하거나 만약 상응하지 않는다고 보지 않느니라. 왜 그러한가? 오히려 인연이 있다고 보지 않는데, 하물며 일체지가 인연과 함께 만약 상응하거나 만약 상응하지 않는다고 보겠는

가? 일체지가 등무간연·소연연·증상연과 연을 쫓아서 생겨나는 법과
함께 만약 상응하거나 만약 상응하지 않는다고 보지 않느니라. 왜 그러한
가? 오히려 등무간연·소연연·증상연과 연을 쫓아서 생겨나는 법이 있다
고 보지 않는데, 하물며 일체지가 등무간연·소연연·증상연과 연을 쫓아서
생겨나는 법과 함께 만약 상응하거나 만약 상응하지 않는다고 보겠는가?
사리자여. 제보살마하살은 반야바라밀다를 수행하면서 이와 같은 법과
상응하는 까닭으로 마땅히 반야바라밀다와 함께 상응한다고 말하느니라.

　다시 다음으로 사리자여. 제보살마하살은 반야바라밀다를 수행하면서
일체지가 무명과 함께 만약 상응하거나 만약 상응하지 않는다고 보지
않느니라. 왜 그러한가? 오히려 무명이 있다고 보지 않는데, 하물며
일체지가 무명과 함께 만약 상응하거나 만약 상응하지 않는다고 보겠는
가? 일체지가 행·식·명색·육처·촉·수·애·취·유·생·노사의 수탄고우뇌
와 함께 만약 상응하거나, 만약 상응하지 않는다고 보지 않느니라. 왜
그러한가? 오히려 행·식·명색·육처·촉·수·애·취·유·생·노사의 수탄고
우뇌가 있다고 보지 않는데, 하물며 일체지가 행·식·명색·육처·촉·수·애
·취·유·생·노사의 수탄고우뇌와 함께 만약 상응하거나 만약 상응하지
않는다고 보겠는가? 사리자여. 제보살마하살은 반야바라밀다를 수행하
면서 이와 같은 법과 상응하는 까닭으로 마땅히 반야바라밀다와 함께
상응한다고 말하느니라.

　다시 다음으로 사리자여. 제보살마하살은 반야바라밀다를 수행하면서
일체지가 보시바라밀다와 함께 만약 상응하거나 만약 상응하지 않는다고
보지 않느니라. 왜 그러한가? 오히려 보시바라밀다가 있다고 보지 않는데,
하물며 일체지가 보시바라밀다와 함께 만약 상응하거나 만약 상응하지
않는다고 보겠는가? 일체지가 정계·안인·정진·정려·반야 바라밀다와
함께 만약 상응하거나 만약 상응하지 않는다고 보지 않느니라. 왜 그러한
가? 오히려 정계·안인·정진·정려·반야 바라밀다가 있다고 보지 않는데,
하물며 일체지가 정계·안인·정진·정려·반야 바라밀다와 함께 만약 상응
하거나 만약 상응하지 않는다고 보겠는가? 사리자여. 제보살마하살은

반야바라밀다를 수행하면서 이와 같은 법과 상응하는 까닭으로 마땅히 반야바라밀다와 함께 상응한다고 말하느니라.

다시 다음으로 사리자여. 제보살마하살은 반야바라밀다를 수행하면서 일체지가 내공과 함께 만약 상응하거나 만약 상응하지 않는다고 보지 않느니라. 왜 그러한가? 오히려 내공이 있다고 보지 않는데, 하물며 일체지가 내공과 함께 만약 상응하거나 만약 상응하지 않는다고 보겠는가? 일체지가 외공·내외공·공공·대공·승의공·유의공·무위공·필경공·무제공·산공·무변이공·본성공·자상공·공상공·일체법공·불가득공·무성공·자성공·무성자성공과 함께 만약 상응하거나 만약 상응하지 않는다고 보지 않느니라. 왜 그러한가? 오히려 정계·안인·정진·정려·반야 바라밀다가 있다고 보지 않는데, 하물며 일체지가 외공·내외공·공공·대공·승의공·유의공·무위공·필경공·무제공·산공·무변이공·본성공·자상공·공상공·일체법공·불가득공·무성공·자성공·무성자성공과 함께 만약 상응하거나 만약 상응하지 않는다고 보겠는가? 사리자여. 제보살마하살은 반야바라밀다를 수행하면서 이와 같은 법과 상응하는 까닭으로 마땅히 반야바라밀다와 함께 상응한다고 말하느니라.

다시 다음으로 사리자여. 제보살마하살은 반야바라밀다를 수행하면서 일체지가 4념주와 함께 만약 상응하거나 만약 상응하지 않는다고 보지 않느니라. 왜 그러한가? 오히려 4념주가 있다고 보지 않는데, 하물며 일체지가 4념주와 함께 만약 상응하거나 만약 상응하지 않는다고 보겠는가? 일체지가 4정단·4신족·5근·5력·7등각지·8성도지와 함께 만약 상응하거나 만약 상응하지 않는다고 보지 않느니라. 왜 그러한가? 오히려 4정단·4신족·5근·5력·7등각지·8성도지가 있다고 보지 않는데, 하물며 일체지가 4정단·4신족·5근·5력·7등각지·8성도지와 함께 만약 상응하거나 만약 상응하지 않는다고 보겠는가? 사리자여. 제보살마하살이 반야바라밀다를 수행하면서 이와 같은 법과 상응하는 까닭으로 마땅히 반야바라밀다와 함께 상응한다고 말하느니라.

다시 다음으로 사리자여. 제보살마하살은 반야바라밀다를 수행하면서 일체지가 고성제와 함께 만약 상응하거나 만약 상응하지 않는다고 보지 않느니라. 왜 그러한가? 오히려 고성제가 있다고 보지 않는데, 하물며 일체지가 고성제와 함께 만약 상응하거나 만약 상응하지 않는다고 보겠는가? 일체지가 집·멸·도성제와 만약 상응하거나 만약 상응하지 않는다고 보지 않느니라. 왜 그러한가? 오히려 집·멸·도성제가 있다고 보지 않는데, 하물며 일체지가 집·멸·도성제와 함께 만약 상응하거나 만약 상응하지 않는다고 보겠는가? 사리자여. 제보살마하살은 반야바라밀다를 수행하면서 이와 같은 법과 상응하는 까닭으로 마땅히 반야바라밀다와 함께 상응한다고 말하느니라.

다시 다음으로 사리자여. 제보살마하살은 반야바라밀다를 수행하면서 일체지가 4정려와 함께 만약 상응하거나 만약 상응하지 않는다고 보지 않느니라. 왜 그러한가? 오히려 4정려가 있다고 보지 않는데, 하물며 일체지가 4정려와 함께 만약 상응하거나 만약 상응하지 않는다고 보겠는가? 일체지가 4무량·4무색정와 함께 만약 상응하거나 만약 상응하지 않는다고 보지 않느니라. 왜 그러한가? 오히려 4무량·4무색정가 있다고 보지 않는데, 하물며 일체지가 4무량·4무색정와 함께 만약 상응하거나 만약 상응하지 않는다고 보겠는가? 사리자여. 제보살마하살은 반야바라밀다를 수행하면서 이와 같은 법과 상응하는 까닭으로 마땅히 반야바라밀다와 함께 상응한다고 말하느니라.

다시 다음으로 사리자여. 제보살마하살은 반야바라밀다를 수행하면서 일체지가 8해탈과 함께 만약 상응하거나 만약 상응하지 않는다고 보지 않느니라. 왜 그러한가? 오히려 8해탈이 있다고 보지 않는데, 하물며 일체지가 8해탈과 함께 만약 상응하거나 만약 상응하지 않는다고 보겠는가? 일체지가 8승처·9차제정·10변처와 함께 만약 상응하거나 만약 상응하지 않는다고 보지 않느니라. 왜 그러한가? 오히려 8승처·9차제정·10변처가 있다고 보지 않는데, 하물며 일체지가 8승처·9차제정·10변처와 함께 만약 상응하거나 만약 상응하지 않는다고 보겠는가? 사리자여. 제보살마하살이 반야바라밀다를 수행하면서 이와 같은 법과 상응하는 까닭으로 마땅히 반야바라밀다와 함께 상응한다고 말하느니라.

다시 다음으로 사리자여. 제보살마하살이 반야바라밀다를 수행하면서 일체지가 공해탈문과 함께 만약 상응하거나 만약 상응하지 않는다고 보지 않느니라. 왜 그러한가? 오히려 공해탈문이 있다고 보지 않는데, 하물며 일체지가 공해탈문과 함께 만약 상응하거나 만약 상응하지 않는다고 보겠는가? 일체지가 무상·무원해탈문과 함께 만약 상응하거나 만약 상응하지 않는다고 보지 않느니라. 왜 그러한가? 오히려 무상·무원해탈문이 있다고 보지 않는데, 하물며 일체지가 무상·무원해탈문과 함께 만약 상응하거나 만약 상응하지 않는다고 보겠는가? 사리자여. 제보살마하살은 반야바라밀다를 수행하면서 이와 같은 법과 상응하는 까닭으로 마땅히 반야바라밀다와 함께 상응한다고 말하느니라.

다시 다음으로 사리자여. 제보살마하살은 반야바라밀다를 수행하면서 일체지가 일체의 다라니문과 함께 만약 상응하거나 만약 상응하지 않는다고 보지 않느니라. 왜 그러한가? 오히려 일체의 다라니문이 있다고 보지 않는데, 하물며 일체지가 일체의 다라니문과 함께 만약 상응하거나 만약 상응하지 않는다고 보겠는가? 일체지가 일체의 삼마지문과 함께 만약 상응하거나, 만약 상응하지 않는다고 보지 않느니라. 왜 그러한가? 오히려 일체의 삼마지문이 있다고 보지 않는데, 하물며 일체지가 일체의 삼마지문과 함께 만약 상응하거나 만약 상응하지 않는다고 보겠는가? 사리자여. 제보살마하살은 반야바라밀다를 수행하면서 이와 같은 법과 상응하는 까닭으로 마땅히 반야바라밀다와 함께 상응한다고 말하느니라.

다시 다음으로 사리자여. 제보살마하살은 반야바라밀다를 수행하면서 일체지가 극희지와 함께 만약 상응하거나 만약 상응하지 않는다고 보지 않느니라. 왜 그러한가? 오히려 극희지가 있다고 보지 않는데, 하물며 일체지가 극희지와 함께 만약 상응하거나 만약 상응하지 않는다고 보겠는가? 일체지가 이구지·발광지·염혜지·극난승지·현전지·원행지·부동지·선혜지·법운지와 함께 만약 상응하거나 만약 상응하지 않는다고 보지 않느니라. 왜 그러한가? 오히려 이구지, 나아가 법운지가 있다고 보지 않는데, 하물며 일체지가 이구지, 나아가 법운지와 함께 만약 상응하거나 만약 상응하지 않는다고 보겠는가? 사리자여. 제보살마하살은 반야바라밀다를 수행하면서 이와 같은 법과 상응하는 까닭으로 마땅히 반야바라밀다와 함께 상응한다고 말하느니라.

다시 다음으로 사리자여. 제보살마하살은 반야바라밀다를 수행하면서 일체지가 5안(眼)과 함께 만약 상응하거나 만약 상응하지 않는다고 보지 않느니라. 왜 그러한가? 오히려 5안이 있다고 보지 않는데, 하물며 일체지가 5안과 함께 만약 상응하거나 만약 상응하지 않는다고 보겠는가? 일체지가 6신통과 함께 만약 상응하거나 만약 상응하지 않는다고 보지 않느니라. 왜 그러한가? 오히려 6신통이 있다고 보지 않는데, 하물며 일체지가 6신통과 함께 만약 상응하거나 만약 상응하지 않는다고 보겠는가? 사리자여. 제보살마하살은 반야바라밀다를 수행하면서 이와 같은 법과 상응하는 까닭으로 마땅히 반야바라밀다와 함께 상응한다고 말하느니라.

다시 다음으로 사리자여. 제보살마하살은 반야바라밀다를 수행하면서 일체지가 여래의 10력과 함께 만약 상응하거나 만약 상응하지 않는다고 보지 않느니라. 왜 그러한가? 오히려 여래의 10력이 있다고 보지 않는데, 하물며 일체지가 여래의 10력과 함께 만약 상응하거나 만약 상응하지 않는다고 보겠는가? 일체지가 4무소외·4무애해·대자·대비·대희·대사·18불불공법과 함께 만약 상응하거나, 만약 상응하지 않는다고 보지 않느니라. 왜 그러한가? 오히려 4무소외·4무애해·대자·대비·대희·대사·18불불공법이 있다고 보지 않는데, 하물며 일체지가 4무소외·4무애해·대자·대비·대희·대사·18불불공법과 함께 만약 상응하거나 만약 상응하지 않는다고 보겠는가? 사리자여. 제보살마하살은 반야바라밀다를 수행하면서 이와 같은 법과 상응하는 까닭으로 마땅히 반야바라밀다와 함께 상응한다고 말하느니라.

다시 다음으로 사리자여. 제보살마하살은 반야바라밀다를 수행하면서 일체지가 32대사상과 함께 만약 상응하거나 만약 상응하지 않는다고 보지 않느니라. 왜 그러한가? 오히려 32대사상이 있다고 보지 않는데, 하물며 일체지가 32대사상과 함께 만약 상응하거나 만약 상응하지 않는다고 보겠는가? 일체지가 80수호와 함께 만약 상응하거나 만약 상응하지 않는다고 보지 않느니라. 왜 그러한가? 오히려 80수호가 있다고 보지 않는데, 하물며 일체지가 80수호와 함께 만약 상응하거나 만약 상응하지 않는다고 보겠는가? 사리자여. 제보살마하살은 반야바라밀다를 수행하면서 이와 같은 법과 상응하는 까닭으로 마땅히 반야바라밀다와 함께 상응한다고 말하느니라.

다시 다음으로 사리자여. 제보살마하살은 반야바라밀다를 수행하면서 일체지가 무망실법과 함께 만약 상응하거나 만약 상응하지 않는다고 보지 않느니라. 왜 그러한가? 오히려 무망실법이 있다고 보지 않는데, 하물며 일체지가 무망실법과 함께 만약 상응하거나 만약 상응하지 않는다고 보겠는가? 일체지가 항주사성과 함께 만약 상응하거나 만약 상응하지 않는다고 보지 않느니라. 왜 그러한가? 오히려 항주사성이 있다고 보지 않는데, 하물며 일체지가 항주사성과 함께 만약 상응하거나 만약 상응하지 않는다고 보겠는가? 사리자여. 제보살마하살은 반야바라밀다를 수행하면서 이와 같은 법과 상응하는 까닭으로 마땅히 반야바라밀다와 함께 상응한다고 말하느니라.

다시 다음으로 사리자여. 제보살마하살은 반야바라밀다를 수행하면서 일체지가 일체지와 함께 만약 상응하거나 만약 상응하지 않는다고 보지 않느니라. 왜 그러한가? 오히려 일체지가 있다고 보지 않는데, 하물며 일체지가 일체지와 함께 만약 상응하거나 만약 상응하지 않는다고 보겠는가? 일체지가 도상지·일체상지와 함께 만약 상응하거나 만약 상응하지 않는다고 보지 않느니라. 왜 그러한가? 오히려 도상지·일체상지가 있다고 보지 않는데, 하물며 일체지가 도상지·일체상지와 함께 만약 상응하거나 만약 상응하지 않는다고 보겠는가? 사리자여. 제보살마하살은 반야바라밀다를 수행하면서 이와 같은 법과 상응하는 까닭으로 마땅히 반야바라밀다와 함께 상응한다고 말하느니라.

다시 다음으로 사리자여. 제보살마하살은 반야바라밀다를 수행하면서 일체지가 여래와 함께 만약 상응하거나 만약 상응하지 않는다고 보지 않느니라. 왜 그러한가? 오히려 여래가 있다고 보지 않는데, 하물며 일체지가 여래와 함께 만약 상응하거나 만약 상응하지 않는다고 보겠는가? 일체지가 보리와 함께 만약 상응하거나 만약 상응하지 않는다고 보지 않느니라. 왜 그러한가? 오히려 보리가 있다고 보지 않는데, 하물며 일체지가 보리와 함께 만약 상응하거나 만약 상응하지 않는다고 보겠는가? 사리자여. 제보살마하살은 반야바라밀다를 수행하면서 이와 같은 법과 상응하는 까닭으로 마땅히 반야바라밀다와 함께 상응한다고 말하느니라.

다시 다음으로 사리자여. 제보살마하살은 반야바라밀다를 수행하면서 일체지가 여래와 함께 만약 상응하거나 만약 상응하지 않는다고 보지 않고, 역시 여래와 일체지가 함께 만약 상응하거나 만약 상응하지 않는다고 보지 않느니라. 왜 그러한가? 일체지가 곧 여래이고, 여래가 곧 일체지인 까닭이니라. 일체지가 보리와 함께 만약 상응하거나 만약 상응하지 않는다고 보지 않고, 역시 보리와 일체지가 함께 만약 상응하거나 만약 상응하지 않는다고 보지 않느니라. 왜 그러한가? 일체지가 곧 보리이고 보리가 곧 일체지인 까닭이니라. 사리자여. 제보살마하살은 반야바라밀다를 수행하면서 이와 같은 법과 상응하는 까닭으로 마땅히 반야바라밀다와 함께 상응한다고 말하느니라.

다시 다음으로 사리자여. 제보살마하살은 반야바라밀다를 수행하면서 색이 있다고 집착하지 않고 색이 없다고 집착하지 않으며, 수·상·행·식이 있다고 집착하지 않고 수·상·행·식이 없다고 집착하지 않느니라. 색이 항상하다고 집착하지 않고 색이 무상(無常)하다고 집착하지 않으며, 수·상·행·식이 항상하다고 집착하지 않고 수·상·행·식이 무상하다고 집착하지 않느니라. 색이 즐겁다고 집착하지 않고 색이 괴롭다고 집착하지 않으며, 수·상·행·식이 즐겁다고 집착하지 않고 수·상·행·식이 괴롭다고 집착하지 않느니라.

색이 나(我)라고 집착하지 않고 색이 무아(無我)라고 집착하지 않으며, 수·상·행·식이 나라고 집착하지 않고 수·상·행·식이 무아라고 집착하지 않느니라. 색이 적정(寂靜)하다고 집착하지 않고 색이 적정하지 않다고 집착하지 않으며, 수·상·행·식이 적정하다고 집착하지 않고 수·상·행·식이 적정하지 않다고 집착하지 않느니라. 색이 공하다고 집착하지 않고 색이 공하지 않다고 집착하지 않으며, 수·상·행·식이 공하다고 집착하지 않고 수·상·행·식이 공하지 않다고 집착하지 않느니라.

색이 무상(無相)이라고 집착하지 않고 색이 유상(有相)이라고 집착하지 않으며, 수·상·행·식이 무상이라고 집착하지 않고 수·상·행·식이 유상이라고 집착하지 않느니라. 색이 무원(無願)이라고 집착하지 않고 색이 유원(有願)이라고 집착하지 않으며, 수·상·행·식이 무원이라고 집착하지 않고 수·상·행·식이 유원이라고 집착하지 않느니라. 사리자여. 제보살마하살은 반야바라밀다를 수행하면서 이와 같은 법과 상응하는 까닭으로 마땅히 반야바라밀다와 함께 상응한다고 말하느니라.

다시 다음으로 사리자여. 제보살마하살은 반야바라밀다를 수행하면서 안처가 있다고 집착하지 않고 안처가 없다고 집착하지 않으며, 이·비·설·신·의처가 있다고 집착하지 않고 이·비·설·신·의처가 없다고 집착하지 않느니라. 안처가 항상하다고 집착하지 않고 안처가 무상하다고 집착하지 않으며, 이·비·설·신·의처가 항상하다고 집착하지 않고 이·비·설·신·의처가 무상하다고 집착하지 않느니라. 안처가 즐겁다고 집착하지 않고 안처가 괴롭다고 집착하지 않으며, 이·비·설·신·의처가 즐겁다고 집착하지 않고 이·비·설·신·의처가 괴롭다고 집착하지 않느니라.

안처가 나라고 집착하지 않고 안처가 무아라고 집착하지 않으며, 이·비·설·신·의처가 나라고 집착하지 않고 이·비·설·신·의처가 무아라고 집착하지 않느니라. 안처가 적정하다고 집착하지 않고 안처가 적정하지 않다고 집착하지 않으며, 이·비·설·신·의처가 적정하다고 집착하지 않고 이·비·설·신·의처가 적정하지 않다고 집착하지 않느니라. 안처가 공하다고 집착하지 않고 안처가 공하지 않다고 집착하지 않으며, 이·비·설·신·의

처가 공하다고 집착하지 않고 이·비·설·신·의처가 공하지 않다고 집착하
지 않느니라.

안처가 무상이라고 집착하지 않고 안처가 유상이라고 집착하지 않으며,
이·비·설·신·의처가 무상이라고 집착하지 않고 이·비·설·신·의처가 유
상이라고 집착하지 않느니라. 안처가 무원이라고 집착하지 않고 안처가
유원이라고 집착하지 않으며, 이·비·설·신·의처가 무원이라고 집착하지
않고 이·비·설·신·의처가 유원이라고 집착하지 않느니라. 사리자여. 제
보살마하살은 반야바라밀다를 수행하면서 이와 같은 법과 상응하는 까닭
으로 마땅히 반야바라밀다와 함께 상응한다고 말하느니라.

다시 다음으로 사리자여. 제보살마하살은 반야바라밀다를 수행하면서
색처(色處)가 있다고 집착하지 않고 색처가 없다고 집착하지 않으며,
성·향·미·촉·법처가 있다고 집착하지 않고 성·향·미·촉·법처가 없다고
집착하지 않느니라. 색처가 항상하다고 집착하지 않고 색처가 무상하다
고 집착하지 않으며, 성·향·미·촉·법처가 항상하다고 집착하지 않고
성·향·미·촉·법처가 무상하다고 집착하지 않느니라. 색처가 즐겁다고
집착하지 않고 색처가 괴롭다고 집착하지 않으며, 성·향·미·촉·법처가
즐겁다고 집착하지 않고 성·향·미·촉·법처가 괴롭다고 집착하지 않느니
라.

색처가 나라고 집착하지 않고 색처가 무아라고 집착하지 않으며, 성·향·
미·촉·법처가 나라고 집착하지 않고 성·향·미·촉·법처가 무아라고 집착
하지 않느니라. 색처가 적정하다고 집착하지 않고 색처가 적정하지 않다
고 집착하지 않으며, 성·향·미·촉·법처가 적정하다고 집착하지 않고
성·향·미·촉·법처가 적정하지 않다고 집착하지 않느니라. 색처가 공하다
고 집착하지 않고 색처가 공하지 않다고 집착하지 않으며, 성·향·미·촉·법
처가 공하다고 집착하지 않고 성·향·미·촉·법처가 공하지 않다고 집착하
지 않느니라.

색처가 무상이라고 집착하지 않고 색처가 유상이라고 집착하지 않으며,
성·향·미·촉·법처가 무상이라고 집착하지 않고 성·향·미·촉·법처가 유

상이라고 집착하지 않느니라. 색처가 무원이라고 집착하지 않고 색처가 유원이라고 집착하지 않으며, 성·향·미·촉·법처가 무원이라고 집착하지 않고 성·향·미·촉·법처가 유원이라고 집착하지 않느니라. 사리자여. 제 보살마하살은 반야바라밀다를 수행하면서 이와 같은 법과 상응하는 까닭 으로 마땅히 반야바라밀다와 함께 상응한다고 말하느니라.

다시 다음으로 사리자여. 제보살마하살은 반야바라밀다를 수행하면서 안계(眼界)가 있다고 집착하지 않고 안계가 없다고 집착하지 않으며, 이·비·설·신·의계가 있다고 집착하지 않고 이·비·설·신·의계가 없다고 집착하지 않느니라. 안계가 항상하다고 집착하지 않고 안계가 덧없다고 집착하지 않으며, 이·비·설·신·의계가 항상하다고 집착하지 않고 이·비· 설·신·의계가 무상하다고 집착하지 않느니라. 안계가 즐겁다고 집착하지 않고 안계가 괴롭다고 집착하지 않으며, 이·비·설·신·의계가 즐겁다고 집착하지 않고 이·비·설·신·의계가 괴롭다고 집착하지 않느니라.

안계가 나라고 집착하지 않고 안계가 무아라고 집착하지 않으며, 이·비· 설·신·의계가 나라고 집착하지 않고 이·비·설·신·의계가 무아라고 집착 하지 않느니라. 안계가 적정하다고 집착하지 않고 안계가 적정하지 않다 고 집착하지 않으며, 이·비·설·신·의계가 적정하다고 집착하지 않고 이·비·설·신·의계가 적정하지 않다고 집착하지 않느니라. 안계가 공하다 고 집착하지 않고 안계가 공하지 않다고 집착하지 않으며, 이·비·설·신·의 계가 공하다고 집착하지 않고 이·비·설·신·의계가 공하지 않다고 집착하 지 않느니라.

안계가 무상이라고 집착하지 않고 안계가 유상이라고 집착하지 않으며, 이·비·설·신·의계가 무상이라고 집착하지 않고 이·비·설·신·의계가 유 상이라고 집착하지 않느니라. 안계가 무원이라고 집착하지 않고 안계가 유원이라고 집착하지 않으며, 이·비·설·신·의계가 무원이라고 집착하지 않고 이·비·설·신·의계가 유원이라고 집착하지 않느니라. 사리자여. 제 보살마하살은 반야바라밀다를 수행하면서 이와 같은 법과 상응하는 까닭 으로 마땅히 반야바라밀다와 함께 상응한다고 말하느니라.

다시 다음으로 사리자여. 제보살마하살은 반야바라밀다를 수행하면서 색계(色界)가 있다고 집착하지 않고 색계가 없다고 집착하지 않으며, 성·향·미·촉·법계가 있다고 집착하지 않고 성·향·미·촉·법계가 없다고 집착하지 않느니라. 색계가 항상하다고 집착하지 않고 색계가 무상하다고 집착하지 않으며, 성·향·미·촉·법계가 항상하다고 집착하지 않고 성·향·미·촉·법계가 무상하다고 집착하지 않느니라. 색계가 즐겁다고 집착하지 않고 색계가 괴롭다고 집착하지 않으며, 성·향·미·촉·법계가 즐겁다고 집착하지 않고 성·향·미·촉·법계가 괴롭다고 집착하지 않느니라.

색계가 나라고 집착하지 않고 색계가 무아라고 집착하지 않으며, 성·향·미·촉·법계가 나라고 집착하지 않고 성·향·미·촉·법계가 무아라고 집착하지 않느니라. 색계가 적정하다고 집착하지 않고 색계가 적정하지 않다고 집착하지 않으며, 성·향·미·촉·법계가 적정하다고 집착하지 않고 성·향·미·촉·법계가 적정하지 않다고 집착하지 않느니라. 색계가 공하다고 집착하지 않고 색계가 공하지 않다고 집착하지 않으며, 성·향·미·촉·법계가 공하다고 집착하지 않고 성·향·미·촉·법계가 공하지 않다고 집착하지 않느니라.

색계가 무상이라고 집착하지 않고 색계가 유상이라고 집착하지 않으며, 성·향·미·촉·법계가 무상이라고 집착하지 않고 성·향·미·촉·법계가 유상이라고 집착하지 않느니라. 색계가 무원이라고 집착하지 않고 색계가 유원이라고 집착하지 않으며, 성·향·미·촉·법계가 무원이라고 집착하지 않고 성·향·미·촉·법계가 유원이라고 집착하지 않느니라. 사리자여. 제보살마하살은 반야바라밀다를 수행하면서 이와 같은 법과 상응하는 까닭으로 마땅히 반야바라밀다와 함께 상응한다고 말하느니라.

다시 다음으로 사리자여. 제보살마하살은 반야바라밀다를 수행하면서 안식계(眼識界)가 있다고 집착하지 않고 안식계가 없다고 집착하지 않으며, 이·비·설·신·의식계(意識界)가 있다고 집착하지 않고 이·비·설·신·의식계가 없다고 집착하지 않느니라. 안식계가 항상하다고 집착하지 않고 안식계가 무상하다고 집착하지 않으며, 이·비·설·신·의식계가 항상하다고 집착하지 않고 이·비·설·신·의식계가 무상하다고 집착하지 않느니라. 안식계가 즐겁다고 집착하지 않고 안식계가 괴롭다고 집착하지 않으며, 이·비·설·신·의식계가 즐겁다고 집착하지 않고 이·비·설·신·의식계가 괴롭다고 집착하지 않느니라.

안식계가 나라고 집착하지 않고 안식계가 무아라고 집착하지 않으며, 이·비·설·신·의식계가 나라고 집착하지 않고 이·비·설·신·의식계가 무아라고 집착하지 않느니라. 안식계가 적정하다고 집착하지 않고 안식계가 적정하지 않다고 집착하지 않으며, 이·비·설·신·의식계가 적정하다고 집착하지 않고 이·비·설·신·의식계가 적정하지 않다고 집착하지 않느니라. 안식계가 공하다고 집착하지 않고 안식계가 공하지 않다고 집착하지 않으며, 이·비·설·신·의식계가 공하다고 집착하지 않고 이·비·설·신·의식계가 공하지 않다고 집착하지 않느니라.

안식계가 무상이라고 집착하지 않고 안식계가 유상이라고 집착하지 않으며, 이·비·설·신·의식계가 무상이라고 집착하지 않고 이·비·설·신·의식계가 유상이라고 집착하지 않느니라. 안식계가 무원이라고 집착하지 않고 안식계가 유원이라고 집착하지 않으며, 이·비·설·신·의식계가 무원이라고 집착하지 않고 이·비·설·신·의식계가 유원이라고 집착하지 않느니라. 사리자여. 제보살마하살은 반야바라밀다를 수행하면서 이와 같은 법과 상응하는 까닭으로 마땅히 반야바라밀다와 함께 상응한다고 말하느니라."

마하반야바라밀다경 제6권

3. 상응품(相應品)(3)

"다시 다음으로 사리자여. 제보살마하살은 반야바라밀다를 수행하면서 안촉(眼觸)이 있다고 집착하지 않고 안촉이 없다고 집착하지 않으며, 이·비·설·신·의촉(意觸)이 있다고 집착하지 않고 이·비·설·신·의촉이 없다고 집착하지 않느니라. 안촉이 항상하다고 집착하지 않고 안촉이 무상하다고 집착하지 않으며, 이·비·설·신·의촉이 항상하다고 집착하지 않고 이·비·설·신·의촉이 무상하다고 집착하지 않느니라. 안촉이 즐겁다고 집착하지 않고 안촉이 괴롭다고 집착하지 않으며, 이·비·설·신·의촉이 즐겁다고 집착하지 않고 귀·코·혀·몸·뜻의 접촉이 괴롭다고 집착하지 않느니라.

안촉이 나라고 집착하지 않고 안촉이 무아라고 집착하지 않으며, 이·비·설·신·의촉이 나라고 집착하지 않고 이·비·설·신·의촉이 무아라고 집착하지 않느니라. 안촉이 적정하다고 집착하지 않고 안촉이 적정하지 않다고 집착하지 않으며, 이·비·설·신·의촉이 적정하다고 집착하지 않고 이·비·설·신·의촉이 적정하지 않다고 집착하지 않느니라. 안촉이 공하다고 집착하지 않고 안촉이 공하지 않다고 집착하지 않으며, 이·비·설·신·의촉이 공하다고 집착하지 않고 이·비·설·신·의촉이 공하지 않다고 집착하지 않느니라.

안촉이 무상이라고 집착하지 않고 안촉이 유상이라고 집착하지 않으며, 이·비·설·신·의촉이 무상이라고 집착하지 않고 이·비·설·신·의촉이 유상이라고 집착하지 않느니라. 안촉이 무원이라고 집착하지 않고 안촉이 유원이라고 집착하지 않으며, 이·비·설·신·의촉이 무원이라고 집착하지 않고 이·비·설·신·의촉이 유원이라고 집착하지 않느니라. 사리자여. 제 보살마하살은 반야바라밀다를 수행하면서 이와 같은 법과 상응하는 까닭으로 마땅히 반야바라밀다와 함께 상응한다고 말하느니라.

다시 다음으로 사리자여. 제보살마하살은 반야바라밀다를 수행하면서 안촉을 연(緣)으로 삼아서 생겨나는 여러 수(受)가 있다고 집착하지 않고 안촉을 연으로 삼아서 생겨나는 여러 수가 없다고 집착하지 않으며, 이·비·설·신·의촉을 연이 되어 연으로 삼아서 생겨나는 여러 수가 있다고 집착하지 않고 이·비·설·신·의촉을 연으로 삼아서 생겨나는 여러 수가 없다고 집착하지 않느니라. 안촉을 연으로 삼아서 생겨나는 여러 수가 항상하다고 집착하지 않고 안촉을 연으로 삼아서 생겨나는 여러 수가 무상하다고 집착하지 않으며, 이·비·설·신·의촉을 연이 되어 연으로 삼아서 생겨나는 여러 수가 항상하다고 집착하지 않고 이·비·설·신·의촉을 연이 되어 연으로 삼아서 생겨나는 여러 수가 무상하다고 집착하지 않느니라. 안촉을 연으로 삼아서 생겨나는 여러 수가 즐겁다고 집착하지 않고 안촉을 연으로 삼아서 생겨나는 여러 수가 괴롭다고 집착하지 않으며, 이·비·설·신·의촉을 연이 되어 연으로 삼아서 생겨나는 여러 수가 즐겁다고 집착하지 않고 이·비·설·신·의촉을 연이 되어 연으로 삼아서 생겨나는 여러 수가 괴롭다고 집착하지 않느니라.

안촉을 연으로 삼아서 생겨나는 여러 수가 나라고 집착하지 않고 안촉을 연으로 삼아서 생겨나는 여러 수가 무아라고 집착하지 않으며, 이·비·설·신·의촉을 연이 되어 연으로 삼아서 생겨나는 여러 수가 나라고 집착하지 않고 이·비·설·신·의촉을 연이 되어 연으로 삼아서 생겨나는 여러 수가 무아라고 집착하지 않느니라. 안촉을 연으로 삼아서 생겨나는 여러 수가 적정하다고 집착하지 않고 안촉을 연으로 삼아서 생겨나는 여러 수가 적정하지 않다고 집착하지 않으며, 이·비·설·신·의촉을 연이 되어 연으로 삼아서 생겨나는 여러 수가 적정하다고 집착하지 않고 이·비·

설·신·의촉을 연이 되어 연으로 삼아서 생겨나는 여러 수가 적정하지 않다고 집착하지 않느니라. 안촉을 연으로 삼아서 생겨나는 여러 수가 공하다고 집착하지 않고 안촉을 연으로 삼아서 생겨나는 여러 수가 공하지 않다고 집착하지 않으며, 이·비·설·신·의촉을 연이 되어 연으로 삼아서 생겨나는 여러 수가 공하다고 집착하지 않고 이·비·설·신·의촉을 연이 되어 연으로 삼아서 생겨나는 여러 수가 공하지 않다고 집착하지 않느니라.

안촉을 연으로 삼아서 생겨나는 여러 수가 무상이라고 집착하지 않고 안촉을 연으로 삼아서 생겨나는 여러 수가 유상이라고 집착하지 않으며, 이·비·설·신·의촉을 연이 되어 연으로 삼아서 생겨나는 여러 수가 무상이라고 집착하지 않고 이·비·설·신·의촉을 연이 되어 연으로 삼아서 생겨나는 여러 수가 유상이라고 집착하지 않느니라. 안촉을 연으로 삼아서 생겨나는 여러 수가 무원이라고 집착하지 않고 안촉을 연으로 삼아서 생겨나는 여러 수가 유원이라고 집착하지 않으며, 이·비·설·신·의촉을 연이 되어 연으로 삼아서 생겨나는 여러 수가 무원이라고 집착하지 않고 이·비·설·신·의촉을 연이 되어 연으로 삼아서 생겨나는 여러 수가 유원이라고 집착하지 않느니라. 사리자여. 제보살마하살은 반야바라밀다를 수행하면서 이와 같은 법과 상응하는 까닭으로 마땅히 반야바라밀다와 함께 상응한다고 말하느니라.

다시 다음으로 사리자여. 제보살마하살은 반야바라밀다를 수행하면서 지계(地界)가 있다고 집착하지 않고 지계가 없다고 집착하지 않으며, 수·화·풍·공·식계(識界)가 있다고 집착하지 않고 수·화·풍·공·식계가 없다고 집착하지 않느니라. 지계가 항상하다고 집착하지 않고 지계가 무상하다고 집착하지 않으며, 수·화·풍·공·식계가 항상하다고 집착하지 않고 수·화·풍·공·식계가 무상하다고 집착하지 않느니라. 지계가 즐겁다고 집착하지 않고 지계가 괴롭다고 집착하지 않으며, 수·화·풍·공·식계가 즐겁다고 집착하지 않고 수·화·풍·공·식계가 괴롭다고 집착하지 않느니라.

지계가 나라고 집착하지 않고 지계가 무아라고 집착하지 않으며, 수·화·풍·공·식계가 나라고 집착하지 않고 수·화·풍·공·식계가 무아라고 집착하지 않느니라. 지계가 적정하다고 집착하지 않고 지계가 적정하지 않다고 집착하지 않으며, 수·화·풍·공·식계가 적정하다고 집착하지 않고 수·화·풍·공·식계가 적정하지 않다고 집착하지 않느니라. 지계가 공하다고 집착하지 않고 지계가 공하지 않다고 집착하지 않으며, 수·화·풍·공·식계가 공하다고 집착하지 않고 수·화·풍·공·식계가 공하지 않다고 집착하지 않느니라.

지계가 무상이라고 집착하지 않고 지계가 유상이라고 집착하지 않으며, 수·화·풍·공·식계가 무상이라고 집착하지 않고 수·화·풍·공·식계가 유상이라고 집착하지 않느니라. 지계가 무원이라고 집착하지 않고 지계가 유원이라고 집착하지 않으며, 수·화·풍·공·식계가 무원이라고 집착하지 않고 수·화·풍·공·식계가 유원이라고 집착하지 않느니라. 사리자여. 제보살마하살은 반야바라밀다를 수행하면서 이와 같은 법과 상응하는 까닭으로 마땅히 반야바라밀다와 함께 상응한다고 말하느니라.

다시 다음으로 사리자여. 제보살마하살은 반야바라밀다를 수행하면서 인연(因緣)이 있다고 집착하지 않고 인연이 없다고 집착하지 않으며, 등무간연(等無間緣)·소연연(所緣緣)·증상연(增上緣)과 연(緣)을 좇아서 생겨나는 법이 있다고 집착하지 않고 등무간연·소연연·증상연과 연을 좇아서 생겨나는 법이 없다고 집착하지 않느니라. 인연이 항상하다고 집착하지 않고 인연이 무상하다고 집착하지 않으며, 등무간연·소연연·증상연과 연을 좇아서 생겨나는 법이 항상하다고 집착하지 않고 등무간연·소연연·증상연과 연을 좇아서 생겨나는 법이 무상하다고 집착하지 않느니라. 인연이 즐겁다고 집착하지 않고 인연이 괴롭다고 집착하지 않으며, 등무간연·소연연·증상연과 연을 좇아서 생겨나는 법이 즐겁다고 집착하지 않고 등무간연·소연연·증상연과 연을 좇아서 생겨나는 법이 괴롭다고 집착하지 않느니라.

인연이 나라고 집착하지 않고 인연이 무아라고 집착하지 않으며, 등무간연·소연연·증상연과 연을 쫓아서 생겨나는 법이 나라고 집착하지 않고 등무간연·소연연·증상연과 연을 쫓아서 생겨나는 법이 무아라고 집착하지 않느니라. 인연이 적정하다고 집착하지 않고 인연이 적정하지 않다고 집착하지 않으며, 등무간연·소연연·증상연과 연을 쫓아서 생겨나는 법이 적정하다고 집착하지 않고 등무간연·소연연·증상연과 연을 쫓아서 생겨나는 법이 적정하지 않다고 집착하지 않느니라. 인연이 공하다고 집착하지 않고 인연이 공하지 않다고 집착하지 않으며, 등무간연·소연연·증상연과 연을 쫓아서 생겨나는 법이 공하다고 집착하지 않고 등무간연·소연연·증상연과 연을 쫓아서 생겨나는 법이 공하지 않다고 집착하지 않느니라.

인연이 무상이라고 집착하지 않고 인연이 유상이라고 집착하지 않으며, 등무간연·소연연·증상연과 연을 쫓아서 생겨나는 법이 무상이라고 집착하지 않고 등무간연·소연연·증상연과 연을 쫓아서 생겨나는 법이 유상이라고 집착하지 않느니라. 인연이 무원이라고 집착하지 않고 인연이 유원이라고 집착하지 않으며, 등무간연·소연연·증상연과 연을 쫓아서 생겨나는 법이 무원이라고 집착하지 않고 등무간연·소연연·증상연과 연을 쫓아서 생겨나는 법이 유원이라고 집착하지 않느니라. 사리자여. 제보살마하살은 반야바라밀다를 수행하면서 이와 같은 법과 상응하는 까닭으로 마땅히 반야바라밀다와 함께 상응한다고 말하느니라.

다시 다음으로 사리자여. 제보살마하살은 반야바라밀다를 수행하면서 무명(無明)이 있다고 집착하지 않고 무명이 없다고 집착하지 않으며, 행·식·명색·육처·촉·수·애·취·유·생·노사·수탄고우뇌가 있다고 집착하지 않고 행, 나아가 노사의 수탄고우뇌가 없다고 집착하지 않느니라. 무명이 항상하다고 집착하지 않고 무명이 무상하다고 집착하지 않으며, 행, 나아가 노사의 수탄고우뇌가 항상하다고 집착하지 않고 행, 나아가 노사의 수탄고우뇌가 무상하다고 집착하지 않느니라. 무명이 즐겁다고 집착하지 않고 무명이 괴롭다고 집착하지 않으며, 행, 나아가 노사의 수탄고우뇌가 즐겁다고 집착하지 않고 행, 나아가 노사의 수탄고우뇌가 괴롭다고 집착하지 않느니라.

　무명이 나라고 집착하지 않고 무명이 무아라고 집착하지 않으며, 행, 나아가 노사의 수탄고우뇌가 나라고 집착하지 않고 행, 나아가 노사의 수탄고우뇌가 무아라고 집착하지 않느니라. 무명이 적정하다고 집착하지 않고 무명이 적정하지 않다고 집착하지 않으며, 행, 나아가 노사의 수탄고우뇌가 적정하다고 집착하지 않고 행, 나아가 노사의 수탄고우뇌가 적정하지 않다고 집착하지 않느니라. 무명이 공하다고 집착하지 않고 무명이 공하지 않다고 집착하지 않으며, 행, 나아가 노사의 수탄고우뇌가 공하다고 집착하지 않고 행, 나아가 노사의 수탄고우뇌가 공하지 않다고 집착하지 않느니라.

　무명이 무상이라고 집착하지 않고 무명이 유상이라고 집착하지 않으며, 행, 나아가 노사의 수탄고우뇌가 무상이라고 집착하지 않고 행, 나아가 노사의 수탄고우뇌가 유상이라고 집착하지 않느니라. 무명이 무원이라고 집착하지 않고 무명이 유원이라고 집착하지 않으며, 행, 나아가 노사의 수탄고우뇌가 무원이라고 집착하지 않고 행, 나아가 노사의 수탄고우뇌가 유원이라고 집착하지 않느니라. 사리자여. 제보살마하살은 반야바라밀다를 수행하면서 이와 같은 법과 상응하는 까닭으로 마땅히 반야바라밀다와 함께 상응한다고 말하느니라.

　다시 다음으로 사리자여. 제보살마하살은 반야바라밀다를 수행하면서 보시바라밀다가 있다고 집착하지 않고 보시바라밀다가 없다고 집착하지 않으며, 정계·안인·정진·정려·반야바라밀다가 있다고 집착하지 않고 정계·안인·정진·정려·반야바라밀다가 없다고 집착하지 않느니라. 보시바라밀다가 항상하다고 집착하지 않고 보시바라밀다가 무상하다고 집착하지 않으며, 정계·안인·정진·정려·반야바라밀다가 항상하다고 집착하지 않고 정계·안인·정진·정려·반야바라밀다가 무상하다고 집착하지 않느니라. 보시바라밀다가 즐겁다고 집착하지 않고 보시바라밀다가 괴롭다고 집착하지 않으며, 정계·안인·정진·정려·반야바라밀다가 즐겁다고 집착하지 않고 정계·안인·정진·정려·반야바라밀다가 괴롭다고 집착하지 않느니라.

　보시바라밀다가 나라고 집착하지 않고 보시바라밀다가 무아라고 집착하지 않으며, 정계·안인·정진·정려·반야바라밀다가 나라고 집착하지 않고 정계·안인·정진·정려·반야바라밀다가 무아라고 집착하지 않느니라. 보시바라밀다가 적정하다고 집착하지 않고 보시바라밀다가 적정하지 않다고 집착하지 않으며, 정계·안인·정진·정려·반야바라밀다가 적정하다고 집착하지 않고 정계·안인·정진·정려·반야바라밀다가 적정하지 않다고 집착하지 않느니라. 보시바라밀다가 공하다고 집착하지 않고 보시바라밀다가 공하지 않다고 집착하지 않으며, 정계·안인·정진·정려·반야바라밀다가 공하다고 집착하지 않고 정계·안인·정진·정려·반야바라밀다가 공하지 않다고 집착하지 않느니라.

　보시바라밀다가 무상이라고 집착하지 않고 보시바라밀다가 유상이라고 집착하지 않으며, 정계·안인·정진·정려·반야바라밀다가 무상이라고 집착하지 않고 정계·안인·정진·정려·반야바라밀다가 유상이라고 집착하지 않느니라. 보시바라밀다가 무원이라고 집착하지 않고 보시바라밀다가 유원이라고 집착하지 않으며, 정계·안인·정진·정려·반야바라밀다가 무원이라고 집착하지 않고 정계·안인·정진·정려·반야바라밀다가 유원이라고 집착하지 않느니라. 사리자여. 제보살마하살은 반야바라밀다를 수행하면서 이와 같은 법과 상응하는 까닭으로 마땅히 반야바라밀다와 함께 상응한다고 말하느니라.

　다시 다음으로 사리자여. 제보살마하살은 반야바라밀다를 수행하면서 내공이 있다고 집착하지 않고 내공이 없다고 집착하지 않으며, 외공·내외공·공공·대공·승의공·유위공·무위공·필경공·무제공·산공·무변이공·본성공·자상공·공상공·일체법공·불가득공·무성공·자성공·무성자성공이 있다고 집착하지 않느니라. 내공이 항상하다고 집착하지 않고 내공이 무상하다고 집착하지 않으며, 외공, 나아가 무성자성공이 항상하다고 집착하지 않고 외공, 나아가 무성자성공이 무상하다고 집착하지 않느니라. 내공이 즐겁다고 집착하지 않고 내공이 괴롭다고 집착하지 않으며, 외공, 나아가 무성자성공이 즐겁다고 집착하지 않고 외공, 나아가 무성자성공이 괴롭다고 집착하지 않느니라.

내공이 나라고 집착하지 않고 내공이 무아라고 집착하지 않으며, 외공, 나아가 무성자성공이 나라고 집착하지 않고 외공, 나아가 무성자성공이 무아라고 집착하지 않느니라. 내공이 적정하다고 집착하지 않고 내공이 적정하지 않다고 집착하지 않으며, 외공, 나아가 무성자성공이 적정하다고 집착하지 않고 외공, 나아가 무성자성공이 적정하지 않다고 집착하지 않느니라. 내공이 공하다고 집착하지 않고 내공이 공하지 않다고 집착하지 않으며, 외공, 나아가 무성자성공이 공하다고 집착하지 않고 외공, 나아가 무성자성공이 공하지 않다고 집착하지 않느니라.

내공이 무상이라고 집착하지 않고 내공이 유상이라고 집착하지 않으며, 외공, 나아가 무성자성공이 무상이라고 집착하지 않고 외공, 나아가 무성자성공이 유상이라고 집착하지 않느니라. 내공이 무원이라고 집착하지 않고 내공이 유원이라고 집착하지 않으며, 외공, 나아가 무성자성공이 무원이라고 집착하지 않고 외공, 나아가 무성자성공이 유원이라고 집착하지 않느니라. 사리자여. 제보살마하살은 반야바라밀다를 수행하면서 이와 같은 법과 상응하는 까닭으로 마땅히 반야바라밀다와 함께 상응한다고 말하느니라.

다시 다음으로 사리자여. 제보살마하살은 반야바라밀다를 수행하면서 진여(眞如)가 있다고 집착하지 않고 진여가 없다고 집착하지 않으며, 법계(法界)·법성(法性)·불허망성(不虛妄性)·불변이성(不變異性)·평등성(平等性)·이생성(離生性)·법정(法定)·법주(法住)·실제(實際)·허공계(虛空界)·부사의계(不思議界)가 있다고 집착하지 않고 법계, 나아가 부사의계가 없다고 집착하지 않느니라. 진여가 항상하다고 집착하지 않고 진여가 무상하다고 집착하지 않으며, 법계, 나아가 부사의계가 항상하다고 집착하지 않고 법계, 나아가 부사의계가 무상하다고 집착하지 않느니라. 진여가 즐겁다고 집착하지 않고 진여가 괴롭다고 집착하지 않으며, 법계, 나아가 부사의계가 즐겁다고 집착하지 않고 법계, 나아가 부사의계가 괴롭다고 집착하지 않느니라.

진여가 나라고 집착하지 않고 진여가 무아라고 집착하지 않으며, 법계, 나아가 부사의계가 나라고 집착하지 않고 법계, 나아가 부사의계가 무아라고 집착하지 않느니라. 진여가 적정하다고 집착하지 않고 진여가 적정하지 않다고 집착하지 않으며, 법계, 나아가 부사의계가 적정하다고 집착하지 않고 법계, 나아가 부사의계가 적정하지 않다고 집착하지 않느니라. 진여가 공하다고 집착하지 않고 진여가 공하지 않다고 집착하지 않으며, 법계, 나아가 부사의계가 공하다고 집착하지 않고 법계, 나아가 부사의계가 공하지 않다고 집착하지 않느니라.

진여가 무상이라고 집착하지 않고 진여가 유상이라고 집착하지 않으며, 법계, 나아가 부사의계가 무상이라고 집착하지 않고 법계, 나아가 부사의계가 유상이라고 집착하지 않느니라. 진여가 무원이라고 집착하지 않고 진여가 유원이라고 집착하지 않으며, 법계, 나아가 부사의계가 무원이라고 집착하지 않고 법계, 나아가 부사의계가 유원이라고 집착하지 않느니라. 사리자여. 제보살마하살은 반야바라밀다를 수행하면서 이와 같은 법과 상응하는 까닭으로 마땅히 반야바라밀다와 함께 상응한다고 말하느니라.

다시 다음으로 사리자여. 제보살마하살은 반야바라밀다를 수행하면서 4념주가 있다고 집착하지 않고 4념주가 없다고 집착하지 않으며, 4정단·4신족·5근·5력·7등각지·8성도지가 있다고 집착하지 않고 4정단, 나아가 8성도지가 없다고 집착하지 않느니라. 4념주가 항상하다고 집착하지 않고 4념주가 무상하다고 집착하지 않으며, 4정단, 나아가 8성도지가 항상하다고 집착하지 않고 4정단, 나아가 8성도지가 무상하다고 집착하지 않느니라. 4념주가 즐겁다고 집착하지 않고 4념주가 괴롭다고 집착하지 않으며, 4정단, 나아가 8성도지가 즐겁다고 집착하지 않고 4정단, 나아가 8성도지가 괴롭다고 집착하지 않느니라.

4념주가 나라고 집착하지 않고 4념주가 무아라고 집착하지 않으며, 4정단, 나아가 8성도지가 나라고 집착하지 않고 4정단, 나아가 8성도지가 무아라고 집착하지 않느니라. 4념주가 적정하다고 집착하지 않고 4념주가 적정하지 않다고 집착하지 않으며, 4정단, 나아가 8성도지가 적정하다고 집착하지 않고 4정단, 나아가 8성도지가 적정하지 않다고 집착하지 않느니라. 4념주가 공하다고 집착하지 않고 4념주가 공하지 않다고 집착하지 않으며, 4정단, 나아가 8성도지가 공하다고 집착하지 않고 4정단, 나아가 8성도지가 공하지 않다고 집착하지 않느니라.

4념주가 무상이라고 집착하지 않고 4념주가 유상이라고 집착하지 않으며, 4정단, 나아가 8성도지가 무상이라고 집착하지 않고 4정단, 나아가 8성도지가 유상이라고 집착하지 않느니라. 4념주가 무원이라고 집착하지 않고 4념주가 유원이라고 집착하지 않으며, 4정단, 나아가 8성도지가 무원이라고 집착하지 않고 4정단, 나아가 8성도지가 유원이라고 집착하지 않느니라. 사리자여. 제보살마하살은 반야바라밀다를 수행하면서 이와 같은 법과 상응하는 까닭으로 마땅히 반야바라밀다와 함께 상응한다고 말하느니라.

다시 다음으로 사리자여. 제보살마하살은 반야바라밀다를 수행하면서 고성제가 있다고 집착하지 않고 고성제가 없다고 집착하지 않으며, 집·멸·도성제가 있다고 집착하지 않고 집·멸·도성제가 없다고 집착하지 않느니라. 고성제가 항상하다고 집착하지 않고 고성제가 무상하다고 집착하지 않으며, 집·멸·도성제가 항상하다고 집착하지 않고 집·멸·도성제가 무상하다고 집착하지 않느니라. 고성제가 즐겁다고 집착하지 않고 고성제가 괴롭다고 집착하지 않으며, 집·멸·도성제가 즐겁다고 집착하지 않고 집·멸·도성제가 괴롭다고 집착하지 않느니라.

고성제가 나라고 집착하지 않고 고성제가 무아라고 집착하지 않으며, 집·멸·도성제가 나라고 집착하지 않고 집·멸·도성제가 무아라고 집착하지 않느니라. 고성제가 적정하다고 집착하지 않고 고성제가 적정하지 않다고 집착하지 않으며, 집·멸·도성제가 적정하다고 집착하지 않고 집·멸·도성제가 적정하지 않다고 집착하지 않느니라. 고성제가 공하다고 집착하지 않고 고성제가 공하지 않다고 집착하지 않으며, 집·멸·도성제가 공하다고 집착하지 않고 집·멸·도성제가 공하지 않다고 집착하지 않느니라.

고성제가 무상이라고 집착하지 않고 고성제가 유상이라고 집착하지 않으며, 집·멸·도성제가 무상이라고 집착하지 않고 집·멸·도성제가 유상이라고 집착하지 않느니라. 고성제가 무원이라고 집착하지 않고 고성제가 유원이라고 집착하지 않으며, 집·멸·도성제가 무원이라고 집착하지 않고 집·멸·도성제가 유원이라고 집착하지 않느니라. 사리자여. 제보살마하살은 반야바라밀다를 수행하면서 이와 같은 법과 상응하는 까닭으로 마땅히 반야바라밀다와 함께 상응한다고 말하느니라.

다시 다음으로 사리자여. 제보살마하살은 반야바라밀다를 수행하면서 4정려가 있다고 집착하지 않고 4정려가 없다고 집착하지 않으며, 4무량·4무색정이 있다고 집착하지 않고 4무량·4무색정이 없다고 집착하지 않느니라. 4정려가 항상하다고 집착하지 않고 4정려가 무상하다고 집착하지 않으며, 4무량·4무색정이 항상하다고 집착하지 않고 4무량·4무색정이 무상하다고 집착하지 않느니라. 4정려가 즐겁다고 집착하지 않고 4정려가 괴롭다고 집착하지 않으며, 4무량 4무색정이 즐겁다고 집착하지 않고 4무량·4무색정이 괴롭다고 집착하지 않느니라.

4정려가 나라고 집착하지 않고 4정려가 무아라고 집착하지 않으며, 4무량·4무색정이 나라고 집착하지 않고 4무량·4무색정이 무아라고 집착하지 않느니라. 4정려가 적정하다고 집착하지 않고 4정려가 적정하지 않다고 집착하지 않으며, 4무량·4무색정이 적정하다고 집착하지 않고 4무량·4무색정이 적정하지 않다고 집착하지 않느니라. 4정려가 공하다고 집착하지 않고 4정려가 공하지 않다고 집착하지 않으며, 4무량·4무색정이 공하다고 집착하지 않고 4무량·4무색정이 공하지 않다고 집착하지 않느니라.

4정려가 무상이라고 집착하지 않고 4정려가 유상이라고 집착하지 않으며, 4무량·4무색정이 무상이라고 집착하지 않고 4무량·4무색정이 유상이라고 집착하지 않느니라. 4정려가 무원이라고 집착하지 않고 4정려가 유원이라고 집착하지 않으며, 4무량·4무색정이 무원이라고 집착하지 않고 4무량·4무색정이 유원이라고 집착하지 않느니라. 사리자여. 제보살마하살은 반야바라밀다를 수행하면서 이와 같은 법과 상응하는 까닭으로 마땅히 반야바라밀다와 함께 상응한다고 말하느니라.

다시 다음으로 사리자여. 제보살마하살은 반야바라밀다를 수행하면서 8해탈이 있다고 집착하지 않고 8해탈이 없다고 집착하지 않으며, 8승처·9차제정·10변처가 있다고 집착하지 않고 8승처·9차제정·10변처가 없다고 집착하지 않느니라. 8해탈이 항상하다고 집착하지 않고 8해탈이 무상하다고 집착하지 않으며, 8승처·9차제정·10변처가 항상하다고 집착하지 않고 8승처·9차제정·10변처가 무상하다고 집착하지 않느니라. 8해탈이 즐겁다고 집착하지 않고 8해탈이 괴롭다고 집착하지 않으며, 8승처·9차제정·10변처가 즐겁다고 집착하지 않고 8승처·9차제정·10변처가 괴롭다고 집착하지 않느니라.

8해탈이 나라고 집착하지 않고 8해탈이 무아라고 집착하지 않으며, 8승처·9차제정·10변처가 나라고 집착하지 않고 8승처·9차제정·10변처가 무아라고 집착하지 않느니라. 8해탈이 적정하다고 집착하지 않고 8해탈이 적정하지 않다고 집착하지 않으며, 8승처·9차제정·10변처가 적정하다고 집착하지 않고 8승처·9차제정·10변처가 적정하지 않다고 집착하지 않느니라. 8해탈이 공하다고 집착하지 않고 8해탈이 공하지 않다고 집착하지 않으며, 8승처·9차제정·10변처가 공하다고 집착하지 않고 8승처·9차제정·10변처가 공하지 않다고 집착하지 않느니라.

8해탈이 무상이라고 집착하지 않고 8해탈이 유상이라고 집착하지 않으며, 8승처·9차제정·10변처가 무상이라고 집착하지 않고 8승처·9차제정·10변처가 유상이라고 집착하지 않느니라. 8해탈이 무원이라고 집착하지 않고 8해탈이 유원이라고 집착하지 않으며, 8승처·9차제정·10변처가 무원이라고 집착하지 않고 8승처·9차제정·10변처가 유원이라고 집착하지 않느니라. 사리자여. 제보살마하살은 반야바라밀다를 수행하면서 이와 같은 법과 상응하는 까닭으로 마땅히 반야바라밀다와 함께 상응한다고 말하느니라.

다시 다음으로 사리자여. 제보살마하살은 반야바라밀다를 수행하면서 공해탈문(空解脫門)이 있다고 집착하지 않고 공해탈문이 없다고 집착하지 않으며, 무상(無相)·무원(無願)해탈문이 있다고 집착하지 않고 무상·무원해탈문이 없다고 집착하지 않느니라. 공해탈문이 항상하다고 집착하지 않고 공해탈문이 무상하다고 집착하지 않으며, 무상·무원해탈문이 항상하다고 집착하지 않고 무상·무원해탈문이 무상하다고 집착하지 않느니라. 공해탈문이 즐겁다고 집착하지 않고 공해탈문이 괴롭다고 집착하지 않으며, 무상·무원해탈문이 즐겁다고 집착하지 않고 무상·무원해탈문이 괴롭다고 집착하지 않느니라.

공해탈문이 나라고 집착하지 않고 공해탈문이 무아라고 집착하지 않으며, 무상·무원해탈문이 나라고 집착하지 않고 무상·무원해탈문이 무아라고 집착하지 않느니라. 공해탈문이 적정하다고 집착하지 않고 공해탈문이 적정하지 않다고 집착하지 않으며, 무상·무원해탈문이 적정하다고 집착하지 않고 무상·무원해탈문이 적정하지 않다고 집착하지 않느니라. 공해탈문이 공하다고 집착하지 않고 공해탈문이 공하지 않다고 집착하지 않으며, 무상·무원해탈문이 공하다고 집착하지 않고 무상·무원해탈문이 공하지 않다고 집착하지 않느니라.

공해탈문이 무상이라고 집착하지 않고 공해탈문이 유상이라고 집착하지 않으며, 무상·무원해탈문이 무상이라고 집착하지 않고 무상·무원해탈문이 유상이라고 집착하지 않느니라. 공해탈문이 무원이라고 집착하지 않고 공해탈문이 유원이라고 집착하지 않으며, 무상·무원해탈문이 무원이라고 집착하지 않고 무상·무원해탈문이 유원이라고 집착하지 않느니라. 사리자여. 제보살마하살은 반야바라밀다를 수행하면서 이와 같은 법과 상응하는 까닭으로 마땅히 반야바라밀다와 함께 상응한다고 말하느니라.

다시 다음으로 사리자여. 제보살마하살은 반야바라밀다를 수행하면서 일체의 다라니문(陀羅尼門)이 있다고 집착하지 않고 일체의 다라니문이 없다고 집착하지 않으며, 일체의 삼마지문(三摩地門)이 있다고 집착하지 않고 일체의 삼마지문이 없다고 집착하지 않느니라. 일체의 다라니문이 항상하다고 집착하지 않고 일체의 다라니문이 무상하다고 집착하지 않으며, 일체의 삼마지문이 항상하다고 집착하지 않고 일체의 삼마지문이 무상하다고 집착하지 않느니라. 일체의 다라니문이 즐겁다고 집착하지 않고 일체의 다라니문이 괴롭다고 집착하지 않으며, 일체의 삼마지문이 즐겁다고 집착하지 않고 일체의 삼마지문이 괴롭다고 집착하지 않느니라.

일체의 다라니문이 나라고 집착하지 않고 일체의 다라니문이 무아라고 집착하지 않으며, 일체의 삼마지문이 나라고 집착하지 않고 일체의 삼마지문이 무아라고 집착하지 않느니라. 일체의 다라니문이 적정하다고 집착하지 않고 일체의 다라니문이 적정하지 않다고 집착하지 않으며, 일체의 삼마지문이 적정하다고 집착하지 않고 일체의 삼마지문이 적정하지 않다고 집착하지 않느니라. 일체의 다라니문이 공하다고 집착하지 않고 일체의 다라니문이 공하지 않다고 집착하지 않으며, 일체의 삼마지문이 공하다고 집착하지 않고 일체의 삼마지문이 공하지 않다고 집착하지 않느니라.

일체의 다라니문이 무상이라고 집착하지 않고 일체의 다라니문이 유상이라고 집착하지 않으며, 일체의 삼마지문이 무상이라고 집착하지 않고 일체의 삼마지문이 유상이라고 집착하지 않느니라. 일체의 다라니문이 무원이라고 집착하지 않고 일체의 다라니문이 유원이라고 집착하지 않으며, 일체의 삼마지문이 무원이라고 집착하지 않고 일체의 삼마지문이 유원이라고 집착하지 않느니라. 사리자여, 제보살마하살은 반야바라밀다를 수행하면서 이와 같은 법과 상응하는 까닭으로 마땅히 반야바라밀다와 함께 상응한다고 말하느니라.

다시 다음으로 사리자여. 제보살마하살은 반야바라밀다를 수행하면서 극희지(極喜地)가 있다고 집착하지 않고 극희지가 없다고 집착하지 않으며, 이구지(離垢地)·발광지(發光地)·염혜지(焰慧地)·극난승지(極難勝地)·현전지(現前地)·원행지(遠行地)·부동지(不動地)·선혜지(善慧地)·법운지(法雲地)가 있다고 집착하지 않고 이구지, 나아가 법운지가 없다고 집착하

지 않느니라. 극희지가 항상하다고 집착하지 않고 극희지가 무상하다고
집착하지 않으며, 이구지, 나아가 법운지가 항상하다고 집착하지 않고
이구지, 나아가 법운지가 무상하다고 집착하지 않느니라. 극희지가 즐겁
다고 집착하지 않고 극희지가 괴롭다고 집착하지 않으며, 이구지, 나아가
법운지가 즐겁다고 집착하지 않고 이구지, 나아가 법운지가 괴롭다고
집착하지 않느니라.

극희지가 나라고 집착하지 않고 극희지가 무아라고 집착하지 않으며,
이구지, 나아가 법운지가 나라고 집착하지 않고 이구지, 나아가 법운지가
무아라고 집착하지 않느니라. 극희지가 적정하다고 집착하지 않고 극희
지가 적정하지 않다고 집착하지 않으며, 이구지, 나아가 법운지가 적정하
다고 집착하지 않고 이구지, 나아가 법운지가 적정하지 않다고 집착하지
않느니라. 극희지가 공하다고 집착하지 않고 극희지가 공하지 않다고
집착하지 않으며, 이구지, 나아가 법운지가 공하다고 집착하지 않고 이구
지, 나아가 법운지가 공하지 않다고 집착하지 않느니라.

극희지가 무상이라고 집착하지 않고 극희지가 유상이라고 집착하지
않으며, 이구지, 나아가 법운지가 무상이라고 집착하지 않고 이구지,
나아가 법운지가 유상이라고 집착하지 않느니라. 극희지가 무원이라고
집착하지 않고 극희지가 유원이라고 집착하지 않으며, 이구지, 나아가
법운지가 무원이라고 집착하지 않고 이구지, 나아가 법운지가 유원이라고
집착하지 않느니라. 사리자여. 제보살마하살은 반야바라밀다를 수행하
면서 이와 같은 법과 상응하는 까닭으로 마땅히 반야바라밀다와 함께
상응한다고 말하느니라.

다시 다음으로 사리자여. 제보살마하살은 반야바라밀다를 수행하면서
5안(眼)이 있다고 집착하지 않고 5안이 없다고 집착하지 않으며, 6신통(神
通)이 있다고 집착하지 않고 6신통이 없다고 집착하지 않느니라. 5안이
항상하다고 집착하지 않고 5안이 무상하다고 집착하지 않으며, 6신통이
항상하다고 집착하지 않고 6신통이 무상하다고 집착하지 않느니라. 5안
이 즐겁다고 집착하지 않고 5안이 괴롭다고 집착하지 않으며, 6신통이

즐겁다고 집착하지 않고 6신통이 괴롭다고 집착하지 않느니라.

5안이 나라고 집착하지 않고 5안이 무아라고 집착하지 않으며, 6신통이 나라고 집착하지 않고 6신통이 무아라고 집착하지 않느니라. 5안이 적정하다고 집착하지 않고 5안이 적정하지 않다고 집착하지 않으며, 6신통이 적정하다고 집착하지 않고 6신통이 적정하지 않다고 집착하지 않느니라. 5안이 공하다고 집착하지 않고 5안이 공하지 않다고 집착하지 않으며, 6신통이 공하다고 집착하지 않고 6신통이 공하지 않다고 집착하지 않느니라.

5안이 무상이라고 집착하지 않고 5안이 유상이라고 집착하지 않으며, 6신통이 무상이라고 집착하지 않고 6신통이 유상이라고 집착하지 않느니라. 5안이 무원이라고 집착하지 않고 5안이 유원이라고 집착하지 않으며, 6신통이 무원이라고 집착하지 않고 6신통이 유원이라고 집착하지 않느니라. 사리자여. 제보살마하살은 반야바라밀다를 수행하면서 이와 같은 법과 상응하는 까닭으로 마땅히 반야바라밀다와 함께 상응한다고 말하느니라.

다시 다음으로 사리자여. 제보살마하살은 반야바라밀다를 수행하면서 여래의 10력(力)이 있다고 집착하지 않고 여래의 10력이 없다고 집착하지 않으며, 4무소외(無所畏)·4무애해(無礙解)·대자(大慈)·대비(大悲)·대희(大喜)·대사(大捨)·18불불공법(佛不共法)이 있다고 집착하지 않느니라. 여래의 10력이 항상하다고 집착하지 않고 여래의 10력이 무상하다고 집착하지 않으며, 4무소외, 나아가 18불불공법이 항상하다고 집착하지 않고 4무소외, 나아가 18불불공법이 무상하다고 집착하지 않느니라. 여래의 10력이 즐겁다고 집착하지 않고 여래의 10력이 괴롭다고 집착하지 않으며, 4무소외, 나아가 18불불공법이 즐겁다고 집착하지 않고 4무소외, 나아가 18불불공법이 괴롭다고 집착하지 않느니라.

여래의 10력이 나라고 집착하지 않고 여래의 10력이 무아라고 집착하지 않으며, 4무소외, 나아가 18불불공법이 나라고 집착하지 않고 4무소외, 나아가 18불불공법이 무아라고 집착하지 않느니라. 여래의 10력이 적정하다고 집착하지 않고 여래의 10력이 적정하지 않다고 집착하지 않으며, 4무소외, 나아가 18불불공법이 적정하다고 집착하지 않고 4무소외, 나아가 18불불공법이 적정하지 않다고 집착하지 않느니라. 여래의 10력이 공하다고 집착하지 않고 여래의 10력이 공하지 않다고 집착하지 않으며, 4무소외, 나아가 18불불공법이 공하다고 집착하지 않고 4무소외, 나아가 18불불공법이 공하지 않다고 집착하지 않느니라.

여래의 10력이 무상이라고 집착하지 않고 여래의 10력이 유상이라고 집착하지 않으며, 4무소외, 나아가 18불불공법이 무상이라고 집착하지 않고 4무소외, 나아가 18불불공법이 유상이라고 집착하지 않느니라. 여래의 10력이 무원이라고 집착하지 않고 여래의 10력이 유원이라고 집착하지 않으며, 4무소외, 나아가 18불불공법이 무원이라고 집착하지 않고 4무소외, 나아가 18불불공법이 유원이라고 집착하지 않느니라. 사리자여. 제보살마하살은 반야바라밀다를 수행하면서 이와 같은 법과 상응하는 까닭으로 마땅히 반야바라밀다와 함께 상응한다고 말하느니라.

다시 다음으로 사리자여. 제보살마하살은 반야바라밀다를 수행하면서 32대사상(三十二大士相)이 있다고 집착하지 않고 32대사상이 없다고 집착하지 않으며, 80수호(八十隨好)가 있다고 집착하지 않고 80수호가 없다고 집착하지 않느니라. 32대사상이 항상하다고 집착하지 않고 32대사상이 무상하다고 집착하지 않으며, 80수호가 항상하다고 집착하지 않고 80수호가 무상하다고 집착하지 않느니라. 32대사상이 즐겁다고 집착하지 않고 32대사상이 괴롭다고 집착하지 않으며, 80수호가 즐겁다고 집착하지 않고 80수호가 괴롭다고 집착하지 않느니라.

32대사상이 나라고 집착하지 않고 32대사상이 무아라고 집착하지 않으며, 80수호가 나라고 집착하지 않고 80수호가 무아라고 집착하지 않느니라. 32대사상이 적정하다고 집착하지 않고 32대사상이 적정하지 않다고 집착하지 않으며, 80수호가 적정하다고 집착하지 않고 80수호가 적정하지 않다고 집착하지 않느니라. 32대사상이 공하다고 집착하지 않고 32대상이 공하지 않다고 집착하지 않으며, 80수호가 공하다고 집착하지 않고

80수호가 공하지 않다고 집착하지 않느니라.

32대사상이 무상이라고 집착하지 않고 32대사상이 유상이라고 집착하지 않으며, 80수호가 무상이라고 집착하지 않고 80수호가 유상이라고 집착하지 않느니라. 32대사상이 무원이라고 집착하지 않고 32대사상이 유원이라고 집착하지 않으며, 80수호가 무원이라고 집착하지 않고 80수호가 유원이라고 집착하지 않느니라. 사리자여. 제보살마하살은 반야바라밀다를 수행하면서 이와 같은 법과 상응하는 까닭으로 마땅히 반야바라밀다와 함께 상응한다고 말하느니라.

다시 다음으로 사리자여. 제보살마하살은 반야바라밀다를 수행하면서 무망실법(無忘失法)이 있다고 집착하지 않고 무망실법이 없다고 집착하지 않으며, 항주사성(恒住捨性)이 있다고 집착하지 않고 항주사성이 없다고 집착하지 않느니라. 무망실법이 항상하다고 집착하지 않고 무망실법이 무상하다고 집착하지 않으며, 항주사성이 항상하다고 집착하지 않고 항주사성이 무상하다고 집착하지 않느니라. 무망실법이 즐겁다고 집착하지 않고 무망실법이 괴롭다고 집착하지 않으며, 항주사성이 즐겁다고 집착하지 않고 항주사성이 괴롭다고 집착하지 않느니라.

무망실법이 나라고 집착하지 않고 무망실법이 무아라고 집착하지 않으며, 항주사성이 나라고 집착하지 않고 항주사성이 무아라고 집착하지 않느니라. 무망실법이 적정하다고 집착하지 않고 무망실법이 적정하지 않다고 집착하지 않으며, 항주사성이 적정하다고 집착하지 않고 항주사성이 적정하지 않다고 집착하지 않느니라. 무망실법이 공하다고 집착하지 않고 무망실법이 공하지 않다고 집착하지 않으며, 항주사성이 공하다고 집착하지 않고 항주사성이 공하지 않다고 집착하지 않느니라.

무망실법이 무상이라고 집착하지 않고 무망실법이 유상이라고 집착하지 않으며, 항주사성이 무상이라고 집착하지 않고 항주사성이 유상이라고 집착하지 않느니라. 무망실법이 무원이라고 집착하지 않고 무망실법이 유원이라고 집착하지 않으며, 항주사성이 무원이라고 집착하지 않고 항주사성이 유원이라고 집착하지 않느니라. 사리자여. 제보살마하살은 반야바라밀다를 수행하면서 이와 같은 법과 상응하는 까닭으로 마땅히 반야바라밀다와 함께 상응한다고 말하느니라.

다시 다음으로 사리자여. 제보살마하살은 반야바라밀다를 수행하면서 일체지(一切智)가 있다고 집착하지 않고 일체지가 없다고 집착하지 않으며, 도상지(道相智)·일체상지(一切相智)가 있다고 집착하지 않고 도상지·일체상지가 없다고 집착하지 않느니라. 일체지가 항상하다고 집착하지 않고 일체지가 무상하다고 집착하지 않으며, 도상지·일체상지가 항상하다고 집착하지 않고 도상지·일체상지가 무상하다고 집착하지 않느니라. 일체지가 즐겁다고 집착하지 않고 일체지가 괴롭다고 집착하지 않으며, 도상지·일체상지가 즐겁다고 집착하지 않고 도상지·일체상지가 괴롭다고 집착하지 않느니라.

일체지가 나라고 집착하지 않고 일체지가 무아라고 집착하지 않으며, 도상지·일체상지가 나라고 집착하지 않고 도상지·일체상지가 무아라고 집착하지 않느니라. 일체지가 적정하다고 집착하지 않고 일체지가 적정하지 않다고 집착하지 않으며, 도상지·일체상지가 적정하다고 집착하지 않고 도상지·일체상지가 적정하지 않다고 집착하지 않느니라. 일체지가 공하다고 집착하지 않고 일체지가 공하지 않다고 집착하지 않으며, 도상지·일체상지가 공하다고 집착하지 않고 도상지·일체상지가 공하지 않다고 집착하지 않느니라.

일체지가 무상이라고 집착하지 않고 일체지가 유상이라고 집착하지 않으며, 도상지·일체상지가 무상이라고 집착하지 않고 도상지·일체상지가 유상이라고 집착하지 않느니라. 일체지가 무원이라고 집착하지 않고 일체지가 유원이라고 집착하지 않으며, 도상지·일체상지가 무원이라고 집착하지 아니하고 도상지·일체상지가 유원이라고 집착하지 않느니라. 사리자여. 제보살마하살은 반야바라밀다를 수행하면서 이와 같은 법과 상응하는 까닭으로 마땅히 반야바라밀다와 함께 상응한다고 말하느니라.

다시 다음으로 사리자여. 제보살마하살은 반야바라밀다를 수행하면서 예류과(預流果)가 있다고 집착하지 않고 예류과가 없다고 집착하지 않으

며, 일래과(一來果)·불환과(不還果)·아라한과(阿羅漢果)·독각의 보리(菩
提)가 있다고 집착하지 않고 일래과·불환과·아라한과·독각의 보리가
없다고 집착하지 않느니라. 예류과가 항상하다고 집착하지 않고 예류과
가 무상하다고 집착하지 않으며, 일래과·불환과·아라한과·독각의 보리
가 항상하다고 집착하지 않고 일래과·불환과·아라한과·독각의 보리가
무상하다고 집착하지 않느니라. 예류과가 즐겁다고 집착하지 않고 예류
과가 괴롭다고 집착하지 않으며, 일래과·불환과·아라한과·독각의 보리
가 즐겁다고 집착하지 않고 일래과·불환과·아라한과·독각의 보리가 괴롭
다고 집착하지 않느니라.

예류과가 나라고 집착하지 않고 예류과가 무아라고 집착하지 않으며,
일래과·불환과·아라한과·독각의 보리가 나라고 집착하지 않고 일래과·
불환과·아라한과·독각의 보리가 무아라고 집착하지 않느니라. 예류과가
적정하다고 집착하지 않고 예류과가 적정하지 않다고 집착하지 않으며,
일래과·불환과·아라한과·독각의 보리가 적정하다고 집착하지 않고 일래
과·불환과·아라한과·독각의 보리가 적정하지 않다고 집착하지 않느니
라. 예류과가 공하다고 집착하지 않고 예류과가 공하지 않다고 집착하지
않으며, 일래과·불환과·아라한과·독각의 보리가 공하다고 집착하지 않
고 일래과·불환과·아라한과·독각의 보리가 공하지 않다고 집착하지 않느
니라.

예류과가 무상이라고 집착하지 않고 예류과가 유상이라고 집착하지
않으며, 일래과·불환과·아라한과·독각의 보리가 무상이라고 집착하지
않고 일래과·불환과·아라한과·독각의 보리가 유상이라고 집착하지 않느
니라. 예류과가 무원이라고 집착하지 않고 예류과가 유원이라고 집착하
지 않으며, 일래과·불환과·아라한과·독각의 보리가 무원이라고 집착하
지 않고 일래과·불환과·아라한과·독각의 보리가 유원이라고 집착하지
않느니라. 사리자여. 제보살마하살은 반야바라밀다를 수행하면서 이와
같은 법과 상응하는 까닭으로 마땅히 반야바라밀다와 함께 상응한다고
말하느니라.

　다시 다음으로 사리자여. 제보살마하살은 반야바라밀다를 수행하면서 일체의 보살마하살의 행(行)이 있다고 집착하지 않고 일체의 보살마하살의 행이 없다고 집착하지 않으며, 제불의 무상정등보리가 있다고 집착하지 않고 제불의 무상정등보리가 없다고 집착하지 않느니라. 일체의 보살마하살의 행이 항상하다고 집착하지 않고 일체의 보살마하살의 행이 무상하다고 집착하지 않으며, 제불의 무상정등보리가 항상하다고 집착하지 않고 제불의 무상정등보리가 무상하다고 집착하지 않느니라. 일체의 보살마하살의 행이 즐겁다고 집착하지 않고 일체의 보살마하살의 행이 괴롭다고 집착하지 않으며, 제불의 무상정등보리가 즐겁다고 집착하지 않고 제불의 무상정등보리가 괴롭다고 집착하지 않느니라.

　일체의 보살마하살의 행이 나라고 집착하지 않고 일체의 보살마하살의 행이 무아라고 집착하지 않으며, 제불의 무상정등보리가 나라고 집착하지 않고 제불의 무상정등보리가 무아라고 집착하지 않느니라. 일체의 보살마하살의 행이 적정하다고 집착하지 않고 일체의 보살마하살의 행이 적정하지 않다고 집착하지 않으며, 무상정등보리가 적정하다고 집착하지 않고 제불의 무상정등보리가 적정하지 않다고 집착하지 않느니라. 일체의 보살마하살의 행이 공하다고 집착하지 않고 일체의 보살마하살의 행이 공하지 않다고 집착하지 않으며, 제불의 무상정등보리가 공하다고 집착하지 않고 제불의 무상정등보리가 공하지 않다고 집착하지 않느니라.

　일체의 보살마하살의 행이 무상이라고 집착하지 않고 일체의 보살마하살의 행이 유상이라고 집착하지 않으며, 제불의 무상정등보리가 무상이라고 집착하지 않고 제불의 무상정등보리가 유상이라고 집착하지 않느니라. 일체의 보살마하살의 행이 무원이라고 집착하지 않고 일체의 보살마하살의 행이 유원이라고 집착하지 않으며, 제불의 무상정등보리가 무원이라고 집착하지 않고 제불의 무상정등보리가 유원이라고 집착하지 않느니라. 사리자여. 제보살마하살은 반야바라밀다를 수행하면서 이와 같은 법과 상응하는 까닭으로 마땅히 반야바라밀다와 함께 상응한다고 말하느니라.

　다시 다음으로 사리자여. 반야바라밀다를 수행하는 보살마하살은 '나는 반야바라밀다를 행한다.'라고 이와 같이 생각을 짓지 않고, '나는 반야바라밀다를 행하지 않는다.'라고 이와 같이 생각을 짓지 않으며, '나는 반야바라밀다를 역시 행하고, 역시 행하지 않는다.'라고 이와 같이 생각을 짓지 않고, '나는 반야바라밀다를 행하는 것이 아니고, 행하지 않는 것도 아니다.'라고 이와 같이 생각을 짓지 않느니라. 사리자여. 제보살마하살은 반야바라밀다를 수행하면서 이와 같은 법과 상응하는 까닭으로 마땅히 반야바라밀다와 함께 상응한다고 말하느니라."

마하반야바라밀다경 제7권

3. 상응품(相應品)(4)

"다시 다음으로 사리자여. 제보살마하살은 반야바라밀다를 수행하는 때에 보시바라밀다를 위(爲)하는 까닭으로 반야바라밀다를 수행하지 않고, 정계·안인·정진·정려·반야바라밀다를 위하는 까닭으로 반야바라밀다를 수행하지 않느니라. 제보살마하살은 반야바라밀다를 수행하는 때에 내공을 위하는 까닭으로 반야바라밀다를 수행하지 않고, 외공·내외공·공공·대공·승의공·유위공·무위공·필경공·무제공·산공·무변이공·본성공·자상공·공상공·일체법공·불가득공·무성공·자성공·무성자성공을 위하는 까닭으로 반야바라밀다를 수행하지 않느니라.

제보살마하살은 반야바라밀다를 수행하는 때에 진여를 위하는 까닭으로 반야바라밀다를 수행하지 않고, 법계·법성·불허망성·불변이성·평등성·이생성·법정·법주·실제·허공계·부사의계를 위하는 까닭으로 반야바라밀다를 수행하지 않느니라. 제보살마하살은 반야바라밀다를 수행하는 때에 정성이생(正性離生)에 들어가기 위하는 까닭으로 반야바라밀다를 수행하지 않고, 불퇴전지(不退轉地)를 얻으려는 까닭으로 반야바라밀다를 수행하지 않으며, 유정을 성숙시키려는 까닭으로 반야바라밀다를 수행하지 않고, 불국토를 장엄하고 청정하게 하려는 까닭으로 반야바라밀다를 수행하지 않느니라.

　제보살마하살은 반야바라밀다를 수행하는 때에 4념주를 위하는 까닭으로 반야바라밀다를 수행하지 않고, 4정단·4신족·5근·5력·7등각지·8성도지를 위하여 반야바라밀다를 수행하지 않으며, 고성제를 위하는 까닭으로 반야바라밀다를 수행하지 않고, 집·멸·도성제를 위하는 까닭으로 반야바라밀다를 수행하지 않느니라. 제보살마하살은 반야바라밀다를 수행하는 때에 4정려를 위하는 까닭으로 반야바라밀다를 수행하지 않고, 4무량·4무색정을 위하는 까닭으로 반야바라밀다를 수행하지 않느니라. 제보살마하살이 반야바라밀다를 수행하는 때에 8해탈을 위하는 까닭으로 반야바라밀다를 수행하지 않고, 8승처·9차제정·10변처를 위하는 까닭으로 반야바라밀다를 수행하지 않느니라.

　제보살마하살은 반야바라밀다를 수행하는 때에 공해탈문을 위하는 까닭으로 반야바라밀다를 수행하지 않고, 무상·무원해탈문을 위하는 까닭으로 반야바라밀다를 수행하지 않느니라. 제보살마하살은 반야바라밀다를 수행하는 때에 일체의 다라니문을 위하는 까닭으로 반야바라밀다를 수행하지 않고 일체의 삼마지문을 위하는 까닭으로 반야바라밀다를 수행하지 않느니라. 제보살마하살은 반야바라밀다를 수행하는 때에, 극희지를 위하는 까닭으로 반야바라밀다를 수행하지 않고, 이구지·발광지·염혜지·극난승지·현전지·원행지·부동지·선혜지·법운지를 위하는 까닭으로 반야바라밀다를 수행하지 않느니라.

　제보살마하살은 반야바라밀다를 수행하는 때에 육안(肉眼)을 위하는 까닭으로 반야바라밀다를 수행하지 않고, 천안(天眼)·혜안(慧眼)·법안(法眼)·불안(佛眼)을 위하는 까닭으로 반야바라밀다를 수행하지 않느니라. 제보살마하살은 반야바라밀다를 수행하는 때에 여래의 10력을 위하는 까닭으로 반야바라밀다를 수행하지 않고, 4무소외·4무애해·대자·대비·대희·대사·18불불공법을 위하는 까닭으로 반야바라밀다를 수행하지 않느니라. 제보살마하살은 반야바라밀다를 수행하는 때에 32대사상을 위하는 까닭으로 반야바라밀다를 수행하지 않고, 80수호를 위하는 까닭으로 반야바라밀다를 수행하지 않느니라.

　제보살마하살은 반야바라밀다를 수행하는 때에 무망실법을 위하는 까닭으로 반야바라밀다를 수행하지 않고, 항주사성을 위하는 까닭으로 반야바라밀다를 수행하지 않느니라. 제보살마하살은 수행하는 때에 일체지를 위하는 까닭으로 반야바라밀다를 수행하지 않으며, 도상지·일체상지·일체상미묘지를 위하는 까닭으로 반야바라밀다를 수행하지 않느니라. 제보살마하살은 반야바라밀다를 수행하는 때에 예류과를 초월하기 위하는 까닭으로 반야바라밀다를 수행하지 않고, 일래과·불환과·아라한과·독각의 보리를 초월하기 위하는 까닭으로 반야바라밀다를 수행하지 않느니라.

　제보살마하살은 반야바라밀다를 수행하는 때에 일체의 보살마하살의 행을 위하는 까닭으로 반야바라밀다를 수행하지 않고, 제불의 무상정등보리를 위하는 까닭으로 반야바라밀다를 수행하지 않느니라. 왜 그러한가? 사리자여. 제보살마하살은 반야바라밀다를 수행하면서 제법에서 성품의 차별(差別)을 보지 않는 까닭이니라. 사리자여. 제보살마하살은 반야바라밀다를 수행하면서 이와 같은 법과 상응하는 까닭으로 마땅히 반야바라밀다와 함께 상응한다고 말하느니라.

　다시 다음으로 사리자여. 제보살마하살은 반야바라밀다를 수행하는 때에 천안지증통(天眼智證通)을 위하는 까닭으로 반야바라밀다를 수행하지 않고, 천이지증통(天耳智證通)을 위하는 까닭으로 반야바라밀다를 수행하지 않으며, 타심지증통(他心智證通)을 위하는 까닭으로 반야바라밀다를 수행하지 않고, 숙주수념지증통(宿住隨念智證通)을 위하는 까닭으로 반야바라밀다를 수행하지 않으며, 신경지증통(神境智證通)을 위하는 까닭으로 반야바라밀다를 수행하지 않고, 누진지증통(漏盡智證通)을 위하는 까닭으로 반야바라밀다를 수행하지 않느니라. 왜 그러한가? 사리자여. 제보살마하살은 반야바라밀다를 수행하는 때에 오히려 수행할 반야바라밀다가 있다고 보지 않는데, 하물며 보살과 여래가 수행할 6신통이 있다고 보겠는가? 사리자여. 제보살마하살은 반야바라밀다를 수행하면서 이와

같은 법과 상응하는 까닭으로 마땅히 반야바라밀다와 함께 상응한다고
말하느니라.

　다시 다음으로 사리자여. 제보살마하살은 반야바라밀다를 수행하는
때에 '나는 천안지증통으로써 시방의 긍가(殑伽)의 모래와 같은 제불의
세계에 있는 일체 유정들이 이곳에서 죽고 저곳에서 태어나는 것을 두루하
게 본다.'라고 이렇게 생각을 짓지 않고, '천이지증통으로써 시방의 긍가의
모래와 같은 제불의 세계의 제불·보살들이 설법하시는 음성을 두루 듣는
다.'라고 이렇게 생각을 짓지 않으며, '나는 타심지증통으로써 시방의
긍가의 모래와 같은 제불의 세계의 일체 유정들의 심(心)·심소(心所)의
법을 두루 안다.'라고 이렇게 생각을 짓지 않고, '나는 숙주수념지증통으로
써 시방의 긍가의 모래와 같은 제불의 세계의 일체 유정들의 여러 전생에
머물렀던 일을 두루 기억한다.'라고 이렇게 생각을 짓지 않으며, '나는
신경지증통으로써 시방의 긍가의 모래와 같은 제불의 세계에 두루 이르러
서 그 세계의 가운데에서 제불·보살들께 공양하고 공경하며 존중하고
찬탄한다.'라고 이렇게 생각을 짓지 않고, '나는 누진지증통으로써 시방의
긍가의 모래와 같은 제불의 세계에 있는 일체의 유정들이 번뇌를 없앴고
번뇌를 없애지 못한 것을 두루 본다.'라고 이렇게 생각을 짓지 않느니라.
사리자여. 제보살마하살은 반야바라밀다를 수행하면서 이와 같은 법과
상응하는 까닭으로 마땅히 반야바라밀다와 함께 상응한다고 말하느니라.

　다시 다음으로 사리자여. 제보살마하살은 반야바라밀다를 수행하는
때에, 이와 같은 반야바라밀다와 상응하는 까닭으로 무량(無量)하고 무수
(無數)이며 무변(無邊)한 유정들을 무여의열반계(無餘依涅槃界)에 능히
잘 안립(安立)[1]시키므로, 일체의 악마(惡魔)는 그 방편을 얻지 못하며,
소유(所有)한 번뇌가 모두 조복되어 없어지고, 세간의 여러 일이 원하는
뜻을 따르며, 시방으로 각각 긍가의 모래와 같은 세계의 일체의 여래·응공
·정등각과 제보살마하살들이 모두 함께 이와 같은 보살을 호념(護念)하여

---

　1) 언어로 표현할 수 없는 것을 방편의 개념을 설정하는 것이다.

서 일체의 성문과 독각 등의 지위에 떨어지지 않게 하고, 시방으로 각각 4대왕중천·33천·야마천·도사다천·낙변화천·타화자재천·범중천·범보천·범회천·대범천·광천·소광천·무량광천·극광정천·정천·소정천·무량정천·변정천·광천·소광천·무량광천·광과천·무번천·무열천·선현천·선견천·색구경천과 나머지의 일체 성문과 독각이 모두 함께 이와 같은 보살을 옹위(擁衛)하여 여러 일에 장애가 없게 하며, 몸과 마음이 아프고 괴로운 것을 모두 치료하고, 설사 죄업이 있어서 오는 세상에 괴로운 과보를 받게 상응하여 부를지라도 현세로 바꾸어서 가볍게 받게 하느니라. 왜 그러한가? 사리자여. 이 보살마하살은 여러 유정들에게 자비가 두루한 까닭이니라.

사리자여. 이 보살마하살은 반야바라밀다를 수행하는 위신력을 까닭으로 적은 가행(加行)[2]을 사용하여도 곧 최고로 수승하고 자재한 다라니문과 삼마지문을 이끌어서 일으키며 빠르게 나타나게 하고, 태어나는 곳을 따라서 항상 일체의 여래·응공·정등각을 받들어 섬기며, 나아가 무상정등보리를 구하면서 증득하며, 그 중간(中間)에는 항상 여래를 떠나지 않느니라. 사리자여. 이 보살마하살은 반야바라밀다를 수행하는 때에 이와 같은 반야바라밀다와 상응하는 까닭으로 이와 같은 무량하고 무수이며 무변한 불가사의(不可思議)의 미묘한 공덕을 얻느니라.

다시 다음으로 사리자여. 제보살마하살은 반야바라밀다를 수행하는 때에 '법이 법과 상응하는 것이 있는가? 상응하지 않는 것이 있는가? 평등한 것이 있는가? 평등하지 않은 것이 있는가?'라고 이렇게 생각을 짓지 않느니라. 왜 그러한가? 사리자여. 이 보살마하살은 법이 법과 상응하는 것이 있는가? 상응하지 않는 것이 있는가? 평등한 것이 있는가? 평등하지 않은 것이 있는가를 보지 않는 까닭이니라. 제보살마하살은 반야바라밀다를 수행하는 때에 '나는 법계에서 만약 빠르게 등각(等覺)[3]

---

2) 산스크리트어 prayoga의 번역이고, 목적을 위한 수단으로 행하는 수행이나 행위를 뜻하고, 수행이라는 뜻에서 방편(方便)이라고도 말한다.
3) 무상정등각에 거의 접근한 계위(階位)를 뜻하고, 보살 수행과정의 가운데 십지(十

을 나타내거나, 빠르게 등각을 나타내지 않겠다.'라고 이렇게 생각을 짓지 않느니라. 왜 그러한가? 사리자여. 이 보살마하살은 적은 법이라도 능히 법계(法界)에서 등각을 나타낸다고 보지 않는 까닭이니라.

제보살마하살은 반야바라밀다를 수행하는 때에 법이 법계를 벗어난 것이 있다고 보지 않고 법계가 제법을 벗어났다고 보지 않으며, 역시 제법이 곧 법계라고 보지도 않고 법계가 곧 제법이라고 보지 않아야 하느니라. 제보살마하살은 반야바라밀다를 수행하는 때에 '법계가 제법을 인연으로 삼는다.'라고 이렇게 생각을 짓지 않아야 하고, '제법은 법계를 인연으로 삼는다.'라고 이렇게 생각을 짓지 않아야 하느니라. 제보살마하살은 반야바라밀다를 수행하는 때에 '이 법이 능히 법계를 증득한다. 이 법이 능히 법계를 증득하지 못한다.'라고 이렇게 생각을 짓지 않아야 하느니라. 왜 그러한가? 사리자여. 이 보살마하살은 오히려 법도 보지 않는데, 하물며 법이 법계를 증득한 것이 있거나, 혹은 법계를 증득하지 못한 것이 있다고 보겠는가? 사리자여. 제보살마하살은 반야바라밀다를 수행하면서 이와 같은 법과 상응하는 까닭으로 마땅히 반야바라밀다와 함께 상응한다고 말하느니라.

다시 다음으로 사리자여. 제보살마하살은 반야바라밀다를 수행하는 때에 색이 공과 함께 상응한다고 보지 않고, 역시 공이 색과 함께 상응한다고 보지 않으며, 수·상·행·식이 공과 함께 상응한다고 보지 않고, 역시 공이 수·상·행·식과 함께 상응한다고 보지 않느니라. 제보살마하살은 반야바라밀다를 수행하는 때에 안처가 공과 함께 상응한다고 보지 않고, 역시 공이 안처와 함께 상응한다고 보지 않으며, 이·비·설·신·의처가 공과 함께 상응한다고 보지 않고, 역시 공이 이·비·설·신·의처와 함께 상응한다고 보지 않느니라.

제보살마하살은 반야바라밀다를 수행하는 때에 안계가 공과 상응한다고 보지 않고, 역시 공이 안계와 상응한다고 보지 않으며, 이·비·설·신·의

地)의 다음의 계위인 묘각(妙覺)의 앞 계위를 가리킨다.

계가 공과 상응한다고 보지 않고, 역시 공이 이·비·설·신·의계와 상응한다고 보지 않느니라. 제보살마하살은 반야바라밀다를 수행하는 때에 색계가 공과 상응한다고 보지 않고, 역시 공이 색계와 상응한다고 보지 않으며, 성·향·미·촉·법계가 공과 상응한다고 보지 않고, 역시 공이 성·향·미·촉·법계와 상응한다고 보지 않느니라.

제보살마하살은 반야바라밀다를 수행하는 때에 안식계가 공과 함께 상응한다고 보지 않고, 역시 공이 안식계와 함께 상응한다고 보지 않으며, 이·비·설·신·의식계가 공과 함께 상응한다고 보지 않고, 역시 공이 이·비·설·신·의식과 함께 상응한다고 보지 않느니라. 제보살마하살은 반야바라밀다를 수행하는 때에 안촉이 공과 함께 상응한다고 보지 않고, 역시 공이 안촉과 함께 상응한다고 보지 않으며, 이·비·설·신·의촉이 공과 함께 상응한다고 보지 않고, 역시 공이 이·비·설·신·의촉과 함께 상응한다고 보지 않느니라.

제보살마하살은 반야바라밀다를 수행하는 때에 안촉으로 연으로 삼아서 생겨나는 여러 수가 공과 함께 상응한다고 보지 않고, 역시 공이 안촉으로 연으로 삼아서 생겨나는 여러 수와 함께 상응한다고 보지 않으며, 이·비·설·신·의촉으로 연을 삼아서 생겨나는 여러 수가 공과 함께 상응한다고 보지 않고, 역시 공이 이·비·설·신·의촉으로 연을 삼아서 생겨나는 여러 수와 함께 상응한다고 보지 않느니라. 제보살마하살은 반야바라밀다를 수행하는 때에 지계가 공과 함께 상응한다고 보지 않고, 역시 공이 지계와 함께 상응한다고 보지 않으며, 수·화·풍·공·식계가 공과 함께 상응한다고 보지 않고 공이 수·화·풍·공·식계와 함께 상응한다고 보지 않느니라. 제보살마하살은 반야바라밀다를 수행하는 때에 인연이 공과 함께 상응한다고 보지 않고 역시 공이 인연과 함께 상응한다고 보지 않으며, 등무간연·소연연·증상연과 연(緣)을 쫓아서 생겨나는 법이 공과 함께 상응한다고 보지 않고, 역시 공이 등무간연·소연연·증상연과 연(緣)을 쫓아서 생겨나는 법과 함께 상응한다고 보지 않느니라.

제보살마하살은 반야바라밀다를 수행하는 때에 무명이 공과 함께 상응한다고 보지 않고, 역시 공이 무명과 함께 상응한다고 보지 않으며, 행·식·명색·육처·촉·수·애·취·유·생·노사의 수탄고우뇌가 공과 상응한다고 보지 않고, 역시 공이 행·식·명색·육처·촉·수·애·취·유·생·노사의 수탄고우뇌와 상응한다고 보지 않느니라. 제보살마하살은 반야바라밀다를 수행하는 때에 보시바라밀다가 공과 함께 상응한다고 보지 않고, 역시 공이 보시바라밀다와 함께 상응한다고 보지 않으며, 정계·안인·정진·정려·반야바라밀다가 공과 함께 상응한다고 보지 않고, 역시 공이 정계·안인·정진·정려·반야바라밀다와 함께 상응한다고 보지 않느니라.

제보살마하살은 반야바라밀다를 수행할 때에, 내공이 공과 상응한다고 보지 않고, 역시 공이 내공과 상응한다고 보지 않으며, 외공·내외공·공공·대공·승의공·유위공·무위공·필경공·무제공·산공·무변이공·본성공·자상공·공상공·일체법공·불가득공·무성공·자성공·무성자성공이 공이 상응한다고 보지 않고, 역시 공이 외공, 나아가 무성자성공과 함께 상응한다고 보지 않느니라. 제보살마하살은 반야바라밀다를 수행하는 때에 진여가 공과 함께 상응한다고 보지 않고, 역시 공이 진여와 함께 상응한다고 보지 않으며, 법계·법성·불허망성·불변이성·평등성·이생성·법정·법주·실제·허공계·부사의계가 공과 함께 상응한다고 보지 않고, 역시 공이 법계, 나아가 부사의계와 함께 상응한다고 보지 않느니라.

제보살마하살은 반야바라밀다를 수행하는 때에 4념주가 공과 함께 상응한다고 보지 않고, 역시 공이 4념주와 함께 상응한다고 보지 않으며, 4정단·4신족·5근·5력·7등각지·8성도지가 공과 함께 상응한다고 보지 않고, 역시 공이 4정단, 나아가 8성도지와 함께 상응한다고 보지 않느니라. 보살마하살은 반야바라밀다를 수행하는 때에 고성제가 공과 함께 상응한다고 보지 않고, 역시 공이 고성제와 함께 상응한다고 보지 않으며, 집·멸·도성제가 공과 함께 상응한다고 보지 않고, 역시 공이 집·멸·도성제와 함께 상응한다고 보지 않느니라.

제보살마하살은 반야바라밀다를 수행하는 때에 4정려가 공과 함께 상응한다고 보지 않고, 역시 공이 4정려와 함께 상응한다고 보지 않으며,

4무량·4무색정이 공과 함께 상응한다고 보지 않고, 역시 공이 4무량·4무색정과 함께 상응한다고 보지 않느니라. 제보살마하살은 반야바라밀다를 수행할 때에, 8해탈이 공과 함께 상응한다고 보지 않고, 역시 공이 8해탈과 함께 상응한다고 보지 않으며, 8승처·9차제정·10변처가 공과 함께 상응한다고 보지 않고, 역시 공이 8승처·9차제정·10변처와 함께 상응한다고 보지 않느니라. 제보살마하살은 반야바라밀다를 수행할 때에 공해탈문이 공과 상응한다고 보지 않고, 역시 공이 공해탈문과 함께 상응한다고 보지 않으며, 무상·무원해탈문이 공과 함께 상응한다고 보지 않고, 역시 공이 무상·무원해탈문과 상응한다고 보지 않느니라.

제보살마하살은 반야바라밀다를 수행하는 때에 일체의 다라니문이 공과 함께 상응한다고 보지 않고, 역시 공이 일체의 다라니문과 함께 상응한다고 보지 않으며, 일체의 삼마지문이 공과 함께 상응한다고 보지 않고, 역시 공이 일체의 삼마지문과 함께 상응한다고 보지 않느니라. 제보살마하살은 반야바라밀다를 수행할 때에, 극희지가 공과 함께 상응한다고 보지 않고, 역시 공이 극희지와 함께 상응한다고 보지 않으며, 이구지·발광지·염혜지·극난승지·현전지·원행지·부동지·선혜지·법운지가 공과 함께 상응한다고 보지 않고, 역시 공이 이구지, 나아가 법운지와 함께 상응한다고 보지 않느니라.

제보살마하살은 반야바라밀다를 수행하는 때에, 5안이 공과 함께 상응한다고 보지 않고, 역시 공이 5안과 함께 상응한다고 보지 않으며, 6신통이 공과 함께 상응한다고 보지 않고, 역시 공이 6신통과 함께 상응한다고 보지 않느니라. 제보살마하살은 반야바라밀다를 수행하는 때에 여래의 10력이 공과 함께 상응한다고 보지 않고, 역시 공이 여래의 10력과 함께 상응한다고 보지 않으며, 4무소외·4무애해·대자·대비·대희·대사·18불불공법이 공과 함께 상응한다고 보지 않고, 역시 공이 4무소외, 나아가 18불불공법과 함께 상응한다고 보지 않느니라.

제보살마하살은 반야바라밀다를 수행하는 때에 32대사상이 공과 함께 상응한다고 보지 않고, 역시 공이 32대사상과 함께 상응한다고 보지 않으며, 80수호가 공과 함께 상응한다고 보지 않고, 역시 공이 80수호와 함께 상응한다고 보지 않느니라. 제보살마하살은 반야바라밀다를 수행하는 때에 무망실법이 공과 함께 상응한다고 보지 않고, 역시 공이 무망실법과 함께 상응한다고 보지 않으며, 항주사성이 공과 함께 상응한다고 보지 않고, 역시 공이 항주사성과 함께 상응한다고 보지 않느니라.

제보살마하살은 반야바라밀다를 수행하는 때에 일체지가 공과 함께 상응한다고 보지 않고, 역시 공이 일체지와 함께 상응한다고 보지 않으며, 도상지·일체상지가 공과 함께 상응한다고 보지 않고, 역시 공이 도상지·일체상지와 함께 상응한다고 보지 않느니라. 제보살마하살은 반야바라밀다를 수행하는 때에 예류과가 공과 함께 상응한다고 보지 않고, 역시 공이 예류과와 함께 상응한다고 보지 않으며, 일래과·불환과·아라한·독각의 보리가 공과 함께 상응한다고 보지 않고, 역시 공이 일래과·불환과·아라한·독각의 보리와 함께 상응한다고 보지 않느니라.

제보살마하살은 반야바라밀다를 수행하는 때에 일체의 보살마하살의 행이 공과 함께 상응한다고 보지 않고, 역시 공이 일체의 보살마하살의 행과 함께 상응한다고 보지 않으며, 제불의 무상정등보리가 공과 함께 상응한다고 보지 않고, 역시 공이 제불의 무상정등보리와 함께 상응한다고 보지 않느니라. 사리자여. 반야바라밀다를 수행하는 보살마하살이 만약 능히 이와 같이 상응한다면 이것은 제일(第一)의 공과 함께 상응하는 것이니라.

사리자여. 반야바라밀다를 수행하는 제보살마하살은 이와 같이 공과 함께 상응하는 까닭으로, 성문과 독각 등의 지위에 떨어지지 않고 불국토를 장엄 청정하게 하며, 유정 등을 성숙시키고 무상정등보리를 빠르게 증득하느니라. 사리자여. 반야바라밀다를 수행하는 제보살마하살의 여러 상응의 가운데에서 반야바라밀다와 함께 상응하는 것을 최고로 제일로 삼으며, 최고로 존귀하고 최고로 수승하며 최고로 미묘하고 최고로 높으며 가장 지극하고 무상(無上)이며 무상상(無上上)이고 무등(無等)이며 무등등(無等等)이니라.

왜 그러한가? 사리자여. 이 반야바라밀다와 함께 상응한다면 최고로
제일인 까닭이니라. 곧 이것은 곧 공과 함께 상응하는 것이고 무상(無相)과
함께 상응하는 것이며, 무원(無願)과 함께 상응하는 것이니, 이 인연을
이유로 최고의 제일로 삼느니라. 사리자여. 반야바라밀다를 수행하는
제보살마하살이 이와 같은 반야바라밀다와 함께 상응하는 때에 곧 '부처가
될 것이다.'라고 수기(授記)를 받거나, 만약 수기를 받는 것에 가까워졌다
고 마땅히 알지니라. 사리자여. 이 보살마하살은 이 상응을 이유로 능히
무량하고 무수이며 무변한 유정들을 위하여 큰 요익(饒益)을 지을 것이다.

사리자여. 이 보살마하살은 '내가 반야바라밀다와 함께 상응한다.'라고
이렇게 생각을 짓지 않고, '내가 수기를 얻고서 마땅히 부처가 되겠다.'라고
생각을 짓지 않으며, '내가 능히 불국토를 장엄하고 청정하게 하겠다.'라고
이렇게 생각을 짓지 않고, '내가 능히 유정들을 성숙시키겠다.'라고 생각을
짓지 않으며, '내가 무상정등보리를 증득하여 묘한 법륜(法輪)을 굴리고
무량하는 중생들을 제도하겠다.'라고 생각을 짓지 않느니라. 왜 그러한
가? 사리자여. 이 보살마하살은 법이 법계를 떠나서 있다고 보지 않고,
법계가 제법을 떠나서 있다고 보지 않으며, 제법이 곧 법계라고 보지
않고, 법계가 곧 제법이라고 보지 않으며, 법이 반야바라밀다를 수행하고
있다고 보지 않고, 법이 마땅히 무상정등보리를 얻고 있다고 보지 않으며,
법이 불국토를 장엄하며 청정하게 하고 있다고 보지 않으며, 법이 유정들
을 성숙시키고 있다고 보지 않는 까닭이니라.

왜 그러한가? 사리자여. 제보살마하살은 반야바라밀다를 수행하는
때에 아상(我想)·유정상(有情想)·명자상(命者想)·생자상(生者想)·양자상
(養者想)·사부상(士夫想)·보특가라상(補特伽羅想)·의생상(意生想)·유동
상(儒童想)·작자상(作者想)·사작자상(使作者想)·기자상(起者想)·사기자
상(使起者想)·수자상(受者想)·사수자상(使受者想)·지자상(知者想)·견자
상(見者想) 등을 일으키지 않는 까닭이니라. 그 까닭은 무엇인가? 아상과
유정상은 결국 생겨나지 않고 역시 소멸하지도 않느니라. 그것들은 이미
결국 생겨나지도 않고 역시 소멸하지도 않는데, 어찌 마땅히 능히 반야바

라밀다를 수행하겠고, 더불어 여러 종류의 수승하고 이익되는 공덕을 얻겠는가?

사리자여. 이 보살마하살은 유정이 생겨난다고 보지 않는 까닭으로 반야바라밀다를 수행하고, 유정이 소멸한다고 보지 않는 까닭으로 반야바라밀다를 수행하며, 여러 유정들이 공하다고 아는 까닭으로 반야바라밀다를 수행하고, 여러 유정들이 내가 없다고 아는 까닭으로 반야바라밀다를 수행하며, 여러 유정들은 얻을 수 없다고 아는 까닭으로 반야바라밀다를 수행하고, 여러 유정들은 멀리 떠났다고 아는 까닭으로 반야바라밀다를 수행하며, 여러 유정들의 본성은 유정의 자성이 아니라고 아는 까닭으로 반야바라밀다를 수행하느니라.

사리자여. 반야바라밀다를 수행하는 제보살마하살은 여러 상응의 가운데에서 공과 함께 상응하는 것이 최고의 제일이 되므로 반야바라밀다와 상응하는 것은 최고로 존귀하고 최고로 수승하며 능히 미칠 수 없느니라. 사리자여. 제보살마하살이 이와 같이 상응한다면, 널리 능히 여래의 10력·4무소외·4무애해·대자·대비·대희·대사·18불불공법·32대사상·80수호·무망실법·항주사성·일체지·도상지·일체상지와 더불어 나머지의 무량한 불법(佛法)을 이끌어서 일으키느니라.

사리자여. 제보살마하살이 반야바라밀다를 수행하면서 이와 같은 반야바라밀다와 함께 상응하는 까닭으로 결국 간탐하고 계율을 범하며 성내고 게으르며 산란(散亂)하고 악한 지혜 등의 장애(障礙)하는 마음을 일으키지 않고, 보시·정계·안인·정진·정려·반야바라밀다가 임운(任運)⁴⁾스럽게 나타나면서 간격이 없고 끊어지지 않느니라."

---

4) 흘러가는 그대로 내버려두면서 인위적으로 조작하지 않는다는 뜻이다.

4. 전생품(轉生品)(1)

그때 사리자가 세존께 아뢰어 말하였다.

"세존이시여, 반야바라밀다에 안주(安住)한 제보살마하살은 어느 처소에서 입멸(沒)하여 이 세간(間)에 와서 태어나고, 이 처소에서 입멸하면 마땅히 어느 처소에서 태어납니까?"

세존께서 구수 사리자에게 알려 말씀하셨다.

"반야바라밀다에 안주한 제보살마하살의 누구는 다른 방위의 불국토에서 입멸하여 이 세간으로 와서 태어나고, 누구는 도사다천(覩史多天)에서 입멸하여 이 세간으로 와서 태어나며, 누구는 인간의 가운데에서 입멸하여 이 인간의 가운데에서 태어나기도 하느니라.

사리자여. 만약 보살마하살이 반야바라밀다에 안주하면서 다른 방위의 불국토를 쫓아서 입멸하여 이곳으로 와서 태어난 자라면, 이 보살마하살은 빠르게 반야바라밀다와 함께 상응하고, 반야바라밀다와 함께 상응하는 까닭으로 생(生)을 바꾸었다면 곧 깊고 묘한 법문이 빠르게 앞에 나타나며, 이것을 쫓아서 뒤에 항상 반야바라밀다와 함께 빠르게 상응하므로 태어난 처소에 있더라도 항상 여래를 만나서 공양하고 공경하며 존중하고 찬탄하면서 능히 반야바라밀다를 점차 원만하게 얻느니라.

사리자여. 만약 보살마하살이 반야바라밀다에 안주하면서 도사다천을 쫓아서 입멸하여 이곳으로 와서 태어난 자라면, 이 보살마하살은 한 생(一生)이 얽매이게 되는 것일지라도, 보시·정계·안인·정진·정려·반야바라밀다가 자재(自在)하게 앞에 나타나면 항상 잃어버리지 않으며, 역시 일체의 다라니문과 삼마지문도 자재하게 앞에 나타나면 항상 잃어버리지 않느니라.

사리자여. 만약 보살마하살이 반야바라밀다에 안주하다가 인간의 가운데를 쫓아서 입멸하여 인간의 가운데에서 태어난 자라면, 이 보살마하살은 불퇴전(不退轉)의 지위를 제외하고, 그 근(根)이 어리석고 우둔하여 비록 반야바라밀다를 부지런히 수행하더라도 능히 빠르게 반야바라밀다와 상응하지 못하며, 또한 일체의 다라니문과 삼마지문에서 자재함을 얻지 못하느니라.

다시 다음으로 사리자여. 그대가 뒤에 '반야바라밀다에 안주(安住)한 제보살마하살은 이 세간에서 입멸하여 마땅히 어느 처소에서 태어납니까?'라고 물었던 것은 사리자여. 이 보살마하살은 반야바라밀다와 함께 항상 상응하는 까닭으로 이 처소에서 입멸하면 나머지의 불국토에 태어나며, 한 불국토를 쫓아서 한 불국토에 이르고, 태어나는 처소마다 항상 제불·세존을 만나므로 공양하고 공경하며 존중하고 찬탄하며, 나아가 무상정등보리에 이르고, 결국 여래를 떠나지 않느니라.

다시 다음으로 사리자여. 보살마하살이 있어 방편선교(方便善巧)가 없는 까닭으로 초정려(初靜慮)5)에 들어가고 제이·제삼·제사(第四)정려에 들어가며, 역시 능히 보시·정계·안인·정진·정려·반야바라밀다를 수행하느니라. 이 보살마하살은 정려를 얻었던 까닭으로 장수천(長壽天)6)에 태어나고, 그곳에서 목숨이 마치는 것을 따라서 인간으로 와서 태어나며, 제불·세존을 만나므로 공양하고 공경하며 존중하고 찬탄하는데, 비록 보시·정계·안인·정진·정려·반야바라밀다를 수행하더라도, 그 근이 어리석고 우둔하여 매우 밝으며 날카롭지 못하느니라.

다시 다음으로 사리자여. 보살마하살이 있어 초정려에 들어가고 제2·제3·제4정려에 들어가며, 역시 능히 보시·정계·안인·정진·정려·반야바라밀다를 수행하더라도, 이 보살마하살은 방편선교가 없는 까닭으로 여러 정려를 버리고 욕계(欲界)에 태어나는데, 이 보살마하살은 역시 그 근이 어리석고 우둔하여 매우 밝으며 날카롭지 못하다고 마땅히 알아야

---

5) 산스크리트어 prathama-dhyāna의 번역이고, '초선(初禪)', '초선정(初禪定)' 등으로 부른다. 초선은 3계9지(三界九地)의 관점에서는 두 번째의 지(地)로서 색계에 속한 이생희락지(離生喜樂地)라고 불리는데, 욕계를 떠나면 생겨나는 기쁨(喜)과 즐거움(樂)을 느끼는 선정이다.
6) 색계 제4선의 무상천(無想天)이고 수명(壽命)은 500대겁(大劫)에 이른다고 한다.

하느니라.

다시 다음으로 사리자여. 보살마하살이 있어 초정려에 들어가고 제2·
제3·제4정려에 들어가며, 자무량(慈無量)에 들어가고 비(悲)·희(喜)·사무
량(捨無量)에 들어가며, 공무변처정(空無邊處定)·식무변처정(識無邊處定)
·무소유처정(無所有處定)·비상비비상처정(非想非非想處定)에 들어가고,
보시바라밀다를 수행하고 정계·안인·정진·정려·반야바라밀다를 수행
하며, 내공에 안주하고 외공·내외공·공공·대공·승의공·유위공·무위공·
필경공·무제공·산공·무변이공·본성공·자상공·공상공·일체법공·불가
득공·무성공·자성공·무성자성공에 안주하며, 진여에 안주하고 법계·법
성·불허망성·불변이성·평등성·이생성·법정·법주·실제·허공계·부사
의계에 안주하며, 4념주를 수행하고 4정단·4신족·5근·5력·7등각지·8성
도지를 수행하며, 고성제에 안주하고 집·멸·도성제에 안주하며, 8해탈을
수행하고 8승처·9차제정·10변처를 수행하며, 공해탈문을 수행하고, 무상
·무원해탈문을 수행하고, 일체의 다라니문을 수행하고 일체의 삼마지문
을 수행하며, 5안을 수행하고 6신통을 수행하며, 여래의 10력을 수행하고
4무소외·4무애해·대자·대비·대희·대사·18불불공법을 수행하며, 무망
실법을 수행하고 항주사성을 수행하며, 일체지를 수행하고 도상지·일체
상지를 수행하면서 이 보살마하살은 방편선교가 있는 까닭으로 정려(靜
慮)와 무량(無量)하고 무색(無色)한 세력을 따르지 않으면서 태어나는데,
태어나는 처소를 따라서 여래·응공·정등각을 항상 만나서 공양하고 공경
하며 존중하고 찬탄하며 항상 매우 깊은 반야바라밀다를 떠나지 않나니,
마땅히 이 보살마하살은 이 현겁(賢劫)의 가운데에서 반드시 무상정등보
리를 얻는다고 알지니라.

다시 다음으로 사리자여. 보살마하살이 있어 초정려에 들어가고 제2·
제3·제4정려에 들어가며, 자무량에 들어가고 비·희·사무량에 들어가며,
공무변처정·식무변처정·무소유처정·비상비비상처정에 들어가고, 이 보
살마하살은 방편선교가 없는 까닭으로 정려와 무량하고 무색한 세력을
따르지 않으면서 태어나는데, 욕계의 만약 찰제리의 대종족(大族)이거나,

만약 바라문의 대종족이거나, 만약 장자의 대종족이거나, 만약 거사의 대종족에 환생(還生)하였어도 유정들을 성숙시키려는 까닭이고, 후유(後有)를 탐(貪)하고 물들었던 까닭으로 태어나는 것은 아니니라.

다시 다음으로 사리자여. 보살마하살이 있어 초정려에 들어가고 제2·제3·제4정려에 들어가며, 자무량에 들어가고 비·희·사무량에 들어가며, 공무변처정·식무변처정·무소유처정·비상비비상처정에 들어가고, 이 보살마하살은 방편선교가 있는 까닭으로 정려와 무량하고 무색한 세력을 따르지 않으면서 태어나는데, 혹은 4대왕중천에 태어나거나, 혹은 33천에 태어나거나, 혹은 야마천에 태어나거나, 혹은 도사다천에 태어나거나, 혹은 낙변화천에 태어나거나, 혹은 타화자재천에 태어났더라도, 유정들을 성숙시키려는 까닭이고, 여러 불국토를 장엄하고 청정하려는 까닭이며, 항상 제불을 만나서 공양하고 공경하며 존중하고 찬탄하면서 헛되이 지나치는 일이 없느니라.

다시 다음으로 사리자여. 보살마하살이 있어 초정려에 들어가고 제2·제3·제4정려에 들어가며, 자무량에 들어가고 비·희·사무량에 들어가며, 공무변처정·식무변처정·무소유처정·비상비비상처정에 들어가고, 이 보살마하살은 방편선교가 있는 까닭으로 이 처소에서 입멸하면 범천세계(梵世)에 태어나서 대범천왕(大梵天王)이 되어 위덕(威德)이 치성(熾盛)하여 다른 범왕들보다 백천 배(倍)를 넘기고, 스스로의 천상을 따라 여러 불국토에 유희(遊戱)하면서 한 불국토에서 한 불국토에 이르면서 그 가운데에 있는 보살마하살이 아직 무상정등보리를 증득하지 못했다면 무상정등보리를 증득하게 권유하고, 이미 무상정등보리를 증득하였으나 아직 법륜을 굴리지 않았다면 법륜을 굴리도록 청하나니, 여러 유정들에게 이익되게 하고 즐겁게 하려는 까닭이니라.

다시 다음으로 사리자여. 보살마하살이 있어서 한 생을 얽매이더라도 방편선교가 있는 까닭으로 초정려에 들어가고 제2·제3·제4정려에 들어가며, 자무량에 들어가고 비·희·사무량에 들어가며, 공무변처정·식무변처정·무소유처정·비상비비상처정에 들어가고, 보시바라밀다를 수행하고 정계·안인·정진·정려·반야바라밀다를 수행하며, 내공에 안주하고 외공·내외공·공공·대공·승의공·유위공·무위공·필경공·무제공·산공·무변이공·본성공·자상공·공상공·일체법공·불가득공·무성공·자성공·무성자성공에 안주하며, 진여에 안주하고 법계·법성·불허망성·불변이성·평등성·이생성·법정·법주·실제·허공계·부사의계에 안주하며, 4념주를 수행하고 4정단·4신족·5근·5력·7등각지·8성도지를 수행하며, 고성제에 안주하고 집·멸·도성제에 안주하며, 8해탈을 수행하고 8승처·9차제정·10변처를 수행하며, 공해탈문을 수행하고, 무상·무원해탈문을 수행하고, 일체의 다라니문을 수행하고 일체의 삼마지문을 수행하며, 5안을 수행하고 6신통을 수행하며, 여래의 10력을 수행하고 4무소외·4무애해·대자·대비·대희·대사·18불불공법을 수행하며, 무망실법을 수행하고 항주사성을 수행하며, 일체지를 수행하고 도상지·일체상지를 수행하나니, 이 보살마하살은 정려와 무량하고 무색한 세력을 따르지 않으면서 태어나서 현재의 여래·응공·정등각을 앞에서 받들어 섬기고 가까이 모시면서 공양하며, 이 여래의 처소에서 부지런히 범행(梵行)을 수행하고, 이 처소에서 입멸하면 도사다천에 태어나서 그곳에서 목숨을 마치도록 여러 근에 결함이 없고 정지(正知)를 구족하여 생각하며, 무량하고 무수이며 백천구지나유타의 천인들에게 둘러싸여 인도되어 따르면서 신통으로 유희하면서 인간에 태어나고, 고행을 수행하는 것을 나타내고 무상정등보리를 증득하여 묘한 법륜을 굴리면서 무량한 대중을 제도하느니라.

다시 다음으로 사리자여. 보살마하살이 있어 6신통을 얻었으나 욕계에 태어나지 않고 색계(色界)에 태어나지 않으며 무색계(無色界)에 태어나지 않고, 여러 불국토에 유희하면서 한 불국토에서 한 불국토에 이르면서 무량한 여래·응공·정등각께 공양하고 공경하며 존중하고 찬탄하며, 제보살마하살의 행을 수행하며 점차로 구하였던 무상정등보리를 증득하느니라.

다시 다음으로 사리자여. 보살마하살이 있어 6신통을 얻어 자재하게 유희하면서 한 불국토에서 한 불국토에 이르면서 지나는 불국토에는 성문·독각 등의 이름이 없고 일승(一乘)의 진실한 범행을 수행하는 자가 있는데, 이 보살마하살은 여러 불국토에서 무량한 여래·응공·정등각께 공양하고 공경하며 존중하고 찬탄하면서 반야바라밀다를 수행하여 점차로 원만하게 불국토를 장엄하고 청정하게 하며 유정들을 성숙시키면서 항상 게으름이 없느니라.

다시 다음으로 사리자여. 보살마하살이 있어 6신통을 얻어 자재하게 유희하면서 한 불국토에서 한 불국토에 이르면서 지나는 불국토에는 유정들의 수명을 헤아려도 알 수도 없는데, 이 보살마하살은 여러 불국토에서 무량한 여래·응공·정등각께 공양하고 공경하며 존중하고 찬탄하면서 반야바라밀다를 수행하여 점차로 원만하게 불국토를 장엄하고 청정하게 하며 유정들을 성숙시키면서 항상 게으름이 없느니라.

다시 다음으로 사리자여. 보살마하살이 있어 6신통을 얻어 자재하게 유희하면서 한 불국토에서 한 불국토에 이르면서 여러 세계에서 여래의 명호·밥명(法名)·승명(僧名)을 듣지 못한 것이 있으면, 이 보살마하살은 그 세계에 가서 불보(佛寶)·법보(法寶)·승보(僧寶)의 이름을 찬양하고 찬탄하여 여러 유정들에게 청정한 믿음을 깊이 생겨나게 하고 이것을 이유로 장야(長夜)에 이익되고 안락하게 하나니, 이 보살마하살은 이 처소에서 목숨을 마치면 불계(佛界)에 태어나서 제보살마하살의 행을 수행하여 점차로 구하는 무상정등보리를 증득하여 여러 유정들을 이익되고 안락하게 하느니라.

다시 다음으로 사리자여. 보살마하살이 있어 초발심(初發心)부터 용맹스럽게 정진하여 제2·제3·제4정려에 들어가며, 자무량에 들어가고 비·희·사무량에 들어가며, 공무변처정·식무변처정·무소유처정·비상비비상처정에 들어가고, 보시바라밀다를 수행하고 정계·안인·정진·정려·반야바라밀다를 수행하며, 내공에 안주하고 외공·내외공·공공·대공·승의공·유위공·무위공·필경공·무제공·산공·무변이공·본성공·자상공·공상공·일체법공·불가득공·무성공·자성공·무성자성공에 안주하며, 진여에 안주하고 법계·법성·불허망성·불변이성·평등성·이생성·법정·법주·실제·허공계·부사의계에 안주하며, 4념주를 수행하고 4정단·4신족·5근·5력·

7등각지·8성도지를 수행하며, 고성제에 안주하고 집·멸·도성제에 안주하며, 8해탈을 수행하고 8승처·9차제정·10변처를 수행하며, 공해탈문을 수행하고 무상·무원해탈문을 수행하며, 일체의 다라니문을 수행하고 일체의 삼마지문을 수행하며, 5안을 수행하고 6신통을 수행하며, 여래의 10력을 수행하고 4무소외·4무애해·대자·대비·대희·대사·18불불공법을 수행하며, 무망실법을 수행하고 항주사성을 수행하며, 일체지를 수행하고 도상지·일체상지를 수행하나니, 이 보살마하살은 욕계에도 태어나지 않고 색계에도 태어나지 않으며 무색계에도 태어나지 않으면서 항상 능히 여러 유정들을 이익되게 할 수 있는 곳에 태어나서 일체의 유정들을 이익되고 안락하게 하느니라.

다시 다음으로 사리자여. 보살마하살이 있어 먼저 이미 보시·정계·안인·정진·정려·반야바라밀다를 수습(修習)하였으므로 초발심부터 이미 곧 보살의 정성이생(正性離生)에 들어가며, 나아가 불퇴전지(不退轉地)를 증득하느니라.

다시 다음으로 사리자여. 보살마하살이 있어 먼저 이미 보시·정계·안인·정진·정려·반야바라밀다와 나머지의 무량하고 무변한 불법을 수습(修習)하였으므로 초발심부터 이미 무상정등보리를 증득하여 미묘한 법륜을 굴리면서 무량한 대중을 제도하여 무여의대열반계(無餘依大涅槃界)에서 열반하게 하고, 열반한 뒤에는 설한 종법이 1겁(劫)이거나, 1겁을 넘겨서 세간에 머무르면서 무변한 여러 유정들을 이익되고 안락하게 하느니라.

다시 다음으로 사리자여. 보살마하살이 있어 먼저 이미 6바라밀다와 그 밖의 보살마하살의 행을 닦아 익혔으므로 초발심에 이미 곧 반야바라밀다와 함께 상응하고 무량하고 무수한 백천 구지·나유타의 보살마하살에게 앞뒤로 둘러싸여 여러 불국토에 유희하면서 한 불국토에서 한 불국토에 이르면서 제불·세존께 공양하고 공경하며 존중하고 찬탄하며, 유정들을 성숙시키고 불국토를 장엄하고 청정하게 하느니라.”

마하반야바라밀다경 제8권

4. 전생품(轉生品)(2)

다시 다음으로 사리자여. 보살마하살이 있어 반야바라밀다를 수행하여 4정려·4무량·4무색정을 얻어서 아홉 가지의 등지(等至)에서 차례로 초월하여 수순과 역순으로 들어가고 나오면서 자재(自在)하게 유희하면서 여러 성문과 독각의 경지가 아니므로 이 보살마하살은 어느 때에는 초정려에 들어가고, 초정려에서 일어나서 멸진정(滅盡定)¹⁾에 들어가며, 멸진정에서 일어나서 2정려에 들어가고, 2정려에서 일어나서 멸진정에 들어가며, 멸진정에서 일어나서 3정려에 들어가고, 3정려에서 일어나서 멸진정에 들어가며, 멸진정에서 일어나서 4정려에 들어가고, 4정려에서 일어나서 멸진정에 들어가며, 멸진정에서 일어나서 공무변처정에 들어가고, 공무변처정에서 일어나서 멸진정에 들어가며, 멸진정에서 일어나서 식무변처정에 들어가고, 식무변처정에서 일어나서는 멸진정에 들어가며, 멸진정에서 일어나서 무소유처에 들어가고, 무소유처에서 일어나서 멸진정에 들어가며, 멸진정에서 일어나서 비상비비상처정에 들어가고, 비상비비상처정에서 일어나서 멸진정에 들어가며, 멸진정에서 일어나서 초정려에 들어가느니라. 사리자여. 이 보살마하살은 반야바라밀다를 수행하면서 여러 등지에서 방편선교로 차례로 초월하면서 자재하게 유희하더라도 그 가운데에서 염오도 없고 집착도 없느니라.

---

1) 산스크리트어 Nirodhasamāpatti의 번역이고, 모든 마음의 작용이 소멸한 선정(禪定)으로 비상비비상처(非想非非想處)의 경지에 이르기 위해 닦는 선정이다.

다시 다음으로 사리자여. 보살마하살이 있어서 비록 4념주·4정단·4신족·5근·5력·7등각지·8성도지를 이미 얻었고, 비록 공해탈문과 무상·무원해탈문을 이미 얻었으며, 고·집·멸·도성제를 얻었고, 비록 8해탈·8승처·9차제정·10변처를 이미 얻었더라도, 예류과·일래과·불환과·아라한·독각의 보리를 취하지 않나니, 이 보살마하살은 반야바라밀다를 수행하면서 방편선교로 여러 유정들에게 4념주·4정단·4신족·5근·5력·7등각지·8성도지를 수행하게 하고, 공·무상·무원해탈문을 수행하게 하며, 고·집·멸·도성제에 안주하게 하고, 8해탈·8승처·9차제정·10변처를 수행하게 하며, 예류과·일래과·불환과·아라한과·독각의 보리를 얻게 하느니라.

사리자여. 이 보살마하살은 비록 보시·정계·안인·정진·정려·반야·바라밀다를 이미 수행하였고, 비록 내공·외공·내외공·공공·대공·승의공·유위공·무위공·필경공·무제공·산공·무변이공·본성공·자상공·공상공·일체법공·불가득공·무성공·자성공·무성자성공에 이미 머물렀으며, 비록 진여·법계·법성·불허망성·불변이성·평등성·이생성·법정·법주·실제·허공계·부사의계에 이미 머물렀고, 비록 일체의 다라니문·삼마지문을 이미 수행하였고, 비록 극환희지·이구지·발광지·염혜지·극난승지·현전지·원행지·부동지·선혜지·법운지를 이미 수행하였으며, 비록 5안과 6신통을 이미 수행하였고, 비록 여래의 10력을 이미 수행하였으며 4무소외·4무애해·대자·대비·대희·대사·18불공법을 이미 수행하였고, 비록 무망실법과 항주사성을 이미 수행하였으며, 비록 일체지·도상지·일체상지를 이미 수행하였더라도, 무상정등보리를 취하지 않나니, 이 보살마하살은 반야바라밀다를 수행하면서 방편선교로 여러 유정들에게 보시·정계·안인·정진·정려·반야·바라밀다를 수행하게 하며, …… 나아가 …… 일체지·도상지·일체상지를 수행하게 하여 무상정등보리를 증득하게 하느니라. 사리자여. 일체의 성문과 독각의 과위와 지혜는 곧 보살마하살의 인욕(忍)이나니, 사리자여. 이 보살마하살은 불퇴전지(不退轉地)를 마땅히 알고서 반야바라밀다에 안주하므로 능히 이러한 일을 할 수 있느니라.

다시 다음으로 사리자여. 보살마하살이 있어 오랫동안 이미 보시·정계·

안인·정진·정려·반야바라밀다와 나머지의 무량하고 무변한 불법에 안주하면서 도사다천궁(覩史多天宮)을 장엄하고 청정하게 하였나니, 사리자여. 이 보살마하살은 이 현겁의 가운데에서 반드시 무상정등보리를 얻는다고 마땅히 알지니라.

다시 다음으로 사리자여. 보살마하살이 있어서 반야바라밀다를 수행하여 비록 4정려·4무량·4무색정을 이미 얻었고, 비록 4념주·4정단·4신족·5근·5력·7등각지·8성도지를 이미 얻었으며, 비록 공·무상·무원해탈문을 이미 수행하였고, 비록 8해탈·8승처·9차제정·10변처를 이미 수행하였으며, 비록 보시·정계·안인·정진·정려·반야바라밀다를 이미 수행하였고, 비록 일체의 다라니문·삼마지문을 이미 수행하였으며, 비록 보살마하살지(菩薩摩訶薩地)를 이미 수행하였고, 비록 5안과 6신통을 이미 수행하였으며, 비록 여래의 10력·4무소외·4무애해·대자·대비·대희·대사·18불불공법을 이미 수행하였고, 비록 무망실법과 항주사성을 이미 수행하였으며, 비록 일체지·도상지·일체상지를 이미 수행하였더라도, 성스러운 진리(聖諦)에서 아직 통달하지 못하였다고 나타났다면, 사리자여. 이 보살마하살은 한 생을 얽매였던 것이라고 마땅히 알지니라.

다시 다음으로 사리자여. 보살마하살이 있어서 보시·정계·안인·정진·정려·반야바라밀다를 수행하였다면 여러 세계에 유희하면서 한 불국토에서 한 불국토에 이르면서 불국토를 장엄하고 청정하게 하며 유정들을 무상각(無上覺)에 안립(安立)하게 하나니, 사리자여. 이 보살마하살은 반드시 무량하고 무수한 대겁(大劫)을 지내면서 비로소 무상정등보리를 증득하느니라. 다시 다음으로 사리자여. 보살마하살이 있어서 보시·정계·안인·정진·정려·반야바라밀다에 안주한다면 항상 부지런히 정진하여 유정들을 요익하게 하면서 입으로 항상 뜻이 없는 말을 끌어내지 않고, 몸과 뜻으로 뜻이 없는 업(業)을 끌어내지 않느니라. 다시 다음으로 사리자여. 보살마하살이 있어 여섯 종류의 바라밀다를 수행한다면 항상 부지런히 정진하여 유정들을 요익하게 하고, 한 불국토에서 한 불국토에 이르면서 여러 유정들의 3악도(三惡趣)를 끊고서 방편으로 선한 세계(善趣)의 가운데에 안립하게 하느니라.

다시 다음으로 사리자여. 보살마하살이 있어 비록 여섯 종류의 바라밀다에 머무르면서 보시바라밀다를 항상 상수(上首)로 삼아서 용맹스럽게 수습(修習)한다면 여러 유정들에게 일체의 즐거움을 갖추도록 베풀면서 항상 게으름이 없나니, 일체의 유정들이 음식이 필요하면 음식을 주고, 마실 것이 필요하면 마실 것을 주며, 탈 것이 필요하면 탈 것을 주고, 옷이 필요하면 옷을 주며, 꽃과 향이 필요하면 꽃과 향을 주고, 영락(瓔珞)이 필요하면 영락을 주며, 집이 필요하면 집을 주고, 평상과 의자가 필요하면 평상과 의자를 주며, 와구(臥具)가 필요하면 와구를 주고, 등불이 필요하면 등불을 주며, 재물과 곡식이 필요하면 재물과 곡식을 주고, 진귀한 보배가 필요하면 진귀한 보배를 주며, 기악(伎樂)이 필요하면 기악을 주고, 시위(侍衛)가 필요하면 시위를 주며, 그가 필요한 것을 따라서 여러 종류의 자구(資具)를 환희하면서 베풀어주면서 부족함이 없게 하고, 보시하고서 3보리도(三菩提道)[2]를 수행하게 권유하느니라.

다시 다음으로 사리자여. 보살마하살이 있어서 비록 여섯 종류의 바라밀다에 머무르면서 정계바라밀다를 항상 상수로 삼아서 용맹스럽게 수습하여 신(身)·어(語)·의(意)의 청정한 율의(律儀)를 구족하고 여러 유정들에게도 권하며, 역시 이와 같은 율의를 수습하게 하며 빠르게 원만하게 하느니라. 다시 다음으로 사리자여. 보살마하살이 있어서 비록 여섯 종류의 바라밀다에 머무르면서 안인바라밀다를 항상 상수로 삼아서 용맹스럽게 수습하여 일체의 성내는 등의 마음을 멀리 떠나고서, 여러 유정들에게 권유하여 역시 이와 같은 안인을 수습하게 하며 빠르고 원만하게 하느니라.

다시 다음으로 사리자여. 보살마하살이 있어서 비록 여섯 종류의 바라밀다에 머무르면서 정진바라밀다를 항상 상수로 삼아서 용맹스럽게 수습하여 일체의 선법을 완전히 수행하고는 여러 유정들에게 권유하여 역시

---

2) 성문보리(聲聞菩提), 연각보리(緣覺菩提), 무상정등보리(無上正等菩提)를 가리킨다.

이와 같은 정진을 수습하게 하며 빠르고 원만하게 하느니라. 다시 다음으로 사리자여. 보살마하살이 있어서 비록 여섯 종류의 바라밀다에 머무르면서 정려바라밀다를 항상 상수로 삼아서 용맹스럽게 수습하여 일체의 수승한 사마타(奢摩他)를 구족하여 수습하고, 여러 유정들에게 권유하여 역시 이와 같은 수승한 정려를 수습하게 하며 빠르고 원만하게 하느니라.

다시 다음으로 사리자여. 보살마하살이 있어서 비록 여섯 종류의 바라밀다에 머무르면서 반야바라밀다를 항상 상수로 삼아서 용맹스럽게 수습하여 일체의 비발사나(毘鉢舍那)³⁾를 구족하여 수습하고, 여러 유정들에게 권유하여 이와 같은 수승한 지혜를 수습하게 하며 빠르고 원만하게 하느니라. 다시 다음으로 사리자여. 보살마하살이 있어서 반야바라밀다를 수행하여 방편선교로 여래와 같은 화신으로 지옥(地獄)⁴⁾과 방생(傍生)⁵⁾과 아귀계(鬼界)⁶⁾와 인간⁷⁾과 천상⁸⁾에 두루 들어가서 그 부류의 음성을 따라서 정법을 설하여 수승한 이익과 안락을 얻게 하느니라.

다시 다음으로 사리자여. 보살마하살이 있어서 보시·정계·안인·정진·정려·반야바라밀다에 안주하여 여래와 같은 화신으로 시방의 긍가의 모래와 같은 제불의 세계에 두루 이르러서 여러 유정들을 위하여 정법을 선설(宣說)하고, 제불·세존을 공양하고 공경하며 존중하고 찬탄하며, 제불의 처소에서 정법을 듣고 불국토를 장엄하고 청정하게 하며, 시방에 가장 수승한 불국토의 미묘하고 청정한 모습을 두루 관찰하여 곧 스스로가 최고로 지극하게 장엄하고 청정한 불국토를 일으키며, 그 가운데에서 한 생을 얽매였던 여러 대보살들에게 빠르게 구하였던 무상정등보리를 증득(證得)하게 하느니라.

---

3) 산스크리트어 vipaśyanā의 번역이고, '관찰(觀察)', '관견(觀見)', '관조(觀照)', '각찰(覺察)' 등으로 한역한다.
4) 산스크리트어 naraka의 번역이다.
5) 산스크리트어 tiryagyoni의 번역이고, 축생을 다르게 부르는 말이다.
6) 산스크리트어 preta-dhatu의 번역이다.
7) 산스크리트어 manusya의 번역이다.
8) 산스크리트어 deva의 번역이다.

다시 다음으로 사리자여. 보살마하살이 있어서 보시·정계·안인·정진· 정려·반야바라밀다를 수행하여 만약 32대장부상과 80수호를 원만하고 장엄하면서 구족하며, 여러 근이 매우 날카롭고 가장 수승하고 청정하게 하였으므로 중생이 보았던 자라면 사랑하고 공경하지 않는 것이 없고, 청정한 마음을 일으켰다면, 이것을 인연으로 권유하고 인도하여 그들의 근기와 욕망을 따라서 점차로 3승(三乘)의 열반을 증득하게 하느니라. 이와 같이 사리자여. 보살마하살은 반야바라밀다를 수행하면서 청정한 신(身)·어(語)·의업(意業)에 상응하여 수학해야 하느니라.

다시 다음으로 사리자여. 보살마하살이 있어서 보시·정계·안인·정진· 정려·반야바라밀다를 수행하여 비록 여러 근이 가장 수승하게 밝고 날카 롭더라도 이것을 믿고 자신을 높이면서 다른 사람을 가볍게 생각하지 않느니라. 다시 다음으로 사리자여. 보살마하살이 있어서 초발심부터 나아가 불퇴전지를 얻지 못하였더라도 항상 보시와 정계의 바라밀다에 머무른다면 일체의 시간에서 악한 세계(惡趣)에 떨어지지 않느니라. 다시 다음으로 사리자여. 보살마하살이 있어서 초발심부터 나아가 불퇴전지를 얻지 못하였더라도 항상 십선업도(十善業道)를 버리고 떠나가지 않느니 라.

다시 다음으로 사리자여. 보살마하살이 있어서 보시와 정계의 바라밀 다에 머무르면서 전륜왕(轉輪王)이 되어 칠보(七寶)를 성취하고, 법으로써 교화하고 비법(非法)으로 교화하지 않으며, 유정들을 십선도(十善道)에 안립시키고, 역시 재물과 보배로써 여러 가난한 자들에게 베풀어주느니 라. 다시 다음으로 사리자여. 보살마하살이 있어서 보시와 정계의 바라밀 다에 머무르면서 많은 백천 생(生)의 전륜왕의 과보를 받아서 백천의 제불을 만나서 공양하고 공경하며 존중하고 찬탄하면서 헛되이 지나치는 일이 없느니라.

다시 다음으로 사리자여. 어떤 보살마하살은 보시·정계·안인·정진·정 려·반야바라밀다에 머무르면서 항상 삿된 견해에 눈이 멀었던 유정들을 위하여 법을 지어서 밝게 비추어 주고, 또한 이 밝음을 가지고 항상 자신을 비추며, 나아가 무상정등보리를 이 법으로 밝게 비추면서 일찍이 버리고 떠나지 않나니, 사리자여. 이 보살마하살은 이 인연을 이유로 여러 불법이 항상 일어나게 되느니라. 이러한 까닭으로 사리자여. 제보살마하살이 반야바라밀다를 수행하면서 신·어·의에서 죄업이 있다면 잠시라도 일어날 수 없느니라.

그때 사리자가 다시 세존께 아뢰어 말하였다.

"세존이시여. 무엇을 제보살마하살이 유죄(有罪)를 신업(身業)으로 삼는다고 이름하고, 유죄를 어업(語業)으로 삼는다고 이름하며, 유죄를 의업(意業)으로 삼는다고 이름합니까?"

세존께서 구수 사리자에게 알려 말씀하셨다.

"사리자여. 만약 보살마하살이 '이것이 나의 몸(身我)이다.'라고 이와 같이 생각을 짓는다면 이것을 까닭으로 신업이 일어나고, '이것이 나의 말(語我)이다.'라고 이와 같이 생각을 짓는다면 이것을 까닭으로 어업이 일어나고, '이것이 나의 뜻(意我)이다.'라고 이와 같이 생각을 짓는다면 이것을 까닭으로 신업이 일어나느니라. 사리자여. 이와 같이 제보살마하살은 유죄를 신업으로 삼고 유죄를 어업으로 삼으며 유죄를 의업으로 삼는다고 이름하느니라.

다시 다음으로 사리자여. 제보살마하살이 반야바라밀다를 수행하더라도 몸과 신업을 얻지 못하고 말과 어업을 얻지 못하며 뜻과 의업을 얻지 못하느니라. 다시 다음으로 사리자여. 만약 제보살마하살이 반야바라밀다를 수행하면서 신·어·의와 그러한 업을 얻었다면, 곧 간탐이 일어나서 계율을 범하고 분노(忿恚)하며 해태(懈怠)하고 산란(散亂)하며 악한 지혜 등의 마음을 일으킬 것이고, 만약 이러한 마음을 일으킨다면 보살마하살이라 이름하지 못하느니라. 이러한 까닭으로 사리자여. 제보살마하살이 반야바라밀다를 수행하면서 이러한 생각이 생겨나는 것의 이러한 처소는 없느니라.

다시 다음으로 사리자여. 제보살마하살이 보시·정계·안인·정진·정려·반야바라밀다를 수행하면서 신·어·의에서 세 가지의 추중(麤重)[9]을 일으키는 것의 이러한 처소는 없느니라. 왜 그러한가? 사리자여. 제보살마하살이 여섯 종류의 바라밀다를 수행하면서 능히 일체의 몸의 추중을 청정하게 하는 까닭이고, 일체의 말의 추중을 청정하게 하는 까닭이며, 일체의 뜻의 추중을 청정하게 하는 까닭이니라."

그때 사리자가 다시 세존께 아뢰어 말하였다.

"세존이시여. 어찌 보살마하살이 신·어·의의 세 가지의 추중을 청정하게 합니까?"

세존께서 구수 사리자에게 알려 말씀하셨다.

"사리자여. 제보살마하살이 여섯 종류의 바라밀다를 수행하더라도 몸과 몸의 추중을 얻지 못하고 말과 말의 추중을 얻지 못하며 뜻과 뜻의 추중을 얻지 못하나니, 이와 같더라도 사리자여. 제보살마하살이 여섯 종류의 바라밀다를 수행한다면 몸과 말과 뜻의 세 가지 추중을 청정하게 하느니라. 다시 다음으로 사리자여. 제보살마하살이 초발심부터 항상 즐거이 십선업도를 수지(受持)하고서 성문의 마음을 일으키지 않으며 독각의 마음을 일으키지 않고, 여러 유정들에게 항상 자비의 마음을 일으켜서 그의 고통을 뽑아내고자 하며, 항상 자비의 마음을 일으켜서 그에게 즐거움을 주고자 하였다면, 사리자여. 나도 역시 '이와 같은 보살마하살은 신·어·의의 세 가지를 추중을 청정하게 하고 유정을 이익되게 하며 즐겁게 하는 마음과 힘이 수승하다.'라고 말하는 까닭이니라. 다시 다음으로 사리자여. 보살마하살이 있어 보시·정계·안인·정진·정려·반야바라밀다를 수행하여 보리도(菩提道)를 청정하게 하느니라."

그때 사리자가 다시 세존께 아뢰어 말하였다.

"세존이시여. 무엇을 보살마하살의 보리도라고 이름합니까?"

세존께서 구수 사리자에게 알려 말씀하셨다.

"사리자여. 제보살마하살이 여섯 종류의 바라밀다를 수행하면서 몸의 업과 몸의 추중을 얻지 못하고, 말의 업과 말의 추중을 얻지 못하며,

---

9) 거칠고 무거운 마음의 상태를 가리킨다.

뜻의 업과 뜻의 추중을 얻지 못하고, 보시바라밀다를 얻지 못하며, 정계바라밀다를 얻지 못하고, 안인바라밀다를 얻지 못하며, 정진바라밀다를 얻지 못하고, 정려바라밀다를 얻지 못하며, 반야바라밀다를 얻지 못하고, 성문을 얻지 못하며, 독각을 얻지 못하고, 보살을 얻지 못하며, 여래를 얻지 못하나니, 사리자여. 이것을 보살마하살의 보리도라고 이름하느니라. 왜 그러한가? 보리도(菩提道)로써 일체법을 모두 얻지 못하는 까닭이니라. 다시 다음으로 사리자여. 보살마하살이 있어서 보시·정계·안인·정진·정려·반야바라밀다를 수행하여 보리도에 나아가면 능히 제지할 자가 없느니라."

그때 사리자가 다시 세존께 아뢰어 말하였다.

"세존이시여. 무슨 까닭으로 보살마하살이 여섯 종류의 바라밀다를 수행하여 보리도에 나아가면 능히 제지할 자가 없습니까?"

세존께서 구수 사리자에게 알려 말씀하셨다.

"사리자여. 제보살마하살은 반야바라밀다를 수행하는 때에, 색에 집착하지 않고 수·상·행·식에 집착하지 않으며, 안처에 집착하지 않고 이·비·설·신·의처에 집착하지 않으며, 색처에 집착하지 않고 성·향·미·촉·법처에 집착하지 않으며, 안계에 집착하지 않고 이·비·설·신·의계에 집착하지 않으며, 안촉에 집착하지 않고 이·비·설·신·의촉에 집착하지 않으며, 안촉을 연으로 삼아서 생겨나는 여러 수에 집착하지 않고 이·비·설·신·의촉을 연으로 삼아서 생겨나는 여러 수에 집착하지 않으며, 수·화·풍·공·식계에 집착하지 않고, 인연에 집착하지 않고 등무간연·소연연·증상연과 연을 쫓아서 생겨나는 법에 집착하지 않으며, 무명에 집착하지 않고 행·식·명색·육처·촉·수·애·취·유·생·노사의 수탄고우뇌에 집착하지 않으며, 보시바라밀다에 집착하지 않고 정계·안인·정진·정려·반야바라밀다에 집착하지 않으며, 내공에 집착하지 않고 외공·내외공·공공·대공·승의공·유의공·무위공·필경공·무제공·산공·무변이공·본성공·자상공·공상공·일체법공·불가득공·무성공·자성공·무성자성공에 집착하지 않으며, 진여에 집착하지 않고 법성·불허망성·불변이성·평등성·이생성·법정·법주·실제·허공계·부사의계에 집착하지 않느니라.

4념주에 집착하지 않고 4정단·4신족·5근·5력·7등각지·8성도지에 집착하지 않으며, 고성제에 집착하지 않고 집·멸·도성제에 집착하지 않으며, 4정려에 집착하지 않고 4무량·4무색정에 집착하지 않으며, 8해탈에 집착하지 않고 8승처·9차제정·10변처에 집착하지 않으며, 공해탈문에 집착하지 않고 무상·무원해탈문에 집착하지 않으며, 일체의 다라니문에 집착하지 않고 일체의 삼마지문에 집착하지 않으며, 극희지에 집착하지 않고 이구지·발광지·염혜지·극난승지·현전지·원행지·부동지·선혜지·법운지에 집착하지 않으며, 5안에 집착하지 않고 6신통에 집착하지 않으며, 여래의 10력에 집착하지 않고 4무소외·4무애해·대자·대비·대희·대사·18불불공법에 집착하지 않으며, 32대사상에 집착하지 않고 80수호에 집착하지 않으며, 무망실법에 집착하지 않고 항주사성에 집착하지 않으며, 일체지에 집착하지 않고 도상지·일체상지에 집착하지 않으며, 예류과에 집착하지 않고 일래과·불환과·아라한과·독각의 보리에 집착하지 않으며, 일체의 보살마하살의 행에 집착하지 않고 제불의 무상정등보리에 집착하지 않나니, 사리자여. 이러한 연(緣)을 제보살마하살은 여섯 종류의 바라밀다를 수행하면서 증장(增長)하고 치성(熾盛)하게 보리에 나아가므로 능히 제지할 자가 없느니라.

다시 다음으로 사리자여. 보살마하살이 있어서 반야바라밀다에 안주하여 일체지지(一切智智)10)를 빠르게 능히 원만하게 하고, 수승한 지혜를 성취하는 까닭으로 일체의 험악(險惡)한 세계(趣)의 문을 닫아버리며, 인간과 천상의 가난하고 비천한 몸을 받지 않고, 여러 근이 구족되고, 형상과 얼굴이 단엄(端嚴)하므로, 세간의 천상·인간·아소락들이 함께 모두가 존중하고 공경하며 공양하느니라."

그때 사리자가 다시 세존께 아뢰어 말하였다.

"세존이시여. 무엇을 이 보살마하살이 성취한 수승한 지혜라고 이름합

---

10) 산스크리트어 sarvajña-jñāna의 번역이고, 세존의 지혜는 여러 지혜의 가운데에서 가장 수승하다는 뜻이다.

니까?"

세존께서 구수 사리자에게 알려 말씀하셨다.

"사리자여. 이 보살마하살이 이 지혜를 성취한 까닭으로 시방의 긍가의 모래와 같은 제불의 세계에서 일체의 여래·응공·정등각을 널리 보고 그 여래께서 설하신 정법을 널리 들으며, 그 회상(會上)의 일체의 성문과 보살들을 보고 역시 그 국토의 청정함과 공덕으로 장엄된 모습을 보느니라. 사리자여. 이 보살마하살은 이 지혜를 성취한 까닭으로 세계(世界)라는 생각을 일으키지 않고, 여래라는 생각을 일으키지 않으며, 정법이라는 생각을 일으키지 않고, 보살이라는 생각을 일으키지 않으며, 성문이라는 생각을 일으키지 않고, 독각이라는 생각을 일으키지 않으며, 스스로라는 생각을 일으키지 않고, 다른 사람이라는 생각을 일으키지 않으며, 불국토라는 생각을 일으키지 않느니라.

다시 다음으로 사리자여. 제보살마하살은 이 지혜를 까닭으로 비록 보시바라밀다를 행하더라도 보시바라밀다를 얻지 못하며, 비록 정계·안인·정진·정려·반야바라밀다를 행하더라도 정계·안인·정진·정려·반야바라밀다를 얻지 못하느니라. 제보살마하살은 이 지혜를 까닭으로 비록 내공에 머무르더라도 내공을 얻지 못하며, 비록 외공·내외공·공공·대공·승의공·유의공·무위공·필경공·무제공·산공·무변이공·본성공·자상공·공상공·일체법공·불가득공·무성공·자성공·무성자성공에 머무르더라도 외공, 나아가 무성자성공을 얻지 못하느니라.

제보살마하살은 이 지혜를 까닭으로 비록 진여에 머무르더라도 진여를 얻지 못하며, 비록 법계·법성·불허망성·불변이성·평등성·이생성·법정·법주·실제·허공계·부사의계에 머무르더라도 법계, 나아가 부사의계를 얻지 못하느니라. 제보살마하살은 이 지혜를 까닭으로 비록 4념주를 수행하더라도 4념주를 얻지 못하며, 비록 4정단·4신족·5근·5력·7등각지·8성도지를 수행하더라도 4정단, 나아가 8성도지를 얻지 못하느니라.

제보살마하살은 이 지혜를 까닭으로 비록 고성제에 머무르더라도 고성제를 얻지 못하며, 비록 괴로움의 집·멸·도성제에 머무르더라도 집·멸·도성제를 얻지 못하느니라. 제보살마하살은 이 지혜를 까닭으로 비록 4정려를 수행하더라도 4정려를 얻지 못하고, 비록 4무량과 4무색정을 수행하더라도 4무량과 4무색정을 얻지 못하느니라. 제보살마하살은 이 지혜를 까닭으로 비록 8해탈을 수행하더라도 8해탈을 얻지 못하고, 비록 8승처·9차제정·10변처를 수행하더라도 8승처·9차제정·10변처를 얻지 못하느니라.

제보살마하살은 비록 공해탈문을 수행하더라도 공해탈문을 얻지 못하고, 비록 무상·무원해탈문을 수행하더라도 무상·무원해탈문을 얻지 못하느니라. 제보살마하살은 이 지혜를 까닭으로 일체의 다라니문을 수행하더라도 일체의 다라니문을 얻지 못하고, 비록 일체의삼마지문을 수행하더라도 일체의 삼마지문을 얻지 못하느니라. 제보살마하살은 이 지혜를 까닭으로 극희지를 수행하더라도 극희지를 얻지 못하며, 비록 이구지·발광지·염혜지·극난승지·현전지·원행지·부동지·선혜지·법운지를 수행하더라도 이구지, 나아가 법운지를 얻지 못하느니라.

제보살마하살은 이 지혜를 까닭으로 비록 5안을 수행하더라도 5안을 얻지 못하고, 비록 6신통을 수행하더라도 6신통을 얻지 못하느니라. 제보살마하살은 이 지혜를 까닭으로 비록 여래의 10력을 수행하더라도 여래의 10력을 얻지 못하며, 비록 4무소외·4무애해·대자·대비·대희·대사·18불불공법을 수행하더라도 4무소외, 나아가 18불불공법을 얻지 못하느니라. 보살마하살은 이 지혜를 까닭으로 비록 32대사상을 수행하더라도 32대사상을 얻지 못하고, 비록 80수호를 수행하더라도 80수호를 얻지 못하느니라. 제보살마하살은 비록 무망실법을 수행하더라도 무망실법을 얻지 못하며, 비록 항주사성을 수행하더라도 항주사성을 얻지 못하느니라.

제보살마하살은 이 지혜를 까닭으로 일체지를 수행하더라도 일체지를 얻지 못하고, 비록 도상지와 일체상지를 수행하더라도 도상지와 일체상지를 얻지 못하느니라. 제보살마하살은 이 지혜를 까닭으로 비록 일체의 보살마하살의 행을 수행하더라도 일체의 보살마하살의 행을 얻지 못하며,

비록 제불의 무상정등보리를 수행하더라도 제불의 무상정등보리를 얻지 못하느니라. 사리자여. 이것이 보살마하살은 수승한 지혜를 성취한 것이고, 제보살마하살은 이 지혜를 성취한 까닭으로 일체의 불법을 빠르게 능히 원만하게 하였고, 비록 일체의 불법을 원만하게 했다 하더라도 제법에서 집착이 없고 취하는 것도 없나니, 일체법의 자성(自性)이 공한 까닭이니라.

다시 다음으로 사리자여. 어떤 보살마하살은 보시·정계·안인·정진·정려·반야바라밀다를 수행하여 청정한 5안(眼)을 얻나니, 무엇이 다섯 가지인가? 이를테면 육안(肉眼)·천안(天眼)·혜안(慧眼)·법안(法眼)·불안(佛眼)이니라."

그때 사리자가 세존께 아뢰어 말하였다.

"세존이시여. 무엇이 보살마하살이 청정한 육안을 얻은 것입니까?"

세존께서 구수 사리자에게 알려 말씀하셨다.

"사리자여. 보살마하살이 있어서 청정한 육안을 얻어 명료(明了)하게 일백 유선나(踰繕那)11)를 보고, 보살마하살이 있어서 청정한 육안을 얻어 명료하게 4백·5백·6백, 나아가 일천 유선나를 보며, 보살마하살이 있어서 청정한 육안을 얻어 명료하게 하나의 섬부주(贍部洲)를 보고, 보살마하살이 있어서 청정한 육안을 얻어 명료하게 2대주계(二大洲界)를 보며, 보살마하살이 있어서 청정한 육안을 얻어 명료하게 3대주계를 보고, 보살마하살이 있어서 청정한 육안을 얻어 명료하게 4대주계를 보며, 보살마하살이 있어서 청정한 육안을 얻어 명료하게 소천세계(小千世界)를 보고, 보살마하살이 있어서 청정한 육안을 얻어 명료하게 중천세계(中千世界)12)를 보며, 보살마하살이 있어서 청정한 육안을 얻어 명료하게 대천세계(大千世

---

11) 산스크리트어 yojana의 음사이고, 고대 인도의 거리의 단위이다. 또한 '유순(由旬)', '유연(由延)' 등으로 한역한다. 고대 인도에선 도량형이 통일되지 않았으므로, 학자에 따라 주장하는 내용이 매우 달라서 작게는 4㎞, 크게는 23㎞라고 보는 경향이 있으나, 대체로 13㎞라고 추정하고 있다.

12) 산스크리트어 dvi-sahasra-madhyama-loka-dhatu의 번역이다.

界)13)를 보나니, 사리자여. 이것이 보살마하살이 청정한 육안을 얻은 것이니라."

그때 사리자가 다시 세존께 아뢰어 말하였다.

"세존이시여. 무엇이 보살마하살이 청정한 천안을 얻은 것입니까?"

세존께서 구수 사리자에게 알려 말씀하셨다.

"사리자여. 제보살마하살이 청정한 눈을 얻었다면 능히 일체의 4대왕중천들을 천안으로 보는 것이고, 역시 여실(如實)하게 알며, 능히 일체의 33천·야마천·도사다천·낙변화천·타화자재천을 천안으로 보는 것이고, 역시 여실하게 아느니라. 제보살마하살은 청정한 천안을 얻었다면 능히 일체의 범중천을 천안으로 보는 것이고, 역시 여실하게 알며, 능히 일체의 범보천·범회천·대범천을 천안으로 보는 것이고, 역시 여실하게 아느니라. 제보살마하살은 청정한 천안을 얻었다면 능히 일체의 광천(光天)을 천안으로 보는 것이고, 역시 여실하게 알며, 능히 일체의 소광천·무량광천·극광정천을 천안으로 보는 것이고, 역시 여실하게 아느니라.

제보살마하살은 청정한 천안을 얻었다면 능히 일체의 정천(淨天)을 천안으로 보는 것이고, 역시 여실하게 알며, 능히 일체의 소광천·무량광천·극광정천을 천안으로 보는 것이고, 역시 여실하게 아느니라. 제보살마하살은 청정한 천안을 얻었다면 능히 일체의 광천(廣天)을 천안으로 보는 것이고, 역시 여실하게 알며, 능히 일체의 소광천·무량광천·광과천을 천안으로 보는 것이고, 역시 여실하게 아느니라. 제보살마하살은 청정한 천안을 얻었다면 능히 일체의 무상유정천(無想有情天)을 천안으로 보는 것이고, 역시 여실하게 아느니라. 제보살마하살은 청정한 천안을 얻었다면 능히 일체의 무계천(無繁天)을 천안으로 보는 것이고, 역시 여실하게 알며, 능히 일체의 무열천·선현천·선견천·색구경천을 천안으로 보는 것이고, 역시 여실하게 아느니라.

사리자여. 보살마하살이 있어서 천안으로 보는 것을 일체의 4대왕중천, 나아가 색구경천이 얻은 천안으로는 모두 볼 수가 없고 역시 능히 알지 못하느니라. 사리자여. 제보살마하살은 청정한 천안을 얻어 시방의 긍가의 모래와 같은 여러 세계의 가운데에서 여러 유정들이 이곳에서 죽어서 저곳에서 태어나는 것을 역시 여실하게 아나니, 사리자여. 이것이 보살마하살이 청정한 천안을 얻은 것이니라.”

그때 사리자가 다시 세존께 아뢰어 말하였다.

“세존이시여. 무엇이 보살마하살이 청정한 혜안을 얻은 것입니까?”

세존께서 구수 사리자에게 알려 말씀하셨다.

“사리자여. 제보살마하살은 청정한 혜안(慧眼)을 얻었다면 있는 법이 유위(有爲)와 같고 만약 무위(無爲)와 같다고 보지 않고, 있는 법이 유루(有漏)와 같고 무루(無漏)와 같다고 보지 않으며, 있는 법이 세간과 같고 출세간(出世間)과 같다고 보지 않으며, 있는 법이 유죄(有罪)와 같고 무죄(無罪)와 같다고 보지 않으며, 있는 법이 잡염(雜染)과 같고 청정(淸淨)과 같다고 보지 않으며, 있는 법이 색과 같고 무색(無色)과 같다고 보지 않으며, 있는 법이 대상과 같고 대상이 없다는 것과 같다고 보지 않으며, 있는 법이 과거와 같고 미래와 같으며 현재와 같다고 보지 않으며, 있는 법이 욕계에 얽매인 것과 같고 색계에 얽매인 것과 같으며 무색계에 얽매인 것과 같다고 보지 않으며, 있는 법이 선한 것과 같고 선하지 않은 것과 같으며 무기(無記)와 같다고 보지 않으며, 있는 법이 견도위에서 끊는 것(見所斷)과 같고 수도위에서 끊는 것(修所斷)과 같으며 끊지 않을 것(非所斷)과 같다고 보지 않으며, 있는 법이 유학(有學)과 같고 무학(無學)과 같고 비무학(非無學)과 같다고 보지 않으며, 나아가 일체법이 자성과 같고 차별이 모두 무소견(無所見)과 같다고 보지 않느니라.

사리자여. 이 보살마하살은 청정한 혜안을 얻었더라도 일체법에서 보는 것도 아니고 보지 않는 것도 아니며, 듣는 것도 아니고 듣지 않는 것도 아니며, 깨닫는 것도 아니고 깨닫지 않는 것도 아니며, 인식하는 것도 아니고 인식하지 않은 것도 아닌데, 사리자여. 이것은 보살마하살이 정정한 혜안을 얻은 것이니라."

그때 사리자가 다시 세존께 아뢰어 말하였다.

"세존이시여. 무엇이 보살마하살이 청정한 법안을 얻은 것입니까?"

"사리자여. 제보살마하살이 청정한 법안을 얻었다면 능히 여실하게 보특가라(補特伽羅)¹⁴⁾의 여러 종류의 차별을 아나니, 이를테면, '이것은 수신행(隨信行)이고, 이것은 수법행(隨法行)이며, 이것은 무상행(無相行)이고, 이것은 공(空)에 머무는 것이며, 이것은 무상(無相)에 머무는 것이고, 이것은 무원(無願)에 머무는 것이다.'라고 능히 여실하게 아느니라.

또한 '이것은 공해탈문(空解脫門)을 이유로 5근(根)을 일으키고, 5근을 이유로 무간정(無間定)을 일으키며, 무간정을 이유로 해탈지견(解脫智見)을 일으키고, 해탈지견을 이유로 3결(結)인 살가야견(薩迦耶見)¹⁵⁾·계금취(戒禁取)¹⁶⁾·의심(疑)을 영원히 끊고서 예류과를 얻으며, 다시 처음 얻은 수도(修道)를 이유로 탐욕과 성냄이 엷어져서 일래과를 얻고, 다시 상품(上品)의 수도를 이유로 탐욕과 성냄을 없애서 불환과를 얻으며, 다시 증상(增上)의 수도를 이유로 5순상분결(五順上分結)¹⁷⁾인 색탐(色貪)·무색탐(無色貪)·무명(無明)·만(慢)¹⁸⁾·도거(掉擧)¹⁹⁾를 없애서 아라한과를 얻는다.'라고 능히 여실하게 아느니라.

<hr>

14) 산스크리트어 pudgala의 음사이고, 일반적으로 '지각 있는 존재', '나'를 뜻하며, 일부에서는 윤회하는 본체라고 주장하고 있다.
15) 산스크리트어 satkāya-dṛṣṭi의 음사이고, '유신견(有身見)', '회신견(懷身見)', '위신견(僞身見)', '이전신견(移轉身見)' 등으로 한역한다. 유신견(有身見)은 소의신(所依身), 즉 5온(五蘊)의 화합물, 또는 5취온(五取蘊)을 실유(實有)라고 집착하는 견해이고, 이것을 실재하는 '나(我)', 또는 '나의 것(我所)'이라고 집착하는 견해이다.
16) 산스크리트어 śīla-vrata-parāmarśa의 번역이고, '계금취견(戒禁取見)', '계금등취견(戒禁等取見)', '계도견(戒盜見)', '계취견(戒取見)' 등으로 한역한다. 삿된 계율이나 금지된 계목을 바른 것으로 생각하고 그것에 집착하는 것을 뜻한다.
17) 산스크리트어 pañcaūrdhvabhāgīya-sajyojanāni의 번역이고, 번뇌나 속박을 떠나서 마음이 자유로워지는 평안한 상태를 가리킨다.
18) 산스크리트어 Māna의 번역이고, 교만한 마음을 뜻한다.
19) 산스크리트어 auddhatya의 번역이고, '고요하지 않은 마음', '평온하지 않은 마음', '흔들리고 요동하는 마음', '소란스럽고 시끄러운 마음' 등을 가리킨다.

또한 '이것은 무상해탈문(無相解脫門)을 이유로 5근을 일으키고, 5근을 이유로 무간정을 일으키며, 무간정을 이유로 해탈지견을 일으키고, 해탈지견을 이유로 3결을 영원히 끊고서 예류과를 얻으며, 다시 처음 얻은 수도를 이유로 탐욕과 성냄이 엷어져서 일래과를 얻고, 다시 상품의 수도를 이유로 탐욕과 성냄을 없애서 불환과를 얻으며, 다시 증상의 수도를 이유로 5순상분결을 없애서 아라한과를 얻는다.'라고 능히 여실하게 아느니라.

또한 '이것은 무원해탈문(無願解脫門)을 이유로 5근을 일으키고, 5근을 이유로 무간정을 일으키며, 무간정을 이유로 해탈지견을 일으키고, 해탈지견을 이유로 3결을 영원히 끊고서 예류과를 얻으며, 다시 처음 얻은 수도를 이유로 탐욕과 성냄이 엷어져서 일래과를 얻고, 다시 상품의 수도를 이유로 탐욕과 성냄을 없애서 불환과를 얻으며, 다시 증상의 수도를 이유로 5순상분결을 없애서 아라한과를 얻는다.'라고 능히 여실하게 아느니라.

또한 '이것은 공과 무상해탈문을 이유로 5근을 일으키고, 5근을 이유로 무간정을 일으키며, 무간정을 이유로 해탈지견을 일으키고, 해탈지견을 이유로 3결을 영원히 끊고서 예류과를 얻으며, 다시 처음 얻은 수도를 이유로 탐욕과 성냄이 엷어져서 일래과를 얻고, 다시 상품의 수도를 이유로 탐욕과 성냄을 없애서 불환과를 얻으며, 다시 증상의 수도를 이유로 5순상분결을 없애서 아라한과를 얻는다.'라고 능히 여실하게 아느니라.

또한 '이것은 공과 무원해탈문을 이유로 5근을 일으키고, 5근을 이유로 무간정을 일으키며, 무간정을 이유로 해탈지견을 일으키고, 해탈지견을 이유로 3결을 영원히 끊고서 예류과를 얻으며, 다시 처음 얻은 수도를 이유로 탐욕과 성냄이 엷어져서 일래과를 얻고, 다시 상품의 수도를 이유로 탐욕과 성냄을 없애서 불환과를 얻으며, 다시 증상의 수도를 이유로 5순상분결을 없애서 아라한과를 얻는다.'라고 능히 여실하게 아느니라.

또한 '이것은 무상과 무원해탈문을 이유로 5근을 일으키고, 5근을 이유로 무간정을 일으키며, 무간정을 이유로 해탈지견을 일으키고, 해탈지견을 이유로 3결을 영원히 끊고서 예류과를 얻으며, 다시 처음 얻은 수도를 이유로 탐욕과 성냄이 엷어져서 일래과를 얻고, 다시 상품의 수도를 이유로 탐욕과 성냄을 없애서 불환과를 얻으며, 다시 증상의 수도를 이유로 5순상분결을 없애서 아라한과를 얻는다.'라고 능히 여실하게 아느니라.

또한 '이것은 공과 무상과 무원해탈문을 이유로 5근을 일으키고, 5근을 이유로 무간정을 일으키며, 무간정을 이유로 해탈지견을 일으키고, 해탈지견을 이유로 3결을 영원히 끊고서 예류과를 얻으며, 다시 처음 얻은 수도를 이유로 탐욕과 성냄이 엷어져서 일래과를 얻고, 다시 상품의 수도를 이유로 탐욕과 성냄을 없애서 불환과를 얻으며, 다시 증상의 수도를 이유로 5순상분결을 없애서 아라한과를 얻는다.'라고 능히 여실하게 아느니라.

다시 다음으로 사리자여. 제보살마하살이 청정한 법안을 얻었다면 이와 같은 한 부류의 보특가라를 능히 여실하게 아나니, 공·무상·무원해탈문을 이유로 5근을 일으키고, 5근을 이유로 무간정을 일으키며, 무간정을 이유로 해탈지견을 일으키고, 해탈지견을 이유로 소유한 모였던 법(集法)이 모두 소멸하는 법(滅法)이라고 여실하게 아느니라. 이것을 아는 까닭으로 수승한 5근을 얻고 여러 번뇌를 끊으며, 전전하여 독각의 깨달음을 얻나니, 사리자여. 이것은 보살마하살이 청정한 법안을 얻은 것이니라.

다시 다음으로 사리자여. 제보살마하살이 청정한 법안을 얻었다면 '이 보살마하살은 최초(最初)의 발심에서 보시바라밀다를 수행하고, 정계·안인·정진·정려·반야바라밀다를 수행하여 신근(信根)과 정진근(精進根)을 성취하며, 더불어 방편선교로 고의로 몸을 받아서 선법을 증장하겠다.'라고 생각하느니라.

'이 보살마하살은 혹은 찰제리의 대종족에 태어나거나, 혹은 바라문의 대종족에 태어나거나, 혹은 장자의 대종족에 태어나거나, 혹은 거사의 대종족에 태어나거나, 혹은 4대왕중천에 태어나거나, 혹은 33천에 태어나거나, 혹은 야마천에 태어나거나, 혹은 도사다천에 태어나거나, 혹은 낙변화천에 태어나거나, 혹은 타화자재천에 태어나며, 이와 같은 처소에 머무르면서 유정들을 성숙시키고, 여러 유정들의 애락(愛樂)하는 것을 따라서 능히 여러 종류의 즐거움을 갖추고서 베풀어주며, 역시 능히 여러 종류로 불국토를 장엄하고 청정하게 하며, 역시 여러 종류의 상묘(上妙)한 공양을 갖추고서 제불·세존께 공양하고 공경하며 존중하고 찬탄하며, 성문과 독각 등의 경지에 떨어지지 않고, 나아가 무상정등보리에서 퇴전하지 않는다.'라고 여실하게 아나니, 이것은 보살마하살이 청정한 법안을 얻은 것이니라.

다시 다음으로 사리자여. 제보살마하살이 청정한 법안을 얻었다면 '이 보살마하살은 무상정등보리에서 이미 수기를 받았다. 이 보살마하살은 무상정등보리에서 곧 수기를 받는다. 이 보살마하살은 무상정등보리에서 수기를 받을 것이다. 이 보살마하살은 무상정등보리에서 퇴전하지 않을 것이다. 이 보살마하살은 무상정등보리에서 퇴전할 수 있다. 이 보살마하살은 이미 불퇴전지(不退轉地)에 머무른다. 이 보살마하살은 아직 불퇴전지에 머무르지 못하였다. 이 보살마하살은 신통이 이미 원만하다. 이 보살마하살은 신통이 아직 원만하지 않다. 이 보살마하살은 신통이 이미 원만한 까닭으로 시방의 긍가의 모래와 같은 제불의 세계로 가서 일체의 여래·응공·정등각과 제보살마하살들에게 공양하고 공경하며 존중하고 찬탄한다. 이 보살마하살은 신통이 아직 원만하지 못한 까닭으로 시방의 긍가의 모래와 같은 제불의 세계로 가서 일체의 여래·응공·정등각과 제보살마하살들에게 공양하고 공경하며 존중하고 찬탄할 수 없다.

이 보살마하살은 이미 신통을 얻었다. 이 보살마하살은 아직 신통을 얻지 못하였다. 이 보살마하살은 이미 무생법인(無生法忍)을 얻었다. 이 보살마하살은 아직 무생법인을 얻지 못하였다. 이 보살마하살은 이미 수승한 근(根)을 얻었다. 이 보살마하살은 아직 수승한 근을 얻지 못하였다. 이 보살마하살은 이미 불국토를 장엄하였다. 이 보살마하살은 아직 불국토를 장엄하지 못하였다. 이 보살마하살은 이미 유정들을 성숙시켰다. 이 보살마하살은 아직 유정들을 성숙시키지 못하였다. 이 보살마하살은 이미 대원(大願)을 얻었다. 이 보살마하살은 아직 대원을 얻지 못하였다. 이 보살마하살은 이미 제불께서 함께 찬탄하셨다. 이 보살마하살은 아직 제불께서 함께 찬탄하지 않으셨다. 이 보살마하살은 이미 제불과 친근하다. 이 보살마하살은 아직 제불과 친근하지 못하다.

　이 보살마하살은 수명이 무량하다. 이 보살마하살은 수명이 무량하지 못하다. 이 보살마하살은 무상정등보리를 얻는 때에 비구(苾芻) 승가가 무량할 것이다. 이 보살마하살은 무상정등보리를 얻는 때에 비구 승가가 무량하지 못할 것이다. 이 보살마하살은 무상정등보리를 얻는 때에 보살들이 있을 것이다. 이 보살마하살은 무상정등보리를 얻는 때에 보살들이 없을 것이다. 이 보살마하살은 이타행(利他行)[20]을 수행한다. 이 보살마하살은 자리행(自利行)을 겸(兼)하여 수행한다. 이 보살마하살은 난행(難行)[21]의 고행(苦行)이 있다. 이 보살마하살은 난행의 고행이 없다. 이 보살마하살은 한 생에 얽매인다. 이 보살마하살은 여러 생에 얽매인다. 이 보살마하살은 이미 최후유(最後有)[22]에 머물렀다. 이 보살마하살은 최후유에 머무르지 못하였다. 이 보살마하살은 이미 묘(妙)한 보리좌(菩提座)에 앉았다. 이 보살마하살은 아직 묘한 보리좌에 앉지 못하였다. 이 보살마하살은 마왕(魔)이 와서 요란시키지 못한다. 이 보살마하살은 마왕이 와서 요란시킨다.'라고 여실하게 아는 것이니, 사리자여. 이것이 보살마하살이 청정한 법안을 얻은 것이니라.”

　그때 사리자가 다시 세존께 아뢰어 말하였다.

　“세존이시여. 무엇이 보살마하살이 청정한 불안을 얻은 것입니까?”

20) 자신보다 남의 이익을 먼저 생각하는 보살행을 뜻한다.
21) 점차로 오랫동안 수행하는 방법은 어려움이 있는 수행이므로 난행이라고 말한다.
22) 산스크리트어 antima-deha의 번역이고, '최후생(最後生)', '최후말신(最後末身)' 등으로 한역한다. 윤회의 생사(生死)가 끊어지는 마지막 몸으로서 상좌부에서는 모든 생각과 번뇌를 끊고 열반에 이르는 아라한(arhat)을 가리키고, 대승(大乘)은 깨달은 보살의 몸을 가리킨다.

세존께서 구수 사리자에게 알려 말씀하셨다.

"사리자여. 제보살마하살은 보리심(菩提心)에 틈새가 없게 하고, 금강유정(金剛喩定)[23]에 들어가서 일체상지(一切相智)를 얻으며, 여래의 10력·4무소외·4무애해·대자·대비·대희·대사·18불불공법 등의 무량하고 무변하며 불가사의한 수승한 공덕을 성취하나니, 그때는 장애가 없는 해탈(解脫)의 불안(佛眼)을 성취하느니라. 제보살마하살은 이와 같은 청정한 불안을 얻은 이유로 일체의 성문과 독각의 지혜의 경계를 초과(超過)하므로, 볼 수 없는 것이 없고, 듣지 못하는 것이 없으며, 깨닫지 못하는 것이 없고, 인식하지 못하는 것이 없으며, 일체법에서 일체상(一切相)을 보느니라. 사리자여. 이것은 보살마하살이 청정한 불안을 얻은 것이니, 사리자여. 제보살마하살은 반드시 무량정등보리를 증득하여야 비로소 이와 같은 청정한 불안을 얻느니라.

사리자여. 만약 보살마하살이 이와 같은 청정한 5안을 얻고자 한다면 보시·정계·안인·정진·정려·반야바라밀다를 마땅히 부지런히 수습해야 하느니라. 왜 그러한가? 사리자여. 이와 같은 여섯 종류의 바라밀다는 일체 청정한 선법을 모두 섭수(攝受)하나니 이를테면, 성문의 선법·독각의 선법·보살의 선법·여래의 선법이니라. 사리자여. 만약 바로 '무슨 법이 능히 일체의 선법을 섭수할 수 있습니까?'라고 물어서 말한다면, '매우 깊은 반야바라밀다이다.'라고 바르게 상응하여 대답하여 말해야 하느니라. 왜 그러한가? 사리자여. 매우 깊은 반야바라밀다는 바로 여러 선법을 낳는 어머니이고, 기르는 어머니이므로, 능히 보시·정계·안인·정진·정려·반야바라밀다와 5안 등의 무량하고 무변하며 불가사의한 공덕을 낳고서 기르는 까닭이니라.

사리자여. 만약 보살마하살이 이와 같은 청정한 5안을 얻고자 하면 마땅히 반야바라밀다를 배울 것이니라. 사리자여. 만약 보살마하살이 무상정등보리를 얻고자 한다면 마땅히 이와 같은 청정한 5안을 배울

---

23) 산스크리트어 vajropamā-samādhi의 번역이고, '금강삼매(金剛三昧)', '금강멸정(金剛滅定)', '금강심(金剛心)', '정삼매(頂三昧)' 등으로 한역한다.

것이니라. 사리자여. 만약 보살마하살이 이와 같은 청정한 5안을 배운다면 결국 무상정등보리를 얻으리라."

마하반야바라밀다경 제9권

4. 전생품(轉生品)(3)

"다시 다음으로 사리자여. 보살마하살은 반야바라밀다를 수행하는 때에 6신통(神通)의 바라밀다를 능히 이끌어서 일으키나니, 무엇이 여섯 가지인가? 첫째는 신경지증통(神竟智證通) 바라밀다이고, 둘째는 천이지증통(天耳智證通) 바라밀다이며, 셋째는 타심지증통(他心智證通) 바라밀다이고, 넷째는 숙주수념지증통(宿住隨念智證通) 바라밀다이며, 다섯째는 천안지증통(天眼智證通) 바라밀다이고, 여섯째는 누진지증통(漏盡智證通) 바라밀다이니라."

그때 사리자가 다시 세존께 아뢰어 말하였다.

"세존이시여. 무엇이 보살마하살이 반야바라밀다를 수행하는 때에 이끌어서 일으키는 신경지증통 바라밀다입니까?"

그때 세존께서 구수 사리자에게 알려 말씀하셨다.

"사리자여. 보살마하살이 있어서 신경지증통으로 무량한 종류의 큰 신통과 변화(大神變)의 일을 일으키는 것이니 이를테면, 시방으로 각각 긍가의 모래와 같은 세계의 대지(大地) 등의 물건을 진동하게 하며, 하나를 많은 것으로 변화시키고 많은 것을 하나로 변화시키며, 혹은 나타내고 혹은 숨기면서 빠르고 장애가 없게 하며, 산의 언덕과 담장을 허공과 같이 곧바로 지나가고, 허공을 왕래하면서 오히려 새가 날아가는 것과 같으며, 땅속을 들락거린다면 물속을 들락거리는 것과 같고, 물 위를 걷는다면 땅을 걷는 것과 같으며, 몸에서 불과 연기를 뿜으면서 높은

들판을 태우는 것과 같고, 몸에서 물이 흐르는 것이 눈이 덮인 봉우리가 녹는 것 같으며, 해와 달의 신령한 덕(德)과 위세(威勢)가 어렵더라도 마땅히 손으로써 문지르며 광명을 은폐(隱蔽)할 수 있고, 나아가 정거천(淨居天)까지 전전(展轉)하면서 몸이 자재(自在)하나니, 이와 같은 신통과 변화는 무량하고 무변하느니라.

사리자여. 이 보살마하살이 비록 이와 같은 신경지용(神境智用)을 구족하였더라도 그 가운데에서 스스로가 높다고 거론하지 않고, 신경지증통의 성품에도 집착하지 않으며, 신경지증통의 일에도 집착하지 않으며, 능히 이와 같은 신경지증통을 얻었다는 것에도 집착하지 않으며, 집착하는 것과 집착하지 않는 것도 모두 집착하지 않느니라. 왜 그러한가? 사리자여. 이 보살마하살은 일체법의 자성이 공한 까닭이고, 자성을 떠난 까닭이며, 자성은 본래 얻을 수 없는 까닭이라고 통달하였느니라.

사리자여. 이 보살마하살은 '내가 지금 신경지증통을 이끌어서 일으켰으나, 스스로가 오락(娛樂)하기 위한 것이고 다른 사람을 오락하게 하기 위한 것이다.'라고 이렇게 생각을 짓지 않으며, 다만 일체지지(一切智智)를 얻기 위한 것을 제외하느니라. 사리자여. 이것은 보살마하살이 반야바라밀다를 수행하는 때에 이끌어서 일으키는 신경지증통의 바라밀다이니라.

그때 사리자가 다시 세존께 아뢰어 말하였다.

"세존이시여. 무엇이 보살마하살이 반야바라밀다를 수행하는 때에 이끌어서 일으키는 천인지증통 바라밀다입니까?"

그때 세존께서 구수 사리자에게 알려 말씀하셨다.

"사리자여. 보살마하살에 있어서 천인지증통은 최고로 수승하고 청정하여 인간과 천인(天人)의 귀를 초월하므로 능히 시방의 각각 긍가의 모래와 같은 세계의 유정과 유정이 아닌 부류의 여러 종류의 음성(音聲)을 여실하게 듣는 것이니, 이를테면 일체의 지옥의 음성·방생의 음성·귀계의 음성·인간의 음성·천상의 음성·성문의 음성·독각의 음성·보살의 음성·여래의 음성·태어나고 죽는 것을 헐뜯는 음성·열반을 찬탄하는 음성·유위(有爲)를 버리는 음성·보리를 향하여 나아가는 음성·유루(有漏)를 싫어하는 음성·무루(無漏)를 좋아하는 음성·삼보(三寶)를 찬탄하는 음성·외도(異道)를 절복(摧伏)하는 음성·논의(論議)로 결택(決擇)¹⁾하는 음성·경전을 풍송(諷誦)²⁾하는 음성·여러 악을 끊도록 권유하는 음성·여러 선을 수행하게 가르치는 음성·고난(苦難)을 구제하는 음성·환락(歡樂)을 경위(慶慰)하는 음성 등의 이와 같은 음성이 만약 크거나, 만약 작더라도 모두 능히 두루 들으면서 장애가 없느니라.

사리자여. 이 보살마하살이 비록 이와 같은 천이작용(天耳作用)을 구족하였더라도 그 가운데에서 스스로가 높다고 거론하지 않고, 천이지증통의 성품에도 집착하지 않으며, 천이지증통의 일에도 집착하지 않으며, 능히 이와 같은 천이지증통을 얻었다고 집착하지 않으며, 집착하는 것과 집착하지 않는 것도 모두 집착하지 않느니라. 왜 그러한가? 사리자여. 이 보살마하살은 일체법의 자성이 공한 까닭이고, 자성을 떠난 까닭이며, 자성은 본래 얻을 수 없는 까닭이라고 통달하였느니라.

사리자여. 이 보살마하살은 '내가 지금 천이지증통을 이끌어서 일으켰으나, 스스로가 오락하기 위한 것이고 다른 사람을 오락하게 하기 위한 것이다.'라고 이렇게 생각을 짓지 않으며, 다만 일체지지를 얻기 위한 것은 제외하느니라. 사리자여. 이것은 보살마하살이 반야바라밀다를 수행하는 때에 이끌어서 일으키는 천이지증통의 바라밀다이니라."

그때 사리자가 다시 세존께 아뢰어 말하였다.

"세존이시여. 무엇이 보살마하살이 반야바라밀다를 수행하는 때에 이끌어서 일으키는 타심지증통 바라밀다입니까?"

그때 세존께서 구수 사리자에게 알려 말씀하셨다.

"사리자여. 보살마하살에 있어서 타심지증통은 시방으로 각각 긍가의 모래와 같은 세계의 다른 유정들에게 있는 심·심소법(心心所法)을 여실하게 아는 것이니 이를테면, '다른 유정들의 마음에 탐내는 마음이 있다면 탐내는 마음이 있다고 여실하게 알고, 만약 탐내는 마음을 벗어났다면

---

1) 지혜로써 모든 것을 분별하여 의심을 없애는 것을 뜻한다.
2) 소리를 높여서 경문·게송·진언 등을 읽는 것을 뜻한다.

탐내는 마음을 벗어난 것을 여실하게 알며, 만약 성내는 마음이 있다면
성내는 마음이 있다고 여실하게 알고, 만약 성내는 마음을 벗어났다면
성내는 마음을 벗어났다고 여실하게 알며, 만약 어리석은 마음이 있다면
어리석은 마음이 있다고 여실하게 알고, 만약 어리석은 마음을 벗어났다
면 어리석은 마음을 벗어났다고 여실하게 알며, 만약 사랑하는 마음이
있다면 사랑하는 마음이 있다고 여실하게 알고, 만약 사랑하는 마음을
벗어났다면 사랑하는 마음을 벗어났다고 여실하게 알며, 만약 취(取)하는
마음이 있다면 취하는 마음이 있다고 여실하게 알고, 만약 취하는 마음을
벗어났다면 취하는 마음을 벗어났다고 여실하게 알며, 만약 모으는 마음
이라면 모으는 마음이라고 여실하게 알고, 만약 흩어지는 마음이라면
흩어지는 마음이라고 여실하게 알며, 만약 작은 마음이라면 작은 마음이
라고 여실하게 알고, 만약 큰마음이라면 큰마음이라고 여실하게 알며,
만약 뽐내는 마음이라면 뽐내는 마음이라고 여실하게 알고, 만약 하심(下
心)이라면 하심이라고 여실하게 알며, 만약 적정(寂靜)한 마음이라면
적정한 마음이라고 여실하게 알고, 만약 적정하지 않은 마음이라면 적정
하지 않은 마음이라고 여실하게 알며, 만약 들뜬 마음이라면 들뜬 마음이
라고 여실하게 알고, 만약 들뜨지 않은 마음이라면 들뜨지 않은 마음이라
고 여실하게 알며, 만약 정려(定)의 마음이라면 정려의 마음이라고 여실하
게 알고, 만약 정려가 아닌 마음이라면 정려가 아닌 마음이라고 여실하게
알며, 만약 해탈한 마음이라면 해탈한 마음이라고 여실하게 알고, 만약
해탈하지 않은 마음이라면 해탈하지 않은 마음이라고 여실하게 알며,
만약 유루의 마음이라면 유루의 마음이라고 여실하게 알고, 만약 무루의
마음이라면 무루의 마음이라고 여실하게 알며, 만약 부지런한 마음이라면
부지런한 마음이라고 여실하게 알고, 만약 부지런하지 않은 마음이라면
부지런하지 않은 마음이라고 여실하게 알며, 만약 유상(有上)의 마음이라
면 유상의 마음이라고 여실하게 알고, 만약 무상(無上)의 마음이라면
무상의 마음이라고 여실하게 아느니라.
　사리자여. 이 보살마하살이 비록 이와 같은 타심지용(他心智用)을 구족

하였더라도 그 가운데에서 스스로가 높다고 거론하지 않고, 타심지증통의 성품에도 집착하지 않으며, 타심지증통의 일에도 집착하지 않으며, 능히 이와 같은 타심지증통을 얻었다고 집착하지 않으며, 집착하는 것과 집착 하지 않는 것도 모두 집착하지 않느니라. 왜 그러한가? 사리자여. 이 보살마하살은 일체법의 자성이 공한 까닭이고, 자성을 떠난 까닭이며, 자성은 본래 얻을 수 없는 까닭이라고 통달하였느니라.

사리자여. 이 보살마하살은 '내가 지금 타심지증통을 이끌어서 일으켰 으나, 스스로가 오락하기 위한 것이고 다른 사람을 오락하게 하기 위한 것이다.'라고 이렇게 생각을 짓지 않으며, 다만 일체지지를 얻기 위한 것은 제외하느니라. 사리자여. 이것은 보살마하살이 반야바라밀다를 수행하는 때에 이끌어서 일으키는 타심지증통의 바라밀다이니라."

그때 사리자가 다시 세존께 아뢰어 말하였다.

"세존이시여. 무엇이 보살마하살이 반야바라밀다를 수행하는 때에 이끌어서 일으키는 숙주수념지증통 바라밀다입니까?"

그때 세존께서 구수 사리자에게 알려 말씀하셨다.

"사리자여. 보살마하살에 있어서 숙주수념지증통은 시방으로 각각 긍가의 모래와 같은 세계의 일체의 유정들이 전생에 머물렀던 여러 일들을 여실하게 수념(隨念)[3]하는 것이니 이를테면, 만약 자신이거나, 만약 다른 사람이더라도 1심(一心)·10심(十心)·백심(百心)·천심(千心)·많은 백천심 (百千心)의 전생에 머물렀던 여러 일들을 혹은 다시 수념하고, 혹은 또 1일(日)·10일·백일·천일·여러 백천 일의 여러 일들을 혹은 다시 수념하며, 혹은 또 한 달·열 달·백 달·천 달·여러 백천 달의 여러 일들을 혹은 다시 수념하고, 혹은 또 1년·10년·백 년·천 년·여러 백천 년의 여러 일들을 혹은 다시 수념하며, 혹은 또 1겁(劫)·10겁·백 겁·천 겁·여러 백천 겁, 나아가 무량하고 무수한 백천 구지·나유타의 여러 일들을 혹은 다시 수념하고, 혹은 이전의 시간에 있었던 전생에 머물렀던 일들의

---

3) 산스크리트어 Anusmṛti의 번역이고, 항상 명심하여 기억하고 잊지 않는 마음을 뜻한다.

이를테면, 이와 같은 때에, 이와 같은 처소에서, 이와 같은 이름이었고 이와 같은 족성이었으며 이와 같은 부류이었고 이와 같이 먹었고 이와 같이 오래 머물렀으며 이와 같은 수명이었고 이와 같이 오래 살았으며 이와 같은 즐거움을 받았고 이와 같은 괴로움을 받았으며 그곳에서 입몰(入沒)하여 이곳에 태어났고 이곳에서 입몰하여 그곳에 태어났으며 이와 같은 형상과 용모이었고 이와 같이 말하였던 것 등이 만약 간략하거나, 만약 자세하거나, 만약 자신이거나, 만약 다른 사람이라도 전생 여러 일들을 모두 수념하느니라.

사리자여. 이 보살마하살이 비록 이와 같은 숙주지용(宿住智用)을 구족하였더라도 그 가운데에서 스스로가 높다고 거론하지 않고, 숙주수념지증통의 성품에도 집착하지 않으며, 숙주수념지증통의 일에도 집착하지 않으며, 능히 이와 같은 숙주수념지증통을 얻었다는 것에도 집착하지 않으며, 집착하는 것과 집착하지 않는 것도 모두 집착하지 않느니라. 왜 그러한가? 사리자여. 이 보살마하살은 일체법의 자성이 공한 까닭이고, 자성을 떠난 까닭이며, 자성은 본래 얻을 수 없는 까닭이라고 통달하였느니라.

사리자여. 이 보살마하살은 '내가 지금 숙주수념지증통을 이끌어서 일으켰으나, 스스로가 오락하기 위한 것이고 다른 사람을 오락하게 하기 위한 것이다.'라고 이렇게 생각을 짓지 않으며, 다만 일체지지를 얻기 위한 것은 제외하느니라. 사리자여. 이것은 보살마하살이 반야바라밀다를 수행하는 때에 이끌어서 일으키는 숙주수념지증통의 바라밀다이니라."

그때 사리자가 다시 세존께 아뢰어 말하였다.

"세존이시여. 무엇이 보살마하살이 반야바라밀다를 수행하는 때에 이끌어서 일으키는 천안지증통 바라밀다입니까?"

그때 세존께서 구수 사리자에게 알려 말씀하셨다.

"사리자여. 보살마하살에 있어서 천안지증통은 가장 수승하고 청정하여 인간과 천인의 눈을 초월하므로 시방으로 각각 긍가의 모래와 같은

세계의 유정과 유정이 아닌 부류의 색깔과 형상을 능히 여실하게 보는
것이니 이를테면, 여러 유정들이 죽는 때에, 태어나는 때에, 묘한 색깔과
거친 색깔, 만약 수승하거나, 만약 열등하거나, 선한 세계(善趣)[4]와 악한
세계(惡趣)[5] 등의 이와 같은 여러 종류의 색깔과 형상들을 널리 보고,
이것을 인연으로 다시 여러 유정들의 업력(業力)의 작용에 따라서 태어나
는 차별을 아나니, 이와 같은 유정은 몸의 묘행(妙行)을 성취하고 말의
묘행을 성취하며 뜻의 묘행을 성취하여 현성(現成)을 찬미(讚美)한 정견(正
見)의 인연으로 몸이 무너지고 목숨을 마치면 선한 세계로 상승하여
혹은 천상에 태어나고, 혹은 인간의 가운데에 태어나서 여러 미묘한
쾌락을 받는다는 것과 이와 같은 유정은 몸의 악행을 성취하고 말의
악행을 성취하며 뜻의 악행을 성취하여 현성들을 비방(誹謗)한 삿된 견해
의 인연으로 몸이 무너지고 목숨을 마치면 악한 세계에 떨어지면서 혹은
지옥에 태어나고, 혹은 방생에 태어나며, 혹은 아귀계에 태어나고, 혹은
변두리의 비천하고 지저분하며 포악한 유정들의 가운데에 태어나서 심하
게 고통을 받는다는 것 등의 이와 같은 유정들의 여러 종류의 업의 부류에
서 받는 과보(果報)의 차별을 모두 여실하게 아느니라.

　사리자여. 이 보살마하살이 비록 이와 같은 천안작용(天眼作用)을 구족
하였더라도 그 가운데에서 스스로가 높다고 거론하지 않고, 천안지증통의
성품에도 집착하지 않으며, 천안지증통의 일에도 집착하지 않으며, 능히
이와 같은 천안지증통을 얻었다고 집착하지 않으며, 집착하는 것과 집착
하지 않는 것도 모두 집착하지 않느니라. 왜 그러한가? 사리자여. 이
보살마하살은 일체법의 자성이 공한 까닭이고, 자성을 떠난 까닭이며,
자성은 본래 얻을 수 없는 까닭이라고 통달하였느니라.

---

4) 산스크리트어 svarga-gati의 번역이고, '선도(善道)', '선처(善處)' 등으로 한역한다.
　선업을 인연으로 태어나서 머무르는 처소이며, 천계(天界) 등을 가리킨다.
5) 산스크리트어 dur-gati의 번역이고, '악도(惡道)', '악처(惡處)' 등으로 번역한다.
　중생이 악업(惡業)의 인연으로 태어나 머무르는 처소이며, 지옥(地獄), 아귀(餓鬼),
　축생(畜生) 등을 가리킨다.

사리자여. 이 보살마하살은 '내가 지금 천안지증통을 이끌어서 일으켰으나, 스스로가 오락하기 위한 것이고 다른 사람을 오락하게 하기 위한 것이다.'라고 이렇게 생각을 짓지 않으며, 다만 일체지지를 얻기 위한 것은 제외하느니라. 사리자여. 이것은 보살마하살이 반야바라밀다를 수행하는 때에 이끌어서 일으키는 천안지증통의 바라밀다이니라."

그때 사리자가 다시 세존께 아뢰어 말하였다.

"세존이시여. 무엇이 보살마하살이 반야바라밀다를 수행하는 때에 이끌어서 일으키는 누진지증통 바라밀다입니까?"

그때 세존께서 구수 사리자에게 알려 말씀하셨다.

"사리자여. 보살마하살에 있어서 누진지증통은 시방으로 각각 긍가의 모래와 같은 세계의 일체의 유정들이 만약 자신이거나, 만약 다른 사람이 누진(漏盡)이었거나, 누진이 아닌 것을 여실하게 아는 것이니, 이 신통은 금강유정(金剛喩定)에 의지하여 여러 장애와 습기를 끊는다면, 비로소 원만함을 얻고, 불퇴전의 보살지(菩薩地)를 얻는 때에 일체의 번뇌도 역시 없앴다고 이름하는 것이니, 결국 현재의 앞에서 일어나지 않는 까닭이니라. 보살이 비록 이 누진통을 얻었다면 성문과 독각지(獨覺地)에 떨어지지 않고, 오직 무상정등보리에 나아가고, 다시 다른 이치의 이익을 간절하게 구하지 않는 까닭이니라.

사리자여. 이 보살마하살이 비록 이와 같은 누진지용(漏盡智用)을 구족하였더라도 그 가운데에서 스스로가 높다고 거론하지 않고, 누진지증통의 성품에도 집착하지 않으며, 누진지증통의 일에도 집착하지 않으며, 능히 이와 같은 누진지증통을 얻었다고 집착하지 않으며, 집착하는 것과 집착하지 않는 것도 모두 집착하지 않느니라. 왜 그러한가? 사리자여. 이 보살마하살은 일체법의 자성이 공한 까닭이고, 자성을 떠난 까닭이며, 자성은 본래 얻을 수 없는 까닭이라고 통달하였느니라.

사리자여. 이 보살마하살은 '내가 지금 누진지증통을 이끌어서 일으켰으나, 스스로가 오락하기 위한 것이고 다른 사람을 오락하게 하기 위한 것이다.'라고 이렇게 생각을 짓지 않으며, 다만 일체지지를 얻기 위한 것은 제외하느니라. 사리자여. 이것은 보살마하살이 반야바라밀다를 수행하는 때에 이끌어서 일으키는 누진지증통의 바라밀다이니라."

이와 같이 사리자여. 제보살마하살이 반야바라밀다를 수행하는 때에 능히 6신통 바라밀다를 원만하고 청정하게 하는 까닭이고, 이러한 6신통 바라밀다가 원만하고 청정한 까닭으로 곧 원만한 일체지지를 얻는 것이니, 일체지(一切智)와 일체상지(一切相智)를 말하느니라.

다시 다음으로 사리자여. 보살마하살이 있어서 반야바라밀다를 수행하는 때에 보시바라밀다에 안주(安住)하여 일체지와 일체상지의 도(道)를 장엄하고 청정하게 하는 것이니, 필경공(畢竟空)인 이유로 은혜롭게 보시하면서 간탐(慳貪)하는 마음을 일으키지 않는 까닭이니라. 다시 다음으로 사리자여. 보살마하살이 있어서 반야바라밀다를 수행하는 때에 정계바라밀다에 안주하여 일체지와 일체상지의 도를 장엄하고 청정하게 하는 것이니, 필경공인 이유로 지계(持戒)의 마음과 범계(犯戒)의 마음을 일으키지 않는 까닭이니라.

다시 다음으로 사리자여. 보살마하살이 있어서 반야바라밀다를 수행하는 때에 안인바라밀다에 안주하여 일체지와 일체상지의 도를 장엄하고 청정하게 하는 것이니, 필경공인 이유로 자비와 성내는 마음을 일으키지 않는 까닭이니라. 다시 다음으로 사리자여. 보살마하살이 있어서 반야바라밀다를 수행하는 때에 정진바라밀다에 안주하여 일체지와 일체상지의 도를 장엄하고 청정하게 하는 것이니, 필경공인 이유로 부지런하고 용맹한 마음과 해태(懈怠)한 마음을 일으키지 않는 까닭이니라.

다시 다음으로 사리자여. 보살마하살이 있어서 반야바라밀다를 수행하는 때에 정려바라밀다에 안주하여 일체지와 일체상지의 도를 장엄하고 청정하게 하는 것이니, 필경공인 이유로 적정한 마음과 산란한 마음을 일으키지 않는 까닭이니라. 다시 다음으로 사리자여. 보살마하살이 있어서 반야바라밀다를 수행하는 때에 도리어 반야바라밀다에 안주하여 일체지와 일체상지의 도를 장엄하고 청정하게 하는 것이니, 필경공인 이유로 지혜로운 마음과 우치(愚癡)한 마음을 일으키지 않는 까닭이니라.

　다시 다음으로 사리자여. 보살마하살이 있어서 반야바라밀다를 수행하는 때에 보시와 정계의 바라밀다에 안주하여 일체지와 일체상지의 도를 장엄하고 청정하게 하는 것이니, 필경공인 이유로 은혜롭게 보시하는 마음과 간탐하는 마음, 지계의 마음과 범계(犯戒)의 마음을 일으키지 않는 까닭이니라. 다시 다음으로 사리자여. 보살마하살이 있어서 반야바라밀다를 수행하는 때에 보시와 안인의 바라밀다에 안주하여 일체지와 일체상지의 도를 장엄하고 청정하게 하는 것이니, 필경공인 이유로 은혜로운 마음과 간탐하는 마음, 자비로운 마음과 성내는 마음을 일으키지 않는 까닭이니라.

　다시 다음으로 사리자여. 보살마하살이 있어서 반야바라밀다를 수행하는 때에 보시와 정진의 바라밀다에 안주하여 일체지와 일체상지의 도를 장엄하고 청정하게 하는 것이니, 필경공인지라 은혜롭게 보시하는 마음과 간탐하는 마음, 부지런하고 용맹한 마음과 해태(懈怠)한 마음을 일으키지 않는 까닭이니라. 다시 다음으로 사리자여. 보살마하살이 있어서 반야바라밀다를 수행하는 때에 보시와 정려의 바라밀다에 안주하여 일체지와 일체상지의 도를 장엄하고 청정하게 하는 것이니, 필경공인 이유로 은혜롭게 보시하는 마음과 간탐하는 마음, 적정한 마음과 산란한 마음을 일으키지 않는 까닭이니라.

　다시 다음으로 사리자여. 보살마하살은 반야바라밀다를 수행하는 때에 보시와 반야의 바라밀다에 안주하여 일체지와 일체상지의 도를 장엄 청정케 하나니, 필경공인 이유로 은혜롭게 보시하는 마음과 간탐하는 마음, 지혜로운 마음과 우치(愚癡)한 마음을 일으키지 않는 까닭이니라. 다시 다음으로 사리자여. 보살마하살은 반야바라밀다를 수행하는 때에 정계와 안인의 바라밀다에 안주하여 일체지와 일체상지의 도를 장엄하고 청정하게 하는 것이니, 필경공인 이유로 지계의 마음과 범계의 마음, 자비로운 마음과 성내는 마음을 일으키지 않는 까닭이니라.

　다시 다음으로 사리자여. 보살마하살이 있어서 반야바라밀다를 수행하는 때에 정계와 정진의 바라밀다에 안주하여 일체지와 일체상지의 도를 장엄하고 청정하게 하는 것이니, 필경공인 이유로 지계의 마음과 범계(犯戒)의 마음, 부지런하고 용맹한 마음과 해태한 마음을 일으키지 않는 까닭이니라. 다시 다음으로 사리자여. 보살마하살이 있어서 반야바라밀다를 수행하는 때에 정계와 정려의 바라밀다에 안주하여 일체지와 일체상지의 도를 장엄하고 청정하게 하는 것이니, 필경공인 이유로 지계의 마음과 범계의 마음, 적정한 마음과 산란한 마음을 일으키지 않는 까닭이니라.

　다시 다음으로 사리자여. 보살마하살이 있어서 반야바라밀다를 수행하는 때에 정계와 반야의 바라밀다에 안주하여 일체지와 일체상지의 도를 엄하고 청정하게 하는 것이니, 필경공인 이유로 지계의 마음과 범계의 마음, 지혜로운 마음과 우치한 마음을 일으키지 않는 까닭이니라. 다시 다음으로 사리자여. 보살마하살이 있어서 반야바라밀다를 수행하는 때에 안인과 정진의 바라밀다에 안주하여 일체지와 일체상지의 도를 장엄하고 청정하게 하는 것이니, 필경공인 이유로 자비로운 마음과 성내는 마음, 부지런하고 용맹한 마음과 해태한 마음을 일으키지 않는 까닭이니라.

　다시 다음으로 사리자여. 보살마하살이 있어서 반야바라밀다를 수행하는 때에 안인과 정려의 바라밀다에 안주하여 일체지와 일체상지의 도를 장엄하고 청정하게 하는 것이니, 필경공인 이유로 자비로운 마음과 성내는 마음, 적정한 마음과 산란한 마음을 일으키지 않는 까닭이니라. 다시 다음으로 사리자여. 보살마하살이 있어서 반야바라밀다를 수행하는 때에 안인과 반야의 바라밀다에 안주하여 일체지와 일체상지의 도를 장엄하고 청정하게 하는 것이니, 필경공인 이유로 자비로운 마음과 성내는 마음, 지혜로운 마음과 우치한 마음을 일으키지 않는 까닭이니라.

　다시 다음으로 사리자여. 보살마하살이 있어서 반야바라밀다를 수행하는 때에 정진과 정려의 바라밀다에 안주하여 일체지와 일체상지의 도를 장엄하고 청정하게 하는 것이니, 필경공인 이유로 부지런하고 용맹한 마음과 해태한 마음, 적정한 마음과 산란한 마음을 일으키지 않는 까닭이니라. 다시 다음으로 사리자여. 보살마하살이 있어서 반야바라밀다를

수행하는 때에 정진과 반야의 바라밀다에 안주하여 일체지와 일체상지의
도를 장엄하고 청정하게 하는 것이니, 필경공인 이유로 부지런하고 용맹
한 마음과 해태한 마음, 지혜로운 마음과 우치한 마음을 일으키지 않는
까닭이니라.

다시 다음으로 사리자여. 보살마하살이 있어서 반야바라밀다를 수행하
는 때에 정려와 반야의 바라밀다에 안주하여 일체지와 일체상지의 도를
장엄하고 청정하게 하는 것이니, 필경공인 이유로 적정한 마음과 산란한
마음, 자비로운 마음과 성내는 마음을 일으키지 않는 까닭이니라. 다시
다음으로 사리자여. 보살마하살이 있어서 반야바라밀다를 수행하는 때에
보시와 정계와 안인의 바라밀다에 안주하여 일체지와 일체상지의 도를
장엄하고 청정하게 하는 것이니, 필경공인 이유로 은혜롭게 보시하는
마음과 간탐하는 마음, 지계의 마음과 범계의 마음, 자비로운 마음과
성내는 마음을 일으키지 않는 까닭이니라.

다시 다음으로 사리자여. 보살마하살이 있어서 반야바라밀다를 수행하
는 때에 보시와 정계와 정진의 바라밀다에 안주하여 일체지와 일체상지의
도를 장엄하고 청정하게 하는 것이니, 필경공인 이유로 은혜롭게 보시하
는 마음과 간탐하는 마음, 지계의 마음과 범계의 마음, 부지런하고 용맹한
마음과 해태(懈怠)한 마음을 일으키지 않는 까닭이니라. 다시 다음으로
사리자여. 보살마하살이 있어서 반야바라밀다를 수행하는 때에 보시와
정계와 정려의 바라밀다에 안주하여 일체지와 일체상지의 도를 장엄하고
청정하게 하는 것이니, 필경공인 이유로 은혜롭게 보시하는 마음과 간탐
하는 마음, 지계의 마음과 범계의 마음, 적정한 마음과 산란한 마음을
일으키지 않는 까닭이니라.

다시 다음으로 사리자여. 보살마하살이 있어서 반야바라밀다를 수행하
는 때에 보시와 정계와 반야의 바라밀다에 안주하여 일체지와 일체상지의
도를 장엄 청정케 하나니, 필경공인 이유로 은혜롭게 보시하는 마음과
간탐하는 마음, 지계의 마음과 범계의 마음, 지혜로운 마음과 우치한
마음을 일으키지 않는 까닭이니라. 다시 다음으로 사리자여. 보살마하살

이 있어서 반야바라밀다를 수행하는 때에 보시와 안인과 정진의 바라밀다에 안주하여 일체지와 일체상지의 도를 장엄하고 청정하게 하는 것이니, 필경공인 이유로 은혜롭게 보시하는 마음과 간탐하는 마음, 자비로운 마음과 성내는 마음, 부지런하고 용맹한 마음과 해태한 마음을 일으키지 않는 까닭이니라.

다시 다음으로 사리자여. 보살마하살이 있어서 반야바라밀다를 수행하는 때에 보시와 안인과 정려의 바라밀다에 안주하여 일체지와 일체상지의 도를 장엄하고 청정하게 하는 것이니, 필경공인 이유로 은혜롭게 보시하는 마음과 간탐하는 마음, 자비로운 마음과 성내는 마음, 적정한 마음과 산란한 마음을 일으키지 않는 까닭이니라. 다시 다음으로 사리자여. 보살마하살이 있어서 반야바라밀다를 수행하는 때에 보시와 안인과 반야의 바라밀다에 안주하여 일체지와 일체상지의 도를 장엄 청정케 하나니, 필경공인 이유로 은혜롭게 보시하는 마음과 간탐하는 마음, 자비로운 마음과 성내는 마음, 지혜로운 마음과 우치한 마음을 일으키지 않는 까닭이니라.

다시 다음으로 사리자여. 보살마하살이 있어서 반야바라밀다를 수행하는 때에 보시와 정진과 정려의 바라밀다에 안주하여 일체지와 일체상지의 도를 장엄하고 청정하게 하는 것이니, 필경공인 이유로 은혜롭게 보시하는 마음과 간탐하는 마음, 부지런하고 용맹한 마음과 해태한 마음, 적정한 마음과 산란한 마음을 일으키지 않는 까닭이니라. 다시 다음으로 사리자여. 보살마하살이 있어서 반야바라밀다를 수행하는 때에 보시와 정진과 반야의 바라밀다에 안주하여 일체지와 일체상지의 도를 장엄하고 청정하게 하는 것이니, 필경공인 이유로 은혜롭게 보시하는 마음과 간탐하는 마음, 부지런하고 용맹한 마음과 해태한 마음, 지혜로운 마음과 우치한 마음을 일으키지 않는 까닭이니라.

다시 다음으로 사리자여. 보살마하살이 있어서 반야바라밀다를 수행하는 때에 보시와 정려와 반야의 바라밀다에 안주하여 일체지와 일체상지의 도를 장엄하고 청정하게 하는 것이니, 필경공인 이유로 은혜롭게 보시하는 마음과 간탐하는 마음, 적정한 마음과 산란한 마음, 지혜로운 마음과 우치한 마음을 일으키지 않는 까닭이니라. 다시 다음으로 사리자여. 보살마하살이 있어서 반야바라밀다를 수행하는 때에 정계와 안인과 정진의 바라밀다에 안주하여 일체지와 일체상지의 도를 장엄하고 청정하게 하는 것이니, 필경공인 이유로 지계의 마음과 범계의 마음, 자비로운 마음과 성내는 마음, 부지런하고 용맹한 마음과 해태한 마음을 일으키지 않는 까닭이니라.

다시 다음으로 사리자여. 보살마하살이 있어서 반야바라밀다를 수행하는 때에 정계와 안인과 정려의 바라밀다에 안주하여 일체지와 일체상지의 도를 장엄하고 청정하게 하는 것이니, 필경공인 이유로 계율을 지니거나 계율을 범하거나 자비로운 마음과 성내는 마음, 적정한 마음과 산란한 마음을 일으키지 않는 까닭이니라. 다시 다음으로 사리자여. 보살마하살이 있어서 반야바라밀다를 수행하는 때에 정계와 안인과 반야의 바라밀다에 안주하여 일체지와 일체상지의 도를 장엄하고 청정하게 하는 것이니, 필경공인 이유로 지계의 마음과 범계의 마음, 자비로운 마음과 성내는 마음, 지혜로운 마음과 우치한 마음을 일으키지 않는 까닭이니라.

다시 다음으로 사리자여. 보살마하살이 있어서 반야바라밀다를 수행하는 때에 정계와 정진과 정려의 바라밀다에 안주하여 일체지와 일체상지의 도를 장엄하고 청정하게 하는 것이니, 반드시 결국은 공한 이유로 지계의 마음과 범계의 마음, 부지런하고 용맹한 마음과 해태한 마음, 적정한 마음과 산란한 마음을 일으키지 않는 까닭이니라. 다시 다음으로 사리자여. 보살마하살이 있어서 반야바라밀다를 수행하는 때에 정계와 정진과 반야의 바라밀다에 안주하여 일체지와 일체상지의 도를 장엄하고 청정하게 하는 것이니, 반드시 결국은 공한 이유로 지계의 마음과 범계의 마음, 부지런하고 용맹한 마음과 해태한 마음, 지혜로운 마음과 우치한 마음을 일으키지 않는 까닭이니라.

다시 다음으로 사리자여. 보살마하살이 있어서 반야바라밀다를 수행하는 때에 정계와 정려와 반야의 바라밀다에 안주하여 일체지와 일체상지의 도를 장엄하고 청정하게 하는 것이니, 반드시 결국은 공한 이유로 지계의 마음과 범계의 마음, 적정한 마음과 산란한 마음, 지혜로운 마음과 우치한 마음을 일으키지 않는 까닭이니라. 다시 다음으로 사리자여. 보살마하살이 있어서 반야바라밀다를 수행하는 때에 안인과 정진과 정려의 바라밀다에 안주하여 일체지와 일체상지의 도를 장엄하고 청정하게 하는 것이니, 반드시 결국은 공한 이유로 자비로운 마음과 성내는 마음, 부지런하고 용맹한 마음과 해태한 마음, 적정한 마음과 산란한 마음을 일으키지 않는 까닭이니라.

다시 다음으로 사리자여. 보살마하살이 있어서 반야바라밀다를 수행하는 때에 안인과 정진과 반야의 바라밀다에 안주하여 일체지와 일체상지의 도를 장엄하고 청정하게 하는 것이니, 반드시 결국은 공한 이유로 자비로운 마음과 성내는 마음, 부지런하고 용맹한 마음과 해태한 마음, 지혜롭거나 어리석은 마음을 일으키지 않는 까닭이니라. 다시 다음으로 사리자여. 보살마하살이 있어서 반야바라밀다를 수행하는 때에 안인과 정려와 반야의 바라밀다에 안주하여 일체지와 일체상지의 도를 장엄하고 청정하게 하는 것이니, 반드시 결국은 공한 이유로 자비로운 마음과 성내는 마음, 적정한 마음과 산란한 마음, 지혜로운 마음과 우치한 마음을 일으키지 않는 까닭이니라.

다시 다음으로 사리자여. 보살마하살이 있어서 반야바라밀다를 수행하는 때에 정진과 정려와 반야의 바라밀다에 안주하여 일체지와 일체상지의 도를 장엄하고 청정하게 하는 것이니, 반드시 결국은 공한 이유로 부지런하고 용맹한 마음과 해태한 마음, 적정한 마음과 산란한 마음, 지혜로운 마음과 우치한 마음을 일으키지 않는 까닭이니라. 다시 다음으로 사리자여. 보살마하살이 있어서 반야바라밀다를 수행하는 때에 보시와 정계와 안인과 정진의 바라밀다에 안주하여 일체지와 일체상지의 도를 장엄하고 청정하게 하는 것이니, 반드시 결국은 공한 이유로 은혜롭게 보시하는 마음과 간탐하는 마음, 지계의 마음과 범계의 마음, 자비로운 마음과 성내는 마음, 부지런하고 용맹한 마음과 해태한 마음을 일으키지 않는 까닭이니라.

다시 다음으로 사리자여. 보살마하살이 있어서 반야바라밀다를 수행하는 때에 보시와 정계와 안인과 정려의 바라밀다에 안주하여 일체지와 일체상지의 장엄하고 청정하게 하는 것이니, 반드시 결국은 공한 이유로 은혜롭게 보시하는 마음과 간탐하는 마음, 지계의 마음과 범계의 마음, 자비로운 마음과 성내는 마음, 적정한 마음과 산란한 마음을 일으키지 않는 까닭이니라. 다시 다음으로 사리자여. 보살마하살이 있어서 반야바라밀다를 수행하는 때에 보시와 정계와 안인과 반야바라밀다에 안주하여 일체지와 일체상지의 도를 장엄하고 청정하게 하는 것이니, 반드시 결국은 공한 이유로 은혜롭게 보시하는 마음과 간탐하는 마음, 지계의 마음과 범계의 마음, 자비로운 마음과 성내는 마음, 지혜로운 마음과 우치한 마음을 일으키지 않는 까닭이니라.

다시 다음으로 사리자여. 보살마하살이 있어서 반야바라밀다를 수행하는 때에 보시와 정계와 정진과 정려의 바라밀다에 안주하여 일체지와 일체상지의 도를 장엄하고 청정하게 하는 것이니, 반드시 결국은 공한 이유로 은혜롭게 보시하는 마음과 간탐하는 마음, 지계의 마음과 범계의 마음, 부지런하고 용맹한 마음과 해태한 마음, 적정한 마음과 산란한 마음을 일으키지 않는 까닭이니라. 다시 다음으로 사리자여. 보살마하살이 있어서 반야바라밀다를 수행하는 때에 보시와 정계와 정진과 반야의 바라밀다에 안주하여 일체지와 일체상지의 도를 장엄하고 청정하게 하는 것이니, 반드시 결국은 공한 이유로 은혜롭게 보시하는 마음과 간탐하는 마음, 지계의 마음과 범계의 마음, 부지런하고 용맹한 마음과 해태한 마음, 지혜로운 마음과 우치한 마음을 일으키지 않는 까닭이니라.

다시 다음으로 사리자여. 보살마하살이 있어서 반야바라밀다를 수행하는 때에 보시와 정계와 정려와 반야의 바라밀다에 안주하여 일체지와 일체상지의 도를 장엄하고 청정하게 하는 것이니, 반드시 결국은 공한 이유로 은혜롭게 보시하는 마음과 간탐하는 마음, 지계의 마음과 범계의 마음, 적정한 마음과 산란한 마음, 지혜로운 마음과 우치한 마음을 일으키지 않는 까닭이니라. 다시 다음으로 사리자여. 보살마하살이 있어서 반야바라밀다를 수행하는 때에 보시와 안인과 정진과 정려의 바라밀다에 안주하여 일체지와 일체상지의 도를 장엄 청정케 하나니, 반드시 결국은 공한 이유로 은혜롭게 보시하는 마음과 간탐하는 마음, 자비로운 마음과 성내는 마음, 부지런하고 용맹한 마음과 해태한 마음, 적정한 마음과 산란한 마음을 일으키지 않는 까닭이니라.

　다시 다음으로 사리자여. 보살마하살이 있어서 반야바라밀다를 수행하는 때에 보시와 안인과 정려와 반야의 바라밀다에 안주하여 일체지와 일체상지의 도를 장엄하고 청정하게 하는 것이니, 반드시 결국은 공한 이유로 은혜롭게 보시하는 마음과 간탐하는 마음, 자비로운 마음과 성내는 마음, 적정한 마음과 산란한 마음, 지혜로운 마음과 우치한 마음을 일으키지 않는 까닭이니라. 다시 다음으로 사리자여. 보살마하살이 있어서 반야바라밀다를 수행하는 때에 보시와 정진과 정려와 반야의 바라밀다에 안주하여 일체지와 일체상지의 도를 장엄하고 청정하게 하는 것이니, 반드시 결국은 공한 이유로 은혜롭게 보시하는 마음과 간탐하는 마음, 부지런하고 용맹한 마음과 해태한 마음, 적정한 마음과 산란한 마음, 지혜로운 마음과 우치한 마음을 일으키지 않는 까닭이니라.

　다시 다음으로 사리자여. 보살마하살이 있어서 반야바라밀다를 수행하는 때에 정계와 안인과 정진과 정려의 바라밀다에 안주하여 일체지와 일체상지의 도를 장엄하고 청정하게 하는 것이니, 반드시 결국은 공한 이유로 지계의 마음과 범계의 마음, 자비로운 마음과 성내는 마음, 부지런하고 용맹한 마음과 해태한 마음, 적정한 마음과 산란한 마음을 일으키지 않는 까닭이니라. 다시 다음으로 사리자여. 보살마하살이 있어서 반야바라밀다를 수행하는 때에 정계와 안인과 정진과 반야의 바라밀다에 안주하여 일체지와 일체상지의 도를 장엄하고 청정하게 하는 것이니, 반드시 결국은 공한 이유로 지계의 마음과 범계의 마음, 자비로운 마음과 성내는 마음, 부지런하고 용맹한 마음과 해태한 마음, 지혜롭거나 어리석은 마음을 일으키지 않는 까닭이니라.

다시 다음으로 사리자여. 보살마하살이 있어서 반야바라밀다를 수행하는 때에 정계와 안인과 정려와 반야의 바라밀다에 안주하여 일체지와 일체상지의 도를 장엄하고 청정하게 하는 것이니, 반드시 결국은 공한 이유로 지계의 마음과 범계의 마음, 자비로운 마음과 성내는 마음, 적정한 마음과 산란한 마음, 지혜로운 마음과 우치한 마음을 일으키지 않는 까닭이니라. 다시 다음으로 사리자여. 보살마하살이 있어서 반야바라밀다를 수행하는 때에 정계와 정진과 정려와 반야의 바라밀다에 안주하여 일체지와 일체상지의 도를 장엄하고 청정하게 하는 것이니, 반드시 결국은 공한 이유로 지계의 마음과 범계의 마음, 부지런하고 용맹한 마음과 해태한 마음, 적정한 마음과 산란한 마음, 지혜로운 마음과 우치한 마음을 일으키지 않는 까닭이니라.

다시 다음으로 사리자여. 보살마하살이 있어서 반야바라밀다를 수행하는 때에 안인과 정진과 정려와 반야의 바라밀다에 안주하여 일체지와 일체상지의 도를 장엄하고 청정하게 하는 것이니, 반드시 결국은 공한 이유로 자비로운 마음과 성내는 마음, 부지런하고 용맹한 마음과 해태한 마음, 적정한 마음과 산란한 마음, 지혜로운 마음과 우치한 마음을 일으키지 않는 까닭이니라. 다시 다음으로 사리자여. 보살마하살이 있어서 반야바라밀다를 수행하는 때에 보시와 정계와 안인과 정진과 정려의 바라밀다에 안주하여 일체지와 일체상지의 도를 장엄하고 청정하게 하는 것이니, 반드시 결국은 공한 이유로 은혜롭게 보시하는 마음과 간탐하는 마음, 지계의 마음과 범계의 마음, 자비로운 마음과 성내는 마음, 부지런하고 용맹한 마음과 해태한 마음, 적정한 마음과 산란한 마음을 일으키지 않는 까닭이니라.

다시 다음으로 사리자여. 보살마하살이 있어서 반야바라밀다를 수행하는 때에 보시와 정계와 안인과 정진과 반야의 바라밀다에 안주하여 일체지와 일체상지의 도를 장엄하고 청정하게 하는 것이니, 반드시 결국은 공한 이유로 은혜롭게 보시하는 마음과 간탐하는 마음, 지계의 마음과 범계의 마음, 자비로운 마음과 성내는 마음, 부지런하고 용맹한 마음과 해태한 마음, 지혜로운 마음과 우치한 마음을 일으키지 않는 까닭이니라.

다시 다음으로 사리자여. 보살마하살이 있어서 반야바라밀다를 수행하는 때에 보시와 정계와 정진과 정려와 반야의 바라밀다에 안주하여 일체지와 일체상지의 도를 장엄하고 청정하게 하는 것이니, 반드시 결국은 공한 이유로 은혜롭게 보시하는 마음과 간탐하는 마음, 지계의 마음과 범계의 마음, 부지런하고 용맹한 마음과 해태한 마음, 적정한 마음과 산란한 마음, 지혜로운 마음과 우치한 마음을 일으키지 않는 까닭이니라.

다시 다음으로 사리자여. 보살마하살이 있어서 반야바라밀다를 수행하는 때에 보시와 안인과 정진과 정려와 반야의 바라밀다에 안주하여 일체지와 일체상지의 도를 장엄하고 청정하게 하는 것이니, 반드시 결국은 공한 이유로 은혜롭게 보시하는 마음과 간탐하는 마음, 자비로운 마음과 성내는 마음, 부지런하고 용맹한 마음과 해태한 마음, 적정한 마음과 산란한 마음, 지혜로운 마음과 우치한 마음을 일으키지 않는 까닭이니라. 다시 다음으로 사리자여. 보살마하살이 있어서 반야바라밀다를 수행하는 때에 정계와 안인과 정진과 정려와 반야의 바라밀다에 안주하여 일체지와 일체상지의 도를 장엄하고 청정하게 하는 것이니, 반드시 결국은 공한 이유로 지계의 마음과 범계의 마음, 자비로운 마음과 성내는 마음, 부지런하고 용맹한 마음과 해태한 마음, 적정한 마음과 산란한 마음, 지혜로운 마음과 우치한 마음을 일으키지 않는 까닭이니라.

다시 다음으로 사리자여. 보살마하살이 있어서 반야바라밀다를 수행하는 때에 보시와 정계와 안인과 정진과 정려와 반야의 바라밀다에 안주하여 일체지와 일체상지의 도를 장엄하고 청정하게 하는 것이니, 반드시 결국은 공한 이유로 은혜롭게 보시하는 마음과 간탐하는 마음, 지계의 마음과 범계의 마음, 자비로운 마음과 성내는 마음, 부지런하고 용맹한 마음과 해태한 마음, 적정한 마음과 산란한 마음, 지혜로운 마음과 우치한 마음을 일으키지 않는 까닭이니라.

이와 같이 사리자여. 제보살마하살이 반야바라밀다를 수행하는 때에 6바라밀다에 안주하여 일체지와 일체상지의 도를 장엄하고 청정하게 하나니, 반드시 결국은 공한 이유로 가고 오는 것이 없는 까닭이며, 보시도 없고 간탐도 없으나 오직 가립(假立)으로 보시한다고 설하는 까닭이고, 정계(淨戒)도 없고 범계(犯戒)도 없으나 오직 가립으로 보시한다고 설하는 까닭이며, 안인도 없고 성냄도 없으나 오직 가립으로 보시한다고 설하는 까닭이고, 정진도 없고 해태도 없으나 오직 가립으로 보시한다고 설하는 까닭이며, 정려도 없고 산란함도 없으나 오직 가립으로 보시한다고 설하는 까닭이며, 반야도 없고 우치함도 없으나 오직 가립으로 보시한다고 설하는 까닭이니라.

이 보살마하살은 세계(趣)에 들어가는 것도 집착하지 않고 취에 들어가지 않는 것도 집착하지 않으며, 이미 제도한 것에 집착하지 않고 제도하지 못한 것에 집착하지 않으며, 보시에 집착하지 않고 간탐에 집착하지 않으며, 정계에 집착하지 않고 범계에 집착하지 않으며, 안인에 집착하지 않고 성냄에 집착하지 않으며, 정진에 집착하지 않고 해태에 집착하지 않으며, 정려에 집착하지 않고 산란함에 집착하지 않으며, 반야에 집착하지 않고 우치에 집착하지 않느니라.

사리자여. 이 보살마하살은 마땅히 그때에 역시 보시라는 것에 집착하지 않고 간탐에도 집착하지 않으며, 정계에 집착하지 않고 범계에 집착하지 않으며, 안인에 집착하지 않고 성냄에 집착하지 않으며, 정진에 집착하지 않고 해태에 집착하지 않으며, 정진에 집착하지 않고 해태에 집착하지 않으며, 정려에 집착하지 않고 산란함에 집착하지 않으며, 반야에 집착하지 않고 우치에도 집착하지 않느니라. 사리자여. 이 보살마하살은 그때에 집착과 집착하지 않음에도 역시 집착이 없느니라. 왜 그러한가? 사리자여. 이 보살마하살은 일체법이 반드시 결국은 공하다고 통달한 까닭이니라.

사리자여. 이 보살마하살은 그때에 헐뜯고 욕하는 것에 집착하지 않고 찬탄에도 집착하지 않으며, 손해(損害)에 집착하지 않고 요익(饒益)에 집착하지 않으며, 경만(輕慢)⁶⁾에 집착하지 않고 공경에도 집착하지 않느

---

6) 다른 사람을 업신여기는 교만한 마음을 뜻한다.

니라. 왜 그러한가? 사리자여. 이 보살마하살은 일체법은 모두 본성이 공하고, 본성의 공의 가운데에는 헐뜯고 욕하는 것에 집착하지 않고 찬탄이 없는 까닭이고, 손해와 요익이 없는 까닭이며, 경만과 공경이 없다고 통달한 까닭이니라.

사리자여. 이 보살마하살은 그때 헐뜯고 욕하는 것에 집착하지 않고 찬탄에 집착하지 않으며, 헐뜯고 욕하는 것에 집착하지 않고 찬탄에도 집착하지 않으며, 손해에 집착하지 않고 요익에 집착하지 않으며, 경만에 집착하지 않고 공경에도 집착하지 않느니라. 왜 그러한가? 사리자여. 이 보살마하살은 일체법은 모두 본성이 공하고, 본성의 공의 가운데에는 헐뜯고 욕하는 것에 집착하지 않고 찬탄이 없는 까닭이고, 손해와 요익이 없는 까닭이며, 경만과 공경이 없다고 통달한 까닭이니라.

사리자여. 이 보살마하살은 그때 집착과 집착하지 않음에도 역시 집착이 없느니라. 왜 그러한가? 사리자여. 이 보살마하살은 반야바라밀다를 수행하면서 집착과 집착하지 않는 것을 영원히 끊은 까닭이니라. 이와 같이 사리자여. 제보살마하살이 반야바라밀다를 수행하는 때에 얻는 공덕은 최상(最上)이고 최고로 미묘하며 불가사의하고 일체의 성문과 독각들은 모두가 소유하지 않았느니라. 사리자여. 이 보살마하살은 이와 같은 공덕이 이미 원만하였다면, 다시 수승한 보시·애어(愛語)·이행(利行)·동사(同事)로 유정들을 성숙시키고, 다시 여러 종류의 견고한 대원(大願)으로써 용맹하게 정진하여 불국토를 장엄하고 청정하게 하는 것이니, 이것을 이유로 구하는 무상정등보리를 빠르게 증득하느니라.

다시 다음으로 사리자여. 제보살마하살이 반야바라밀다를 수행하는 때에 일에의 유정들에서 만약 열등하거나, 만약 수승하거나, 만약 좋거나, 만약 추루(醜陋)하더라도 평등한 마음을 일으키고, 이 보살마하살은 일체의 유정들에게 평등한 마음을 일으켰다면, 다시 이익되고 안락하게 할 마음을 일으키며, 이 보살마하살은 일체의 유정들에게 이익되고 안락하게 할 마음을 일으켰다면, 일체의 법성에서 모두 평등함을 얻게 하며, 이 보살마하살은 일체의 법성에서 평등함을 얻었다면, 널리 능히 일체의 유정들을 일체법의 평등한 성품에 가운데에 안립시켜서 큰 요익을 짓느니라.

사리자여. 이 보살마하살은 이 인연을 이유로 현법(現法)의 가운데에서 시방세계의 일체 여래·응공·정등각의 처소에서 호념(護念)하고, 역시 시방의 일체의 보살마하살들의 처소에서 함께 칭찬(稱讚)하며, 또한 일체의 성문·독각과·범행(梵行)을 수행하는 자들의 처소에서 함께 공경하고 사랑하며, 역시 일체의 세간·천인(天人)·아소락들이 공양하고 공경하며 존중하고 찬탄하느니라.

사리자여. 이 보살마하살은 이 인연을 이유로 태어나는 처소에서 눈으로 항상 사랑할 수 없는 색깔을 보지 않고, 귀로 항상 사랑할 수 없는 소리를 듣지 않으며, 코로 항상 사랑할 수 없는 냄새를 맡지 않고, 혀로 항상 사랑할 수 없는 맛을 맛보지 않으며, 몸으로 항상 사랑할 수 없는 접촉을 느끼지 않으며, 뜻으로 항상 사랑할 수 없는 법을 취하지 않느니라. 사리자여. 이 보살마하살은 이 인연을 이유로 얻는 공덕은 전전하여 증장하고 전전하여 수승하며, 나아가 무상정등보리에 항상 퇴전(退轉)이 없느니라."

마땅히 세존께서 이러한 매우 깊은 반야바라밀다의 수승한 공덕을 설하시는 때에, 회중(會中)에서 무량한 대비구(大苾芻)들이 자리에서 일어났고, 각자 여러 종류의 새롭고 청정하며 상품(上品)인 옷을 세존께 봉헌(奉獻)[7]하였으며, 봉헌하고서 모두 아뇩다라삼먁삼보리심(阿耨多羅三藐三菩提心)[8]을 일으켰다. 그때 세존께서는 곧바로 미소를 지으셨고 입에서

---

7) (존귀한 분께) 물건이나 예물 등을 받들어 바친다는 뜻이다.
8) 산스크리트어 Anuttara-samyak-saṃbodhi의 음사이고, '무상정등보리(無上正等菩提)', '무상정등각(無上正等覺)', '무상정각(無上正覺)' 등으로 한역한다. 산스크리트의 의미를 해석하여 본다면 'A'는 '무(無)', '무제한'의 뜻이고, 'nuttara'는 '더 높고 더 높다.'는 뜻이므로, '가장 높다'라고 해석한다. 'anuttara'는 '최고'를 뜻하고, 'Samyak'은 '정확한'의 뜻이므로 '올바르다.', '완전하다.'라고 해석한다. 'bodhi'는 '깨달음', '바른 길', '전지전능' 등으로 번역한다. 따라서 전체적으로 '완전하고 가장 높은 깨달음'이라고 해석한다.

여러 종류의 빛깔의 광명을 내뿜으셨다. 이때 아난다(阿難陀)⁹⁾는 곧 자리에서 일어나서 왼쪽 어깨를 덮고 우슬착지(右膝著地)¹⁰⁾하고서 합장하며 공경스럽게 세존께 아뢰었다.

"세존이시여. 무슨 인연으로 이러한 미소를 나타내십니까? 제불의 미소는 인연이 없지 않습니다. 오직 바라옵건대 세존이시여. 애민(哀愍)하게 생각하시어 설하여 주십시오."

그때 세존께서는 아난다에게 알려 말씀하셨다.

"이 자리에서 일어난 무량한 비구들은 이것에서 61겁의 이후(已後)인 성유겁(星喩劫)의 가운데에서 마땅히 부처를 지어서 모두가 동일(同一)한 명호일지니, 대당상(大幢相) 여래(如來)·응공(應)·정등각(正等覺)·명행원만(明行圓滿)·선서(善逝)·세간해(世間解)·무상장부(無上丈夫)·조어사(調御士)·천인사(天人師)·불·박가범(佛薄伽梵)이리라. 이 여러 비구들은 이곳에서 몰(歿)¹¹⁾하면 마땅히 동방의 부동불국(不動佛國)에 태어나서 그 여래의 처소에서 범행을 부지런히 수행할 것이다.

그때 60백천의 여러 천자(天子)들이 여래께서 설하시는 매우 깊은 반야바라밀다 공덕의 수승한 이익을 듣고서 모두가 무상정등각(無上正等覺)의 마음을 일으킬 것이며, 세존께서는 그들에게 '마땅히 자씨여래(慈氏如來)¹²⁾의 법의 가운데에서 청정한 믿음으로 출가하여 범행을 부지런히 수행하라.'고 수기(授記)할 것이고, 자씨여래는 모두에게 '마땅히 무상정등보리를 얻고 정법륜(正法輪)을 굴리면서 무량한 대중을 제도하여 모두에게 항상 즐거운 열반을 증득하게 하라'고 수기할 것이니라."

그때 이곳의 일체 회중의 대중들은 세존의 신통력으로써 모두가 시방의 각각 일천 불국토의 제불·세존과 그 회중의 대중, 그 여러 불국토의

---

9) 산스크리트어 Ananda의 음사이다.
10) 공경의 뜻을 표하는 인도의 예법으로 오른쪽 무릎을 바닥에 맞대고 앉으며 왼쪽 무릎은 세우고, 오른쪽 발은 바닥을 지탱하여 세우는 자세를 가리킨다.
11) 비구가 입적(入寂)하는 것이다.
12) 산스크리트어 Maitreya의 번역이고, 미륵불(彌勒佛)을 가리킨다.

공덕과 미묘하고 수승한 장엄을 보았는데, 마땅히 그때에서 이곳 감인세계(堪忍世界)의 공덕과 장엄으로는 미칠 수 없는 것이었다. 이때 회중의 대중인 무량한 백천 유정의 부류들이 각자 발원하여 말하였다.

"제가 수습한 여러 순수하고 맑은 업으로써 원하건대, 마땅히 그곳·그곳의 불국토에 왕생(往生)하게 하십시오."

그때 세존께서는 그들이 마음으로 발원하는 것을 아시고 곧 다시 미소를 지으셨으므로, 입에서는 역시 여러 종류의 색깔인 광명이 뿜어져서 나왔다.

이때 아난다는 다시 자리에서 일어나서 세존께서 미소를 지으신 인연을 공경스럽게 물었다. 그때 세존께서 아난다에게 알려 말씀하셨다.

"그대는 지금 이 자리에서 일어났던 무량한 백천의 유정들을 보았는가?"

아난이 아뢰어 말하였다.

"그렇습니다. 보았습니다."

세존께서 아난에게 알려 말씀하셨다.

"이 여러 유정들은 이곳에서 목숨을 마치면 그들의 원력에 따라서 각자 그곳·그곳의 여러 불국토에 왕생할 것이고, 제불의 처소에서 보살행을 수행할 것이며, 나아가 무상정등보리를 얻을 것이고, 태어나는 처소는 항상 여래를 벗어나지 않으므로 공양하고 공경하며 존중하고 찬탄하면서 보시·정계·안인·정진·정려·반야바라밀다를 부지런히 수습할 것이고, 내공·외공·내외공·공공·대공·승의공·유위공·무위공·필경공·무제공·산공·무변이공·본성공·자상공·공상공·일체법공·불가득공·무성공·자성공·무성자성공에 안주할 것이며, 진여·법계·법성·불허망성·불변이성·평등성·이생성·법정·법주·실제·허공계·부사의계에 안주할 것이고, 4념주·4정단·4신족·5근·5력·7등각지·8성도지를 수행할 것이며, 고·집·멸·도성제에 안주할 것이고, 4정려·4무량·4무색정을 수행할 것이며, 8해탈·8승처·9차제정·10변처를 수행할 것이고, 공·무상·무원해탈문을 수행할 것이며, 일체의 다라니문과 삼마지문을 수행할 것이고, 보살마하살의 지(地)를 수행할 것이며, 5안과 6신통을 수행할 것이고, 여래의 10력·4무소외·4무애해·대자·대비·대희·대사·18불불공법을 수행할 것이며, 무망실법과 항주사성을 수행할 것이고, 일체지·도상지·일체상지와 나머지의 보살마하살의 행(行)을 수행하면서 원만함을 얻고서 함께 한때에 성불하므로 모두 동일한 명호이리니 장엄왕(莊嚴王) 여래·응공·정등각·명행원만·선서·세간해·무상장부·조어사·천인사·불·박가범이라고 불릴 것이니라."

마하반야바라밀다경 제10권

5. 찬승덕품(讚勝德品)

그때 구수(具壽) 사리자(舍利子)·구수 대목련(大目連)[1]·구수 대음광(大飮光)[2]·구수 선현(善現)[3] 등의 대중에게 알려진 여러 대비구와 비구니, 아울러 보살마하살·오바색가(鄔波索迦)·오바사가(鄔波斯迦)들이 모두 자리에서 일어나서 공경스럽게 합장하고 함께 세존께 아뢰어 말하였다.

"세존이시여. 보살마하살이 소유(所有)한 반야바라밀다(般若波羅蜜多)는 큰 바라밀다입니다. 세존이시여. 보살마하살이 소유한 반야바라밀다는 넓은 바라밀다입니다. 세존이시여. 보살마하살이 소유한 반야바라밀다는 제일의 바라밀다입니다. 세존이시여. 보살마하살이 소유한 반야바라밀다는 수승한 바라밀다입니다. 세존이시여. 보살마하살이 소유한 반야바라밀다는 묘한 바라밀다입니다. 세존이시여. 보살마하살이 소유한 반야바라밀다는 미묘(微妙)한 바라밀다입니다. 세존이시여. 보살마하살이 소유한 반야바라밀다는 존귀한 바라밀다입니다. 세존이시여. 보살마하살이 소유한 반야바라밀다는 높은(高) 바라밀다입니다. 세존이시여. 보살마하살이 소유한 반야바라밀다는 최고의 바라밀다입니다. 세존이시

---

1) 산스크리트어 mahā-maudgalyāya의 음사이다.
2) 산스크리트어 Mahā-kāśyapa의 음사이고, 대가섭(大迦葉)을 가리킨다. 또한 '대음광(大飮光)', '대구씨(大龜氏)' 등으로 한역한다.
3) 산스크리트어 Subhūti의 번역이고, 수보리를 가리킨다. 또한 '선길(善吉)', '선업(善業)' 등으로 한역한다.

여. 보살마하살이 소유한 반야바라밀다는 지극한 바라밀다입니다.

세존이시여. 보살마하살이 소유한 반야바라밀다는 위(上)의 바라밀다입니다. 세존이시여. 보살마하살이 소유한 반야바라밀다는 무상(無上)의 바라밀다입니다. 세존이시여. 보살마하살이 소유한 반야바라밀다는 무상상(無上上)의 바라밀다입니다. 세존이시여. 보살마하살이 소유한 반야바라밀다는 평등(等)한 바라밀다입니다. 세존이시여. 보살마하살이 소유한 반야바라밀다는 무등(無等)의 바라밀다입니다. 세존이시여. 보살마하살이 소유한 반야바라밀다는 무등등(無等等)의 바라밀다입니다. 세존이시여, 보살마하살이 소유한 반야바라밀다는 상대가 없는 바라밀다입니다. 세존이시여. 보살마하살이 소유한 반야바라밀다는 허공과 같은 바라밀다입니다.

세존이시여. 보살마하살이 소유한 반야바라밀다는 자상공(自相空)의 바라밀다입니다. 세존이시여. 보살마하살이 소유한 반야바라밀다는 공상공(共相共)의 바라밀다입니다. 세존이시여, 보살마하살이 소유한 반야바라밀다는 일체법공(一切法空)의 바라밀다입니다. 세존이시여, 보살마하살이 소유한 반야바라밀다는 불가득공(不可得空)의 바라밀다입니다. 세존이시여, 보살마하살이 소유한 반야바라밀다는 무성공(無性空)의 바라밀다입니다. 세존이시여. 보살마하살이 소유한 반야바라밀다는 자성공(自性空)의 바라밀다입니다. 세존이시여. 보살마하살이 소유한 반야바라밀다는 무성자성공(無性自性空)의 바라밀다입니다. 세존이시여, 보살마하살이 소유한 반야바라밀다는 무변이공(無變異空)의 바라밀다입니다.

세존이시여. 보살마하살이 소유한 반야바라밀다는 생겨나지 않는 바라밀다입니다. 세존이시여. 보살마하살이 소유한 반야바라밀다는 소멸이 없는 바라밀다입니다. 세존이시여, 보살마하살이 소유한 반야바라밀다는 염오가 없는 바라밀다입니다. 세존이시여. 보살마하살이 소유한 반야바라밀다는 논쟁(諍)이 없는 바라밀다입니다. 세존이시여. 보살마하살이 소유한 반야바라밀다는 적정(寂靜)의 바라밀다입니다. 세존이시여. 보살마하살이 소유한 반야바라밀다는 멀리 벗어나는 바라밀다입니다. 세존이시여. 보살마하살이 소유한 반야바라밀다는 적정하게 멈추는 바라밀다입니다.

세존이시여. 보살마하살이 소유한 반야바라밀다는 조복(調伏)시키는 바라밀다입니다. 세존이시여. 보살마하살이 소유한 반야바라밀다는 밝은 진언(明呪)의 바라밀다입니다. 세존이시여. 보살마하살이 소유한 반야바라밀다는 진실한 진리(誠諦)의 바라밀다입니다. 세존이시여. 보살마하살이 소유한 반야바라밀다는 일체의 공덕을 열어서 일으키는 바라밀다입니다. 세존이시여, 보살마하살이 소유한 반야바라밀다는 일체의 공덕을 성취하는 바라밀다입니다. 세존이시여. 보살마하살이 소유한 반야바라밀다는 능히 일체를 깨뜨리는 바라밀다입니다. 세존이시여. 보살마하살이 소유한 반야바라밀다는 굴복(屈伏)시킬 수 없는 바라밀다입니다.

세존이시여. 반야바라밀다를 수행하는 제보살마하살은 최고로 존귀하고 최고로 수승하며 최고로 뛰어나고 최고로 미묘하여 큰 세력을 갖추었으므로, 능히 무등등(無等等)한 보시를 수행하고, 능히 무등등한 보시를 원만하게 하며, 능히 무등등한 보시바라밀다를 구족하고, 능히 무등등한 스스로의 몸(自體)을 얻나니 이를테면, 무변하고 수승한 상호(相好)로 묘하게 장엄한 몸이고, 무등등한 묘법(妙法)을 증득하는데 이를테면, 무상정등보리(無上正等菩提)입니다.

세존이시여. 반야바라밀다를 수행하는 제보살마하살은 최고로 존귀하고 최고로 수승하며 최고로 뛰어나고 최고로 미묘하여 큰 세력을 갖추었으므로, 능히 무등등한 정계를 수행하고, 능히 무등등한 정계를 원만하게 하며, 능히 무등등한 정계바라밀다를 구족하고, 능히 무등등한 스스로의 몸을 얻나니 이를테면, 무변하고 수승한 상호로 묘하게 장엄한 몸이고, 무등등한 묘법을 증득하는데 이를테면, 무상정등보리입니다.

세존이시여. 반야바라밀다를 수행하는 제보살마하살은 최고로 존귀하고 최고로 수승하며 최고로 뛰어나고 최고로 미묘하여 큰 세력을 갖추었으므로, 능히 무등등한 안인을 수행하고, 능히 무등등한 안인을 원만하게 하며, 능히 무등등한 안인바라밀다를 구족하고, 능히 무등등한 스스로의 몸을 얻나니 이를테면, 무변하고 수승한 상호로 묘하게 장엄한 몸이고, 무등등한 묘법을 증득하는데 이를테면, 무상정등보리입니다.

세존이시여. 반야바라밀다를 수행하는 제보살마하살은 최고로 존귀하고 최고로 수승하며 최고로 뛰어나고 최고로 미묘하여 큰 세력을 갖추었으므로, 능히 무등등한 정진을 수행하고, 능히 무등등한 정진을 원만하게 하며, 능히 무등등한 정진바라밀다를 구족하고, 능히 무등등한 스스로의 몸을 얻나니 이를테면, 무변하고 수승한 상호로 묘하게 장엄한 몸이고, 무등등한 묘법을 증득하는데 이를테면, 무상정등보리입니다.

세존이시여. 반야바라밀다를 수행하는 제보살마하살은 최고로 존귀하고 최고로 수승하며 최고로 뛰어나고 최고로 미묘하여 큰 세력을 갖추었으므로, 능히 무등등한 정려를 수행하고, 능히 무등등한 정려를 원만하게 하며, 능히 무등등한 정려바라밀다를 구족하고, 능히 무등등한 스스로의 몸을 얻나니 이를테면, 무변하고 수승한 상호로 묘하게 장엄한 몸이고, 무등등한 묘법을 증득하는데 이를테면, 무상정등보리입니다.

세존이시여. 반야바라밀다를 수행하는 제보살마하살은 최고로 존귀하고 최고로 수승하며 최고로 뛰어나고 최고로 미묘하여 큰 세력을 갖추었으므로, 능히 무등등한 반야를 수행하고, 능히 무등등한 반야를 원만하게 하며, 능히 무등등한 반야바라밀다를 구족하고, 능히 무등등한 스스로의 몸을 얻나니 이를테면 무변하고 수승한 상호로 묘하게 장엄한 몸이고, 무등등한 묘법을 증득하는데 이를테면, 무상정등보리입니다.

세존이시여. 반야바라밀다를 수행하는 제보살마하살은 최고로 존귀하고 최고로 수승하며 최고로 뛰어나고 최고로 미묘하여 큰 세력을 갖추었으므로, 능히 무등등한 내공·외공·내외공·공공·대공·승의공·유위공·무위공·필경공·무제공·산공·무변이공·본성공·자상공·공상공·일체법공·불가득공·무성공·자성공·무성자성공에 안주하고, 능히 무등등한 내공, 나아가 무성자성공을 원만하게 하며, 능히 무등등한 내공, 나아가 무성자성공을 구족하고, 능히 무등등한 스스로의 몸을 얻나니 이를테면, 무변하고 수승한 상호로 묘하게 장엄한 몸이고, 무등등한 묘법을 증득하는데 이를테면, 무상정등보리입니다.

세존이시여. 반야바라밀다를 수행하는 제보살마하살은 최고로 존귀하고 최고로 수승하며 최고로 뛰어나고 최고로 미묘하여 큰 세력을 갖추었으므로, 능히 무등등한 진여·법계·법성·불허망성·불변이성·평등성·이생성·법정·법주·실제·허공계·부사의계에 안주하고, 능히 무등등한 진여, 나아가 부사의계를 원만하게 하며, 능히 무등등한 진여, 나아가 부사의계를 구족하고, 능히 무등등한 스스로의 몸을 얻나니 이를테면, 무변하고 수승한 상호로 묘하게 장엄한 몸이고, 무등등한 묘법을 증득하는데 이를테면, 무상정등보리입니다.

세존이시여. 반야바라밀다를 수행하는 제보살마하살은 최고로 존귀하고 최고로 수승하며 최고로 뛰어나고 최고로 미묘하여 큰 세력을 갖추었으므로, 능히 무등등한 4념주·4정단·4신족·5근·5력·7등각지·8성도지에 안주하고, 능히 무등등한 4념주, 나아가 8성도지를 원만하게 하며, 능히 무등등한 4념주, 나아가 8성도지를 구족하고, 능히 무등등한 스스로의 몸을 얻나니 이를테면, 무변하고 수승한 상호로 묘하게 장엄한 몸이고, 무등등한 묘법을 증득하는데 이를테면, 무상정등보리입니다.

세존이시여. 반야바라밀다를 수행하는 제보살마하살은 최고로 존귀하고 최고로 수승하며 최고로 뛰어나고 최고로 미묘하여 큰 세력을 갖추었으므로, 능히 무등등한 고·집·멸·도성제에 안주하고, 능히 무등등한 고·집·멸·도성제를 원만하게 하며, 능히 무등등한 고·집·멸·도성제를 구족하고, 능히 무등등한 스스로의 몸을 얻나니 이를테면, 무변하고 수승한 상호로 묘하게 장엄한 몸이고, 무등등한 묘법을 증득하는데 이를테면, 무상정등보리입니다.

세존이시여. 반야바라밀다를 수행하는 제보살마하살은 최고로 존귀하고 최고로 수승하며 최고로 뛰어나고 최고로 미묘하여 큰 세력을 갖추었으므로, 능히 무등등한 4정려·4무량·4무색정을 수행하고, 능히 무등등한 4정려·4무량·4무색정을 원만하게 하며, 능히 무등등한 4정려·4무량·4무색정을 구족하고, 능히 무등등한 스스로의 몸을 얻나니 이를테면, 무변하

고 수승한 상호로 묘하게 장엄한 몸이고, 무등등한 묘법을 증득하는데
이를테면, 무상정등보리입니다.

세존이시여. 반야바라밀다를 수행하는 제보살마하살은 최고로 존귀하
고 최고로 수승하며 최고로 뛰어나고 최고로 미묘하여 큰 세력을 갖추었으
므로, 능히 무등등한 8해탈·8승처·9차제정·10변처를 수행하고, 능히 무
등등한 8해탈·8승처·9차제정·10변처를 원만하게 하며, 능히 무등등한
8해탈·8승처·9차제정·10변처를 구족하고, 능히 무등등한 스스로의 몸을
얻나니 이를테면, 무변하고 수승한 상호로 묘하게 장엄한 몸이고, 무등등
한 묘법을 증득하는데 이를테면, 무상정등보리입니다.

세존이시여. 반야바라밀다를 수행하는 제보살마하살은 최고로 존귀하
고 최고로 수승하며 최고로 뛰어나고 최고로 미묘하여 큰 세력을 갖추었으
므로, 능히 무등등한 공·무상·무원해탈문을 수행하고, 능히 무등등한
공·무상·무원해탈문을 원만하게 하며, 능히 무등등한 공·무상·무원해탈
문을 구족하고, 능히 무등등한 스스로의 몸을 얻나니 이를테면, 무변하고
수승한 상호로 묘하게 장엄한 몸이고, 무등등한 묘법을 증득하나니 이를
테면, 무상정등보리입니다.

세존이시여. 반야바라밀다를 수행하는 제보살마하살은 최고로 존귀하
고 최고로 수승하며 최고로 뛰어나고 최고로 미묘하여 큰 세력을 갖추었으
므로, 능히 무등등한 다라니문과 삼마지문을 수행하고, 능히 무등등한
다라니문과 삼마지문을 원만하게 하며, 능히 무등등한 다라니문과 삼마지
문을 구족하고, 능히 무등등한 스스로의 몸을 얻나니 이를테면, 무변하고
수승한 상호로 묘하게 장엄한 몸이고, 무등등한 묘법을 증득하는데 이를
테면, 무상정등보리입니다.

세존이시여. 반야바라밀다를 수행하는 제보살마하살은 최고로 존귀하
고 최고로 수승하며 최고로 뛰어나고 최고로 미묘하여 큰 세력을 갖추었으
므로, 능히 무등등한 보살마하살의 지위(地)를 수행하고, 능히 무등등한
보살마하살의 지위를 원만하게 하며, 능히 무등등한 보살마하살의 지위를
구족하고, 능히 무등등한 스스로의 몸을 얻나니 이를테면, 무변하고 수승

한 상호로 묘하게 장엄한 몸이고, 무등등한 묘법을 증득하는데 이를테면, 무상정등보리입니다.

세존이시여. 반야바라밀다를 수행하는 제보살마하살은 최고로 존귀하고 최고로 수승하며 최고로 뛰어나고 최고로 미묘하여 큰 세력을 갖추었으므로, 능히 무등등한 5안과 6신통을 수행하고, 능히 무등등한 5안과 6신통을 원만하게 하며, 능히 무등등한 5안과 6신통을 구족하고, 능히 무등등한 스스로의 몸을 얻나니 이를테면, 무변하고 수승한 상호로 묘하게 장엄한 몸이고, 무등등한 묘법을 증득하는데 이를테면, 무상정등보리입니다.

세존이시여. 반야바라밀다를 수행하는 제보살마하살은 최고로 존귀하고 최고로 수승하며 최고로 뛰어나고 최고로 미묘하여 큰 세력을 갖추었으므로, 능히 무등등한 여래의 10력·4무소외·4무애해·대자·대비·대희·대사·18불불공법을 수행하고, 능히 무등등한 여래의 10력·4무소외·4무애해·대자·대비·대희·대사·18불불공법을 원만하게 하며, 능히 무등등한 여래의 10력·4무소외·4무애해·대자·대비·대희·대사·18불불공법을 구족하고, 능히 무등등한 스스로의 몸을 얻나니 이를테면, 무변하고 수승한 상호로 묘하게 장엄한 몸이고, 무등등한 묘법을 증득하는데 이를테면, 무상정등보리입니다.

세존이시여. 반야바라밀다를 수행하는 제보살마하살은 최고로 존귀하고 최고로 수승하며 최고로 뛰어나고 최고로 미묘하여 큰 세력을 갖추었으므로, 능히 무등등한 무망실법과 항주사성을 수행하고, 능히 무등등한 무망실법과 항주사성을 원만하게 하며, 능히 무등등한 무망실법과 항주사성을 구족하고, 능히 무등등한 스스로의 몸을 얻나니 이를테면, 무변하고 수승한 상호로 묘하게 장엄한 몸이고, 무등등한 묘법을 증득하나니 이를테면, 무상정등보리입니다.

세존이시여. 반야바라밀다를 수행하는 제보살마하살은 최고로 존귀하고 최고로 수승하며 최고로 뛰어나고 최고로 미묘하여 큰 세력을 갖추었으므로, 능히 무등등한 일체지·도상지·일체상지를 수행하고, 능히 무등등한 일체지·도상지·일체상지를 원만하게 하며, 능히 무등등한 일체지·도상지·일체상지를 구족하고, 능히 무등등한 스스로의 몸을 얻나니 이를테면, 무변하고 수승한 상호로 묘하게 장엄한 몸이고, 무등등한 묘법을 증득하는데 이를테면, 무상정등보리입니다.

세존이시여. 여래께서도 역시 반야바라밀다를 수행하셨던 이유로 능히 수행이 안주할 수 있었고 원만할 수 있었습니다. 여러 공덕을 구족하셨던 까닭으로, 무등등한 색을 얻으셨고 무등등한 수·상·행·식을 얻으셨으며, 무등등한 보리를 증득하셨고 무등등한 법륜을 굴리시면서 무량한 유정들을 제도하시어 해탈시켰으며, 수승한 이익과 안락을 얻게 하셨습니다. 과거·미래·현재의 제불께서도 역시 반야바라밀다를 정근(精勤)으로 수학(修學)하시어 여러 종류의 공덕이 모두 원만하시고, 이미 무상정등보리를 증득하셨으며, 마땅히 무상정등보리를 증득할 것이고, 현재에도 무상정등보리를 증득하시어 묘한 법륜을 굴리시면서 무량한 대중을 제도하시면서 수승한 이익과 안락을 얻게 하십니다.

이러한 까닭으로 세존이시여. 만약 보살마하살이 일체법에서 피안(彼岸)으로 제도하여 이르게 하고자 한다면 마땅히 반야바라밀다를 수학해야 합니다. 세존이시여. 반야바라밀다를 수행하는 제보살마하살은 일체 세간의 만약 천상이거나, 만약 인간과 아소락들이 모두가 상응하여 공양하고 공경하며 존중하고 찬탄하며 수호(守護)하고 반야바라밀다를 정진하고 수행하는 것에 장애가 없게 할 것입니다."

그때 세존께서는 여러 성문과 보살마하살들에게 말씀하셨다.

"이와 같으니라. 이와 같으니라. 그대들이 말한 것과 같으니라. 반야바라밀다를 수행하는 제보살마하살은 일체 세간의 만약 천상이거나, 만약 인간과 아소락들이 모두가 상응하여 공양하고 공경하며 존중하고 찬탄하며 수호(守護)하고 반야바라밀다를 정진하고 수행하는 것에 장애를 없게 하느니라.

왜 그러한가? 이 보살마하살 이유로 세간에는 인간과 천상들이 출현(出現)하는 것이다. 이를테면, 찰제리의 대종족·바라문의 대종족·장자의 대종족·거사의 대종족, 만약 전륜왕이거나, 만약 4대왕중천·33천·야마천·도사다천·낙변화천·타화자재천이거나, 만약 범중천·범보천·범회천·대범천이거나, 만약 광천·소광천·무량광천·극광정천이거나, 만약 정천·소정천·무량정천·변정천이거나, 만약 광천·소광천·무량광천·광과천이거나, 만약 무상유정천이거나, 만약 무번천·무열천·선현천·선견천·색구경천이거나, 만약 공무변처천·식무변처천·무소유처천·비상비비상처천이 세간에 출현하는 까닭이니라.

이 보살마하살을 이유로 예류·일래·불환·아라한·독각·보살마하살과 제여래(諸如來)·응공(應供)·정등각(正等覺)께서 세간에 출현하시는 까닭이고, 이 보살마하살을 이유로 세간에는 삼보(三寶)가 출현하는 까닭이며, 여러 유정들을 위하여 큰 이익을 지어서 주느니라. 이 보살마하살을 이유로 세간에는 여러 종류의 자구(資)가 생겨나는 즐거운 도구(具)가 출현하는 것이니 이를테면, 음식·의복·와구(臥具)·방사(房舍)·등불(燈明)·마니(末尼)·진주(眞珠)·유리(瑠璃)·나패(螺貝)·벽옥(璧玉)·산호(珊瑚)·금·은 등의 보배가 세간에 출현(出現)하는 까닭이니라.

그것으로써 요약하여 말한다면, 일체 세간의 인간과 천상 등의 즐거움과 열반의 즐거움은 모두 이 보살마하살의 있는 이유가 아닌 것이 없느니라. 그 까닭은 무엇인가? 이 보살마하살은 스스로가 바르게 보시·정계·안인·정진·정려·반야바라밀다를 수행하고, 역시 다른 사람을 가르쳐서 수행하게 하며, 스스로가 바르게 내공·외공·내외공·공공·대공·승의공·유위공·무위공·필경공·무제공·산공·무변이공·본성공·자상공·공상공·일체법공·불가득공·무성공·자성공·무성자성공에 안주하고, 역시 다른 사람을 가르쳐서 안주하게 하며, 스스로가 바르게 진여·법계·법성·불허망성·불변이성·평등성·이생성·법정·법주·실제·허공계·부사의계에 안주하고, 역시 다른 사람을 가르쳐서 안주하게 하며, 스스로가 바르게 4념주·4정단·4신족·5근·5력·7등각지·8성도지를 수행하고, 역시 다른 사람을 가르쳐서 수행하게 하며, 스스로가 바르게 고·집·멸·도성제에 안주하고, 역시 다른 사람을 가르쳐서 안주하게 하며, 스스로가 바르게 4정려·4

무량·4무색정을 수행하고, 역시 다른 사람을 가르쳐서 수행하게 하며, 스스로가 바르게 8해탈·8승처·9차제정·10변처를 수행하고, 역시 다른 사람을 가르쳐서 수행하게 하며, 스스로가 바르게 공·무상·무원해탈문을 수행하고, 역시 다른 사람을 가르쳐서 수행하게 하며, 스스로가 바르게 다라니문과 삼마지문을 수행하고, 역시 다른 사람을 가르쳐서 수행하게 하며, 스스로가 바르게 제보살지(諸菩薩地)를 수행하고, 역시 다른 사람을 가르쳐서 수행하게 하며, 스스로가 바르게 5안과 6신통을 수행하고, 역시 다른 사람을 가르쳐서 수행하게 하며, 스스로가 바르게 여래의 10력·4무소외·4무애해·대자·대비·대희·대사·18불불공법을 수행하고, 역시 다른 사람을 가르쳐서 수행하게 하며, 스스로가 바르게 무망실법과 항주사성을 수행하고, 역시 다른 사람을 가르쳐서 수행하게 하며, 스스로가 바르게 일체지·도상지·일체상지를 수행하고, 역시 다른 사람을 가르쳐서 수행하게 하느니라. 이러한 까닭으로 이 반야바라밀다를 수행하는 제보살마하살을 이유로 일체의 유정들은 모두 수승한 이익과 안락을 얻느니라."

6. 현설상품(現舌相品)

그때 세존께서는 넓고 긴 혀의 모습을 나타내시어 삼천대천세계를 두루 덮으셨고, 다시 혀의 모습에서 무량(無量)하고 무수(無數)한 여러 종류의 색깔의 광명을 뿜으시면서 시방에 긍가의 모래와 같은 제불의 세계를 널리 비추셨다. 그때 동방에 긍가의 모래와 같은 여러 불국토 가운데에 각각 무량하고 무수한 보살마하살들이 있었는데, 이 광명을 보았고 각자 그들의 여래께 나아가서 정례(頂禮)[4]하고 공경스럽게 아뢰어

---

4) 무릎을 꿇고 두 손으로 땅을 짚고서, 존경하는 사람의 발밑에 머리를 대고 예배하는 것이다.

말하였다.

"세존이시여, 이것은 누구의 신력입니까? 다시 무슨 인연으로써 이러한 상서(祥瑞)로움이 있습니까?"

이때 그 제불께서는 각각의 보살마하살들에게 알려 말씀하셨다.

"선남자들이여. 이곳에서 서방으로 세존의 세계가 있고 감인(堪忍)이라고 이름하며, 세존의 명호는 석가모니 여래·응공·정등각·명행원만·선서·세간해·무상장부·조어사·천인사·불·박가범이니라. 지금 보살마하살들을 위하여 대반야바라밀다를 설하시면서 넓고 긴 혀의 모습을 나타내시어 삼천대천세계를 두루 덮으시고, 다시 혀의 모습에서 무량하고 무수한 여러 종류의 색깔의 광명을 뿜으시면서 시방 긍가의 모래와 같은 제불의 세계를 널리 비추시는데, 지금 보았던 광명이 곧 그 세존의 혀의 모습에서 나타나는 것이니라."

이때 제보살마하살은 이 일을 듣고 환희하고 요약하면서 각각 여래께 아뢰어 말하였다.

"저희들은 지금 감인세계로 가고자 하며, 석가모니불과 제보살마하살의 대중들을 보고서 예경하고 공양하며, 아울러 반야바라밀다를 듣고자 합니다. 원하옵건대 세존이시여. 애민하게 생각하시어 허락하여 주십시오."

그때 그 제불께서는 각각 알려 말씀하셨다.

"지금이 바로 그때이니라. 그대들은 뜻을 따라서 가도록 하라."

하나·하나의 불국토의 무량하고 무수한 보살마하살의 대중들은 각각 여래의 발에 예경하고 오른쪽으로 일곱 번을 돌고서 무량한 보배의 당기·번기·일산·향·꽃다발(鬘)·영락(瓔珞)·금·은 등으로 장엄한 꽃을 지녔으며, 여러 종류의 상묘(上妙)한 악기를 두드리고 기악(伎樂)을 연주하며 수유(須臾)5)를 지나서 이 세존의 처소에 이르렀으며, 공양하고 공경하며 존중하고 찬탄하면서 세존의 발에 정례하고 한쪽으로 물러나서 머물렀다.

5) 지극히 짧은 시간을 뜻한다. 『구사론(俱舍論)』에서는 30납박(臘縛)이 1수유(須臾)가 되고, 30수유가 1주야가 된다고 주석하고 있다.

　　그때 남방에 긍가의 모래와 같은 여러 불국토 가운데에 각각 무량하고 무수한 보살마하살들이 있었는데, 이 광명을 보았고 각자 그들의 여래께 나아가서 정례하고 공경스럽게 아뢰어 말하였다.

　　"세존이시여, 이것은 누구의 신력입니까? 다시 무슨 인연으로써 이러한 상서로움이 있습니까?"

　　그때 그 제불께서는 각각 보살마하살들에게 알려 말씀하셨다.

　　"선남자들이여. 이곳에서 북방으로 세존의 세계가 있고 감인이라고 이름하며, 세존의 명호는 석가모니 여래·응공·정등각·명행원만·선서·세간해·무상장부·조어사·천인사·불·박가범이니라. 지금 보살마하살들을 위하여 대반야바라밀다를 설하시면서 넓고 긴 혀의 모습을 나타내시어 삼천대천세계를 두루 덮으시고, 다시 혀의 모습에서 무량하고 무수한 여러 종류의 색깔의 광명을 뿜으시면서 시방 긍가의 모래와 같은 제불의 세계를 널리 비추시는데, 지금 보았던 광명이 곧 그 세존의 혀의 모습에서 나타나는 것이니라."

　　이때 제보살마하살은 이 일을 듣고 환희하고 요약하면서 각각 여래께 아뢰어 말하였다.

　　"저희들은 지금 감인세계로 가고자 하며, 석가모니불과 제보살마하살의 대중들을 보고서 예경하고 공양하며, 아울러 반야바라밀다를 듣고자 합니다. 원하옵건대 세존이시여. 애민하게 생각하시어 허락하여 주십시오."

　　그때 그 제불께서는 각각 알려 말씀하셨다.

　　"지금이 바로 그때이니라. 그대들은 뜻을 따라서 가도록 하라."

　　하나·하나의 불국토의 무량하고 무수한 보살마하살의 대중들은 각각 여래의 발에 예경하고 오른쪽으로 일곱 번을 돌고서 무량한 보배의 당기·번기·일산·향·꽃다발·영락·금·은 등으로 장엄한 꽃을 지녔으며, 여러 종류의 상묘한 악기를 두드리고 기악을 연주하며 수유를 지나서 이 세존의 처소에 이르렀으며, 공양하고 공경하며 존중하고 찬탄하면서 세존의 발에 정례하고 한쪽으로 물러나서 머물렀다.

　　그때 서방에 긍가의 모래와 같은 여러 불국토 가운데에 각각 무량하고 무수한 보살마하살들이 있었는데, 이 광명을 보았고 각자 그들의 여래께 나아가서 정례하고 공경스럽게 아뢰어 말하였다.

"세존이시여, 이것은 누구의 신력입니까? 다시 무슨 인연으로써 이러한 상서로움이 있습니까?"

이때 그 제불께서는 각각 보살마하살들에게 알려 말씀하셨다.

"선남자들이여. 이곳에서 동방으로 세존의 세계가 있고 감인이라고 이름하며, 세존의 명호는 석가모니 여래·응공·정등각·명행원만·선서·세간해·무상장부·조어사·천인사·불·박가범이니라. 지금 보살마하살들을 위하여 대반야바라밀다를 설하시면서 넓고 긴 혀의 모습을 나타내시어 삼천대천세계를 두루 덮으시고, 다시 혀의 모습에서 무량하고 무수한 여러 종류의 색깔의 광명을 뿜으시면서 시방 긍가의 모래와 같은 제불의 세계를 널리 비추시는데, 지금 보았던 광명이 곧 그 세존의 혀의 모습에서 나타나는 것이니라."

이때 제보살마하살은 이 일을 듣고 환희하고 요약하면서 각각 여래께 아뢰어 말하였다.

"저희들은 지금 감인세계로 가고자 하며, 석가모니불과 제보살마하살의 대중들을 보고서 예경하고 공양하며, 아울러 반야바라밀다를 듣고자 합니다. 원하옵건대 세존이시여. 애민하게 생각하시어 허락하여 주십시오."

그때 그 제불께서는 각각 알려 말씀하셨다.

"지금이 바로 그때이니라. 그대들은 뜻을 따라서 가도록 하라."

하나·하나의 불국토의 무량하고 무수한 보살마하살의 대중들은 각각 여래의 발에 예경하고 오른쪽으로 일곱 번을 돌고서 무량한 보배의 당기·번기·일산·향·꽃다발·영락·금·은 등으로 장엄한 꽃을 지녔으며, 여러 종류의 상묘한 악기를 두드리고 기악을 연주하며 수유를 지나서 이 세존의 처소에 이르렀으며, 공양하고 공경하며 존중하고 찬탄하면서 세존의 발에 정례하고 한쪽으로 물러나서 머물렀다.

그때 북방에 긍가의 모래와 같은 여러 불국토 가운데에 각각 무량하고 무수한 보살마하살들이 있었는데, 이 광명을 보았고 각자 그들의 여래께 나아가서 정례하고 공경스럽게 아뢰어 말하였다.

"세존이시여, 이것은 누구의 신력입니까? 다시 무슨 인연으로써 이러한 상서로움이 있습니까?"

이때 그 제불께서는 각각 보살마하살들에게 알려 말씀하셨다.

"선남자들이여. 이곳에서 남방으로 세존의 세계가 있고 감인이라고 이름하며, 세존의 명호는 석가모니 여래·응공·정등각·명행원만·선서·세간해·무상장부·조어사·천인사·불·박가범이니라. 지금 보살마하살들을 위하여 대반야바라밀다를 설하시면서 넓고 긴 혀의 모습을 나타내시어 삼천대천세계를 두루 덮으시고, 다시 혀의 모습에서 무량하고 무수한 여러 종류의 색깔의 광명을 뿜으시면서 시방 긍가의 모래와 같은 제불의 세계를 널리 비추시는데, 지금 보았던 광명이 곧 그 세존의 혀의 모습에서 나타나는 것이니라."

이때 제보살마하살은 이 일을 듣고 환희하고 요약하면서 각각 여래께 아뢰어 말하였다.

"저희들은 지금 감인세계로 가고자 하며, 석가모니불과 제보살마하살의 대중들을 보고서 예경하고 공양하며, 아울러 반야바라밀다를 듣고자 합니다. 원하옵건대 세존이시여. 애민하게 생각하시어 허락하여 주십시오."

그때 그 제불께서는 각각 알려 말씀하셨다.

"지금이 바로 그때이니라. 그대들은 뜻을 따라서 가도록 하라."

하나·하나의 불국토의 무량하고 무수한 보살마하살의 대중들은 각각 여래의 발에 예경하고 오른쪽으로 일곱 번을 돌고서 무량한 보배의 당기·번기·일산·향·꽃다발·영락·금·은 등으로 장엄한 꽃을 지녔으며, 여러 종류의 상묘한 악기를 두드리고 기악을 연주하며 수유를 지나서 이 세존의 처소에 이르렀으며, 공양하고 공경하며 존중하고 찬탄하면서 세존의 발에 정례하고 한쪽으로 물러나서 머물렀다.

그때 동북방에 긍가의 모래와 같은 여러 불국토 가운데에 각각 무량하고 무수한 보살마하살들이 있었는데, 이 광명을 보았고 각자 그들의 여래께 나아가서 정례하고 공경스럽게 아뢰어 말하였다.

"세존이시여, 이것은 누구의 신력입니까? 다시 무슨 인연으로써 이러한 상서로움이 있습니까?"

이때 그 제불께서는 각각 보살마하살들에게 알려 말씀하셨다.

"선남자들이여. 이곳에서 서남방으로 세존의 세계가 있고 감인이라고 이름하며, 세존의 명호는 석가모니 여래·응공·정등각·명행원만·선서·세간해·무상장부·조어사·천인사·불·박가범이니라. 지금 보살마하살들을 위하여 대반야바라밀다를 설하시면서 넓고 긴 혀의 모습을 나타내시어 삼천대천세계를 두루 덮으시고, 다시 혀의 모습에서 무량하고 무수한 여러 종류의 색깔의 광명을 뿜으시면서 시방 긍가의 모래와 같은 제불의 세계를 널리 비추시는데, 지금 보았던 광명이 곧 그 세존의 혀의 모습에서 나타나는 것이니라."

이때 제보살마하살은 이 일을 듣고 환희하고 요약하면서 각각 여래께 아뢰어 말하였다.

"저희들은 지금 감인세계로 가고자 하며, 석가모니불과 제보살마하살의 대중들을 보고서 예경하고 공양하며, 아울러 반야바라밀다를 듣고자 합니다. 원하옵건대 세존이시여. 애민하게 생각하시어 허락하여 주십시오."

그때 그 제불께서는 각각 알려 말씀하셨다.

"지금이 바로 그때이니라. 그대들은 뜻을 따라서 가도록 하라."

하나·하나의 불국토의 무량하고 무수한 보살마하살의 대중들은 각각 여래의 발에 예경하고 오른쪽으로 일곱 번을 돌고서 무량한 보배의 당기·번기·일산·향·꽃다발·영락·금·은 등으로 장엄한 꽃을 지녔으며, 여러 종류의 상묘한 악기를 두드리고 기악을 연주하며 수유를 지나서 이 세존의 처소에 이르렀으며, 공양하고 공경하며 존중하고 찬탄하면서 세존의 발에 정례하고 한쪽으로 물러나서 머물렀다.

그때 동남방에 긍가의 모래와 같은 여러 불국토 가운데에 각각 무량하고 무수한 보살마하살들이 있었는데, 이 광명을 보았고 각자 그들의 여래께 나아가서 정례하고 공경스럽게 아뢰어 말하였다.

"세존이시여, 이것은 누구의 신력입니까? 다시 무슨 인연으로써 이러한 상서로움이 있습니까?"

이때 그 제불께서는 각각 보살마하살들에게 알려 말씀하셨다.

"선남자들이여. 이곳에서 서북방으로 세존의 세계가 있고 감인이라고 이름하며, 세존의 명호는 석가모니 여래·응공·정등각·명행원만·선서·세간해·무상장부·조어사·천인사·불·박가범이니라. 지금 보살마하살들을 위하여 대반야바라밀다를 설하시면서 넓고 긴 혀의 모습을 나타내시어 삼천대천세계를 두루 덮으시고, 다시 혀의 모습에서 무량하고 무수한 여러 종류의 색깔의 광명을 뿜으시면서 시방 긍가의 모래와 같은 제불의 세계를 널리 비추시는데, 지금 보았던 광명이 곧 그 세존의 혀의 모습에서 나타나는 것이니라."

이때 제보살마하살은 이 일을 듣고 환희하고 요약하면서 각각 여래께 아뢰어 말하였다.

"저희들은 지금 감인세계로 가고자 하며, 석가모니불과 제보살마하살의 대중들을 보고서 예경하고 공양하며, 아울러 반야바라밀다를 듣고자 합니다. 원하옵건대 세존이시여. 애민하게 생각하시어 허락하여 주십시오."

그때 그 제불께서는 각각 알려 말씀하셨다.

"지금이 바로 그때이니라. 그대들은 뜻을 따라서 가도록 하라."

하나·하나의 불국토의 무량하고 무수한 보살마하살의 대중들은 각각 여래의 발에 예경하고 오른쪽으로 일곱 번을 돌고서 무량한 보배의 당기·번기·일산·향·꽃다발·영락·금·은 등으로 장엄한 꽃을 지녔으며, 여러 종류의 상묘한 악기를 두드리고 기악을 연주하며 수유를 지나서 이 세존의 처소에 이르렀으며, 공양하고 공경하며 존중하고 찬탄하면서 세존의 발에 정례하고 한쪽으로 물러나서 머물렀다.

그때 서남방에 긍가의 모래와 같은 여러 불국토 가운데에 각각 무량하고 무수한 보살마하살들이 있었는데, 이 광명을 보았고 각자 그들의 여래께 나아가서 정례하고 공경스럽게 아뢰어 말하였다.

"세존이시여, 이것은 누구의 신력입니까? 다시 무슨 인연으로써 이러한 상서로움이 있습니까?"

이때 그 제불께서는 각각 보살마하살들에게 알려 말씀하셨다.

"선남자들이여. 이곳에서 동북방으로 세존의 세계가 있고 감인이라고 이름하며, 세존의 명호는 석가모니 여래·응공·정등각·명행원만·선서·세간해·무상장부·조어사·천인사·불·박가범이니라. 지금 보살마하살들을 위하여 대반야바라밀다를 설하시면서 넓고 긴 혀의 모습을 나타내시어 삼천대천세계를 두루 덮으시고, 다시 혀의 모습에서 무량하고 무수한 여러 종류의 색깔의 광명을 뿜으시면서 시방 긍가의 모래와 같은 제불의 세계를 널리 비추시는데, 지금 보았던 광명이 곧 그 세존의 혀의 모습에서 나타나는 것이니라."

이때 제보살마하살은 이 일을 듣고 환희하고 요약하면서 각각 여래께 아뢰어 말하였다.

"저희들은 지금 감인세계로 가고자 하며, 석가모니불과 제보살마하살의 대중들을 보고서 예경하고 공양하며, 아울러 반야바라밀다를 듣고자 합니다. 원하옵건대 세존이시여. 애민하게 생각하시어 허락하여 주십시오."

그때 그 제불께서는 각각 알려 말씀하셨다.

"지금이 바로 그때이니라. 그대들은 뜻을 따라서 가도록 하라."

하나·하나의 불국토의 무량하고 무수한 보살마하살의 대중들은 각각 여래의 발에 예경하고 오른쪽으로 일곱 번을 돌고서 무량한 보배의 당기·번기·일산·향·꽃다발·영락·금·은 등으로 장엄한 꽃을 지녔으며, 여러 종류의 상묘한 악기를 두드리고 기악을 연주하며 수유를 지나서 이 세존의 처소에 이르렀으며, 공양하고 공경하며 존중하고 찬탄하면서 세존의 발에 정례하고 한쪽으로 물러나서 머물렀다.

그때 서북방에 긍가의 모래와 같은 여러 불국토 가운데에 각각 무량하고 무수한 보살마하살들이 있었는데, 이 광명을 보았고 각자 그들의 여래께 나아가서 정례하고 공경스럽게 아뢰어 말하였다.

"세존이시여, 이것은 누구의 신력입니까? 다시 무슨 인연으로써 이러한 상서로움이 있습니까?"

이때 그 제불께서는 각각 보살마하살들에게 알려 말씀하셨다.

"선남자들이여. 이곳에서 동남방으로 세존의 세계가 있고 감인이라고 이름하며, 세존의 명호는 석가모니 여래·응공·정등각·명행원만·선서·세간해·무상장부·조어사·천인사·불·박가범이니라. 지금 보살마하살들을 위하여 대반야바라밀다를 설하시면서 넓고 긴 혀의 모습을 나타내시어 삼천대천세계를 두루 덮으시고, 다시 혀의 모습에서 무량하고 무수한 여러 종류의 색깔의 광명을 뿜으시면서 시방 긍가의 모래와 같은 제불의 세계를 널리 비추시는데, 지금 보았던 광명이 곧 그 세존의 혀의 모습에서 나타나는 것이니라."

이때 제보살마하살은 이 일을 듣고 환희하고 요약하면서 각각 여래께 아뢰어 말하였다.

"저희들은 지금 감인세계로 가고자 하며, 석가모니불과 제보살마하살의 대중들을 보고서 예경하고 공양하며, 아울러 반야바라밀다를 듣고자 합니다. 원하옵건대 세존이시여. 애민하게 생각하시어 허락하여 주십시오."

그때 그 제불께서는 각각 알려 말씀하셨다.

"지금이 바로 그때이니라. 그대들은 뜻을 따라서 가도록 하라."

하나·하나의 불국토의 무량하고 무수한 보살마하살의 대중들은 각각 여래의 발에 예경하고 오른쪽으로 일곱 번을 돌고서 무량한 보배의 당기·번기·일산·향·꽃다발·영락·금·은 등으로 장엄한 꽃을 지녔으며, 여러 종류의 상묘한 악기를 두드리고 기악(伎樂)을 연주하며 수유를 지나서 이 세존의 처소에 이르렀으며, 공양하고 공경하며 존중하고 찬탄하면서 세존의 발에 정례하고 한쪽으로 물러나서 머물렀다.

그때 하방(下方)에 긍가의 모래와 같은 여러 불국토 가운데에 각각 무량하고 무수한 보살마하살들이 있었는데, 이 광명을 보았고 각자 그들의 여래께 나아가서 정례하고 공경스럽게 아뢰어 말하였다.

"세존이시여, 이것은 누구의 신력입니까? 다시 무슨 인연으로써 이러한 상서로움이 있습니까?"

이때 그 제불께서는 각각 보살마하살들에게 알려 말씀하셨다.

"선남자들이여. 이곳에서 상방(上方)으로 세존의 세계가 있고 감인이라고 이름하며, 세존의 명호는 석가모니 여래·응공·정등각·명행원만·선서·세간해·무상장부·조어사·천인사·불·박가범이니라. 지금 보살마하살들을 위하여 대반야바라밀다를 설하시면서 넓고 긴 혀의 모습을 나타내시어 삼천대천세계를 두루 덮으시고 다시 혀의 모습에서 무량하고 무수한 여러 종류의 색깔의 광명을 뿜으시면서 시방 긍가의 모래와 같은 제불의 세계를 널리 비추시는데, 지금 보았던 광명이 곧 그 세존의 혀의 모습에서 나타나는 것이니라."

이때 제보살마하살은 이 일을 듣고 환희하고 요약하면서 각각 여래께 아뢰어 말하였다.

"저희들은 지금 감인세계로 가고자 하며, 석가모니불과 제보살마하살의 대중들을 보고서 예경하고 공양하며, 아울러 반야바라밀다를 듣고자 합니다. 원하옵건대 세존이시여. 애민하게 생각하시어 허락하여 주십시오."

그때 그 제불께서는 각각 알려 말씀하셨다.

"지금이 바로 그때이니라. 그대들은 뜻을 따라서 가도록 하라."

하나·하나의 불국토의 무량하고 무수한 보살마하살의 대중들은 각각 여래의 발에 예경하고 오른쪽으로 일곱 번을 돌고서 무량한 보배의 당기·번기·일산·향·꽃다발·영락·금·은 등으로 장엄한 꽃을 지녔으며, 여러 종류의 상묘한 악기를 두드리고 기악을 연주하며 수유를 지나서 이 세존의 처소에 이르렀으며, 공양하고 공경하며 존중하고 찬탄하면서 세존의 발에 정례하고 한쪽으로 물러나서 머물렀다.

그때 상방에 긍가의 모래와 같은 여러 불국토 가운데에 각각 무량하고 무수한 보살마하살들이 있었는데, 이 광명을 보았고 각자 그들의 여래께 나아가서 정례하고 공경스럽게 아뢰어 말하였다.

"세존이시여, 이것은 누구의 신력입니까? 다시 무슨 인연으로써 이러한 상서로움이 있습니까?"

이때 그 제불께서는 각각 보살마하살들에게 알려 말씀하셨다.

"선남자들이여. 이곳에서 하방으로 세존의 세계가 있고 감인이라고 이름하며, 세존의 명호는 석가모니 여래·응공·정등각·명행원만·선서·세간해·무상장부·조어사·천인사·불·박가범이니라. 지금 보살마하살들을 위하여 대반야바라밀다를 설하시면서 넓고 긴 혀의 모습을 나타내시어 삼천대천세계를 두루 덮으시고 다시 혀의 모습에서 무량하고 무수한 여러 종류의 색깔의 광명을 뿜으시면서 시방 긍가의 모래와 같은 제불의 세계를 널리 비추시는데, 지금 보았던 광명이 곧 그 세존의 혀의 모습에서 나타나는 것이니라."

이때 제보살마하살은 이 일을 듣고 환희하고 요약하면서 각각 여래께 아뢰어 말하였다.

"저희들은 지금 감인세계로 가고자 하며, 석가모니불과 제보살마하살의 대중들을 보고서 예경하고 공양하며, 아울러 반야바라밀다를 듣고자 합니다. 원하옵건대 세존이시여. 애민하게 생각하시어 허락하여 주십시오."

그때 그 제불께서는 각각 알려 말씀하셨다.

"지금이 바로 그때이니라. 그대들은 뜻을 따라서 가도록 하라."

하나·하나의 불국토의 무량하고 무수한 보살마하살의 대중들은 각각 여래의 발에 예경하고 오른쪽으로 일곱 번을 돌고서 무량한 보배의 당기(幢)·번기(幡)·일산(蓋)·향·꽃다발·영락·금·은 등으로 장엄한 꽃을 지녔으며, 여러 종류의 상묘한 악기를 두드리고 기악을 연주하며 수유를 지나서 이 세존의 처소에 이르렀으며, 공양하고 공경하며 존중하고 찬탄하면서 세존의 발에 정례하고 한쪽으로 물러나서 머물렀다.

그때 4대왕중천부터 타화자재천에 이르렀고, 범중천부터 색구경천에 이르기까지 각자 무량한 여러 종류의 향과 꽃다발(華鬘)을 지녔는데 이를테면, 도향(塗香)6)·말향(末香)7)·소향(燒香)8)·수향(樹香)·엽향(葉香)과 여러 가지의 섞은 향과 열의(悅意) 화만·생류(生類) 화만·용전(龍錢) 화만과 아울러 무량한 여러 가지가 섞인 꽃다발이었으며, 또한 무량한 여러

---

6) 바르는 향을 가리킨다.
7) 가루향을 가리킨다.
8) 피우는 향을 가리킨다.

가지의 천화(天華)인 올발라화(嗢鉢羅華)⁹⁾·발특마화(鉢特摩華)¹⁰⁾·구모
다화(俱某陀華)¹¹⁾·분다리화(奔荼利華)¹²⁾·미묘음화(微妙音華)¹³⁾·대미묘
음화(大微妙音華)¹⁴⁾·나머지의 무량한 여러 가지의 천화를 지니고 세존의
처소로 와서 이르렀고, 공양하고 공경하며 존중하고 찬탄하며 세존의
발에 정례하고 한쪽으로 물러나서 머물렀다.

그때 시방에서 왔던 제보살마하살들과 그 밖의 한량없는 욕계와 색계의
천인들이 봉헌하였던 여러 가지의 보배의 당기·번기·일산과 진귀한 영락,
묘한 음악과 여러 향들과 꽃들이 세존의 신통력으로 위로 허공에 솟아올라
서 합쳐졌고 봉우리(臺蓋)가 되어 삼천대천의 불국토를 두루 덮었으며,
봉우리 끝자락의 네 모서리에는 각각 보배 당기가 있었고, 봉우리의
보배의 번기는 모두가 영락을 늘어트렸으며, 수승한 번기의 묘한 비단(綵)
과 진귀한 꽃다발과 여러 가지의 장엄은 매우 사랑스럽고 아름다웠다.

이때 이 회중의 가운데에 있던 백천 구지·나유타의 유정들이 모두
자리에서 일어나서 합장하고 공경스럽게 세존께 아뢰어 말하였다.

"세존이시여, 저희들도 미래에 여래가 되어서 상호와 위덕이 지금의
세존과 같게 하시고, 국토의 장엄과 성문·보살·천인들이 모이게 하며,
굴리는 법륜도 아울러 지금의 세존과 같게 하십시오."

그때 세존께서 그 마음의 발원을 아셨고, 이미 제법에서 무생인(無生忍)
을 깨우쳐서 '일체에 태어나지도 않고 소멸하지도 않으며 짓는 것도
없고 하는 것도 없다.'라고 통달(通達)할 것이라고 아셨고, 곧바로 미소를

---

9) 산스크리트어 utpala의 음사이고, 청련화(靑蓮華)를 가리킨다. 또한 '구발라(漚鉢
羅)', '우발라(優鉢羅)' 등으로 한역한다.
10) 산스크리트어 padma의 음사이고, 홍련화(紅蓮華)를 가리킨다. 또한 '발담마(鉢曇
摩)', '파두마(波頭摩)', '반두마(般頭摩)' 등으로 한역한다.
11) 산스크리트어 Kumuda의 음사이고, 백수련(白水蓮)을 가리킨다. 또한 '구물두(拘
勿頭)', '구물두(俱勿頭)', '구물다(拘物陀)' 등으로 한역한다.
12) 산스크리트어 Puṇḍarika의 음사이고, 백련화(白蓮花)를 가리킨다. 또한 '분다리(芬
陀利)', '분다리가(分陀利迦)', '분다리가(分荼利迦)' 등으로 한역한다.
13) 산스크리트어 māndārava의 음사이다.
14) 산스크리트어 mahā-māndārava의 음사이다.

지으셨으므로, 얼굴에서 다시 여러 가지 색깔의 광명이 뿜어져 나왔다. 존자(尊者)[15] 아난은 곧 자리에서 일어나서 합장하고 공경스럽게 세존께 아뢰어 말하였다.

"세존이시여, 무슨 인연으로 이렇게 미소를 지으십니까?"

세존께서 아난에게 알리셨다.

"이 자리에서 일어난 백천 구지·나유타의 대중들은 이미 제법에서 무생인을 깨쳤으며, 마땅히 미래에 68구지의 대겁(大劫)을 지내면서 보살행을 수행하여 화적겁(華積劫)의 가운데에서 여래를 얻을 것이고, 모두 동일한 명호일 것이며, 각분화(覺分華) 여래·응공·정등각·명행원만·선서·세간해·무상장부·조어사·천인사·불·박가범이라고 불릴 것이니라."

---

15) 산스크리트어 ārya의 번역이고, '성자(聖者)', '존귀자(尊貴者)' 등으로 한역한다.

마하반야바라밀다경 제11권

7. 교계교수품(敎誡敎授品)(1)

그때 세존께서는 구수 선현(善現)[1]에게 말씀하셨다.

"그대는 변재(辯才)로써 마땅히 보살마하살들을 위하여 반야바라밀다와 상응(相應)하는 법을 널리 설하여 제보살마하살을 교계(敎誡)하고 교수(敎授)하여 반야바라밀다의 수학(修學)을 결국 끝마치게 하라."

이때 제보살마하살과 대성문(大聲聞)·천인(天)·용(龍)·약차(藥叉)[2]·인비인(人非人) 등이 함께 이렇게 생각을 지었다.

'지금 존자 선현은 스스로의 지혜와 변재의 힘으로써 마땅히 보살마하살들을 위하여 반야바라밀다와 상응하는 법을 널리 설하여 제보살마하살을 교계하고 교수하여 반야바라밀다의 수학을 결국 끝마치게 하면서 마땅히 세존의 위신력을 받들면서 할 것인가?'

구수 선현은 제보살마하살과 대성문·천인·용·약차·인비인 등이 마음으로 생각하는 것을 알고서 곧 구수 사리자(舍利子)에게 알려 말하였다.

"제불의 제자들이 설법하려 교계하는 것은 마땅히 모두 세존의 위신력을 받드는 것이라고 알아야 합니다. 왜 그러한가? 사리자여. 제불께서 다른 사람을 위하여 널리 법요(法要)를 설하신다면 그는 세존의 가르침을 받들어 정근으로 수학한다면 곧 능히 제법의 진실한 성품(實性)을 증득할

---

1) 산스크리트어 Subhūti의 번역이고 수보리(須菩提)를 가리킨다. 또한 '선길(善吉)', '선업(善業)' 등으로 한역한다.

2) 산스크리트어 yakṣa의 음사이고, 또한 '야차(夜叉)', '열차(悅叉)' 등으로 한역한다.

것이고, 이것을 이유로 다른 사람을 위하여 널리 설할 것이 있더라도 모두 법성(法性)과 능히 어긋나지 않는 까닭으로, 세존께서 말씀하신 것은 등불을 비추어 전하는 것 같습니다.

사리자여. 내가 마땅히 세존의 위신력(威神力)과 가피(加被)를 받들어 제보살마하살들에게 반야바라밀다에 상응하는 법을 널리 설하면서 제보살마하살을 교계하고 교수하여 반야바라밀다를 수학하여 결국 끝마치게 하더라도, 스스로의 지혜와 변재의 힘이 이유는 아닙니다. 왜 그러한가? 매우 깊은 반야바라밀다와 상응한 법은 여러 성문과 독각의 경계가 아닙니다."

그때 구수 선현이 세존께 아뢰어 말하였다.

"세존이시여. 여래께서는 '그대는 변재로써 마땅히 보살마하살들을 위하여 반야바라밀다에 상응하는 법을 널리 설하면서 제보살마하살을 교계하고 교수하여 반야바라밀다를 수학하여 결국 끝마치게 하라.'고 칙명하신 것과 같습니다. 세존이시여. 이 가운데에서 무슨 법을 보살마하살이라고 이름하고, 다시 무슨 법이 있다면 반야바라밀다라고 이름합니까? 세존이시여. 저는 보살마하살이라고 이름할 수 있는 어느 법도 보지 못하였고, 역시 반야바라밀다라고 이름할 수 있는 어느 법도 보지 못하였습니다. 이와 같은 두 가지의 이름이 역시 있다고 보지 못하였는데, 어찌 저에게 보살마하살들을 위하여 반야바라밀다에 상응하는 법을 널리 설하면서 제보살마하살을 교계하고 교수하여 반야바라밀다를 수학하여 결국 끝마치게 하라고 말씀하십니까?"

세존께서 말씀하셨다.

"선현이여. 보살마하살은 다만 이름이 있으므로 보살마하살이라고 말하고, 반야바라밀다도 역시 다만 이름이 있으므로 반야바라밀다라고 말하며, 이러한 두 가지의 이름도 역시 다만 이름으로 있느니라. 선현이여. 이 세 가지의 이름은 생겨나지 않고 없어지지 않으며, 오직 있다는 생각과 같다는 생각으로 언설(言說)을 시설(施設)하는 것이니, 이와 같은 가명(假名)은 내신(內身)에도 있지 않고 외신(外身)에도 있지 않으며 두 중간에도 있지 않으므로 얻을 수 없는 까닭이니라.

선현이여. 마땅히 알지니라. 비유한다면 나(我)는 다만 가명이고, 이와 같은 이름은 가명이므로 생겨나지 않고 없어지지 않으며, 오직 있다는 생각과 같다는 생각으로 언설을 시설하여 나라고 말하는 것이니, 이와 같아서   유정(有情)·명자(命者)·생자(生者)·양자(養者)·사부(士夫)·보특가라(補特伽羅)·의생(意生)·유동(儒童)·작자(作者)·사작자(使作者)·기자(起者)·사기자(使起者)·수자(受者)·사수자(使受者)·지자(智者)·견자(見者) 등도 역시 가명이므로 이와 같은 이름은 가명이므로 생겨나지 않고 없어지지 않으며, 오직 있다는 생각과 같다는 생각으로 언설을 시설하여 유정, 나아가 견자라고 말하는 것이며, 이와 같은 일체는 다만 가명으로 있고, 이러한 여러 가명은 내신(內身)에도 있지 않고 외신(外身)에도 있지 않으며 두 중간에도 있지 않으므로 얻을 수 없는 까닭이니라.

이와 같이 선현이여. 만약 보살마하살이거나, 만약 반야바라밀다이거나, 만약 이 두 가지의 이름도 모두 가법(假法)이고, 이와 같은 가법은 생겨나지 않고 없어지지 않으며, 오직 있다는 생각과 같다는 생각으로 언설을 시설하여 보살마하살이라고 말하고 반야바라밀다라고 말하며 이 두 가지의 이름이라고 말하느니라. 이와 같은 세 가지는 다만 가명으로 있고, 이러한 여러 가명은 내신에도 있지 않고 외신에도 있지 않으며 두 중간에도 있지 않으므로 얻을 수 없는 까닭이니라.

다시 다음으로 선현이여. 비유한다면 색(色)은 다만 가법과 같으므로, 이와 같은 가법은 생겨나지 않고 없어지지 않는데, 오직 있다는 생각과 같다는 생각으로 언설을 시설하여 색이라고 말하고, 이와 같이 수(受)·상(想)·행(行)·식(識)도 역시 다만 가법이므로, 이와 같은 가법은 생겨나지 않고 없어지지 않는데, 오직 있다는 생각과 같다는 생각으로 언설을 시설하여 수·상·행·식이라고 말한다. 이와 같은 일체는 다만 가명으로 있고, 이러한 여러 가명은 내신에도 있지 않고 외신에도 있지 않으며 두 중간에도 있지 않으므로, 얻을 수 없는 까닭이니라.

이와 같이 선현이여. 만약 보살마하살이거나, 만약 반야바라밀다이거나, 만약 이 두 가지의 이름도 모두 가법이고, 이와 같은 가법은 생겨나지 않고 없어지지 않으며, 오직 있다는 생각과 같다는 생각으로 언설을 시설하여 보살마하살이라 말하고 반야바라밀다라고 말하며 이 두 가지의 이름이라고 말하느니라. 이와 같은 세 가지는 다만 가명으로 있고, 이러한 여러 가명은 내신에도 있지 않고 외신에도 있지 않으며 두 중간에도 있지 않으므로 얻을 수 없는 까닭이니라.

다시 다음으로 선현이여. 비유한다면 안처(眼處)는 다만 가법과 같으므로, 이와 같은 가법은 생겨나지 않고 없어지지 않는데, 오직 있다는 생각과 같다는 생각으로 언설을 시설하여 안처라고 말하고, 이와 같이 이(耳)·비(鼻)·설(舌)·신(身)·의처(意處)도 역시 다만 가법이므로, 이와 같은 가법은 생겨나지 않고 없어지지 않는데, 오직 있다는 생각과 같다는 생각으로 언설을 시설하여 이·비·설·신·의처라고 말한다. 이와 같은 일체는 다만 가명으로 있고, 이러한 여러 가명은 내신에도 있지 않고 외신에도 있지 않으며 두 중간에도 있지 않으므로 얻을 수 없는 까닭이니라.

이와 같이 선현이여. 만약 보살마하살이거나, 만약 반야바라밀다이거나, 만약 이 두 가지의 이름도 모두 가법이고, 이와 같은 가법은 생겨나지 않고 없어지지 않으며, 오직 있다는 생각과 같다는 생각으로 언설을 시설하여 보살마하살이라고 말하고 반야바라밀다라고 말하며 이 두 가지의 이름이라고 말하느니라. 이와 같은 세 가지는 다만 가명으로 있고, 이러한 여러 가명은 내신에도 있지 않고 외신에도 있지 않으며 두 중간에도 있지 않으므로 얻을 수 없는 까닭이니라.

다시 다음으로 선현이여. 비유한다면 색처(色處)는 다만 가법과 같으므로, 이와 같은 가법은 생겨나지 않고 없어지지 않는데, 오직 있다는 생각과 같다는 생각으로 언설을 시설하여 색처라고 말하고, 이와 같이 성(聲)·향(香)·미(味)·촉(觸)·법처(法處)도 역시 다만 가법이므로, 이와 같은 가법은 생겨나지 않고 없어지지 않는데, 오직 있다는 생각과 같다는 생각으로 언설을 시설하여 성·향·미·촉·법처라고 말한다. 이와 같은 일체는 다만 가명으로 있고, 이러한 여러 가명은 내신에도 있지 않고 외신에도 있지 않으며 두 중간에도 있지 않으므로 얻을 수 없는 까닭이니라.

　이와 같이 선현이여. 만약 보살마하살이거나, 만약 반야바라밀다이거나, 만약 이 두 가지의 이름도 모두 가법이고, 이와 같은 가법은 생겨나지 않고 없어지지 않으며, 오직 있다는 생각과 같다는 생각으로 언설을 시설하여 보살마하살이라고 말하고 반야바라밀다라고 말하며 이 두 가지의 이름이라고 말하느니라. 이와 같은 세 가지는 다만 가명으로 있고, 이러한 여러 가명은 내신에도 있지 않고 외신에도 있지 않으며 두 중간에도 있지 않으므로 얻을 수 없는 까닭이니라.

　다시 다음으로 선현이여. 비유한다면 안계(眼界)는 다만 가법과 같으므로, 이와 같은 가법은 생겨나지 않고 없어지지 않는데, 오직 있다는 생각과 같다는 생각으로 언설을 시설하여 안계라고 말하고, 이와 같이 이·비·설·신·의계(意界)도 역시 다만 가법이므로, 이와 같은 가법은 생겨나지 않고 없어지지 않는데, 오직 있다는 생각과 같다는 생각으로 언설을 시설하여 이·비·설·신·의계라고 말한다. 이와 같은 일체는 다만 가명으로 있고, 이러한 여러 가명은 내신에도 있지 않고 외신에도 있지 않으며 두 중간에도 있지 않으므로 얻을 수 없는 까닭이니라.

　이와 같이 선현이여. 만약 보살마하살이거나, 만약 반야바라밀다이거나, 만약 이 두 가지의 이름도 모두 가법이고, 이와 같은 가법은 생겨나지 않고 없어지지 않으며, 오직 있다는 생각과 같다는 생각으로 언설을 시설하여 보살마하살이라고 말하고 반야바라밀다라고 말하며 이 두 가지의 이름이라고 말하느니라. 이와 같은 세 가지는 다만 가명으로 있고, 이러한 여러 가명은 내신에도 있지 않고 외신에도 있지 않으며 두 중간에도 있지 않으므로 얻을 수 없는 까닭이니라.

　다시 다음으로 선현이여. 비유한다면 색계(色界)는 다만 가법과 같으므로, 이와 같은 가법은 생겨나지 않고 없어지지 않는데, 오직 있다는 생각과 같다는 생각으로 언설을 시설하여 색계라고 말하고, 이와 같이 성·향·미·촉·법계(法界)도 역시 다만 가법이므로, 이와 같은 가법은 생겨나지 않고 없어지지 않는데, 오직 있다는 생각과 같다는 생각으로 언설을 시설하여 성·향·미·촉·법계라고 말한다. 이와 같은 일체는 다만 가명으로 있고, 이러한 여러 가명은 내신에도 있지 않고 외신에도 있지 않으며 두 중간에도 있지 않으므로 얻을 수 없는 까닭이니라.

이와 같이 선현이여. 만약 보살마하살이거나, 만약 반야바라밀다이거나, 만약 이 두 가지의 이름도 모두 가법이고, 이와 같은 가법은 생겨나지 않고 없어지지 않으며, 오직 있다는 생각과 같다는 생각으로 언설을 시설하여 보살마하살이라고 말하고 반야바라밀다라고 말하며 이 두 가지의 이름이라고 말하느니라. 이와 같은 세 가지는 다만 가명으로 있고, 이러한 여러 가명은 내신에도 있지 않고 외신에도 있지 않으며 두 중간에도 있지 않으므로 얻을 수 없는 까닭이니라.

다시 다음으로 선현이여. 비유한다면 안식계(眼識界)는 다만 가법과 같으므로, 이와 같은 가법은 생겨나지 않고 없어지지 않는데, 오직 있다는 생각과 같다는 생각으로 언설을 시설하여 안식계라고 말하고, 이와 같이 이·비·설·신·의식계(意識界)도 역시 다만 가법이므로, 이와 같은 가법은 생겨나지 않고 없어지지 않는데, 오직 있다는 생각과 같다는 생각으로 언설을 시설하여 이·비·설·신·의식계라고 말한다. 이와 같은 일체는 다만 가명으로 있고, 이러한 여러 가명은 내신에도 있지 않고 외신에도 있지 않으며 두 중간에도 있지 않으므로 얻을 수 없는 까닭이니라.

이와 같이 선현이여. 만약 보살마하살이거나, 만약 반야바라밀다이거나, 만약 이 두 가지의 이름도 모두 가법이고, 이와 같은 가법은 생겨나지 않고 없어지지 않으며, 오직 있다는 생각과 같다는 생각으로 언설을 시설하여 보살마하살이라고 말하고 반야바라밀다라고 말하며 이 두 가지의 이름이라고 말하느니라. 이와 같은 세 가지는 다만 가명으로 있고, 이러한 여러 가명은 내신에도 있지 않고 외신에도 있지 않으며 두 중간에도 있지 않으므로 얻을 수 없는 까닭이니라.

다시 다음으로 선현이여. 비유한다면 안촉(眼觸)은 다만 가법과 같으므로, 이와 같은 가법은 생겨나지 않고 없어지지 않는데, 오직 있다는 생각과 같다는 생각으로 언설을 시설하여 안촉이라고 말하고, 이와 같이 이·비·설·신·의촉(意觸)도 역시 다만 가법이므로, 이와 같은 가법은 생겨나지 않고 없어지지 않는데, 오직 있다는 생각과 같다는 생각으로 언설을 시설하여 이·비·설·신·의계라고 말한다. 이와 같은 일체는 다만 가명으로 있고, 이러한 여러 가명은 내신에도 있지 않고 외신에도 있지 않으며 두 중간에도 있지 않으므로 얻을 수 없는 까닭이니라.

이와 같이 선현이여. 만약 보살마하살이거나, 만약 반야바라밀다이거나, 만약 이 두 가지의 이름도 모두 가법이고, 이와 같은 가법은 생겨나지 않고 없어지지 않으며, 오직 있다는 생각과 같다는 생각으로 언설을 시설하여 보살마하살이라고 말하고 반야바라밀다라고 말하며 이 두 가지의 이름이라고 말하느니라. 이와 같은 세 가지는 다만 가명으로 있고, 이러한 여러 가명은 내신에도 있지 않고 외신에도 있지 않으며 두 중간에도 있지 않으므로 얻을 수 없는 까닭이니라.

다시 다음으로 선현이여. 비유한다면 안촉(眼觸)을 인연으로 삼아서 생겨난 여러 수(受)는 다만 가법과 같으므로, 이와 같은 가법은 생겨나지 않고 없어지지 않는데, 오직 있다는 생각과 같다는 생각으로 언설을 시설하여 안촉을 인연으로 삼아서 생겨난 여러 수라고 말하고, 이와 같이 이·비·설·신·의촉(意觸)을 인연으로 삼아서 생겨난 여러 수도 역시 다만 가법이므로, 이와 같은 가법은 생겨나지 않고 없어지지 않는데, 오직 있다는 생각과 같다는 생각으로 언설을 시설하여 이·비·설·신·의촉을 인연으로 삼아서 생겨난 여러 수라고 말한다. 이와 같은 일체는 다만 가명으로 있고, 이러한 여러 가명은 내신에도 있지 않고 외신에도 있지 않으며 두 중간에도 있지 않으므로 얻을 수 없는 까닭이니라.

이와 같이 선현이여. 만약 보살마하살이거나, 만약 반야바라밀다이거나, 만약 이 두 가지의 이름도 모두 가법이고, 이와 같은 가법은 생겨나지 않고 없어지지 않으며, 오직 있다는 생각과 같다는 생각으로 언설을 시설하여 보살마하살이라고 말하고 반야바라밀다라고 말하며 이 두 가지의 이름이라고 말하느니라. 이와 같은 세 가지는 다만 가명으로 있고, 이러한 여러 가명은 내신에도 있지 않고 외신에도 있지 않으며 두 중간에도 있지 않으므로 얻을 수 없는 까닭이니라.

다시 다음으로 선현이여. 비유한다면 몸 안에 소유한 머리(頭)·목(頸)·어깨(肩)·팔뚝(膊)·손(手)·팔꿈치(臂)·배(腹)·등(背)·가슴(胸)·겨드랑이(脇)·허리(腰)·등뼈(脊)·넓적다리(髀)·무릎(膝)·장딴지(腨)·정강이(脛)·발(足) 등은 다만 가법과 같으므로, 이와 같은 가법은 생겨나지 않고 없어지지 않는데, 오직 있다는 생각과 같다는 생각으로 언설을 시설하여 머리, 나아가 발 등이라고 말한다. 이와 같은 일체는 다만 가명으로 있고, 이러한 여러 가명은 내신에도 있지 않고 외신에도 있지 않으며 두 중간에도 있지 않으므로 얻을 수 없는 까닭이니라.

이와 같이 선현이여. 만약 보살마하살이거나, 만약 반야바라밀다이거나, 만약 이 두 가지의 이름도 모두 가법이고, 이와 같은 가법은 생겨나지 않고 없어지지 않으며, 오직 있다는 생각과 같다는 생각으로 언설을 시설하여 보살마하살이라고 말하고 반야바라밀다라고 말하며 이 두 가지의 이름이라고 말하느니라. 이와 같은 세 가지는 다만 가명으로 있고, 이러한 여러 가명은 내신에도 있지 않고 외신에도 있지 않으며 두 중간에도 있지 않으므로 얻을 수 없는 까닭이니라.

다시 다음으로 선현이여. 비유한다면 바깥의 일(事)이 소유한 풀(草)·나무(木)·뿌리(根)·줄기(莖)·가지(枝)·잎(葉)·꽃(華)·열매(果) 등의 물건은 다만 가법과 같으므로, 이와 같은 가법은 생겨나지 않고 없어지지 않는데, 오직 있다는 생각과 같다는 생각으로 언설을 시설하여 바깥의 일이 소유한 풀·나무·뿌리·줄기·가지·잎·꽃·열매 등의 물건이라고 말한다. 이와 같은 일체는 다만 가명으로 있고, 이러한 여러 가명은 내부(內部)에도 있지 않고 외부(外部)에도 있지 않으며 두 중간에도 있지 않으므로 얻을 수 없는 까닭이니라.

이와 같이 선현이여. 만약 보살마하살이거나, 만약 반야바라밀다이거나, 만약 이 두 가지의 이름도 모두 가법이고, 이와 같은 가법은 생겨나지 않고 없어지지 않으며, 오직 있다는 생각과 같다는 생각으로 언설을 시설하여 보살마하살이라고 말하고 반야바라밀다라고 말하며 이 두 가지의 이름이라고 말하느니라. 이와 같은 세 가지는 다만 가명으로 있고,

이러한 여러 가명은 내신에도 있지 않고 외신에도 있지 않으며 두 중간에
도 있지 않으므로 얻을 수 없는 까닭이니라.

다시 다음으로 선현이여. 비유한다면 과거·미래·현재의 일체 여래·응
공·정등각은 다만 가법과 같으므로, 이와 같은 가법은 생겨나지 않고
없어지지 않는데, 오직 있다는 생각과 같다는 생각으로 언설을 시설하여
과거·미래·현재의 일체 여래·응공·정등각이라고 말한다. 이와 같은 일체
는 다만 가명으로 있고, 이러한 여러 가명은 내신에도 있지 않고 외신에도
있지 않으며 두 중간에도 있지 않으므로 얻을 수 없는 까닭이니라.

이와 같이 선현이여. 만약 보살마하살이거나, 만약 반야바라밀다이거
나, 만약 이 두 가지의 이름도 모두 가법이고, 이와 같은 가법은 생겨나지
않고 없어지지 않으며, 오직 있다는 생각과 같다는 생각으로 언설을
시설하여 보살마하살이라고 말하고 반야바라밀다라고 말하며 이 두 가지
의 이름이라고 말하느니라. 이와 같은 세 가지는 다만 가명으로 있고,
이러한 여러 가명은 내신에도 있지 않고 외신에도 있지 않으며 두 중간에
도 있지 않으므로 얻을 수 없는 까닭이니라.

다시 다음으로 선현이여. 비유한다면 환영(幻影)의 일·꿈의 경계·메아
리·형상·아지랑이(陽炎)·그림자, 만약 심향성(尋香城)으로 변화하는 일
등은 다만 가법과 같으므로, 이와 같은 가법은 생겨나지 않고 없어지지
않는데, 오직 있다는 생각과 같다는 생각으로 언설을 시설하여 환영의
일, 나아가 심향성으로 변화하는 일 등이라고 말한다. 이와 같은 일체는
다만 가명으로 있고, 이러한 여러 가명은 내신에도 있지 않고 외신에도
있지 않으며 두 중간에도 있지 않으므로 얻을 수 없는 까닭이니라.

이와 같이 선현이여. 만약 보살마하살이거나, 만약 반야바라밀다이거
나, 만약 이 두 가지의 이름도 모두 가법이고, 이와 같은 가법은 생겨나지
않고 없어지지 않으며, 오직 있다는 생각과 같다는 생각으로 언설을
시설하여 보살마하살이라고 말하고 반야바라밀다라고 말하며 이 두 가지
의 이름이라고 말하느니라. 이와 같은 세 가지는 다만 가명으로 있고,
이러한 여러 가명은 내신에도 있지 않고 외신에도 있지 않으며 두 중간에

도 있지 않으므로 얻을 수 없는 까닭이니라.

　이와 같이 선현이여. 제보살마하살이 반야바라밀다를 수행하는 때에 일체법에서 이름도 가법이고, 법도 가법이며, 교수하는 것도 가법이라고 상응하여 바르게 수학(修學)해야 하느니라.

　다시 다음으로 선현이여. 제보살마하살은 반야바라밀다를 수행하는 때에 색은 만약 항상(常)하거나 만약 무상(無常)하다고 상응하여 관찰하지 않아야 하고, 수·상·행·식을 만약 항상하거나 만약 무상하다고 상응하여 관찰하지 않아야 하며, 색을 만약 즐겁거나 만약 괴롭다고 상응하여 관찰하지 않아야 하고, 수·상·행·식을 만약 즐겁거나 만약 괴롭다고 상응하여 관찰하지 않아야 하며, 색을 만약 나(我)이거나 만약 무아(無我)라고 상응하여 관찰하지 않아야 하고, 수·상·행·식을 만약 나이거나 만약 무아라고 상응하여 관찰하지 않아야 하며, 색은 만약 청정하거나 만약 부정(不淨)하다고 상응하여 관찰하지 않아야 하고, 수·상·행·식을 만약 청정하거나 만약 부정하다고 상응하여 관찰하지 않아야 하며, 색을 만약 공(空)하거나 만약 공하지 않다고 상응하여 관찰하지 않아야 하고, 수·상·행·식을 만약 공하거나 만약 공하지 않다고 상응하여 관찰하지 않아야 하며, 색을 만약 유상(有相)이거나 만약 무상(無相)이라고 상응하여 관찰하지 않아야 하고, 수·상·행·식을 만약 유상이거나 만약 무상이라고 상응하여 관찰하지 않아야 하며, 색을 만약 유원(有願)이거나 만약 무원(無願)이라고 상응하여 관찰하지 않아야 하고, 수·상·행·식을 만약 유원이거나 만약 무원이라고 상응하여 관찰하지 않아야 하며, 색은 만약 적정(寂靜)하거나 만약 적정하지 않다고 상응하여 관찰하지 않아야 하고, 수·상·행·식을 만약 적정하거나 만약 적정하지 않다고 상응하여 관찰하지 않아야 하며, 색을 만약 멀리 벗어나거나 만약 멀리 벗어나지 않는다고 상응하여 관찰하지 않아야 하고, 수·상·행·식을 만약 멀리 벗어나거나 만약 멀리 벗어나지 않는다고 상응하여 관찰하지 않아야 하며, 색을 만약 유위(有爲)이거나, 만약 무위(無爲)라고 상응하여 관찰하지 않아야 하고, 수·상·행·식을 만약 유위이거나 만약 무위라고 상응하여 관찰하지 않아야 하며, 색을 만약 유루(有漏)이거나 만약 무루(無漏)라고 상응하여 관찰하지 않아야 하고, 수·상·행·식을 만약 유루이거나 만약 무루라고 상응하여 관찰하지 않아야 하며, 색은 만약 생겨나거나 만약 소멸한다고 상응하여 관찰하지 않아야 하고, 수·상·행·식도 만약 생겨나거나 만약 소멸한다고 상응하여 관찰하지 않아야 하며, 색은 만약 선(善)하거나 만약 선하지 않다고 상응하여 관찰하지 않아야 하고, 수·상·행·식을 만약 선하거나 만약 선하지 않다고 상응하여 관찰하지 않아야 하며, 색은 만약 유죄(有罪)이거나 만약 무죄(無罪)라고 상응하여 관찰하지 않아야 하고, 수·상·행·식을 만약 유죄이거나 만약 무죄라고 상응하여 관찰하지 않아야 하며, 색은 만약 세간(世間)이거나, 만약 출세간(出世間)이라고 상응하여 관찰하지 않아야 하고, 수·상·행·식을 만약 세간이거나 만약 출세간이라고 상응하여 관찰하지 않아야 하며, 색을 만약 잡염(雜染)이거나 만약 청정하다고 상응하여 관찰하지 않아야 하고, 수·상·행·식을 만약 잡염이거나 만약 청정하다고 상응하여 관찰하지 않아야 하며, 색을 만약 생사(生死)에 귀속되거나 만약 열반(涅槃)에 귀속된다고 상응하여 관찰하지 않아야 하고, 수·상·행·식을 만약 생사에 귀속되거나 만약 열반에 귀속된다고 상응하여 관찰하지 않아야 하며, 색을 만약 내신(內身)에 있거나 만약 외신(外身)에 있거나 만약 두 중간에 있다고 상응하여 관찰하지 않아야 하고, 수·상·행·식을 만약 내신에 있거나 만약 외신에 있거나 만약 두 중간에 있다고 상응하여 관찰하지 않아야 하며, 색을 만약 얻을 수 있거나 만약 얻을 수 없다고 관찰하지 않아야 하고, 수·상·행·식을 만약 얻을 수 있거나 만약 얻을 수 없다고 상응하여 관찰하지 않아야 하느니라.

다시 다음으로 선현이여. 제보살마하살은 반야바라밀다를 수행하는 때에 안처(眼處)를 만약 항상하거나 만약 무상하다고 상응하여 관찰하지 않아야 하고, 안·이·비·설·신·의처(意處)를 만약 항상하거나 만약 무상하다고 상응하여 관찰하지 않아야 하며, 안처는 만약 즐겁거나 만약 괴롭다고 상응하여 관찰하지 않아야 하고, 안·이·비·설·신·의처를 만약 즐겁거나 만약 괴롭다고 상응하여 관찰하지 않아야 하며, 안처를 만약 나이거나 만약 무아라고 상응하여 관찰하지 않아야 하고, 안·이·비·설·신·의처를 만약 나이거나 만약 무아라고 상응하여 관찰하지 않아야 하며, 안처를 만약 청정하거나 만약 부정하다고 상응하여 관찰하지 않아야 하고, 안·이·비·설·신·의처를 만약 청정하거나 만약 부정하다고 상응하여 관찰하지 않아야 하며, 안처를 만약 공하거나 만약 공하지 않다고 상응하여 관찰하지 않아야 하고, 안·이·비·설·신·의처를 만약 공하거나 만약 공하지 않다고 상응하여 관찰하지 않아야 하며, 안처를 만약 유상이거나 만약 무상이라고 상응하여 관찰하지 않아야 하고, 안·이·비·설·신·의처를 만약 유상이거나 만약 무상이라고 상응하여 관찰하지 않아야 하며, 안처를 만약 유원이거나 만약 무원이라고 상응하여 관찰하지 않아야 하고, 안·이·비·설·신·의처를 만약 유원이거나, 만약 무원이라고 상응하여 관찰하지 않아야 하며, 안처를 만약 적정하거나 만약 적정하지 않다고 상응하여 관찰하지 않아야 하고, 안·이·비·설·신·의처를 만약 적정하거나 만약 적정하지 않다고 상응하여 관찰하지 않아야 하며, 안처를 만약 멀리 벗어나거나 만약 멀리 벗어나지 않는다고 상응하여 관찰하지 않아야 하고, 안·이·비·설·신·의처를 멀리 벗어나거나 만약 멀리 벗어나지 않는다고 상응하여 관찰하지 않아야 하며, 안처를 만약 유위이거나 만약 무위라고 상응하여 관찰하지 않아야 하고, 안·이·비·설·신·의처를 만약 유위이거나 만약 무위라고 상응하여 관찰하지 않아야 하며, 안처를 만약 유루이거나, 만약 무루라고 상응하여 관찰하지 않아야 하고, 안·이·비·설·신·의처를 만약 유루이거나, 만약 무루라고 상응하여 관찰하지 않아야 하며, 안처를 만약 생겨나거나 만약 소멸한다고 상응하여 관찰하지 않아야 하고, 안·이·비·설·신·의처를 만약 생겨나거나 만약 소멸한다고 상응하여 관찰하지 않아야 하며, 안처를 만약 선하거나 만약 선하지 않다고 상응하여 관찰하지 않아야 하고, 안·이·비·설·신·의처도 만약 선하거나 만약 선하지 않다고 상응하여 관찰하지 않아야 하며, 안처를 만약 유죄이거나 만약 무죄라고 상응하여 관찰하지 않아야 하고, 안·이·비·설·신·의처를 만약 유죄이거나 만약 무죄라고 상응하여 관찰하지 않아야 하며, 안처를 만약 세간이거나, 만약 출세간이라고 상응하여 관찰하지 않아야 하고, 안·이·비·설·신·의처를 만약 세간이거나 만약 출세간이라고 상응하여 관찰하지 않아야 하며, 안처는 만약 잡염이거나 만약 청정하다고 상응하여 관찰하지 않아야 하고, 안·이·비·설·신·의처를 만약 잡염이거나 만약 청정하다고 상응하여 관찰하지 않아야 하며, 안처를 만약 생사에 귀속되거나 만약 열반에 귀속된다고 상응하여 관찰하지 않아야 하고, 안·이·비·설·신·의처를 만약 생사에 귀속되거나 만약 열반에 귀속된다고 상응하여 관찰하지 않아야 하며, 안처를 만약 내신에 있거나 만약 외신에 있거나 만약 두 중간에 있다고 상응하여 관찰하지 않아야 하고, 안·이·비·설·신·의처를 만약 내신에 있거나 만약 외신에 있거나 만약 두 중간에 있다고 상응하여 관찰하지 않아야 하며, 안처를 만약 얻을 수 있거나 만약 얻을 수 없다고 관찰하지 않아야 하고, 안·이·비·설·신·의처를 만약 얻을 수 있거나 만약 얻을 수 없다고 상응하여 관찰하지 않아야 하느니라.

다시 다음으로 선현이여. 제보살마하살은 반야바라밀다를 수행하는 때에 색처(色處)를 만약 항상하거나 만약 무상하다고 상응하여 관찰하지 않아야 하고, 성·향·미·촉·법처(法處)를 만약 항상하거나 만약 무상하다고 상응하여 관찰하지 않아야 하며, 색처를 만약 즐겁거나 만약 괴롭다고 상응하여 관찰하지 않아야 하고, 성·향·미·촉·법처를 만약 즐겁거나 만약 괴롭다고 상응하여 관찰하지 않아야 하며, 색처를 만약 나이거나 만약 무아라고 상응하여 관찰하지 않아야 하고, 성·향·미·촉·법처를 만약 나이거나 만약 무아라고 상응하여 관찰하지 않아야 하며, 색처를 만약 청정하거나 만약 부정하다고 상응하여 관찰하지 않아야 하고, 성·향·미·촉·법처를 만약 청정하거나 만약 부정하다고 상응하여 관찰하지 않아야 하며, 색처를 만약 공하거나 만약 공하지 않다고 상응하여 관찰하지 않아야 하고, 성·향·미·촉·법처를 만약 공하거나 만약 공하지 않다고 상응하여 관찰하지 않아야 하며, 색처를 만약 유상이거나, 만약 무상이라고 상응하여 관찰하지 않아야 하고, 성·향·미·촉·법처를 만약 유상이거나, 만약 무상이라고 상응하여 관찰하지 않아야 하며, 색처를 만약 유원이거나, 만약 무원이라고 상응하여 관찰하지 않아야 하고, 성·향·미·촉·법처를 만약 유원이거나 만약 무원이라고 상응하여 관찰하지 않아야 하며, 색처를 만약 적정하거나, 만약 적정하지 않다고 상응하여 관찰하지 않아야 하고, 성·향·미·촉·법처를 만약 적정하거나 만약 적정하지 않다고 상응하여 관찰하지 않아야 하며, 색처를 만약 멀리 벗어나거나 만약 멀리 벗어나지 않는다고 상응하여 관찰하지 않아야 하고, 성·향·미·촉·법처를 만약 멀리 벗어나거나 만약 멀리 벗어나지 않는다고 상응하여 관찰하지 않아야 하며, 색처를 만약 유위이거나 만약 무위라고 상응하여 관찰하지 않아야 하고, 성·향·미·촉·법처를 만약 유위이거나 만약 무위라고 상응하여 관찰하지 않아야 하며, 색처는 만약 유루이거나 만약 무루라고 상응하여 관찰하지 않아야 하고, 성·향·미·촉·법처를 만약 유루이거나 만약 무루라고 상응하여 관찰하지 않아야 하며, 색처를 만약 생겨나거나 만약 소멸한다고 상응하여 관찰하지 않아야 하고, 성·향·미·촉·법처를 만약 생겨나거나 만약 소멸한다고 상응하여 관찰하지 않아야 하며, 색처를 만약 선하거나 만약 선하지 않다고 상응하여 관찰하지 않아야 하고, 성·향·미·촉·법처를 만약 선하거나 만약 선하지 않다고 상응하여 관찰하지 않아야 하며, 색처를 만약 유죄이거나 만약 무죄라고 상응하여 관찰하지 않아야 하고, 성·향·미·촉·법처를 만약 유죄이거나, 만약 무죄라고 상응하여 관찰하지 않아야 하며, 색처를 만약 세간이거나 만약 출세간이라고 상응하여 관찰하지 않아야 하고, 성·향·미·촉·법처를 만약 세간이거나 만약 출세간이라고 상응하여 관찰하지 않아야 하며, 색처를 만약 잡염이거나 만약 청정하다고 상응하여 관찰하지 않아야 하고, 성·향·미·촉·법처를 만약 잡염이거나 만약 청정하다고 상응하여 관찰하지 않아야 하며, 색처를 만약 생사에 귀속되거나 만약 열반에 귀속된다고 상응하여 관찰하지 않아야 하고, 성·향·미·촉·법처를 만약 생사에 귀속되거나 만약 열반에 귀속된다고 상응하여 관찰하지 않아야 하며, 색처를 만약 내신에 있거나 만약 외신에 있거나 만약 두 중간에 있다고 상응하여 관찰하지 않아야 하고, 성·향·미·촉·법처를 만약 내신에 있거나 만약 외신에 있거나 만약 두 중간에 있다고 상응하여 관찰하지 않아야 하며, 색처를 만약 얻을 수 있거나 만약 얻을 수 없다고 관찰하지 않아야 하고, 성·향·미·촉·법처를 만약 얻을 수 있거나 만약 얻을 수 없다고 상응하여 관찰하지 않아야 하느니라.

다시 다음으로 선현이여. 제보살마하살은 반야바라밀다를 수행하는 때에 안계(眼界)를 만약 항상하거나 만약 무상하다고 상응하여 관찰하지 않아야 하고, 이·비·설·신·의계(意界)를 만약 항상하거나 만약 무상하다고 상응하여 관찰하지 않아야 하며, 안계는 만약 즐겁거나 만약 괴롭다고 상응하여 관찰하지 않아야 하고, 이·비·설·신·의계도 만약 즐겁거나 만약 괴롭다고 상응하여 관찰하지 않아야 하며, 안계는 만약 나이거나 만약 무아라고 상응하여 관찰하지 않아야 하고, 이·비·설·신·의계를 만약 나이거나 만약 무아라고 상응하여 관찰하지 않아야 하며, 안계는 만약 청정하거나 만약 부정하다고 상응하여 관찰하지 않아야 하고, 이·비·설·신·의계를 만약 청정하거나 만약 부정하다고 상응하여 관찰하지 않아야 하며, 안계를 만약 공하거나 만약 공하지 않다고 상응하여 관찰하지 않아야 하고, 이·비·설·신·의계를 만약 공하거나 만약 공하지 않다고 상응하여 관찰하지 않아야 하며, 안계는 만약 유상이거나 만약 무상이라고 상응하여 관찰하지 않아야 하고, 이·비·설·신·의계를 만약 유상이거나 만약 무상이라고 상응하여 관찰하지 않아야 하며, 안계를 만약 유원이거나, 만약 무원이라고 상응하여 관찰하지 않아야 하고, 이·비·설·신·의계를 만약 유원이거나, 만약 무원이라고 상응하여 관찰하지 않아야 하며, 안계를 만약 적정하거나 만약 적정하지 않다고 상응하여 관찰하지 않아야 하고, 이·비·설·신·의계를 만약 적정하거나 만약 적정하지 않다고 상응하여 관찰하지 않아야 하며, 안계를 만약 멀리 벗어나거나 만약 멀리 벗어나지 않는다고 상응하여 관찰하지 않아야 하고, 이·비·설·신·의계를 만약 멀리 벗어나거나 만약 멀리 벗어나지 않는다고 상응하여 관찰하지 않아야

하며, 안계를 만약 유위이거나 만약 무위라고 상응하여 관찰하지 않아야
하고, 이·비·설·신·의계를 만약 유위이거나 만약 무위라고 상응하여
관찰하지 않아야 하며, 안계를 만약 유루이거나 만약 무루라고 상응하여
관찰하지 않아야 하고, 이·비·설·신·의계를 만약 유루이거나 만약 무루라
고 상응하여 관찰하지 않아야 하며, 안계를 만약 생겨나거나 만약 소멸한
다고 상응하여 관찰하지 않아야 하고, 이·비·설·신·의계를 만약 생겨나거
나 만약 소멸한다고 상응하여 관찰하지 않아야 하며, 안계를 만약 선하거
나 만약 선하지 않다고 상응하여 관찰하지 않아야 하고, 이·비·설·신·의계
를 만약 선하거나 만약 선하지 않다고 상응하여 관찰하지 않아야 하며,
안계를 만약 유죄이거나, 만약 무죄라고 상응하여 관찰하지 않아야 하고,
이·비·설·신·의계를 만약 유죄이거나 만약 무죄라고 상응하여 관찰하지
않아야 하며, 안계를 만약 세간이거나 만약 출세간이라고 상응하여 관찰
하지 않아야 하고, 이·비·설·신·의계를 만약 세간이거나 만약 출세간이라
고 상응하여 관찰하지 않아야 하며, 안계를 만약 잡염이거나 만약 청정하
다고 상응하여 관찰하지 않아야 하고, 이·비·설·신·의계를 만약 잡염이거
나 만약 청정하다고 상응하여 관찰하지 않아야 하며, 안계를 만약 생사에
귀속되거나 만약 열반에 귀속된다고 상응하여 관찰하지 않아야 하고,
이·비·설·신·의계를 만약 생사에 귀속되거나 만약 열반에 귀속된다고
상응하여 관찰하지 않아야 하며, 안계를 만약 내신에 있거나 만약 외신에
있거나 만약 두 중간에 있다고 상응하여 관찰하지 않아야 하고, 이·비·설·
신·의계를 만약 내신에 있거나 만약 외신에 있거나 만약 두 중간에 있다고
상응하여 관찰하지 않아야 하며, 안계를 만약 얻을 수 있거나, 만약
얻을 수 없다고 관찰하지 않아야 하고, 이·비·설·신·의계를 만약 얻을
수 있거나, 만약 얻을 수 없다고 상응하여 관찰하지 않아야 하느니라.
　다시 다음으로 선현이여. 제보살마하살은 반야바라밀다를 수행하는
때에 안식계(眼識界)를 만약 항상하거나 만약 무상하다고 상응하여 관찰
하지 않아야 하고, 이·비·설·신·의식계(意識界)를 만약 항상하거나 만약
무상하다고 상응하여 관찰하지 않아야 하며, 안식계를 만약 즐겁거나

만약 괴롭다고 상응하여 관찰하지 않아야 하고, 이·비·설·신·의식계를
만약 즐겁거나 만약 괴롭다고 상응하여 관찰하지 않아야 하며, 안식계를
만약 나이거나 만약 무아라고 상응하여 관찰하지 않아야 하고, 이·비·설·
신·의식계를 만약 나이거나 만약 무아라고 상응하여 관찰하지 않아야
하며, 안식계를 만약 청정하거나, 만약 부정하다고 상응하여 관찰하지
않아야 하고, 이·비·설·신·의식계를 만약 청정하거나 만약 부정하다고
상응하여 관찰하지 않아야 하며, 안식계를 만약 공하거나 만약 공하지
않다고 상응하여 관찰하지 않아야 하고, 이·비·설·신·의식계를 만약
공하거나 만약 공하지 않다고 상응하여 관찰하지 않아야 하며, 안식계를
만약 유상이거나 만약 무상이라고 상응하여 관찰하지 않아야 하고, 이·비·
설·신·의식계를 만약 유상이거나 만약 무상이라고 상응하여 관찰하지
않아야 하며, 안식계를 만약 유원이거나, 만약 무원이라고 상응하여 관찰
하지 않아야 하고, 이·비·설·신·의식계를 만약 유원이거나, 만약 무원이
라고 상응하여 관찰하지 않아야 하며, 안식계를 만약 적정하거나 만약
적정하지 않다고 상응하여 관찰하지 않아야 하고, 이·비·설·신·의식계를
만약 적정하거나 만약 적정하지 않다고 상응하여 관찰하지 않아야 하며,
안식계를 만약 멀리 벗어나거나 만약 멀리 벗어나지 않는다고 상응하여
관찰하지 않아야 하고, 이·비·설·신·의식계를 만약 멀리 벗어나거나
만약 멀리 벗어나지 않는다고 상응하여 관찰하지 않아야 하며, 안식계를
만약 유위이거나 만약 무위라고 상응하여 관찰하지 않아야 하고, 이·비·설
·신·의식계를 만약 유위이거나, 만약 무위라고 상응하여 관찰하지 않아야
하며, 안식계를 만약 유루이거나 만약 무루라고 상응하여 관찰하지 않아
야 하고, 이·비·설·신·의식계를 만약 유루이거나, 만약 무루라고 상응하
여 관찰하지 않아야 하며, 안식계를 만약 생겨나거나 만약 소멸한다고
상응하여 관찰하지 않아야 하고, 이·비·설·신·의식계를 만약 생겨나거나
만약 소멸한다고 상응하여 관찰하지 않아야 하며, 안식계를 만약 선하거
나 만약 선하지 않다고 상응하여 관찰하지 않아야 하고, 이·비·설·신·의식
계를 만약 선하거나 만약 선하지 않다고 상응하여 관찰하지 않아야 하며,

안식계를 만약 유죄이거나 만약 무죄라고 상응하여 관찰하지 않아야
하고, 이·비·설·신·의식계를 만약 유상이거나, 만약 무상이라고 상응하여
관찰하지 않아야 하며, 안식계를 만약 세간이거나, 만약 출세간이라고
상응하여 관찰하지 않아야 하고, 이·비·설·신·의식계를 만약 세간이거나
만약 출세간이라고 상응하여 관찰하지 않아야 하며, 안식계를 만약 잡염
이거나 만약 청정하다고 상응하여 관찰하지 않아야 하고, 이·비·설·신·의
식계도 만약 잡염이거나, 만약 청정하다고 상응하여 관찰하지 않아야
하며, 안식계를 만약 생사에 귀속되거나, 만약 열반에 귀속된다고 상응하
여 관찰하지 않아야 하고, 이·비·설·신·의식계도 만약 생사에 귀속되거나
만약 열반에 귀속된다고 상응하여 관찰하지 않아야 하며, 안식계를 만약
내신에 있거나 만약 외신에 있거나 만약 두 중간에 있다고 상응하여
관찰하지 않아야 하고, 이·비·설·신·의식계를 만약 내신에 있거나 만약
외신에 있거나 만약 두 중간에 있다고 상응하여 관찰하지 않아야 하며,
안식계를 만약 얻을 수 있거나 만약 얻을 수 없다고 관찰하지 않아야
하고, 이·비·설·신·의식계를 만약 유상이거나, 만약 무상이라고 상응하여
관찰하지 않아야 하느니라.

　다시 다음으로 선현이여. 제보살마하살은 반야바라밀다를 수행하는
때에 안촉(眼觸)을 만약 항상하거나 만약 무상하다고 상응하여 관찰하지
않아야 하고, 이·비·설·신·의촉(意觸)을 만약 항상하거나 만약 무상하다
고 상응하여 관찰하지 않아야 하며, 안촉을 만약 즐겁거나 만약 괴롭다고
상응하여 관찰하지 않아야 하고, 이·비·설·신·의촉을 만약 즐겁거나
만약 괴롭다고 상응하여 관찰하지 않아야 하며, 안촉을 만약 나이거나
만약 무아라고 상응하여 관찰하지 않아야 하고, 이·비·설·신·의촉을
만약 나이거나 만약 무아라고 상응하여 관찰하지 않아야 하며, 안촉을
만약 청정하거나 만약 부정하다고 상응하여 관찰하지 않아야 하고, 이·비·
설·신·의촉을 만약 청정하거나 만약 부정하다고 상응하여 관찰하지 않아
야 하며, 안촉을 만약 공하거나 만약 공하지 않다고 상응하여 관찰하지
않아야 하고, 이·비·설·신·의촉을 만약 공하거나 만약 공하지 않다고

상응하여 관찰하지 않아야 하며, 안촉을 만약 유상이거나, 만약 무상이라
고 상응하여 관찰하지 않아야 하고, 이·비·설·신·의촉도 만약 유상이거나
만약 무상이라고 상응하여 관찰하지 않아야 하며, 안촉을 만약 유원이거
나 만약 무원이라고 상응하여 관찰하지 않아야 하고, 이·비·설·신·의촉을
만약 유원이거나 만약 무원이라고 상응하여 관찰하지 않아야 하며, 안촉
을 만약 적정하거나 만약 적정하지 않다고 상응하여 관찰하지 않아야
하고, 이·비·설·신·의촉을 만약 적정하거나 만약 적정하지 않다고 상응하
여 관찰하지 않아야 하며, 안촉을 만약 멀리 벗어나거나 만약 멀리 벗어나
지 않는다고 상응하여 관찰하지 않아야 하고, 안·이·비·설·신·의촉을
만약 멀리 벗어나거나 만약 멀리 벗어나지 않는다고 상응하여 관찰하지
않아야 하며, 안촉을 만약 유위이거나 만약 무위라고 상응하여 관찰하지
않아야 하고, 이·비·설·신·의촉을 만약 유위이거나 만약 무위라고 상응하
여 관찰하지 않아야 하며, 안촉을 만약 유루이거나, 만약 무루라고 상응하
여 관찰하지 않아야 하고, 이·비·설·신·의촉을 만약 유루이거나 만약
무루라고 상응하여 관찰하지 않아야 하며, 안촉을 만약 생겨나거나 만약
소멸한다고 상응하여 관찰하지 않아야 하고, 이·비·설·신·의촉을 만약
생겨나거나 만약 소멸한다고 상응하여 관찰하지 않아야 하며, 안촉을
만약 선하거나 만약 선하지 않다고 상응하여 관찰하지 않아야 하고,
이·비·설·신·의촉을 만약 선하거나 만약 선하지 않다고 상응하여 관찰하
지 않아야 하며, 안촉을 만약 유죄이거나 만약 무죄라고 상응하여 관찰하
지 않아야 하고, 이·비·설·신·의촉을 만약 유죄이거나 만약 무죄라고
상응하여 관찰하지 않아야 하며, 안촉을 만약 세간이거나 만약 출세간이
라고 상응하여 관찰하지 않아야 하고, 이·비·설·신·의촉을 만약 세간이거
나 만약 출세간이라고 상응하여 관찰하지 않아야 하며, 안촉을 만약
잡염이거나 만약 청정하다고 상응하여 관찰하지 않아야 하고, 이·비·설·
신·의촉을 만약 잡염이거나 만약 청정하다고 상응하여 관찰하지 않아야
하며, 안촉을 만약 생사에 귀속되거나 만약 열반에 귀속된다고 상응하여
관찰하지 않아야 하고, 이·비·설·신·의촉을 만약 생사에 귀속되거나

만약 열반에 귀속된다고 상응하여 관찰하지 않아야 하며, 안촉을 만약 내신에 있거나 만약 외신에 있거나 만약 두 중간에 있다고 상응하여 관찰하지 않아야 하고, 이·비·설·신·의촉을 만약 내신에 있거나 만약 외신에 있거나 만약 두 중간에 있다고 상응하여 관찰하지 않아야 하며, 안촉을 만약 얻을 수 있거나, 만약 얻을 수 없다고 관찰하지 않아야 하고, 이·비·설·신·의촉을 만약 얻을 수 있거나, 만약 얻을 수 없다고 상응하여 관찰하지 않아야 하느니라.

　다시 다음으로 선현이여. 제보살마하살은 반야바라밀다를 수행하는 때에 안촉을 인연으로 생겨나는 즐거운 수(受)이거나, 만약 괴로운 수이거나, 만약 괴롭지도 않고 즐겁지도 않은 수는 만약 항상하거나 만약 무상하다고 상응하여 관찰하지 않아야 하고, 이·비·설·신·의촉(意觸)을 인연으로 생겨나는 즐거운 수이거나, 만약 괴로운 수이거나, 만약 괴롭지도 않고 즐겁지도 않은 수는 만약 항상하거나 만약 무상하다고 상응하여 관찰하지 않아야 하며, 안촉을 인연으로 생겨나는 즐거운 수이거나, 만약 괴로운 수이거나, 만약 괴롭지도 않고 즐겁지도 않은 수는 만약 즐겁거나, 만약 괴롭다고 상응하여 관찰하지 않아야 하고, 이·비·설·신·의촉을 인연으로 생겨나는 즐거운 수이거나, 만약 괴로운 수이거나, 만약 괴롭지도 않고 즐겁지도 않은 수는 만약 즐겁거나, 만약 괴롭다고 상응하여 관찰하지 않아야 하며, 안촉을 인연으로 생겨나는 즐거운 수이거나, 만약 괴로운 수이거나, 만약 괴롭지도 않고 즐겁지도 않은 수는 만약 나이거나 만약 무아라고 상응하여 관찰하지 않아야 하고, 이·비·설·신·의촉을 인연으로 생겨나는 즐거운 수이거나, 만약 괴로운 수이거나, 만약 괴롭지도 않고 즐겁지도 않은 수는 만약 나이거나 만약 무아라고 상응하여 관찰하지 않아야 하며, 안촉을 인연으로 생겨나는 즐거운 수이거나, 만약 괴로운 수이거나, 만약 괴롭지도 않고 즐겁지도 않은 수는 만약 청정하거나 만약 부정하다고 상응하여 관찰하지 않아야 하고, 이·비·설·신·의촉을 인연으로 생겨나는 즐거운 수이거나, 만약 괴로운 수이거나, 만약 괴롭지도 않고 즐겁지도 않은 수는 만약 청정하거나, 만약 부정하다고 상응하여

관찰하지 않아야 하며, 안촉을 인연으로 생겨나는 즐거운 수이거나, 만약
괴로운 수이거나, 만약 괴롭지도 않고 즐겁지도 않은 수는 만약 공하거나
만약 공하지 않다고 상응하여 관찰하지 않아야 하고, 이·비·설·신·의촉을
인연으로 생겨나는 즐거운 수이거나, 만약 괴로운 수이거나, 만약 괴롭지
도 않고 즐겁지도 않은 수는 만약 공하거나 만약 공하지 않다고 상응하여
관찰하지 않아야 하며, 안촉을 인연으로 생겨나는 즐거운 수이거나, 만약
괴로운 수이거나, 만약 괴롭지도 않고 즐겁지도 않은 수는 만약 유상이거
나 만약 무상이라고 상응하여 관찰하지 않아야 하고, 이·비·설·신·의촉을
인연으로 생겨나는 즐거운 수이거나, 만약 괴로운 수이거나, 만약 괴롭지
도 않고 즐겁지도 않은 수는 만약 유상이거나 만약 무상이라고 상응하여
관찰하지 않아야 하며, 안촉을 인연으로 생겨나는 즐거운 수이거나, 만약
괴로운 수이거나, 만약 괴롭지도 않고 즐겁지도 않은 수는 만약 유원이거
나 만약 무원이라고 상응하여 관찰하지 않아야 하고, 이·비·설·신·의촉을
인연으로 생겨나는 즐거운 수이거나, 만약 괴로운 수이거나, 만약 괴롭지
도 않고 즐겁지도 않은 수는 만약 유원이거나, 만약 무원이라고 상응하여
관찰하지 않아야 하며, 안촉을 인연으로 생겨나는 즐거운 수이거나, 만약
괴로운 수이거나, 만약 괴롭지도 않고 즐겁지도 않은 수는 만약 적정하거
나 만약 적정하지 않다고 상응하여 관찰하지 않아야 하고, 이·비·설·신·의
촉을 인연으로 생겨나는 즐거운 수이거나, 만약 괴로운 수이거나, 만약
괴롭지도 않고 즐겁지도 않은 수는 만약 적정하거나 만약 적정하지 않다고
상응하여 관찰하지 않아야 하며, 안촉을 인연으로 생겨나는 즐거운 수이
거나, 만약 괴로운 수이거나, 만약 괴롭지도 않고 즐겁지도 않은 수는
만약 멀리 벗어나거나 만약 멀리 벗어나지 않는다고 상응하여 관찰하지
않아야 하고, 이·비·설·신·의촉을 인연으로 생겨나는 즐거운 수이거나,
만약 괴로운 수이거나, 만약 괴롭지도 않고 즐겁지도 않은 수는 만약
멀리 벗어나거나 만약 멀리 벗어나지 않는다고 상응하여 관찰하지 않아야
하며, 안촉을 인연으로 생겨나는 즐거운 수이거나, 만약 괴로운 수이거나,
만약 괴롭지도 않고 즐겁지도 않은 수는 만약 유위이거나, 만약 무위라고

상응하여 관찰하지 않아야 하고, 이·비·설·신·의촉을 인연으로 생겨나는 즐거운 수이거나, 만약 괴로운 수이거나, 만약 괴롭지도 않고 즐겁지도 않은 수는 만약 유위이거나, 만약 무위라고 상응하여 관찰하지 않아야 하며, 안촉을 인연으로 생겨나는 즐거운 수이거나, 만약 괴로운 수이거나, 만약 괴롭지도 않고 즐겁지도 않은 수는 만약 유루이거나, 만약 무루라고 상응하여 관찰하지 않아야 하고, 이·비·설·신·의촉을 인연으로 생겨나는 즐거운 수이거나, 만약 괴로운 수이거나, 만약 괴롭지도 않고 즐겁지도 않은 수는 만약 유루이거나 만약 무루라고 상응하여 관찰하지 않아야 하며, 안촉을 인연으로 생겨나는 즐거운 수이거나, 만약 괴로운 수이거나, 만약 괴롭지도 않고 즐겁지도 않은 수는 만약 생겨나거나 만약 소멸한다고 상응하여 관찰하지 않아야 하고, 이·비·설·신·의촉을 인연으로 생겨나는 즐거운 수이거나, 만약 괴로운 수이거나, 만약 괴롭지도 않고 즐겁지도 않은 수는 만약 생겨나거나 만약 소멸한다고 상응하여 관찰하지 않아야 하며, 안촉을 인연으로 생겨나는 즐거운 수이거나, 만약 괴로운 수이거나, 만약 괴롭지도 않고 즐겁지도 않은 수는 만약 선하거나 만약 선하지 않다고 상응하여 관찰하지 않아야 하고, 이·비·설·신·의촉을 인연으로 생겨나는 즐거운 수이거나, 만약 괴로운 수이거나, 만약 괴롭지도 않고 즐겁지도 않은 수는 만약 선하거나 만약 선하지 않다고 상응하여 관찰하지 않아야 하며, 안촉을 인연으로 생겨나는 즐거운 수이거나, 만약 괴로운 수이거나, 만약 괴롭지도 않고 즐겁지도 않은 수는 만약 유죄이거나 만약 무죄라고 상응하여 관찰하지 않아야 하고, 이·비·설·신·의촉을 인연으로 생겨나는 즐거운 수이거나, 만약 괴로운 수이거나, 만약 괴롭지도 않고 즐겁지도 않은 수는 만약 유죄이거나, 만약 무죄라고 상응하여 관찰하지 않아야 하며, 안촉을 인연으로 생겨나는 즐거운 수이거나, 만약 괴로운 수이거나, 만약 괴롭지도 않고 즐겁지도 않은 수는 만약 세간이거나 만약 출세간이라고 상응하여 관찰하지 않아야 하고, 이·비·설·신·의촉을 인연으로 생겨나는 즐거운 수이거나, 만약 괴로운 수이거나, 만약 괴롭지도 않고 즐겁지도 않은 수는 만약 세간이거나 만약 출세간이라고

상응하여 관찰하지 않아야 하며, 안촉을 인연으로 생겨나는 즐거운 수이
거나, 만약 괴로운 수이거나, 만약 괴롭지도 않고 즐겁지도 않은 수는
만약 잡염이거나 만약 청정하다고 상응하여 관찰하지 않아야 하고, 이·비·
설·신·의촉을 인연으로 생겨나는 즐거운 수이거나, 만약 괴로운 수이거
나, 만약 괴롭지도 않고 즐겁지도 않은 수는 만약 잡염이거나, 만약
청정하다고 상응하여 관찰하지 않아야 하며, 안촉을 인연으로 생겨나는
즐거운 수이거나, 만약 괴로운 수이거나, 만약 괴롭지도 않고 즐겁지도
않은 수는 만약 생사에 귀속되거나 만약 열반에 귀속된다고 상응하여
관찰하지 않아야 하고, 이·비·설·신·의촉을 인연으로 생겨나는 즐거운
수이거나, 만약 괴로운 수이거나, 만약 괴롭지도 않고 즐겁지도 않은
수는 만약 생사에 귀속되거나 만약 열반에 귀속된다고 상응하여 관찰하지
않아야 하며, 안촉을 인연으로 생겨나는 즐거운 수이거나, 만약 괴로운
수이거나, 만약 괴롭지도 않고 즐겁지도 않은 수는 만약 내신에 있거나
만약 외신에 있거나 만약 두 중간에 있다고 상응하여 관찰하지 않아야
하고, 이·비·설·신·의촉을 인연으로 생겨나는 즐거운 수이거나, 만약
괴로운 수이거나, 만약 괴롭지도 않고 즐겁지도 않은 수는 만약 내신에
있거나 만약 외신에 있거나 만약 두 중간에 있다고 상응하여 관찰하지
않아야 하며, 안촉을 인연으로 생겨나는 즐거운 수이거나, 만약 괴로운
수이거나, 만약 괴롭지도 않고 즐겁지도 않은 수는 만약 얻을 수 있거나,
만약 얻을 수 없다고 관찰하지 않아야 하고, 이·비·설·신·의촉을 인연으로
생겨나는 즐거운 수이거나, 만약 괴로운 수이거나, 만약 괴롭지도 않고
즐겁지도 않은 수는 만약 얻을 수 있거나, 만약 얻을 수 없다고 상응하여
관찰하지 않아야 하느니라.

　다시 다음으로 선현이여. 제보살마하살은 반야바라밀다를 수행하는
때에 지계(地界)는 만약 항상하거나 만약 무상하다고 상응하여 관찰하지
않아야 하고, 수(水)·화(火)·풍(界)·공(空)·식계(識界)를 만약 항상하거나
만약 무상하다고 상응하여 관찰하지 않아야 하며, 지계를 만약 즐겁거나
만약 괴롭다고 상응하여 관찰하지 않아야 하고, 수·화·풍·공·식계를

만약 즐겁거나 만약 괴롭다고 상응하여 관찰하지 않아야 하며, 지계를
만약 나이거나 만약 무아라고 상응하여 관찰하지 않아야 하고, 수·화·풍·
공·식계를 만약 나이거나 만약 무아라고 상응하여 관찰하지 않아야 하며,
지계를 만약 청정하거나 만약 부정하다고 상응하여 관찰하지 않아야
하고, 수·화·풍·공·식계를 만약 청정하거나 만약 부정하다고 상응하여
관찰하지 않아야 하며, 지계를 만약 공하거나 만약 공하지 않다고 상응하
여 관찰하지 않아야 하고, 수·화·풍·공·식계를 만약 공하거나 만약 공하지
않다고 상응하여 관찰하지 않아야 하며, 지계를 만약 유상이거나 만약
무상이라고 상응하여 관찰하지 않아야 하고, 수·화·풍·공·식계를 만약
유상이거나 만약 무상이라고 상응하여 관찰하지 않아야 하며, 지계를
만약 유원이거나 만약 무원이라고 상응하여 관찰하지 않아야 하고, 수·화·
풍·공·식계를 만약 유원이거나, 만약 무원이라고 상응하여 관찰하지
않아야 하며, 지계를 만약 적정하거나 만약 적정하지 않다고 상응하여
관찰하지 않아야 하고, 수·화·풍·공·식계를 만약 적정하거나 만약 적정하
지 않다고 상응하여 관찰하지 않아야 하며, 지계를 만약 멀리 벗어나거나
만약 멀리 벗어나지 않는다고 상응하여 관찰하지 않아야 하고, 수·화·풍·
공·식계를 만약 멀리 벗어나거나 만약 멀리 벗어나지 않는다고 상응하여
관찰하지 않아야 하며, 지계를 만약 유위이거나 만약 무위라고 상응하여
관찰하지 않아야 하고, 수·화·풍·공·식계를 만약 유위이거나 만약 무위라
고 상응하여 관찰하지 않아야 하며, 지계를 만약 유루이거나 만약 무루라
고 상응하여 관찰하지 않아야 하고, 수·화·풍·공·식계를 만약 유루이거나
만약 무루라고 상응하여 관찰하지 않아야 하며, 지계를 만약 생겨나거나
만약 소멸한다고 상응하여 관찰하지 않아야 하고, 수·화·풍·공·식계를
만약 생겨나거나 만약 소멸한다고 상응하여 관찰하지 않아야 하며, 지계
는 만약 선하거나 만약 선하지 않다고 상응하여 관찰하지 않아야 하고,
수·화·풍·공·식계를 만약 선하거나 만약 선하지 않다고 상응하여 관찰하
지 않아야 하며, 지계를 만약 유죄이거나 만약 무죄라고 상응하여 관찰하
지 않아야 하고, 수·화·풍·공·식계를 만약 유죄이거나, 만약 무죄상이라

고 상응하여 관찰하지 않아야 하며, 지계를 만약 세간이거나 만약 출세간이라고 상응하여 관찰하지 않아야 하고, 수·화·풍·공·식계를 만약 세간이거나 만약 출세간이라고 상응하여 관찰하지 않아야 하며, 지계를 만약 잡염이거나 만약 청정하다고 상응하여 관찰하지 않아야 하고, 수·화·풍·공·식계를 만약 잡염이거나 만약 청정하다고 상응하여 관찰하지 않아야 하며, 지계를 만약 생사에 귀속되거나 만약 열반에 귀속된다고 상응하여 관찰하지 않아야 하고, 수·화·풍·공·식계를 만약 생사에 귀속되거나 만약 열반에 귀속된다고 상응하여 관찰하지 않아야 하며, 지계를 만약 내신에 있거나 만약 외신에 있거나 만약 두 중간에 있다고 상응하여 관찰하지 않아야 하고, 수·화·풍·공·식계를 만약 내신에 있거나 만약 외신에 있거나 만약 두 중간에 있다고 상응하여 관찰하지 않아야 하며, 지계를 만약 얻을 수 있거나 만약 얻을 수 없다고 관찰하지 않아야 하고, 수·화·풍·공·식계를 만약 얻을 수 있거나 만약 얻을 수 없다고 상응하여 관찰하지 않아야 하느니라."

마하반야바라밀다경 제12권

7. 교계교수품(敎誡敎授品)(2)

"다시 다음으로 선현이여. 제보살마하살은 반야바라밀다를 수행하는 때에 인연(因緣)을 만약 항상하거나 만약 무상하다고 상응하여 관찰하지 않아야 하고, 등무간연(等無間緣)·소연연(所緣緣)·증상연(增上緣)을 만약 항상하거나 만약 무상하다고 상응하여 관찰하지 않아야 하며, 인연을 만약 즐겁거나 만약 괴롭다고 상응하여 관찰하지 않아야 하고, 등무간연·소연연·증상연을 만약 즐겁거나 만약 괴롭다고 상응하여 관찰하지 않아야 하며, 인연은 만약 나이거나 만약 무아라고 상응하여 관찰하지 않아야 하고, 등무간연·소연연·증상연도 만약 나이거나 만약 무아라고 상응하여 관찰하지 않아야 하며, 인연을 만약 청정하거나 만약 부정하다고 상응하여 관찰하지 않아야 하고, 등무간연·소연연·증상연을 만약 청정하거나 만약 부정하다고 상응하여 관찰하지 않아야 하며, 인연을 만약 공하거나 만약 공하지 않다고 상응하여 관찰하지 않아야 하고, 등무간연·소연연·증상연을 만약 공하거나 만약 공하지 않다고 상응하여 관찰하지 않아야 하며, 인연은 만약 유상이거나 만약 무상이라고 상응하여 관찰하지 않아야 하고, 등무간연·소연연·증상연을 만약 유상이거나 만약 무상이라고 상응하여 관찰하지 않아야 하며, 인연을 만약 유원이거나 만약 무원이라고 상응하여 관찰하지 않아야 하고, 등무간연·소연연·증상연을 만약 유원이거나, 만약 무원이라고 상응하여 관찰하지 않아야 하며, 인연을 만약 적정하거나 만약 적정하지 않다고 상응하여 관찰하지 않아야 하고,

등무간연·소연연·증상연을 만약 적정하거나 만약 적정하지 않다고 상응하여 관찰하지 않아야 하며, 인연을 만약 멀리 벗어나거나 만약 멀리 벗어나지 않는다고 상응하여 관찰하지 않아야 하고, 등무간연·소연연·증상연을 만약 멀리 벗어나거나 만약 멀리 벗어나지 않는다고 상응하여 관찰하지 않아야 하며, 인연을 만약 유위이거나 만약 무위라고 상응하여 관찰하지 않아야 하고, 등무간연·소연연·증상연을 만약 유위이거나 만약 무위라고 상응하여 관찰하지 않아야 하며, 인연을 만약 유루이거나 만약 무루라고 상응하여 관찰하지 않아야 하고, 등무간연·소연연·증상연을 만약 유루이거나 만약 무루라고 상응하여 관찰하지 않아야 하며, 인연을 만약 생겨나거나 만약 소멸한다고 상응하여 관찰하지 않아야 하고, 등무간연·소연연·증상연을 만약 생겨나거나 만약 소멸한다고 상응하여 관찰하지 않아야 하며, 인연을 만약 선하거나 만약 선하지 않다고 상응하여 관찰하지 않아야 하고, 등무간연·소연연·증상연을 만약 선하거나 만약 선하지 않다고 상응하여 관찰하지 않아야 하며, 인연을 만약 유죄이거나 만약 무죄라고 상응하여 관찰하지 않아야 하고, 등무간연·소연연·증상연을 만약 유죄이거나 만약 무죄라고 상응하여 관찰하지 않아야 하며, 인연을 만약 세간이거나 만약 출세간이라고 상응하여 관찰하지 않아야 하고, 등무간연·소연연·증상연도 만약 세간이거나 만약 출세간이라고 상응하여 관찰하지 않아야 하며, 인연을 만약 잡염이거나 만약 청정하다고 상응하여 관찰하지 않아야 하고, 등무간연·소연연·증상연을 만약 잡염이거나 만약 청정하다고 상응하여 관찰하지 않아야 하며, 인연을 만약 생사에 귀속되거나 만약 열반에 귀속된다고 상응하여 관찰하지 않아야 하고, 등무간연·소연연·증상연을 만약 생사에 귀속되거나 만약 열반에 귀속된다고 상응하여 관찰하지 않아야 하며, 인연을 만약 내신에 있거나 만약 외신에 있거나 만약 두 중간에 있다고 상응하여 관찰하지 않아야 하고, 등무간연·소연연·증상연을 만약 내신에 있거나 만약 외신에 있거나 만약 두 중간에 있다고 상응하여 관찰하지 않아야 하며, 인연을 만약 얻을 수 있거나, 만약 얻을 수 없다고 관찰하지 않아야 하고, 등무간연

·소연연·증상연을 만약 얻을 수 있거나, 만약 얻을 수 없다고 상응하여 관찰하지 않아야 하느니라.

　다시 다음으로 선현이여. 제보살마하살은 반야바라밀다를 수행하는 때에 무명(無明)을 만약 항상하거나 만약 무상하다고 상응하여 관찰하지 않아야 하고, 행(行)·식(識)·명색(名色)·육처(六處)·촉(觸)·수(受)·애(愛)·취(取)·유(有)·생(生)·노사(老死)의 수탄고우뇌(愁歎苦憂惱)를 만약 항상하거나 만약 무상하다고 상응하여 관찰하지 않아야 하며, 무명을 만약 즐겁거나 만약 괴롭다고 상응하여 관찰하지 않아야 하고, 행, 나아가 노사의 수탄고우뇌를 만약 즐겁거나 만약 괴롭다고 상응하여 관찰하지 않아야 하며, 무명을 만약 나이거나 만약 무아라고 상응하여 관찰하지 않아야 하고, 행, 나아가 노사의 수탄고우뇌를 만약 나이거나 만약 무아라고 상응하여 관찰하지 않아야 하며, 무명을 만약 청정하거나 만약 부정하다고 상응하여 관찰하지 않아야 하고, 행, 나아가 노사의 수탄고우뇌를 만약 청정하거나 만약 부정하다고 상응하여 관찰하지 않아야 하며, 무명을 만약 공하거나 만약 공하지 않다고 상응하여 관찰하지 않아야 하고, 행, 나아가 노사의 수탄고우뇌를 만약 공하거나 만약 공하지 않다고 상응하여 관찰하지 않아야 하며, 무명을 만약 유상이거나 만약 무상이라고 상응하여 관찰하지 않아야 하고, 행, 나아가 노사의 수탄고우뇌를 만약 유상이거나 만약 무상이라고 상응하여 관찰하지 않아야 하며, 무명을 만약 유원이거나 만약 무원이라고 상응하여 관찰하지 않아야 하고, 행, 나아가 노사의 수탄고우뇌를 만약 유원이거나 만약 무원이라고 상응하여 관찰하지 않아야 하며, 무명을 만약 적정하거나 만약 적정하지 않다고 상응하여 관찰하지 않아야 하고, 행, 나아가 노사의 수탄고우뇌를 만약 적정하거나 만약 적정하지 않다고 상응하여 관찰하지 않아야 하며, 무명을 만약 멀리 벗어나거나 만약 멀리 벗어나지 않는다고 상응하여 관찰하지 않아야 하고, 행, 나아가 노사의 수탄고우뇌도 만약 멀리 벗어나거나 만약 멀리 벗어나지 않는다고 상응하여 관찰하지 않아야 하며, 무명을 만약 유위이거나, 만약 무위라고 상응하여 관찰하지 않아야

하고, 행, 나아가 노사의 수탄고우뇌도 만약 유위이거나, 만약 무위라고
상응하여 관찰하지 않아야 하며, 무명을 만약 유루이거나, 만약 무루라고
상응하여 관찰하지 않아야 하고, 행, 나아가 노사의 수탄고우뇌를 만약
유루이거나, 만약 무루라고 상응하여 관찰하지 않아야 하며, 무명을
만약 생겨나거나, 만약 소멸한다고 상응하여 관찰하지 않아야 하고,
행, 나아가 노사의 수탄고우뇌를 만약 생겨나거나, 만약 소멸한다고
상응하여 관찰하지 않아야 하며, 무명을 만약 선하거나 만약 선하지
않다고 상응하여 관찰하지 않아야 하고, 행, 나아가 노사의 수탄고우뇌
를 만약 선하거나 만약 선하지 않다고 상응하여 관찰하지 않아야 하며,
무명을 만약 유죄이거나 만약 무죄라고 상응하여 관찰하지 않아야
하고, 행, 나아가 노사의 수탄고우뇌를 만약 유죄이거나 만약 무죄라고
상응하여 관찰하지 않아야 하며, 무명을 만약 세간이거나 만약 출세간이
라고 상응하여 관찰하지 않아야 하고, 행, 나아가 노사의 수탄고우뇌를
만약 세간이거나 만약 출세간이라고 상응하여 관찰하지 않아야 하며,
무명을 만약 잡염이거나, 만약 청정하다고 상응하여 관찰하지 않아야
하고, 행, 나아가 노사의 수탄고우뇌를 만약 잡염이거나 만약 청정하다고
상응하여 관찰하지 않아야 하며, 무명을 만약 생사에 귀속되거나 만약
열반에 귀속된다고 상응하여 관찰하지 않아야 하고, 행, 나아가 노사의
수탄고우뇌를 만약 생사에 귀속되거나 만약 열반에 귀속된다고 상응하여
관찰하지 않아야 하며, 무명을 만약 내신에 있거나 만약 외신에 있거나
만약 두 중간에 있다고 상응하여 관찰하지 않아야 하고, 행, 나아가
노사의 수탄고우뇌를 만약 내신에 있거나 만약 외신에 있거나 만약 두
중간에 있다고 상응하여 관찰하지 않아야 하며, 무명을 만약 얻을 수
있거나, 만약 얻을 수 없다고 관찰하지 않아야 하고, 행, 나아가 노사의
수탄고우뇌를 만약 얻을 수 있거나, 만약 얻을 수 없다고 상응하여 관찰하
지 않아야 하느니라.

다시 다음으로 선현이여. 제보살마하살은 반야바라밀다를 수행하는
때에 보시반야바라밀다(布施般若波羅蜜多)를 만약 항상하거나 만약 무상

하다고 상응하여 관찰하지 않아야 하고, 정계(淨戒)·안인(安忍)·정진(精進)·정려(靜慮)·반야바라밀다(般若般若波羅蜜多)를 만약 항상하거나 만약 무상하다고 상응하여 관찰하지 않아야 하며, 보시반야바라밀다를 만약 즐겁거나 만약 괴롭다고 상응하여 관찰하지 않아야 하고, 정계·안인·정진·정려·반야바라밀다를 만약 즐겁거나 만약 괴롭다고 상응하여 관찰하지 않아야 하며, 보시반야바라밀다를 만약 나이거나 만약 무아라고 상응하여 관찰하지 않아야 하고, 정계·안인·정진·정려·반야바라밀다를 만약 나이거나, 만약 무아라고 상응하여 관찰하지 않아야 하며, 보시반야바라밀다를 만약 청정하거나, 만약 부정하다고 상응하여 관찰하지 않아야 하고, 정계·안인·정진·정려·반야바라밀다를 만약 청정하거나 만약 부정하다고 상응하여 관찰하지 않아야 하며, 보시반야바라밀다를 만약 공하거나 만약 공하지 않다고 상응하여 관찰하지 않아야 하고, 정계·안인·정진·정려·반야바라밀다를 만약 공하거나 만약 공하지 않다고 상응하여 관찰하지 않아야 하며, 보시반야바라밀다를 만약 유상이거나 만약 무상이라고 상응하여 관찰하지 않아야 하고, 정계·안인·정진·정려·반야바라밀다를 만약 유상이거나, 만약 무상이라고 상응하여 관찰하지 않아야 하며, 보시반야바라밀다를 만약 유원이거나, 만약 무원이라고 상응하여 관찰하지 않아야 하고, 정계·안인·정진·정려·반야바라밀다를 만약 유원이거나, 만약 무원이라고 상응하여 관찰하지 않아야 하며, 보시반야바라밀다를 만약 적정하거나, 만약 적정하지 않다고 상응하여 관찰하지 않아야 하고, 정계·안인·정진·정려·반야바라밀다를 만약 적정하거나 만약 적정하지 않다고 상응하여 관찰하지 않아야 하며, 보시반야바라밀다를 만약 멀리 벗어나거나, 만약 멀리 벗어나지 않는다고 상응하여 관찰하지 않아야 하고, 정계·안인·정진·정려·반야바라밀다를 만약 멀리 벗어나거나 만약 멀리 벗어나지 않는다고 상응하여 관찰하지 않아야 하며, 보시반야바라밀다를 만약 유위이거나, 만약 무위라고 상응하여 관찰하지 않아야 하고, 정계·안인·정진·정려·반야바라밀다를 만약 유위이거나 만약 무위라고 상응하여 관찰하지 않아야 하며, 보시반야바라밀다를 만약 유루이거나 만약 무루라고 상응하여 관찰하지 않아야 하고, 정계·안인·정진·정려·반야바라밀다를 만약 유루이거나, 만약 무루라고 상응하여 관찰하지 않아야 하며, 보시반야바라밀다를 만약 생겨나거나 만약 소멸한다고 상응하여 관찰하지 않아야 하고, 정계·안인·정진·정려·반야바라밀다를 만약 생겨나거나 만약 소멸한다고 상응하여 관찰하지 않아야 하며, 보시반야바라밀다를 만약 선하거나 만약 선하지 않다고 상응하여 관찰하지 않아야 하고, 정계·안인·정진·정려·반야바라밀다를 만약 선하거나 만약 선하지 않다고 상응하여 관찰하지 않아야 하며, 보시반야바라밀다를 만약 유죄이거나 만약 무죄라고 상응하여 관찰하지 않아야 하고, 정계·안인·정진·정려·반야바라밀다를 만약 유죄이거나, 만약 무죄라고 상응하여 관찰하지 않아야 하며, 보시반야바라밀다를 만약 세간이거나 만약 출세간이라고 상응하여 관찰하지 않아야 하고, 정계·안인·정진·정려·반야바라밀다를 만약 세간이거나 만약 출세간이라고 상응하여 관찰하지 않아야 하며, 보시반야바라밀다를 만약 잡염이거나 만약 청정하다고 상응하여 관찰하지 않아야 하고, 정계·안인·정진·정려·반야바라밀다를 만약 잡염이거나 만약 청정하다고 상응하여 관찰하지 않아야 하며, 보시반야바라밀다를 만약 생사에 귀속되거나 만약 열반에 귀속된다고 상응하여 관찰하지 않아야 하고, 정계·안인·정진·정려·반야바라밀다를 만약 생사에 귀속되거나 만약 열반에 귀속된다고 상응하여 관찰하지 않아야 하며, 보시반야바라밀다를 만약 내신에 있거나, 만약 외신에 있거나, 만약 두 중간에 있다고 상응하여 관찰하지 않아야 하고, 정계·안인·정진·정려·반야바라밀다를 만약 내신에 있거나 만약 외신에 있거나 만약 두 중간에 있다고 상응하여 관찰하지 않아야 하며, 보시반야바라밀다를 만약 얻을 수 있거나 만약 얻을 수 없다고 관찰하지 않아야 하고, 정계·안인·정진·정려·반야바라밀다를 만약 얻을 수 있거나 만약 얻을 수 없다고 상응하여 관찰하지 않아야 하느니라.

다시 다음으로 선현이여. 제보살마하살은 반야바라밀다를 수행하는 때에 내공(內空)을 만약 항상하거나 만약 무상하다고 상응하여 관찰하지

않아야 하고, 외공(外空)·내외공(內外空)·공공(空空)·대공(大空)·승의공
(勝義空)·유위공(有爲空)·무위공(無爲空)·필경공(畢竟空)·무제공(無際空)
·산공(散空)·무변이공(無變異空)·본성공(本性空)·자상공(自相空)·공상공
(共相空)·일체법공(一切法空)·불가득공(不可得空)·무성공(無性空)·자성
공(自性空)·무성자성공(無性自性空)을 만약 항상하거나 만약 무상하다고
상응하여 관찰하지 않아야 하며, 내공을 만약 즐겁거나 만약 괴롭다고
상응하여 관찰하지 않아야 하고, 외공, 나아가 무성자성공을 만약 즐겁거
나 만약 괴롭다고 상응하여 관찰하지 않아야 하며, 내공을 만약 나이거나
만약 무아라고 상응하여 관찰하지 않아야 하고, 외공, 나아가 무성자성공
을 만약 나이거나, 만약 무아라고 상응하여 관찰하지 않아야 하며, 내공을
만약 청정하거나 만약 부정하다고 상응하여 관찰하지 않아야 하고, 외공,
나아가 무성자성공을 만약 청정하거나, 만약 부정하다고 상응하여 관찰하
지 않아야 하며, 내공을 만약 공하거나, 만약 공하지 않다고 상응하여
관찰하지 않아야 하고, 외공, 나아가 무성자성공을 만약 공하거나 만약
공하지 않다고 상응하여 관찰하지 않아야 하며, 내공을 만약 유상이거나,
만약 무상이라고 상응하여 관찰하지 않아야 하고, 외공, 나아가 무성자성
공을 만약 유상이거나, 만약 무상이라고 상응하여 관찰하지 않아야 하며,
내공을 만약 유원이거나 만약 무원이라고 상응하여 관찰하지 않아야
하고, 외공, 나아가 무성자성공을 만약 유원이거나 만약 무원이라고 상응
하여 관찰하지 않아야 하며, 내공을 만약 적정하거나 만약 적정하지
않다고 상응하여 관찰하지 않아야 하고, 외공, 나아가 무성자성공도 만약
적정하거나 만약 적정하지 않다고 상응하여 관찰하지 않아야 하며, 내공
을 만약 멀리 벗어나거나 만약 멀리 벗어나지 않는다고 상응하여 관찰하지
않아야 하고, 외공, 나아가 무성자성공을 만약 멀리 벗어나거나 만약
멀리 벗어나지 않는다고 상응하여 관찰하지 않아야 하며, 내공을 만약
유위이거나 만약 무위라고 상응하여 관찰하지 않아야 하고, 외공, 나아가
무성자성공도 만약 유위이거나 만약 무위라고 상응하여 관찰하지 않아야
하며, 내공을 만약 유루이거나 만약 무루라고 상응하여 관찰하지 않아야

하고, 외공, 나아가 무성자성공도 만약 유루이거나 만약 무루라고 상응하여 관찰하지 않아야 하며, 내공을 만약 생겨나거나 만약 소멸한다고 상응하여 관찰하지 않아야 하고, 외공, 나아가 무성자성공을 만약 생겨나거나 만약 소멸한다고 상응하여 관찰하지 않아야 하며, 내공을 만약 선하거나, 만약 선하지 않다고 상응하여 관찰하지 않아야 하고, 외공, 나아가 무성자성공을 만약 선하거나 만약 선하지 않다고 상응하여 관찰하지 않아야 하며, 내공을 만약 유죄이거나, 만약 무죄라고 상응하여 관찰하지 않아야 하고, 외공, 나아가 무성자성공을 만약 유죄이거나 만약 무죄라고 상응하여 관찰하지 않아야 하며, 내공을 만약 세간이거나 만약 출세간이라고 상응하여 관찰하지 않아야 하고, 외공, 나아가 무성자성공을 만약 세간이거나 만약 출세간이라고 상응하여 관찰하지 않아야 하며, 내공을 만약 잡염이거나 만약 청정하다고 상응하여 관찰하지 않아야 하고, 외공, 나아가 무성자성공을 만약 잡염이거나 만약 청정하다고 상응하여 관찰하지 않아야 하며, 내공을 만약 생사에 귀속되거나 만약 열반에 귀속된다고 상응하여 관찰하지 않아야 하고, 외공, 나아가 무성자성공도 만약 생사에 귀속되거나 만약 열반에 귀속된다고 상응하여 관찰하지 않아야 하며, 내공을 만약 내신에 있거나 만약 외신에 있거나 만약 두 중간에 있다고 상응하여 관찰하지 않아야 하고, 외공, 나아가 무성자성공을 만약 내신에 있거나 만약 외신에 있거나 만약 두 중간에 있다고 상응하여 관찰하지 않아야 하며, 내공을 만약 얻을 수 있거나, 만약 얻을 수 없다고 관찰하지 않아야 하고, 외공, 나아가 무성자성공을 만약 얻을 수 있거나, 만약 얻을 수 없다고 상응하여 관찰하지 않아야 하느니라.

다시 다음으로 선현이여. 제보살마하살은 반야바라밀다를 수행하는 때에 진여(眞如)를 만약 항상하거나 만약 무상하다고 상응하여 관찰하지 않아야 하고, 법계(法界)·법성(法性)·불허망성(不虛妄性)·불변이성(不變異性)·평등성(平等性)·이생성(離生性)·법정(法定)·법주(法住)·실제(實際)·허공계(虛空界)·부사의계(不思議界)를 만약 항상하거나 만약 무상하다고 상응하여 관찰하지 않아야 하며, 진여를 만약 즐겁거나, 만약 괴롭다고

상응하여 관찰하지 않아야 하고, 법계, 나아가 부사의계를 만약 즐겁거나
만약 괴롭다고 상응하여 관찰하지 않아야 하며, 진여를 만약 나이거나
만약 무아라고 상응하여 관찰하지 않아야 하고, 법계, 나아가 부사의계를
만약 나이거나 만약 무아라고 상응하여 관찰하지 않아야 하며, 진여를
만약 청정하거나 만약 부정하다고 상응하여 관찰하지 않아야 하고, 법계,
나아가 부사의계를 만약 청정하거나 만약 부정하다고 상응하여 관찰하지
않아야 하며, 진여를 만약 공하거나 만약 공하지 않다고 상응하여 관찰하
지 않아야 하고, 법계, 나아가 부사의계를 만약 공하거나 만약 공하지
않다고 상응하여 관찰하지 않아야 하며, 진여를 만약 유상이거나, 만약
무상이라고 상응하여 관찰하지 않아야 하고, 법계, 나아가 부사의계를
만약 유상이거나, 만약 무상이라고 상응하여 관찰하지 않아야 하며, 진여
를 만약 유원이거나, 만약 무원이라고 상응하여 관찰하지 않아야 하고,
법계, 나아가 부사의계를 만약 유원이거나 만약 무원이라고 상응하여
관찰하지 않아야 하며, 진여를 만약 적정하거나 만약 적정하지 않다고
상응하여 관찰하지 않아야 하고, 법계, 나아가 부사의계를 만약 적정하거
나 만약 적정하지 않다고 상응하여 관찰하지 않아야 하며, 진여를 만약
멀리 벗어나거나 만약 멀리 벗어나지 않는다고 상응하여 관찰하지 않아야
하고, 법계, 나아가 부사의계를 만약 멀리 벗어나거나 만약 멀리 벗어나지
않는다고 상응하여 관찰하지 않아야 하며, 진여를 만약 유위이거나, 만약
무위라고 상응하여 관찰하지 않아야 하고, 법계, 나아가 부사의계를 만약
유위이거나 만약 무위라고 상응하여 관찰하지 않아야 하며, 진여를 만약
유루이거나 만약 무루라고 상응하여 관찰하지 않아야 하고, 법계, 나아가
부사의계를 만약 유루이거나 만약 무루라고 상응하여 관찰하지 않아야
하며, 진여를 만약 생겨나거나 만약 소멸한다고 상응하여 관찰하지 않아
야 하고, 법계, 나아가 부사의계를 만약 생겨나거나 만약 소멸한다고
상응하여 관찰하지 않아야 하며, 진여를 만약 선하거나 만약 선하지
않다고 상응하여 관찰하지 않아야 하고, 법계, 나아가 부사의계를 만약
선하거나 만약 선하지 않다고 상응하여 관찰하지 않아야 하며, 진여를

만약 유죄이거나, 만약 무죄라고 상응하여 관찰하지 않아야 하고, 법계,
나아가 부사의계를 만약 유죄이거나 만약 무죄라고 상응하여 관찰하지
않아야 하며, 진여를 만약 세간이거나 만약 출세간이라고 상응하여 관찰
하지 않아야 하고, 법계, 나아가 부사의계를 만약 세간이거나 만약 출세간
이라고 상응하여 관찰하지 않아야 하며, 진여를 만약 잡염이거나 만약
청정하다고 상응하여 관찰하지 않아야 하고, 법계, 나아가 부사의계를
만약 잡염이거나 만약 청정하다고 상응하여 관찰하지 않아야 하며, 진여
를 만약 생사에 귀속되거나 만약 열반에 귀속된다고 상응하여 관찰하지
않아야 하고, 법계, 나아가 부사의계를 만약 생사에 귀속되거나 만약
열반에 귀속된다고 상응하여 관찰하지 않아야 하며, 진여를 만약 내신에
있거나 만약 외신에 있거나 만약 두 중간에 있다고 상응하여 관찰하지
않아야 하고, 법계, 나아가 부사의계를 만약 내신에 있거나 만약 외신에
있거나 만약 두 중간에 있다고 상응하여 관찰하지 않아야 하며, 진여를
만약 얻을 수 있거나, 만약 얻을 수 없다고 관찰하지 않아야 하고, 법계,
나아가 부사의계를 만약 얻을 수 있거나, 만약 얻을 수 없다고 상응하여
관찰하지 않아야 하느니라.

다시 다음으로 선현이여. 제보살마하살은 반야바라밀다를 수행하는
때에 4념주(念住)를 만약 항상하거나 만약 무상하다고 상응하여 관찰하지
않아야 하고, 4정단(正斷)·4신족(神足)·5근(根)·5력(力)·7등각지(等覺支)
·8성도지(聖道支)를 만약 항상하거나 만약 무상하다고 상응하여 관찰하지
않아야 하며, 4념주를 만약 즐겁거나 만약 괴롭다고 상응하여 관찰하지
않아야 하고, 4정단, 나아가 8성도지를 만약 즐겁거나 만약 괴롭다고
상응하여 관찰하지 않아야 하며, 4념주를 만약 나이거나 만약 무아라고
상응하여 관찰하지 않아야 하고, 4정단, 나아가 8성도지를 만약 나이거나
만약 무아라고 상응하여 관찰하지 않아야 하며, 4념주를 만약 청정하거나
만약 부정하다고 상응하여 관찰하지 않아야 하고, 4정단, 나아가 8성도지
를 만약 청정하거나 만약 부정하다고 상응하여 관찰하지 않아야 하며,
4념주를 만약 공하거나 만약 공하지 않다고 상응하여 관찰하지 않아야

하고, 4정단, 나아가 8성도지를 만약 공하거나 만약 공하지 않다고 상응하여 관찰하지 않아야 하며, 4념주를 만약 유상이거나 만약 무상이라고 상응하여 관찰하지 않아야 하고, 4정단, 나아가 8성도지를 만약 유상이거나, 만약 무상이라고 상응하여 관찰하지 않아야 하며, 4념주를 만약 유원이거나 만약 무원이라고 상응하여 관찰하지 않아야 하고, 4정단, 나아가 8성도지를 만약 유원이거나, 만약 무원이라고 상응하여 관찰하지 않아야 하며, 4념주를 만약 적정하거나 만약 적정하지 않다고 상응하여 관찰하지 않아야 하고, 4정단, 나아가 8성도지를 만약 적정하거나 만약 적정하지 않다고 상응하여 관찰하지 않아야 하며, 4념주를 만약 멀리 벗어나거나 만약 멀리 벗어나지 않는다고 상응하여 관찰하지 않아야 하고, 4정단, 나아가 8성도지를 만약 멀리 벗어나거나 만약 멀리 벗어나지 않는다고 상응하여 관찰하지 않아야 하며, 4념주를 만약 유위이거나 만약 무위라고 상응하여 관찰하지 않아야 하고, 4정단, 나아가 8성도지를 만약 유위이거나, 만약 무위라고 상응하여 관찰하지 않아야 하며, 4념주를 만약 유루이거나 만약 무루라고 상응하여 관찰하지 않아야 하고, 법계, 나아가 부사의계를 만약 유루이거나 만약 무루라고 상응하여 관찰하지 않아야 하며, 4념주를 만약 생겨나거나 만약 소멸한다고 상응하여 관찰하지 않아야 하고, 법계, 나아가 부사의계를 만약 생겨나거나 만약 소멸한다고 상응하여 관찰하지 않아야 하며, 4념주를 만약 선하거나 만약 선하지 않다고 상응하여 관찰하지 않아야 하고, 법계, 나아가 부사의계를 만약 선하거나 만약 선하지 않다고 상응하여 관찰하지 않아야 하며, 4념주를 만약 유죄이거나 만약 무죄라고 상응하여 관찰하지 않아야 하고, 4정단, 나아가 8성도지를 만약 유죄이거나 만약 무죄라고 상응하여 관찰하지 않아야 하며, 4념주를 만약 세간이거나 만약 출세간이라고 상응하여 관찰하지 않아야 하고, 4정단, 나아가 8성도지를 만약 세간이거나 만약 출세간이라고 상응하여 관찰하지 않아야 하며, 4념주를 만약 잡염이거나 만약 청정하다고 상응하여 관찰하지 않아야 하고, 4정단, 나아가 8성도지를 만약 잡염이거나 만약 청정하다고 상응하여 관찰하지 않아야 하며,

4념주를 만약 생사에 귀속되거나 만약 열반에 귀속된다고 상응하여 관찰하지 않아야 하고, 4정단, 나아가 8성도지를 만약 생사에 귀속되거나 만약 열반에 귀속된다고 상응하여 관찰하지 않아야 하며, 4념주를 만약 내신에 있거나 만약 외신에 있거나 만약 두 중간에 있다고 상응하여 관찰하지 않아야 하고, 4정단, 나아가 8성도지를 만약 내신에 있거나 만약 외신에 있거나 만약 두 중간에 있다고 상응하여 관찰하지 않아야 하며, 4념주를 만약 얻을 수 있거나 만약 얻을 수 없다고 관찰하지 않아야 하고, 4정단, 나아가 8성도지를 만약 얻을 수 있거나 만약 얻을 수 없다고 상응하여 관찰하지 않아야 하느니라.

다시 다음으로 선현이여. 제보살마하살은 반야바라밀다를 수행하는 때에 고성제(苦聖諦)를 만약 항상하거나 만약 무상하다고 상응하여 관찰하지 않아야 하고, 집(集)·멸(滅)·도성제(道聖諦)를 만약 항상하거나 만약 무상하다고 상응하여 관찰하지 않아야 하며, 고성제를 만약 즐겁거나 만약 괴롭다고 상응하여 관찰하지 않아야 하고, 집·멸·도성제를 만약 즐겁거나 만약 괴롭다고 상응하여 관찰하지 않아야 하며, 고성제를 만약 나이거나 만약 무아라고 상응하여 관찰하지 않아야 하고, 집·멸·도성제를 만약 나이거나 만약 무아라고 상응하여 관찰하지 않아야 하며, 고성제를 만약 청정하거나 만약 부정하다고 상응하여 관찰하지 않아야 하고, 집·멸·도성제를 만약 청정하거나 만약 부정하다고 상응하여 관찰하지 않아야 하며, 고성제를 만약 공하거나 만약 공하지 않다고 상응하여 관찰하지 않아야 하고, 집·멸·도성제를 만약 공하거나 만약 공하지 않다고 상응하여 관찰하지 않아야 하며, 고성제를 만약 유상이거나 만약 무상이라고 상응하여 관찰하지 않아야 하고, 집·멸·도성제를 만약 유상이거나 만약 무상이라고 상응하여 관찰하지 않아야 하며, 고성제를 만약 유원이거나 만약 무원이라고 상응하여 관찰하지 않아야 하고, 집·멸·도성제를 만약 유원이거나 만약 무원이라고 상응하여 관찰하지 않아야 하며, 고성제를 만약 적정하거나 만약 적정하지 않다고 상응하여 관찰하지 않아야 하고, 집·멸·도성제를 만약 적정하거나 만약 적정하지 않다고 상응하여 관찰하지 않아야 하며, 고성제를 만약 멀리 벗어나거나 만약 멀리 벗어나지 않는다고 상응하여 관찰하지 않아야 하고, 집·멸·도성제를 만약 멀리 벗어나거나 만약 멀리 벗어나지 않는다고 상응하여 관찰하지 않아야 하며, 고성제를 만약 유위이거나, 만약 무위라고 상응하여 관찰하지 않아야 하고, 집·멸·도성제를 만약 유위이거나 만약 무위라고 상응하여 관찰하지 않아야 하며, 고성제를 만약 유루이거나, 만약 무루라고 상응하여 관찰하지 않아야 하고, 집·멸·도성제를 만약 유루이거나 만약 무루라고 상응하여 관찰하지 않아야 하며, 고성제를 만약 생겨나거나 만약 소멸한다고 상응하여 관찰하지 않아야 하고, 집·멸·도성제를 만약 생겨나거나 만약 소멸한다고 상응하여 관찰하지 않아야 하며, 고성제를 만약 선하거나 만약 선하지 않다고 상응하여 관찰하지 않아야 하고, 집·멸·도성제를 만약 선하거나 만약 선하지 않다고 상응하여 관찰하지 않아야 하며, 고성제를 만약 유죄이거나 만약 무죄라고 상응하여 관찰하지 않아야 하고, 집·멸·도성제를 만약 유죄이거나 만약 무죄라고 상응하여 관찰하지 않아야 하며, 고성제를 만약 세간이거나, 만약 출세간이라고 상응하여 관찰하지 않아야 하고, 집·멸·도성제를 만약 세간이거나 만약 출세간이라고 상응하여 관찰하지 않아야 하며, 고성제를 만약 잡염이거나 만약 청정하다고 상응하여 관찰하지 않아야 하고, 집·멸·도성제를 만약 잡염이거나 만약 청정하다고 상응하여 관찰하지 않아야 하며, 고성제를 만약 생사에 귀속되거나 만약 열반에 귀속된다고 상응하여 관찰하지 않아야 하고, 집·멸·도성제를 만약 생사에 귀속되거나 만약 열반에 귀속된다고 상응하여 관찰하지 않아야 하며, 고성제를 만약 내신에 있거나 만약 외신에 있거나 만약 두 중간에 있다고 상응하여 관찰하지 않아야 하고, 집·멸·도성제를 만약 내신에 있거나 만약 외신에 있거나 만약 두 중간에 있다고 상응하여 관찰하지 않아야 하며, 고성제를 만약 얻을 수 있거나 만약 얻을 수 없다고 관찰하지 않아야 하고, 집·멸·도성제를 만약 얻을 수 있거나 만약 얻을 수 없다고 상응하여 관찰하지 않아야 하느니라.

　다시 다음으로 선현이여. 제보살마하살은 반야바라밀다를 수행하는 때에 4정려(靜慮)를 만약 항상하거나 만약 무상하다고 상응하여 관찰하지 않아야 하고, 4무량(無量)·4무색정(無色定)을 만약 항상하거나 만약 무상하다고 상응하여 관찰하지 않아야 하며, 4정려를 만약 즐겁거나 만약 괴롭다고 상응하여 관찰하지 않아야 하고, 4무량·4무색정을 만약 즐겁거나 만약 괴롭다고 상응하여 관찰하지 않아야 하며, 4정려를 만약 나이거나 만약 무아라고 상응하여 관찰하지 않아야 하고, 4무량·4무색정을 만약 나이거나 만약 무아라고 상응하여 관찰하지 않아야 하며, 4정려를 만약 청정하거나 만약 부정하다고 상응하여 관찰하지 않아야 하고, 4무량·4무색정을 만약 청정하거나 만약 부정하다고 상응하여 관찰하지 않아야 하며, 4정려를 만약 공하거나 만약 공하지 않다고 상응하여 관찰하지 않아야 하고, 4무량·4무색정을 만약 공하거나 만약 공하지 않다고 상응하여 관찰하지 않아야 하며, 4정려를 만약 유상이거나 만약 무상이라고 상응하여 관찰하지 않아야 하고, 4무량·4무색정을 만약 유상이거나 만약 무상이라고 상응하여 관찰하지 않아야 하며, 4정려를 만약 유원이거나 만약 무원이라고 상응하여 관찰하지 않아야 하고, 4무량·4무색정을 만약 유원이거나 만약 무원이라고 상응하여 관찰하지 않아야 하며, 4정려를 만약 적정하거나 만약 적정하지 않다고 상응하여 관찰하지 않아야 하고, 4무량·4무색정을 만약 적정하거나 만약 적정하지 않다고 상응하여 관찰하지 않아야 하며, 4정려를 만약 멀리 벗어나거나 만약 멀리 벗어나지 않는다고 상응하여 관찰하지 않아야 하고, 4무량·4무색정을 만약 멀리 벗어나거나 만약 멀리 벗어나지 않는다고 상응하여 관찰하지 않아야 하며, 4정려를 만약 유위이거나 만약 무위라고 상응하여 관찰하지 않아야 하고, 4무량·4무색정을 만약 유위이거나 만약 무위라고 상응하여 관찰하지 않아야 하며, 4정려를 만약 유루이거나 만약 무루라고 상응하여 관찰하지 않아야 하고, 4무량·4무색정을 만약 유루이거나 만약 무루라고 상응하여 관찰하지 않아야 하며, 4정려를 만약 생겨나거나 만약 소멸한다고 상응하여 관찰하지 않아야 하고, 4무량·4무색정을 만약 생겨나거나, 만약 소멸한다고 상응하여 관찰하지 않아야 하며, 4정려를 만약 선하거나 만약 선하지 않다고 상응하여 관찰하지 않아야 하고, 4무량·4무색정을 만약 선하거나 만약 선하지 않다고 상응하여 관찰하지 않아야 하며, 4정려를 만약 유죄이거나 만약 무죄라고 상응하여 관찰하지 않아야 하고, 4무량·4무색정을 만약 유죄이거나 만약 무죄라고 상응하여 관찰하지 않아야 하며, 4정려를 만약 세간이거나 만약 출세간이라고 상응하여 관찰하지 않아야 하고, 4무량·4무색정을 만약 세간이거나 만약 출세간이라고 상응하여 관찰하지 않아야 하며, 4정려를 만약 잡염이거나 만약 청정하다고 상응하여 관찰하지 않아야 하고, 4무량·4무색정을 만약 잡염이거나 만약 청정하다고 상응하여 관찰하지 않아야 하며, 4정려를 만약 생사에 귀속되거나 만약 열반에 귀속된다고 상응하여 관찰하지 않아야 하고, 4무량·4무색정을 만약 생사에 귀속되거나 만약 열반에 귀속된다고 상응하여 관찰하지 않아야 하며, 4정려를 만약 내신에 있거나 만약 외신에 있거나 만약 두 중간에 있다고 상응하여 관찰하지 않아야 하고, 4무량·4무색정을 만약 내신에 있거나 만약 외신에 있거나 만약 두 중간에 있다고 상응하여 관찰하지 않아야 하며, 4정려를 만약 얻을 수 있거나 만약 얻을 수 없다고 관찰하지 않아야 하고, 4무량·4무색정을 만약 얻을 수 있거나 만약 얻을 수 없다고 상응하여 관찰하지 않아야 하느니라.

다시 다음으로 선현이여. 제보살마하살은 반야바라밀다를 수행하는 때에 8해탈(解脫)을 만약 항상하거나 만약 무상하다고 상응하여 관찰하지 않아야 하고, 8승처(勝處)·9차제정(次第定)·10변처(遍處)를 만약 항상하거나 만약 무상하다고 상응하여 관찰하지 않아야 하며, 8해탈을 만약 즐겁거나 만약 괴롭다고 상응하여 관찰하지 않아야 하고, 8승처·9차제정·10변처를 만약 즐겁거나 만약 괴롭다고 상응하여 관찰하지 않아야 하며, 8해탈을 만약 나이거나 만약 무아라고 상응하여 관찰하지 않아야 하고, 8승처·9차제정·10변처를 만약 나이거나 만약 무아라고 상응하여 관찰하지 않아야 하며, 8해탈을 만약 청정하거나 만약 부정하다고 상응하여 관찰하지 않아야 하고, 8승처·9차제정·10변처를 만약 청정하거나 만약

부정하다고 상응하여 관찰하지 않아야 하며, 8해탈을 만약 공하거나
만약 공하지 않다고 상응하여 관찰하지 않아야 하고, 8승처·9차제정·10변
처를 만약 공하거나 만약 공하지 않다고 상응하여 관찰하지 않아야 하며,
8해탈을 만약 유상이거나 만약 무상이라고 상응하여 관찰하지 않아야
하고, 8승처·9차제정·10변처를 만약 유상이거나 만약 무상이라고 상응
하여 관찰하지 않아야 하며, 8해탈을 만약 유원이거나 만약 무원이라고
상응하여 관찰하지 않아야 하고, 8승처·9차제정·10변처를 만약 유원이
거나 만약 무원이라고 상응하여 관찰하지 않아야 하며, 8해탈을 만약
적정하거나 만약 적정하지 않다고 상응하여 관찰하지 않아야 하고, 8승처·
9차제정·10변처를 만약 적정하거나 만약 적정하지 않다고 상응하여 관찰
하지 않아야 하며, 8해탈을 만약 멀리 벗어나거나 만약 멀리 벗어나지
않는다고 상응하여 관찰하지 않아야 하고, 8승처·9차제정·10변처를 만약
멀리 벗어나거나 만약 멀리 벗어나지 않는다고 상응하여 관찰하지 않아야
하며, 8해탈을 만약 유위이거나 만약 무위라고 상응하여 관찰하지 않아야
하고, 8승처·9차제정·10변처를 만약 유위이거나 만약 무위라고 상응하여
관찰하지 않아야 하며, 8해탈을 만약 유루이거나 만약 무루라고 상응하여
관찰하지 않아야 하고, 8승처·9차제정·10변처를 만약 유루이거나 만약
무루라고 상응하여 관찰하지 않아야 하며, 8해탈을 만약 생겨나거나,
만약 소멸한다고 상응하여 관찰하지 않아야 하고, 8승처·9차제정·10변처
를 만약 생겨나거나, 만약 소멸한다고 상응하여 관찰하지 않아야 하며,
8해탈을 만약 선하거나 만약 선하지 않다고 상응하여 관찰하지 않아야
하고, 8승처·9차제정·10변처를 만약 선하거나 만약 선하지 않다고 상응하
여 관찰하지 않아야 하며, 8해탈을 만약 유죄이거나 만약 무죄라고 상응하
여 관찰하지 않아야 하고, 8승처·9차제정·10변처를 만약 유죄이거나
만약 무죄라고 상응하여 관찰하지 않아야 하며, 8해탈을 만약 세간이거
나 만약 출세간이라고 상응하여 관찰하지 않아야 하고, 8승처·9차제정·
10변처를 만약 세간이거나 만약 출세간이라고 상응하여 관찰하지 않아야
하며, 8해탈을 만약 잡염이거나 만약 청정하다고 상응하여 관찰하지

않아야 하고, 8승처·9차제정·10변처를 만약 잡염이거나 만약 청정하다고 상응하여 관찰하지 않아야 하며, 8해탈을 만약 생사에 귀속되거나 만약 열반에 귀속된다고 상응하여 관찰하지 않아야 하고, 8승처·9차제정·10변처를 만약 생사에 귀속되거나 만약 열반에 귀속된다고 상응하여 관찰하지 않아야 하며, 8해탈을 만약 내신에 있거나 만약 외신에 있거나 만약 두 중간에 있다고 상응하여 관찰하지 않아야 하고, 8승처·9차제정·10변처를 만약 내신에 있거나 만약 외신에 있거나 만약 두 중간에 있다고 상응하여 관찰하지 않아야 하며, 8해탈을 만약 얻을 수 있거나 만약 얻을 수 없다고 관찰하지 않아야 하고, 8승처·9차제정·10변처를 만약 얻을 수 있거나 만약 얻을 수 없다고 상응하여 관찰하지 않아야 하느니라.

다시 다음으로 선현이여. 제보살마하살은 반야바라밀다를 수행하는 때에 공해탈문(空解脫門)을 만약 항상하거나 만약 무상하다고 상응하여 관찰하지 않아야 하고, 무상(無相)·무원(無願)해탈문을 만약 항상하거나 만약 무상하다고 상응하여 관찰하지 않아야 하며, 공해탈문을 만약 즐겁거나 만약 괴롭다고 상응하여 관찰하지 않아야 하고, 무상·무원해탈문을 만약 즐겁거나 만약 괴롭다고 상응하여 관찰하지 않아야 하며, 공해탈문을 만약 나이거나 만약 무아라고 상응하여 관찰하지 않아야 하고, 무상·무원해탈문을 만약 나이거나 만약 무아라고 상응하여 관찰하지 않아야 하며, 공해탈문을 만약 청정하거나 만약 부정하다고 상응하여 관찰하지 않아야 하고, 무상·무원해탈문을 만약 청정하거나 만약 부정하다고 상응하여 관찰하지 않아야 하며, 공해탈문을 만약 공하거나 만약 공하지 않다고 상응하여 관찰하지 않아야 하고, 무상·무원해탈문을 만약 공하거나, 만약 공하지 않다고 상응하여 관찰하지 않아야 하며, 공해탈문을 만약 유상이거나, 만약 무상이라고 상응하여 관찰하지 않아야 하고, 무상·무원해탈문을 만약 유상이거나 만약 무상이라고 상응하여 관찰하지 않아야 하며, 공해탈문을 만약 유원이거나 만약 무원이라고 상응하여 관찰하지 않아야 하고, 무상·무원해탈문을 만약 유원이거나 만약 무원이라고 상응하여 관찰하지 않아야 하며, 공해탈문을 만약 적정하거나 만약 적정하지 않다고 상응하여 관찰하지 않아야 하고, 무상·무원해탈문을 만약 적정하거나 만약 적정하지 않다고 상응하여 관찰하지 않아야 하며, 공해탈문을 만약 멀리 벗어나거나 만약 멀리 벗어나지 않는다고 상응하여 관찰하지 않아야 하고, 무상·무원해탈문을 만약 멀리 벗어나거나 만약 멀리 벗어나지 않는다고 상응하여 관찰하지 않아야 하며, 공해탈문을 만약 유위이거나 만약 무위라고 상응하여 관찰하지 않아야 하고, 무상·무원해탈문을 만약 유위이거나 만약 무위라고 상응하여 관찰하지 않아야 하며, 공해탈문을 만약 유루이거나 만약 무루라고 상응하여 관찰하지 않아야 하고, 무상·무원해탈문을 만약 유루이거나 만약 무루라고 상응하여 관찰하지 않아야 하며, 공해탈문을 만약 생겨나거나, 만약 소멸한다고 상응하여 관찰하지 않아야 하고, 무상·무원해탈문을 만약 생겨나거나 만약 소멸한다고 상응하여 관찰하지 않아야 하며, 공해탈문을 만약 선하거나 만약 선하지 않다고 상응하여 관찰하지 않아야 하고, 무상·무원해탈문을 만약 선하거나 만약 선하지 않다고 상응하여 관찰하지 않아야 하며, 공해탈문을 만약 유죄이거나 만약 무죄라고 상응하여 관찰하지 않아야 하고, 무상·무원해탈문을 만약 유죄이거나 만약 무죄라고 상응하여 관찰하지 않아야 하며, 공해탈문을 만약 세간이거나 만약 출세간이라고 상응하여 관찰하지 않아야 하고, 무상·무원해탈문을 만약 세간이거나 만약 출세간이라고 상응하여 관찰하지 않아야 하며, 공해탈문을 만약 잡염이거나 만약 청정하다고 상응하여 관찰하지 않아야 하고, 무상·무원해탈문을 만약 잡염이거나 만약 청정하다고 상응하여 관찰하지 않아야 하며, 공해탈문을 만약 생사에 귀속되거나 만약 열반에 귀속된다고 상응하여 관찰하지 않아야 하고, 무상·무원해탈문을 만약 생사에 귀속되거나 만약 열반에 귀속된다고 상응하여 관찰하지 않아야 하며, 공해탈문을 만약 내신에 있거나 만약 외신에 있거나 만약 두 중간에 있다고 상응하여 관찰하지 않아야 하고, 무상·무원해탈문을 만약 내신에 있거나 만약 외신에 있거나 만약 두 중간에 있다고 상응하여 관찰하지 않아야 하며, 공해탈문을 만약 얻을 수 있거나 만약 얻을 수 없다고 관찰하지 않아야 하고, 무상·무원해탈문을 만약 얻을 수 있거나 만약 얻을 수 없다고 상응하여 관찰하지 않아야 하느니라.

다시 다음으로 선현이여. 제보살마하살은 반야바라밀다를 수행하는 때에 다라니문(陀羅尼門)을 만약 항상하거나 만약 무상하다고 상응하여 관찰하지 않아야 하고, 삼마지문(三摩地門)을 만약 항상하거나 만약 무상하다고 상응하여 관찰하지 않아야 하며, 다라니문을 만약 즐겁거나 만약 괴롭다고 상응하여 관찰하지 않아야 하고, 삼마지문을 만약 즐겁거나 만약 괴롭다고 상응하여 관찰하지 않아야 하며, 다라니문을 만약 나이거나 만약 무아라고 상응하여 관찰하지 않아야 하고, 삼마지문을 만약 나이거나 만약 무아라고 상응하여 관찰하지 않아야 하며, 다라니문을 만약 청정하거나 만약 부정하다고 상응하여 관찰하지 않아야 하고, 삼마지문을 만약 청정하거나 만약 부정하다고 상응하여 관찰하지 않아야 하며, 다라니문을 만약 공하거나 만약 공하지 않다고 상응하여 관찰하지 않아야 하고, 삼마지문을 만약 공하거나 만약 공하지 않다고 상응하여 관찰하지 않아야 하며, 다라니문을 만약 유상이거나 만약 무상이라고 상응하여 관찰하지 않아야 하고, 삼마지문을 만약 유상이거나 만약 무상이라고 상응하여 관찰하지 않아야 하며, 다라니문을 만약 유원이거나 만약 무원이라고 상응하여 관찰하지 않아야 하고, 삼마지문을 만약 유원이거나 만약 무원이라고 상응하여 관찰하지 않아야 하며, 다라니문을 만약 적정하거나 만약 적정하지 않다고 상응하여 관찰하지 않아야 하고, 삼마지문을 만약 적정하거나 만약 적정하지 않다고 상응하여 관찰하지 않아야 하며, 다라니문을 만약 멀리 벗어나거나 만약 멀리 벗어나지 않는다고 상응하여 관찰하지 않아야 하고, 삼마지문을 멀리 벗어나거나 만약 멀리 벗어나지 않는다고 상응하여 관찰하지 않아야 하며, 다라니문을 만약 유위이거나 만약 무위라고 상응하여 관찰하지 않아야 하고, 삼마지문을 만약 유위이거나 만약 무위라고 상응하여 관찰하지 않아야 하며, 다라니문을 만약 유루이거나 만약 무루라고 상응하여 관찰하지 않아야 하고, 삼마지문을 만약 유루이거나 만약 무루라고 상응하여 관찰하지 않아야 하며, 다라니문을 만약 생겨나거나, 만약 소멸한다고 상응하여 관찰하지 않아야 하고, 삼마지문을 만약 생겨나거나, 만약 소멸한다고 상응하여 관찰하지 않아야 하며, 다라니문을 만약 선하거나 만약 선하지 않다고 상응하여 관찰하지 않아야 하고, 삼마지문을 만약 선하거나 만약 선하지 않다고 상응하여 관찰하지 않아야 하며, 다라니문을 만약 유죄이거나, 만약 무죄라고 상응하여 관찰하지 않아야 하고, 삼마지문을 만약 유죄이거나 만약 무죄라고 상응하여 관찰하지 않아야 하며, 다라니문을 만약 세간이거나 만약 출세간이라고 상응하여 관찰하지 않아야 하고, 삼마지문을 만약 세간이거나 만약 출세간이라고 상응하여 관찰하지 않아야 하며, 다라니문을 만약 잡염이거나 만약 청정하다고 상응하여 관찰하지 않아야 하고, 삼마지문을 만약 잡염이거나 만약 청정하다고 상응하여 관찰하지 않아야 하며, 다라니문을 만약 생사에 귀속되거나 만약 열반에 귀속된다고 상응하여 관찰하지 않아야 하고, 삼마지문을 만약 상응하여 관찰하지 않아야 하며, 다라니문을 만약 내신에 있거나 만약 외신에 있거나 만약 두 중간에 있다고 상응하여 관찰하지 않아야 하고, 삼마지문을 만약 내신에 있거나 만약 외신에 있거나 만약 두 중간에 있다고 상응하여 관찰하지 않아야 하며, 다라니문을 만약 얻을 수 있거나 만약 얻을 수 없다고 관찰하지 않아야 하고, 삼마지문을 만약 얻을 수 있거나 만약 얻을 수 없다고 상응하여 관찰하지 않아야 하느니라.

다시 다음으로 선현이여. 제보살마하살은 반야바라밀다를 수행하는 때에 극희지(極喜地)를 만약 항상하거나 만약 무상하다고 상응하여 관찰하지 않아야 하고, 이구지(離垢地)·발광지(發光地)·염혜지(焰慧地)·극난승지(極難勝地)·현전지(現前地)·원행지(遠行地)·부동지(不動地)·선혜지(善慧地)·법운지(法雲地)를 만약 항상하거나 만약 무상하다고 상응하여 관찰하지 않아야 하며, 극희지를 만약 즐겁거나 만약 괴롭다고 상응하여 관찰하지 않아야 하고, 이구지, 나아가 법운지를 만약 즐겁거나 만약 괴롭다고 상응하여 관찰하지 않아야 하며, 극희지를 만약 나이거나 만약 무아라고 상응하여 관찰하지 않아야 하고, 이구지, 나아가 법운지를 만약 나이거나 만약 무아라고 상응하여 관찰하지 않아야 하며, 극희지를 만약 청정하거나 만약 부정하다고 상응하여 관찰하지 않아야 하고, 이구지, 나아가 법운지를 만약 청정하거나 만약 부정하다고 상응하여 관찰하지 않아야 하며, 극희지를 만약 공하거나 만약 공하지 않다고 상응하여 관찰하지 않아야 하고, 이구지, 나아가 법운지를 만약 공하거나 만약 공하지 않다고 상응하여 관찰하지 않아야 하며, 극희지를 만약 유상이거나 만약 무상이라고 상응하여 관찰하지 않아야 하고, 이구지, 나아가 법운지를 만약 유상이거나, 만약 무상이라고 상응하여 관찰하지 않아야 하며, 극희지를 만약 유원이거나 만약 무원이라고 상응하여 관찰하지 않아야 하고, 이구지, 나아가 법운지를 만약 유원이거나 만약 무원이라고 상응하여 관찰하지 않아야 하며, 극희지를 만약 적정하거나 만약 적정하지 않다고 상응하여 관찰하지 않아야 하고, 이구지, 나아가 법운지를 만약 적정하거나 만약 적정하지 않다고 상응하여 관찰하지 않아야 하며, 극희지를 만약 멀리 벗어나거나 만약 멀리 벗어나지 않는다고 상응하여 관찰하지 않아야 하고, 이구지, 나아가 법운지를 만약 멀리 벗어나거나 만약 멀리 벗어나지 않는다고 상응하여 관찰하지 않아야 하며, 극희지를 만약 유위이거나 만약 무위라고 상응하여 관찰하지 않아야 하고, 이구지, 나아가 법운지를 만약 유위이거나 만약 무위라고 상응하여 관찰하지 않아야 하며, 극희지를 만약 유루이거나 만약 무루라고 상응하여 관찰하지 않아야 하고, 이구지, 나아가 법운지를 만약 유루이거나 만약 무루라고 상응하여 관찰하지 않아야 하며, 극희지를 만약 생겨나거나 만약 소멸한다고 상응하여 관찰하지 않아야 하고, 이구지, 나아가 법운지를 만약 생겨나거나 만약 소멸한다고 상응하여 관찰하지 않아야 하며, 극희지를 만약 선하거나 만약 선하지 않다고 상응하여 관찰하지 않아야 하고, 이구지, 나아가 법운지를 만약 선하거나 만약 선하지 않다고 상응하여 관찰하지 않아야 하며, 극희지를 만약 유죄이거나, 만약 무죄라고 상응하여 관찰하지 않아야 하고, 이구지, 나아가 법운지를 만약 유죄이거나,

만약 무죄라고 상응하여 관찰하지 않아야 하며, 극희지를 만약 세간이거나 만약 출세간이라고 상응하여 관찰하지 않아야 하고, 이구지, 나아가 법운지를 만약 세간이거나 만약 출세간이라고 상응하여 관찰하지 않아야 하며, 극희지를 만약 잡염이거나 만약 청정하다고 상응하여 관찰하지 않아야 하고, 이구지, 나아가 법운지를 만약 잡염이거나 만약 청정하다고 상응하여 관찰하지 않아야 하며, 극희지를 만약 생사에 귀속되거나 만약 열반에 귀속된다고 상응하여 관찰하지 않아야 하고, 이구지, 나아가 법운지를 만약 생사에 귀속되거나 만약 열반에 귀속된다고 상응하여 관찰하지 않아야 하며, 극희지를 만약 내신에 있거나 만약 외신에 있거나 만약 두 중간에 있다고 상응하여 관찰하지 않아야 하고, 이구지, 나아가 법운지를 만약 내신에 있거나 만약 외신에 있거나 만약 두 중간에 있다고 상응하여 관찰하지 않아야 하며, 극희지를 만약 얻을 수 있거나 만약 얻을 수 없다고 관찰하지 않아야 하고, 이구지, 나아가 법운지를 만약 얻을 수 있거나 만약 얻을 수 없다고 상응하여 관찰하지 않아야 하느니라.

다시 다음으로 선현이여. 제보살마하살은 반야바라밀다를 수행하는 때에 5안(眼)을 만약 항상하거나 만약 무상하다고 상응하여 관찰하지 않아야 하고, 6신통(神通)을 만약 항상하거나 만약 무상하다고 상응하여 관찰하지 않아야 하며, 5안을 만약 즐겁거나 만약 괴롭다고 상응하여 관찰하지 않아야 하고, 6신통을 만약 즐겁거나 만약 괴롭다고 상응하여 관찰하지 않아야 하며, 5안을 만약 나이거나 만약 무아라고 상응하여 관찰하지 않아야 하고, 6신통을 만약 나이거나 만약 무아라고 상응하여 관찰하지 않아야 하며, 5안을 만약 청정하거나 만약 부정하다고 상응하여 관찰하지 않아야 하고, 6신통을 만약 청정하거나 만약 부정하다고 상응하여 관찰하지 않아야 하며, 5안을 만약 공하거나 만약 공하지 않다고 상응하여 관찰하지 않아야 하고, 6신통을 만약 공하거나 만약 공하지 않다고 상응하여 관찰하지 않아야 하며, 5안을 만약 유상이거나, 만약 무상이라고 상응하여 관찰하지 않아야 하고, 6신통을 만약 유상이거나,

만약 무상이라고 상응하여 관찰하지 않아야 하며, 5안을 만약 유원이거나, 만약 무원이라고 상응하여 관찰하지 않아야 하고, 6신통을 만약 유원이거나 만약 무원이라고 상응하여 관찰하지 않아야 하며, 5안을 만약 적정하거나 만약 적정하지 않다고 상응하여 관찰하지 않아야 하고, 6신통을 만약 적정하거나 만약 적정하지 않다고 상응하여 관찰하지 않아야 하며, 5안을 만약 멀리 벗어나거나 만약 멀리 벗어나지 않는다고 상응하여 관찰하지 않아야 하고, 6신통을 만약 멀리 벗어나거나 만약 멀리 벗어나지 않는다고 상응하여 관찰하지 않아야 하며, 5안을 만약 유위이거나 만약 무위라고 상응하여 관찰하지 않아야 하고, 6신통을 만약 유위이거나 만약 무위라고 상응하여 관찰하지 않아야 하며, 5안을 만약 유루이거나 만약 무루라고 상응하여 관찰하지 않아야 하고, 6신통을 만약 유루이거나 만약 무루라고 상응하여 관찰하지 않아야 하며, 5안을 만약 생겨나거나 만약 소멸한다고 상응하여 관찰하지 않아야 하고, 6신통을 만약 생겨나거나 만약 소멸한다고 상응하여 관찰하지 않아야 하며, 5안을 만약 선하거나 만약 선하지 않다고 상응하여 관찰하지 않아야 하고, 6신통을 만약 선하거나 만약 선하지 않다고 상응하여 관찰하지 않아야 하며, 5안을 만약 유죄이거나 만약 무죄라고 상응하여 관찰하지 않아야 하고, 6신통을 만약 유죄이거나, 만약 무죄라고 상응하여 관찰하지 않아야 하며, 5안을 만약 세간이거나 만약 출세간이라고 상응하여 관찰하지 않아야 하고, 6신통을 만약 세간이거나 만약 출세간이라고 상응하여 관찰하지 않아야 하며, 5안을 만약 잡염이거나 만약 청정하다고 상응하여 관찰하지 않아야 하고, 6신통을 만약 잡염이거나 만약 청정하다고 상응하여 관찰하지 않아야 하며, 5안을 만약 생사에 귀속되거나 만약 열반에 귀속된다고 상응하여 관찰하지 않아야 하고, 6신통을 만약 생사에 귀속되거나 만약 열반에 귀속된다고 상응하여 관찰하지 않아야 하며, 5안을 만약 내신에 있거나 만약 외신에 있거나 만약 두 중간에 있다고 상응하여 관찰하지 않아야 하고, 6신통을 만약 내신에 있거나 만약 외신에 있거나 만약 두 중간에 있다고 상응하여 관찰하지 않아야 하며, 5안을 만약 얻을 수 있거나 만약 얻을 수 없다고

관찰하지 않아야 하고, 6신통을 얻을 수 있거나 만약 얻을 수 없다고
상응하여 관찰하지 않아야 하느니라."

마하반야바라밀다경 제13권

7. 교계교수품(敎誡敎授品)(3)

"다시 다음으로 선현이여. 제보살마하살은 반야바라밀다를 수행하는
때에 여래의 10력(力)을 만약 항상하거나 만약 무상하다고 상응하여
관찰하지 않아야 하고, 4무소외(無所畏)·4무애해(無礙解)·18불불공법(佛
不共法)을 만약 항상하거나 만약 무상하다고 상응하여 관찰하지 않아야
하며, 여래의 10력을 만약 즐겁거나 만약 괴롭다고 상응하여 관찰하지
않아야 하고, 4무소외·4무애해·18불불공법을 만약 즐겁거나 만약 괴롭다
고 상응하여 관찰하지 않아야 하며, 여래의 10력을 만약 나이거나 만약
무아라고 상응하여 관찰하지 않아야 하고, 4무소외·4무애해·18불불공법
을 만약 나이거나 만약 무아라고 상응하여 관찰하지 않아야 하며, 여래의
10력을 만약 청정하거나 만약 부정하다고 상응하여 관찰하지 않아야
하고, 4무소외·4무애해·18불불공법을 만약 청정하거나 만약 부정하다고
상응하여 관찰하지 않아야 하며, 여래의 10력을 만약 공하거나 만약
공하지 않다고 상응하여 관찰하지 않아야 하고, 4무소외·4무애해·18불불
공법을 만약 공하거나 만약 공하지 않다고 상응하여 관찰하지 않아야
하며, 여래의 10력을 만약 유상이거나 만약 무상이라고 상응하여 관찰하
지 않아야 하고, 4무소외·4무애해·18불불공법을 만약 유상이거나 만약
무상이라고 상응하여 관찰하지 않아야 하며, 여래의 10력을 만약 유원이
거나 만약 무원이라고 상응하여 관찰하지 않아야 하고, 4무소외·4무애해·
18불불공법을 만약 유원이거나 만약 무원이라고 상응하여 관찰하지 않아

야 하며, 여래의 10력을 만약 적정하거나 만약 적정하지 않다고 상응하여 관찰하지 않아야 하고, 4무소외·4무애해·18불불공법을 만약 적정하거나 만약 적정하지 않다고 상응하여 관찰하지 않아야 하며, 여래의 10력을 만약 멀리 벗어나거나 만약 멀리 벗어나지 않는다고 상응하여 관찰하지 않아야 하고, 4무소외·4무애해·18불불공법을 만약 멀리 벗어나거나 만약 멀리 벗어나지 않는다고 상응하여 관찰하지 않아야 하며, 여래의 10력을 만약 유위이거나 만약 무위라고 상응하여 관찰하지 않아야 하고, 4무소외· 4무애해·18불불공법을 만약 유상이거나 만약 무상이라고 상응하여 관찰하지 않아야 하며, 여래의 10력을 만약 유루이거나 만약 무루라고 상응하여 관찰하지 않아야 하고, 4무소외·4무애해·18불불공법을 만약 유상이거나 만약 무상이라고 상응하여 관찰하지 않아야 하며, 여래의 10력을 만약 생겨나거나 만약 소멸한다고 상응하여 관찰하지 않아야 하고, 4무소외·4무애해·18불불공법을 만약 생겨나거나 만약 소멸한다고 상응하여 관찰하지 않아야 하며, 여래의 10력을 만약 선하거나 만약 선하지 않다고 상응하여 관찰하지 않아야 하고, 4무소외·4무애해·18불불공법을 만약 선하거나 만약 선하지 않다고 상응하여 관찰하지 않아야 하며, 여래의 10력을 만약 유죄이거나 만약 무죄라고 상응하여 관찰하지 않아야 하고, 4무소외·4무애해·18불불공법을 만약 유죄이거나 만약 무죄라고 상응하여 관찰하지 않아야 하며, 여래의 10력을 만약 세간이거나 만약 출세간이라고 상응하여 관찰하지 않아야 하고, 4무소외·4무애해·18불불공법을 만약 세간이거나 만약 출세간이라고 상응하여 관찰하지 않아야 하며, 여래의 10력을 만약 잡염이거나 만약 청정하다고 상응하여 관찰하지 않아야 하고, 여래의 10력을 만약 생사에 귀속되거나 만약 열반에 귀속된다고 상응하여 관찰하지 않아야 하고, 4무소외·4무애해·18불불공법을 만약 생사에 귀속되거나, 만약 열반에 귀속된다고 상응하여 관찰하지 않아야 하며, 여래의 10력을 만약 내신에 있거나 만약 외신에 있거나, 만약 두 중간에 있다고 상응하여 관찰하지 않아야 하고, 4무소외·4무애해· 18불불공법을 만약 내신에 있거나 만약 외신에 있거나 만약 두 중간에 있다고 상응하여 관찰하지 않아야 하며, 여래의 10력을 만약 얻을 수 있거나 만약 얻을 수 없다고 관찰하지 않아야 하고, 4무소외·4무애해·18불불공법을 만약 유상이거나 만약 무상이라고 상응하여 관찰하지 않아야 하느니라.

다시 다음으로 선현이여. 제보살마하살은 반야바라밀다를 수행하는 때에 대자(大慈)를 만약 항상하거나 만약 무상하다고 상응하여 관찰하지 않아야 하고, 대비(大悲)·대희(大喜)·대사(大捨)를 만약 항상하거나 만약 무상하다고 상응하여 관찰하지 않아야 하며, 대자를 만약 즐겁거나 만약 괴롭다고 상응하여 관찰하지 않아야 하고, 대비·대희·대사를 만약 즐겁거나 만약 괴롭다고 상응하여 관찰하지 않아야 하며, 대자를 만약 나이거나 만약 무아라고 상응하여 관찰하지 않아야 하고, 대비·대희·대사를 만약 나이거나 만약 무아라고 상응하여 관찰하지 않아야 하며, 대자를 만약 청정하거나 만약 부정하다고 상응하여 관찰하지 않아야 하고, 대비·대희·대사를 만약 청정하거나 만약 부정하다고 상응하여 관찰하지 않아야 하며, 대자를 만약 공하거나 만약 공하지 않다고 상응하여 관찰하지 않아야 하고, 대비·대희·대사를 만약 공하거나 만약 공하지 않다고 상응하여 관찰하지 않아야 하며, 대자를 만약 유상이거나 만약 무상이라고 상응하여 관찰하지 않아야 하고, 대비·대희·대사를 만약 유상이거나 만약 무상이라고 상응하여 관찰하지 않아야 하며, 대자를 만약 유원이거나 만약 무원이라고 상응하여 관찰하지 않아야 하고, 대비·대희·대사를 만약 유원이거나 만약 무원이라고 상응하여 관찰하지 않아야 하며, 대자를 만약 적정하거나 만약 적정하지 않다고 상응하여 관찰하지 않아야 하고, 대비·대희·대사를 만약 적정하거나 만약 적정하지 않다고 상응하여 관찰하지 않아야 하며, 대자를 만약 멀리 벗어나거나 만약 멀리 벗어나지 않는다고 상응하여 관찰하지 않아야 하고, 대비·대희·대사를 만약 멀리 벗어나거나 만약 멀리 벗어나지 않는다고 상응하여 관찰하지 않아야 하며, 대자를 만약 유위이거나, 만약 무위라고 상응하여 관찰하지 않아야 하고, 대비·대희·대사를 만약 유위이거나, 만약 무위라고 상응하여 관찰하지 않아야 하며, 대자를 만약 유루이거나 만약 무루라고 상응하여 관찰하지 않아야 하고, 대비·대희·대사를 만약 유루이거나 만약 무루라고 상응하여 관찰하지 않아야 하며, 대자를 만약 생겨나거나 만약 소멸한다고 상응하여 관찰하지 않아야 하고, 대비·대희·대사를 만약 생겨나거나 만약 소멸한다고 상응하여 관찰하지 않아야 하며, 대자를 만약 선하거나 만약 선하지 않다고 상응하여 관찰하지 않아야 하고, 대비·대희·대사를 만약 선하거나 만약 선하지 않다고 상응하여 관찰하지 않아야 하며, 대자를 만약 유죄이거나 만약 무죄라고 상응하여 관찰하지 않아야 하고, 대비·대희·대사를 만약 유죄이거나 만약 무죄라고 상응하여 관찰하지 않아야 하며, 대자를 만약 세간이거나, 만약 출세간이라고 상응하여 관찰하지 않아야 하고, 대비·대희·대사를 만약 세간이거나 만약 출세간이라고 상응하여 관찰하지 않아야 하며, 대자를 만약 잡염이거나 만약 청정하다고 상응하여 관찰하지 않아야 하고, 대비·대희·대사를 만약 잡염이거나 만약 청정하다고 상응하여 관찰하지 않아야 하며, 대자를 만약 생사에 귀속되거나, 만약 열반에 귀속된다고 상응하여 관찰하지 않아야 하고, 대비·대희·대사를 만약 생사에 귀속되거나 만약 열반에 귀속된다고 상응하여 관찰하지 않아야 하며, 대자를 만약 내신에 있거나 만약 외신에 있거나 만약 두 중간에 있다고 상응하여 관찰하지 않아야 하고, 대비·대희·대사를 만약 내신에 있거나 만약 외신에 있거나 만약 두 중간에 있다고 상응하여 관찰하지 않아야 하며, 대자를 만약 얻을 수 있거나 만약 얻을 수 없다고 관찰하지 않아야 하고, 대비·대희·대사를 만약 얻을 수 있거나 만약 얻을 수 없다고 상응하여 관찰하지 않아야 하느니라.

다시 다음으로 선현이여. 제보살마하살은 반야바라밀다를 수행하는 때에 32대사상(三十二大士相)을 만약 항상하거나 만약 무상하다고 상응하여 관찰하지 않아야 하고, 80수호(八十隨好)를 만약 항상하거나 만약 무상하다고 상응하여 관찰하지 않아야 하며, 32대사상을 만약 즐겁거나 만약 괴롭다고 상응하여 관찰하지 않아야 하고, 80수호를 만약 즐겁거나 만약 괴롭다고 상응하여 관찰하지 않아야 하며, 32대사상을 만약 나이거

나 만약 무아라고 상응하여 관찰하지 않아야 하고, 80수호를 만약 나이거
나 만약 무아라고 상응하여 관찰하지 않아야 하며, 32대사상을 만약
청정하거나 만약 부정하다고 상응하여 관찰하지 않아야 하고, 80수호를
만약 청정하거나 만약 부정하다고 상응하여 관찰하지 않아야 하며, 32대
사상을 만약 공하거나 만약 공하지 않다고 상응하여 관찰하지 않아야
하고, 80수호를 만약 공하거나 만약 공하지 않다고 상응하여 관찰하지
않아야 하며, 32대사상을 만약 유상이거나 만약 무상이라고 상응하여
관찰하지 않아야 하고, 80수호를 만약 유상이거나, 만약 무상이라고
상응하여 관찰하지 않아야 하며, 32대사상을 만약 유원이거나 만약 무원
이라고 상응하여 관찰하지 않아야 하고, 80수호를 만약 유원이거나 만약
무원이라고 상응하여 관찰하지 않아야 하며, 32대사상을 만약 적정하거나
만약 적정하지 않다고 상응하여 관찰하지 않아야 하고, 80수호를 만약
적정하거나 만약 적정하지 않다고 상응하여 관찰하지 않아야 하며, 32대
사상을 만약 멀리 벗어나거나 만약 멀리 벗어나지 않는다고 상응하여
관찰하지 않아야 하고, 80수호를 만약 멀리 벗어나거나 만약 멀리 벗어나
지 않는다고 상응하여 관찰하지 않아야 하며, 32대사상을 만약 유위이거
나 만약 무위라고 상응하여 관찰하지 않아야 하고, 80수호를 만약 유위이
거나 만약 무위라고 상응하여 관찰하지 않아야 하며, 32대사상을 만약
유루이거나 만약 무루라고 상응하여 관찰하지 않아야 하고, 80수호를
만약 유루이거나 만약 무루라고 상응하여 관찰하지 않아야 하며, 32대사
상을 만약 생겨나거나 만약 소멸한다고 상응하여 관찰하지 않아야 하고,
80수호를 만약 생겨나거나 만약 소멸한다고 상응하여 관찰하지 않아야
하며, 32대사상을 만약 선하거나 만약 선하지 않다고 상응하여 관찰하지
않아야 하고, 80수호를 만약 선하거나 만약 선하지 않다고 상응하여
관찰하지 않아야 하며, 32대사상을 만약 유죄이거나, 만약 무죄라고
상응하여 관찰하지 않아야 하고, 80수호를 만약 유죄이거나, 만약 무죄
라고 상응하여 관찰하지 않아야 하며, 32대사상을 만약 세간이거나
만약 출세간이라고 상응하여 관찰하지 않아야 하고, 80수호를 만약

세간이거나 만약 출세간이라고 상응하여 관찰하지 않아야 하며, 32대사상을 만약 잡염이거나 만약 청정하다고 상응하여 관찰하지 않아야 하고, 80수호를 만약 잡염이거나 만약 청정하다고 상응하여 관찰하지 않아야 하며, 32대사상을 만약 생사에 귀속되거나 만약 열반에 귀속된다고 상응하여 관찰하지 않아야 하고, 80수호를 만약 생사에 귀속되거나 만약 열반에 귀속된다고 상응하여 관찰하지 않아야 하며, 32대사상을 만약 내신에 있거나, 만약 외신에 있거나 만약 두 중간에 있다고 상응하여 관찰하지 않아야 하고, 80수호를 만약 내신에 있거나 만약 외신에 있거나 만약 두 중간에 있다고 상응하여 관찰하지 않아야 하며, 32대사상을 만약 얻을 수 있거나 만약 얻을 수 없다고 관찰하지 않아야 하고, 80수호를 만약 얻을 수 있거나 만약 얻을 수 없다고 상응하여 관찰하지 않아야 하느니라.

다시 다음으로 선현이여. 제보살마하살은 반야바라밀다를 수행하는 때에 무망실법(無忘失法)을 만약 항상하거나 만약 무상하다고 상응하여 관찰하지 않아야 하고, 항주사성(恒住捨性)을 만약 항상하거나 만약 무상하다고 상응하여 관찰하지 않아야 하며, 무망실법을 만약 즐겁거나 만약 괴롭다고 상응하여 관찰하지 않아야 하고, 항주사성을 만약 즐겁거나 만약 괴롭다고 상응하여 관찰하지 않아야 하며, 무망실법을 만약 나이거나 만약 무아라고 상응하여 관찰하지 않아야 하고, 항주사성을 만약 나이거나 만약 무아라고 상응하여 관찰하지 않아야 하며, 무망실법을 만약 청정하거나 만약 부정하다고 상응하여 관찰하지 않아야 하고, 항주사성을 만약 청정하거나 만약 부정하다고 상응하여 관찰하지 않아야 하며, 무망실법을 만약 공하거나 만약 공하지 않다고 상응하여 관찰하지 않아야 하고, 항주사성을 만약 공하거나 만약 공하지 않다고 상응하여 관찰하지 않아야 하며, 무망실법을 만약 유상이거나 만약 무상이라고 상응하여 관찰하지 않아야 하고, 항주사성을 만약 유상이거나 만약 무상이라고 상응하여 관찰하지 않아야 하며, 무망실법을 만약 유원이거나 만약 무원이라고 상응하여 관찰하지 않아야 하고, 항주사성을 만약 유원

이거나 만약 무원이라고 상응하여 관찰하지 않아야 하며, 무망실법을
만약 적정하거나 만약 적정하지 않다고 상응하여 관찰하지 않아야 하고,
항주사성을 만약 적정하거나 만약 적정하지 않다고 상응하여 관찰하지
않아야 하며, 무망실법을 만약 멀리 벗어나거나 만약 멀리 벗어나지
않는다고 상응하여 관찰하지 않아야 하고, 항주사성을 만약 멀리 벗어나
거나 만약 멀리 벗어나지 않는다고 상응하여 관찰하지 않아야 하며,
무망실법을 만약 유위이거나, 만약 무위라고 상응하여 관찰하지 않아야
하고, 항주사성을 만약 유위이거나 만약 무위라고 상응하여 관찰하지
않아야 하며, 무망실법을 만약 유루이거나 만약 무루라고 상응하여 관찰
하지 않아야 하고, 항주사성을 만약 유루이거나 만약 무루라고 상응하여
관찰하지 않아야 하며, 무망실법을 만약 생겨나거나 만약 소멸한다고
상응하여 관찰하지 않아야 하고, 항주사성을 만약 생겨나거나 만약 소멸
한다고 상응하여 관찰하지 않아야 하며, 무망실법을 만약 선하거나 만약
선하지 않다고 상응하여 관찰하지 않아야 하고, 항주사성을 만약 상응하
여 관찰하지 않아야 하며, 무망실법을 만약 유죄이거나 만약 무죄라고
상응하여 관찰하지 않아야 하고, 항주사성을 만약 유죄이거나 만약 무죄
라고 상응하여 관찰하지 않아야 하며, 무망실법을 만약 세간이거나 만약
출세간이라고 상응하여 관찰하지 않아야 하고, 항주사성을 만약 세간이거
나 만약 출세간이라고 상응하여 관찰하지 않아야 하며, 무망실법을 만약
잡염이거나 만약 청정하다고 상응하여 관찰하지 않아야 하고, 항주사성을
만약 잡염이거나 만약 청정하다고 상응하여 관찰하지 않아야 하며, 무망
실법을 만약 생사에 귀속되거나 만약 열반에 귀속된다고 상응하여 관찰하
지 않아야 하고, 항주사성을 만약 생사에 귀속되거나 만약 열반에 귀속된
다고 상응하여 관찰하지 않아야 하며, 무망실법을 만약 내신에 있거나
만약 외신에 있거나 만약 두 중간에 있다고 상응하여 관찰하지 않아야
하고, 항주사성을 만약 내신에 있거나 만약 외신에 있거나 만약 두 중간에
있다고 상응하여 관찰하지 않아야 하며, 무망실법을 만약 얻을 수 있거나
만약 얻을 수 없다고 관찰하지 않아야 하고, 항주사성을 만약 얻을 수

있거나 만약 얻을 수 없다고 상응하여 관찰하지 않아야 하느니라.
　다시 다음으로 선현이여. 제보살마하살은 반야바라밀다를 수행하는
때에 일체지(一切智)를 만약 항상하거나, 만약 무상하다고 상응하여 관찰
하지 않아야 하고, 도상지(道相智)·일체상지(一切相智)를 만약 항상하거나
만약 무상하다고 상응하여 관찰하지 않아야 하며, 일체지를 만약 즐겁거
나 만약 괴롭다고 상응하여 관찰하지 않아야 하고, 도상지·일체상지를
만약 즐겁거나 만약 괴롭다고 상응하여 관찰하지 않아야 하며, 일체지를
만약 나이거나 만약 무아라고 상응하여 관찰하지 않아야 하고, 도상지·일
체상지를 만약 나이거나 만약 무아라고 상응하여 관찰하지 않아야 하며,
일체지를 만약 청정하거나, 만약 부정하다고 상응하여 관찰하지 않아야
하고, 도상지·일체상지를 만약 청정하거나 만약 부정하다고 상응하여
관찰하지 않아야 하며, 일체지를 만약 공하거나 만약 공하지 않다고
상응하여 관찰하지 않아야 하고, 도상지·일체상지를 만약 공하거나 만약
공하지 않다고 상응하여 관찰하지 않아야 하며, 일체지를 만약 유상이거
나 만약 무상이라고 상응하여 관찰하지 않아야 하고, 도상지·일체상지를
만약 유상이거나 만약 무상이라고 상응하여 관찰하지 않아야 하며, 일체
지를 만약 유원이거나 만약 무원이라고 상응하여 관찰하지 않아야 하고,
도상지·일체상지를 만약 유원이거나 만약 무원이라고 상응하여 관찰하
지 않아야 하며, 일체지를 만약 적정하거나 만약 적정하지 않다고 상응하
여 관찰하지 않아야 하고, 도상지·일체상지를 만약 적정하거나 만약
적정하지 않다고 상응하여 관찰하지 않아야 하며, 일체지를 만약 멀리
벗어나거나 만약 멀리 벗어나지 않는다고 상응하여 관찰하지 않아야
하고, 도상지·일체상지를 만약 멀리 벗어나거나 만약 멀리 벗어나지
않는다고 상응하여 관찰하지 않아야 하며, 일체지를 만약 유위이거나
만약 무위라고 상응하여 관찰하지 않아야 하고, 도상지·일체상지를 만약
유위이거나 만약 무위라고 상응하여 관찰하지 않아야 하며, 일체지를
만약 유루이거나 만약 무루라고 상응하여 관찰하지 않아야 하고, 도상지·
일체상지를 만약 유루이거나 만약 무루라고 상응하여 관찰하지 않아야

하며, 일체지를 만약 생겨나거나, 만약 소멸한다고 상응하여 관찰하지 않아야 하고, 도상지·일체상지를 만약 생겨나거나 만약 소멸한다고 상응하여 관찰하지 않아야 하며, 일체지를 만약 선하거나 만약 선하지 않다고 상응하여 관찰하지 않아야 하고, 도상지·일체상지를 만약 선하거나 만약 선하지 않다고 상응하여 관찰하지 않아야 하며, 일체지를 만약 유죄이거나 만약 무죄라고 상응하여 관찰하지 않아야 하고, 도상지·일체상지를 만약 유죄이거나 만약 무죄라고 상응하여 관찰하지 않아야 하며, 일체지를 만약 세간이거나 만약 출세간이라고 상응하여 관찰하지 않아야 하고, 도상지·일체상지를 만약 세간이거나 만약 출세간이라고 상응하여 관찰하지 않아야 하며, 일체지를 만약 잡염이거나 만약 청정하다고 상응하여 관찰하지 않아야 하고, 도상지·일체상지를 만약 잡염이거나 만약 청정하다고 상응하여 관찰하지 않아야 하며, 일체지를 만약 생사에 귀속되거나 만약 열반에 귀속된다고 상응하여 관찰하지 않아야 하고, 도상지·일체상지를 만약 생사에 귀속되거나 만약 열반에 귀속된다고 상응하여 관찰하지 않아야 하며, 일체지를 만약 내신에 있거나 만약 외신에 있거나 만약 두 중간에 있다고 상응하여 관찰하지 않아야 하고, 도상지·일체상지를 만약 내신에 있거나 만약 외신에 있거나 만약 두 중간에 있다고 상응하여 관찰하지 않아야 하며, 일체지를 만약 얻을 수 있거나 만약 얻을 수 없다고 관찰하지 않아야 하고, 도상지·일체상지를 만약 얻을 수 있거나 만약 얻을 수 없다고 상응하여 관찰하지 않아야 하느니라.

　다시 다음으로 선현이여. 제보살마하살은 반야바라밀다를 수행하는 때에 예류과(預流果)를 만약 항상하거나 만약 무상하다고 상응하여 관찰하지 않아야 하고, 일래(一來)·불환(不還)·아라한과(阿羅漢果)·독각(獨覺)의 보리(菩提)를 만약 항상하거나 만약 무상하다고 상응하여 관찰하지 않아야 하며, 예류과를 만약 즐겁거나 만약 괴롭다고 상응하여 관찰하지 않아야 하고, 일래·불환·아라한과·독각의 보리를 만약 즐겁거나 만약 괴롭다고 상응하여 관찰하지 않아야 하며, 예류과를 만약 나이거나 만약 무아라고 상응하여 관찰하지 않아야 하고, 일래·불환·아라한과·독각의 보리를 만약 나이거나 만약 무아라고 상응하여 관찰하지 않아야 하며, 예류과를 만약 청정하거나 만약 부정하다고 상응하여 관찰하지 않아야 하고, 일래·불환·아라한과·독각의 보리를 만약 청정하거나 만약 부정하다고 상응하여 관찰하지 않아야 하며, 예류과를 만약 공하거나, 만약 공하지 않다고 상응하여 관찰하지 않아야 하고, 일래·불환·아라한과·독각의 보리를 만약 공하거나, 만약 공하지 않다고 상응하여 관찰하지 않아야 하며, 예류과를 만약 유상이거나, 만약 무상이라고 상응하여 관찰하지 않아야 하고, 일래·불환·아라한과·독각의 보리를 만약 유상이거나 만약 무상이라고 상응하여 관찰하지 않아야 하며, 예류과를 만약 유원이거나 만약 무원이라고 상응하여 관찰하지 않아야 하고, 일래·불환·아라한과·독각의 보리를 만약 유원이거나 만약 무원이라고 상응하여 관찰하지 않아야 하며, 예류과를 만약 적정하거나 만약 적정하지 않다고 상응하여 관찰하지 않아야 하고, 일래·불환·아라한과·독각의 보리를 만약 적정하거나 만약 적정하지 않다고 상응하여 관찰하지 않아야 하며, 예류과를 만약 멀리 벗어나거나 만약 멀리 벗어나지 않는다고 상응하여 관찰하지 않아야 하고, 일래·불환·아라한과·독각의 보리를 만약 멀리 벗어나거나 만약 멀리 벗어나지 않는다고 상응하여 관찰하지 않아야 하며, 예류과를 만약 유위이거나 만약 무위라고 상응하여 관찰하지 않아야 하고, 일래·불환·아라한과·독각의 보리를 만약 유상이거나, 만약 무상이라고 상응하여 관찰하지 않아야 하며, 예류과를 만약 유루이거나, 만약 무루라고 상응하여 관찰하지 않아야 하고, 일래·불환·아라한과·독각의 보리를 만약 멀리 벗어나거나 만약 멀리 벗어나지 않는다고 상응하여 관찰하지 않아야 하며, 예류과를 만약 생겨나거나, 만약 소멸한다고 상응하여 관찰하지 않아야 하고, 일래·불환·아라한과·독각의 보리를 만약 생겨나거나 만약 소멸한다고 상응하여 관찰하지 않아야 하며, 예류과를 만약 선하거나 만약 선하지 않다고 상응하여 관찰하지 않아야 하고, 일래·불환·아라한과·독각의 보리를 만약 선하거나 만약 선하지 않다고 상응하여 관찰하지 않아야 하며, 예류과를 만약 유죄이거나 만약 무죄라고 상응하여 관찰하지 않아야 하고, 일래·불환·아라한과·독각의 보리를 만약 유죄이거나 만약 무죄라고 상응하여 관찰하지 않아야 하며, 예류과를 만약 세간이거나 만약 출세간이라고 상응하여 관찰하지 않아야 하고, 일래·불환·아라한과·독각의 보리를 만약 세간이거나 만약 출세간이라고 상응하여 관찰하지 않아야 하며, 예류과를 만약 잡염이거나 만약 청정하다고 상응하여 관찰하지 않아야 하고, 일래·불환·아라한과·독각의 보리를 만약 잡염이거나 만약 청정하다고 상응하여 관찰하지 않아야 하며, 예류과를 만약 생사에 귀속되거나 만약 열반에 귀속된다고 상응하여 관찰하지 않아야 하고, 일래·불환·아라한과·독각의 보리를 만약 생사에 귀속되거나 만약 열반에 귀속된다고 상응하여 관찰하지 않아야 하며, 예류과를 만약 내신에 있거나 만약 외신에 있거나 만약 두 중간에 있다고 상응하여 관찰하지 않아야 하고, 일래·불환·아라한과·독각의 보리를 만약 내신에 있거나 만약 외신에 있거나 만약 두 중간에 있다고 상응하여 관찰하지 않아야 하며, 예류과를 만약 얻을 수 있거나 만약 얻을 수 없다고 관찰하지 않아야 하고, 일래·불환·아라한과·독각의 보리를 만약 얻을 수 있거나 만약 얻을 수 없다고 상응하여 관찰하지 않아야 하느니라.

다시 다음으로 선현이여. 제보살마하살은 반야바라밀다를 수행하는 때에 일체의 보살마하살의 행(行)을 만약 항상하거나, 만약 무상하다고 상응하여 관찰하지 않아야 하고, 제불의 무상정등보리(無上正等菩提)를 만약 항상하거나 만약 무상하다고 상응하여 관찰하지 않아야 하며, 일체의 보살마하살의 행을 만약 즐겁거나 만약 괴롭다고 상응하여 관찰하지 않아야 하고, 제불의 무상정등보리를 만약 즐겁거나 만약 괴롭다고 상응하여 관찰하지 않아야 하며, 일체의 보살마하살의 행을 만약 나이거나 만약 무아라고 상응하여 관찰하지 않아야 하고, 일래·불환·아라한과·독각의 보리를 만약 나이거나 만약 무아라고 상응하여 관찰하지 않아야 하며, 일체의 보살마하살의 행을 만약 청정하거나 만약 부정하다고 상응하여 관찰하지 않아야 하고, 일래·불환·아라한과·독각의 보리를 만약 청정하거나 만약 부정하다고 상응하여 관찰하지 않아야 하며, 일체의

보살마하살의 행을 만약 공하거나 만약 공하지 않다고 상응하여 관찰하지
않아야 하고, 제불의 무상정등보리를 만약 공하거나 만약 공하지 않다고
상응하여 관찰하지 않아야 하며, 일체의 보살마하살의 행을 만약 유상이
거나 만약 무상이라고 상응하여 관찰하지 않아야 하고, 제불의 무상정등
보리를 만약 유상이거나 만약 무상이라고 상응하여 관찰하지 않아야
하며, 일체의 보살마하살의 행을 만약 유원이거나 만약 무원이라고 상응
하여 관찰하지 않아야 하고, 제불의 무상정등보리를 만약 유원이거나
만약 무원이라고 상응하여 관찰하지 않아야 하며, 일체의 보살마하살의
행을 만약 적정하거나 만약 적정하지 않다고 상응하여 관찰하지 않아야
하고, 제불의 무상정등보리를 만약 적정하거나 만약 적정하지 않다고
상응하여 관찰하지 않아야 하며, 일체의 보살마하살의 행을 만약 멀리
벗어나거나 만약 멀리 벗어나지 않는다고 상응하여 관찰하지 않아야
하고, 제불의 무상정등보리를 만약 멀리 벗어나거나 만약 멀리 벗어나지
않는다고 상응하여 관찰하지 않아야 하며, 일체의 보살마하살의 행을
만약 유위이거나 만약 무위라고 상응하여 관찰하지 않아야 하고, 제불의
무상정등보리를 만약 유위이거나 만약 무죄라고 상응하여 관찰하지 않아
야 하며, 일체의 보살마하살의 행을 만약 유루이거나 만약 무루라고
상응하여 관찰하지 않아야 하고, 제불의 무상정등보리를 만약 유루이거나
만약 무루라고 상응하여 관찰하지 않아야 하며, 일체의 보살마하살의
행을 만약 생겨나거나 만약 소멸한다고 상응하여 관찰하지 않아야 하고,
제불의 무상정등보리를 만약 생겨나거나 만약 소멸한다고 상응하여 관찰
하지 않아야 하며, 일체의 보살마하살의 행을 만약 선하거나 만약 선하지
않다고 상응하여 관찰하지 않아야 하고, 제불의 무상정등보리를 만약
선하거나 만약 선하지 않다고 상응하여 관찰하지 않아야 하며, 일체의
보살마하살의 행을 만약 유죄이거나 만약 무죄라고 상응하여 관찰하지
않아야 하고, 제불의 무상정등보리를 만약 유죄이거나 만약 무죄라고
상응하여 관찰하지 않아야 하며, 일체의 보살마하살의 행을 만약 세간이
거나, 만약 출세간이라고 상응하여 관찰하지 않아야 하고, 제불의 무상정

등보리를 만약 세간이거나 만약 출세간이라고 상응하여 관찰하지 않아야 하며, 일체의 보살마하살의 행을 만약 잡염이거나 만약 청정하다고 상응하여 관찰하지 않아야 하고, 제불의 무상정등보리를 만약 잡염이거나 만약 청정하다고 상응하여 관찰하지 않아야 하며, 일체의 보살마하살의 행을 만약 생사에 귀속되거나 만약 열반에 귀속된다고 상응하여 관찰하지 않아야 하고, 제불의 무상정등보리를 만약 생사에 귀속되거나 만약 열반에 귀속된다고 상응하여 관찰하지 않아야 하며, 일체의 보살마하살의 행을 만약 내신에 있거나 만약 외신에 있거나 만약 두 중간에 있다고 상응하여 관찰하지 않아야 하고, 제불의 무상정등보리를 만약 내신에 있거나 만약 외신에 있거나 만약 두 중간에 있다고 상응하여 관찰하지 않아야 하며, 일체의 보살마하살의 행을 만약 얻을 수 있거나 만약 얻을 수 없다고 관찰하지 않아야 하고, 제불의 무상정등보리를 만약 얻을 수 있거나 만약 얻을 수 없다고 상응하여 관찰하지 않아야 하느니라.

이와 같이 선현이여. 제보살마하살이 반야바라밀다를 수행하는 때에 만약 보살마하살이거나, 만약 반야바라밀다이거나, 만약 이 두 가지의 이름도 함께 유위(有爲)의 세계의 가운데에 있다고 볼 수 없고, 역시 무위(無爲)의 세계의 가운데에 있다고 볼 수 없느니라. 왜 그러한가? 선현이여. 제보살마하살이 반야바라밀다를 수행하는 때에 일체법에서 분별(分別)을 일으키지 않고 분별과 다른 것도 없느니라.

선현이여. 이 보살마하살은 반야바라밀다를 수행할 때에 일체의 법에서 무분별(無分別)에 안주하면서 능히 보시바라밀다를 수행하고, 역시 정계·안인·정진·정려·반야바라밀다를 수행하며, 능히 내공(內空)에 안주하고, 역시 능히 외공·내외공·공공·대공·승의공·유위공·무위공·필경공·무제공·산공·무변이공·본성공·자상공·공상공·일체법공·불가득공·무성공·자성공·무성자성공에 안주하며, 능히 진여에 안주하고, 역시 능히 법계·법성·불허망성·불변이성·평등성·이생성·법주·법정·실제·허공계·부사의계에 안주하며, 능히 4념주를 수행하고 역시 능히 4정단·4신족·5근·5력·7등각지·8성도지를 수행하며, 능히 고성제에 안주하고, 역시 능히 집·멸·도성제에 안주하며, 능히 4정려를 수행하고, 역시 능히 4무량·4무색정을 수행하며, 능히 8해탈을 수행하고, 역시 능히 8승처·9차제정·10변처를 수행하며, 능히 공해탈문을 수행하고, 역시 능히 무상·무원해탈문을 수행하며, 일체의 다라니문을 수행하고, 역시 능히 일체의 삼마지문을 수행하며, 극희지를 수행하고, 역시 능히 이구지·발광지·염혜지·극난승지·현전지·원행지 부동지·선혜지·법운지를 수행하며, 5안을 수행하고, 역시 능히 6신통을 수행하며, 여래의 10력을 수행하고, 역시 능히 4무소외·4무애해·대자·대비·대희·대사·18불불공법을 수행하며, 무망실법을 수행하고, 역시 능히 항주사성을 수행하며, 일체지를 수행하고, 역시 능히 도상지·일체상지를 수행하느니라.

선현이여. 이 보살마하살은 이와 같은 때에 보살마하살을 보지 않고, 보살마하살의 이름도 보지 않으며, 반야바라밀다를 보지 않고, 반야바라밀다의 이름도 보지 않으며, 오직 정근(正勤)으로 일체지지(一切智智)를 구하느니라. 왜 그러한가? 선현이여. 이 보살마하살은 반야바라밀다를 수행하면서 일체법에서 실상(實相)을 잘 통달하였으므로 그 가운데에 염오이거나, 청정함이 없다고 명료하게 아는 까닭이니라.

다시 다음으로 선현이여. 제보살마하살은 반야바라밀다를 수행하는 때에 상응하여 이름을 가립(假立)으로 시설(施設)하였고 법도 가립으로 시설하였다고 여실(如實)하게 깨닫느니라.

선현이여. 이 보살마하살은 이름과 법을 가립한 것을 여실하게 깨달았다면, 색을 집착하지 않고 수·상·행·식을 집착하지 않으며, 안처(眼處)를 집착하지 않고 이·비·설·신·의처(意處)를 집착하지 않으며, 안계(眼界)를 집착하지 않고 이·비·설·신·의처(意界)를 집착하지 않으며, 색계(色界)를 집착하지 않고 성·향·미·촉·법계(法界)를 집착하지 않으며, 안식계(眼識界)를 집착하지 않고 이·비·설·신·의식계(意識界)를 집착하지 않으며, 안촉(眼觸)을 집착하지 않고 이·비·설·신·의촉(意觸)을 집착하지 않으며, 안촉을 인연으로 생겨나는 여러 수의 즐거움이거나 괴로움이거나 괴롭지도 않고 즐겁지도 않은 것을 집착하지 않고 이·비·설·신·의촉을 인연으로 생겨나는 여러 수의 즐거움이거나 괴로움이거나 괴롭지도 않고 즐겁지도 않은 것을 집착하지 않으며, 지계(地界)를 집착하지 않고 수·화·풍·공·식계(識界)를 집착하지 않으며, 인연을 집착하지 않고 등무간연·소연연·증상연·연(緣)에서 생겨난 법을 집착하지 않으며, 무명을 집착하지 않고 행·식·명색·육처·촉·수·애·취·유·생·노사의 수탄고우뇌를 집착하지 않으며, 유위의 경계를 집착하지 않고 무위의 경계를 집착하지 않으며, 번뇌(漏)의 경계를 집착하지 않고 무루(無漏)의 경계를 집착하지 않으며, 보시바라밀다를 집착하지 않고 정계·안인·정진·정려·반야·방편선교(方便善巧)·묘원(妙願)·역(力)·지(智)바라밀다를 집착하지 않으며, 내공을 집착하지 않고 외공·내외공·공공·대공·승의공·유위공·무위공·필경공·무제공·산공·무변이공·본성공·자상공·공상공·일체법공·불가득공·무성공·자성공·무성자성공을 집착하지 않으며, 진여를 집착하지 않고 법계·법성·불허망성·불변이성·평등성·이생성·법주·법정·실제·허공계·부사의계를 집착하지 않으며, 4념주를 집착하지 않고 4정단·4신족·5근·5력·7등각지·8성도지를 집착하지 않으며, 고성제를 집착하지 않고 집·멸·도성제를 집착하지 않으며, 4정려를 집착하지 않고 4무량·4무색정을 집착하지 않으며, 8해탈을 집착하지 않고 8승처·9차제정·10변처를 집착하지 않으며, 공해탈문을 집착하지 않고 무상·무원해탈문을 집착하지 않으며, 다라니문을 집착하지 않고 삼마지문을 집착하지 않으며, 극희지를 집착하지 않고 이구지·발광지·염혜지·극난승지·현전지·원행지·부동지·선혜지·법운지를 집착하지 않으며, 5안을 집착하지 않고 6신통을 집착하지 않으며, 여래의 10력을 집착하지 않고 4무소외·4무애해·18불불공법을 집착하지 않으며, 대자를 집착하지 않고 대비·대희·대사를 집착하지 않으며, 32대사상을 집착하지 않고 80수호를 집착하지 않으며, 무망실법을 집착하지 않고 항주사성을 집착하지 않으며, 일체지를 집착하지 않고 도상지·일체상지를 집착하지 않으며, 예류과를 집착하지 않고 일래·불환·아라한·독각의 보리를 집착하지 않으며, 일체의 보살마하살의 행을 집착하지 않고 제불의 무상정등보리를 집착하지 않으며, 유정(有情)·명자(命者)·생자(生者)·양자(養者)·사부(士夫)·보특가라(補特伽羅)·의생(意生)·유동(儒童)·작자(作者)·수자(受者)·지자(知者)·견자(見者)를 집착하지 않고 이생(異生)을 집착하지 않으며, 성자(聖者)를 집착하지 않고 보살을 집착하지 않고 여래를 집착하지 않으며, 이름을 집착하지 않고 형상(相)을 집착하지 않으며, 불국토를 장엄하고 청정하게 하는 것을 집착하지 않으며, 유정을 성숙시키는 것을 집착하지 않고 방편선교를 집착하지 않느니라. 왜 그러한가? 일체법은 모두 소유할 수 없으므로 능히 집착하는 것, 집착하는 처소, 집착하는 때를 집착하더라도 모두 얻을 수 없는 까닭이니라.

　이와 같이 선현이여. 제보살마하살은 반야바라밀다를 수행하면서 일체법에서 집착하는 것이 없는 까닭으로, 곧 능히 보시·정계·안인·정진·정려·반야·방편선교·묘원·역·지바라밀다를 증익(增益)하였고, 역시 능히 내공·외공·내외공·공공·대공·승의공·유위공·무위공·필경공·무제공·산공·무변이공·본성공·자상공·공상공·일체법공·불가득공·무성공·자성공·무성자성공에 안주하였으며, 역시 능히 진여·법계·법성·불허망성·불변이성·평등성·이생성·법주·법정·실제·허공계·부사의계에 안주하였고, 역시 능히 4념주·4정단·4신족·5근·5력·7등각지·8성도지를 증익하였으며, 역시 능히 고·집·멸·도성제에 안주하였고, 역시 능히 4정려·4무량·4무색정을 증익하였으며, 역시 능히 8해탈·8승처·9차제정·10변처를 증익하였고, 역시 공·무상·무원해탈문을 증익하였으며, 역시 능히 보살의 정성이생(正性離生)[1]에 나아가서 들어갔고, 역시 능히 보살의 불퇴전지(不退轉地)에 안주하였으며, 역시 능히 일체의 다라니문·삼마지문을 원만하게 하였고, 역시 능히 극희지·이구지·발광지·염혜지·극난승지·현전지·원행지·부동지·선혜지·법운지를 원만하게 하였으며, 5안·6신통을 원만하게 하였고, 여래의 10력·4무소외·4무애해·18불불공법을 원만하게 하

---

1) 그릇된 견해를 끊어 범부를 벗어나는 견도위(見道位)를 말한다.

였으며, 역시 능히 대자·대비·대희·대사를 원만하게 하였고, 역시 능히 32대사상·80수호를 원만하게 하였으며, 역시 능히 무망실법·항주사성을 원만하게 하였고, 일체지·도상지·일체상지를 원만하게 하였으며, 역시 보살의 최고로 수승한 신통을 얻느니라.

신통을 이미 구족하였다면 한 불국토에서 한 불국토로 이르면서 여러 유정들을 성숙시키려는 까닭이고, 스스로가 불국토를 장엄하고 청정하게 하려는 까닭이며, 여래·응공·정등각을 보려고 하고, 이미 보았다면 공양하고 공경하며 존중하고 찬탄하며 여러 선근(善根)을 모두 생장(生長)시키려고 하며, 이미 생장시켰다면 즐거이 들으려는 것을 따라서 제불의 정법을 모두 듣고서 받아들이고, 이미 듣고서 받아들였다면 나아가 묘한 보리좌(菩提座)에 안좌(安坐)하고서 무상정등보리를 증득하며, 능히 잊어버리지 않고서 널리 일체의 다라니문과 삼마지문에서 모두 자재(自在)한 것을 얻느니라.

이와 같이 선현이여. 제보살마하살이 반야바라밀다를 수행하면서 이름도 가립(假立)이고, 법도 가립이라고 상응하여 여실하게 깨닫느니라.”

“다시 다음으로 선현이여. 보살마하살이라고 말하는 것에 그대의 뜻은 어떠한가? 곧 색이 보살마하살인가?”

“아닙니다. 세존이시여.”

“수·상·행·식이 보살마하살인가?”

“아닙니다. 세존이시여.”

“색과 다른 것이 보살마하살인가?”

“아닙니다. 세존이시여.”

“수·상·행·식과 다른 것이 보살마하살인가?”

“아닙니다. 세존이시여.”

“색의 가운데에 보살마하살이 있는가?

“아닙니다. 세존이시여.”

“수·상·행·식의 가운데에 보살마하살이 있는가?

"아닙니다. 세존이시여."

"보살마하살의 가운데에 색이 있는가?

"아닙니다. 세존이시여."

"보살마하살의 가운데에 수·상·행·식이 있는가?

"아닙니다. 세존이시여."

"색을 벗어나서 보살마하살이 있는가?

"아닙니다. 세존이시여."

"수·상·행·식을 벗어나서 보살마하살이 있는가?

"아닙니다. 세존이시여."

"다시 다음으로 선현이여. 보살마하살이라고 말하는 것에 그대의 뜻은 어떠한가? 안처가 곧 보살마하살인가?"

"아닙니다. 세존이시여."

"이·비·설·신·의처가 곧 보살마하살인가?"

"아닙니다. 세존이시여."

"안처와 다른 것이 보살마하살인가?"

"아닙니다. 세존이시여."

"이·비·설·신·의처와 다른 것이 보살마하살인가?"

"아닙니다. 세존이시여."

"안처의 가운데에 보살마하살이 있는가?

"아닙니다. 세존이시여."

"이·비·설·신·의처의 가운데에 보살마하살이 있는가?

"아닙니다. 세존이시여."

"보살마하살의 가운데에 안처가 있는가?

"아닙니다. 세존이시여."

"보살마하살 가운데에 이·비·설·신·의처가 있는가?

"아닙니다. 세존이시여."

"안처를 벗어나서 보살마하살이 있는가?

"아닙니다. 세존이시여."

"이·비·설·신·의처를 여의고 벗어나서 보살마하살이 있는가?

"아닙니다. 세존이시여."

"다시 다음으로 선현이여. 보살마하살이라고 말하는 것에 그대의 뜻은 어떠한가? 색처가 곧 보살마하살인가?"

"아닙니다. 세존이시여."

"성·향·미·촉·법처가 곧 보살마하살인가?"

"아닙니다. 세존이시여."

"색처와 다른 것이 보살마하살인가?"

"아닙니다. 세존이시여."

"성·향·미·촉·법처와 다른 것이 보살마하살인가?"

"아닙니다. 세존이시여."

"색처의 가운데에 보살마하살이 있는가?

"아닙니다. 세존이시여."

"성·향·미·촉·법처의 가운데에 보살마하살이 있는가?

"아닙니다. 세존이시여."

"보살마하살의 가운데에 색처가 있는가?

"아닙니다. 세존이시여."

"보살마하살의 가운데에 성·향·미·촉·법처가 있는가?

"아닙니다. 세존이시여."

"색처를 벗어나서 보살마하살이 있는가?

"아닙니다. 세존이시여."

"성·향·미·촉·법처를 벗어나서 보살마하살이 있는가?

"아닙니다. 세존이시여."

"다시 다음으로 선현이여. 보살마하살이라고 말하는 것에 그대의 뜻은 어떠한가? 안계가 곧 보살마하살인가?"

"아닙니다. 세존이시여."

"이·비·설·신·의계가 곧 보살마하살인가?"

"아닙니다. 세존이시여."

"안계와 다른 것이 보살마하살인가?"

"아닙니다. 세존이시여."

"이·비·설·신·의계와 다른 것이 보살마하살인가?"

"아닙니다. 세존이시여."

"안계의 가운데에 보살마하살이 있는가?

"아닙니다. 세존이시여."

"이·비·설·신·의계의 가운데에 보살마하살이 있는가?

"아닙니다. 세존이시여."

"보살마하살의 가운데에 안계가 있는가?

"아닙니다. 세존이시여."

"보살마하살의 가운데에 이·비·설·신·의계가 있는가?

"아닙니다. 세존이시여."

"안계를 벗어나서 보살마하살이 있는가?

"아닙니다. 세존이시여."

"이·비·설·신·의계를 벗어나서 보살마하살이 있는가?

"아닙니다. 세존이시여."

"다시 다음으로 선현이여. 보살마하살이라고 말하는 것에 그대의 뜻은 어떠한가? 색계가 곧 보살마하살인가?"

"아닙니다. 세존이시여."

"성·향·미·촉·법계가 곧 보살마하살인가?"

"아닙니다. 세존이시여."

"색계와 다른 것이 보살마하살인가?"

"아닙니다. 세존이시여."

"성·향·미·촉·법계와 다른 것이 다른 것이 보살마하살인가?"

"아닙니다. 세존이시여."

"색계의 가운데에 보살마하살이 있는가?

"아닙니다. 세존이시여."

"성·향·미·촉·법계의 가운데에 보살마하살이 있는가?

"아닙니다. 세존이시여."

"보살마하살의 가운데에 색계가 있는가?

"아닙니다. 세존이시여."

"보살마하살의 가운데에 성·향·미·촉·법계가 있는가?

"아닙니다. 세존이시여."

"색계를 벗어나서 보살마하살이 있는가?

"아닙니다. 세존이시여."

"성·향·미·촉·법계를 벗어나서 보살마하살이 있는가?

"아닙니다. 세존이시여."

"다시 다음으로 선현이여. 보살마하살이라고 말하는 것에 그대의 뜻은 어떠한가? 안식계가 곧 보살마하살인가?"

"아닙니다. 세존이시여."

"이·비·설·신·의식계가 곧 보살마하살인가?"

"아닙니다. 세존이시여."

"안식경계와 다른 것이 보살마하살인가?"

"아닙니다. 세존이시여."

"이·비·설·신·의식계와 다른 것이 다른 것이 보살마하살인가?"

"아닙니다. 세존이시여."

"안식계 가운데에 보살마하살이 있는가?"

"아닙니다. 세존이시여."

"이·비·설·신·의식계의 가운데에 보살마하살이 있는가?"

"아닙니다. 세존이시여."

"보살마하살의 가운데에 안식계가 있는가?"

"아닙니다. 세존이시여."

"보살마하살의 가운데에 이·비·설·신·의식계가 있는가?"

"아닙니다. 세존이시여."

"안계를 벗어나서 보살마하살이 있는가?"

"아닙니다. 세존이시여."

"이·비·설·신·의식계를 여의고 벗어나서 보살마하살이 있는가?"

"아닙니다. 세존이시여."

"다시 다음으로 선현이여. 보살마하살이라고 말하는 것에 그대의 뜻은 어떠한가? 안촉이 곧 보살마하살인가?"

"아닙니다. 세존이시여."

"이·비·설·신·의촉이 곧 보살마하살인가?"

"아닙니다. 세존이시여."

"안촉과 다른 것이 보살마하살인가?"

"아닙니다. 세존이시여."

"이·비·설·신·의촉과 다른 것이 보살마하살인가?"

"아닙니다. 세존이시여."

"안촉의 가운데에 보살마하살이 있는가?"

"아닙니다. 세존이시여."

"이·비·설·신·의촉의 가운데에 보살마하살이 있는가?"

"아닙니다. 세존이시여."

"보살마하살의 가운데에 안촉이 있는가?"

"아닙니다. 세존이시여."

"보살마하살의 가운데에 이·비·설·신·의촉이 있는가?"

"아닙니다. 세존이시여."

"안촉을 벗어나서 보살마하살이 있는가?"

"아닙니다. 세존이시여."

"이·비·설·신·의촉을 벗어나서 보살마하살이 있는가?"

"아닙니다. 세존이시여."

"다시 다음으로 선현이여. 보살마하살이라고 말하는 것에 그대의 뜻은 어떠한가? 안촉을 인연으로 생겨난 여러 수가 곧 보살마하살인가?"

"아닙니다. 세존이시여."

"이·비·설·신·의촉을 인연으로 생겨난 여러 수가 곧 보살마하살인가?"

"아닙니다. 세존이시여."

"안촉을 인연으로 생겨난 여러 수와 다른 것이 보살마하살인가?"

"아닙니다. 세존이시여."

"이·비·설·신·의촉을 인연으로 생겨난 여러 수와 다른 것이 보살마하살인가?"

"아닙니다. 세존이시여."

"안촉을 인연으로 생겨난 여러 수의 가운데에 보살마하살이 있는가?

"아닙니다. 세존이시여."

"이·비·설·신·의촉을 인연으로 생겨난 여러 수의 가운데에 보살마하살이 있는가?

"아닙니다. 세존이시여."

"보살마하살의 가운데에 안촉을 인연으로 생겨난 여러 수가 있는가?"

"아닙니다. 세존이시여."

"보살마하살의 가운데에 이·비·설·신·의촉을 인연으로 생겨난 여러 수가 있는가?"

"아닙니다. 세존이시여."

"눈의 접촉이 연이 되어 생긴 여러 느낌을 벗어나서 보살마하살이 있는가?"

"아닙니다. 세존이시여."

"귀 코 혀 몸 뜻의 접촉이 연이 되어 생긴 여러 느낌을 벗어나서 보살마하살이 있는가?"

"아닙니다. 세존이시여."

"다시 다음으로 선현이여. 보살마하살이라고 말하는 것에 그대의 뜻은 어떠한가? 지계가 곧 보살마하살인가?"

"아닙니다. 세존이시여."

"수·화·풍·공·식계가 곧 보살마하살인가?"

"아닙니다. 세존이시여."

"지계와 다른 것이 보살마하살인가?"

"아닙니다. 세존이시여."

"수·화·풍·공·식계와 다른 것이 보살마하살인가?"

"아닙니다. 세존이시여."

"지계의 가운데에 보살마하살이 있는가?"

"아닙니다. 세존이시여."

"수·화·풍·공·식계의 가운데에 보살마하살이 있는가?"

"아닙니다. 세존이시여."

"보살마하살의 가운데에 지계가 있는가?"

"아닙니다. 세존이시여."

"보살마하살 가운데에 수·화·풍·공·식계가 있는가?"

"아닙니다. 세존이시여."

"지계를 벗어나서 보살마하살이 있는가?"

"아닙니다. 세존이시여."

"수·화·풍·공·식계를 벗어나서 보살마하살이 있는가?"

"아닙니다. 세존이시여."

"다시 다음으로 선현이여. 보살마하살이라고 말하는 것에 그대의 뜻은 어떠한가? 인연이 곧 보살마하살인가?"

"아닙니다. 세존이시여."

"등무간연·소연연·증상연이 곧 보살마하살인가?"

"아닙니다. 세존이시여."

"인연과 다른 것이 보살마하살인가?"

"아닙니다. 세존이시여."

"등무간연·소연연·증상연과 다른 것이 보살마하살인가?"

"아닙니다. 세존이시여."

"인연의 가운데에 보살마하살이 있는가?"

"아닙니다. 세존이시여."

"등무간연·소연연·증상연의 가운데에 보살마하살이 있는가?"

"아닙니다. 세존이시여."

"보살마하살의 가운데에 인연이 있는가?"

"아닙니다. 세존이시여."

"보살마하살의 가운데에 등무간연·소연연·증상연이 있는가?"

"아닙니다. 세존이시여."

"인연을 벗어나서 보살마하살이 있는가?"

"아닙니다. 세존이시여."

"등무간연·소연연·증상연을 벗어나서 보살마하살이 있는가?"

"아닙니다. 세존이시여."

"다시 다음으로 선현이여. 보살마하살이라고 말하는 것에 그대의 뜻은 어떠한가? 연(緣)에서 생겨난 법이 곧 보살마하살인가?"

"아닙니다. 세존이시여."

"연에서 생겨난 법과 다른 것이 보살마하살인가?"

"아닙니다. 세존이시여."

"연에서 생겨난 법의 가운데에 보살마하살이 있는가?"

"아닙니다. 세존이시여."

"보살마하살의 가운데에 연에서 생겨난 법이 있는가?"

"아닙니다. 세존이시여."

"연에서 생겨난 법을 벗어나서 보살마하살이 있는가?"

"아닙니다. 세존이시여."

마하반야바라밀다경 제14권

7. 교계교수품(敎誡敎授品)(4)

"다시 다음으로 선현이여. 보살마하살이라고 말하는 것에 그대의 뜻은 어떠한가? 무명(無明)이 곧 보살마하살인가?"

"아닙니다. 세존이시여."

"행·식·명색·육처·촉·수·애·취·유·생·노사가 곧 보살마하살인가?"

"아닙니다. 세존이시여."

"무명과 다른 것이 보살마하살인가?"

"아닙니다. 세존이시여."

"행 나아가 노사와 다른 것이 보살마하살인가?"

"아닙니다. 세존이시여."

"무명의 가운데에 보살마하살이 있는가?"

"아닙니다. 세존이시여."

"행 나아가 노사의 가운데에 보살마하살이 있는가?"

"아닙니다. 세존이시여."

"보살마하살의 가운데에 무명이 있는가?"

"아닙니다. 세존이시여."

"보살마하살의 가운데에 행 나아가 노사가 있는가?"

"아닙니다. 세존이시여."

"무명을 벗어나서 보살마하살이 있는가?"

"아닙니다. 세존이시여."

"행 나아가 노사를 벗어나서 보살마하살이 있는가?"

"아닙니다. 세존이시여."

"다시 다음으로 선현이여. 보살마하살이라고 말하는 것에 그대의 뜻은 어떠한가? 보시바라밀다가 곧 보살마하살인가?"

"아닙니다. 세존이시여."

"정계·안인·정진·정려·반야바라밀다가 곧 보살마하살인가?"

"아닙니다. 세존이시여."

"보시바라밀다와 다른 그것이 보살마하살인가?"

"아닙니다. 세존이시여."

"정계·안인·정진·정려·반야바라밀다와 다른 것이 보살마하살인가?"

"아닙니다. 세존이시여."

"보시바라밀다의 가운데에 보살마하살이 있는가?"

"아닙니다. 세존이시여."

"정계·안인·정진·정려·반야바라밀다의 가운데에 보살마하살이 있는가?"

"아닙니다. 세존이시여."

"보살마하살의 가운데에 보시바라밀다가 있는가?"

"아닙니다. 세존이시여."

"보살마하살의 가운데에 정계·안인·정진·정려·반야바라밀다가 있는가?"

"아닙니다. 세존이시여."

"보시바라밀다를 벗어나서 보살마하살이 있는가?"

"아닙니다. 세존이시여."

"정계·안인·정진·정려·반야바라밀다를 벗어나서 보살마하살이 있는가?"

"아닙니다. 세존이시여."

"다시 다음으로 선현이여. 보살마하살이라고 말하는 것에 그대의 뜻은 어떠한가? 내공이 곧 보살마하살인가?"

"아닙니다. 세존이시여."

"외공·내외공·공공·대공·승의공·유의공·무위공·필경공·무제공·산공·무변이공·본성공·자상공·공상공·일체법공·불가득공·무성공·자성공·무성자성공이 곧 보살마하살인가?"

"아닙니다. 세존이시여."

"내공과 다른 것이 보살마하살인가?"

"아닙니다. 세존이시여."

"외공, 나아가 무성자성공과 다른 것이 보살마하살인가?"

"아닙니다. 세존이시여."

"내공의 가운데에 보살마하살이 있는가?"

"아닙니다. 세존이시여."

"외공, 나아가 무성자성공의 가운데에 보살마하살이 있는가?"

"아닙니다. 세존이시여."

"보살마하살의 가운데에 내공이 있는가?"

"아닙니다. 세존이시여."

"보살마하살의 가운데에 외공, 나아가 무성자성공이 있는가?"

"아닙니다. 세존이시여."

"내공을 벗어나서 보살마하살이 있는가?"

"아닙니다. 세존이시여."

"외공, 나아가 무성자성공을 벗어나서 보살마하살이 있는가?"

"아닙니다. 세존이시여."

"다시 다음으로 선현이여. 보살마하살이라고 말하는 것에 그대의 뜻은 어떠한가? 진여가 곧 보살마하살인가?"

"아닙니다. 세존이시여."

"법계·법성·불허망성·불변이성·평등성·이생성·법정·법주·실제·허공계·부사의계가 곧 보살마하살인가?"

"아닙니다. 세존이시여."

"진여와 다른 것이 보살마하살인가?"

"아닙니다. 세존이시여."

"법계, 나아가 부사의계와 다른 것이 보살마하살인가?"

"아닙니다. 세존이시여."

"진여의 가운데에 보살마하살이 있는가?"

"아닙니다. 세존이시여."

"법계, 나아가 부사의계의 가운데에 보살마하살이 있는가?"

"아닙니다. 세존이시여."

"보살마하살의 가운데에 진여가 있는가?"

"아닙니다. 세존이시여."

"보살마하살의 가운데에 법계, 나아가 부사의계가 있는가?"

"아닙니다. 세존이시여."

"진여를 벗어나서 보살마하살이 있는가?"

"아닙니다. 세존이시여."

"법계, 나아가 부사의계를 벗어나서 보살마하살이 있는가?"

"아닙니다. 세존이시여."

"다시 다음으로 선현이여. 보살마하살이라고 말하는 것에 그대의 뜻은 어떠한가? 4념주가 곧 보살마하살인가?"

"아닙니다. 세존이시여."

"4정단·4신족·5근·5력·7등각지·8성도지가 곧 보살마하살인가?"

"아닙니다. 세존이시여."

"4념주와 다른 것이 보살마하살인가?"

"아닙니다. 세존이시여."

"4정단, 나아가 8성도지와 다른 것이 보살마하살인가?"

"아닙니다. 세존이시여."

"4념주의 가운데에 보살마하살이 있는가?"

"아닙니다. 세존이시여."

"4정단, 나아가 8성도지의 가운데에 보살마하살이 있는가?"

"아닙니다. 세존이시여."

"보살마하살의 가운데에 4념주가 있는가?"

"아닙니다. 세존이시여."

"보살마하살의 가운데에 4정단, 나아가 8성도지가 있는가?"

"아닙니다. 세존이시여."

"4념주를 벗어나서 보살마하살이 있는가?"

"아닙니다. 세존이시여."

"4정단, 나아가 8성도지를 벗어나서 보살마하살이 있는가?"

"아닙니다. 세존이시여."

"다시 다음으로 선현이여. 보살마하살이라고 말하는 것에 그대의 뜻은 어떠한가? 고성제가 곧 보살마하살인가?"

"아닙니다. 세존이시여."

"집·멸·도성제가 곧 보살마하살인가?"

"아닙니다. 세존이시여."

"고성제와 다른 것이 보살마하살인가?"

"아닙니다. 세존이시여."

"집·멸·도성제와 다른 것이 보살마하살인가?"

"아닙니다. 세존이시여."

"고성제의 가운데에 보살마하살이 있는가?"

"아닙니다. 세존이시여."

"집·멸·도성제의 가운데에 보살마하살이 있는가?"

"아닙니다. 세존이시여."

"보살마하살의 가운데에 고성제가 있는가?"

"아닙니다. 세존이시여."

"보살마하살의 가운데에 집·멸·도성제가 있는가?"

"아닙니다. 세존이시여."

"고성제를 벗어나서 보살마하살이 있는가?"

"아닙니다. 세존이시여."

"집·멸·도성제를 벗어나서 보살마하살이 있는가?"

"아닙니다. 세존이시여."

"다시 다음으로 선현이여. 보살마하살이라고 말하는 것에 그대의 뜻은 어떠한가? 4정려가 곧 보살마하살인가?"

"아닙니다. 세존이시여."

"4무량·4무색정이 곧 보살마하살인가?"

"아닙니다. 세존이시여."

"4정려와 다른 것이 보살마하살인가?"

"아닙니다. 세존이시여."

"4무량·4무색정과 다른 것이 보살마하살인가?"

"아닙니다. 세존이시여."

"4정려의 가운데에 보살마하살이 있는가?"

"아닙니다. 세존이시여."

"4무량·4무색정의 가운데에 보살마하살이 있는가?"

"아닙니다. 세존이시여."

"보살마하살의 가운데에 4정려가 있는가?"

"아닙니다. 세존이시여."

"보살마하살의 가운데에 4무량·4무색정이 있는가?"

"아닙니다. 세존이시여."

"4정려를 벗어나서 보살마하살이 있는가?"

"아닙니다. 세존이시여."

"4무량·4무색정을 벗어나서 보살마하살이 있는가?"

"아닙니다. 세존이시여."

"다시 다음으로 선현이여. 보살마하살이라고 말하는 것에 그대의 뜻은 어떠한가? 8해탈이 곧 보살마하살인가?"

"아닙니다. 세존이시여."

"8승처·9차제정·10변처가 곧 보살마하살인가?"

"아닙니다. 세존이시여."

"8해탈과 다른 것이 보살마하살인가?"

"아닙니다. 세존이시여."

"8승처·9차제정·10변처와 다른 것이 보살마하살인가?"

"아닙니다. 세존이시여."

"8해탈의 가운데에 보살마하살이 있는가?"

"아닙니다. 세존이시여."

"8승처·9차제정·10변처의 가운데에 보살마하살이 있는가?"

"아닙니다. 세존이시여."

"보살마하살의 가운데에 8해탈이 있는가?"

"아닙니다. 세존이시여."

"보살마하살의 가운데에 4무량·4무색정이 있는가?"

"아닙니다. 세존이시여."

"8해탈을 벗어나서 보살마하살이 있는가?"

"아닙니다. 세존이시여."

"8승처·9차제정·10변처를 벗어나서 보살마하살이 있는가?"

"아닙니다. 세존이시여."

"다시 다음으로 선현이여. 보살마하살이라고 말하는 것에 그대의 뜻은 어떠한가? 공해탈문이 곧 보살마하살인가?"

"아닙니다. 세존이시여."

"무상·무원해탈문이 곧 보살마하살인가?"

"아닙니다. 세존이시여."

"공해탈문과 다른 것이 보살마하살인가?"

"아닙니다. 세존이시여."

"무상·무원해탈문과 다른 것이 보살마하살인가?"

"아닙니다. 세존이시여."

"공해탈문의 가운데에 보살마하살이 있는가?"

"아닙니다. 세존이시여."

"무상·무원해탈문의 가운데에 보살마하살이 있는가?"

"아닙니다. 세존이시여."

"보살마하살의 가운데에 공해탈문이 있는가?"

"아닙니다. 세존이시여."

"보살마하살의 가운데에 무상·무원해탈문이 있는가?"

"아닙니다. 세존이시여."

"공해탈문을 벗어나서 보살마하살이 있는가?"

"아닙니다. 세존이시여."

"무상·무원해탈문을 벗어나서 보살마하살이 있는가?"

"아닙니다. 세존이시여."

"다시 다음으로 선현이여. 보살마하살이라고 말하는 것에 그대의 뜻은 어떠한가? 다라니문이 곧 보살마하살인가?"

"아닙니다. 세존이시여."

"삼마지문이 곧 보살마하살인가?"

"아닙니다. 세존이시여."

"다라니문과 다른 것이 보살마하살인가?"

"아닙니다. 세존이시여."

"삼마지문과 다른 것이 보살마하살인가?"

"아닙니다. 세존이시여."

"다라니문의 가운데에 보살마하살이 있는가?"

"아닙니다. 세존이시여."

"삼마지문의 가운데에 보살마하살이 있는가?"

"아닙니다. 세존이시여."

"보살마하살의 가운데에 다라니문이 있는가?"

"아닙니다. 세존이시여."

"보살마하살의 가운데에 삼마지문이 있는가?"

"아닙니다. 세존이시여."

"다라니문을 벗어나서 보살마하살이 있는가?"

"아닙니다. 세존이시여."

"삼마지문을 벗어나서 보살마하살이 있는가?"

"아닙니다. 세존이시여."

"다시 다음으로 선현이여. 보살마하살이라고 말하는 것에 그대의 뜻은 어떠한가? 극희지가 곧 보살마하살인가?"

"아닙니다. 세존이시여."

"이구지·발광지·염혜지·극난승지·현전지·원행지·부동지·선혜지·법운지가 곧 보살마하살인가?"

"아닙니다. 세존이시여."

"극희지와 다른 것이 보살마하살인가?"

"아닙니다. 세존이시여."

"이구지, 나아가 법운지와 다른 것이 보살마하살인가?"

"아닙니다. 세존이시여."

"극희지의 가운데에 보살마하살이 있는가?"

"아닙니다. 세존이시여."

"이구지, 나아가 법운지의 가운데에 보살마하살이 있는가?"

"아닙니다. 세존이시여."

"보살마하살의 가운데에 극희지가 있는가?"

"아닙니다. 세존이시여."

"보살마하살의 가운데에 이구지, 나아가 법운지가 있는가?"

"아닙니다. 세존이시여."

"극희지를 벗어나서 보살마하살이 있는가?"

"아닙니다. 세존이시여."

"이구지, 나아가 법운지를 벗어나서 보살마하살이 있는가?"

"아닙니다. 세존이시여."

"다시 다음으로 선현이여. 보살마하살이라고 말하는 것에 그대의 뜻은 어떠한가? 5안이 곧 보살마하살인가?"

"아닙니다. 세존이시여."

"6신통이 곧 보살마하살인가?"

"아닙니다. 세존이시여."

"5안과 다른 것이 보살마하살인가?"

"아닙니다. 세존이시여."

"6신통과 다른 것이 보살마하살인가?"

"아닙니다. 세존이시여."

"5안의 가운데에 보살마하살이 있는가?"

"아닙니다. 세존이시여."

"6신통의 가운데에 보살마하살이 있는가?"

"아닙니다. 세존이시여."

"보살마하살의 가운데에 5안이 있는가?"

"아닙니다. 세존이시여."

"보살마하살의 가운데에 6신통이 있는가?"

"아닙니다. 세존이시여."

"5안을 벗어나서 보살마하살이 있는가?"

"아닙니다. 세존이시여."

"6신통을 벗어나서 보살마하살이 있는가?"

"아닙니다. 세존이시여."

"다시 다음으로 선현이여. 보살마하살이라고 말하는 것에 그대의 뜻은 어떠한가? 여래의 10력이 곧 보살마하살인가?"

"아닙니다. 세존이시여."

"4무소외·4무애해·18불불공법이 곧 보살마하살인가?"

"아닙니다. 세존이시여."

"여래의 10력과 다른 것이 보살마하살인가?"

"아닙니다. 세존이시여."

"4무소외·4무애해·18불불공법과 다른 것이 보살마하살인가?"

"아닙니다. 세존이시여."

"여래의 10력의 가운데에 보살마하살이 있는가?"

"아닙니다. 세존이시여."

"4무소외·4무애해·18불불공법의 가운데에 보살마하살이 있는가?"

"아닙니다. 세존이시여."

"보살마하살의 가운데에 여래의 10력이 있는가?"

"아닙니다. 세존이시여."

"보살마하살의 가운데에 4무소외·4무애해·18불불공법이 있는가?"

"아닙니다. 세존이시여."

"여래의 10력을 벗어나서 보살마하살이 있는가?"

"아닙니다. 세존이시여."

"4무소외·4무애해·18불불공법을 벗어나서 보살마하살이 있는가?"

"아닙니다. 세존이시여."

"다시 다음으로 선현이여. 보살마하살이라고 말하는 것에 그대의 뜻은 어떠한가? 대자(大慈)가 곧 보살마하살인가?"

"아닙니다. 세존이시여."

"대비(大悲)·대희(大喜)·대사(大捨)가 곧 보살마하살인가?"

"아닙니다. 세존이시여."

"대자와 다른 것이 보살마하살인가?"

"아닙니다. 세존이시여."

"대비·대희·대사와 다른 것이 보살마하살인가?"

"아닙니다. 세존이시여."

"대자의 가운데에 보살마하살이 있는가?"

"아닙니다. 세존이시여."

"대비·대희·대사의 가운데에 보살마하살이 있는가?"

"아닙니다. 세존이시여."

"보살마하살의 가운데에 대자가 있는가?"

"아닙니다. 세존이시여."

"보살마하살의 가운데에 대비·대희·대사가 있는가?"

"아닙니다. 세존이시여."

"대자를 벗어나서 보살마하살이 있는가?"

"아닙니다. 세존이시여."

"대비·대희·대사를 벗어나서 보살마하살이 있는가?"

"아닙니다. 세존이시여."

"다시 다음으로 선현이여. 보살마하살이라고 말하는 것에 그대의 뜻은 어떠한가? 32대사상이 곧 보살마하살인가?"

"아닙니다. 세존이시여."

"80수호가 곧 보살마하살인가?"

"아닙니다. 세존이시여."

"32대사상과 다른 것이 보살마하살인가?"

"아닙니다. 세존이시여."

"80수호와 다른 것이 보살마하살인가?"

"아닙니다. 세존이시여."

"32대사상의 가운데에 보살마하살이 있는가?"

"아닙니다. 세존이시여."

"80수호의 가운데에 보살마하살이 있는가?"

"아닙니다. 세존이시여."

"보살마하살의 가운데에 32대사상이 있는가?"

"아닙니다. 세존이시여."

"보살마하살의 가운데에 대비·대희·대사가 있는가?"

"아닙니다. 세존이시여."

"32대사상을 벗어나서 보살마하살이 있는가?"

"아닙니다. 세존이시여."

"80수호를 벗어나서 보살마하살이 있는가?"

"아닙니다. 세존이시여."

"다시 다음으로 선현이여. 보살마하살이라고 말하는 것에 그대의 뜻은 어떠한가? 무망실법이 곧 보살마하살인가?"

"아닙니다. 세존이시여."

"항주사성이 곧 보살마하살인가?"

"아닙니다. 세존이시여."

"무망실법과 다른 것이 보살마하살인가?"

"아닙니다. 세존이시여."

"항주사성과 다른 것이 보살마하살인가?"

"아닙니다. 세존이시여."

"무망실법의 가운데에 보살마하살이 있는가?"

"아닙니다. 세존이시여."

"항주사성의 가운데에 보살마하살이 있는가?"

"아닙니다. 세존이시여."

"보살마하살의 가운데에 무망실법이 있는가?"

"아닙니다. 세존이시여."

"보살마하살의 가운데에 항주사성이 있는가?"

"아닙니다. 세존이시여."

"무망실법을 벗어나서 보살마하살이 있는가?"

"아닙니다. 세존이시여."

"항주사성을 벗어나서 보살마하살이 있는가?"

"아닙니다. 세존이시여."

"다시 다음으로 선현이여. 보살마하살이라고 말하는 것에 그대의 뜻은 어떠한가? 일체지가 곧 보살마하살인가?"

"아닙니다. 세존이시여."

"도상지·일체상지가 곧 보살마하살인가?"

"아닙니다. 세존이시여."

"일체지와 다른 것이 보살마하살인가?"

"아닙니다. 세존이시여."

"도상지·일체상지와 다른 것이 보살마하살인가?"

"아닙니다. 세존이시여."

"일체지의 가운데에 보살마하살이 있는가?"

"아닙니다. 세존이시여."

"도상지·일체상지의 가운데에 보살마하살이 있는가?"

"아닙니다. 세존이시여."
"보살마하살의 가운데에 일체지가 있는가?"
"아닙니다. 세존이시여."
"보살마하살의 가운데에 도상지·일체상지가 있는가?"
"아닙니다. 세존이시여."
"일체지를 벗어나서 보살마하살이 있는가?"
"아닙니다. 세존이시여."
"도상지·일체상지를 벗어나서 보살마하살이 있는가?"
"아닙니다. 세존이시여."

그때 세존께서 구수 선현에게 알려 말씀하셨다.
"그대는 무슨 뜻으로 관찰하여 '색(色)은 보살마하살이 아니고 수(受)·
상(想)·행(行)·식(識)은 보살마하살이 아니며, 색과 다른 것이 보살마하살
이 아니고 수·상·행·식과 다른 것이 보살마하살이 아니며, 색의 가운데에
보살마하살이 있지 않고 수·상·행·식의 가운데에 보살마하살이 있지
않으며, 보살마하살의 가운데에 색이 있지 않고 보살마하살의 가운데에
수·상·행·식이 있지 않으며, 색을 벗어나서 보살마하살이 있지 않고
수·상·행·식을 벗어나서 보살마하살이 있지 않다.'라고 말하는가?"
구수 선현이 아뢰어 말하였다.
"세존이시여. 만약 보리(菩提)이거나, 만약 살타(薩埵)이거나, 만약 색
이거나, 만약 수·상·행·식이더라도 오히려 결국 얻을 수 없습니다. 자성이
있지 않은 까닭인데, 하물며 보살마하살이 있겠습니까? 이것은 이미
있지 않은데, 어찌 곧 '색이 보살마하살이고, 수·상·행·식이 보살마하살이
며, 색과 다른 것이 보살마하살이고 수·상·행·식과 다른 것이 보살마하살
이며, 색의 가운데에 보살마하살이 있고 수·상·행·식의 가운데에 보살마
하살이 있으며, 보살마하살의 가운데에 색이 있고 보살마하살의 가운데에
수·상·행·식이 있으며, 색을 벗어나서 보살마하살이 있고 수·상·행·식을
벗어나서 보살마하살이 있다.'라고 말할 수 있겠습니까?"

"다시 다음으로 선현이여. 그대는 무슨 뜻으로 관찰하여 '안처(眼處)가 보살마하살이 아니고 이(耳)·비(鼻)·설(舌)·신(身)·의처(意處)가 보살마하살이 아니며, 안처와 다른 것이 보살마하살이 아니고 이·비·설·신·의처와 다른 것이 보살마하살이 아니며, 안처의 가운데에 보살마하살이 있지 않고 이·비·설·신·의처의 가운데에 보살마하살이 있지 않으며, 보살마하살의 가운데에 안처가 있지 않고 보살마하살의 가운데에 이·비·설·신·의처가 있지 않으며, 안처를 벗어나서 보살마하살이 있지 않고 이·비·설·신·의처를 벗어나서 보살마하살이 있지 않다.'라고 말하는가?"

"세존이시여. 만약 보리이거나, 만약 살타이거나, 만약 안처이거나, 만약 이·비·설·신·의처이더라도 오히려 결국 얻을 수 없습니다. 자성이 있지 않은 까닭인데, 하물며 보살마하살이 있겠습니까? 이것은 이미 있지 않은데, 어찌 곧 '안처가 보살마하살이고, 이·비·설·신·의처가 보살마하살이며, 안처와 다른 것이 보살마하살이고 이·비·설·신·의처와 다른 것이 보살마하살이며, 안처의 가운데에 보살마하살이 있고 이·비·설·신·의처의 가운데에 보살마하살이 있으며, 보살마하살의 가운데에 안처가 있고 보살마하살의 가운데에 이·비·설·신·의처가 있으며, 안처를 벗어나서 보살마하살이 있고 이·비·설·신·의처를 벗어나서 보살마하살이 있다.'라고 말할 수 있겠습니까?"

"다시 다음으로 선현이여. 그대는 무슨 뜻으로 관찰하여 '색처(色處)가 보살마하살이 아니고 성(聲)·향(香)·미(味)·촉(觸)·법처(法處)가 보살마하살이 아니며, 안처와 다른 것이 보살마하살이 아니고 성·향·미·촉·법처와 다른 것이 보살마하살이 아니며, 색처의 가운데에 보살마하살이 있지 않고 성·향·미·촉·법처의 가운데에 보살마하살이 있지 않으며, 보살마하살의 가운데에 색처가 있지 않고 보살마하살의 가운데에 성·향·미·촉·법처가 있지 않으며, 색처를 벗어나서 보살마하살이 있지 않고 성·향·미·촉·법처를 벗어나서 보살마하살이 있지 않다.'라고 말하는가?"

"세존이시여. 만약 보리이거나, 만약 살타이거나, 만약 색처이거나, 만약 성·향·미·촉·법처이더라도 오히려 결국 얻을 수 없습니다. 자성이 있지 않은 까닭인데, 하물며 보살마하살이 있겠습니까? 이것은 이미 있지 않은데, 어찌 곧 '색처가 보살마하살이고, 성·향·미·촉·법처가 보살마하살이며, 색처와 다른 것이 보살마하살이고 성·향·미·촉·법처와 다른 것이 보살마하살이며, 안처의 가운데에 보살마하살이 있고 성·향·미·촉·법처의 가운데에 보살마하살이 있으며, 보살마하살의 가운데에 색처가 있고 보살마하살의 가운데에 성·향·미·촉·법처가 있으며, 색처를 벗어나서 보살마하살이 있고 성·향·미·촉·법처를 벗어나서 보살마하살이 있다.' 라고 말할 수 있겠습니까?"

"다시 다음으로 선현이여. 그대는 무슨 뜻으로 관찰하여 '안계(眼界)가 보살마하살이 아니고 이·비·설·신·의계(意界)가 보살마하살이 아니며, 안계와 다른 것이 보살마하살이 아니고 이·비·설·신·의계와 다른 것이 보살마하살이 아니며, 안계의 가운데에 보살마하살이 있지 않고 이·비·설·신·의계의 가운데에 보살마하살이 있지 않으며, 보살마하살의 가운데에 안계가 있지 않고 보살마하살의 가운데에 이·비·설·신·의계가 있지 않으며, 안계를 벗어나서 보살마하살이 있지 않고 이·비·설·신·의계를 벗어나서 보살마하살이 있지 않다.'라고 말하는가?"

"세존이시여. 만약 보리이거나, 만약 살타이거나, 만약 안계이거나, 만약 이·비·설·신·의계이더라도 오히려 결국 얻을 수 없습니다. 자성이 있지 않은 까닭인데, 하물며 보살마하살이 있겠습니까? 이것은 이미 있지 않은데, 어찌 곧 '안계가 보살마하살이고, 이·비·설·신·의계가 보살마하살이며, 안계와 다른 것이 보살마하살이고 이·비·설·신·의계와 다른 것이 보살마하살이며, 안계의 가운데에 보살마하살이 있고 이·비·설·신·의계의 가운데에 보살마하살이 있으며, 보살마하살의 가운데에 안계가 있고 보살마하살의 가운데에 이·비·설·신·의계가 있으며, 안계를 벗어나서 보살마하살이 있고 이·비·설·신·의계를 벗어나서 보살마하살이 있다.' 라고 말할 수 있겠습니까?"

"다시 다음으로 선현이여. 그대는 무슨 뜻으로 관찰하여 '색계(色界)가 보살마하살이 아니고 성·향·미·촉·법계(法界)가 보살마하살이 아니며,

색계와 다른 것이 보살마하살이 아니고 성·향·미·촉·법계와 다른 것이
보살마하살이 아니며, 색계의 가운데에 보살마하살이 있지 않고 성·향·미
·촉·법계의 가운데에 보살마하살이 있지 않으며, 보살마하살의 가운데에
색계가 있지 않고 보살마하살의 가운데에 성·향·미·촉·법계가 있지 않으
며, 색계를 벗어나서 보살마하살이 있지 않고 성·향·미·촉·법계를 벗어나
서 보살마하살이 있지 않다.'라고 말하는가?"

"세존이시여. 만약 보리이거나, 만약 살타이거나, 만약 색계이거나,
만약 성·향·미·촉·법계이더라도 오히려 결국 얻을 수 없습니다. 자성이
있지 않은 까닭인데, 하물며 보살마하살이 있겠습니까? 이것은 이미
있지 않은데, 어찌 곧 '색계가 보살마하살이고, 성·향·미·촉·법계가 보살
마하살이며, 색계와 다른 것이 보살마하살이고 성·향·미·촉·법계와 다른
것이 보살마하살이며, 색계의 가운데에 보살마하살이 있고 성·향·미·촉·
법계의 가운데에 보살마하살이 있으며, 보살마하살의 가운데에 색계가
있고 보살마하살의 가운데에 성·향·미·촉·법계가 있으며, 색계를 벗어나
서 보살마하살이 있고 성·향·미·촉·법계를 벗어나서 보살마하살이 있다.'
라고 말할 수 있겠습니까?"

"다시 다음으로 선현이여. 그대는 무슨 뜻으로 관찰하여 '안식계(眼識
界)가 보살마하살이 아니고 이·비·설·신·의식계(意識界)가 보살마하살이
아니며, 안식계와 다른 것이 보살마하살이 아니고 이·비·설·신·의식계와
다른 것이 보살마하살이 아니며, 안식계의 가운데에 보살마하살이 있지
않고 이·비·설·신·의식계의 가운데에 보살마하살이 있지 않으며, 보살마하
살의 가운데에 안식계가 있지 않고 보살마하살의 가운데에 이·비·설·신·
의식계가 있지 않으며, 안식계를 벗어나서 보살마하살이 있지 않고 이·비·
설·신·의식계를 벗어나서 보살마하살이 있지 않다.'라고 말하는가?"

"세존이시여. 만약 보리이거나, 만약 살타이거나, 만약 안식계이거나,
만약 이·비·설·신·의식계이더라도 오히려 결국 얻을 수 없습니다. 자성이
있지 않은 까닭인데, 하물며 보살마하살이 있겠습니까? 이것은 이미
있지 않은데, 어찌 곧 '안식계가 보살마하살이고, 이·비·설·신·의식계가

보살마하살이며, 안식계와 다른 것이 보살마하살이고 이·비·설·신·의식계와 다른 것이 보살마하살이며, 안식계의 가운데에 보살마하살이 있고 이·비·설·신·의계의 가운데에 보살마하살이 있으며, 보살마하살의 가운데에 안식계가 있고 보살마하살의 가운데에 이·비·설·신·의식계가 있으며, 안식계를 벗어나서 보살마하살이 있고 이·비·설·신·의계를 벗어나서 보살마하살이 있다.'라고 말할 수 있겠습니까?"

"다시 다음으로 선현이여. 그대는 무슨 뜻으로 관찰하여 '안촉(眼觸)이 보살마하살이 아니고 이·비·설·신·의촉(意觸)이 보살마하살이 아니며, 안촉과 다른 것이 보살마하살이 아니고 이·비·설·신·의촉과 다른 것이 보살마하살이 아니며, 안촉의 가운데에 보살마하살이 있지 않고 이·비·설·신·의촉의 가운데에 보살마하살이 있지 않으며, 보살마하살의 가운데에 안촉이 있지 않고 보살마하살의 가운데에 이·비·설·신·의촉이 있지 않으며, 안촉을 벗어나서 보살마하살이 있지 않고 이·비·설·신·의촉을 벗어나서 보살마하살이 있지 않다.'라고 말하는가?"

"세존이시여. 만약 보리이거나, 만약 살타이거나, 만약 안촉이거나, 만약 이·비·설·신·의촉이더라도 오히려 결국 얻을 수 없습니다. 자성이 있지 않은 까닭인데, 하물며 보살마하살이 있겠습니까? 이것은 이미 있지 않은데, 어찌 곧 '안촉이 보살마하살이고, 이·비·설·신·의촉이 보살마하살이며, 안촉과 다른 것이 보살마하살이고 이·비·설·신·의촉과 다른 것이 보살마하살이며, 안촉의 가운데에 보살마하살이 있고 이·비·설·신·의촉의 가운데에 보살마하살이 있으며, 보살마하살의 가운데에 안촉이 있고 보살마하살의 가운데에 이·비·설·신·의촉이 있으며, 안촉을 벗어나서 보살마하살이 있고 이·비·설·신·의촉을 벗어나서 보살마하살이 있다.'라고 말할 수 있겠습니까?"

"다시 다음으로 선현이여. 그대는 무슨 뜻으로 관찰하여 '안촉을 인연으로 생겨나는 수(受)가 보살마하살이 아니고 이·비·설·신·의촉(意觸)을 인연으로 생겨나는 수가 보살마하살이 아니며, 안촉을 인연으로 생겨나는 수와 다른 것이 보살마하살이 아니고 이·비·설·신·의촉을 인연으로 생겨나는 수와 다른 것이 보살마하살이 아니며, 안촉을 인연으로 생겨나는 수의 가운데에 보살마하살이 있지 않고 이·비·설·신·의촉을 인연으로 생겨나는 수의 가운데에 보살마하살이 있지 않으며, 보살마하살의 가운데에 안촉을 인연으로 생겨나는 수가 있지 않고 보살마하살의 가운데에 이·비·설·신·의촉을 인연으로 생겨나는 수가 있지 않으며, 안촉을 인연으로 생겨나는 수를 벗어나서 보살마하살이 있지 않고 이·비·설·신·의촉을 인연으로 생겨나는 수를 벗어나서 보살마하살이 있지 않다.'라고 말하는가?"

"세존이시여. 만약 보리이거나, 만약 살타이거나, 만약 안촉을 인연으로 생겨나는 수이거나, 만약 이·비·설·신·의촉을 인연으로 생겨나는 수이더라도 오히려 결국 얻을 수 없습니다. 자성이 있지 않은 까닭인데, 하물며 보살마하살이 있겠습니까? 이것은 이미 있지 않은데, 어찌 곧 '안촉을 인연으로 생겨나는 수가 보살마하살이고, 이·비·설·신·의촉을 인연으로 생겨나는 수가 보살마하살이며, 안촉을 인연으로 생겨나는 수와 다른 것이 보살마하살이고 이·비·설·신·의촉을 인연으로 생겨나는 수와 다른 것이 보살마하살이며, 안촉을 인연으로 생겨나는 수의 가운데에 보살마하살이 있고 이·비·설·신·의촉을 인연으로 생겨나는 수의 가운데에 보살마하살이 있으며, 보살마하살의 가운데에 안촉을 인연으로 생겨나는 수가 있고 보살마하살의 가운데에 이·비·설·신·의촉을 인연으로 생겨나는 수가 있으며, 안촉을 인연으로 생겨나는 수를 벗어나서 보살마하살이 있고 이·비·설·신·의촉을 인연으로 생겨나는 수를 벗어나서 보살마하살이 있다.'라고 말할 수 있겠습니까?"

"다시 다음으로 선현이여. 그대는 무슨 뜻으로 관찰하여 '지계(地界)가 보살마하살이 아니고 수(水)·화(火)·풍(風)·공(空)·식계(識界)가 보살마하살이 아니며, 지계와 다른 것이 보살마하살이 아니고 수·화·풍·공·식계와 다른 것이 보살마하살이 아니며, 지계의 가운데에 보살마하살이 있지 않고 수·화·풍·공·식계의 가운데에 보살마하살이 있지 않으며, 보살마하살의 가운데에 지계가 있지 않고 보살마하살의 가운데에 수·화·풍·공·식계가 있지 않으며, 지계를 벗어나서 보살마하살이 있지 않고 수·화·풍·공·

식계를 벗어나서 보살마하살이 있지 않다.'라고 말하는가?”

“세존이시여. 만약 보리이거나, 만약 살타이거나, 만약 지계이거나, 만약 수·화·풍·공·식계이더라도 오히려 결국 얻을 수 없습니다. 자성이 있지 않은 까닭인데, 하물며 보살마하살이 있겠습니까? 이것은 이미 있지 않은데, 어찌 곧 ‘지계가 보살마하살이고, 수·화·풍·공·식계가 보살마하살이며, 지계와 다른 것이 보살마하살이고 수·화·풍·공·식계와 다른 것이 보살마하살이며, 지계의 가운데에 보살마하살이 있고 수·화·풍·공·식계의 가운데에 보살마하살이 있으며, 보살마하살의 가운데에 지계가 있고 보살마하살의 가운데에 수·화·풍·공·식계가 있으며, 지계를 벗어나서 보살마하살이 있고 수·화·풍·공·식계를 벗어나서 보살마하살이 있다.'라고 말할 수 있겠습니까?”

“다시 다음으로 선현이여. 그대는 무슨 뜻으로 관찰하여 ‘인연이 보살마하살이 아니고 등무간연·소연연·증상연이 보살마하살이 아니며, 인연과 다른 것이 보살마하살이 아니고 등무간연·소연연·증상연과 다른 것이 보살마하살이 아니며, 인연의 가운데에 보살마하살이 있지 않고 등무간연·소연연·증상연의 가운데에 보살마하살이 있지 않으며, 보살마하살의 가운데에 인연이 있지 않고 보살마하살의 가운데에 등무간연·소연연·증상연이 있지 않으며, 인연을 벗어나서 보살마하살이 있지 않고 등무간연·소연연·증상연을 벗어나서 보살마하살이 있지 않다.'라고 말하는가?”

“세존이시여. 만약 보리이거나, 만약 살타이거나, 만약 인연이거나, 만약 등무간연·소연연·증상연이더라도 오히려 결국 얻을 수 없습니다. 자성이 있지 않은 까닭인데, 하물며 보살마하살이 있겠습니까? 이것은 이미 있지 않은데, 어찌 곧 ‘인연이 보살마하살이고, 등무간연·소연연·증상연이 보살마하살이며, 인연과 다른 것이 보살마하살이고 등무간연·소연연·증상연과 다른 것이 보살마하살이며, 인연의 가운데에 보살마하살이 있고 등무간연·소연연·증상연의 가운데에 보살마하살이 있으며, 보살마하살의 가운데에 인연이 있고 보살마하살의 가운데에 등무간연·소연연·증상연이 있으며, 인연을 벗어나서 보살마하살이 있고 등무간연·소연연·증상연을 벗어나서 보살마하살이 있다.'라고 말할 수 있겠습니까?"

"다시 다음으로 선현이여. 그대는 무슨 뜻으로 관찰하여 '인연에서 생겨나는 법이 보살마하살이 아니고, 인연에서 생겨나는 법과 다른 것이 보살마하살이 아니며, 인연에서 생겨나는 법의 가운데에 보살마하살이 있지 않고, 보살마하살의 가운데에 인연에서 생겨나는 법이 있지 않으며, 인연에서 생겨나는 법을 벗어나서 보살마하살이 있지 않다.'라고 말하는가?"

"세존이시여. 만약 보리이거나, 만약 살타이거나, 만약 인연에서 생겨나는 법이더라도 오히려 결국 얻을 수 없습니다. 자성이 있지 않은 까닭인데, 하물며 보살마하살이 있겠습니까? 이것은 이미 있지 않은데, 어찌 곧 '인연에서 생겨나는 법이 보살마하살이고, 인연에서 생겨나는 법과 다른 것이 보살마하살이며, 인연에서 생겨나는 법의 가운데에 보살마하살이 있고, 보살마하살의 가운데에 인연에서 생겨나는 법이 있으며, 인연에서 생겨나는 법을 벗어나서 보살마하살이 있다.'라고 말할 수 있겠습니까?"

"다시 다음으로 선현이여. 그대는 무슨 뜻으로 관찰하여 '무명(無明)이 보살마하살이 아니고 행(行)·식(識)·명색(名色)·육처(六處)·촉(觸)·수(受)·애(愛)·취(取)·유(有)·생(生)·노사(老死)가 보살마하살이 아니며, 무명과 다른 것이 보살마하살이 아니고 행, 나아가 노사와 다른 것이 보살마하살이 아니며, 무명의 가운데에 보살마하살이 있지 않고 행, 나아가 노사의 가운데에 보살마하살이 있지 않으며, 보살마하살의 가운데에 무명이 있지 않고 보살마하살의 가운데에 행, 나아가 노사가 있지 않으며, 무명을 벗어나서 보살마하살이 있지 않고 행, 나아가 노사를 벗어나서 보살마하살이 있지 않다.'라고 말하는가?"

"세존이시여. 만약 보리이거나, 만약 살타이거나, 만약 무명이거나, 만약 행, 나아가 노사이더라도 오히려 결국 얻을 수 없습니다. 자성이 있지 않은 까닭인데, 하물며 보살마하살이 있겠습니까? 이것은 이미 있지 않은데, 어찌 곧 '무명이 보살마하살이고, 행, 나아가 노사가 보살마하살이며, 무명과 다른 것이 보살마하살이고 행, 나아가 노사와 다른 것이 보살마하살이며, 무명의 가운데에 보살마하살이 있고 행, 나아가 노사의 가운데에 보살마하살이 있으며, 보살마하살의 가운데에 무명이 있고 보살마하살의 가운데에 행, 나아가 노사가 있으며, 무명을 벗어나서 보살마하살이 있고 행, 나아가 노사를 벗어나서 보살마하살이 있다.'라고 말할 수 있겠습니까?"

"다시 다음으로 선현이여. 그대는 무슨 뜻으로 관찰하여 '보시바라밀다가 보살마하살이 아니고 정계·안인·정진·정려·반야바라밀다가 보살마하살이 아니며, 보시바라밀다와 다른 것이 보살마하살이 아니고 정계·안인·정진·정려·반야바라밀다와 다른 것이 보살마하살이 아니며, 보시바라밀다의 가운데에 보살마하살이 있지 않고 정계·안인·정진·정려·반야바라밀다의 가운데에 보살마하살이 있지 않으며, 보살마하살의 가운데에 보시바라밀다가 있지 않고 보살마하살의 가운데에 정계·안인·정진·정려·반야바라밀다가 있지 않으며, 보시바라밀다를 벗어나서 보살마하살이 있지 않고 정계·안인·정진·정려·반야바라밀다를 벗어나서 보살마하살이 있지 않다.'라고 말하는가?"

"세존이시여. 만약 보리이거나, 만약 살타이거나, 만약 보시바라밀다이거나, 만약 정계·안인·정진·정려·반야바라밀다이더라도 오히려 결국 얻을 수 없습니다. 자성이 있지 않은 까닭인데, 하물며 보살마하살이 있겠습니까? 이것은 이미 있지 않은데, 어찌 곧 '보시바라밀다가 보살마하살이고, 정계·안인·정진·정려·반야바라밀다가 보살마하살이며, 보시바라밀다와 다른 것이 보살마하살이고 정계·안인·정진·정려·반야바라밀다와 다른 것이 보살마하살이며, 보시바라밀다의 가운데에 보살마하살이 있고 정계·안인·정진·정려·반야바라밀다의 가운데에 보살마하살이 있으며, 보살마하살의 가운데에 보시바라밀다가 있고 보살마하살의 가운데에 정계·안인·정진·정려·반야바라밀다가 있으며, 보시바라밀다를 벗어나서 보살마하살이 있고 정계·안인·정진·정려·반야바라밀다를 벗어나서 보살마하살이 있다.'라고 말할 수 있겠습니까?"

"다시 다음으로 선현이여. 그대는 무슨 뜻으로 관찰하여 '보시바라밀다

가 보살마하살이 아니고 정계·안인·정진·정려·반야바라밀다가 보살마
하살이 아니며, 보시바라밀다와 다른 것이 보살마하살이 아니고 정계·안
인·정진·정려·반야바라밀다와 다른 것이 보살마하살이 아니며, 보시바
라밀다의 가운데에 보살마하살이 있지 않고 정계·안인·정진·정려·반야
바라밀다의 가운데에 보살마하살이 있지 않으며, 보살마하살의 가운데에
보시바라밀다가 있지 않고 보살마하살의 가운데에 정계·안인·정진·정려
·반야바라밀다가 있지 않으며, 보시바라밀다를 벗어나서 보살마하살이
있지 않고 정계·안인·정진·정려·반야바라밀다를 벗어나서 보살마하살
이 있지 않다.'라고 말하는가?"

"세존이시여. 만약 보리이거나, 만약 살타이거나, 만약 보시바라밀다이
거나, 만약 정계·안인·정진·정려·반야바라밀다이더라도 오히려 결국
얻을 수 없습니다. 자성이 있지 않은 까닭인데, 하물며 보살마하살이
있겠습니까? 이것은 이미 있지 않은데, 어찌 곧 '보시바라밀다가 보살마하
살이고, 정계·안인·정진·정려·반야바라밀다가 보살마하살이며, 보시바
라밀다와 다른 것이 보살마하살이고 정계·안인·정진·정려·반야바라밀
다와 다른 것이 보살마하살이며, 보시바라밀다의 가운데에 보살마하살이
있고 정계·안인·정진·정려·반야바라밀다의 가운데에 보살마하살이 있
으며, 보살마하살의 가운데에 보시바라밀다가 있고 보살마하살의 가운데
에 정계·안인·정진·정려·반야바라밀다가 있으며, 보시바라밀다를 벗어
나서 보살마하살이 있고 정계·안인·정진·정려·반야바라밀다를 벗어나
서 보살마하살이 있다.'라고 말할 수 있겠습니까?"

"다시 다음으로 선현이여. 그대는 무슨 뜻으로 관찰하여 '내공은 보살마
하살이 아니고 외공·내외공·공공·대공·승의공·유위공·무위공·필경공·
무제공·산공·무변이공·본성공·자상공·공상공·일체법공·불가득공·무
성공·자성공·무성자성공은 보살마하살이 아니며, 내공과 다른 것이 보살
마하살이 아니고 외공, 나아가 무성자성공과 다른 것이 보살마하살이
아니며, 내공의 가운데에 보살마하살이 있지 않고 외공, 나아가 무성자성
공의 가운데에 보살마하살이 있지 않으며, 보살마하살의 가운데에 내공이

있지 않고 보살마하살의 가운데에 외공, 나아가 무성자성공이 있지 않으며, 내공을 벗어나서 보살마하살이 있지 않고 외공, 나아가 무성자성공을 벗어나서 보살마하살이 있지 않다.'라고 말하는가?"

"세존이시여. 만약 보리이거나, 만약 살타이거나, 만약 내공이거나, 만약 외공, 나아가 무성자성공이더라도 오히려 결국 얻을 수 없습니다. 자성이 있지 않은 까닭인데, 하물며 보살마하살이 있겠습니까? 이것은 이미 있지 않은데, 어찌 곧 '내공이 보살마하살이고, 외공, 나아가 무성자성공이 보살마하살이며, 내공과 다른 것이 보살마하살이고 외공, 나아가 무성자성공과 다른 것이 보살마하살이며, 내공의 가운데에 보살마하살이 있고 외공, 나아가 무성자성공의 가운데에 보살마하살이 있으며, 보살마하살의 가운데에 내공이 있고 보살마하살의 가운데에 외공, 나아가 무성자성공이 있으며, 내공을 벗어나서 보살마하살이 있고 외공, 나아가 무성자성공을 벗어나서 보살마하살이 있다.'라고 말할 수 있겠습니까?"

"다시 다음으로 선현이여. 그대는 무슨 뜻으로 관찰하여 '진여는 보살마하살이 아니고 법계·법성·불허망성·불변이성·평등성·이생성·법정·법주·실제·허공계·부사의계는 보살마하살이 아니며, 진여와 다른 것이 보살마하살이 아니고 법계, 나아가 부사의계와 다른 것이 보살마하살이 아니며, 진여의 가운데에 보살마하살이 있지 않고 법계, 나아가 부사의계의 가운데에 보살마하살이 있지 않으며, 보살마하살의 가운데에 진여가 있지 않고 보살마하살의 가운데에 법계, 나아가 부사의계가 있지 않으며, 진여를 벗어나서 보살마하살이 있지 않고 법계, 나아가 부사의계를 벗어나서 보살마하살이 있지 않다.'라고 말하는가?"

"세존이시여. 만약 보리이거나, 만약 살타이거나, 만약 진여이거나, 만약 법계, 나아가 부사의계이더라도 오히려 결국 얻을 수 없습니다. 자성이 있지 않은 까닭인데, 하물며 보살마하살이 있겠습니까? 이것은 이미 있지 않은데, 어찌 곧 '진여가 보살마하살이고, 법계, 나아가 부사의계가 보살마하살이며, 진여와 다른 것이 보살마하살이고 법계, 나아가 부사의계와 다른 것이 보살마하살이며, 진여의 가운데에 보살마하살이 있고 법계, 나아가 부사의계의 가운데에 보살마하살이 있으며, 보살마하살의 가운데에 진여가 있고 보살마하살의 가운데에 법계, 나아가 부사의계가 있으며, 진여를 벗어나서 보살마하살이 있고 법계, 나아가 부사의계를 벗어나서 보살마하살이 있다.'라고 말할 수 있겠습니까?"

"다시 다음으로 선현이여. 그대는 무슨 뜻으로 관찰하여 '4념주는 보살마하살이 아니고 4정단·4신족·5근·5력·7등각지·8성도지는 보살마하살이 아니며, 4념주와 다른 것이 보살마하살이 아니고 4정단, 나아가 8성도지와 다른 것이 보살마하살이 아니며, 4념주의 가운데에 보살마하살이 있지 않고 4정단, 나아가 8성도지의 가운데에 보살마하살이 있지 않으며, 보살마하살의 가운데에 4념주가 있지 않고 보살마하살의 가운데에 4정단, 나아가 8성도지가 있지 않으며, 4념주를 벗어나서 보살마하살이 있지 않고 4정단, 나아가 8성도지를 벗어나서 보살마하살이 있지 않다.'라고 말하는가?"

"세존이시여. 만약 보리이거나, 만약 살타이거나, 만약 4념주이거나, 만약 4정단, 나아가 8성도지이더라도 오히려 결국 얻을 수 없습니다. 자성이 있지 않은 까닭인데, 하물며 보살마하살이 있겠습니까? 이것은 이미 있지 않은데, 어찌 곧 '4념주가 보살마하살이고, 4정단, 나아가 8성도지가 보살마하살이며, 4념주와 다른 것이 보살마하살이고 4정단, 나아가 8성도지와 다른 것이 보살마하살이며, 4념주의 가운데에 보살마하살이 있고 4정단, 나아가 8성도지의 가운데에 보살마하살이 있으며, 보살마하살의 가운데에 4념주가 있고 보살마하살의 가운데에 4정단, 나아가 8성도지가 있으며, 4념주를 벗어나서 보살마하살이 있고 4정단, 나아가 8성도지를 벗어나서 보살마하살이 있다.'라고 말할 수 있겠습니까?"

마하반야바라밀다경 제15권

7. 교계교수품(敎誡敎授品)(5)

"다시 다음으로 선현이여. 그대는 무슨 뜻으로 관찰하여 '고성제는 보살마하살이 아니고 집·멸·도성제는 보살마하살이 아니며, 고성제와 다른 것이 보살마하살이 아니고 집·멸·도성제와 다른 것이 보살마하살이 아니며, 고성제의 가운데에 보살마하살이 있지 않고 집·멸·도성제의 가운데에 보살마하살이 있지 않으며, 보살마하살의 가운데에 고성제가 있지 않고 보살마하살의 가운데에 집·멸·도성제가 있지 않으며, 고성제를 벗어나서 보살마하살이 있지 않고 집·멸·도성제를 벗어나서 보살마하살이 있지 않다.'라고 말하는가?"

"세존이시여. 만약 보리이거나, 만약 살타이거나, 만약 고성제이거나, 만약 집·멸·도성제이더라도 오히려 결국 얻을 수 없습니다. 자성이 있지 않은 까닭인데, 하물며 보살마하살이 있겠습니까? 이것은 이미 있지 않은데, 어찌 곧 '고성제가 보살마하살이고, 집·멸·도성제가 보살마하살이며, 고성제와 다른 것이 보살마하살이고 집·멸·도성제와 다른 것이 보살마하살이며, 고성제의 가운데에 보살마하살이 있고 집·멸·도성제의 가운데에 보살마하살이 있으며, 보살마하살의 가운데에 고성제가 있고 보살마하살의 가운데에 집·멸·도성제가 있으며, 고성제를 벗어나서 보살마하살이 있고 집·멸·도성제를 벗어나서 보살마하살이 있다.'라고 말할 수 있겠습니까?"

"다시 다음으로 선현이여. 그대는 무슨 뜻으로 관찰하여 '4정려는 보살마하살이 아니고 4무량·4무색정은 보살마하살이 아니며, 4정려와 다른 것이 보살마하살이 아니고 4무량·4무색정과 다른 것이 보살마하살이 아니며, 4정려의 가운데에 보살마하살이 있지 않고 4무량·4무색정의 가운데에 보살마하살이 있지 않으며, 보살마하살의 가운데에 4정려가 있지 않고 보살마하살의 가운데에 4무량·4무색정이 있지 않으며, 4정려를 벗어나서 보살마하살이 있지 않고 4무량·4무색정을 벗어나서 보살마하살이 있지 않다.'라고 말하는가?"

"세존이시여. 만약 보리이거나, 만약 살타이거나, 만약 4정려이거나, 만약 4무량·4무색정이더라도 오히려 결국 얻을 수 없습니다. 자성이 있지 않은 까닭인데, 하물며 보살마하살이 있겠습니까? 이것은 이미 있지 않은데, 어찌 곧 '4정려가 보살마하살이고, 4무량·4무색정이 보살마하살이며, 4정려와 다른 것이 보살마하살이고 4무량·4무색정과 다른 것이 보살마하살이며, 4정려의 가운데에 보살마하살이 있고 4무량·4무색정의 가운데에 보살마하살이 있으며, 보살마하살의 가운데에 4정려가 있고 보살마하살의 가운데에 4무량·4무색정이 있으며, 4정려를 벗어나서 보살마하살이 있고 4무량·4무색정을 벗어나서 보살마하살이 있다.'라고 말할 수 있겠습니까?"

"다시 다음으로 선현이여. 그대는 무슨 뜻으로 관찰하여 '8해탈은 보살마하살이 아니고 8승처·9차제정·10변처는 보살마하살이 아니며, 8해탈과 다른 것이 보살마하살이 아니고 8승처·9차제정·10변처와 다른 것이 보살마하살이 아니며, 8해탈의 가운데에 보살마하살이 있지 않고 8승처·9차제정·10변처의 가운데에 보살마하살이 있지 않으며, 보살마하살의 가운데에 8해탈이 있지 않고 보살마하살의 가운데에 8승처·9차제정·10변처가 있지 않으며, 8해탈을 벗어나서 보살마하살이 있지 않고 8승처·9차제정·10변처를 벗어나서 보살마하살이 있지 않다.'라고 말하는가?"

"세존이시여. 만약 보리이거나, 만약 살타이거나, 만약 8해탈이거나, 만약 8승처·9차제정·10변처이더라도 오히려 결국 얻을 수 없습니다. 자성이 있지 않은 까닭인데, 하물며 보살마하살이 있겠습니까? 이것은 이미 있지 않은데, 어찌 곧 '8해탈이 보살마하살이고, 8승처·9차제정·10변처가 보살마하살이며, 8해탈과 다른 것이 보살마하살이고 8승처·9차제정·10변처와 다른 것이 보살마하살이며, 8해탈의 가운데에 보살마하살이 있고 8승처·9차제정·10변처의 가운데에 보살마하살이 있으며, 보살마하살의 가운데에 8해탈이 있고 보살마하살의 가운데에 8승처·9차제정·10변처가 있으며, 8해탈을 벗어나서 보살마하살이 있고 8승처·9차제정·10변처를 벗어나서 보살마하살이 있다.'라고 말할 수 있겠습니까?"

"다시 다음으로 선현이여. 그대는 무슨 뜻으로 관찰하여 '공해탈문은 보살마하살이 아니고 무상·무원해탈문은 보살마하살이 아니며, 공해탈문과 다른 것이 보살마하살이 아니고 무상·무원해탈문과 다른 것이 보살마하살이 아니며, 공해탈문의 가운데에 보살마하살이 있지 않고 무상·무원해탈문의 가운데에 보살마하살이 있지 않으며, 보살마하살의 가운데에 공해탈문이 있지 않고 보살마하살의 가운데에 무상·무원해탈문이 있지 않으며, 공해탈문을 벗어나서 보살마하살이 있지 않고 무상·무원해탈문을 벗어나서 보살마하살이 있지 않다.'라고 말하는가?"

"세존이시여. 만약 보리이거나, 만약 살타이거나, 만약 공해탈문이거나, 만약 무상·무원해탈문이더라도 오히려 결국 얻을 수 없습니다. 자성이 있지 않은 까닭인데, 하물며 보살마하살이 있겠습니까? 이것은 이미 있지 않은데, 어찌 곧 '공해탈문이 보살마하살이고, 무상·무원해탈문이 보살마하살이며, 공해탈문과 다른 것이 보살마하살이고 무상·무원해탈문과 다른 것이 보살마하살이며, 공해탈문의 가운데에 보살마하살이 있고 무상·무원해탈문의 가운데에 보살마하살이 있으며, 보살마하살의 가운데에 공해탈문이 있고 보살마하살의 가운데에 무상·무원해탈문이 있으며, 공해탈문을 벗어나서 보살마하살이 있고 무상·무원해탈문을 벗어나서 보살마하살이 있다.'라고 말할 수 있겠습니까?"

"다시 다음으로 선현이여. 그대는 무슨 뜻으로 관찰하여 '다라니문은 보살마하살이 아니고 삼마지문은 보살마하살이 아니며, 다라니문과 다른 것이 보살마하살이 아니고 삼마지문과 다른 것이 보살마하살이 아니며,

다라니문의 가운데에 보살마하살이 있지 않고 삼마지문의 가운데에 보살마하살이 있지 않으며, 보살마하살의 가운데에 다라니문이 있지 않고 보살마하살의 가운데에 삼마지문이 있지 않으며, 다라니문을 벗어나서 보살마하살이 있지 않고 삼마지문을 벗어나서 보살마하살이 있지 않다.'라고 말하는가?"

"세존이시여. 만약 보리이거나, 만약 살타이거나, 만약 다라니문이거나, 만약 삼마지문이더라도 오히려 결국 얻을 수 없습니다. 자성이 있지 않은 까닭인데, 하물며 보살마하살이 있겠습니까? 이것은 이미 있지 않은데, 어찌 곧 '다라니문이 보살마하살이고, 삼마지문이 보살마하살이며, 다라니문과 다른 것이 보살마하살이고 삼마지문과 다른 것이 보살마하살이며, 다라니문의 가운데에 보살마하살이 있고 삼마지문의 가운데에 보살마하살이 있으며, 보살마하살의 가운데에 다라니문이 있고 보살마하살의 가운데에 삼마지문이 있으며, 다라니문을 벗어나서 보살마하살이 있고 삼마지문을 벗어나서 보살마하살이 있다.'라고 말할 수 있겠습니까?"

"다시 다음으로 선현이여. 그대는 무슨 뜻으로 관찰하여 '극희지는 보살마하살이 아니고 이구지·발광지·염혜지·극난승지·현전지·원행지·부동지·선혜지·법운지는 보살마하살이 아니며, 극희지와 다른 것이 보살마하살이 아니고 이구지, 나아가 법운지와 다른 것이 보살마하살이 아니며, 극희지의 가운데에 보살마하살이 있지 않고 이구지, 나아가 법운지의 가운데에 보살마하살이 있지 않으며, 보살마하살의 가운데에 극희지가 있지 않고 보살마하살의 가운데에 이구지, 나아가 법운지가 있지 않으며, 극희지를 벗어나서 보살마하살이 있지 않고 이구지, 나아가 법운지를 벗어나서 보살마하살이 있지 않다.'라고 말하는가?"

"세존이시여. 만약 보리이거나, 만약 살타이거나, 만약 극희지이거나, 만약 이구지, 나아가 법운지이더라도 오히려 결국 얻을 수 없습니다. 자성이 있지 않은 까닭인데, 하물며 보살마하살이 있겠습니까? 이것은 이미 있지 않은데, 어찌 곧 '극희지가 보살마하살이고, 이구지, 나아가 법운지가 보살마하살이며, 극희지와 다른 것이 보살마하살이고 이구지,

나아가 법운지와 다른 것이 보살마하살이며, 극희지의 가운데에 보살마하살이 있고 이구지, 나아가 법운지의 가운데에 보살마하살이 있으며, 보살마하살의 가운데에 극희지가 있고 보살마하살의 가운데에 이구지, 나아가 법운지가 있으며, 극희지를 벗어나서 보살마하살이 있고 이구지, 나아가 법운지를 벗어나서 보살마하살이 있다.'라고 말할 수 있겠습니까?"

"다시 다음으로 선현이여. 그대는 무슨 뜻으로 관찰하여 '5안은 보살마하살이 아니고 6신통은 보살마하살이 아니며, 5안과 다른 것이 보살마하살이 아니고 6신통과 다른 것이 보살마하살이 아니며, 5안의 가운데에 보살마하살이 있지 않고 6신통의 가운데에 보살마하살이 있지 않으며, 보살마하살의 가운데에 5안이 있지 않고 보살마하살의 가운데에 6신통이 있지 않으며, 5안을 벗어나서 보살마하살이 있지 않고 6신통을 벗어나서 보살마하살이 있지 않다.'라고 말하는가?"

"세존이시여. 만약 보리이거나, 만약 살타이거나, 만약 5안이거나, 만약 6신통이더라도 오히려 결국 얻을 수 없습니다. 자성이 있지 않은 까닭인데, 하물며 보살마하살이 있겠습니까? 이것은 이미 있지 않은데, 어찌 곧 '5안이 보살마하살이고, 6신통이 보살마하살이며, 5안과 다른 것이 보살마하살이고 6신통과 다른 것이 보살마하살이며, 5안의 가운데에 보살마하살이 있고 6신통의 가운데에 보살마하살이 있으며, 보살마하살의 가운데에 5안이 있고 보살마하살의 가운데에 6신통이 있으며, 5안을 벗어나서 보살마하살이 있고 6신통을 벗어나서 보살마하살이 있다.'라고 말할 수 있겠습니까?"

"다시 다음으로 선현이여. 그대는 무슨 뜻으로 관찰하여 '여래의 10력은 보살마하살이 아니고 4무소외·4무애해·18불불공법은 보살마하살이 아니며, 여래의 10력과 다른 것이 보살마하살이 아니고 4무소외·4무애해·18불불공법과 다른 것이 보살마하살이 아니며, 여래의 10력의 가운데에 보살마하살이 있지 않고 4무소외·4무애해·18불불공법의 가운데에 보살마하살이 있지 않으며, 보살마하살의 가운데에 여래의 10력이 있지 않고 보살마하살의 가운데에 4무소외·4무애해·18불불공법이 있지 않으며,

여래의 10력을 벗어나서 보살마하살이 있지 않고 4무소외·4무애해·18불불공법을 벗어나서 보살마하살이 있지 않다.'라고 말하는가?"

"세존이시여. 만약 보리이거나, 만약 살타이거나, 만약 여래의 10력이거나, 만약 4무소외·4무애해·18불불공법이더라도 오히려 결국 얻을 수 없습니다. 자성이 있지 않은 까닭인데, 하물며 보살마하살이 있겠습니까? 이것은 이미 있지 않은데, 어찌 곧 '여래의 10력이 보살마하살이고, 4무소외·4무애해·18불불공법이 보살마하살이며, 여래의 10력과 다른 것이 보살마하살이고 4무소외·4무애해·18불불공법과 다른 것이 보살마하살이며, 여래의 10력의 가운데에 보살마하살이 있고 4무소외·4무애해·18불불공법의 가운데에 보살마하살이 있으며, 보살마하살의 가운데에 여래의 10력이 있고 보살마하살의 가운데에 4무소외·4무애해·18불불공법이 있으며, 여래의 10력을 벗어나서 보살마하살이 있고 4무소외·4무애해·18불불공법을 벗어나서 보살마하살이 있다.'라고 말할 수 있겠습니까?"

"다시 다음으로 선현이여. 그대는 무슨 뜻으로 관찰하여 '대자는 보살마하살이 아니고 대비·대희·대사는 보살마하살이 아니며, 대자와 다른 것이 보살마하살이 아니고 대비·대희·대사와 다른 것이 보살마하살이 아니며, 대자의 가운데에 보살마하살이 있지 않고 대비·대희·대사의 가운데에 보살마하살이 있지 않으며, 보살마하살의 가운데에 대자가 있지 않고 보살마하살의 가운데에 대비·대희·대사가 있지 않으며, 대자를 벗어나서 보살마하살이 있지 않고 대비·대희·대사를 벗어나서 보살마하살이 있지 않다.'라고 말하는가?"

"세존이시여. 만약 보리이거나, 만약 살타이거나, 만약 대자이거나, 만약 대비·대희·대사이더라도 오히려 결국 얻을 수 없습니다. 자성이 있지 않은 까닭인데, 하물며 보살마하살이 있겠습니까? 이것은 이미 있지 않은데, 어찌 곧 '대자가 보살마하살이고, 대비·대희·대사가 보살마하살이며, 대자와 다른 것이 보살마하살이고 대비·대희·대사와 다른 것이 보살마하살이며, 대자의 가운데에 보살마하살이 있고 대비·대희·대사의 가운데에 보살마하살이 있으며, 보살마하살의 가운데에 대자가 있고 보살마하살의 가운데에 대비·대희·대사가 있으며, 대자를 벗어나서 보살마하살이 있고 대비·대희·대사를 벗어나서 보살마하살이 있다.'라고 말할 수 있겠습니까?"

"다시 다음으로 선현이여. 그대는 무슨 뜻으로 관찰하여 '32대사상은 보살마하살이 아니고 80수호는 보살마하살이 아니며, 32대사상과 다른 것이 보살마하살이 아니고 80수호와 다른 것이 보살마하살이 아니며, 32대사상의 가운데에 보살마하살이 있지 않고 80수호의 가운데에 보살마하살이 있지 않으며, 보살마하살의 가운데에 32대사상이 있지 않고 보살마하살의 가운데에 80수호가 있지 않으며, 32대사상을 벗어나서 보살마하살이 있지 않고 80수호를 벗어나서 보살마하살이 있지 않다.'라고 말하는가?"

"세존이시여. 만약 보리이거나, 만약 살타이거나, 만약 32대사상이거나, 만약 80수호이더라도 오히려 결국 얻을 수 없습니다. 자성이 있지 않은 까닭인데, 하물며 보살마하살이 있겠습니까? 이것은 이미 있지 않은데, 어찌 곧 '32대사상이 보살마하살이고, 80수호가 보살마하살이며, 32대사상과 다른 것이 보살마하살이고 80수호와 다른 것이 보살마하살이며, 32대사상의 가운데에 보살마하살이 있고 80수호의 가운데에 보살마하살이 있으며, 보살마하살의 가운데에 32대사상이 있고 보살마하살의 가운데에 80수호가 있으며, 32대사상을 벗어나서 보살마하살이 있고 80수호를 벗어나서 보살마하살이 있다.'라고 말할 수 있겠습니까?"

"다시 다음으로 선현이여. 그대는 무슨 뜻으로 관찰하여 '무망실법은 보살마하살이 아니고 항주사성은 보살마하살이 아니며, 무망실법과 다른 것이 보살마하살이 아니고 항주사성과 다른 것이 보살마하살이 아니며, 무망실법의 가운데에 보살마하살이 있지 않고 항주사성의 가운데에 보살마하살이 있지 않으며, 보살마하살의 가운데에 무망실법이 있지 않고 보살마하살의 가운데에 항주사성이 있지 않으며, 무망실법을 벗어나서 보살마하살이 있지 않고 항주사성을 벗어나서 보살마하살이 있지 않다.'라고 말하는가?"

"세존이시여. 만약 보리이거나, 만약 살타이거나, 만약 무망실법이거나, 만약 항주사성이더라도 오히려 결국 얻을 수 없습니다. 자성이 있지 않은 까닭인데, 하물며 보살마하살이 있겠습니까? 이것은 이미 있지 않은데, 어찌 곧 '무망실법이 보살마하살이고, 항주사성이 보살마하살이며, 무망실법과 다른 것이 보살마하살이고 항주사성과 다른 것이 보살마하살이며, 무망실법의 가운데에 보살마하살이 있고 항주사성의 가운데에 보살마하살이 있으며, 보살마하살의 가운데에 무망실법이 있고 보살마하살의 가운데에 항주사성이 있으며, 무망실법을 벗어나서 보살마하살이 있고 항주사성을 벗어나서 보살마하살이 있다.'라고 말할 수 있겠습니까?"

"다시 다음으로 선현이여. 그대는 무슨 뜻으로 관찰하여 '일체지는 보살마하살이 아니고 도상지·일체상지는 보살마하살이 아니며, 일체지와 다른 것이 보살마하살이 아니고 도상지·일체상지와 다른 것이 보살마하살이 아니며, 일체지의 가운데에 보살마하살이 있지 않고 도상지·일체상지의 가운데에 보살마하살이 있지 않으며, 보살마하살의 가운데에 일체지가 있지 않고 보살마하살의 가운데에 도상지·일체상지가 있지 않으며, 일체지를 벗어나서 보살마하살이 있지 않고 도상지·일체상지를 벗어나서 보살마하살이 있지 않다.'라고 말하는가?"

"세존이시여. 만약 보리이거나, 만약 살타이거나, 만약 일체지이거나, 만약 도상지·일체상지이더라도 오히려 결국 얻을 수 없습니다. 자성이 있지 않은 까닭인데, 하물며 보살마하살이 있겠습니까? 이것은 이미 있지 않은데, 어찌 곧 '일체지가 보살마하살이고, 도상지·일체상지가 보살마하살이며, 일체지와 다른 것이 보살마하살이고 도상지·일체상지와 다른 것이 보살마하살이며, 일체지의 가운데에 보살마하살이 있고 도상지·일체상지의 가운데에 보살마하살이 있으며, 보살마하살의 가운데에 일체지가 있고 보살마하살의 가운데에 도상지·일체상지가 있으며, 일체지를 벗어나서 보살마하살이 있고 도상지·일체상지를 벗어나서 보살마하살이 있다.'라고 말할 수 있겠습니까?"

세존이시여, 보리살타와 색 등의 법은 이미 얻을 수 없습니다. 곧

'색 등의 법이 보살마하살이거나, 혹은 색과 다른 것 등이 보살마하살이거나, 혹은 색 등의 법 가운데에 보살마하살이 있거나, 혹은 보살마하살의 가운데에 색 등의 법이 있거나, 혹은 색 등의 법을 벗어나서 보살마하살이 있다.'라고 말하더라도, 이러한 것은 있지 않습니다."

세존께서 선현에게 알리셨다.

"옳도다(善哉)[1], 옳도다. 이와 같으니라(如是). 이와 같으니라. 그대가 말하는 것과 같이 선현이여. 색 등의 법은 얻을 수 없는 까닭으로 보살마하살도 역시 얻을 수 없으며, 보살마하살은 얻을 수 없는 까닭으로 행하는 반야바라밀다도 얻을 수 없느니라. 선현이여. 제보살마하살은 반야바라밀다를 수행하는 때에 이와 같이 상응하여 수학(修學)해야 하느니라."

"다시 다음으로 선현이여. 보살마하살이라고 말하는 것에 그대의 뜻은 어떠한가? 곧 색(色)의 진여(眞如)[2]가 보살마하살인가?"

"아닙니다. 세존이시여."

"수(受)·상(想)·행(行)·식(識)의 진여가 곧 보살마하살인가?"

"아닙니다. 세존이시여."

"색과 다른 진여가 보살마하살인가?"

"아닙니다. 세존이시여."

"수·상·행·식과 다른 진여가 보살마하살인가?"

"아닙니다. 세존이시여."

"색의 진여 가운데에 보살마하살이 있는가?"

"아닙니다. 세존이시여."

"수·상·행·식의 진여 가운데에 보살마하살이 있는가?"

---

1) 산스크리트어 Sadhu의 번역이고 사도(娑度)라고 음사한다. 이와 비슷한 질문에 대한 대답으로 동의 또는 승인하는 말로 '좋다.', '예', '적합하다.', '적절하다.', '알맞다.' 등으로 해석할 수 있다.
2) 산스크리트어 tathatā의 번역이고, '있는 그대로', 또는 '그와 같은 상태'를 의미하며, '진리', 또는 실재성을 나타낸다.

"아닙니다. 세존이시여."

"보살마하살의 가운데에 색의 진여가 있는가?"

"아닙니다. 세존이시여."

"보살마하살의 가운데에 수·상·행·식의 진여가 있는가?"

"아닙니다. 세존이시여."

"색의 진여를 벗어나서 보살마하살이 있는가?"

"아닙니다. 세존이시여."

"수·상·행·식의 진여를 벗어나서 보살마하살이 있는가?"

"아닙니다. 세존이시여."

"다시 다음으로 선현이여. 보살마하살이라고 말하는 것에 그대의 뜻은 어떠한가? 곧 안처(眼處)의 진여가 보살마하살인가?"

"아닙니다. 세존이시여."

"이(耳)·비(鼻)·설(舌)·신(身)·의처(意處)의 진여가 곧 보살마하살인가?"

"아닙니다. 세존이시여."

"안처와 다른 진여가 보살마하살인가?"

"아닙니다. 세존이시여."

"이·비·설·신·의처와 다른 진여가 보살마하살인가?"

"아닙니다. 세존이시여."

"안처의 진여 가운데에 보살마하살이 있는가?"

"아닙니다. 세존이시여."

"이·비·설·신·의처의 진여 가운데에 보살마하살이 있는가?"

"아닙니다. 세존이시여."

"보살마하살의 가운데에 안처의 진여가 있는가?"

"아닙니다. 세존이시여."

"보살마하살의 가운데에 이·비·설·신·의처의 진여가 있는가?"

"아닙니다. 세존이시여."

"안처의 진여를 벗어나서 보살마하살이 있는가?"

"아닙니다. 세존이시여."

"이·비·설·신·의처의 진여를 벗어나서 보살마하살이 있는가?"

"아닙니다. 세존이시여."

"다시 다음으로 선현이여. 보살마하살이라고 말하는 것에 그대의 뜻은 어떠한가? 곧 색처(色處)의 진여가 보살마하살인가?"

"아닙니다. 세존이시여."

"성(聲)·향(香)·미(未)·촉(觸)·법처(法處)의 진여가 곧 보살마하살인가?"

"아닙니다. 세존이시여."

"색처와 다른 진여가 보살마하살인가?"

"아닙니다. 세존이시여."

"성·향·미·촉·법처와 다른 진여가 보살마하살인가?"

"아닙니다. 세존이시여."

"색처의 진여 가운데에 보살마하살이 있는가?"

"아닙니다. 세존이시여."

"성·향·미·촉·법처의 진여 가운데에 보살마하살이 있는가?"

"아닙니다. 세존이시여."

"보살마하살의 가운데에 색처의 진여가 있는가?"

"아닙니다. 세존이시여."

"보살마하살의 가운데에 성·향·미·촉·법처의 진여가 있는가?"

"아닙니다. 세존이시여."

"색처의 진여를 벗어나서 보살마하살이 있는가?"

"아닙니다. 세존이시여."

"성·향·미·촉·법처의 진여를 벗어나서 보살마하살이 있는가?"

"아닙니다. 세존이시여."

"다시 다음으로 선현이여. 보살마하살이라고 말하는 것에 그대의 뜻은 어떠한가? 곧 안계(眼界)의 진여가 보살마하살인가?"

"아닙니다. 세존이시여."

"이·비·설·신·의계(意界)의 진여가 곧 보살마하살인가?"

"아닙니다. 세존이시여."

"안계와 다른 진여가 보살마하살인가?"

"아닙니다. 세존이시여."

"이·비·설·신·의계와 다른 진여가 보살마하살인가?"

"아닙니다. 세존이시여."

"안계의 진여 가운데에 보살마하살이 있는가?"

"아닙니다. 세존이시여."

"이·비·설·신·의계의 진여 가운데에 보살마하살이 있는가?"

"아닙니다. 세존이시여."

"보살마하살의 가운데에 안계의 진여가 있는가?"

"아닙니다. 세존이시여."

"보살마하살의 가운데에 이·비·설·신·의계의 진여가 있는가?"

"아닙니다. 세존이시여."

"안계의 진여를 벗어나서 보살마하살이 있는가?"

"아닙니다. 세존이시여."

"이·비·설·신·의계의 진여를 벗어나서 보살마하살이 있는가?"

"아닙니다. 세존이시여."

"다시 다음으로 선현이여. 보살마하살이라고 말하는 것에 그대의 뜻은 어떠한가? 곧 색계(色界)의 진여가 보살마하살인가?"

"아닙니다. 세존이시여."

"성·향·미·촉·법계(法界)의 진여가 곧 보살마하살인가?"

"아닙니다. 세존이시여."

"색계와 다른 진여가 보살마하살인가?"

"아닙니다. 세존이시여."

"성·향·미·촉·법계와 다른 진여가 보살마하살인가?"

"아닙니다. 세존이시여."

"색계의 진여 가운데에 보살마하살이 있는가?"

"아닙니다. 세존이시여."

"성·향·미·촉·법계의 진여 가운데에 보살마하살이 있는가?"

"아닙니다. 세존이시여."

"보살마하살의 가운데에 색계의 진여가 있는가?"

"아닙니다. 세존이시여."

"보살마하살의 가운데에 성·향·미·촉·법계의 진여가 있는가?"

"아닙니다. 세존이시여."

"색계의 진여를 벗어나서 보살마하살이 있는가?"

"아닙니다. 세존이시여."

"성·향·미·촉·법계의 진여를 벗어나서 보살마하살이 있는가?"

"아닙니다. 세존이시여."

"다시 다음으로 선현이여. 보살마하살이라고 말하는 것에 그대의 뜻은 어떠한가? 곧 안식계(眼識界)의 진여가 보살마하살인가?"

"아닙니다. 세존이시여."

"이·비·설·신·의식계(意識界)의 진여가 곧 보살마하살인가?"

"아닙니다. 세존이시여."

"안식계와 다른 진여가 보살마하살인가?"

"아닙니다. 세존이시여."

"이·비·설·신·의식계와 다른 진여가 보살마하살인가?"

"아닙니다. 세존이시여."

"안식계의 진여 가운데에 보살마하살이 있는가?"

"아닙니다. 세존이시여."

"이·비·설·신·의식계의 진여 가운데에 보살마하살이 있는가?"

"아닙니다. 세존이시여."

"보살마하살의 가운데에 안식계의 진여가 있는가?"

"아닙니다. 세존이시여."

"보살마하살의 가운데에 이·비·설·신·의식계의 진여가 있는가?"

"아닙니다. 세존이시여."

"안식계의 진여를 벗어나서 보살마하살이 있는가?"

"아닙니다. 세존이시여."

"이·비·설·신·의식계의 진여를 벗어나서 보살마하살이 있는가?"

"아닙니다. 세존이시여."

"다시 다음으로 선현이여. 보살마하살이라고 말하는 것에 그대의 뜻은 어떠한가? 곧 안촉(眼觸)의 진여가 보살마하살인가?"

"아닙니다. 세존이시여."

"이·비·설·신·의촉(意觸)의 진여가 곧 보살마하살인가?"

"아닙니다. 세존이시여."

"안촉과 다른 진여가 보살마하살인가?"

"아닙니다. 세존이시여."

"이·비·설·신·의촉과 다른 진여가 보살마하살인가?"

"아닙니다. 세존이시여."

"안촉의 진여 가운데에 보살마하살이 있는가?"

"아닙니다. 세존이시여."

"이·비·설·신·의촉의 진여 가운데에 보살마하살이 있는가?"

"아닙니다. 세존이시여."

"보살마하살의 가운데에 안촉의 진여가 있는가?"

"아닙니다. 세존이시여."

"보살마하살의 가운데에 이·비·설·신·의촉의 진여가 있는가?"

"아닙니다. 세존이시여."

"안촉의 진여를 벗어나서 보살마하살이 있는가?"

"아닙니다. 세존이시여."

"이·비·설·신·의촉의 진여를 벗어나서 보살마하살이 있는가?"

"아닙니다. 세존이시여."

"다시 다음으로 선현이여. 보살마하살이라고 말하는 것에 그대의 뜻은 어떠한가? 곧 안촉을 인연으로 생겨난 여러 수의 진여가 보살마하살인가?"

"아닙니다. 세존이시여."

"이·비·설·신·의촉(意觸)을 인연으로 생겨난 여러 수의 진여가 곧 보살마하살인가?"

"아닙니다. 세존이시여."

"안촉을 인연으로 생겨난 여러 수의 다른 진여가 보살마하살인가?"

"아닙니다. 세존이시여."

"이·비·설·신·의촉을 인연으로 생겨난 여러 수의 다른 진여가 보살마하살인가?"

"아닙니다. 세존이시여."

"안촉을 인연으로 생겨난 여러 수의 진여 가운데에 보살마하살이 있는가?"

"아닙니다. 세존이시여."

"이·비·설·신·의촉을 인연으로 생겨난 여러 수의 진여 가운데에 보살마하살이 있는가?"

"아닙니다. 세존이시여."

"보살마하살의 가운데에 안촉을 인연으로 생겨난 여러 수의 진여가 있는가?"

"아닙니다. 세존이시여."

"보살마하살의 가운데에 이·비·설·신·의촉을 인연으로 생겨난 여러 수의 진여가 있는가?"

"아닙니다. 세존이시여."

"안촉을 인연으로 생겨난 여러 수의 진여를 벗어나서 보살마하살이 있는가?"

"아닙니다. 세존이시여."

"이·비·설·신·의촉을 인연으로 생겨난 여러 수의 진여를 벗어나서 보살마하살이 있는가?"

"아닙니다. 세존이시여."

"다시 다음으로 선현이여. 보살마하살이라고 말하는 것에 그대의 뜻은 어떠한가? 곧 지계(地界)의 진여가 보살마하살인가?"

"아닙니다. 세존이시여."

"수(水)·화(火)·풍(風)·공(空)·식계(識界)의 진여가 곧 보살마하살인가?"

"아닙니다. 세존이시여."

"지계와 다른 진여가 보살마하살인가?"

"아닙니다. 세존이시여."

"수·화·풍·공·식계와 다른 진여가 보살마하살인가?"

"아닙니다. 세존이시여."

"지계의 진여 가운데에 보살마하살이 있는가?"

"아닙니다. 세존이시여."

"수·화·풍·공·식계의 진여 가운데에 보살마하살이 있는가?"

"아닙니다. 세존이시여."

"보살마하살의 가운데에 지계의 진여가 있는가?"

"아닙니다. 세존이시여."

"보살마하살의 가운데에 수·화·풍·공·식계의 진여가 있는가?"

"아닙니다. 세존이시여."

"지계의 진여를 벗어나서 보살마하살이 있는가?"

"아닙니다. 세존이시여."

"수·화·풍·공·식계의 진여를 벗어나서 보살마하살이 있는가?"

"아닙니다. 세존이시여."

"다시 다음으로 선현이여. 보살마하살이라고 말하는 것에 그대의 뜻은 어떠한가? 곧 인연(因緣)의 진여가 보살마하살인가?"

"아닙니다. 세존이시여."

"등무간연(等無間緣)·소연연(所緣緣)·증상연(增上緣)의 진여가 곧 보살마하살인가?"

"아닙니다. 세존이시여."

"인연과 다른 진여가 보살마하살인가?"

"아닙니다. 세존이시여."

"등무간연·소연연·증상연과 다른 진여가 보살마하살인가?"

"아닙니다. 세존이시여."

"인연의 진여 가운데에 보살마하살이 있는가?"

"아닙니다. 세존이시여."

"등무간연·소연연·증상연의 진여 가운데에 보살마하살이 있는가?"

"아닙니다. 세존이시여."

"보살마하살의 가운데에 인연의 진여가 있는가?"

"아닙니다. 세존이시여."

"보살마하살의 가운데에 등무간연·소연연·증상연의 진여가 있는가?"

"아닙니다. 세존이시여."

"인연의 진여를 벗어나서 보살마하살이 있는가?"

"아닙니다. 세존이시여."

"등무간연·소연연·증상연의 진여를 벗어나서 보살마하살이 있는가?"

"아닙니다. 세존이시여."

"다시 다음으로 선현이여. 보살마하살이라고 말하는 것에 그대의 뜻은 어떠한가? 곧 연(緣)에서 생겨난 법의 진여가 보살마하살인가?"

"아닙니다. 세존이시여."

"연에서 생겨난 법과 다른 진여가 보살마하살인가?"

"아닙니다. 세존이시여."

"연에서 생겨난 법의 진여 가운데에 보살마하살이 있는가?"

"아닙니다. 세존이시여."

"보살마하살의 가운데에 연에서 생겨난 법의 진여가 있는가?"

"아닙니다. 세존이시여."

"연에서 생겨난 법의 진여를 벗어나서 보살마하살이 있는가?"

"아닙니다. 세존이시여."

"다시 다음으로 선현이여. 보살마하살이라고 말하는 것에 그대의 뜻은 어떠한가? 곧 무명(無明)의 진여가 보살마하살인가?"

"아닙니다. 세존이시여."

"행(行)·식(識)·명색(名色)·육처(六處)·촉(觸)·수(受)·애(愛)·취(取)·유(有)·생(生)·노사(老死)의 진여가 곧 보살마하살인가?"

"아닙니다. 세존이시여."

"무명과 다른 진여가 보살마하살인가?"

"아닙니다. 세존이시여."

"행, 나아가 노사와 다른 진여가 보살마하살인가?"

"아닙니다. 세존이시여."

"무명의 진여 가운데에 보살마하살이 있는가?"

"아닙니다. 세존이시여."

"행, 나아가 노사의 진여 가운데에 보살마하살이 있는가?"

"아닙니다. 세존이시여."

"보살마하살의 가운데에 무명의 진여가 있는가?"

"아닙니다. 세존이시여."

"보살마하살의 가운데에 행, 나아가 노사의 진여가 있는가?"

"아닙니다. 세존이시여."

"무명의 진여를 벗어나서 보살마하살이 있는가?"

"아닙니다. 세존이시여."

"행, 나아가 노사의 진여를 벗어나서 보살마하살이 있는가?"

"아닙니다. 세존이시여."

"다시 다음으로 선현이여. 보살마하살이라고 말하는 것에 그대의 뜻은 어떠한가? 곧 보시바라밀다의 진여가 보살마하살인가?"

"아닙니다. 세존이시여."

"정계·안인·정진·정려·반야바라밀다의 진여가 곧 보살마하살인가?"

"아닙니다. 세존이시여."

"보시바라밀다와 다른 진여가 보살마하살인가?"

"아닙니다. 세존이시여."

"정계·안인·정진·정려·반야바라밀다와 다른 진여가 보살마하살인가?"

"아닙니다. 세존이시여."

"보시바라밀다의 진여 가운데에 보살마하살이 있는가?"

"아닙니다. 세존이시여."

"정계·안인·정진·정려·반야바라밀다의 진여 가운데에 보살마하살이 있는가?"

"아닙니다. 세존이시여."

"보살마하살의 가운데에 보시바라밀다의 진여가 있는가?"

"아닙니다. 세존이시여."

"보살마하살의 가운데에 정계·안인·정진·정려·반야바라밀다의 진여가 있는가?"

"아닙니다. 세존이시여."

"보시바라밀다의 진여를 벗어나서 보살마하살이 있는가?"

"아닙니다. 세존이시여."

"정계·안인·정진·정려·반야바라밀다의 진여를 벗어나서 보살마하살이 있는가?"

"아닙니다. 세존이시여."

"다시 다음으로 선현이여. 보살마하살이라고 말하는 것에 그대의 뜻은 어떠한가? 곧 내공(內空)의 진여가 보살마하살인가?"

"아닙니다. 세존이시여."

"외공(外空)·내외공(內外空)·공공(空空)·대공(大空)·승의공(勝義空)·유위공(有爲空)·무위공(無爲空)·필경공(畢竟空)·무제공(無際空)·산공(散空)·무변이공(無變異空)·본성공(本性空)·자상공(自相空)·공상공(共相空)·일체법공(一切法空)·불가득공(不可得空)·무성공(無性空)·자성공(自性空)·무성자성공(無性自性空)의 진여가 곧 보살마하살인가?"

"아닙니다. 세존이시여."

"내공과 다른 진여가 보살마하살인가?"

"아닙니다. 세존이시여."

"외공, 나아가 무성자성공과 다른 진여가 보살마하살인가?"

"아닙니다. 세존이시여."

"내공의 진여 가운데에 보살마하살이 있는가?"

"아닙니다. 세존이시여."

"외공, 나아가 무성자성공의 진여 가운데에 보살마하살이 있는가?"

"아닙니다. 세존이시여."

"보살마하살의 가운데에 내공의 진여가 있는가?"

"아닙니다. 세존이시여."

"보살마하살의 가운데에 외공, 나아가 무성자성공의 진여가 있는가?"

"아닙니다. 세존이시여."

"내공의 진여를 벗어나서 보살마하살이 있는가?"

"아닙니다. 세존이시여."

"외공, 나아가 무성자성공의 진여를 벗어나서 보살마하살이 있는가?"

"아닙니다. 세존이시여."

"다시 다음으로 선현이여. 보살마하살이라고 말하는 것에 그대의 뜻은 어떠한가? 곧 4념주(念住)의 진여가 보살마하살인가?"

"아닙니다. 세존이시여."

"4정단(正斷)·4신족(神足)·5근(根)·5력(力)·7등각지(等覺支)·8성도지(聖道支)의 진여가 곧 보살마하살인가?"

"아닙니다. 세존이시여."

"4념주와 다른 진여가 보살마하살인가?"

"아닙니다. 세존이시여."

"4정단, 나아가 8성도지와 다른 진여가 보살마하살인가?"

"아닙니다. 세존이시여."

"4념주의 진여 가운데에 보살마하살이 있는가?"

"아닙니다. 세존이시여."

"4정단, 나아가 8성도지의 진여 가운데에 보살마하살이 있는가?"

"아닙니다. 세존이시여."

"보살마하살의 가운데에 4념주의 진여가 있는가?"

"아닙니다. 세존이시여."

"보살마하살의 가운데에 4정단, 나아가 8성도지의 진여가 있는가?"

"아닙니다. 세존이시여."

"4념주의 진여를 벗어나서 보살마하살이 있는가?"

"아닙니다. 세존이시여."

"4정단, 나아가 8성도지의 진여를 벗어나서 보살마하살이 있는가?"

"아닙니다. 세존이시여."

"다시 다음으로 선현이여. 보살마하살이라고 말하는 것에 그대의 뜻은 어떠한가? 곧 고성제(苦聖諦)의 진여가 보살마하살인가?"

"아닙니다. 세존이시여."

"집(集)·멸(滅)·도성제(道聖諦)의 진여가 곧 보살마하살인가?"

"아닙니다. 세존이시여."

"고성제와 다른 진여가 보살마하살인가?"

"아닙니다. 세존이시여."

"집·멸·도성제와 다른 진여가 보살마하살인가?"

"아닙니다. 세존이시여."

"고성제의 진여 가운데에 보살마하살이 있는가?"

"아닙니다. 세존이시여."

"집·멸·도성제의 진여 가운데에 보살마하살이 있는가?"

"아닙니다. 세존이시여."

"보살마하살의 가운데에 고성제의 진여가 있는가?"

"아닙니다. 세존이시여."

"보살마하살의 가운데에 집·멸·도성제의 진여가 있는가?"

"아닙니다. 세존이시여."

"고성제의 진여를 벗어나서 보살마하살이 있는가?"

"아닙니다. 세존이시여."

"집·멸·도성제의 진여를 벗어나서 보살마하살이 있는가?"

"아닙니다. 세존이시여."

"다시 다음으로 선현이여. 보살마하살이라고 말하는 것에 그대의 뜻은 어떠한가? 곧 4정려(四靜慮)의 진여가 보살마하살인가?"

"아닙니다. 세존이시여."

"4무량(四無量)·4무색정(四無色定)의 진여가 곧 보살마하살인가?"

"아닙니다. 세존이시여."

"4정려와 다른 진여가 보살마하살인가?"

"아닙니다. 세존이시여."

"4무량·4무색정과 다른 진여가 보살마하살인가?"

"아닙니다. 세존이시여."

"4정려의 진여 가운데에 보살마하살이 있는가?"

"아닙니다. 세존이시여."

"4무량·4무색정의 진여 가운데에 보살마하살이 있는가?"

"아닙니다. 세존이시여."

"보살마하살의 가운데에 4정려의 진여가 있는가?"

"아닙니다. 세존이시여."

"보살마하살의 가운데에 4무량·4무색정의 진여가 있는가?"

"아닙니다. 세존이시여."

"4정려의 진여를 벗어나서 보살마하살이 있는가?"

"아닙니다. 세존이시여."

"4무량·4무색정의 진여를 벗어나서 보살마하살이 있는가?"

"아닙니다. 세존이시여."

"다시 다음으로 선현이여. 보살마하살이라고 말하는 것에 그대의 뜻은 어떠한가? 곧 8해탈(八解脫)의 진여가 보살마하살인가?"

"아닙니다. 세존이시여."

"8승처(八勝處)·9차제정(九次第定)·10변처(十遍處)의 진여가 곧 보살마하살인가?"

"아닙니다. 세존이시여."

"8해탈과 다른 진여가 보살마하살인가?"

"아닙니다. 세존이시여."

"8승처·9차제정·10변처와 다른 진여가 보살마하살인가?"

"아닙니다. 세존이시여."

"8해탈의 진여 가운데에 보살마하살이 있는가?"

"아닙니다. 세존이시여."

"8승처·9차제정·10변처의 진여 가운데에 보살마하살이 있는가?"

"아닙니다. 세존이시여."

"보살마하살의 가운데에 8해탈의 진여가 있는가?"

"아닙니다. 세존이시여."

"보살마하살의 가운데에 8승처·9차제정·10변처의 진여가 있는가?"

"아닙니다. 세존이시여."

"8해탈의 진여를 벗어나서 보살마하살이 있는가?"

"아닙니다. 세존이시여."

"8승처·9차제정·10변처의 진여를 벗어나서 보살마하살이 있는가?"

"아닙니다. 세존이시여."

"다시 다음으로 선현이여. 보살마하살이라고 말하는 것에 그대의 뜻은 어떠한가? 곧 공해탈문(空解脫門)의 진여가 보살마하살인가?"

"아닙니다. 세존이시여."

"무상(無相)·무원(無願)해탈문의 진여가 곧 보살마하살인가?"

"아닙니다. 세존이시여."

"공해탈문과 다른 진여가 보살마하살인가?"

"아닙니다. 세존이시여."

"무상·무원해탈문과 다른 진여가 보살마하살인가?"

"아닙니다. 세존이시여."

"공해탈문의 진여 가운데에 보살마하살이 있는가?"

"아닙니다. 세존이시여."

"무상·무원해탈문의 진여 가운데에 보살마하살이 있는가?"

"아닙니다. 세존이시여."

"보살마하살의 가운데에 공해탈문의 진여가 있는가?"

"아닙니다. 세존이시여."

"보살마하살의 가운데에 무상·무원해탈문의 진여가 있는가?"

"아닙니다. 세존이시여."

"공해탈문의 진여를 벗어나서 보살마하살이 있는가?"

"아닙니다. 세존이시여."

"무상·무원해탈문의 진여를 벗어나서 보살마하살이 있는가?"

"아닙니다. 세존이시여."

"다시 다음으로 선현이여. 보살마하살이라고 말하는 것에 그대의 뜻은 어떠한가? 곧 다라니문(陀羅尼門)의 진여가 보살마하살인가?"

"아닙니다. 세존이시여."

"삼마지문(三摩地門)의 진여가 곧 보살마하살인가?"

"아닙니다. 세존이시여."

"다라니문과 다른 진여가 보살마하살인가?"

"아닙니다. 세존이시여."

"삼마지문과 다른 진여가 보살마하살인가?"

"아닙니다. 세존이시여."

"다라니문의 진여 가운데에 보살마하살이 있는가?"

"아닙니다. 세존이시여."

"삼마지문의 진여 가운데에 보살마하살이 있는가?"

"아닙니다. 세존이시여."

"보살마하살의 가운데에 다라니문의 진여가 있는가?"

"아닙니다. 세존이시여."

"보살마하살의 가운데에 삼마지문의 진여가 있는가?"

"아닙니다. 세존이시여."

"다라니문의 진여를 벗어나서 보살마하살이 있는가?"

"아닙니다. 세존이시여."

"삼마지문의 진여를 벗어나서 보살마하살이 있는가?"

"아닙니다. 세존이시여."

"다시 다음으로 선현이여. 보살마하살이라고 말하는 것에 그대의 뜻은 어떠한가? 곧 극희지(極喜地)의 진여가 보살마하살인가?"

"아닙니다. 세존이시여."

"이구지(離垢地)·발광지(發光地)·염혜지(焰慧地)·극난승지(極難勝地)·

현전지(現前地)·원행지(遠行地)·부동지(不動地)·선혜지(善彗地)·법운지(法雲地)의 진여가 곧 보살마하살인가?"

"아닙니다. 세존이시여."

"극희지와 다른 진여가 보살마하살인가?"

"아닙니다. 세존이시여."

"이구지, 나아가 법운지와 다른 진여가 보살마하살인가?"

"아닙니다. 세존이시여."

"극희지의 진여 가운데에 보살마하살이 있는가?"

"아닙니다. 세존이시여."

"이구지, 나아가 법운지의 진여 가운데에 보살마하살이 있는가?"

"아닙니다. 세존이시여."

"보살마하살의 가운데에 극희지의 진여가 있는가?"

"아닙니다. 세존이시여."

"보살마하살의 가운데에 이구지, 나아가 법운지의 진여가 있는가?"

"아닙니다. 세존이시여."

"극희지의 진여를 벗어나서 보살마하살이 있는가?"

"아닙니다. 세존이시여."

"이구지, 나아가 법운지의 진여를 벗어나서 보살마하살이 있는가?"

"아닙니다. 세존이시여."

"다시 다음으로 선현이여. 보살마하살이라고 말하는 것에 그대의 뜻은 어떠한가? 곧 5안(五眼)의 진여가 보살마하살인가?"

"아닙니다. 세존이시여."

"6신통(六神通)의 진여가 곧 보살마하살인가?"

"아닙니다. 세존이시여."

"5안과 다른 진여가 보살마하살인가?"

"아닙니다. 세존이시여."

"6신통과 다른 진여가 보살마하살인가?"

"아닙니다. 세존이시여."

"5안의 진여 가운데에 보살마하살이 있는가?"

"아닙니다. 세존이시여."

"6신통의 진여 가운데에 보살마하살이 있는가?"

"아닙니다. 세존이시여."

"보살마하살의 가운데에 5안의 진여가 있는가?"

"아닙니다. 세존이시여."

"보살마하살의 가운데에 6신통의 진여가 있는가?"

"아닙니다. 세존이시여."

"5안의 진여를 벗어나서 보살마하살이 있는가?"

"아닙니다. 세존이시여."

"6신통의 진여를 벗어나서 보살마하살이 있는가?"

"아닙니다. 세존이시여."

마하반야바라밀다경 제16권

7. 교계교수품(教誡教授品)(6)

"다시 다음으로 선현이여. 보살마하살이라고 말하는 것에 그대의 뜻은 어떠한가? 곧 여래의 10력(十力)의 진여가 보살마하살인가?"

"아닙니다. 세존이시여."

"4무소외(四無所畏)·4무애해(四無礙解)·18불불공법(十八佛不共法)의 진여가 곧 보살마하살인가?"

"아닙니다. 세존이시여."

"여래의 10력과 다른 진여가 보살마하살인가?"

"아닙니다. 세존이시여."

"4무소외·4무애해·18불불공법과 다른 진여가 보살마하살인가?"

"아닙니다. 세존이시여."

"여래의 10력의 진여 가운데에 보살마하살이 있는가?"

"아닙니다. 세존이시여."

"4무소외·4무애해·18불불공법의 진여 가운데에 보살마하살이 있는가?"

"아닙니다. 세존이시여."

"보살마하살의 가운데에 여래의 10력의 진여가 있는가?"

"아닙니다. 세존이시여."

"보살마하살의 가운데에 4무소외·4무애해·18불불공법의 진여가 있는가?"

"아닙니다. 세존이시여."

"여래의 10력의 진여를 벗어나서 보살마하살이 있는가?"

"아닙니다. 세존이시여."

"4무소외·4무애해·18불불공법의 진여를 벗어나서 보살마하살이 있는가?"

"아닙니다. 세존이시여."

"다시 다음으로 선현이여. 보살마하살이라고 말하는 것에 그대의 뜻은 어떠한가? 곧 대자(大慈)의 진여가 보살마하살인가?"

"아닙니다. 세존이시여."

"대비(大悲)·대희(大喜)·대사(大捨)의 진여가 곧 보살마하살인가?"

"아닙니다. 세존이시여."

"대자와 다른 진여가 보살마하살인가?"

"아닙니다. 세존이시여."

"대비·대희·대사와 다른 진여가 보살마하살인가?"

"아닙니다. 세존이시여."

"대자의 진여 가운데에 보살마하살이 있는가?"

"아닙니다. 세존이시여."

"대비·대희·대사의 진여 가운데에 보살마하살이 있는가?"

"아닙니다. 세존이시여."

"보살마하살의 가운데에 대자의 진여가 있는가?"

"아닙니다. 세존이시여."

"보살마하살의 가운데에 대비·대희·대사의 진여가 있는가?"

"아닙니다. 세존이시여."

"대자의 진여를 벗어나서 보살마하살이 있는가?"

"아닙니다. 세존이시여."

"대비·대희·대사의 진여를 벗어나서 보살마하살이 있는가?"

"아닙니다. 세존이시여."

"다시 다음으로 선현이여. 보살마하살이라고 말하는 것에 그대의 뜻은 어떠한가? 곧 32대사상(三十二大士相)의 진여가 보살마하살인가?"

"아닙니다. 세존이시여."

"80수호(八十隨好)의 진여가 곧 보살마하살인가?"

"아닙니다. 세존이시여."

"32대사상과 다른 진여가 보살마하살인가?"

"아닙니다. 세존이시여."

"80수호와 다른 진여가 보살마하살인가?"

"아닙니다. 세존이시여."

"32대사상의 진여 가운데에 보살마하살이 있는가?"

"아닙니다. 세존이시여."

"80수호의 진여 가운데에 보살마하살이 있는가?"

"아닙니다. 세존이시여."

"보살마하살의 가운데에 32대사상의 진여가 있는가?"

"아닙니다. 세존이시여."

"보살마하살의 가운데에 80수호의 진여가 있는가?"

"아닙니다. 세존이시여."

"32대사상의 진여를 벗어나서 보살마하살이 있는가?"

"아닙니다. 세존이시여."

"80수호의 진여를 벗어나서 보살마하살이 있는가?"

"아닙니다. 세존이시여."

"다시 다음으로 선현이여. 보살마하살이라고 말하는 것에 그대의 뜻은 어떠한가? 곧 무망실법(無忘失法)의 진여가 보살마하살인가?"

"아닙니다. 세존이시여."

"항주사성(恒住捨性)의 진여가 곧 보살마하살인가?"

"아닙니다. 세존이시여."

"무망실법과 다른 진여가 보살마하살인가?"

"아닙니다. 세존이시여."

"항주사성과 다른 진여가 보살마하살인가?"

"아닙니다. 세존이시여."

"무망실법의 진여 가운데에 보살마하살이 있는가?"

"아닙니다. 세존이시여."

"항주사성의 진여 가운데에 보살마하살이 있는가?"

"아닙니다. 세존이시여."

"보살마하살의 가운데에 무망실법의 진여가 있는가?"

"아닙니다. 세존이시여."

"보살마하살의 가운데에 항주사성의 진여가 있는가?"

"아닙니다. 세존이시여."

"무망실법의 진여를 벗어나서 보살마하살이 있는가?"

"아닙니다. 세존이시여."

"항주사성의 진여를 벗어나서 보살마하살이 있는가?"

"아닙니다. 세존이시여."

"다시 다음으로 선현이여. 보살마하살이라고 말하는 것에 그대의 뜻은 어떠한가? 곧 일체지(一切智)의 진여가 보살마하살인가?"

"아닙니다. 세존이시여."

"도상지(道相智)·일체상지(一切相智)의 진여가 곧 보살마하살인가?"

"아닙니다. 세존이시여."

"일체지와 다른 진여가 보살마하살인가?"

"아닙니다. 세존이시여."

"도상지·일체상지와 다른 진여가 보살마하살인가?"

"아닙니다. 세존이시여."

"일체지의 진여 가운데에 보살마하살이 있는가?"

"아닙니다. 세존이시여."

"도상지·일체상지의 진여 가운데에 보살마하살이 있는가?"

"아닙니다. 세존이시여."

"보살마하살의 가운데에 일체지의 진여가 있는가?"

"아닙니다. 세존이시여."

"보살마하살의 가운데에 도상지·일체상지의 진여가 있는가?"

"아닙니다. 세존이시여."

"일체지의 진여를 벗어나서 보살마하살이 있는가?"

"아닙니다. 세존이시여."

"도상지·일체상지의 진여를 벗어나서 보살마하살이 있는가?"

"아닙니다. 세존이시여."

그때 세존께서는 구수 선현에게 알리셨다.

"그대는 무슨 뜻으로 관찰하여 '색(色)의 진여는 곧 보살마하살이 아니고 수(受)·상(想)·행(行)·식(識)의 진여는 곧 보살마하살이 아니며, 색의 진여와 다른 것이 보살마하살이 아니고 수·상·행·식의 진여와 다른 것이 보살마하살이 아니며, 색의 진여 가운데에 보살마하살이 있지 않고 수·상·행·식의 진여 가운데에 보살마하살이 있지 않으며, 보살마하살의 가운데에 색의 진여가 있지 않고 보살마하살의 가운데에 수·상·행·식의 진여가 있지 않으며, 색의 진여를 벗어나서 보살마하살이 있지 않고 수·상·행·식의 진여를 벗어나서 보살마하살이 있지 않다.'라고 관찰하는가?"

구수 선현이 아뢰어 말하였다.

"세존이시여. 만약 색이거나, 만약 수·상·행·식이더라도 오히려 결국 얻을 수 없습니다. 자성이 있지 않은 까닭인데, 하물며 색의 진여와 수·상·행·식의 진여가 보살마하살이 있겠습니까? 이러한 진여는 이미 있지 않은데, 어찌 곧 '색의 진여가 보살마하살이고, 수·상·행·식의 진여가 보살마하살이며, 색과 다른 진여가 보살마하살이고 수·상·행·식과 다른 진여가 보살마하살이며, 색의 진여 가운데에 보살마하살이 있고 수·상·행·식의 진여 가운데에 보살마하살이 있으며, 보살마하살의 가운데에 색의 진여가 있고 보살마하살의 가운데에 수·상·행·식의 진여가 있으며, 색의 진여를 벗어나서 보살마하살이 있고 수·상·행·식의 진여를 벗어나서 보살마하살이 있다.'라고 말할 수 있겠습니까?"

"다시 다음으로 선현이여. 그대는 무슨 뜻으로 관찰하여 '안처(眼處)의 진여가 보살마하살이 아니고 이(耳)·비(鼻)·설(舌)·신(身)·의처(意處)의 진여가 보살마하살이 아니며, 안처의 진여와 다른 것이 보살마하살이 아니고 이·비·설·신·의처의 진여와 다른 것이 보살마하살이 아니며, 안처의 진여 가운데에 보살마하살이 있지 않고 이·비·설·신·의처의 진여 가운데에 보살마하살이 있지 않으며, 보살마하살의 가운데에 안처의 진여가 있지 않고 보살마하살의 가운데에 이·비·설·신·의처의 진여가 있지 않으며, 안처의 진여를 벗어나서 보살마하살이 있지 않고 이·비·설· 신·의처의 진여를 벗어나서 보살마하살이 있지 않다.'라고 말하는가?"

구수 선현이 아뢰어 말하였다.

"세존이시여. 만약 안처이거나, 만약 이·비·설·신·의처이더라도 오히려 결국 얻을 수 없습니다. 자성이 있지 않은 까닭인데, 하물며 보살마하살이 있겠습니까? 이것은 이미 있지 않은데, 어찌 곧 '안처의 진여가 보살마하살이고, 이·비·설·신·의처의 진여가 보살마하살이며, 안처의 진여와 다른 것이 보살마하살이고 이·비·설·신·의처의 진여와 다른 것이 보살마하살이며, 안처의 진여 가운데에 보살마하살이 있고 이·비·설·신·의처의 가운데에 보살마하살이 있으며, 보살마하살의 진여 가운데에 안처가 있고 보살마하살의 진여 가운데에 이·비·설·신·의처가 있으며, 안처의 진여를 벗어나서 보살마하살이 있고 이·비·설·신·의처의 진여를 벗어나서 보살마하살이 있다.'라고 말할 수 있겠습니까?"

"다시 다음으로 선현이여. 그대는 무슨 뜻으로 관찰하여 '색처(色處)의 진여가 보살마하살이 아니고 성(聲)·향(香)·미(味)·촉(觸)·법처(法處)의 진여가 보살마하살이 아니며, 안처의 진여와 다른 것이 보살마하살이 아니고 성·향·미·촉·법처의 진여와 다른 것이 보살마하살이 아니며, 색처의 진여 가운데에 보살마하살이 있지 않고 성·향·미·촉·법처의 진여 가운데에 보살마하살이 있지 않으며, 보살마하살의 가운데에 색처의 진여가 있지 않고 보살마하살의 가운데에 성·향·미·촉·법처의 진여가 있지 않으며, 색처의 진여를 벗어나서 보살마하살이 있지 않고 성·향·미· 촉·법처의 진여를 벗어나서 보살마하살이 있지 않다.'라고 말하는가?"

구수 선현이 아뢰어 말하였다.

　"세존이시여. 만약 색처이거나, 만약 성·향·미·촉·법처이더라도 오히려 결국 얻을 수 없습니다. 자성이 있지 않은 까닭인데, 하물며 보살마하살이 있겠습니까? 이것은 이미 있지 않은데, 어찌 곧 '색처의 진여가 보살마하살이고, 성·향·미·촉·법처의 진여가 보살마하살이며, 색처의 진여와 다른 것이 보살마하살이고 성·향·미·촉·법처의 진여와 다른 것이 보살마하살이며, 색처의 진여 가운데에 보살마하살이 있고 성·향·미·촉·법처의 진여 가운데에 보살마하살이 있으며, 보살마하살의 가운데에 색처의 진여가 있고 보살마하살의 가운데에 성·향·미·촉·법처의 진여가 있으며, 색처의 진여를 벗어나서 보살마하살이 있고 성·향·미·촉·법처의 진여를 벗어나서 보살마하살이 있다.'라고 말할 수 있겠습니까?"

　"다시 다음으로 선현이여. 그대는 무슨 뜻으로 관찰하여 '안계(眼界)의 진여가 보살마하살이 아니고 이·비·설·신·의계(意界)의 진여가 보살마하살이 아니며, 안계의 진여와 다른 것이 보살마하살이 아니고 이·비·설·신·의계의 진여와 다른 것이 보살마하살이 아니며, 안계의 진여 가운데에 보살마하살이 있지 않고 이·비·설·신·의계의 진여 가운데에 보살마하살이 있지 않으며, 보살마하살의 가운데에 안계의 진여가 있지 않고 보살마하살의 가운데에 이·비·설·신·의계의 진여가 있지 않으며, 안계의 진여를 벗어나서 보살마하살이 있지 않고 이·비·설·신·의계의 진여를 벗어나서 보살마하살이 있지 않다.'라고 말하는가?"

　구수 선현이 아뢰어 말하였다.

　"세존이시여. 만약 안계이거나, 만약 이·비·설·신·의계이더라도 오히려 결국 얻을 수 없습니다. 자성이 있지 않은 까닭인데, 하물며 보살마하살이 있겠습니까? 이것은 이미 있지 않은데, 어찌 곧 '안계의 진여가 보살마하살이고, 이·비·설·신·의계의 진여가 보살마하살이며, 안계의 진여와 다른 것이 보살마하살이고 이·비·설·신·의계의 진여와 다른 것이 보살마하살이며, 안계의 진여 가운데에 보살마하살이 있고 이·비·설·신·의계의 진여 가운데에 보살마하살이 있으며, 보살마하살의 가운데에 안계의 진여가 있고 보살마하살의 가운데에 이·비·설·신·의계의 진여가 있으며,

안계의 진여를 벗어나서 보살마하살이 있고 이·비·설·신·의계를 벗어나
서 보살마하살이 있다.'라고 말할 수 있겠습니까?"

"다시 다음으로 선현이여. 그대는 무슨 뜻으로 관찰하여 '색계(色界)의
진여가 보살마하살이 아니고 성·향·미·촉·법계(法界)의 진여가 보살마하
살이 아니며, 색계의 진여와 다른 것이 보살마하살이 아니고 성·향·미·촉·
법계의 진여와 다른 것이 보살마하살이 아니며, 색계의 진여 가운데에
보살마하살이 있지 않고 성·향·미·촉·법계의 진여 가운데에 보살마하살
이 있지 않으며, 보살마하살의 가운데에 색계의 진여가 있지 않고 보살마
하살의 가운데에 성·향·미·촉·법계의 진여가 있지 않으며, 색계의 진여를
벗어나서 보살마하살이 있지 않고 성·향·미·촉·법계의 진여를 벗어나서
보살마하살이 있지 않다.'라고 말하는가?"

구수 선현이 아뢰어 말하였다.

"세존이시여. 만약 색계이거나, 만약 성·향·미·촉·법계이더라도 오히
려 결국 얻을 수 없습니다. 자성이 있지 않은 까닭인데, 하물며 보살마하살
이 있겠습니까? 이것은 이미 있지 않은데, 어찌 곧 '색계의 진여가 보살마
하살이고, 성·향·미·촉·법계의 진여가 보살마하살이며, 색계의 진여와
다른 것이 보살마하살이고 성·향·미·촉·법계의 진여와 다른 것이 보살마
하살이며, 색계의 진여 가운데에 보살마하살이 있고 성·향·미·촉·법계의
진여 가운데에 보살마하살이 있으며, 보살마하살의 가운데에 색계의
진여가 있고 보살마하살의 가운데에 성·향·미·촉·법계의 진여가 있으며,
색계의 진여를 벗어나서 보살마하살이 있고 성·향·미·촉·법계의 진여를
벗어나서 보살마하살이 있다.'라고 말할 수 있겠습니까?"

"다시 다음으로 선현이여. 그대는 무슨 뜻으로 관찰하여 '안식계(眼識
界)의 진여가 보살마하살이 아니고 이·비·설·신·의식계(意識界)의 진여
가 보살마하살이 아니며, 안식계의 진여와 다른 것이 보살마하살이 아니
고 이·비·설·신·의식계의 진여와 다른 것이 보살마하살이 아니며, 안식계
의 진여 가운데에 보살마하살이 있지 않고 이·비·설·신·의식계의 진여
가운데에 보살마하살이 있지 않으며, 보살마하살의 가운데에 안식계의

진여가 있지 않고 보살마하살의 가운데에 이·비·설·신·의식계의 진여가 있지 않으며, 안식계의 진여를 벗어나서 보살마하살이 있지 않고 이·비·설·신·의식계의 진여를 벗어나서 보살마하살이 있지 않다.'라고 말하는가?"

구수 선현이 아뢰어 말하였다.

"세존이시여. 만약 안식계이거나, 만약 이·비·설·신·의식계이더라도 오히려 결국 얻을 수 없습니다. 자성이 있지 않은 까닭인데, 하물며 보살마하살이 있겠습니까? 이것은 이미 있지 않은데, 어찌 곧 '안식계의 진여가 보살마하살이고, 이·비·설·신·의식계의 진여가 보살마하살이며, 안식계의 진여와 다른 것이 보살마하살이고 이·비·설·신·의식계의 진여와 다른 것이 보살마하살이며, 안식계의 진여 가운데에 보살마하살이 있고 이·비·설·신·의계의 진여 가운데에 보살마하살이 있으며, 보살마하살의 가운데에 안식계의 진여가 있고 보살마하살의 가운데에 이·비·설·신·의식계의 진여가 있으며, 안식계의 진여를 벗어나서 보살마하살이 있고 이·비·설·신·의계의 진여를 벗어나서 보살마하살이 있다.'라고 말할 수 있겠습니까?"

"다시 다음으로 선현이여. 그대는 무슨 뜻으로 관찰하여 '안촉(眼觸)의 진여가 보살마하살이 아니고 이·비·설·신·의촉(意觸)의 진여가 보살마하살이 아니며, 안촉의 진여와 다른 것이 보살마하살이 아니고 이·비·설·신·의촉의 진여와 다른 것이 보살마하살이 아니며, 안촉의 진여 가운데에 보살마하살이 있지 않고 이·비·설·신·의촉의 진여 가운데에 보살마하살이 있지 않으며, 보살마하살의 가운데에 안촉의 진여가 있지 않고 보살마하살의 가운데에 이·비·설·신·의촉의 진여가 있지 않으며, 안촉의 진여를 벗어나서 보살마하살이 있지 않고 이·비·설·신·의촉의 진여를 벗어나서 보살마하살이 있지 않다.'라고 말하는가?"

구수 선현이 아뢰어 말하였다.

"세존이시여. 만약 안촉이거나, 만약 이·비·설·신·의촉이더라도 오히려 결국 얻을 수 없습니다. 자성이 있지 않은 까닭인데, 하물며 보살마하살이 있겠습니까? 이것은 이미 있지 않은데, 어찌 곧 '안촉의 진여가 보살마하살이고, 이·비·설·신·의촉의 진여가 보살마하살이며, 안촉의 진여와 다른 것이 보살마하살이고 이·비·설·신·의촉의 진여와 다른 것이 보살마하살이며, 안촉의 진여 가운데에 보살마하살이 있고 이·비·설·신·의촉의 진여 가운데에 보살마하살이 있으며, 보살마하살의 가운데에 안촉의 진여가 있고 보살마하살의 가운데에 이·비·설·신·의촉의 진여가 있으며, 안촉의 진여를 벗어나서 보살마하살이 있고 이·비·설·신·의촉의 진여를 벗어나서 보살마하살이 있다.'라고 말할 수 있겠습니까?"

"다시 다음으로 선현이여. 그대는 무슨 뜻으로 관찰하여 '안촉을 인연으로 생겨나는 수(受)의 진여가 보살마하살이 아니고 이·비·설·신·의촉(意觸)을 인연으로 생겨나는 수의 진여가 보살마하살이 아니며, 안촉을 인연으로 생겨나는 수의 진여와 다른 것이 보살마하살이 아니고 이·비·설·신·의촉을 인연으로 생겨나는 수의 진여와 다른 것이 보살마하살이 아니며, 안촉을 인연으로 생겨나는 수의 진여 가운데에 보살마하살이 있지 않고 이·비·설·신·의촉을 인연으로 생겨나는 수의 진여 가운데에 보살마하살이 있지 않으며, 보살마하살의 가운데에 안촉을 인연으로 생겨나는 수의 진여가 있지 않고 보살마하살의 가운데에 이·비·설·신·의촉을 인연으로 생겨나는 수의 진여가 있지 않으며, 안촉을 인연으로 생겨나는 수의 진여를 벗어나서 보살마하살이 있지 않고 이·비·설·신·의촉을 인연으로 생겨나는 수의 진여를 벗어나서 보살마하살이 있지 않다.'라고 말하는가?"

구수 선현이 아뢰어 말하였다.

"세존이시여. 만약 안촉을 인연으로 생겨나는 수이거나, 만약 이·비·설·신·의촉을 인연으로 생겨나는 수이더라도 오히려 결국 얻을 수 없습니다. 자성이 있지 않은 까닭인데, 하물며 보살마하살이 있겠습니까? 이것은 이미 있지 않은데, 어찌 곧 '안촉을 인연으로 생겨나는 수의 진여가 보살마하살이고, 이·비·설·신·의촉을 인연으로 생겨나는 수의 진여가 보살마하살이며, 안촉을 인연으로 생겨나는 수의 진여와 다른 것이 보살마하살이고 이·비·설·신·의촉을 인연으로 생겨나는 수의 진여와 다른 것이 보살마하살이며, 안촉을 인연으로 생겨나는 수의 진여 가운데에 보살마하살이

있고 이·비·설·신·의촉을 인연으로 생겨나는 수의 진여 가운데에 보살마
하살이 있으며, 보살마하살의 가운데에 안촉을 인연으로 생겨나는 수의
진여가 있고 보살마하살의 가운데에 이·비·설·신·의촉을 인연으로 생겨
나는 수의 진여가 있으며, 안촉을 인연으로 생겨나는 수의 진여를 벗어나
서 보살마하살이 있고 이·비·설·신·의촉을 인연으로 생겨나는 수의 진여
를 벗어나서 보살마하살이 있다.'라고 말할 수 있겠습니까?"

"다시 다음으로 선현이여. 그대는 무슨 뜻으로 관찰하여 '지계(地界)의
진여가 보살마하살이 아니고 수(水)·화(火)·풍(風)·공(空)·식계(識界)의
진여가 보살마하살이 아니며, 지계의 진여와 다른 것이 보살마하살이
아니고 수·화·풍·공·식계의 진여와 다른 것이 보살마하살이 아니며,
지계의 진여 가운데에 보살마하살이 있지 않고 수·화·풍·공·식계의 진여
가운데에 보살마하살이 있지 않으며, 보살마하살의 가운데에 지계의
진여가 있지 않고 보살마하살의 가운데에 수·화·풍·공·식계의 진여가
있지 않으며, 지계의 진여를 벗어나서 보살마하살이 있지 않고 수·화·풍·
공·식계의 진여를 벗어나서 보살마하살이 있지 않다.'라고 말하는가?"

구수 선현이 아뢰어 말하였다.

"세존이시여. 만약 지계이거나, 만약 수·화·풍·공·식계이더라도 오히
려 결국 얻을 수 없습니다. 자성이 있지 않은 까닭인데, 하물며 보살마하살
이 있겠습니까? 이것은 이미 있지 않은데, 어찌 곧 '지계의 진여가 보살마
하살이고, 수·화·풍·공·식계의 진여가 보살마하살이며, 지계의 진여와
다른 것이 보살마하살이고 수·화·풍·공·식계의 진여와 다른 것이 보살마
하살이며, 지계의 진여 가운데에 보살마하살이 있고 수·화·풍·공·식계의
진여 가운데에 보살마하살이 있으며, 보살마하살의 가운데에 지계의
진여가 있고 보살마하살의 가운데에 수·화·풍·공·식계의 진여가 있으며,
지계의 진여를 벗어나서 보살마하살이 있고 수·화·풍·공·식계의 진여를
벗어나서 보살마하살이 있다.'라고 말할 수 있겠습니까?"

"다시 다음으로 선현이여. 그대는 무슨 뜻으로 관찰하여 '인연의 진여가
보살마하살이 아니고 등무간연·소연연·증상연의 진여사 보살마하살이

아니며, 인연의 진여와 다른 것이 보살마하살이 아니고 등무간연·소연연·증상연의 진여와 다른 것이 보살마하살이 아니며, 인연의 진여 가운데에 보살마하살이 있지 않고 등무간연·소연연·증상연의 진여 가운데에 보살마하살이 있지 않으며, 보살마하살의 가운데에 인연의 진여가 있지 않고 보살마하살의 가운데에 등무간연·소연연·증상연의 진여가 있지 않으며, 인연의 진여를 벗어나서 보살마하살이 있지 않고 등무간연·소연연·증상연의 진여를 벗어나서 보살마하살이 있지 않다.'라고 말하는가?"

구수 선현이 아뢰어 말하였다.

"세존이시여. 만약 인연이거나, 만약 등무간연·소연연·증상연이더라도 오히려 결국 얻을 수 없습니다. 자성이 있지 않은 까닭인데, 하물며 보살마하살이 있겠습니까? 이것은 이미 있지 않은데, 어찌 곧 '인연의 진여가 보살마하살이고, 등무간연·소연연·증상연의 진여가 보살마하살이며, 인연의 진여와 다른 것이 보살마하살이고 등무간연·소연연·증상연의 진여와 다른 것이 보살마하살이며, 인연의 진여 가운데에 보살마하살이 있고 등무간연·소연연·증상연의 진여 가운데에 보살마하살이 있으며, 보살마하살의 가운데에 인연의 진여가 있고 보살마하살의 가운데에 등무간연·소연연·증상연의 진여가 있으며, 인연의 진여를 벗어나서 보살마하살이 있고 등무간연·소연연·증상연의 진여를 벗어나서 보살마하살이 있다.'라고 말할 수 있겠습니까?"

"다시 다음으로 선현이여. 그대는 무슨 뜻으로 관찰하여 '연(緣)에서 생겨나는 법의 진여가 보살마하살이 아니고, 연에서 생겨나는 법의 진여와 다른 것이 보살마하살이 아니며, 연에서 생겨나는 법의 진여 가운데에 보살마하살이 있지 않고, 보살마하살의 가운데에 연에서 생겨나는 법의 진여가 있지 않으며, 연에서 생겨나는 법의 진여를 벗어나서 보살마하살이 있지 않다.'라고 말하는가?"

구수 선현이 아뢰어 말하였다.

"세존이시여. 만약 연에서 생겨나는 법이더라도 오히려 결국 얻을 수 없나니 자성이 있지 않은 까닭인데, 하물며 보살마하살이 있겠습니까?

이것은 이미 있지 않은데, 어찌 곧 '연에서 생겨나는 법의 진여가 보살마하살이고, 연에서 생겨나는 법의 진여와 다른 것이 보살마하살이며, 연에서 생겨나는 법의 진여 가운데에 보살마하살이 있고, 보살마하살의 가운데에 연에서 생겨나는 법의 진여가 있으며, 인연에서 생겨나는 법의 진여를 벗어나서 보살마하살이 있다.'라고 말할 수 있겠습니까?"

"다시 다음으로 선현이여. 그대는 무슨 뜻으로 관찰하여 '무명(無明)의 진여가 보살마하살이 아니고 행(行)·식(識)·명색(名色)·육처(六處)·촉(觸)·수(受)·애(愛)·취(取)·유(有)·생(生)·노사(老死)의 진여가 보살마하살이 아니며, 무명의 진여와 다른 것이 보살마하살이 아니고 행, 나아가 노사의 진여와 다른 것이 보살마하살이 아니며, 무명의 진여 가운데에 보살마하살이 있지 않고 행, 나아가 노사의 진여 가운데에 보살마하살이 있지 않으며, 보살마하살의 가운데에 무명의 진여가 있지 않고 보살마하살의 가운데에 행, 나아가 노사의 진여가 있지 않으며, 무명의 진여를 벗어나서 보살마하살이 있지 않고 행, 나아가 노사의 진여를 벗어나서 보살마하살이 있지 않다.'라고 말하는가?"

구수 선현이 아뢰어 말하였다.

"세존이시여. 만약 무명이거나, 만약 행, 나아가 노사이더라도 오히려 결국 얻을 수 없습니다. 자성이 있지 않은 까닭인데, 하물며 보살마하살이 있겠습니까? 이것은 이미 있지 않은데, 어찌 곧 '무명의 진여가 보살마하살이고, 행, 나아가 노사의 진여가 보살마하살이며, 무명의 진여와 다른 것이 보살마하살이고 행, 나아가 노사의 진여와 다른 것이 보살마하살이며, 무명의 진여 가운데에 보살마하살이 있고 행, 나아가 노사의 진여 가운데에 보살마하살이 있으며, 보살마하살의 가운데에 무명의 진여가 있고 보살마하살의 가운데에 행, 나아가 노사의 진여가 있으며, 무명의 진여를 벗어나서 보살마하살이 있고 행, 나아가 노사의 진여를 벗어나서 보살마하살이 있다.'라고 말할 수 있겠습니까?"

"다시 다음으로 선현이여. 그대는 무슨 뜻으로 관찰하여 '보시바라밀다의 진여가 보살마하살이 아니고 정계·안인·정진·정려·반야바라밀다의

진여가 보살마하살이 아니며, 보시바라밀다의 진여와 다른 것이 보살마하
살이 아니고 정계·안인·정진·정려·반야바라밀다의 진여와 다른 것이
보살마하살이 아니며, 보시바라밀다의 진여 가운데에 보살마하살이 있지
않고 정계·안인·정진·정려·반야바라밀다의 진여 가운데에 보살마하살
이 있지 않으며, 보살마하살의 가운데에 보시바라밀다의 진여가 있지
않고 보살마하살의 가운데에 정계·안인·정진·정려·반야바라밀다의 진
여가 있지 않으며, 보시바라밀다의 진여를 벗어나서 보살마하살이 있지
않고 정계·안인·정진·정려·반야바라밀다의 진여를 벗어나서 보살마하
살이 있지 않다.'라고 말하는가?"

구수 선현이 아뢰어 말하였다.

"세존이시여. 만약 보시바라밀다이거나, 만약 정계·안인·정진·정려·
반야바라밀다이더라도 오히려 결국 얻을 수 없습니다. 자성이 있지 않은
까닭인데, 하물며 보살마하살이 있겠습니까? 이것은 이미 있지 않은데,
어찌 곧 '보시바라밀다의 진여가 보살마하살이고, 정계·안인·정진·정려·
반야바라밀다의 진여가 보살마하살이며, 보시바라밀다의 진여와 다른
것이 보살마하살이고 정계·안인·정진·정려·반야바라밀다의 진여와 다
른 것이 보살마하살이며, 보시바라밀다의 진여 가운데에 보살마하살이
있고 정계·안인·정진·정려·반야바라밀다의 진여 가운데에 보살마하살
이 있으며, 보살마하살의 가운데에 보시바라밀다의 진여가 있고 보살마하
살의 가운데에 정계·안인·정진·정려·반야바라밀다의 진여가 있으며,
보시바라밀다의 진여를 벗어나서 보살마하살이 있고 정계·안인·정진·정
려·반야바라밀다의 진여를 벗어나서 보살마하살이 있다.'라고 말할 수
있겠습니까?"

"다시 다음으로 선현이여. 그대는 무슨 뜻으로 관찰하여 '내공의 진여는
보살마하살이 아니고 외공·내외공·공공·대공·승의공·유위공·무위공·
필경공·무제공·산공·무변이공·본성공·자상공·공상공·일체법공·불가
득공·무성공·자성공·무성자성공의 진여는 보살마하살이 아니며, 내공
의 진여와 다른 것이 보살마하살이 아니고 외공, 나아가 무성자성공의

진여와 다른 것이 보살마하살이 아니며, 내공의 진여 가운데에 보살마하살이 있지 않고 외공, 나아가 무성자성공의 진여 가운데에 보살마하살이 있지 않으며, 보살마하살의 가운데에 내공의 진여가 있지 않고 보살마하살의 가운데에 외공, 나아가 무성자성공의 진여가 있지 않으며, 내공의 진여를 벗어나서 보살마하살이 있지 않고 외공, 나아가 무성자성공의 진여를 벗어나서 보살마하살이 있지 않다.'라고 말하는가?"

구수 선현이 아뢰어 말하였다.

"세존이시여. 만약 내공이거나, 만약 외공, 나아가 무성자성공이더라도 오히려 결국 얻을 수 없습니다. 자성이 있지 않은 까닭인데, 하물며 보살마하살이 있겠습니까? 이것은 이미 있지 않은데, 어찌 곧 '내공의 진여가 보살마하살이고 외공, 나아가 무성자성공의 진여가 보살마하살이며, 내공의 진여와 다른 것이 보살마하살이고 외공, 나아가 무성자성공의 진여와 다른 것이 보살마하살이며, 내공의 진여 가운데에 보살마하살이 있고 외공, 나아가 무성자성공의 진여 가운데에 보살마하살이 있으며, 보살마하살의 가운데에 내공의 진여가 있고 보살마하살의 가운데에 외공, 나아가 무성자성공의 진여가 있으며, 내공의 진여를 벗어나서 보살마하살이 있고 외공, 나아가 무성자성공의 진여를 벗어나서 보살마하살이 있다.' 라고 말할 수 있겠습니까?"

"다시 다음으로 선현이여. 그대는 무슨 뜻으로 관찰하여 '4념주의 진여는 보살마하살이 아니고 4정단·4신족·5근·5력·7등각지·8성도지의 진여는 보살마하살이 아니며, 4념주의 진여와 다른 것이 보살마하살이 아니고 4정단, 나아가 8성도지의 진여와 다른 것이 보살마하살이 아니며, 4념주의 진여 가운데에 보살마하살이 있지 않고 4정단, 나아가 8성도지의 진여 가운데에 보살마하살이 있지 않으며, 보살마하살의 가운데에 4념주의 진여가 있지 않고 보살마하살의 가운데에 4정단, 나아가 8성도지의 진여가 있지 않으며, 4념주의 진여를 벗어나서 보살마하살이 있지 않고 4정단, 나아가 8성도지의 진여를 벗어나서 보살마하살이 있지 않다.'라고 말하는가?"

구수 선현이 아뢰어 말하였다.

"세존이시여. 만약 4념주이거나, 만약 4정단, 나아가 8성도지이더라도 오히려 결국 얻을 수 없습니다. 자성이 있지 않은 까닭인데, 하물며 보살마하살이 있겠습니까? 이것은 이미 있지 않은데, 어찌 곧 '4념주의 진여가 보살마하살이고, 4정단, 나아가 8성도지의 진여가 보살마하살이며, 4념주의 진여와 다른 것이 보살마하살이고 4정단, 나아가 8성도지의 진여와 다른 것이 보살마하살이며, 4념주의 진여 가운데에 보살마하살이 있고 4정단, 나아가 8성도지의 진여 가운데에 보살마하살이 있으며, 보살마하살의 가운데에 4념주의 진여가 있고 보살마하살의 가운데에 4정단, 나아가 8성도지의 진여가 있으며, 4념주의 진여를 벗어나서 보살마하살이 있고 4정단, 나아가 8성도지의 진여를 벗어나서 보살마하살이 있다.'라고 말할 수 있겠습니까?"

"다시 다음으로 선현이여. 그대는 무슨 뜻으로 관찰하여 '고성제의 진여는 보살마하살이 아니고 집·멸·도성제의 진여는 보살마하살이 아니며, 고성제의 진여와 다른 것이 보살마하살이 아니고 집·멸·도성제의 진여와 다른 것이 보살마하살이 아니며, 고성제의 진여 가운데에 보살마하살이 있지 않고 집·멸·도성제의 진여 가운데에 보살마하살이 있지 않으며, 보살마하살의 가운데에 고성제의 진여가 있지 않고 보살마하살의 가운데에 집·멸·도성제의 진여가 있지 않으며, 고성제의 진여를 벗어나서 보살마하살이 있지 않고 집·멸·도성제의 진여를 벗어나서 보살마하살이 있지 않다.'라고 말하는가?"

구수 선현이 아뢰어 말하였다.

"세존이시여. 만약, 고성제이거나, 만약 집·멸·도성제이더라도 오히려 결국 얻을 수 없습니다. 자성이 있지 않은 까닭인데, 하물며 보살마하살이 있겠습니까? 이것은 이미 있지 않은데, 어찌 곧 '고성제의 진여가 보살마하살이고, 집·멸·도성제의 진여가 보살마하살이며, 고성제의 진여와 다른 것이 보살마하살이고 집·멸·도성제의 진여와 다른 것이 보살마하살이며, 고성제의 진여 가운데에 보살마하살이 있고 집·멸·도성제의 진여 가운데에 보살마하살이 있으며, 보살마하살의 가운데에 고성제의 진여가 있고 보살마하살의 가운데에 집·멸·도성제의 진여가 있으며, 고성제의 진여를 벗어나서 보살마하살이 있고 집·멸·도성제의 진여를 벗어나서 보살마하살이 있다.'라고 말할 수 있겠습니까?"

"다시 다음으로 선현이여. 그대는 무슨 뜻으로 관찰하여 '4정려의 진여는 보살마하살이 아니고 4무량·4무색정의 진여는 보살마하살이 아니며, 4정려의 진여와 다른 것이 보살마하살이 아니고 4무량·4무색정의 진여와 다른 것이 보살마하살이 아니며, 4정려의 진여 가운데에 보살마하살이 있지 않고 4무량·4무색정의 진여 가운데에 보살마하살이 있지 않으며, 보살마하살의 가운데에 4정려의 진여가 있지 않고 보살마하살의 가운데에 4무량·4무색정의 진여가 있지 않으며, 4정려의 진여를 벗어나서 보살마하살이 있지 않고 4무량·4무색정의 진여를 벗어나서 보살마하살이 있지 않다.'라고 말하는가?"

구수 선현이 아뢰어 말하였다.

"세존이시여. 만약 4정려이거나, 만약 4무량·4무색정이더라도 오히려 결국 얻을 수 없습니다. 자성이 있지 않은 까닭인데, 하물며 보살마하살이 있겠습니까? 이것은 이미 있지 않은데, 어찌 곧 '4정려의 진여가 보살마하살이고, 4무량·4무색정의 진여가 보살마하살이며, 4정려의 진여와 다른 것이 보살마하살이고 4무량·4무색정의 진여와 다른 것이 보살마하살이며, 4정려의 진여 가운데에 보살마하살이 있고 4무량·4무색정의 진여 가운데에 보살마하살이 있으며, 보살마하살의 가운데에 4정려의 진여가 있고 보살마하살의 가운데에 4무량·4무색정의 진여가 있으며, 4정려의 진여를 벗어나서 보살마하살이 있고 4무량·4무색정의 진여를 벗어나서 보살마하살이 있다.'라고 말할 수 있겠습니까?"

"다시 다음으로 선현이여. 그대는 무슨 뜻으로 관찰하여 '8해탈의 진여는 보살마하살이 아니고 8승처·9차제정·10변처의 진여는 보살마하살이 아니며, 8해탈의 진여와 다른 것이 보살마하살이 아니고 8승처·9차제정·10변처의 진여와 다른 것이 보살마하살이 아니며, 8해탈의 진여 가운데에 보살마하살이 있지 않고 8승처·9차제정·10변처의 진여 가운데에 보살마하살이 있지 않으며, 보살마하살의 가운데에 8해탈의 진여가 있지 않고 보살마하살의 가운데에 8승처·9차제정·10변처의 진여가 있지 않으며, 8해탈의 진여를 벗어나서 보살마하살이 있지 않고 8승처·9차제정·10변처의 진여를 벗어나서 보살마하살이 있지 않다.'라고 말하는가?"

구수 선현이 아뢰어 말하였다.

"세존이시여. 만약 8해탈이거나, 만약 8승처·9차제정·10변처이더라도 오히려 결국 얻을 수 없습니다. 자성이 있지 않은 까닭인데, 하물며 보살마하살이 있겠습니까? 이것은 이미 있지 않은데, 어찌 곧 '8해탈의 진여가 보살마하살이고, 8승처·9차제정·10변처의 진여가 보살마하살이며, 8해탈의 진여와 다른 것이 보살마하살이고 8승처·9차제정·10변처의 진여와 다른 것이 보살마하살이며, 8해탈의 진여 가운데에 보살마하살이 있고 8승처·9차제정·10변처의 진여 가운데에 보살마하살이 있으며, 보살마하살의 가운데에 8해탈의 진여가 있고 보살마하살의 가운데에 8승처·9차제정·10변처의 진여가 있으며, 8해탈의 진여를 벗어나서 보살마하살이 있고 8승처·9차제정·10변처의 진여를 벗어나서 보살마하살이 있다.'라고 말할 수 있겠습니까?"

"다시 다음으로 선현이여. 그대는 무슨 뜻으로 관찰하여 '공해탈문의 진여는 보살마하살이 아니고 무상·무원해탈문의 진여는 보살마하살이 아니며, 공해탈문의 진여와 다른 것이 보살마하살이 아니고 무상·무원해탈문의 진여와 다른 것이 보살마하살이 아니며, 공해탈문의 진여 가운데에 보살마하살이 있지 않고 무상·무원해탈문의 진여 가운데에 보살마하살이 있지 않으며, 보살마하살의 가운데에 공해탈문의 진여가 있지 않고 보살마하살의 가운데에 무상·무원해탈문의 진여가 있지 않으며, 공해탈문의 진여를 벗어나서 보살마하살이 있지 않고 무상·무원해탈문의 진여를 벗어나서 보살마하살이 있지 않다.'라고 말하는가?"

구수 선현이 아뢰어 말하였다.

"세존이시여. 만약 공해탈문이거나, 만약 무상·무원해탈문이더라도 오히려 결국 얻을 수 없습니다. 자성이 있지 않은 까닭인데, 하물며 보살마하살이 있겠습니까? 이것은 이미 있지 않은데, 어찌 곧 '공해탈문의 진여가 보살마하살이고, 무상·무원해탈문의 진여가 보살마하살이며, 공해탈문의 진여와 다른 것이 보살마하살이고 무상·무원해탈문의 진여와 다른 것이 보살마하살이며, 공해탈문의 진여 가운데에 보살마하살이 있고 무상·무원해탈문의 진여 가운데에 보살마하살이 있으며, 보살마하살의 가운데에 공해탈문의 진여가 있고 보살마하살의 가운데에 무상·무원해탈문의 진여가 있으며, 공해탈문의 진여를 벗어나서 보살마하살이 있고 무상·무원해탈문의 진여를 벗어나서 보살마하살이 있다.'라고 말할 수 있겠습니까?"

"다시 다음으로 선현이여. 그대는 무슨 뜻으로 관찰하여 '다라니문의 진여는 보살마하살이 아니고 삼마지문의 진여는 보살마하살이 아니며, 다라니문의 진여와 다른 것이 보살마하살이 아니고 삼마지문의 진여와 다른 것이 보살마하살이 아니며, 다라니문의 진여 가운데에 보살마하살이 있지 않고 삼마지문의 진여 가운데에 보살마하살이 있지 않으며, 보살마하살의 가운데에 다라니문의 진여가 있지 않고 보살마하살의 가운데에 삼마지문의 진여가 있지 않으며, 다라니문의 진여를 벗어나서 보살마하살이 있지 않고 삼마지문의 진여를 벗어나서 보살마하살이 있지 않다.'라고 말하는가?"

구수 선현이 아뢰어 말하였다.

"세존이시여. 만약 다라니문이거나, 만약 삼마지문이더라도 오히려 결국 얻을 수 없습니다. 자성이 있지 않은 까닭인데, 하물며 보살마하살이 있겠습니까? 이것은 이미 있지 않은데, 어찌 곧 '다라니문의 진여가 보살마하살이고, 삼마지문의 진여가 보살마하살이며, 다라니문의 진여와 다른 것이 보살마하살이고 삼마지문의 진여와 다른 것이 보살마하살이며, 다라니문의 진여 가운데에 보살마하살이 있고 삼마지문의 진여 가운데에 보살마하살이 있으며, 보살마하살의 가운데에 다라니문의 진여가 있고 보살마하살의 가운데에 삼마지문의 진여가 있으며, 다라니문의 진여를

벗어나서 보살마하살이 있고 삼마지문의 진여를 벗어나서 보살마하살이
있다.'라고 말할 수 있겠습니까?"

마하반야바라밀다경 제17권

7. 교계교수품(敎誡敎授品)(7)

"다시 다음으로 선현이여. 그대는 무슨 뜻으로 관찰하여 '극희지의 진여는 보살마하살이 아니고 이구지·발광지·염혜지·극난승지·현전지· 원행지·부동지·선혜지·법운지의 진여는 보살마하살이 아니며, 극희지의 진여와 다른 것이 보살마하살이 아니고 이구지, 나아가 법운지의 진여와 다른 것이 보살마하살이 아니며, 극희지의 진여 가운데에 보살마하살이 있지 않고 이구지, 나아가 법운지의 진여 가운데에 보살마하살이 있지 않으며, 보살마하살의 가운데에 극희지의 진여가 있지 않고 보살마하살의 가운데에 이구지, 나아가 법운지의 진여가 있지 않으며, 극희지의 진여를 벗어나서 보살마하살이 있지 않고 이구지, 나아가 법운지의 진여를 벗어나서 보살마하살이 있지 않다.'라고 말하는가?"

구수 선현이 아뢰어 말하였다.

"세존이시여. 만약 극희지이거나, 만약 이구지, 나아가 법운지이더라도 오히려 결국 얻을 수 없습니다. 자성이 있지 않은 까닭인데, 하물며 보살마하살이 있겠습니까? 이것은 이미 있지 않은데, 어찌 곧 '극희지의 진여가 보살마하살이고, 이구지, 나아가 법운지의 진여가 보살마하살이며, 극희지의 진여와 다른 것이 보살마하살이고 이구지, 나아가 법운지의 진여와 다른 것이 보살마하살이며, 극희지의 진여 가운데에 보살마하살이 있고 이구지, 나아가 법운지의 진여 가운데에 보살마하살이 있으며, 보살마하살의 가운데에 극희지의 진여가 있고 보살마하살의 가운데에 이구지,

나아가 법운지의 진여가 있으며, 극희지의 진여를 벗어나서 보살마하살이 있고 이구지, 나아가 법운지의 진여를 벗어나서 보살마하살이 있다.'라고 말할 수 있겠습니까?"

"다시 다음으로 선현이여. 그대는 무슨 뜻으로 관찰하여 '5안의 진여는 보살마하살이 아니고 6신통의 진여는 보살마하살이 아니며, 5안의 진여와 다른 것이 보살마하살이 아니고 6신통의 진여와 다른 것이 보살마하살이 아니며, 5안의 진여 가운데에 보살마하살이 있지 않고 6신통의 진여 가운데에 보살마하살이 있지 않으며, 보살마하살의 가운데에 5안의 진여가 있지 않고 보살마하살의 가운데에 6신통의 진여가 있지 않으며, 5안의 진여를 벗어나서 보살마하살이 있지 않고 6신통의 진여를 벗어나서 보살마하살이 있지 않다.'라고 말하는가?"

구수 선현이 아뢰어 말하였다.

"세존이시여. 만약 5안이거나, 만약 6신통이더라도 오히려 결국 얻을 수 없습니다. 자성이 있지 않은 까닭인데, 하물며 보살마하살이 있겠습니까? 이것은 이미 있지 않은데, 어찌 곧 '5안의 진여가 보살마하살이고, 6신통의 진여가 보살마하살이며, 5안의 진여와 다른 것이 보살마하살이고 6신통의 진여와 다른 것이 보살마하살이며, 5안의 진여 가운데에 보살마하살이 있고 6신통의 진여 가운데에 보살마하살이 있으며, 보살마하살의 가운데에 5안의 진여가 있고 보살마하살의 가운데에 6신통의 진여가 있으며, 5안의 진여를 벗어나서 보살마하살이 있고 6신통의 진여를 벗어나서 보살마하살이 있다.'라고 말할 수 있겠습니까?"

"다시 다음으로 선현이여. 그대는 무슨 뜻으로 관찰하여 '여래의 10력의 진여는 보살마하살이 아니고 4무소외·4무애해·18불불공법의 진여는 보살마하살이 아니며, 여래의 10력의 진여와 다른 것이 보살마하살이 아니고 4무소외·4무애해·18불불공법의 진여와 다른 것이 보살마하살이 아니며, 여래의 10력의 진여 가운데에 보살마하살이 있지 않고 4무소외·4무애해·18불불공법의 진여 가운데에 보살마하살이 있지 않으며, 보살마하살의 가운데에 여래의 10력의 진여가 있지 않고 보살마하살의 가운데에

4무소외·4무애해·18불불공법의 진여가 있지 않으며, 여래의 10력의 진여를 벗어나서 보살마하살이 있지 않고 4무소외·4무애해·18불불공법의 진여를 벗어나서 보살마하살이 있지 않다.'라고 말하는가?"

구수 선현이 아뢰어 말하였다.

"세존이시여. 만약 여래의 10력이거나, 만약 4무소외·4무애해·18불불공법이더라도 오히려 결국 얻을 수 없습니다. 자성이 있지 않은 까닭인데, 하물며 보살마하살이 있겠습니까? 이것은 이미 있지 않은데, 어찌 곧 '여래의 10력의 진여가 보살마하살이고, 4무소외·4무애해·18불불공법의 진여가 보살마하살이며, 여래의 10력의 진여와 다른 것이 보살마하살이고 4무소외·4무애해·18불불공법의 진여와 다른 것이 보살마하살이며, 여래의 10력의 진여 가운데에 보살마하살이 있고 4무소외·4무애해·18불불공법의 진여 가운데에 보살마하살이 있으며, 보살마하살의 가운데에 여래의 10력의 진여가 있고 보살마하살의 가운데에 4무소외·4무애해·18불불공법의 진여가 있으며, 여래의 10력의 진여를 벗어나서 보살마하살이 있고 4무소외·4무애해·18불불공법의 진여를 벗어나서 보살마하살이 있다.'라고 말할 수 있겠습니까?"

"다시 다음으로 선현이여. 그대는 무슨 뜻으로 관찰하여 '대자의 진여는 보살마하살이 아니고 대비·대희·대사의 진여는 보살마하살이 아니며, 대자의 진여와 다른 것이 보살마하살이 아니고 대비·대희·대사의 진여와 다른 것이 보살마하살이 아니며, 대자의 진여 가운데에 보살마하살이 있지 않고 대비·대희·대사의 진여 가운데에 보살마하살이 있지 않으며, 보살마하살의 가운데에 대자의 진여가 있지 않고 보살마하살의 가운데에 대비·대희·대사의 진여가 있지 않으며, 대자의 진여를 벗어나서 보살마하살이 있지 않고 대비·대희·대사의 진여를 벗어나서 보살마하살이 있지 않다.'라고 말하는가?"

구수 선현이 아뢰어 말하였다.

"세존이시여. 만약 대자이거나, 만약 대비·대희·대사이더라도 오히려 결국 얻을 수 없습니다. 자성이 있지 않은 까닭인데, 하물며 보살마하살이

있겠습니까? 이것은 이미 있지 않은데, 어찌 곧 '대자의 진여가 보살마하살
이고, 대비·대희·대사의 진여가 보살마하살이며, 대자의 진여와 다른
것이 보살마하살이고 대비·대희·대사의 진여와 다른 것이 보살마하살이
며, 대자의 진여 가운데에 보살마하살이 있고 대비·대희·대사의 진여
가운데에 보살마하살이 있으며, 보살마하살의 가운데에 대자의 진여가
있고 보살마하살의 가운데에 대비·대희·대사의 진여가 있으며, 대자의
진여를 벗어나서 보살마하살이 있고 대비·대희·대사의 진여를 벗어나서
보살마하살이 있다.'라고 말할 수 있겠습니까?"

"다시 다음으로 선현이여. 그대는 무슨 뜻으로 관찰하여 '32대사상의
진여는 보살마하살이 아니고 80수호의 진여는 보살마하살이 아니며,
32대사상의 진여와 다른 것이 보살마하살이 아니고 80수호의 진여와
다른 것이 보살마하살이 아니며, 32대사상의 진여 가운데에 보살마하살이
있지 않고 80수호의 진여 가운데에 보살마하살이 있지 않으며, 보살마하
살의 가운데에 32대사상의 진여가 있지 않고 보살마하살의 가운데에
80수호의 진여가 있지 않으며, 32대사상의 진여를 벗어나서 보살마하살이
있지 않고 80수호의 진여를 벗어나서 보살마하살이 있지 않다.'라고
말하는가?"

구수 선현이 아뢰어 말하였다.

"세존이시여. 만약 32대사상이거나, 만약 80수호이더라도 오히려 결국
얻을 수 없습니다. 자성이 있지 않은 까닭인데, 하물며 보살마하살이
있겠습니까? 이것은 이미 있지 않은데, 어찌 곧 '32대사상의 진여가
보살마하살이고, 80수호의 진여가 보살마하살이며, 32대사상의 진여와
다른 것이 보살마하살이고 80수호의 진여와 다른 것이 보살마하살이며,
32대사상의 진여 가운데에 보살마하살이 있고 80수호의 진여 가운데에
보살마하살이 있으며, 보살마하살의 가운데에 32대사상의 진여가 있고
보살마하살의 가운데에 80수호의 진여가 있으며, 32대사상의 진여를
벗어나서 보살마하살이 있고 80수호의 진여를 벗어나서 보살마하살이
있다.'라고 말할 수 있겠습니까?"

　"다시 다음으로 선현이여. 그대는 무슨 뜻으로 관찰하여 '무망실법의 진여는 보살마하살이 아니고 항주사성의 진여는 보살마하살이 아니며, 무망실법의 진여와 다른 것이 보살마하살이 아니고 항주사성의 진여와 다른 것이 보살마하살이 아니며, 무망실법의 진여 가운데에 보살마하살이 있지 않고 항주사성의 진여 가운데에 보살마하살이 있지 않으며, 보살마하살의 가운데에 무망실법의 진여가 있지 않고 보살마하살의 가운데에 항주사성의 진여가 있지 않으며, 무망실법의 진여를 벗어나서 보살마하살이 있지 않고 항주사성의 진여를 벗어나서 보살마하살이 있지 않다.'라고 말하는가?"

　구수 선현이 아뢰어 말하였다.

　"세존이시여. 만약 무망실법이거나, 만약 항주사성이더라도 오히려 결국 얻을 수 없습니다. 자성이 있지 않은 까닭인데, 하물며 보살마하살이 있겠습니까? 이것은 이미 있지 않은데, 어찌 곧 '무망실법의 진여가 보살마하살이고, 항주사성의 진여가 보살마하살이며, 무망실법의 진여와 다른 것이 보살마하살이고 항주사성의 진여와 다른 것이 보살마하살이며, 무망실법의 진여 가운데에 보살마하살이 있고 항주사성의 진여 가운데에 보살마하살이 있으며, 보살마하살의 가운데에 무망실법의 진여가 있고 보살마하살의 가운데에 항주사성의 진여가 있으며, 무망실법의 진여를 벗어나서 보살마하살이 있고 항주사성의 진여를 벗어나서 보살마하살이 있다.'라고 말할 수 있겠습니까?"

　"다시 다음으로 선현이여. 그대는 무슨 뜻으로 관찰하여 '일체지의 진여는 보살마하살이 아니고 도상지·일체상지의 진여는 보살마하살이 아니며, 일체지의 진여와 다른 것이 보살마하살이 아니고 도상지·일체상지의 진여와 다른 것이 보살마하살이 아니며, 일체지 진여의 가운데에 보살마하살이 있지 않고 도상지·일체상지의 진여 가운데에 보살마하살이 있지 않으며, 보살마하살의 가운데에 일체지의 진여가 있지 않고 보살마하살의 가운데에 도상지·일체상지의 진여가 있지 않으며, 일체지의 진여를 벗어나서 보살마하살이 있지 않고 도상지·일체상지의 진여를 벗어나서 보살마하살이 있지 않다.'라고 말하는가?"

구수 선현이 아뢰어 말하였다.

"세존이시여. 만약 일체지이거나, 만약 도상지·일체상지이더라도 오히려 결국 얻을 수 없습니다. 자성이 있지 않은 까닭인데, 하물며 보살마하살이 있겠습니까? 이것은 이미 있지 않은데, 어찌 곧 '일체지의 진여가 보살마하살이고, 도상지·일체상지의 진여가 보살마하살이며, 일체지의 진여와 다른 것이 보살마하살이고 도상지·일체상지의 진여와 다른 것이 보살마하살이며, 일체지의 진여 가운데에 보살마하살이 있고 도상지·일체상지의 진여 가운데에 보살마하살이 있으며, 보살마하살의 가운데에 일체지의 진여가 있고 보살마하살의 가운데에 도상지·일체상지의 진여가 있으며, 일체지의 진여를 벗어나서 보살마하살이 있고 도상지·일체상지의 진여를 벗어나서 보살마하살이 있다.'라고 말할 수 있겠습니까?"

세존께서 선현에게 알리셨다.

"옳도다. 옳도다. 이와 같으니라. 이와 같으니라. 그대가 말하는 것과 같이 선현이여. 색 등의 법은 얻을 수 없는 까닭으로 보살마하살도 역시 얻을 수 없으며, 보살마하살은 얻을 수 없는 까닭으로 행하는 반야바라밀다도 얻을 수 없느니라. 선현이여. 제보살마하살은 반야바라밀다를 수행하는 때에는 이와 같이 상응하여 수학해야 하느니라."

"다시 다음으로 선현이여. 보살마하살이라고 말하는 것에 그대의 뜻은 어떠한가? 곧 색(色)의 증어(增語)[1]가 보살마하살인가?"

"아닙니다. 세존이시여."

"수(受)·상(想)·행(行)·식(識)의 증어가 곧 보살마하살인가?"

"아닙니다. 세존이시여."

"색은 항상(常)하다는 증어가 보살마하살인가?"

"아닙니다. 세존이시여."

---

1) 산스크리트어 Adhivacana의 번역이고, '명칭', '용어', '은유', '은유적 표현' 등을 뜻하며, 의역하여 '비밀스럽게 설하다(密說)'는 뜻으로 해석할 수 있다.

"수·상·행·식은 항상하다는 증어가 보살마하살인가?"

"아닙니다. 세존이시여."

"색은 무상하다는 증어가 보살마하살인가?"

"아닙니다. 세존이시여."

"수·상·행·식은 무상(無常)하다는 증어가 보살마하살인가?"

"아닙니다. 세존이시여."

"곧 색은 즐겁다는 증어가 보살마하살인가?"

"아닙니다. 세존이시여."

"곧 수·상·행·식은 즐겁다는 증어가 보살마하살인가?"

"아닙니다. 세존이시여."

"곧 색은 괴롭다는 증어가 보살마하살인가?"

"아닙니다. 세존이시여."

"곧 수·상·행·식은 괴롭다는 증어가 보살마하살인가?"

"아닙니다. 세존이시여."

"곧 색은 나(我)라는 증어가 보살마하살인가?"

"아닙니다. 세존이시여."

"곧 수·상·행·식은 나라는 증어가 보살마하살인가?"

"아닙니다. 세존이시여."

"곧 색은 무아(無我)라는 증어가 보살마하살인가?"

"아닙니다. 세존이시여."

"곧 수·상·행·식은 무아라는 증어가 보살마하살인가?"

"아닙니다. 세존이시여."

"곧 색은 청정(淨)하다는 증어가 보살마하살인가?"

"아닙니다. 세존이시여."

"곧 수·상·행·식은 청정하다는 증어가 보살마하살인가?"

"아닙니다. 세존이시여."

"곧 색은 부정(不淨)하다는 증어가 보살마하살인가?"

"아닙니다. 세존이시여."

“곧 수·상·행·식은 부정하다는 증어가 보살마하살인가?”

“아닙니다. 세존이시여.”

“곧 색은 공(空)하다는 증어가 보살마하살인가?”

“아닙니다. 세존이시여.”

“곧 수·상·행·식은 공하다는 증어가 보살마하살인가?”

“아닙니다. 세존이시여.”

“곧 색은 공(空)하지 않다는 증어가 보살마하살인가?”

“아닙니다. 세존이시여.”

“곧 수·상·행·식은 공하지 않다는 증어가 보살마하살인가?”

“아닙니다. 세존이시여.”

“곧 색은 유상(有相)이라는 증어가 보살마하살인가?”

“아닙니다. 세존이시여.”

“곧 수·상·행·식은 유상이라는 증어가 보살마하살인가?”

“아닙니다. 세존이시여.”

“곧 색은 무상(無相)이라는 증어가 보살마하살인가?”

“아닙니다. 세존이시여.”

“곧 수·상·행·식은 무상이라는 증어가 보살마하살인가?”

“아닙니다. 세존이시여.”

“곧 색은 유원(有願)이라는 증어가 보살마하살인가?”

“아닙니다. 세존이시여.”

“곧 수·상·행·식은 유원이라는 증어가 보살마하살인가?”

“아닙니다. 세존이시여.”

“곧 색은 무원(無願)이라는 증어가 보살마하살인가?”

“아닙니다. 세존이시여.”

“곧 수·상·행·식은 무원이라는 증어가 보살마하살인가?”

“아닙니다. 세존이시여.”

“곧 색은 적정(寂靜)하다는 증어가 보살마하살인가?”

“아닙니다. 세존이시여.”

"곧 수·상·행·식은 적정하다는 증어가 보살마하살인가?"

"아닙니다. 세존이시여."

"곧 색은 적정하지 않다는 증어가 보살마하살인가?"

"아닙니다. 세존이시여."

"곧 수·상·행·식은 적정하지 않다는 증어가 보살마하살인가?"

"아닙니다. 세존이시여."

"곧 색은 멀리 벗어난다(遠離)는 증어가 보살마하살인가?"

"아닙니다. 세존이시여."

"곧 수·상·행·식은 멀리 벗어난다는 증어가 보살마하살인가?"

"아닙니다. 세존이시여."

"곧 색은 멀리 벗어나지 않는다는 증어가 보살마하살인가?"

"아닙니다. 세존이시여."

"곧 수·상·행·식은 멀리 벗어나지 않는다는 증어가 보살마하살인가?"

"아닙니다. 세존이시여."

"곧 색은 유위(有爲)라는 증어가 보살마하살인가?"

"아닙니다. 세존이시여."

"곧 수·상·행·식은 유위라는 증어가 보살마하살인가?"

"아닙니다. 세존이시여."

"곧 색은 무위(無爲)라는 증어가 보살마하살인가?"

"아닙니다. 세존이시여."

"곧 수·상·행·식은 무위라는 증어가 보살마하살인가?"

"아닙니다. 세존이시여."

"곧 색은 유루(有漏)라는 증어가 보살마하살인가?"

"아닙니다. 세존이시여."

"곧 수·상·행·식은 유루라는 증어가 보살마하살인가?"

"아닙니다. 세존이시여."

"곧 색은 무루(無漏)라는 증어가 보살마하살인가?"

"아닙니다. 세존이시여."

"곧 수·상·행·식은 무루라는 증어가 보살마하살인가?"

"아닙니다. 세존이시여."

"곧 색은 생겨나는 것이라는 증어가 보살마하살인가?"

"아닙니다. 세존이시여."

"곧 수·상·행·식은 생겨나는 것이라는 증어가 보살마하살인가?"

"아닙니다. 세존이시여."

"곧 색은 소멸하는 것이라는 증어가 보살마하살인가?"

"아닙니다. 세존이시여."

"곧 수·상·행·식은 소멸하는 것이라는 증어가 보살마하살인가?"

"아닙니다. 세존이시여."

"곧 색은 선(善)하게 증장한다는 증어가 보살마하살인가?"

"아닙니다. 세존이시여."

"곧 수·상·행·식은 선하게 증장한다는 증어가 보살마하살인가?"

"아닙니다. 세존이시여."

"곧 색은 선하지 않게 증장한다는 증어가 보살마하살인가?"

"아닙니다. 세존이시여."

"곧 수·상·행·식은 선하지 않게 증장한다는 증어가 보살마하살인가?"

"아닙니다. 세존이시여."

"곧 색은 유죄(有罪)라는 증어가 보살마하살인가?"

"아닙니다. 세존이시여."

"곧 수·상·행·식이 유죄라는 증어가 보살마하살인가?"

"아닙니다. 세존이시여."

"곧 색은 무죄(無罪)라는 증어가 보살마하살인가?"

"아닙니다. 세존이시여."

"곧 수·상·행·식은 무죄라는 증어가 보살마하살인가?"

"아닙니다. 세존이시여."

"곧 색은 번뇌(煩惱)가 있다는 증어가 보살마하살인가?"

"아닙니다. 세존이시여."

"곧 수·상·행·식은 번뇌가 있다는 증어가 보살마하살인가?"
"아닙니다. 세존이시여."
"곧 색은 번뇌가 없다는 증어가 보살마하살인가?"
"아닙니다. 세존이시여."
"곧 수·상·행·식은 번뇌가 없다는 증어가 보살마하살인가?"
"아닙니다. 세존이시여."
"곧 색은 세간(世間)이라는 증어가 보살마하살인가?"
"아닙니다. 세존이시여."
"곧 수·상·행·식은 세간이라는 증어가 보살마하살인가?"
"아닙니다. 세존이시여."
"곧 색은 출세간(出世間)이라는 증어가 보살마하살인가?"
"아닙니다. 세존이시여."
"곧 수·상·행·식은 출세간이라는 증어가 보살마하살인가?"
"아닙니다. 세존이시여."
"곧 색은 잡염(雜染)이라는 증어가 보살마하살인가?"
"아닙니다. 세존이시여."
"곧 수·상·행·식은 잡염이라는 증어가 보살마하살인가?"
"아닙니다. 세존이시여."
"곧 색은 청정(淸淨)하다는 증어가 보살마하살인가?"
"아닙니다. 세존이시여."
"곧 수·상·행·식은 청정하다는 증어가 보살마하살인가?"
"아닙니다. 세존이시여."
"곧 색은 생사(生死)에 속(屬)한다는 증어가 보살마하살인가?"
"아닙니다. 세존이시여."
"곧 수·상·행·식은 생사에 속한다는 증어가 보살마하살인가?"
"아닙니다. 세존이시여."
"곧 색은 열반(涅槃)에 속한다는 증어가 보살마하살인가?"
"아닙니다. 세존이시여."

"곧 수·상·행·식은 열반에 속한다는 증어가 보살마하살인가?"
"아닙니다. 세존이시여."
"곧 색은 내신(內身)에 있다는 증어가 보살마하살인가?"
"아닙니다. 세존이시여."
"곧 수·상·행·식은 내신에 있다는 증어가 보살마하살인가?"
"아닙니다. 세존이시여."
"곧 색은 외신(外身)에 있다는 증어가 보살마하살인가?"
"아닙니다. 세존이시여."
"곧 수·상·행·식은 외신에 있다는 증어가 보살마하살인가?"
"아닙니다. 세존이시여."
"곧 색은 두 가지의 가운데(兩間)에 있다는 증어가 보살마하살인가?"
"아닙니다. 세존이시여."
"곧 수·상·행·식은 두 가지의 가운데에 있다는 증어가 보살마하살인가?"
"아닙니다. 세존이시여."
"곧 색을 얻을 수 있다는 증어가 보살마하살인가?"
"아닙니다. 세존이시여."
"곧 수·상·행·식을 얻을 수 있다는 증어가 보살마하살인가?"
"아닙니다. 세존이시여."
"곧 색을 얻을 수 없다는 증어가 보살마하살인가?"
"아닙니다. 세존이시여."
"곧 수·상·행·식을 얻을 수 없다는 증어가 보살마하살인가?"
"아닙니다. 세존이시여."

"다시 다음으로 선현이여. 보살마하살이라고 말하는 것에 그대의 뜻은 어떠한가? 곧 안처(眼處)의 증어가 보살마하살인가?"
"아닙니다. 세존이시여."
"곧 이(耳)·비(鼻)·설(舌)·신(身)·의처(意處)의 증어가 곧 보살마하살인가?”

“아닙니다. 세존이시여.”

“곧 안처는 항상하다는 증어가 보살마하살인가?”

“아닙니다. 세존이시여.”

“곧 이·비·설·신·의처는 항상하다는 증어가 보살마하살인가?”

“아닙니다. 세존이시여.”

“곧 안처는 무상하다는 증어가 보살마하살인가?”

“아닙니다. 세존이시여.”

“곧 이·비·설·신·의처는 무상하다는 증어가 보살마하살인가?”

“아닙니다. 세존이시여.”

“곧 안처는 즐겁다는 증어가 보살마하살인가?”

“아닙니다. 세존이시여.”

“곧 이·비·설·신·의처는 즐겁다는 증어가 보살마하살인가?”

“아닙니다. 세존이시여.”

“곧 안처는 괴롭다는 증어가 보살마하살인가?”

“아닙니다. 세존이시여.”

“곧 이·비·설·신·의처는 괴롭다는 증어가 보살마하살인가?”

“아닙니다. 세존이시여.”

“곧 안처는 나라는 증어가 보살마하살인가?”

“아닙니다. 세존이시여.”

“곧 이·비·설·신·의처는 나라는 증어가 보살마하살인가?”

“아닙니다. 세존이시여.”

“곧 안처는 무아라는 증어가 보살마하살인가?”

“아닙니다. 세존이시여.”

“곧 이·비·설·신·의처는 무아라는 증어가 보살마하살인가?”

“아닙니다. 세존이시여.”

“곧 안처는 청정하다는 증어가 보살마하살인가?”

“아닙니다. 세존이시여.”

"곧 이·비·설·신·의처는 청정하다는 증어가 보살마하살인가?"
"아닙니다. 세존이시여."
"곧 안처는 부정하다는 증어가 보살마하살인가?"
"아닙니다. 세존이시여."
"곧 이·비·설·신·의처는 부정하다는 증어가 보살마하살인가?"
"아닙니다. 세존이시여."
"곧 안처는 공하다는 증어가 보살마하살인가?"
"아닙니다. 세존이시여."
"곧 이·비·설·신·의처는 공하다는 증어가 보살마하살인가?"
"아닙니다. 세존이시여."
"곧 안처는 공하지 않다는 증어가 보살마하살인가?"
"아닙니다. 세존이시여."
"곧 이·비·설·신·의처는 공하지 않다는 증어가 보살마하살인가?"
"아닙니다. 세존이시여."
"곧 안처는 유상이라는 증어가 보살마하살인가?"
"아닙니다. 세존이시여."
"곧 이·비·설·신·의처는 유상이라는 증어가 보살마하살인가?"
"아닙니다. 세존이시여."
"곧 안처는 무상이라는 증어가 보살마하살인가?"
"아닙니다. 세존이시여."
"곧 이·비·설·신·의처는 무상이라는 증어가 보살마하살인가?"
"아닙니다. 세존이시여."
"곧 안처는 유원이라는 증어가 보살마하살인가?"
"아닙니다. 세존이시여."
"곧 이·비·설·신·의처는 유원이라는 증어가 보살마하살인가?"
"아닙니다. 세존이시여."
"곧 안처는 무원이라는 증어가 보살마하살인가?"
"아닙니다. 세존이시여."

"곧 이·비·설·신·의처는 무원이라는 증어가 보살마하살인가?"

"아닙니다. 세존이시여."

"곧 안처는 적정하다는 증어가 보살마하살인가?"

"아닙니다. 세존이시여."

"곧 이·비·설·신·의처는 적정하다는 증어가 보살마하살인가?"

"아닙니다. 세존이시여."

"곧 안처는 적정하지 않다는 증어가 보살마하살인가?"

"아닙니다. 세존이시여."

"곧 이·비·설·신·의처는 적정하지 않다는 증어가 보살마하살인가?"

"아닙니다. 세존이시여."

"곧 안처는 멀리 벗어난다는 증어가 보살마하살인가?"

"아닙니다. 세존이시여."

"곧 이·비·설·신·의처는 멀리 벗어난다는 증어가 보살마하살인가?"

"아닙니다. 세존이시여."

"곧 안처는 멀리 벗어나지 않는다는 증어가 보살마하살인가?"

"아닙니다. 세존이시여."

"곧 이·비·설·신·의처는 멀리 벗어나지 않는다는 증어가 보살마하살인가?"

"아닙니다. 세존이시여."

"곧 안처는 유위라는 증어가 보살마하살인가?"

"아닙니다. 세존이시여."

"곧 이·비·설·신·의처는 유위라는 증어가 보살마하살인가?"

"아닙니다. 세존이시여."

"곧 안처는 무위라는 증어가 보살마하살인가?"

"아닙니다. 세존이시여."

"곧 이·비·설·신·의처는 무위라는 증어가 보살마하살인가?"

"아닙니다. 세존이시여."

"곧 안처는 유루라는 증어가 보살마하살인가?"

"아닙니다. 세존이시여."

"곧 이·비·설·신·의처는 유루라는 증어가 보살마하살인가?"

"아닙니다. 세존이시여."

"곧 안처는 무루라는 증어가 보살마하살인가?"

"아닙니다. 세존이시여."

"곧 이·비·설·신·의처는 무루라는 증어가 보살마하살인가?"

"아닙니다. 세존이시여."

"곧 안처는 생겨나는 것이라는 증어가 보살마하살인가?"

"아닙니다. 세존이시여."

"곧 이·비·설·신·의처는 생겨나는 것이라는 증어가 보살마하살인가?"

"아닙니다. 세존이시여."

"곧 안처는 소멸하는 것이라는 증어가 보살마하살인가?"

"아닙니다. 세존이시여."

"곧 이·비·설·신·의처는 소멸하는 것이라는 증어가 보살마하살인가?"

"아닙니다. 세존이시여."

"곧 안처는 선하게 증장한다는 증어가 보살마하살인가?"

"아닙니다. 세존이시여."

"곧 이·비·설·신·의처는 선하게 증장한다는 증어가 보살마하살인가?"

"아닙니다. 세존이시여."

"곧 안처는 선하지 않게 증장한다는 증어가 보살마하살인가?"

"아닙니다. 세존이시여."

"곧 이·비·설·신·의처는 선하지 않게 증장한다는 증어가 보살마하살인가?"

"아닙니다. 세존이시여."

"곧 안처는 유죄라는 증어가 보살마하살인가?"

"아닙니다. 세존이시여."

"곧 이·비·설·신·의처는 유죄라는 증어가 보살마하살인가?"

"아닙니다. 세존이시여."

"곧 안처는 무죄라는 증어가 보살마하살인가?"

"아닙니다. 세존이시여."

"곧 이·비·설·신·의처는 무죄라는 증어가 보살마하살인가?"

"아닙니다. 세존이시여."

"곧 안처는 번뇌가 있다는 증어가 보살마하살인가?"

"아닙니다. 세존이시여."

"곧 이·비·설·신·의처는 번뇌가 있다는 증어가 보살마하살인가?"

"아닙니다. 세존이시여."

"곧 안처는 번뇌가 없다는 증어가 보살마하살인가?"

"아닙니다. 세존이시여."

"곧 이·비·설·신·의처는 번뇌가 없다는 증어가 보살마하살인가?"

"아닙니다. 세존이시여."

"곧 안처는 세간이라는 증어가 보살마하살인가?"

"아닙니다. 세존이시여."

"곧 이·비·설·신·의처는 세간이라는 증어가 보살마하살인가?"

"아닙니다. 세존이시여."

"곧 안처는 출세간이라는 증어가 보살마하살인가?"

"아닙니다. 세존이시여."

"곧 이·비·설·신·의처는 출세간이라는 증어가 보살마하살인가?"

"아닙니다. 세존이시여."

"곧 안처는 잡염이라는 증어가 보살마하살인가?"

"아닙니다. 세존이시여."

"곧 이·비·설·신·의처는 잡염이라는 증어가 보살마하살인가?"

"아닙니다. 세존이시여."

"곧 안처는 청정하다는 증어가 보살마하살인가?"

"아닙니다. 세존이시여."

"곧 이·비·설·신·의처는 청정하다는 증어가 보살마하살인가?"

"아닙니다. 세존이시여."

"곧 안처는 생사에 속한다는 증어가 보살마하살인가?"

"아닙니다. 세존이시여."

"곧 이·비·설·신·의처는 생사에 속한다는 증어가 보살마하살인가?"

"아닙니다. 세존이시여."

"곧 안처는 열반에 속한다는 증어가 보살마하살인가?"

"아닙니다. 세존이시여."

"곧 이·비·설·신·의처는 열반에 속한다는 증어가 보살마하살인가?"

"아닙니다. 세존이시여."

"곧 안처는 내신에 있다는 증어가 보살마하살인가?"

"아닙니다. 세존이시여."

"곧 이·비·설·신·의처는 내신에 있다는 증어가 보살마하살인가?"

"아닙니다. 세존이시여."

"곧 안처는 외신에 있다는 증어가 보살마하살인가?"

"아닙니다. 세존이시여."

"곧 이·비·설·신·의처는 외신에 있다는 증어가 보살마하살인가?"

"아닙니다. 세존이시여."

"곧 안처는 두 가지의 가운데에 있다는 증어가 보살마하살인가?"

"아닙니다. 세존이시여."

"곧 이·비·설·신·의처는 두 가지의 가운데에 있다는 증어가 보살마하살인가?"

"아닙니다. 세존이시여."

"곧 안처는 얻을 수 있다는 증어가 보살마하살인가?"

"아닙니다. 세존이시여."

"곧 이·비·설·신·의처는 얻을 수 있다는 증어가 보살마하살인가?"

"아닙니다. 세존이시여."

"곧 안처는 얻을 수 없다는 증어가 보살마하살인가?"

"아닙니다. 세존이시여."

"곧 이·비·설·신·의처는 얻을 수 없다는 증어가 보살마하살인가?"

"아닙니다. 세존이시여."

"다시 다음으로 선현이여. 보살마하살이라고 말하는 것에 그대의 뜻은 어떠한가? 곧 색처(色處)의 증어가 보살마하살인가?"
"아닙니다. 세존이시여."
"곧 성(聲)·향(香)·미(味)·촉(觸)·법처(法處)의 증어가 곧 보살마하살인가?"
"아닙니다. 세존이시여."
"곧 색처는 항상하다는 증어가 보살마하살인가?"
"아닙니다. 세존이시여."
"곧 성·향·미·촉·법처는 항상하다는 증어가 보살마하살인가?"
"아닙니다. 세존이시여."
"곧 색처는 무상하다는 증어가 보살마하살인가?"
"아닙니다. 세존이시여."
"곧 성·향·미·촉·법처는 무상하다는 증어가 보살마하살인가?"
"아닙니다. 세존이시여."
"곧 색처는 즐겁다는 증어가 보살마하살인가?"
"아닙니다. 세존이시여."
"곧 성·향·미·촉·법처는 즐겁다는 증어가 보살마하살인가?"
"아닙니다. 세존이시여."
"곧 색처는 괴롭다는 증어가 보살마하살인가?"
"아닙니다. 세존이시여."
"곧 성·향·미·촉·법처는 괴롭다는 증어가 보살마하살인가?"
"아닙니다. 세존이시여."
"곧 색처는 나라는 증어가 보살마하살인가?"
"아닙니다. 세존이시여."
"곧 성·향·미·촉·법처는 나라는 증어가 보살마하살인가?"
"아닙니다. 세존이시여."

"곧 색처는 무아라는 증어가 보살마하살인가?"

"아닙니다. 세존이시여."

"곧 성·향·미·촉·법처는 무아라는 증어가 보살마하살인가?"

"아닙니다. 세존이시여."

"곧 색처는 청정하다는 증어가 보살마하살인가?"

"아닙니다. 세존이시여."

"곧 성·향·미·촉·법처는 청정하다는 증어가 보살마하살인가?"

"아닙니다. 세존이시여."

"곧 색처는 부정하다는 증어가 보살마하살인가?"

"아닙니다. 세존이시여."

"곧 성·향·미·촉·법처는 부정하다는 증어가 보살마하살인가?"

"아닙니다. 세존이시여."

"곧 색처는 공하다는 증어가 보살마하살인가?"

"아닙니다. 세존이시여."

"곧 성·향·미·촉·법처는 공하다는 증어가 보살마하살인가?"

"아닙니다. 세존이시여."

"곧 색처는 공하지 않다는 증어가 보살마하살인가?"

"아닙니다. 세존이시여."

"곧 성·향·미·촉·법처는 공하지 않다는 증어가 보살마하살인가?"

"아닙니다. 세존이시여."

"곧 색처는 유상이라는 증어가 보살마하살인가?"

"아닙니다. 세존이시여."

"곧 성·향·미·촉·법처는 유상이라는 증어가 보살마하살인가?"

"아닙니다. 세존이시여."

"곧 색처는 무상이라는 증어가 보살마하살인가?"

"아닙니다. 세존이시여."

"곧 성·향·미·촉·법처는 무상이라는 증어가 보살마하살인가?"

"아닙니다. 세존이시여."

"곧 색처는 유원이라는 증어가 보살마하살인가?"

"아닙니다. 세존이시여."

"곧 성·향·미·촉·법처는 유원이라는 증어가 보살마하살인가?"

"아닙니다. 세존이시여."

"곧 색처는 무원이라는 증어가 보살마하살인가?"

"아닙니다. 세존이시여."

"곧 성·향·미·촉·법처는 무원이라는 증어가 보살마하살인가?"

"아닙니다. 세존이시여."

"곧 색처는 적정하다는 증어가 보살마하살인가?"

"아닙니다. 세존이시여."

"곧 성·향·미·촉·법처는 적정하다는 증어가 보살마하살인가?"

"아닙니다. 세존이시여."

"곧 색처는 적정하지 않다는 증어가 보살마하살인가?"

"아닙니다. 세존이시여."

"곧 성·향·미·촉·법처는 적정하지 않다는 증어가 보살마하살인가?"

"아닙니다. 세존이시여."

"곧 색처는 멀리 벗어난다는 증어가 보살마하살인가?"

"아닙니다. 세존이시여."

"곧 성·향·미·촉·법처는 멀리 벗어난다는 증어가 보살마하살인가?"

"아닙니다. 세존이시여."

"곧 색처는 멀리 벗어나지 않는다는 증어가 보살마하살인가?"

"아닙니다. 세존이시여."

"곧 성·향·미·촉·법처는 멀리 벗어나지 않는다는 증어가 보살마하살인가?"

"아닙니다. 세존이시여."

"곧 색처는 유위라는 증어가 보살마하살인가?"

"아닙니다. 세존이시여."

"곧 성·향·미·촉·법처는 유위라는 증어가 보살마하살인가?"

"아닙니다. 세존이시여."
"곧 색처는 무위라는 증어가 보살마하살인가?"
"아닙니다. 세존이시여."
"곧 성·향·미·촉·법처는 무위라는 증어가 보살마하살인가?"
"아닙니다. 세존이시여."
"곧 색처는 유루라는 증어가 보살마하살인가?"
"아닙니다. 세존이시여."
"곧 성·향·미·촉·법처는 유루라는 증어가 보살마하살인가?"
"아닙니다. 세존이시여."
"곧 색처는 무루라는 증어가 보살마하살인가?"
"아닙니다. 세존이시여."
"곧 성·향·미·촉·법처는 무루라는 증어가 보살마하살인가?"
"아닙니다. 세존이시여."
"곧 색처는 생겨나는 것이라는 증어가 보살마하살인가?"
"아닙니다. 세존이시여."
"곧 성·향·미·촉·법처는 생겨나는 것이라는 증어가 보살마하살인가?"
"아닙니다. 세존이시여."
"곧 색처는 소멸하는 것이 증장한다는 증어가 보살마하살인가?"
"아닙니다. 세존이시여."
"곧 성·향·미·촉·법처는 소멸하는 것이 증장한다는 증어가 보살마하살인가?"
"아닙니다. 세존이시여."
"곧 색처는 선하게 증장한다는 증어가 보살마하살인가?"
"아닙니다. 세존이시여."
"곧 성·향·미·촉·법처는 선하게 증장한다는 증어가 보살마하살인가?"
"아닙니다. 세존이시여."
"곧 색처는 선하지 않게 증장한다는 증어가 보살마하살인가?"
"아닙니다. 세존이시여."

"곧 성·향·미·촉·법처는 선하지 않게 증장한다는 증어가 보살마하살인가?"

"아닙니다. 세존이시여."

"곧 색처는 유죄라는 증어가 보살마하살인가?"

"아닙니다. 세존이시여."

"곧 성·향·미·촉·법처는 유죄라는 증어가 보살마하살인가?"

"아닙니다. 세존이시여."

"곧 색처는 무죄라는 증어가 보살마하살인가?"

"아닙니다. 세존이시여."

"곧 성·향·미·촉·법처는 무죄라는 증어가 보살마하살인가?"

"아닙니다. 세존이시여."

"곧 색처는 번뇌가 있다는 증어가 보살마하살인가?"

"아닙니다. 세존이시여."

"곧 성·향·미·촉·법처는 번뇌가 있다는 증어가 보살마하살인가?"

"아닙니다. 세존이시여."

"곧 색처는 번뇌가 없다는 증어가 보살마하살인가?"

"아닙니다. 세존이시여."

"곧 성·향·미·촉·법처는 번뇌가 없다는 증어가 보살마하살인가?"

"아닙니다. 세존이시여."

"곧 색처는 세간이라는 증어가 보살마하살인가?"

"아닙니다. 세존이시여."

"곧 성·향·미·촉·법처는 세간이라는 증어가 보살마하살인가?"

"아닙니다. 세존이시여."

"곧 색처는 출세간이라는 증어가 보살마하살인가?"

"아닙니다. 세존이시여."

"곧 성·향·미·촉·법처는 출세간이라는 증어가 보살마하살인가?"

"아닙니다. 세존이시여."

"곧 색처는 잡염이라는 증어가 보살마하살인가?"

"아닙니다. 세존이시여."

"곧 성·향·미·촉·법처는 잡염이라는 증어가 보살마하살인가?"

"아닙니다. 세존이시여."

"곧 색처는 청정하다는 증어가 보살마하살인가?"

"아닙니다. 세존이시여."

"곧 성·향·미·촉·법처는 청정하다는 증어가 보살마하살인가?"

"아닙니다. 세존이시여."

"곧 색처는 생사에 속한다는 증어가 보살마하살인가?"

"아닙니다. 세존이시여."

"곧 성·향·미·촉·법처는 생사에 속한다는 증어가 보살마하살인가?"

"아닙니다. 세존이시여."

"곧 색처는 열반에 속한다는 증어가 보살마하살인가?"

"아닙니다. 세존이시여."

"곧 성·향·미·촉·법처는 열반에 속한다는 증어가 보살마하살인가?"

"아닙니다. 세존이시여."

"곧 색처는 내신에 있다는 증어가 보살마하살인가?"

"아닙니다. 세존이시여."

"곧 성·향·미·촉·법처는 내신에 있다는 증어가 보살마하살인가?"

"아닙니다. 세존이시여."

"곧 색처는 외신에 있다는 증어가 보살마하살인가?"

"아닙니다. 세존이시여."

"곧 성·향·미·촉·법처는 외신에 있다는 증어가 보살마하살인가?"

"아닙니다. 세존이시여."

"곧 색처는 두 가지의 가운데에 있다는 증어가 보살마하살인가?"

"아닙니다. 세존이시여."

"곧 성·향·미·촉·법처는 두 가지의 가운데에 있다는 증어가 보살마하살인가?"

"아닙니다. 세존이시여."

"곧 색처는 얻을 수 있다는 증어가 보살마하살인가?"
"아닙니다. 세존이시여."
"곧 성·향·미·촉·법처는 얻을 수 있다는 증어가 보살마하살인가?"
"아닙니다. 세존이시여."
"곧 색처는 얻을 수 없다는 증어가 보살마하살인가?"
"아닙니다. 세존이시여."
"곧 성·향·미·촉·법처는 얻을 수 없다는 증어가 보살마하살인가?"
"아닙니다. 세존이시여."

마하반야바라밀다경 제18권

7. 교계교수품(敎誡敎授品)(8)

　　"다시 다음으로 선현이여. 보살마하살이라고 말하는 것에 그대의 뜻은 어떠한가? 곧 안계(眼界)의 증어가 보살마하살인가?"

　　"아닙니다. 세존이시여."

　　"곧 이(耳)·비(鼻)·설(舌)·신(身)·의계(意界)의 증어가 곧 보살마하살 인가?"

　　"아닙니다. 세존이시여."

　　"곧 안계는 항상하다는 증어가 보살마하살인가?"

　　"아닙니다. 세존이시여."

　　"곧 이·비·설·신·의계는 항상하다는 증어가 보살마하살인가?"

　　"아닙니다. 세존이시여."

　　"곧 안계는 무상하다는 증어가 보살마하살인가?"

　　"아닙니다. 세존이시여."

　　"곧 이·비·설·신·의계는 무상하다는 증어가 보살마하살인가?"

　　"아닙니다. 세존이시여."

　　"곧 안계는 즐겁다는 증어가 보살마하살인가?"

　　"아닙니다. 세존이시여."

　　"곧 이·비·설·신·의계는 즐겁다는 증어가 보살마하살인가?"

　　"아닙니다. 세존이시여."

　　"곧 안계는 괴롭다는 증어가 보살마하살인가?"

"아닙니다. 세존이시여."

"곧 이·비·설·신·의계는 괴롭다는 증어가 보살마하살인가?"

"아닙니다. 세존이시여."

"곧 안계는 나라는 증어가 보살마하살인가?"

"아닙니다. 세존이시여."

"곧 이·비·설·신·의계는 나라는 증어가 보살마하살인가?"

"아닙니다. 세존이시여."

"곧 안계는 무아라는 증어가 보살마하살인가?"

"아닙니다. 세존이시여."

"곧 이·비·설·신·의계는 무아라는 증어가 보살마하살인가?"

"아닙니다. 세존이시여."

"곧 안계는 청정하다는 증어가 보살마하살인가?"

"아닙니다. 세존이시여."

"곧 이·비·설·신·의계는 청정하다는 증어가 보살마하살인가?"

"아닙니다. 세존이시여."

"곧 안계는 부정하다는 증어가 보살마하살인가?"

"아닙니다. 세존이시여."

"곧 이·비·설·신·의계는 부정하다는 증어가 보살마하살인가?"

"아닙니다. 세존이시여."

"곧 안계는 공하다는 증어가 보살마하살인가?"

"아닙니다. 세존이시여."

"곧 이·비·설·신·의계는 공하다는 증어가 보살마하살인가?"

"아닙니다. 세존이시여."

"곧 안처는 공하지 않다는 증어가 보살마하살인가?"

"아닙니다. 세존이시여."

"곧 이·비·설·신·의계는 공하지 않다는 증어가 보살마하살인가?"

"아닙니다. 세존이시여."

"곧 안계는 유상이라는 증어가 보살마하살인가?"

“아닙니다. 세존이시여.”
“곧 이·비·설·신·의계는 유상이라는 증어가 보살마하살인가?”
“아닙니다. 세존이시여.”
“곧 안계는 무상이라는 증어가 보살마하살인가?”
“아닙니다. 세존이시여.”
“곧 이·비·설·신·의계는 무상이라는 증어가 보살마하살인가?”
“아닙니다. 세존이시여.”
“곧 안계는 유원이라는 증어가 보살마하살인가?”
“아닙니다. 세존이시여.”
“곧 이·비·설·신·의계는 유원이라는 증어가 보살마하살인가?”
“아닙니다. 세존이시여.”
“곧 안계는 무원이라는 증어가 보살마하살인가?”
“아닙니다. 세존이시여.”
“곧 이·비·설·신·의계는 무원이라는 증어가 보살마하살인가?”
“아닙니다. 세존이시여.”
“곧 안계는 적정하다는 증어가 보살마하살인가?”
“아닙니다. 세존이시여.”
“곧 이·비·설·신·의계는 적정하다는 증어가 보살마하살인가?”
“아닙니다. 세존이시여.”
“곧 안계는 적정하지 않다는 증어가 보살마하살인가?”
“아닙니다. 세존이시여.”
“곧 이·비·설·신·의계는 적정하지 않다는 증어가 보살마하살인가?”
“아닙니다. 세존이시여.”
“곧 안계는 멀리 벗어난다는 증어가 보살마하살인가?”
“아닙니다. 세존이시여.”
“곧 이·비·설·신·의계는 멀리 벗어난다는 증어가 보살마하살인가?”
“아닙니다. 세존이시여.”
“곧 안계는 멀리 벗어나지 않는다는 증어가 보살마하살인가?”

"아닙니다. 세존이시여."

"곧 이·비·설·신·의계는 멀리 벗어나지 않는다는 증어가 보살마하살인가?"

"아닙니다. 세존이시여."

"곧 안계는 유위라는 증어가 보살마하살인가?"

"아닙니다. 세존이시여."

"곧 이·비·설·신·의계는 유위라는 증어가 보살마하살인가?"

"아닙니다. 세존이시여."

"곧 안계는 무위라는 증어가 보살마하살인가?"

"아닙니다. 세존이시여."

"곧 이·비·설·신·의계는 무위라는 증어가 보살마하살인가?"

"아닙니다. 세존이시여."

"곧 안계는 유루라는 증어가 보살마하살인가?"

"아닙니다. 세존이시여."

"곧 이·비·설·신·의계는 유루라는 증어가 보살마하살인가?"

"아닙니다. 세존이시여."

"곧 안계는 무루라는 증어가 보살마하살인가?"

"아닙니다. 세존이시여."

"곧 이·비·설·신·의계는 무루라는 증어가 보살마하살인가?"

"아닙니다. 세존이시여."

"곧 안계는 생겨나는 것이라는 증어가 보살마하살인가?"

"아닙니다. 세존이시여."

"곧 이·비·설·신·의계는 생겨나는 것이라는 증어가 보살마하살인가?"

"아닙니다. 세존이시여."

"곧 안계는 소멸하는 것이라는 증어가 보살마하살인가?"

"아닙니다. 세존이시여."

"곧 이·비·설·신·의계는 소멸하는 것이라는 증어가 보살마하살인가?"

"아닙니다. 세존이시여."

"곧 안계는 선하게 증장한다는 증어가 보살마하살인가?"

"아닙니다. 세존이시여."

"곧 이·비·설·신·의계는 선하게 증장한다는 증어가 보살마하살인가?"

"아닙니다. 세존이시여."

"곧 안계는 선하지 않게 증장한다는 증어가 보살마하살인가?"

"아닙니다. 세존이시여."

"곧 이·비·설·신·의계는 선하지 않게 증장한다는 증어가 보살마하살인가?"

"아닙니다. 세존이시여."

"곧 안계는 유죄라는 증어가 보살마하살인가?"

"아닙니다. 세존이시여."

"곧 이·비·설·신·의계는 유죄라는 증어가 보살마하살인가?"

"아닙니다. 세존이시여."

"곧 안계는 무죄라는 증어가 보살마하살인가?"

"아닙니다. 세존이시여."

"곧 이·비·설·신·의계는 무죄라는 증어가 보살마하살인가?"

"아닙니다. 세존이시여."

"곧 안계는 번뇌가 있다는 증어가 보살마하살인가?"

"아닙니다. 세존이시여."

"곧 이·비·설·신·의계는 번뇌가 있다는 증어가 보살마하살인가?"

"아닙니다. 세존이시여."

"곧 안계는 번뇌가 없다는 증어가 보살마하살인가?"

"아닙니다. 세존이시여."

"곧 이·비·설·신·의계는 번뇌가 없다는 증어가 보살마하살인가?"

"아닙니다. 세존이시여."

"곧 안계는 세간이라는 증어가 보살마하살인가?"

"아닙니다. 세존이시여."

"곧 이·비·설·신·의계는 세간이라는 증어가 보살마하살인가?"

"아닙니다. 세존이시여."

"곧 안계는 출세간이라는 증어가 보살마하살인가?"

"아닙니다. 세존이시여."

"곧 이·비·설·신·의계는 출세간이라는 증어가 보살마하살인가?"

"아닙니다. 세존이시여."

"곧 안계는 잡염이라는 증어가 보살마하살인가?"

"아닙니다. 세존이시여."

"곧 이·비·설·신·의계는 잡염이라는 증어가 보살마하살인가?"

"아닙니다. 세존이시여."

"곧 안계는 청정하다는 증어가 보살마하살인가?"

"아닙니다. 세존이시여."

"곧 이·비·설·신·의계는 청정하다는 증어가 보살마하살인가?"

"아닙니다. 세존이시여."

"곧 안계는 생사에 속한다는 증어가 보살마하살인가?"

"아닙니다. 세존이시여."

"곧 이·비·설·신·의계는 생사에 속한다는 증어가 보살마하살인가?"

"아닙니다. 세존이시여."

"곧 안계는 열반에 속한다는 증어가 보살마하살인가?"

"아닙니다. 세존이시여."

"곧 이·비·설·신·의계는 열반에 속한다는 증어가 보살마하살인가?"

"아닙니다. 세존이시여."

"곧 안계는 내신에 있다는 증어가 보살마하살인가?"

"아닙니다. 세존이시여."

"곧 이·비·설·신·의계는 내신에 있다는 증어가 보살마하살인가?"

"아닙니다. 세존이시여."

"곧 안계는 외신에 있다는 증어가 보살마하살인가?"

"아닙니다. 세존이시여."

"곧 이·비·설·신·의계는 외신에 있다는 증어가 보살마하살인가?"

"아닙니다. 세존이시여."

"곧 안계는 두 가지의 가운데에 있다는 증어가 보살마하살인가?"

"아닙니다. 세존이시여."

"곧 이·비·설·신·의계는 두 가지의 가운데에 있다는 증어가 보살마하살
인가?"

"아닙니다. 세존이시여."

"곧 안계는 얻을 수 있다는 증어가 보살마하살인가?"

"아닙니다. 세존이시여."

"곧 이·비·설·신·의계는 얻을 수 있다는 증어가 보살마하살인가?"

"아닙니다. 세존이시여."

"곧 안계는 얻을 수 없다는 증어가 보살마하살인가?"

"아닙니다. 세존이시여."

"곧 이·비·설·신·의계는 얻을 수 없다는 증어가 보살마하살인가?"

"아닙니다. 세존이시여."

"다시 다음으로 선현이여. 보살마하살이라고 말하는 것에 그대의 뜻은
어떠한가? 곧 색계(色界)의 증어가 보살마하살인가?"

"아닙니다. 세존이시여."

"곧 성(聲)·향(香)·미(味)·촉(觸)·법계(法界)의 증어가 곧 보살마하살
인가?"

"아닙니다. 세존이시여."

"곧 색계는 항상하다는 증어가 보살마하살인가?"

"아닙니다. 세존이시여."

"곧 성·향·미·촉·법계는 항상하다는 증어가 보살마하살인가?"

"아닙니다. 세존이시여."

"곧 색계는 무상하다는 증어가 보살마하살인가?"

"아닙니다. 세존이시여."

"곧 성·향·미·촉·법계는 무상하다는 증어가 보살마하살인가?"

"아닙니다. 세존이시여."

"곧 색계는 즐겁다는 증어가 보살마하살인가?"

"아닙니다. 세존이시여."

"곧 성·향·미·촉·법계는 즐겁다는 증어가 보살마하살인가?"

"아닙니다. 세존이시여."

"곧 색계는 괴롭다는 증어가 보살마하살인가?"

"아닙니다. 세존이시여."

"곧 성·향·미·촉·법계는 괴롭다는 증어가 보살마하살인가?"

"아닙니다. 세존이시여."

"곧 색계는 나라는 증어가 보살마하살인가?"

"아닙니다. 세존이시여."

"곧 성·향·미·촉·법계는 나라는 증어가 보살마하살인가?"

"아닙니다. 세존이시여."

"곧 색계는 무아라는 증어가 보살마하살인가?"

"아닙니다. 세존이시여."

"곧 성·향·미·촉·법계는 무아라는 증어가 보살마하살인가?"

"아닙니다. 세존이시여."

"곧 색계는 청정하다는 증어가 보살마하살인가?"

"아닙니다. 세존이시여."

"곧 성·향·미·촉·법계는 청정하다는 증어가 보살마하살인가?"

"아닙니다. 세존이시여."

"곧 색계는 부정하다는 증어가 보살마하살인가?"

"아닙니다. 세존이시여."

"곧 성·향·미·촉·법계는 부정하다는 증어가 보살마하살인가?"

"아닙니다. 세존이시여."

"곧 색계는 공하다는 증어가 보살마하살인가?"

"아닙니다. 세존이시여."

"곧 성·향·미·촉·법계는 공하다는 증어가 보살마하살인가?"

"아닙니다. 세존이시여."

"곧 색계는 공하지 않다는 증어가 보살마하살인가?"

"아닙니다. 세존이시여."

"곧 성·향·미·촉·법계는 공하지 않다는 증어가 보살마하살인가?"

"아닙니다. 세존이시여."

"곧 색계는 유상이라는 증어가 보살마하살인가?"

"아닙니다. 세존이시여."

"곧 성·향·미·촉·법계는 유상이라는 증어가 보살마하살인가?"

"아닙니다. 세존이시여."

"곧 색계는 무상이라는 증어가 보살마하살인가?"

"아닙니다. 세존이시여."

"곧 성·향·미·촉·법계는 무상이라는 증어가 보살마하살인가?"

"아닙니다. 세존이시여."

"곧 색계는 유원이라는 증어가 보살마하살인가?"

"아닙니다. 세존이시여."

"곧 성·향·미·촉·법계는 유원이라는 증어가 보살마하살인가?"

"아닙니다. 세존이시여."

"곧 색계는 무원이라는 증어가 보살마하살인가?"

"아닙니다. 세존이시여."

"곧 성·향·미·촉·법계는 무원이라는 증어가 보살마하살인가?"

"아닙니다. 세존이시여."

"곧 색계는 적정하다는 증어가 보살마하살인가?"

"아닙니다. 세존이시여."

"곧 성·향·미·촉·법계는 적정하다는 증어가 보살마하살인가?"

"아닙니다. 세존이시여."

"곧 색계는 적정하지 않다는 증어가 보살마하살인가?"

"아닙니다. 세존이시여."

"곧 성·향·미·촉·법계는 적정하지 않다는 증어가 보살마하살인가?"

　“아닙니다. 세존이시여.”

　“곧 색계는 멀리 벗어난다는 증어가 보살마하살인가?”

　“아닙니다. 세존이시여.”

　“곧 성·향·미·촉·법계는 멀리 벗어난다는 증어가 보살마하살인가?”

　“아닙니다. 세존이시여.”

　“곧 색계는 멀리 벗어나지 않는다는 증어가 보살마하살인가?”

　“아닙니다. 세존이시여.”

　“곧 성·향·미·촉·법계는 멀리 벗어나지 않는다는 증어가 보살마하살인가?”

　“아닙니다. 세존이시여.”

　“곧 색계는 유위라는 증어가 보살마하살인가?”

　“아닙니다. 세존이시여.”

　“곧 성·향·미·촉·법계는 유위라는 증어가 보살마하살인가?”

　“아닙니다. 세존이시여.”

　“곧 색계는 무위라는 증어가 보살마하살인가?”

　“아닙니다. 세존이시여.”

　“곧 성·향·미·촉·법계는 무위라는 증어가 보살마하살인가?”

　“아닙니다. 세존이시여.”

　“곧 색계는 유루라는 증어가 보살마하살인가?”

　“아닙니다. 세존이시여.”

　“곧 성·향·미·촉·법계는 유루라는 증어가 보살마하살인가?”

　“아닙니다. 세존이시여.”

　“곧 색계는 무루라는 증어가 보살마하살인가?”

　“아닙니다. 세존이시여.”

　“곧 성·향·미·촉·법계는 무루라는 증어가 보살마하살인가?”

　“아닙니다. 세존이시여.”

　“곧 색계는 생겨나는 것이라는 증어가 보살마하살인가?”

　“아닙니다. 세존이시여.”

"곧 성·향·미·촉·법계는 생겨나는 것이라는 증어가 보살마하살인가?"
"아닙니다. 세존이시여."
"곧 색계는 소멸하는 것이라는 증어가 보살마하살인가?"
"아닙니다. 세존이시여."
"곧 성·향·미·촉·법계는 소멸하는 것이라는 증어가 보살마하살인가?"
"아닙니다. 세존이시여."
"곧 색계는 선하게 증장한다는 증어가 보살마하살인가?"
"아닙니다. 세존이시여."
"곧 성·향·미·촉·법계처는 선하게 증장한다는 증어가 보살마하살인가?"
"아닙니다. 세존이시여."
"곧 색계는 선하지 않게 증장한다는 증어가 보살마하살인가?"
"아닙니다. 세존이시여."
"곧 성·향·미·촉·법계는 선하지 않게 증장한다는 증어가 보살마하살인가?"
"아닙니다. 세존이시여."
"곧 색계는 유죄라는 증어가 보살마하살인가?"
"아닙니다. 세존이시여."
"곧 성·향·미·촉·법계는 유죄라는 증어가 보살마하살인가?"
"아닙니다. 세존이시여."
"곧 색계는 무죄라는 증어가 보살마하살인가?"
"아닙니다. 세존이시여."
"곧 성·향·미·촉·법계는 무죄라는 증어가 보살마하살인가?"
"아닙니다. 세존이시여."
"곧 색계는 번뇌가 있다는 증어가 보살마하살인가?"
"아닙니다. 세존이시여."
"곧 성·향·미·촉·법계는 번뇌가 있다는 증어가 보살마하살인가?"
"아닙니다. 세존이시여."
"곧 색계는 번뇌가 없다는 증어가 보살마하살인가?"

"아닙니다. 세존이시여."

"곧 성·향·미·촉·법계는 번뇌가 없다는 증어가 보살마하살인가?"

"아닙니다. 세존이시여."

"곧 색계는 세간이라는 증어가 보살마하살인가?"

"아닙니다. 세존이시여."

"곧 성·향·미·촉·법계는 세간이라는 증어가 보살마하살인가?"

"아닙니다. 세존이시여."

"곧 색계는 출세간이라는 증어가 보살마하살인가?"

"아닙니다. 세존이시여."

"곧 성·향·미·촉·법계는 출세간이라는 증어가 보살마하살인가?"

"아닙니다. 세존이시여."

"곧 색계는 잡염이라는 증어가 보살마하살인가?"

"아닙니다. 세존이시여."

"곧 성·향·미·촉·법계는 잡염이라는 증어가 보살마하살인가?"

"아닙니다. 세존이시여."

"곧 색계는 청정하다는 증어가 보살마하살인가?"

"아닙니다. 세존이시여."

"곧 성·향·미·촉·법계는 청정하다는 증어가 보살마하살인가?"

"아닙니다. 세존이시여."

"곧 색계는 생사에 속한다는 증어가 보살마하살인가?"

"아닙니다. 세존이시여."

"곧 성·향·미·촉·법계는 생사에 속한다는 증어가 보살마하살인가?"

"아닙니다. 세존이시여."

"곧 색계는 열반에 속한다는 증어가 보살마하살인가?"

"아닙니다. 세존이시여."

"곧 성·향·미·촉·법계는 열반에 속한다는 증어가 보살마하살인가?"

"아닙니다. 세존이시여."

"곧 색계는 내신에 있다는 증어가 보살마하살인가?"

"아닙니다. 세존이시여."

"곧 성·향·미·촉·법계는 내신에 있다는 증어가 보살마하살인가?"

"아닙니다. 세존이시여."

"곧 색계는 외신에 있다는 증어가 보살마하살인가?"

"아닙니다. 세존이시여."

"곧 성·향·미·촉·법계는 외신에 있다는 증어가 보살마하살인가?"

"아닙니다. 세존이시여."

"곧 색계는 두 가지의 가운데에 있다는 증어가 보살마하살인가?"

"아닙니다. 세존이시여."

"곧 성·향·미·촉·법계는 두 가지의 가운데에 있다는 증어가 보살마하살인가?"

"아닙니다. 세존이시여."

"곧 색계는 얻을 수 있다는 증어가 보살마하살인가?"

"아닙니다. 세존이시여."

"곧 성·향·미·촉·법계는 얻을 수 있다는 증어가 보살마하살인가?"

"아닙니다. 세존이시여."

"곧 색계는 얻을 수 없다는 증어가 보살마하살인가?"

"아닙니다. 세존이시여."

"곧 성·향·미·촉·법계는 얻을 수 없다는 증어가 보살마하살인가?"

"아닙니다. 세존이시여."

"다시 다음으로 선현이여. 보살마하살이라고 말하는 것에 그대의 뜻은 어떠한가? 곧 안식계(眼識界)의 증어가 보살마하살인가?"

"아닙니다. 세존이시여."

"곧 이(耳)·비(鼻)·설(舌)·신(身)·의식계(意識界)의 증어가 곧 보살마하살인가?"

"아닙니다. 세존이시여."

"곧 안식계는 항상하다는 증어가 보살마하살인가?"

"아닙니다. 세존이시여."

"곧 이·비·설·신·의식계는 항상하다는 증어가 보살마하살인가?"

"아닙니다. 세존이시여."

"곧 안식계는 무상하다는 증어가 보살마하살인가?"

"아닙니다. 세존이시여."

"곧 이·비·설·신·의식계는 무상하다는 증어가 보살마하살인가?"

"아닙니다. 세존이시여."

"곧 안식계는 즐겁다는 증어가 보살마하살인가?"

"아닙니다. 세존이시여."

"곧 이·비·설·신·의식계는 즐겁다는 증어가 보살마하살인가?"

"아닙니다. 세존이시여."

"곧 안식계는 괴롭다는 증어가 보살마하살인가?"

"아닙니다. 세존이시여."

"곧 이·비·설·신·의식계는 괴롭다는 증어가 보살마하살인가?"

"아닙니다. 세존이시여."

"곧 안식계는 나라는 증어가 보살마하살인가?"

"아닙니다. 세존이시여."

"곧 이·비·설·신·의식계는 나라는 증어가 보살마하살인가?"

"아닙니다. 세존이시여."

"곧 안식계는 무아라는 증어가 보살마하살인가?"

"아닙니다. 세존이시여."

"곧 이·비·설·신·의식계는 무아라는 증어가 보살마하살인가?"

"아닙니다. 세존이시여."

"곧 안식계는 청정하다는 증어가 보살마하살인가?"

"아닙니다. 세존이시여."

"곧 이·비·설·신·의식계는 청정하다는 증어가 보살마하살인가?"

"아닙니다. 세존이시여."

"곧 안식계는 부정하다는 증어가 보살마하살인가?"

"아닙니다. 세존이시여."

"곧 이·비·설·신·의식계는 부정하다는 증어가 보살마하살인가?"

"아닙니다. 세존이시여."

"곧 안식계는 공하다는 증어가 보살마하살인가?"

"아닙니다. 세존이시여."

"곧 이·비·설·신·의식계는 공하다는 증어가 보살마하살인가?"

"아닙니다. 세존이시여."

"곧 안처는 공하지 않다는 증어가 보살마하살인가?"

"아닙니다. 세존이시여."

"곧 이·비·설·신·의계는 공하지 않다는 증어가 보살마하살인가?"

"아닙니다. 세존이시여."

"곧 안식계는 유상이라는 증어가 보살마하살인가?"

"아닙니다. 세존이시여."

"곧 이·비·설·신·의식계는 유상이라는 증어가 보살마하살인가?"

"아닙니다. 세존이시여."

"곧 안식계는 무상이라는 증어가 보살마하살인가?"

"아닙니다. 세존이시여."

"곧 이·비·설·신·의식계는 무상이라는 증어가 보살마하살인가?"

"아닙니다. 세존이시여."

"곧 안식계는 유원이라는 증어가 보살마하살인가?"

"아닙니다. 세존이시여."

"곧 이·비·설·신·의식계는 유원이라는 증어가 보살마하살인가?"

"아닙니다. 세존이시여."

"곧 안식계는 무원이라는 증어가 보살마하살인가?"

"아닙니다. 세존이시여."

"곧 이·비·설·신·의식계는 무원이라는 증어가 보살마하살인가?"

"아닙니다. 세존이시여."

"곧 안식계는 적정하다는 증어가 보살마하살인가?"

"아닙니다. 세존이시여."

"곧 이·비·설·신·의식계는 적정하다는 증어가 보살마하살인가?"

"아닙니다. 세존이시여."

"곧 안식계는 적정하지 않다는 증어가 보살마하살인가?"

"아닙니다. 세존이시여."

"곧 이·비·설·신·의식계는 적정하지 않다는 증어가 보살마하살인가?"

"아닙니다. 세존이시여."

"곧 안식계는 멀리 벗어난다는 증어가 보살마하살인가?"

"아닙니다. 세존이시여."

"곧 이·비·설·신·의식계는 멀리 벗어난다는 증어가 보살마하살인가?"

"아닙니다. 세존이시여."

"곧 안식계는 멀리 벗어나지 않는다는 증어가 보살마하살인가?"

"아닙니다. 세존이시여."

"곧 이·비·설·신·의식계는 멀리 벗어나지 않는다는 증어가 보살마하살인가?"

"아닙니다. 세존이시여."

"곧 안식계는 유위라는 증어가 보살마하살인가?"

"아닙니다. 세존이시여."

"곧 이·비·설·신·의식계는 유위라는 증어가 보살마하살인가?"

"아닙니다. 세존이시여."

"곧 안식계는 무위라는 증어가 보살마하살인가?"

"아닙니다. 세존이시여."

"곧 이·비·설·신·의식계는 무위라는 증어가 보살마하살인가?"

"아닙니다. 세존이시여."

"곧 안식계는 유루라는 증어가 보살마하살인가?"

"아닙니다. 세존이시여."

"곧 이·비·설·신·의식계는 유루라는 증어가 보살마하살인가?"

"아닙니다. 세존이시여."

"곧 안식계는 무루라는 증어가 보살마하살인가?"
"아닙니다. 세존이시여."
"곧 이·비·설·신·의식계는 무루라는 증어가 보살마하살인가?"
"아닙니다. 세존이시여."
"곧 안식계는 생겨나는 것이라는 증어가 보살마하살인가?"
"아닙니다. 세존이시여."
"곧 이·비·설·신·의식계는 생겨나는 것이라는 증어가 보살마하살인가?"
"아닙니다. 세존이시여."
"곧 안식계는 소멸하는 것이라는 증어가 보살마하살인가?"
"아닙니다. 세존이시여."
"곧 이·비·설·신·의식계는 소멸하는 것이라는 증어가 보살마하살인가?"
"아닙니다. 세존이시여."
"곧 안식계는 선하게 증장한다는 증어가 보살마하살인가?"
"아닙니다. 세존이시여."
"곧 이·비·설·신·의식계는 선하게 증장한다는 증어가 보살마하살인가?"
"아닙니다. 세존이시여."
"곧 안식계는 선하지 않게 증장한다는 증어가 보살마하살인가?"
"아닙니다. 세존이시여."
"곧 이·비·설·신·의식계는 선하지 않게 증장한다는 증어가 보살마하살인가?"
"아닙니다. 세존이시여."
"곧 안식계는 유죄라는 증어가 보살마하살인가?"
"아닙니다. 세존이시여."
"곧 이·비·설·신·의식계는 유죄라는 증어가 보살마하살인가?"
"아닙니다. 세존이시여."
"곧 안식계는 무죄라는 증어가 보살마하살인가?"
"아닙니다. 세존이시여."

"곧 이·비·설·신·의식계는 무죄라는 증어가 보살마하살인가?"

"아닙니다. 세존이시여."

"곧 안식계는 번뇌가 있다는 증어가 보살마하살인가?"

"아닙니다. 세존이시여."

"곧 이·비·설·신·의식계는 번뇌가 있다는 증어가 보살마하살인가?"

"아닙니다. 세존이시여."

"곧 안식계는 번뇌가 없다는 증어가 보살마하살인가?"

"아닙니다. 세존이시여."

"곧 이·비·설·신·의식계는 번뇌가 없다는 증어가 보살마하살인가?"

"아닙니다. 세존이시여."

"곧 안식계는 세간이라는 증어가 보살마하살인가?"

"아닙니다. 세존이시여."

"곧 이·비·설·신·의식계는 세간이라는 증어가 보살마하살인가?"

"아닙니다. 세존이시여."

"곧 안식계는 출세간이라는 증어가 보살마하살인가?"

"아닙니다. 세존이시여."

"곧 이·비·설·신·의식계는 출세간이라는 증어가 보살마하살인가?"

"아닙니다. 세존이시여."

"곧 안식계는 잡염이라는 증어가 보살마하살인가?"

"아닙니다. 세존이시여."

"곧 이·비·설·신·의식계는 잡염이라는 증어가 보살마하살인가?"

"아닙니다. 세존이시여."

"곧 안식계는 청정하다는 증어가 보살마하살인가?"

"아닙니다. 세존이시여."

"곧 이·비·설·신·의식계는 청정하다는 증어가 보살마하살인가?"

"아닙니다. 세존이시여."

"곧 안식계는 생사에 속한다는 증어가 보살마하살인가?"

"아닙니다. 세존이시여."

"곧 이·비·설·신·의식계는 생사에 속한다는 증어가 보살마하살인가?"

"아닙니다. 세존이시여."

"곧 안식계는 열반에 속한다는 증어가 보살마하살인가?"

"아닙니다. 세존이시여."

"곧 이·비·설·신·의식계는 열반에 속한다는 증어가 보살마하살인가?"

"아닙니다. 세존이시여."

"곧 안식계는 내신에 있다는 증어가 보살마하살인가?"

"아닙니다. 세존이시여."

"곧 이·비·설·신·의식계는 내신에 있다는 증어가 보살마하살인가?"

"아닙니다. 세존이시여."

"곧 안식계는 외신에 있다는 증어가 보살마하살인가?"

"아닙니다. 세존이시여."

"곧 이·비·설·신·의식계는 외신에 있다는 증어가 보살마하살인가?"

"아닙니다. 세존이시여."

"곧 안식계는 두 가지의 가운데에 있다는 증어가 보살마하살인가?"

"아닙니다. 세존이시여."

"곧 이·비·설·신·의식계는 두 가지의 가운데에 있다는 증어가 보살마하살인가?"

"아닙니다. 세존이시여."

"곧 안식계는 얻을 수 있다는 증어가 보살마하살인가?"

"아닙니다. 세존이시여."

"곧 이·비·설·신·의식계는 얻을 수 있다는 증어가 보살마하살인가?"

"아닙니다. 세존이시여."

"곧 안식계는 얻을 수 없다는 증어가 보살마하살인가?"

"아닙니다. 세존이시여."

"곧 이·비·설·신·의식계는 얻을 수 없다는 증어가 보살마하살인가?"

"아닙니다. 세존이시여."

"다시 다음으로 선현이여. 보살마하살이라고 말하는 것에 그대의 뜻은 어떠한가? 곧 안촉(眼觸)의 증어가 보살마하살인가?"

"아닙니다. 세존이시여."

"곧 이(耳)·비(鼻)·설(舌)·신(身)·의촉(意觸)의 증어가 곧 보살마하살인가?"

"아닙니다. 세존이시여."

"곧 안촉은 항상하다는 증어가 보살마하살인가?"

"아닙니다. 세존이시여."

"곧 이·비·설·신·의촉은 항상하다는 증어가 보살마하살인가?"

"아닙니다. 세존이시여."

"곧 안촉은 무상하다는 증어가 보살마하살인가?"

"아닙니다. 세존이시여."

"곧 이·비·설·신·의촉은 무상하다는 증어가 보살마하살인가?"

"아닙니다. 세존이시여."

"곧 안촉은 즐겁다는 증어가 보살마하살인가?"

"아닙니다. 세존이시여."

"곧 이·비·설·신·의촉은 즐겁다는 증어가 보살마하살인가?"

"아닙니다. 세존이시여."

"곧 안촉은 괴롭다는 증어가 보살마하살인가?"

"아닙니다. 세존이시여."

"곧 이·비·설·신·의촉은 괴롭다는 증어가 보살마하살인가?"

"아닙니다. 세존이시여."

"곧 안촉은 나라는 증어가 보살마하살인가?"

"아닙니다. 세존이시여."

"곧 이·비·설·신·의촉은 나라는 증어가 보살마하살인가?"

"아닙니다. 세존이시여."

"곧 안촉은 무아라는 증어가 보살마하살인가?"

"아닙니다. 세존이시여."

"곧 이·비·설·신·의촉은 무아라는 증어가 보살마하살인가?"
"아닙니다. 세존이시여."
"곧 안촉은 청정하다는 증어가 보살마하살인가?"
"아닙니다. 세존이시여."
"곧 이·비·설·신·의촉은 청정하다는 증어가 보살마하살인가?"
"아닙니다. 세존이시여."
"곧 안촉은 부정하다는 증어가 보살마하살인가?"
"아닙니다. 세존이시여."
"곧 이·비·설·신·의촉은 부정하다는 증어가 보살마하살인가?"
"아닙니다. 세존이시여."
"곧 안촉은 공하다는 증어가 보살마하살인가?"
"아닙니다. 세존이시여."
"곧 이·비·설·신·의촉은 공하다는 증어가 보살마하살인가?"
"아닙니다. 세존이시여."
"곧 안촉은 공하지 않다는 증어가 보살마하살인가?"
"아닙니다. 세존이시여."
"곧 이·비·설·신·의촉은 공하지 않다는 증어가 보살마하살인가?"
"아닙니다. 세존이시여."
"곧 안촉은 유상이라는 증어가 보살마하살인가?"
"아닙니다. 세존이시여."
"곧 이·비·설·신·의촉은 유상이라는 증어가 보살마하살인가?"
"아닙니다. 세존이시여."
"곧 안촉은 무상이라는 증어가 보살마하살인가?"
"아닙니다. 세존이시여."
"곧 이·비·설·신·의촉은 무상이라는 증어가 보살마하살인가?"
"아닙니다. 세존이시여."
"곧 안촉은 유원이라는 증어가 보살마하살인가?"
"아닙니다. 세존이시여."

"곧 이·비·설·신·의촉은 유원이라는 증어가 보살마하살인가?"

"아닙니다. 세존이시여."

"곧 안촉은 무원이라는 증어가 보살마하살인가?"

"아닙니다. 세존이시여."

"곧 이·비·설·신·의촉은 무원이라는 증어가 보살마하살인가?"

"아닙니다. 세존이시여."

"곧 안촉은 적정하다는 증어가 보살마하살인가?"

"아닙니다. 세존이시여."

"곧 이·비·설·신·의촉은 적정하다는 증어가 보살마하살인가?"

"아닙니다. 세존이시여."

"곧 안촉은 적정하지 않다는 증어가 보살마하살인가?"

"아닙니다. 세존이시여."

"곧 이·비·설·신·의촉은 적정하지 않다는 증어가 보살마하살인가?"

"아닙니다. 세존이시여."

"곧 안촉은 멀리 벗어난다는 증어가 보살마하살인가?"

"아닙니다. 세존이시여."

"곧 이·비·설·신·의촉은 멀리 벗어난다는 증어가 보살마하살인가?"

"아닙니다. 세존이시여."

"곧 안촉은 멀리 벗어나지 않는다는 증어가 보살마하살인가?"

"아닙니다. 세존이시여."

"곧 이·비·설·신·의촉은 멀리 벗어나지 않는다는 증어가 보살마하살인가?"

"아닙니다. 세존이시여."

"곧 안촉은 유위라는 증어가 보살마하살인가?"

"아닙니다. 세존이시여."

"곧 이·비·설·신·의촉은 유위라는 증어가 보살마하살인가?"

"아닙니다. 세존이시여."

"곧 안촉은 무위라는 증어가 보살마하살인가?"

"아닙니다. 세존이시여."

"곧 이·비·설·신·의촉은 무위라는 증어가 보살마하살인가?"

"아닙니다. 세존이시여."

"곧 안촉은 유루라는 증어가 보살마하살인가?"

"아닙니다. 세존이시여."

"곧 이·비·설·신·의촉은 유루라는 증어가 보살마하살인가?"

"아닙니다. 세존이시여."

"곧 안촉은 무루라는 증어가 보살마하살인가?"

"아닙니다. 세존이시여."

"곧 이·비·설·신·의촉은 무루라는 증어가 보살마하살인가?"

"아닙니다. 세존이시여."

"곧 안촉은 생겨나는 것이라는 증어가 보살마하살인가?"

"아닙니다. 세존이시여."

"곧 이·비·설·신·의촉은 생겨나는 것이라는 증어가 보살마하살인가?"

"아닙니다. 세존이시여."

"곧 안촉은 소멸하는 것이라는 증어가 보살마하살인가?"

"아닙니다. 세존이시여."

"곧 이·비·설·신·의촉은 소멸하는 것이라는 증어가 보살마하살인가?"

"아닙니다. 세존이시여."

"곧 안촉은 선하게 증장한다는 증어가 보살마하살인가?"

"아닙니다. 세존이시여."

"곧 이·비·설·신·의촉은 선하게 증장한다는 증어가 보살마하살인가?"

"아닙니다. 세존이시여."

"곧 안촉은 선하지 않게 증장한다는 증어가 보살마하살인가?"

"아닙니다. 세존이시여."

"곧 이·비·설·신·의촉은 선하지 않게 증장한다는 증어가 보살마하살인가?"

"아닙니다. 세존이시여."

"곧 안촉은 유죄라는 증어가 보살마하살인가?"

"아닙니다. 세존이시여."

"곧 이·비·설·신·의촉은 유죄라는 증어가 보살마하살인가?"

"아닙니다. 세존이시여."

"곧 안촉은 무죄라는 증어가 보살마하살인가?"

"아닙니다. 세존이시여."

"곧 이·비·설·신·의촉은 무죄라는 증어가 보살마하살인가?"

"아닙니다. 세존이시여."

"곧 안촉은 번뇌가 있다는 증어가 보살마하살인가?"

"아닙니다. 세존이시여."

"곧 이·비·설·신·의촉은 번뇌가 있다는 증어가 보살마하살인가?"

"아닙니다. 세존이시여."

"곧 안촉은 번뇌가 없다는 증어가 보살마하살인가?"

"아닙니다. 세존이시여."

"곧 이·비·설·신·의촉은 번뇌가 없다는 증어가 보살마하살인가?"

"아닙니다. 세존이시여."

"곧 안촉은 세간이라는 증어가 보살마하살인가?"

"아닙니다. 세존이시여."

"곧 이·비·설·신·의촉은 세간이라는 증어가 보살마하살인가?"

"아닙니다. 세존이시여."

"곧 안촉은 출세간이라는 증어가 보살마하살인가?"

"아닙니다. 세존이시여."

"곧 이·비·설·신·의촉은 출세간이라는 증어가 보살마하살인가?"

"아닙니다. 세존이시여."

"곧 안촉은 잡염이라는 증어가 보살마하살인가?"

"아닙니다. 세존이시여."

"곧 이·비·설·신·의촉은 잡염이라는 증어가 보살마하살인가?"

"아닙니다. 세존이시여."

"곧 안촉은 청정하다는 증어가 보살마하살인가?"

"아닙니다. 세존이시여."

"곧 이·비·설·신·의촉은 청정하다는 증어가 보살마하살인가?"

"아닙니다. 세존이시여."

"곧 안촉은 생사에 속한다는 증어가 보살마하살인가?"

"아닙니다. 세존이시여."

"곧 이·비·설·신·의촉은 생사에 속한다는 증어가 보살마하살인가?"

"아닙니다. 세존이시여."

"곧 안촉은 열반에 속한다는 증어가 보살마하살인가?"

"아닙니다. 세존이시여."

"곧 이·비·설·신·의촉은 열반에 속한다는 증어가 보살마하살인가?"

"아닙니다. 세존이시여."

"곧 안촉은 내신에 있다는 증어가 보살마하살인가?"

"아닙니다. 세존이시여."

"곧 이·비·설·신·의촉은 내신에 있다는 증어가 보살마하살인가?"

"아닙니다. 세존이시여."

"곧 안촉은 외신에 있다는 증어가 보살마하살인가?"

"아닙니다. 세존이시여."

"곧 이·비·설·신·의촉은 외신에 있다는 증어가 보살마하살인가?"

"아닙니다. 세존이시여."

"곧 안촉은 두 가지의 가운데에 있다는 증어가 보살마하살인가?"

"아닙니다. 세존이시여."

"곧 이·비·설·신·의촉은 두 가지의 가운데에 있다는 증어가 보살마하살인가?"

"아닙니다. 세존이시여."

"곧 안촉은 얻을 수 있다는 증어가 보살마하살인가?"

"아닙니다. 세존이시여."

"곧 이·비·설·신·의촉은 얻을 수 있다는 증어가 보살마하살인가?"

"아닙니다. 세존이시여."

"곧 안촉은 얻을 수 없다는 증어가 보살마하살인가?"

"아닙니다. 세존이시여."

"곧 이·비·설·신·의촉은 얻을 수 없다는 증어가 보살마하살인가?"

"아닙니다. 세존이시여."

"다시 다음으로 선현이여. 보살마하살이라고 말하는 것에 그대의 뜻은 어떠한가? 곧 안촉(眼觸)을 인연으로 생겨나는 여러 수(受)의 증어가 보살마하살인가?"

"아닙니다. 세존이시여."

"곧 이(耳)·비(鼻)·설(舌)·신(身)·의촉(意觸)을 인연으로 생겨나는 여러 수의 증어가 곧 보살마하살인가?"

"아닙니다. 세존이시여."

"곧 안촉을 인연으로 생겨나는 여러 수가 항상하다는 증어가 보살마하살인가?"

"아닙니다. 세존이시여."

"곧 이·비·설·신·의촉을 인연으로 생겨나는 여러 수가 항상하다는 증어가 보살마하살인가?"

"아닙니다. 세존이시여."

"곧 안촉을 인연으로 생겨나는 여러 수가 무상하다는 증어가 보살마하살인가?"

"아닙니다. 세존이시여."

"곧 이·비·설·신·의촉을 인연으로 생겨나는 여러 수가 무상하다는 증어가 보살마하살인가?"

"아닙니다. 세존이시여."

"곧 안촉을 인연으로 생겨나는 여러 수가 즐겁다는 증어가 보살마하살인가?"

"아닙니다. 세존이시여."

"곧 이·비·설·신·의촉을 인연으로 생겨나는 여러 수가 즐겁다는 증어가 보살마하살인가?"

"아닙니다. 세존이시여."

"곧 안촉을 인연으로 생겨나는 여러 수가 괴롭다는 증어가 보살마하살인가?"

"아닙니다. 세존이시여."

"곧 이·비·설·신·의촉을 인연으로 생겨나는 여러 수가 괴롭다는 증어가 보살마하살인가?"

"아닙니다. 세존이시여."

"곧 안촉을 인연으로 생겨나는 여러 수가 나라는 증어가 보살마하살인가?"

"아닙니다. 세존이시여."

"곧 이·비·설·신·의촉을 인연으로 생겨나는 여러 수가 나라는 증어가 보살마하살인가?"

"아닙니다. 세존이시여."

"곧 안촉을 인연으로 생겨나는 여러 수가 무아라는 증어가 보살마하살인가?"

"아닙니다. 세존이시여."

"곧 이·비·설·신·의촉을 인연으로 생겨나는 여러 수가 무아라는 증어가 보살마하살인가?"

"아닙니다. 세존이시여."

"곧 안촉을 인연으로 생겨나는 여러 수가 청정하다는 증어가 보살마하살인가?"

"아닙니다. 세존이시여."

"곧 이·비·설·신·의촉을 인연으로 생겨나는 여러 수가 청정하다는 증어가 보살마하살인가?"

"아닙니다. 세존이시여."

"곧 안촉을 인연으로 생겨나는 여러 수가 부정하다는 증어가 보살마하살인가?"

"아닙니다. 세존이시여."

"곧 이·비·설·신·의촉을 인연으로 생겨나는 여러 수가 부정하다는 증어가 보살마하살인가?"

"아닙니다. 세존이시여."

"곧 안촉을 인연으로 생겨나는 여러 수가 공하다는 증어가 보살마하살인가?"

"아닙니다. 세존이시여."

"곧 이·비·설·신·의촉을 인연으로 생겨나는 여러 수가 공하다는 증어가 보살마하살인가?"

"아닙니다. 세존이시여."

"곧 안촉을 인연으로 생겨나는 여러 수가 공하지 않다는 증어가 보살마하살인가?"

"아닙니다. 세존이시여."

"곧 이·비·설·신·의촉을 인연으로 생겨나는 여러 수가 공하지 않다는 증어가 보살마하살인가?"

"아닙니다. 세존이시여."

"곧 안촉을 인연으로 생겨나는 여러 수가 유상이라는 증어가 보살마하살인가?"

"아닙니다. 세존이시여."

"곧 이·비·설·신·의촉을 인연으로 생겨나는 여러 수가 유상이라는 증어가 보살마하살인가?"

"아닙니다. 세존이시여."

"곧 안촉을 인연으로 생겨나는 여러 수가 무상이라는 증어가 보살마하살인가?"

"아닙니다. 세존이시여."

"곧 이·비·설·신·의촉을 인연으로 생겨나는 여러 수가 무상이라는 증어가 보살마하살인가?"

"아닙니다. 세존이시여."

"곧 안촉을 인연으로 생겨나는 여러 수가 유원이라는 증어가 보살마하
살인가?"

"아닙니다. 세존이시여."

"곧 이·비·설·신·의촉을 인연으로 생겨나는 여러 수가 유원이라는
증어가 보살마하살인가?"

"아닙니다. 세존이시여."

"곧 안촉을 인연으로 생겨나는 여러 수가 무원이라는 증어가 보살마하
살인가?"

"아닙니다. 세존이시여."

"곧 이·비·설·신·의촉을 인연으로 생겨나는 여러 수가 무원이라는
증어가 보살마하살인가?"

"아닙니다. 세존이시여."

"곧 안촉을 인연으로 생겨나는 여러 수가 적정하다는 증어가 보살마하
살인가?"

"아닙니다. 세존이시여."

"곧 이·비·설·신·의촉을 인연으로 생겨나는 여러 수가 적정하다는
증어가 보살마하살인가?"

"아닙니다. 세존이시여."

"곧 안촉을 인연으로 생겨나는 여러 수가 적정하지 않다는 증어가
보살마하살인가?"

"아닙니다. 세존이시여."

"곧 이·비·설·신·의촉을 인연으로 생겨나는 여러 수가 적정하지 않다는
증어가 보살마하살인가?"

"아닙니다. 세존이시여."

"곧 안촉을 인연으로 생겨나는 여러 수가 멀리 벗어난다는 증어가
보살마하살인가?"

"아닙니다. 세존이시여."

"곧 이·비·설·신·의촉을 인연으로 생겨나는 여러 수가 멀리 벗어난다는

증어가 보살마하살인가?"

"아닙니다. 세존이시여."

"곧 안촉을 인연으로 생겨나는 여러 수가 멀리 벗어나지 않는다는 증어가 보살마하살인가?"

"아닙니다. 세존이시여."

"곧 이·비·설·신·의촉을 인연으로 생겨나는 여러 수가 멀리 벗어나지 않는다는 증어가 보살마하살인가?"

"아닙니다. 세존이시여."

"곧 안촉을 인연으로 생겨나는 여러 수가 유위라는 증어가 보살마하살인가?"

"아닙니다. 세존이시여."

"곧 이·비·설·신·의촉을 인연으로 생겨나는 여러 수가 유위라는 증어가 보살마하살인가?"

"아닙니다. 세존이시여."

"곧 안촉을 인연으로 생겨나는 여러 수가 무위라는 증어가 보살마하살인가?"

"아닙니다. 세존이시여."

"곧 이·비·설·신·의촉을 인연으로 생겨나는 여러 수가 무위라는 증어가 보살마하살인가?"

"아닙니다. 세존이시여."

"곧 안촉을 인연으로 생겨나는 여러 수가 유루라는 증어가 보살마하살인가?"

"아닙니다. 세존이시여."

"곧 이·비·설·신·의촉을 인연으로 생겨나는 여러 수가 유루라는 증어가 보살마하살인가?"

"아닙니다. 세존이시여."

"곧 안촉을 인연으로 생겨나는 여러 수가 무루라는 증어가 보살마하살인가?"

"아닙니다. 세존이시여."

"곧 이·비·설·신·의촉을 인연으로 생겨나는 여러 수가 무루라는 증어가 보살마하살인가?"

"아닙니다. 세존이시여."

"곧 안촉을 인연으로 생겨나는 여러 수가 생겨나는 것이라는 증어가 보살마하살인가?"

"아닙니다. 세존이시여."

"곧 이·비·설·신·의촉을 인연으로 생겨나는 여러 수가 생겨나는 것이라는 증어가 보살마하살인가?"

"아닙니다. 세존이시여."

"곧 안촉을 인연으로 생겨나는 여러 수가 소멸하는 것이라는 증어가 보살마하살인가?"

"아닙니다. 세존이시여."

"곧 이·비·설·신·의촉을 인연으로 생겨나는 여러 수가 소멸하는 것이라는 증어가 보살마하살인가?"

"아닙니다. 세존이시여."

"곧 안촉을 인연으로 생겨나는 여러 수가 선이 증장한다는 증어가 보살마하살인가?"

"아닙니다. 세존이시여."

"곧 이·비·설·신·의촉을 인연으로 생겨나는 여러 수가 선하게 증장한다는 증어가 보살마하살인가?"

"아닙니다. 세존이시여."

"곧 안촉을 인연으로 생겨나는 여러 수가 선하게 않게 증장한다는 증어가 보살마하살인가?"

"아닙니다. 세존이시여."

"곧 이·비·설·신·의촉을 인연으로 생겨나는 여러 수가 선하지 않게 증장한다는 증어가 보살마하살인가?"

"아닙니다. 세존이시여."

"곧 안촉을 인연으로 생겨나는 여러 수가 유죄라는 증어가 보살마하살인가?"

"아닙니다. 세존이시여."

"곧 이·비·설·신·의촉을 인연으로 생겨나는 여러 수가 유죄라는 증어가 보살마하살인가?"

"아닙니다. 세존이시여."

"곧 안촉을 인연으로 생겨나는 여러 수가 무죄라는 증어가 보살마하살인가?"

"아닙니다. 세존이시여."

"곧 이·비·설·신·의촉을 인연으로 생겨나는 여러 수가 무죄라는 증어가 보살마하살인가?"

"아닙니다. 세존이시여."

"곧 안촉을 인연으로 생겨나는 여러 수가 번뇌가 있다는 증어가 보살마하살인가?"

"아닙니다. 세존이시여."

"곧 이·비·설·신·의촉을 인연으로 생겨나는 여러 수가 번뇌가 있다는 증어가 보살마하살인가?"

"아닙니다. 세존이시여."

"곧 안촉을 인연으로 생겨나는 여러 수가 번뇌가 없다는 증어가 보살마하살인가?"

"아닙니다. 세존이시여."

"곧 이·비·설·신·의촉을 인연으로 생겨나는 여러 수가 번뇌가 없다는 증어가 보살마하살인가?"

"아닙니다. 세존이시여."

"곧 안촉을 인연으로 생겨나는 여러 수가 세간이라는 증어가 보살마하살인가?"

"아닙니다. 세존이시여."

"곧 이·비·설·신·의촉을 인연으로 생겨나는 여러 수가 세간이라는

증어가 보살마하살인가?"

"아닙니다. 세존이시여."

"곧 안촉을 인연으로 생겨나는 여러 수가 출세간이라는 증어가 보살마하살인가?"

"아닙니다. 세존이시여."

"곧 이·비·설·신·의촉을 인연으로 생겨나는 여러 수가 출세간이라는 증어가 보살마하살인가?"

"아닙니다. 세존이시여."

"곧 안촉을 인연으로 생겨나는 여러 수가 잡염이라는 증어가 보살마하살인가?"

"아닙니다. 세존이시여."

"곧 이·비·설·신·의촉을 인연으로 생겨나는 여러 수가 잡염이라는 증어가 보살마하살인가?"

"아닙니다. 세존이시여."

"곧 안촉을 인연으로 생겨나는 여러 수가 청정하다는 증어가 보살마하살인가?"

"아닙니다. 세존이시여."

"곧 이·비·설·신·의촉을 인연으로 생겨나는 여러 수가 청정하다는 증어가 보살마하살인가?"

"아닙니다. 세존이시여."

"곧 안촉을 인연으로 생겨나는 여러 수가 생사에 속한다는 증어가 보살마하살인가?"

"아닙니다. 세존이시여."

"곧 이·비·설·신·의촉을 인연으로 생겨나는 여러 수가 생사에 속한다는 증어가 보살마하살인가?"

"아닙니다. 세존이시여."

"곧 안촉을 인연으로 생겨나는 여러 수가 열반에 속한다는 증어가 보살마하살인가?"

"아닙니다. 세존이시여."

"곧 이·비·설·신·의촉을 인연으로 생겨나는 여러 수가 열반에 속한다는 증어가 보살마하살인가?"

"아닙니다. 세존이시여."

"곧 안촉을 인연으로 생겨나는 여러 수가 내신에 있다는 증어가 보살마하살인가?"

"아닙니다. 세존이시여."

"곧 이·비·설·신·의촉을 인연으로 생겨나는 여러 수가 내신에 있다는 증어가 보살마하살인가?"

"아닙니다. 세존이시여."

"곧 안촉을 인연으로 생겨나는 여러 수가 외신에 있다는 증어가 보살마하살인가?"

"아닙니다. 세존이시여."

"곧 이·비·설·신·의촉을 인연으로 생겨나는 여러 수가 외신에 있다는 증어가 보살마하살인가?"

"아닙니다. 세존이시여."

"곧 안촉을 인연으로 생겨나는 여러 수가 두 가지의 가운데에 있다는 증어가 보살마하살인가?"

"아닙니다. 세존이시여."

"곧 이·비·설·신·의촉을 인연으로 생겨나는 여러 수가 두 가지의 가운데에 있다는 증어가 보살마하살인가?"

"아닙니다. 세존이시여."

"곧 안촉을 인연으로 생겨나는 여러 수가 얻을 수 있다는 증어가 보살마하살인가?"

"아닙니다. 세존이시여."

"곧 이·비·설·신·의촉을 인연으로 생겨나는 여러 수가 얻을 수 있다는 증어가 보살마하살인가?"

"아닙니다. 세존이시여."

　　"곧 안촉을 인연으로 생겨나는 여러 수가 얻을 수 없다는 증어가 보살마하살인가?"

　　"아닙니다. 세존이시여."

　　"곧 이·비·설·신·의촉을 인연으로 생겨나는 여러 수가 얻을 수 없다는 증어가 보살마하살인가?"

　　"아닙니다. 세존이시여."

마하반야바라밀다경 제19권

7. 교계교수품(敎誡敎授品)(9)

"다시 다음으로 선현이여. 보살마하살이라고 말하는 것에 그대의 뜻은 어떠한가? 곧 지계(地界)의 증어가 보살마하살인가?"

"아닙니다. 세존이시여."

"곧 수(水)·화(火)·풍(風)·공(空)·식계(識界)의 증어가 곧 보살마하살인가?"

"아닙니다. 세존이시여."

"곧 지계는 항상하다는 증어가 보살마하살인가?"

"아닙니다. 세존이시여."

"곧 수·화·풍·공·식계는 항상하다는 증어가 보살마하살인가?"

"아닙니다. 세존이시여."

"곧 지계는 무상하다는 증어가 보살마하살인가?"

"아닙니다. 세존이시여."

"곧 수·화·풍·공·식계는 무상하다는 증어가 보살마하살인가?"

"아닙니다. 세존이시여."

"곧 지계는 즐겁다는 증어가 보살마하살인가?"

"아닙니다. 세존이시여."

"곧 수·화·풍·공·식계는 즐겁다는 증어가 보살마하살인가?"

"아닙니다. 세존이시여."

"곧 지계는 괴롭다는 증어가 보살마하살인가?"

"아닙니다. 세존이시여."

"곧 수·화·풍·공·식계는 괴롭다는 증어가 보살마하살인가?"

"아닙니다. 세존이시여."

"곧 지계는 나라는 증어가 보살마하살인가?"

"아닙니다. 세존이시여."

"곧 수·화·풍·공·식계는 나라는 증어가 보살마하살인가?"

"아닙니다. 세존이시여."

"곧 지계는 무아라는 증어가 보살마하살인가?"

"아닙니다. 세존이시여."

"곧 수·화·풍·공·식계는 무아라는 증어가 보살마하살인가?"

"아닙니다. 세존이시여."

"곧 지계는 청정하다는 증어가 보살마하살인가?"

"아닙니다. 세존이시여."

"곧 수·화·풍·공·식계는 청정하다는 증어가 보살마하살인가?"

"아닙니다. 세존이시여."

"곧 지계는 부정하다는 증어가 보살마하살인가?"

"아닙니다. 세존이시여."

"곧 수·화·풍·공·식계는 부정하다는 증어가 보살마하살인가?"

"아닙니다. 세존이시여."

"곧 지계는 공하다는 증어가 보살마하살인가?"

"아닙니다. 세존이시여."

"곧 수·화·풍·공·식계는 공하다는 증어가 보살마하살인가?"

"아닙니다. 세존이시여."

"곧 지계는 공하지 않다는 증어가 보살마하살인가?"

"아닙니다. 세존이시여."

"곧 수·화·풍·공·식계는 공하지 않다는 증어가 보살마하살인가?"

"아닙니다. 세존이시여."

"곧 지계는 유상이라는 증어가 보살마하살인가?"

"아닙니다. 세존이시여."

"곧 수·화·풍·공·식계는 유상이라는 증어가 보살마하살인가?"

"아닙니다. 세존이시여."

"곧 지계는 무상이라는 증어가 보살마하살인가?"

"아닙니다. 세존이시여."

"곧 수·화·풍·공·식계는 무상이라는 증어가 보살마하살인가?"

"아닙니다. 세존이시여."

"곧 지계는 유원이라는 증어가 보살마하살인가?"

"아닙니다. 세존이시여."

"곧 수·화·풍·공·식계는 유원이라는 증어가 보살마하살인가?"

"아닙니다. 세존이시여."

"곧 지계는 무원이라는 증어가 보살마하살인가?"

"아닙니다. 세존이시여."

"곧 수·화·풍·공·식계는 무원이라는 증어가 보살마하살인가?"

"아닙니다. 세존이시여."

"곧 지계는 적정하다는 증어가 보살마하살인가?"

"아닙니다. 세존이시여."

"곧 수·화·풍·공·식계는 적정하다는 증어가 보살마하살인가?"

"아닙니다. 세존이시여."

"곧 지계는 적정하지 않다는 증어가 보살마하살인가?"

"아닙니다. 세존이시여."

"곧 수·화·풍·공·식계는 적정하지 않다는 증어가 보살마하살인가?"

"아닙니다. 세존이시여."

"곧 지계는 멀리 벗어난다는 증어가 보살마하살인가?"

"아닙니다. 세존이시여."

"곧 수·화·풍·공·식계계는 멀리 벗어난다는 증어가 보살마하살인가?"

"아닙니다. 세존이시여."

"곧 지계는 멀리 벗어나지 않는다는 증어가 보살마하살인가?"

"아닙니다. 세존이시여."

"곧 수·화·풍·공·식계는 멀리 벗어나지 않는다는 증어가 보살마하살인가?"

"아닙니다. 세존이시여."

"곧 지계는 유위라는 증어가 보살마하살인가?"

"아닙니다. 세존이시여."

"곧 수·화·풍·공·식계는 유위라는 증어가 보살마하살인가?"

"아닙니다. 세존이시여."

"곧 지계는 무위라는 증어가 보살마하살인가?"

"아닙니다. 세존이시여."

"곧 수·화·풍·공·식계는 무위라는 증어가 보살마하살인가?"

"아닙니다. 세존이시여."

"곧 지계는 유루라는 증어가 보살마하살인가?"

"아닙니다. 세존이시여."

"곧 수·화·풍·공·식계는 유루라는 증어가 보살마하살인가?"

"아닙니다. 세존이시여."

"곧 지계는 무루라는 증어가 보살마하살인가?"

"아닙니다. 세존이시여."

"곧 수·화·풍·공·식계는 무루라는 증어가 보살마하살인가?"

"아닙니다. 세존이시여."

"곧 지계는 생겨나는 것이라는 증어가 보살마하살인가?"

"아닙니다. 세존이시여."

"곧 수·화·풍·공·식계는 생겨나는 것이라는 증어가 보살마하살인가?"

"아닙니다. 세존이시여."

"곧 지계는 소멸하는 것이라는 증어가 보살마하살인가?"

"아닙니다. 세존이시여."

"곧 수·화·풍·공·식계는 소멸하는 것이라는 증어가 보살마하살인가?"

"아닙니다. 세존이시여."

"곧 지계는 선하게 증장한다는 증어가 보살마하살인가?"

"아닙니다. 세존이시여."

"곧 수·화·풍·공·식계는 선하게 증장한다는 증어가 보살마하살인가?"

"아닙니다. 세존이시여."

"곧 지계는 선하지 않게 증장한다는 증어가 보살마하살인가?"

"아닙니다. 세존이시여."

"곧 수·화·풍·공·식계는 선하지 않게 증장한다는 증어가 보살마하살인가?"

"아닙니다. 세존이시여."

"곧 지계는 유죄라는 증어가 보살마하살인가?"

"아닙니다. 세존이시여."

"곧 수·화·풍·공·식계는 유죄라는 증어가 보살마하살인가?"

"아닙니다. 세존이시여."

"곧 지계는 무죄라는 증어가 보살마하살인가?"

"아닙니다. 세존이시여."

"곧 수·화·풍·공·식계는 무죄라는 증어가 보살마하살인가?"

"아닙니다. 세존이시여."

"곧 지계는 번뇌가 있다는 증어가 보살마하살인가?"

"아닙니다. 세존이시여."

"곧 수·화·풍·공·식계는 번뇌가 있다는 증어가 보살마하살인가?"

"아닙니다. 세존이시여."

"곧 지계는 번뇌가 없다는 증어가 보살마하살인가?"

"아닙니다. 세존이시여."

"곧 수·화·풍·공·식계는 번뇌가 없다는 증어가 보살마하살인가?"

"아닙니다. 세존이시여."

"곧 지계는 세간이라는 증어가 보살마하살인가?"

"아닙니다. 세존이시여."

"곧 수·화·풍·공·식계는 세간이라는 증어가 보살마하살인가?"

"아닙니다. 세존이시여."

"곧 지계는 출세간이라는 증어가 보살마하살인가?"

"아닙니다. 세존이시여."

"곧 수·화·풍·공·식계는 출세간이라는 증어가 보살마하살인가?"

"아닙니다. 세존이시여."

"곧 지계는 잡염이라는 증어가 보살마하살인가?"

"아닙니다. 세존이시여."

"곧 수·화·풍·공·식계는 잡염이라는 증어가 보살마하살인가?"

"아닙니다. 세존이시여."

"곧 지계는 청정하다는 증어가 보살마하살인가?"

"아닙니다. 세존이시여."

"곧 수·화·풍·공·식계는 청정하다는 증어가 보살마하살인가?"

"아닙니다. 세존이시여."

"곧 지계는 생사에 속한다는 증어가 보살마하살인가?"

"아닙니다. 세존이시여."

"곧 수·화·풍·공·식계는 생사에 속한다는 증어가 보살마하살인가?"

"아닙니다. 세존이시여."

"곧 지계는 열반에 속한다는 증어가 보살마하살인가?"

"아닙니다. 세존이시여."

"곧 수·화·풍·공·식계는 열반에 속한다는 증어가 보살마하살인가?"

"아닙니다. 세존이시여."

"곧 지계는 내신에 있다는 증어가 보살마하살인가?"

"아닙니다. 세존이시여."

"곧 수·화·풍·공·식계는 내신에 있다는 증어가 보살마하살인가?"

"아닙니다. 세존이시여."

"곧 지계는 외신에 있다는 증어가 보살마하살인가?"

"아닙니다. 세존이시여."

"곧 수·화·풍·공·식계는 외신에 있다는 증어가 보살마하살인가?"

"아닙니다. 세존이시여."

"곧 지계는 두 가지의 가운데에 있다는 증어가 보살마하살인가?"

"아닙니다. 세존이시여."

"곧 수·화·풍·공·식계는 두 가지의 가운데에 있다는 증어가 보살마하살인가?"

"아닙니다. 세존이시여."

"곧 지계는 얻을 수 있다는 증어가 보살마하살인가?"

"아닙니다. 세존이시여."

"곧 수·화·풍·공·식계는 얻을 수 있다는 증어가 보살마하살인가?"

"아닙니다. 세존이시여."

"곧 지계는 얻을 수 없다는 증어가 보살마하살인가?"

"아닙니다. 세존이시여."

"곧 수·화·풍·공·식계는 얻을 수 없다는 증어가 보살마하살인가?"

"아닙니다. 세존이시여."

"다시 다음으로 선현이여. 보살마하살이라고 말하는 것에 그대의 뜻은 어떠한가? 곧 인연(因緣)의 증어가 보살마하살인가?"

"아닙니다. 세존이시여."

"곧 등무간연(等無間緣)·소연연(所緣緣)·증상연(增上緣)의 증어가 곧 보살마하살인가?"

"아닙니다. 세존이시여."

"곧 인연은 항상하다는 증어가 보살마하살인가?"

"아닙니다. 세존이시여."

"곧 등무간연·소연연·증상연은 항상하다는 증어가 보살마하살인가?"

"아닙니다. 세존이시여."

"곧 인연은 무상하다는 증어가 보살마하살인가?"

"아닙니다. 세존이시여."

"곧 등무간연·소연연·증상연은 무상하다는 증어가 보살마하살인가?"

"아닙니다. 세존이시여."

"곧 인연은 즐겁다는 증어가 보살마하살인가?"

"아닙니다. 세존이시여."

"곧 등무간연·소연연·증상연은 즐겁다는 증어가 보살마하살인가?"

"아닙니다. 세존이시여."

"곧 인연은 괴롭다는 증어가 보살마하살인가?"

"아닙니다. 세존이시여."

"곧 등무간연·소연연·증상연은 괴롭다는 증어가 보살마하살인가?"

"아닙니다. 세존이시여."

"곧 인연은 나라는 증어가 보살마하살인가?"

"아닙니다. 세존이시여."

"곧 등무간연·소연연·증상연은 나라는 증어가 보살마하살인가?"

"아닙니다. 세존이시여."

"곧 인연은 무아라는 증어가 보살마하살인가?"

"아닙니다. 세존이시여."

"곧 등무간연·소연연·증상연은 무아라는 증어가 보살마하살인가?"

"아닙니다. 세존이시여."

"곧 인연은 청정하다는 증어가 보살마하살인가?"

"아닙니다. 세존이시여."

"곧 등무간연·소연연·증상연은 청정하다는 증어가 보살마하살인가?"

"아닙니다. 세존이시여."

"곧 인연은 부정하다는 증어가 보살마하살인가?"

"아닙니다. 세존이시여."

"곧 등무간연·소연연·증상연은 부정하다는 증어가 보살마하살인가?"

"아닙니다. 세존이시여."

"곧 인연은 공하다는 증어가 보살마하살인가?"

"아닙니다. 세존이시여."

"곧 등무간연·소연연·증상연은 공하다는 증어가 보살마하살인가?"

"아닙니다. 세존이시여."

"곧 인연은 공하지 않다는 증어가 보살마하살인가?"

"아닙니다. 세존이시여."

"곧 등무간연·소연연·증상연은 공하지 않다는 증어가 보살마하살인가?"

"아닙니다. 세존이시여."

"곧 인연은 유상이라는 증어가 보살마하살인가?"

"아닙니다. 세존이시여."

"곧 등무간연·소연연·증상연은 유상이라는 증어가 보살마하살인가?"

"아닙니다. 세존이시여."

"곧 인연은 무상이라는 증어가 보살마하살인가?"

"아닙니다. 세존이시여."

"곧 등무간연·소연연·증상연은 무상이라는 증어가 보살마하살인가?"

"아닙니다. 세존이시여."

"곧 인연은 유원이라는 증어가 보살마하살인가?"

"아닙니다. 세존이시여."

"곧 등무간연·소연연·증상연은 유원이라는 증어가 보살마하살인가?"

"아닙니다. 세존이시여."

"곧 인연은 무원이라는 증어가 보살마하살인가?"

"아닙니다. 세존이시여."

"곧 등무간연·소연연·증상연은 무원이라는 증어가 보살마하살인가?"

"아닙니다. 세존이시여."

"곧 인연은 적정하다는 증어가 보살마하살인가?"

"아닙니다. 세존이시여."

"곧 등무간연·소연연·증상연은 적정하다는 증어가 보살마하살인가?"

"아닙니다. 세존이시여."

"곧 인연은 적정하지 않다는 증어가 보살마하살인가?"

"아닙니다. 세존이시여."

"곧 등무간연·소연연·증상연은 적정하지 않다는 증어가 보살마하살인가?"

"아닙니다. 세존이시여."

"곧 인연은 멀리 벗어났다는 증어가 보살마하살인가?"

"아닙니다. 세존이시여."

"곧 등무간연·소연연·증상연은 멀리 벗어난다는 증어가 보살마하살인가?"

"아닙니다. 세존이시여."

"곧 인연은 멀리 벗어나지 않았다는 증어가 보살마하살인가?"

"아닙니다. 세존이시여."

"곧 등무간연·소연연·증상연은 멀리 벗어나지 않는다는 증어가 보살마하살인가?"

"아닙니다. 세존이시여."

"곧 인연은 유위라는 증어가 보살마하살인가?"

"아닙니다. 세존이시여."

"곧 등무간연·소연연·증상연은 유위라는 증어가 보살마하살인가?"

"아닙니다. 세존이시여."

"곧 인연은 무위라는 증어가 보살마하살인가?"

"아닙니다. 세존이시여."

"곧 등무간연·소연연·증상연은 무위라는 증어가 보살마하살인가?"

"아닙니다. 세존이시여."

"곧 인연은 유루라는 증어가 보살마하살인가?"

"아닙니다. 세존이시여."

"곧 등무간연·소연연·증상연은 유루라는 증어가 보살마하살인가?"

"아닙니다. 세존이시여."

"곧 인연은 무루라는 증어가 보살마하살인가?"

"아닙니다. 세존이시여."

"곧 등무간연·소연연·증상연은 무루라는 증어가 보살마하살인가?"

"아닙니다. 세존이시여."

"곧 인연은 생겨나는 것이 증장한다는 증어가 보살마하살인가?"

"아닙니다. 세존이시여."

"곧 이등무간연·소연연·증상연은 생겨나는 것이라는 증어가 보살마하살인가?"

"아닙니다. 세존이시여."

"곧 인연은 소멸하는 것이라는 증어가 보살마하살인가?"

"아닙니다. 세존이시여."

"곧 등무간연·소연연·증상연은 소멸하는 것이라는 증어가 보살마하살인가?"

"아닙니다. 세존이시여."

"곧 인연은 선하게 증장한다는 증어가 보살마하살인가?"

"아닙니다. 세존이시여."

"곧 등무간연·소연연·증상연은 선하게 증장한다는 증어가 보살마하살인가?"

"아닙니다. 세존이시여."

"곧 인연은 선하지 않게 증장한다는 증어가 보살마하살인가?"

"아닙니다. 세존이시여."

"곧 등무간연·소연연·증상연은 선하지 않게 증장한다는 증어가 보살마하살인가?"

"아닙니다. 세존이시여."

"곧 인연은 유죄라는 증어가 보살마하살인가?"

"아닙니다. 세존이시여."

"곧 등무간연·소연연·증상연은 유죄라는 증어가 보살마하살인가?"

"아닙니다. 세존이시여."

"곧 인연은 무죄라는 증어가 보살마하살인가?"

"아닙니다. 세존이시여."

"곧 등무간연·소연연·증상연은 무죄라는 증어가 보살마하살인가?"

"아닙니다. 세존이시여."

"곧 인연은 번뇌가 있다는 증어가 보살마하살인가?"

"아닙니다. 세존이시여."

"곧 등무간연·소연연·증상연은 번뇌가 있다는 증어가 보살마하살인가?"

"아닙니다. 세존이시여."

"곧 인연은 번뇌가 없다는 증어가 보살마하살인가?"

"아닙니다. 세존이시여."

"곧 등무간연·소연연·증상연은 번뇌가 없다는 증어가 보살마하살인가?"

"아닙니다. 세존이시여."

"곧 인연은 세간이라는 증어가 보살마하살인가?"

"아닙니다. 세존이시여."

"곧 등무간연·소연연·증상연은 세간이라는 증어가 보살마하살인가?"

"아닙니다. 세존이시여."

"곧 인연은 출세간이라는 증어가 보살마하살인가?"

"아닙니다. 세존이시여."

"곧 등무간연·소연연·증상연은 출세간이라는 증어가 보살마하살인가?"

"아닙니다. 세존이시여."

"곧 인연은 잡염이라는 증어가 보살마하살인가?"

"아닙니다. 세존이시여."

"곧 등무간연·소연연·증상연은 잡염이라는 증어가 보살마하살인가?"

"아닙니다. 세존이시여."

"곧 인연은 청정하다는 증어가 보살마하살인가?"

"아닙니다. 세존이시여."

"곧 등무간연·소연연·증상연은 청정하다는 증어가 보살마하살인가?"

"아닙니다. 세존이시여."

"곧 인연은 생사에 귀속된다는 증어가 보살마하살인가?"

"아닙니다. 세존이시여."

"곧 등무간연·소연연·증상연은 생사에 귀속된다는 증어가 보살마하살인가?"

"아닙니다. 세존이시여."

"곧 인연은 열반에 귀속된다는 증어가 보살마하살인가?"

"아닙니다. 세존이시여."

"곧 등무간연·소연연·증상연은 청정하다는 증어가 보살마하살인가?"

"아닙니다. 세존이시여."

"곧 인연은 내신에 있다는 증어가 보살마하살인가?"

"아닙니다. 세존이시여."

"곧 등무간연·소연연·증상연은 내신에 있다는 증어가 보살마하살인가?"

"아닙니다. 세존이시여."

"곧 인연은 외신에 있다는 증어가 보살마하살인가?"

"아닙니다. 세존이시여."

"곧 등무간연·소연연·증상연은 외신에 있다는 증어가 보살마하살인가?"

"아닙니다. 세존이시여."

"곧 인연은 두 가지의 가운데에 있다는 증어가 보살마하살인가?"

"아닙니다. 세존이시여."

"곧 등무간연·소연연·증상연은 두 가지의 가운데에 있다는 증어가 보살마하살인가?"

"아닙니다. 세존이시여."

"곧 인연은 얻을 수 있다는 증어가 보살마하살인가?"

"아닙니다. 세존이시여."

"곧 등무간연·소연연·증상연은 얻을 수 있다는 증어가 보살마하살인가?"

"아닙니다. 세존이시여."

"곧 인연은 얻을 수 없다는 증어가 보살마하살인가?"

"아닙니다. 세존이시여."

"곧 등무간연·소연연·증상연은 얻을 수 없다는 증어가 보살마하살인가?"

"아닙니다. 세존이시여."

"다시 다음으로 선현이여. 보살마하살이라고 말하는 것에 그대의 뜻은 어떠한가? 곧 연(緣)에서 생겨나는 법의 증어가 보살마하살인가?"

"아닙니다. 세존이시여."

"곧 연에서 생겨나는 법이 항상하다는 증어가 보살마하살인가?"

"아닙니다. 세존이시여."

"곧 연에서 생겨나는 법이 무상하다는 증어가 보살마하살인가?"

"아닙니다. 세존이시여."

"곧 연에서 생겨나는 법이 즐겁다는 증어가 보살마하살인가?"

"아닙니다. 세존이시여."

"곧 연에서 생겨나는 법이 괴롭다는 증어가 보살마하살인가?"

"아닙니다. 세존이시여."

"곧 연에서 생겨나는 법이 나라는 증어가 보살마하살인가?"

"아닙니다. 세존이시여."

"곧 연에서 생겨나는 법이 무아라는 증어가 보살마하살인가?"

"아닙니다. 세존이시여."

"곧 연에서 생겨나는 법이 청정하다는 증어가 보살마하살인가?"

"아닙니다. 세존이시여."

"곧 연에서 생겨나는 법이 부정하다는 증어가 보살마하살인가?"

"아닙니다. 세존이시여."

"곧 연에서 생겨나는 법이 공하다는 증어가 보살마하살인가?"

"아닙니다. 세존이시여."

"곧 연에서 생겨나는 법이 공하지 않다는 증어가 보살마하살인가?"

"아닙니다. 세존이시여."

"곧 연에서 생겨나는 법이 유상이라는 증어가 보살마하살인가?"

"아닙니다. 세존이시여."

"곧 연에서 생겨나는 법이 무상이라는 증어가 보살마하살인가?"

"아닙니다. 세존이시여."

"곧 연에서 생겨나는 법이 유원이라는 증어가 보살마하살인가?"

"아닙니다. 세존이시여."

"곧 연에서 생겨나는 법이 무원이라는 증어가 보살마하살인가?"

"아닙니다. 세존이시여."

"곧 연에서 생겨나는 법이 적정하다는 증어가 보살마하살인가?"

"아닙니다. 세존이시여."

"곧 연에서 생겨나는 법이 적정하지 않다는 증어가 보살마하살인가?"

"아닙니다. 세존이시여."

"곧 연에서 생겨나는 법이 멀리 벗어났다는 증어가 보살마하살인가?"

"아닙니다. 세존이시여."

"곧 연에서 생겨나는 법이 멀리 벗어나지 않았다는 증어가 보살마하살인가?"

"아닙니다. 세존이시여."

"곧 연에서 생겨나는 법이 유위라는 증어가 보살마하살인가?"

"아닙니다. 세존이시여."

"곧 연에서 생겨나는 법이 무위라는 증어가 보살마하살인가?"

"아닙니다. 세존이시여."

"곧 연에서 생겨나는 법이 유루라는 증어가 보살마하살인가?"

"아닙니다. 세존이시여."

"곧 인연은 무루라는 증어가 보살마하살인가?"

"아닙니다. 세존이시여."

"곧 연에서 생겨나는 법이 생겨나는 것이라는 증어가 보살마하살인가?"

"아닙니다. 세존이시여."

"곧 연에서 생겨나는 법이 소멸하는 것이라는 증어가 보살마하살인가?"

"아닙니다. 세존이시여."

"곧 연에서 생겨나는 법이 선하게 증장한다는 증어가 보살마하살인가?"

"아닙니다. 세존이시여."

"곧 연에서 생겨나는 법이 선하지 않게 증장한다는 증어가 보살마하살인가?"

"아닙니다. 세존이시여."

"곧 연에서 생겨나는 법이 유죄라는 증어가 보살마하살인가?"

"아닙니다. 세존이시여."

"곧 연에서 생겨나는 법이 무죄라는 증어가 보살마하살인가?"

"아닙니다. 세존이시여."

"곧 연에서 생겨나는 법이 번뇌가 있다는 증어가 보살마하살인가?"

"아닙니다. 세존이시여."

"곧 연에서 생겨나는 법이 번뇌가 없다는 증어가 보살마하살인가?"

"아닙니다. 세존이시여."

"곧 연에서 생겨나는 법이 세간이라는 증어가 보살마하살인가?"

"아닙니다. 세존이시여."

"곧 연에서 생겨나는 법이 출세간이라는 증어가 보살마하살인가?"

"아닙니다. 세존이시여."

"곧 연에서 생겨나는 법이 잡염이라는 증어가 보살마하살인가?"

"아닙니다. 세존이시여."

"곧 연에서 생겨나는 법이 청정하다는 증어가 보살마하살인가?"

"아닙니다. 세존이시여."

"곧 연에서 생겨나는 법이 생사에 속한다는 증어가 보살마하살인가?"

"아닙니다. 세존이시여."

"곧 연에서 생겨나는 법이 열반에 속한다는 증어가 보살마하살인가?"

"아닙니다. 세존이시여."

"곧 연에서 생겨나는 법이 내신에 있다는 증어가 보살마하살인가?"

"아닙니다. 세존이시여."

"곧 연에서 생겨나는 법이 외신에 있다는 증어가 보살마하살인가?"

"아닙니다. 세존이시여."

"곧 연에서 생겨나는 법이 두 가지의 가운데에 있다는 증어가 보살마하살인가?"

"아닙니다. 세존이시여."

"곧 연에서 생겨나는 법이 얻을 수 있다는 증어가 보살마하살인가?"

"아닙니다. 세존이시여."

"곧 연에서 생겨나는 법이 얻을 수 없다는 증어가 보살마하살인가?"

"아닙니다. 세존이시여."

"다시 다음으로 선현이여. 보살마하살이라고 말하는 것에 그대의 뜻은 어떠한가? 곧 무명(無名)의 증어가 보살마하살인가?"

"아닙니다. 세존이시여."

"곧 행(行)·식(識)·명색(名色)·육처(六處)·촉(觸)·수(受)·애(愛)·취(取)·유(有)·생(生)·노사(老死)의 증어가 곧 보살마하살인가?"

"아닙니다. 세존이시여."

"곧 무명은 항상하다는 증어가 보살마하살인가?"

"아닙니다. 세존이시여."

"곧 행, 나아가 노사는 항상하다는 증어가 보살마하살인가?"

"아닙니다. 세존이시여."

"곧 무명은 무상하다는 증어가 보살마하살인가?"

"아닙니다. 세존이시여."

"곧 행, 나아가 노사는 무상하다는 증어가 보살마하살인가?"

"아닙니다. 세존이시여."

"곧 무명은 즐겁다는 증어가 보살마하살인가?"

"아닙니다. 세존이시여."

"곧 행, 나아가 노사는 즐겁다는 증어가 보살마하살인가?"
"아닙니다. 세존이시여."
"곧 무명은 괴롭다는 증어가 보살마하살인가?"
"아닙니다. 세존이시여."
"곧 행, 나아가 노사는 괴롭다는 증어가 보살마하살인가?"
"아닙니다. 세존이시여."
"곧 무명은 나라는 증어가 보살마하살인가?"
"아닙니다. 세존이시여."
"곧 행, 나아가 노사는 나라는 증어가 보살마하살인가?"
"아닙니다. 세존이시여."
"곧 무명은 무아라는 증어가 보살마하살인가?"
"아닙니다. 세존이시여."
"곧 행, 나아가 노사는 무아라는 증어가 보살마하살인가?"
"아닙니다. 세존이시여."
"곧 무명은 청정하다는 증어가 보살마하살인가?"
"아닙니다. 세존이시여."
"곧 행, 나아가 노사는 청정하다는 증어가 보살마하살인가?"
"아닙니다. 세존이시여."
"곧 무명은 부정하다는 증어가 보살마하살인가?"
"아닙니다. 세존이시여."
"곧 행, 나아가 노사는 부정하다는 증어가 보살마하살인가?"
"아닙니다. 세존이시여."
"곧 무명은 공하다는 증어가 보살마하살인가?"
"아닙니다. 세존이시여."
"곧 행, 나아가 노사는 공하다는 증어가 보살마하살인가?"
"아닙니다. 세존이시여."
"곧 무명은 공하지 않다는 증어가 보살마하살인가?"
"아닙니다. 세존이시여."

"곧 행, 나아가 노사는 공하지 않다는 증어가 보살마하살인가?"
"아닙니다. 세존이시여."
"곧 무명은 유상이라는 증어가 보살마하살인가?"
"아닙니다. 세존이시여."
"곧 행, 나아가 노사는 유상이라는 증어가 보살마하살인가?"
"아닙니다. 세존이시여."
"곧 무명은 무상이라는 증어가 보살마하살인가?"
"아닙니다. 세존이시여."
"곧 행, 나아가 노사는 무상이라는 증어가 보살마하살인가?"
"아닙니다. 세존이시여."
"곧 무명은 유원이라는 증어가 보살마하살인가?"
"아닙니다. 세존이시여."
"곧 행, 나아가 노사는 유원이라는 증어가 보살마하살인가?"
"아닙니다. 세존이시여."
"곧 무명은 무원이라는 증어가 보살마하살인가?"
"아닙니다. 세존이시여."
"곧 행, 나아가 노사는 무원이라는 증어가 보살마하살인가?"
"아닙니다. 세존이시여."
"곧 무명은 적정하다는 증어가 보살마하살인가?"
"아닙니다. 세존이시여."
"곧 행, 나아가 노사는 적정하다는 증어가 보살마하살인가?"
"아닙니다. 세존이시여."
"곧 무명은 적정하지 않다는 증어가 보살마하살인가?"
"아닙니다. 세존이시여."
"곧 행, 나아가 노사는 적정하지 않다는 증어가 보살마하살인가?"
"아닙니다. 세존이시여."
"곧 무명은 멀리 벗어났다는 증어가 보살마하살인가?"
"아닙니다. 세존이시여."

"곧 행, 나아가 노사는 멀리 벗어난다는 증어가 보살마하살인가?"

"아닙니다. 세존이시여."

"곧 무명은 멀리 벗어나지 않았다는 증어가 보살마하살인가?"

"아닙니다. 세존이시여."

"곧 행, 나아가 노사는 멀리 벗어나지 않는다는 증어가 보살마하살인가?"

"아닙니다. 세존이시여."

"곧 무명은 유위라는 증어가 보살마하살인가?"

"아닙니다. 세존이시여."

"곧 행, 나아가 노사는 유위라는 증어가 보살마하살인가?"

"아닙니다. 세존이시여."

"곧 무명은 무위라는 증어가 보살마하살인가?"

"아닙니다. 세존이시여."

"곧 행, 나아가 노사는 무위라는 증어가 보살마하살인가?"

"아닙니다. 세존이시여."

"곧 무명은 유루라는 증어가 보살마하살인가?"

"아닙니다. 세존이시여."

"곧 행, 나아가 노사는 유루라는 증어가 보살마하살인가?"

"아닙니다. 세존이시여."

"곧 무명은 무루라는 증어가 보살마하살인가?"

"아닙니다. 세존이시여."

"곧 행, 나아가 노사는 무루라는 증어가 보살마하살인가?"

"아닙니다. 세존이시여."

"곧 무명은 생겨나는 것이라는 증어가 보살마하살인가?"

"아닙니다. 세존이시여."

"곧 행, 나아가 노사는 생겨나는 것이라는 증어가 보살마하살인가?"

"아닙니다. 세존이시여."

"곧 무명은 소멸하는 것이라는 증어가 보살마하살인가?"

"아닙니다. 세존이시여."

"곧 행, 나아가 노사는 소멸하는 것이라는 증어가 보살마하살인가?"

"아닙니다. 세존이시여."

"곧 무명은 선하게 증장한다는 증어가 보살마하살인가?"

"아닙니다. 세존이시여."

"곧 행, 나아가 노사는 선하게 증장한다는 증어가 보살마하살인가?"

"아닙니다. 세존이시여."

"곧 무명은 선하지 않게 증장한다는 증어가 보살마하살인가?"

"아닙니다. 세존이시여."

"곧 행, 나아가 노사는 선하지 않게 증장한다는 증어가 보살마하살인가?"

"아닙니다. 세존이시여."

"곧 무명은 유죄라는 증어가 보살마하살인가?"

"아닙니다. 세존이시여."

"곧 행, 나아가 노사는 유죄라는 증어가 보살마하살인가?"

"아닙니다. 세존이시여."

"곧 무명은 무죄라는 증어가 보살마하살인가?"

"아닙니다. 세존이시여."

"곧 행, 나아가 노사는 무죄라는 증어가 보살마하살인가?"

"아닙니다. 세존이시여."

"곧 무명은 번뇌가 있다는 증어가 보살마하살인가?"

"아닙니다. 세존이시여."

"곧 행, 나아가 노사는 번뇌가 있다는 증어가 보살마하살인가?"

"아닙니다. 세존이시여."

"곧 무명은 번뇌가 없다는 증어가 보살마하살인가?"

"아닙니다. 세존이시여."

"곧 행, 나아가 노사는 번뇌가 없다는 증어가 보살마하살인가?"

"아닙니다. 세존이시여."

"곧 무명은 세간이라는 증어가 보살마하살인가?"

"아닙니다. 세존이시여."

"곧 행, 나아가 노사는 세간이라는 증어가 보살마하살인가?"

"아닙니다. 세존이시여."

"곧 무명은 출세간이라는 증어가 보살마하살인가?"

"아닙니다. 세존이시여."

"곧 행, 나아가 노사는 출세간이라는 증어가 보살마하살인가?"

"아닙니다. 세존이시여."

"곧 무명은 잡염이라는 증어가 보살마하살인가?"

"아닙니다. 세존이시여."

"곧 행, 나아가 노사는 잡염이라는 증어가 보살마하살인가?"

"아닙니다. 세존이시여."

"곧 무명은 청정하다는 증어가 보살마하살인가?"

"아닙니다. 세존이시여."

"곧 행, 나아가 노사는 청정하다는 증어가 보살마하살인가?"

"아닙니다. 세존이시여."

"곧 무명은 생사에 속한다는 증어가 보살마하살인가?"

"아닙니다. 세존이시여."

"곧 행, 나아가 노사는 생사에 속한다는 증어가 보살마하살인가?"

"아닙니다. 세존이시여."

"곧 무명은 열반에 속한다는 증어가 보살마하살인가?"

"아닙니다. 세존이시여."

"곧 행, 나아가 노사는 열반에 속한다는 증어가 보살마하살인가?"

"아닙니다. 세존이시여."

"곧 무명은 내신에 있다는 증어가 보살마하살인가?"

"아닙니다. 세존이시여."

"곧 행, 나아가 노사는 내신에 있다는 증어가 보살마하살인가?"

"아닙니다. 세존이시여."

"곧 무명은 외신에 있다는 증어가 보살마하살인가?"
"아닙니다. 세존이시여."
"곧 행, 나아가 노사는 외신에 있다는 증어가 보살마하살인가?"
"아닙니다. 세존이시여."
"곧 무명은 두 가지의 가운데에 있다는 증어가 보살마하살인가?"
"아닙니다. 세존이시여."
"곧 행, 나아가 노사는 두 가지의 가운데에 있다는 증어가 보살마하살인가?"
"아닙니다. 세존이시여."
"곧 무명은 얻을 수 있다는 증어가 보살마하살인가?"
"아닙니다. 세존이시여."
"곧 행, 나아가 노사는 얻을 수 있다는 증어가 보살마하살인가?"
"아닙니다. 세존이시여."
"곧 무명은 얻을 수 없다는 증어가 보살마하살인가?"
"아닙니다. 세존이시여."
"곧 행, 나아가 노사는 얻을 수 없다는 증어가 보살마하살인가?"
"아닙니다. 세존이시여."

"다시 다음으로 선현이여. 보살마하살이라고 말하는 것에 그대의 뜻은 어떠한가? 곧 보시바라밀다(布施波羅密多)의 증어가 보살마하살인가?"
"아닙니다. 세존이시여."
"곧 정계(淨戒)·안인(安忍)·정진(精進)·정려(精慮)·반야바라밀다(般若波羅密多)의 증어가 곧 보살마하살인가?"
"아닙니다. 세존이시여."
"곧 보시바라밀다는 항상하다는 증어가 보살마하살인가?"
"아닙니다. 세존이시여."
"곧 정계·안인·정진·정려·반야바라밀다는 항상하다는 증어가 보살마하살인가?"

"아닙니다. 세존이시여."

"곧 보시바라밀다는 무상하다는 증어가 보살마하살인가?"

"아닙니다. 세존이시여."

"곧 정계·안인·정진·정려·반야바라밀다는 무상하다는 증어가 보살마하살인가?"

"아닙니다. 세존이시여."

"곧 보시바라밀다는 즐겁다는 증어가 보살마하살인가?"

"아닙니다. 세존이시여."

"곧 정계·안인·정진·정려·반야바라밀다는 즐겁다는 증어가 보살마하살인가?"

"아닙니다. 세존이시여."

"곧 보시바라밀다는 괴롭다는 증어가 보살마하살인가?"

"아닙니다. 세존이시여."

"곧 정계·안인·정진·정려·반야바라밀다는 괴롭다는 증어가 보살마하살인가?"

"아닙니다. 세존이시여."

"곧 보시바라밀다는 나라는 증어가 보살마하살인가?"

"아닙니다. 세존이시여."

"곧 정계·안인·정진·정려·반야바라밀다는 나라는 증어가 보살마하살인가?"

"아닙니다. 세존이시여."

"곧 보시바라밀다는 무아라는 증어가 보살마하살인가?"

"아닙니다. 세존이시여."

"곧 정계·안인·정진·정려·반야바라밀다는 무아라는 증어가 보살마하살인가?"

"아닙니다. 세존이시여."

"곧 보시바라밀다는 청정하다는 증어가 보살마하살인가?"

"아닙니다. 세존이시여."

　　“곧 정계·안인·정진·정려·반야바라밀다는 청정하다는 증어가 보살마하살인가?”

　　“아닙니다. 세존이시여.”

　　“곧 보시바라밀다는 부정하다는 증어가 보살마하살인가?”

　　“아닙니다. 세존이시여.”

　　“곧 정계·안인·정진·정려·반야바라밀다는 부정하다는 증어가 보살마하살인가?”

　　“아닙니다. 세존이시여.”

　　“곧 보시바라밀다는 공하다는 증어가 보살마하살인가?”

　　“아닙니다. 세존이시여.”

　　“곧 정계·안인·정진·정려·반야바라밀다는 공하다는 증어가 보살마하살인가?”

　　“아닙니다. 세존이시여.”

　　“곧 보시바라밀다는 공하지 않다는 증어가 보살마하살인가?”

　　“아닙니다. 세존이시여.”

　　“곧 정계·안인·정진·정려·반야바라밀다는 공하지 않다는 증어가 보살마하살인가?”

　　“아닙니다. 세존이시여.”

　　“곧 보시바라밀다는 유상이라는 증어가 보살마하살인가?”

　　“아닙니다. 세존이시여.”

　　“곧 정계·안인·정진·정려·반야바라밀다는 유상이라는 증어가 보살마하살인가?”

　　“아닙니다. 세존이시여.”

　　“곧 보시바라밀다는 무상이라는 증어가 보살마하살인가?”

　　“아닙니다. 세존이시여.”

　　“곧 정계·안인·정진·정려·반야바라밀다는 무상이라는 증어가 보살마하살인가?”

　　“아닙니다. 세존이시여.”

"곧 보시바라밀다는 유원이라는 증어가 보살마하살인가?"

"아닙니다. 세존이시여."

"곧 정계·안인·정진·정려·반야바라밀다는 유원이라는 증어가 보살마 하살인가?"

"아닙니다. 세존이시여."

"곧 보시바라밀다는 무원이라는 증어가 보살마하살인가?"

"아닙니다. 세존이시여."

"곧 정계·안인·정진·정려·반야바라밀다는 무원이라는 증어가 보살마 하살인가?"

"아닙니다. 세존이시여."

"곧 보시바라밀다는 적정하다는 증어가 보살마하살인가?"

"아닙니다. 세존이시여."

"곧 정계·안인·정진·정려·반야바라밀다는 적정하다는 증어가 보살마 하살인가?"

"아닙니다. 세존이시여."

"곧 보시바라밀다는 적정하지 않다는 증어가 보살마하살인가?"

"아닙니다. 세존이시여."

"곧 정계·안인·정진·정려·반야바라밀다는 적정하지 않다는 증어가 보살마하살인가?"

"아닙니다. 세존이시여."

"곧 보시바라밀다는 멀리 벗어났다는 증어가 보살마하살인가?"

"아닙니다. 세존이시여."

"곧 정계·안인·정진·정려·반야바라밀다는 멀리 벗어난다는 증어가 보살마하살인가?"

"아닙니다. 세존이시여."

"곧 보시바라밀다는 멀리 벗어나지 않았다는 증어가 보살마하살인가?"

"아닙니다. 세존이시여."

"곧 정계·안인·정진·정려·반야바라밀다는 멀리 벗어나지 않는다는

증어가 보살마하살인가?"

"아닙니다. 세존이시여."

"곧 보시바라밀다는 유위라는 증어가 보살마하살인가?"

"아닙니다. 세존이시여."

"곧 정계·안인·정진·정려·반야바라밀다는 유위라는 증어가 보살마하살인가?"

"아닙니다. 세존이시여."

"곧 보시바라밀다는 무위라는 증어가 보살마하살인가?"

"아닙니다. 세존이시여."

"곧 정계·안인·정진·정려·반야바라밀다는 무위라는 증어가 보살마하살인가?"

"아닙니다. 세존이시여."

"곧 보시바라밀다는 유루라는 증어가 보살마하살인가?"

"아닙니다. 세존이시여."

"곧 정계·안인·정진·정려·반야바라밀다는 유루라는 증어가 보살마하살인가?"

"아닙니다. 세존이시여."

"곧 보시바라밀다는 무루라는 증어가 보살마하살인가?"

"아닙니다. 세존이시여."

"곧 정계·안인·정진·정려·반야바라밀다는 무루라는 증어가 보살마하살인가?"

"아닙니다. 세존이시여."

"곧 보시바라밀다는 생겨나는 것이라는 증어가 보살마하살인가?"

"아닙니다. 세존이시여."

"곧 정계·안인·정진·정려·반야바라밀다는 생겨나는 것이라는 증어가 보살마하살인가?"

"아닙니다. 세존이시여."

"곧 보시바라밀다는 소멸하는 것이라는 증어가 보살마하살인가?"

"아닙니다. 세존이시여."

"곧 정계·안인·정진·정려·반야바라밀다는 소멸하는 것이라는 증어가 보살마하살인가?"

"아닙니다. 세존이시여."

"곧 보시바라밀다는 선하게 증장한다는 증어가 보살마하살인가?"

"아닙니다. 세존이시여."

"곧 정계·안인·정진·정려·반야바라밀다는 선하게 증장한다는 증어가 보살마하살인가?"

"아닙니다. 세존이시여."

"곧 보시바라밀다는 선하지 않게 증장한다는 증어가 보살마하살인가?"

"아닙니다. 세존이시여."

"곧 정계·안인·정진·정려·반야바라밀다는 선하지 않게 증장한다는 증어가 보살마하살인가?"

"아닙니다. 세존이시여."

"곧 보시바라밀다는 유죄라는 증어가 보살마하살인가?"

"아닙니다. 세존이시여."

"곧 정계·안인·정진·정려·반야바라밀다는 유죄라는 증어가 보살마하살인가?"

"아닙니다. 세존이시여."

"곧 보시바라밀다는 무죄라는 증어가 보살마하살인가?"

"아닙니다. 세존이시여."

"곧 정계·안인·정진·정려·반야바라밀다는 무죄라는 증어가 보살마하살인가?"

"아닙니다. 세존이시여."

"곧 보시바라밀다는 번뇌가 있다는 증어가 보살마하살인가?"

"아닙니다. 세존이시여."

"곧 정계·안인·정진·정려·반야바라밀다는 번뇌가 있다는 증어가 보살마하살인가?"

"아닙니다. 세존이시여."

"곧 보시바라밀다는 번뇌가 없다는 증어가 보살마하살인가?"

"아닙니다. 세존이시여."

"곧 정계·안인·정진·정려·반야바라밀다는 번뇌가 없다는 증어가 보살마하살인가?"

"아닙니다. 세존이시여."

"곧 보시바라밀다는 세간이라는 증어가 보살마하살인가?"

"아닙니다. 세존이시여."

"곧 정계·안인·정진·정려·반야바라밀다는 세간이라는 증어가 보살마하살인가?"

"아닙니다. 세존이시여."

"곧 보시바라밀다는 출세간이라는 증어가 보살마하살인가?"

"아닙니다. 세존이시여."

"곧 정계·안인·정진·정려·반야바라밀다는 출세간이라는 증어가 보살마하살인가?"

"아닙니다. 세존이시여."

"곧 보시바라밀다는 잡염이라는 증어가 보살마하살인가?"

"아닙니다. 세존이시여."

"곧 정계·안인·정진·정려·반야바라밀다는 잡염이라는 증어가 보살마하살인가?"

"아닙니다. 세존이시여."

"곧 보시바라밀다는 청정하다는 증어가 보살마하살인가?"

"아닙니다. 세존이시여."

"곧 정계·안인·정진·정려·반야바라밀다는 청정하다는 증어가 보살마하살인가?"

"아닙니다. 세존이시여."

"곧 보시바라밀다는 생사에 속한다는 증어가 보살마하살인가?"

"아닙니다. 세존이시여."

"곧 정계·안인·정진·정려·반야바라밀다는 생사에 속한다는 증어가 보살마하살인가?"

"아닙니다. 세존이시여."

"곧 보시바라밀다는 열반에 속한다는 증어가 보살마하살인가?"

"아닙니다. 세존이시여."

"곧 정계·안인·정진·정려·반야바라밀다는 열반에 속한다는 증어가 보살마하살인가?"

"아닙니다. 세존이시여."

"곧 보시바라밀다는 내신에 있다는 증어가 보살마하살인가?"

"아닙니다. 세존이시여."

"곧 정계·안인·정진·정려·반야바라밀다는 내신에 있다는 증어가 보살마하살인가?"

"아닙니다. 세존이시여."

"곧 보시바라밀다는 외신에 있다는 증어가 보살마하살인가?"

"아닙니다. 세존이시여."

"곧 정계·안인·정진·정려·반야바라밀다는 외신에 있다는 증어가 보살마하살인가?"

"아닙니다. 세존이시여."

"곧 보시바라밀다는 두 가지의 가운데에 있다는 증어가 보살마하살인가?"

"아닙니다. 세존이시여."

"곧 정계·안인·정진·정려·반야바라밀다는 두 가지의 가운데에 있다는 증어가 보살마하살인가?"

"아닙니다. 세존이시여."

"곧 보시바라밀다는 얻을 수 있다는 증어가 보살마하살인가?"

"아닙니다. 세존이시여."

"곧 정계·안인·정진·정려·반야바라밀다는 얻을 수 있다는 증어가 보살마하살인가?"

"아닙니다. 세존이시여."

"곧 보시바라밀다는 얻을 수 없다는 증어가 보살마하살인가?"

"아닙니다. 세존이시여."

"곧 정계·안인·정진·정려·반야바라밀다는 얻을 수 없다는 증어가 보살마하살인가?"

"아닙니다. 세존이시여."

마하반야바라밀다경 제20권

7. 교계교수품(教誡教授品)(10)

"다시 다음으로 선현이여. 보살마하살이라고 말하는 것에 그대의 뜻은 어떠한가? 곧 내공(內空)의 증어가 보살마하살인가?"

"아닙니다. 세존이시여."

"곧 외공(外空)·내외공(內外空)·공공(空空)·대공(大空)·승의공(勝義空)·유위공(有爲空)·무위공(無爲空)·필경공(畢竟空)·무제공(無際空)·산공(散空)·무변이공(無變異空)·본성공(本性空)·자상공(自相空)·공상공(共相空)·일체법공(一切法空)·불가득공(不可得空)·무성공(無性空)·자성공(自性空)·무성자성공(無性自性空)의 증어가 곧 보살마하살인가?"

"아닙니다. 세존이시여."

"곧 내공은 항상하다는 증어가 보살마하살인가?"

"아닙니다. 세존이시여."

"곧 외공, 나아가 무성자성공은 항상하다는 증어가 보살마하살인가?"

"아닙니다. 세존이시여."

"곧 내공은 무상하다는 증어가 보살마하살인가?"

"아닙니다. 세존이시여."

"곧 외공, 나아가 무성자성공은 무상하다는 증어가 보살마하살인가?"

"아닙니다. 세존이시여."

"곧 내공은 즐겁다는 증어가 보살마하살인가?"

"아닙니다. 세존이시여."

"곧 외공, 나아가 무성자성공은 즐겁다는 증어가 보살마하살인가?"

"아닙니다. 세존이시여."

"곧 내공은 괴롭다는 증어가 보살마하살인가?"

"아닙니다. 세존이시여."

"곧 외공, 나아가 무성자성공은 괴롭다는 증어가 보살마하살인가?"

"아닙니다. 세존이시여."

"곧 내공은 나라는 증어가 보살마하살인가?"

"아닙니다. 세존이시여."

"곧 외공, 나아가 무성자성공은 나라는 증어가 보살마하살인가?"

"아닙니다. 세존이시여."

"곧 내공은 무아라는 증어가 보살마하살인가?"

"아닙니다. 세존이시여."

"곧 외공, 나아가 무성자성공은 무아라는 증어가 보살마하살인가?"

"아닙니다. 세존이시여."

"곧 내공은 청정하다는 증어가 보살마하살인가?"

"아닙니다. 세존이시여."

"곧 외공, 나아가 무성자성공은 청정하다는 증어가 보살마하살인가?"

"아닙니다. 세존이시여."

"곧 내공은 부정하다는 증어가 보살마하살인가?"

"아닙니다. 세존이시여."

"곧 외공, 나아가 무성자성공은 부정하다는 증어가 보살마하살인가?"

"아닙니다. 세존이시여."

"곧 내공은 공하다는 증어가 보살마하살인가?"

"아닙니다. 세존이시여."

"곧 외공, 나아가 무성자성공은 공하다는 증어가 보살마하살인가?"

"아닙니다. 세존이시여."

"곧 내공은 공하지 않다는 증어가 보살마하살인가?"

"아닙니다. 세존이시여."

"곧 외공, 나아가 무성자성공은 공하지 않다는 증어가 보살마하살인가?"

"아닙니다. 세존이시여."

"곧 내공은 유상이라는 증어가 보살마하살인가?"

"아닙니다. 세존이시여."

"곧 외공, 나아가 무성자성공은 유상이라는 증어가 보살마하살인가?"

"아닙니다. 세존이시여."

"곧 내공은 무상이라는 증어가 보살마하살인가?"

"아닙니다. 세존이시여."

"곧 외공, 나아가 무성자성공은 무상이라는 증어가 보살마하살인가?"

"아닙니다. 세존이시여."

"곧 내공은 유원이라는 증어가 보살마하살인가?"

"아닙니다. 세존이시여."

"곧 외공, 나아가 무성자성공은 유원이라는 증어가 보살마하살인가?"

"아닙니다. 세존이시여."

"곧 내공은 무원이라는 증어가 보살마하살인가?"

"아닙니다. 세존이시여."

"곧 외공, 나아가 무성자성공은 무원이라는 증어가 보살마하살인가?"

"아닙니다. 세존이시여."

"곧 내공은 적정하다는 증어가 보살마하살인가?"

"아닙니다. 세존이시여."

"곧 외공, 나아가 무성자성공은 적정하다는 증어가 보살마하살인가?"

"아닙니다. 세존이시여."

"곧 내공은 적정하지 않다는 증어가 보살마하살인가?"

"아닙니다. 세존이시여."

"곧 외공, 나아가 무성자성공은 적정하지 않다는 증어가 보살마하살인가?"

"아닙니다. 세존이시여."

"곧 내공은 멀리 벗어난다는 증어가 보살마하살인가?"

"아닙니다. 세존이시여."

"곧 외공, 나아가 무성자성공은 멀리 벗어난다는 증어가 보살마하살인가?"

"아닙니다. 세존이시여."

"곧 내공은 멀리 벗어나지 않는다는 증어가 보살마하살인가?"

"아닙니다. 세존이시여."

"곧 외공, 나아가 무성자성공은 멀리 벗어나지 않는다는 증어가 보살마하살인가?"

"아닙니다. 세존이시여."

"곧 내공은 유위라는 증어가 보살마하살인가?"

"아닙니다. 세존이시여."

"곧 외공, 나아가 무성자성공은 유위라는 증어가 보살마하살인가?"

"아닙니다. 세존이시여."

"곧 내공은 무위라는 증어가 보살마하살인가?"

"아닙니다. 세존이시여."

"곧 외공, 나아가 무성자성공은 무위라는 증어가 보살마하살인가?"

"아닙니다. 세존이시여."

"곧 내공은 유루라는 증어가 보살마하살인가?"

"아닙니다. 세존이시여."

"곧 외공, 나아가 무성자성공은 유루라는 증어가 보살마하살인가?"

"아닙니다. 세존이시여."

"곧 내공은 무루라는 증어가 보살마하살인가?"

"아닙니다. 세존이시여."

"곧 외공, 나아가 무성자성공은 무루라는 증어가 보살마하살인가?"

"아닙니다. 세존이시여."

"곧 내공은 생겨나는 것이라는 증어가 보살마하살인가?"

"아닙니다. 세존이시여."

"곧 외공, 나아가 무성자성공은 생겨나는 것이라는 증어가 보살마하살인가?"

"아닙니다. 세존이시여."

"곧 내공은 소멸하는 것이라는 증어가 보살마하살인가?"

"아닙니다. 세존이시여."

"곧 외공, 나아가 무성자성공은 소멸하는 것이라는 증어가 보살마하살인가?"

"아닙니다. 세존이시여."

"곧 내공은 선하게 증장한다는 증어가 보살마하살인가?"

"아닙니다. 세존이시여."

"곧 외공, 나아가 무성자성공은 선하게 증장한다는 증어가 보살마하살인가?"

"아닙니다. 세존이시여."

"곧 내공은 선하지 않게 증장한다는 증어가 보살마하살인가?"

"아닙니다. 세존이시여."

"곧 외공, 나아가 무성자성공은 선하지 않게 증장한다는 증어가 보살마하살인가?"

"아닙니다. 세존이시여."

"곧 내공은 유죄라는 증어가 보살마하살인가?"

"아닙니다. 세존이시여."

"곧 외공, 나아가 무성자성공은 유죄라는 증어가 보살마하살인가?"

"아닙니다. 세존이시여."

"곧 내공은 무죄라는 증어가 보살마하살인가?"

"아닙니다. 세존이시여."

"곧 외공, 나아가 무성자성공은 무죄라는 증어가 보살마하살인가?"

"아닙니다. 세존이시여."

"곧 내공은 번뇌가 있다는 증어가 보살마하살인가?"

"아닙니다. 세존이시여."

"곧 외공, 나아가 무성자성공은 번뇌가 있다는 증어가 보살마하살인가?"

"아닙니다. 세존이시여."

"곧 내공은 번뇌가 없다는 증어가 보살마하살인가?"

"아닙니다. 세존이시여."

"곧 외공, 나아가 무성자성공은 번뇌가 없다는 증어가 보살마하살인가?"

"아닙니다. 세존이시여."

"곧 내공은 세간이라는 증어가 보살마하살인가?"

"아닙니다. 세존이시여."

"곧 외공, 나아가 무성자성공은 세간이라는 증어가 보살마하살인가?"

"아닙니다. 세존이시여."

"곧 내공은 출세간이라는 증어가 보살마하살인가?"

"아닙니다. 세존이시여."

"곧 외공, 나아가 무성자성공은 출세간이라는 증어가 보살마하살인가?"

"아닙니다. 세존이시여."

"곧 내공은 잡염이라는 증어가 보살마하살인가?"

"아닙니다. 세존이시여."

"곧 외공, 나아가 무성자성공은 잡염이라는 증어가 보살마하살인가?"

"아닙니다. 세존이시여."

"곧 내공은 청정하다는 증어가 보살마하살인가?"

"아닙니다. 세존이시여."

"곧 외공, 나아가 무성자성공은 청정하다는 증어가 보살마하살인가?"

"아닙니다. 세존이시여."

"곧 내공은 생사에 속한다는 증어가 보살마하살인가?"

"아닙니다. 세존이시여."

"곧 외공, 나아가 무성자성공은 생사에 속한다는 증어가 보살마하살인가?”

“아닙니다. 세존이시여.”

“곧 내공은 열반에 속한다는 증어가 보살마하살인가?”

“아닙니다. 세존이시여.”

“곧 외공, 나아가 무성자성공은 열반에 속한다는 증어가 보살마하살인가?”

“아닙니다. 세존이시여.”

“곧 내공은 내신에 있다는 증어가 보살마하살인가?”

“아닙니다. 세존이시여.”

“곧 외공, 나아가 무성자성공은 내신에 있다는 증어가 보살마하살인가?”

“아닙니다. 세존이시여.”

“곧 내공은 외신에 있다는 증어가 보살마하살인가?”

“아닙니다. 세존이시여.”

“곧 외공, 나아가 무성자성공은 외신에 있다는 증어가 보살마하살인가?”

“아닙니다. 세존이시여.”

“곧 내공은 두 가지의 가운데에 있다는 증어가 보살마하살인가?”

“아닙니다. 세존이시여.”

“곧 외공, 나아가 무성자성공은 두 가지의 가운데에 있다는 증어가 보살마하살인가?”

“아닙니다. 세존이시여.”

“곧 내공은 얻을 수 있다는 증어가 보살마하살인가?”

“아닙니다. 세존이시여.”

“곧 외공, 나아가 무성자성공은 얻을 수 있다는 증어가 보살마하살인가?”

“아닙니다. 세존이시여.”

“곧 내공은 얻을 수 없다는 증어가 보살마하살인가?”

"아닙니다. 세존이시여."

"곧 외공, 나아가 무성자성공은 얻을 수 없다는 증어가 보살마하살인가?"

"아닙니다. 세존이시여."

"다시 다음으로 선현이여. 보살마하살이라고 말하는 것에 그대의 뜻은 어떠한가? 곧 진여(眞如)의 증어가 보살마하살인가?"

"아닙니다. 세존이시여."

"곧 법계(法界)·법성(法性)·불허망성(不虛妄性)·불변이성(不變異性)·평등성(平等性)·이생성(離生性)·법정(法定)·법주(法住)·실제(實際)·허공계(虛空界)·부사의계(不思議界)의 증어가 곧 보살마하살인가?"

"아닙니다. 세존이시여."

"곧 진여는 항상하다는 증어가 보살마하살인가?"

"아닙니다. 세존이시여."

"곧 법계, 나아가 부사의계는 항상하다는 증어가 보살마하살인가?"

"아닙니다. 세존이시여."

"곧 진여는 무상하다는 증어가 보살마하살인가?"

"아닙니다. 세존이시여."

"곧 법계, 나아가 부사의계는 무상하다는 증어가 보살마하살인가?"

"아닙니다. 세존이시여."

"곧 진여는 즐겁다는 증어가 보살마하살인가?"

"아닙니다. 세존이시여."

"곧 법계, 나아가 부사의계는 즐겁다는 증어가 보살마하살인가?"

"아닙니다. 세존이시여."

"곧 진여는 괴롭다는 증어가 보살마하살인가?"

"아닙니다. 세존이시여."

"곧 법계, 나아가 부사의계는 괴롭다는 증어가 보살마하살인가?"

"아닙니다. 세존이시여."

"곧 진여는 나라는 증어가 보살마하살인가?"

"아닙니다. 세존이시여."

"곧 법계, 나아가 부사의계는 나라는 증어가 보살마하살인가?"

"아닙니다. 세존이시여."

"곧 진여는 무아라는 증어가 보살마하살인가?"

"아닙니다. 세존이시여."

"곧 법계, 나아가 부사의계는 무아라는 증어가 보살마하살인가?"

"아닙니다. 세존이시여."

"곧 진여는 청정하다는 증어가 보살마하살인가?"

"아닙니다. 세존이시여."

"곧 법계, 나아가 부사의계는 청정하다는 증어가 보살마하살인가?"

"아닙니다. 세존이시여."

"곧 진여는 부정하다는 증어가 보살마하살인가?"

"아닙니다. 세존이시여."

"곧 법계, 나아가 부사의계는 부정하다는 증어가 보살마하살인가?"

"아닙니다. 세존이시여."

"곧 진여는 공하다는 증어가 보살마하살인가?"

"아닙니다. 세존이시여."

"곧 법계, 나아가 부사의계는 공하다는 증어가 보살마하살인가?"

"아닙니다. 세존이시여."

"곧 진여는 공하지 않다는 증어가 보살마하살인가?"

"아닙니다. 세존이시여."

"곧 법계, 나아가 부사의계는 공하지 않다는 증어가 보살마하살인가?"

"아닙니다. 세존이시여."

"곧 진여는 유상이라는 증어가 보살마하살인가?"

"아닙니다. 세존이시여."

"곧 법계, 나아가 부사의계는 유상이라는 증어가 보살마하살인가?"

"아닙니다. 세존이시여."

"곧 진여는 무상이라는 증어가 보살마하살인가?"

"아닙니다. 세존이시여."

"곧 법계, 나아가 부사의계는 무상이라는 증어가 보살마하살인가?"

"아닙니다. 세존이시여."

"곧 진여는 유원이라는 증어가 보살마하살인가?"

"아닙니다. 세존이시여."

"곧 법계, 나아가 부사의계는 유원이라는 증어가 보살마하살인가?"

"아닙니다. 세존이시여."

"곧 진여는 무원이라는 증어가 보살마하살인가?"

"아닙니다. 세존이시여."

"곧 법계, 나아가 부사의계는 무원이라는 증어가 보살마하살인가?"

"아닙니다. 세존이시여."

"곧 진여는 적정하다는 증어가 보살마하살인가?"

"아닙니다. 세존이시여."

"곧 법계, 나아가 부사의계는 적정하다는 증어가 보살마하살인가?"

"아닙니다. 세존이시여."

"곧 진여는 적정하지 않다는 증어가 보살마하살인가?"

"아닙니다. 세존이시여."

"곧 법계, 나아가 부사의계는 적정하지 않다는 증어가 보살마하살인가?"

"아닙니다. 세존이시여."

"곧 진여는 멀리 벗어난다는 증어가 보살마하살인가?"

"아닙니다. 세존이시여."

"곧 법계, 나아가 부사의계는 멀리 벗어난다는 증어가 보살마하살인가?"

"아닙니다. 세존이시여."

"곧 진여는 멀리 벗어나지 않는다는 증어가 보살마하살인가?"

"아닙니다. 세존이시여."

"곧 법계, 나아가 부사의계는 멀리 벗어나지 않는다는 증어가 보살마하살인가?"

"아닙니다. 세존이시여."

"곧 진여는 유위라는 증어가 보살마하살인가?"

"아닙니다. 세존이시여."

"곧 법계, 나아가 부사의계는 유위라는 증어가 보살마하살인가?"

"아닙니다. 세존이시여."

"곧 진여는 무위라는 증어가 보살마하살인가?"

"아닙니다. 세존이시여."

"곧 법계, 나아가 부사의계는 무위라는 증어가 보살마하살인가?"

"아닙니다. 세존이시여."

"곧 진여는 유루라는 증어가 보살마하살인가?"

"아닙니다. 세존이시여."

"곧 법계, 나아가 부사의계는 유루라는 증어가 보살마하살인가?"

"아닙니다. 세존이시여."

"곧 진여는 무루라는 증어가 보살마하살인가?"

"아닙니다. 세존이시여."

"곧 법계, 나아가 부사의계는 무루라는 증어가 보살마하살인가?"

"아닙니다. 세존이시여."

"곧 진여는 생겨나는 것이라는 증어가 보살마하살인가?"

"아닙니다. 세존이시여."

"곧 법계, 나아가 부사의계는 생겨나는 것이라는 증어가 보살마하살인가?"

"아닙니다. 세존이시여."

"곧 진여는 소멸하는 것이라는 증어가 보살마하살인가?"

"아닙니다. 세존이시여."

"곧 법계, 나아가 부사의계는 소멸하는 것이라는 증어가 보살마하살인가?"

"아닙니다. 세존이시여."

"곧 진여는 선하게 증장한다는 증어가 보살마하살인가?"

"아닙니다. 세존이시여."

"곧 법계, 나아가 부사의계는 선하게 증장한다는 증어가 보살마하살인가?"

"아닙니다. 세존이시여."

"곧 진여는 선하지 않게 증장한다는 증어가 보살마하살인가?"

"아닙니다. 세존이시여."

"곧 법계, 나아가 부사의계는 선하지 않게 증장한다는 증어가 보살마하살인가?"

"아닙니다. 세존이시여."

"곧 진여는 유죄라는 증어가 보살마하살인가?"

"아닙니다. 세존이시여."

"곧 법계, 나아가 부사의계는 유죄라는 증어가 보살마하살인가?"

"아닙니다. 세존이시여."

"곧 진여는 무죄라는 증어가 보살마하살인가?"

"아닙니다. 세존이시여."

"곧 법계, 나아가 부사의계는 무죄라는 증어가 보살마하살인가?"

"아닙니다. 세존이시여."

"곧 진여는 번뇌가 있다는 증어가 보살마하살인가?"

"아닙니다. 세존이시여."

"곧 법계, 나아가 부사의계는 번뇌가 있다는 증어가 보살마하살인가?"

"아닙니다. 세존이시여."

"곧 진여는 번뇌가 없다는 증어가 보살마하살인가?"

"아닙니다. 세존이시여."

"곧 법계, 나아가 부사의계는 번뇌가 없다는 증어가 보살마하살인가?"

"아닙니다. 세존이시여."

"곧 진여는 세간이라는 증어가 보살마하살인가?"

"아닙니다. 세존이시여."

"곧 법계, 나아가 부사의계는 세간이라는 증어가 보살마하살인가?"

"아닙니다. 세존이시여."

"곧 진여는 출세간이라는 증어가 보살마하살인가?"

"아닙니다. 세존이시여."

"곧 법계, 나아가 부사의계는 출세간이라는 증어가 보살마하살인가?"

"아닙니다. 세존이시여."

"곧 진여는 잡염이라는 증어가 보살마하살인가?"

"아닙니다. 세존이시여."

"곧 법계, 나아가 부사의계는 잡염이라는 증어가 보살마하살인가?"

"아닙니다. 세존이시여."

"곧 진여는 청정하다는 증어가 보살마하살인가?"

"아닙니다. 세존이시여."

"곧 법계, 나아가 부사의계는 청정하다는 증어가 보살마하살인가?"

"아닙니다. 세존이시여."

"곧 진여는 생사에 속한다는 증어가 보살마하살인가?"

"아닙니다. 세존이시여."

"곧 법계, 나아가 부사의계는 생사에 속한다는 증어가 보살마하살인가?"

"아닙니다. 세존이시여."

"곧 진여는 열반에 속한다는 증어가 보살마하살인가?"

"아닙니다. 세존이시여."

"곧 법계, 나아가 부사의계는 열반에 속한다는 증어가 보살마하살인가?"

"아닙니다. 세존이시여."

"곧 진여는 내신에 있다는 증어가 보살마하살인가?"

"아닙니다. 세존이시여."

"곧 법계, 나아가 부사의계는 내신에 있다는 증어가 보살마하살인가?"

"아닙니다. 세존이시여."

"곧 진여는 외신에 있다는 증어가 보살마하살인가?"

"아닙니다. 세존이시여."

"곧 법계, 나아가 부사의계는 외신에 있다는 증어가 보살마하살인가?"

"아닙니다. 세존이시여."

"곧 진여는 두 가지의 가운데에 있다는 증어가 보살마하살인가?"

"아닙니다. 세존이시여."

"곧 법계, 나아가 부사의계는 두 가지의 가운데에 있다는 증어가 보살마하살인가?"

"아닙니다. 세존이시여."

"곧 진여는 얻을 수 있다는 증어가 보살마하살인가?"

"아닙니다. 세존이시여."

"곧 법계, 나아가 부사의계는 얻을 수 있다는 증어가 보살마하살인가?"

"아닙니다. 세존이시여."

"곧 진여는 얻을 수 없다는 증어가 보살마하살인가?"

"아닙니다. 세존이시여."

"곧 법계, 나아가 부사의계는 얻을 수 없다는 증어가 보살마하살인가?"

"아닙니다. 세존이시여."

"다시 다음으로 선현이여. 보살마하살이라고 말하는 것에 그대의 뜻은 어떠한가? 곧 4념주(念住)의 증어가 보살마하살인가?"

"아닙니다. 세존이시여."

"곧 4정단(正斷)·4신족(神足)·5근(根)·5력(力)·7등각지(等覺支)·8성도지(八聖道支)의 증어가 곧 보살마하살인가?"

"아닙니다. 세존이시여."

"곧 4념주는 항상하다는 증어가 보살마하살인가?"

"아닙니다. 세존이시여."

"곧 4정단, 나아가 8성도지는 항상하다는 증어가 보살마하살인가?"

"아닙니다. 세존이시여."

"곧 4념주는 무상하다는 증어가 보살마하살인가?"

"아닙니다. 세존이시여."

"곧 4정단, 나아가 8성도지는 무상하다는 증어가 보살마하살인가?"

"아닙니다. 세존이시여."

"곧 4념주는 즐겁다는 증어가 보살마하살인가?"

"아닙니다. 세존이시여."

"곧 4정단, 나아가 8성도지는 즐겁다는 증어가 보살마하살인가?"

"아닙니다. 세존이시여."

"곧 4념주는 괴롭다는 증어가 보살마하살인가?"

"아닙니다. 세존이시여."

"곧 4정단, 나아가 8성도지는 괴롭다는 증어가 보살마하살인가?"

"아닙니다. 세존이시여."

"곧 4념주는 나(我)라는 증어가 보살마하살인가?"

"아닙니다. 세존이시여."

"곧 4정단, 나아가 8성도지는 나라는 증어가 보살마하살인가?"

"아닙니다. 세존이시여."

"곧 4념주는 무아라는 증어가 보살마하살인가?"

"아닙니다. 세존이시여."

"곧 4정단, 나아가 8성도지는 무아라는 증어가 보살마하살인가?"

"아닙니다. 세존이시여."

"곧 4념주는 청정하다는 증어가 보살마하살인가?"

"아닙니다. 세존이시여."

"곧 4정단, 나아가 8성도지는 청정하다는 증어가 보살마하살인가?"

"아닙니다. 세존이시여."

"곧 4념주는 부정하다는 증어가 보살마하살인가?"

"아닙니다. 세존이시여."

"곧 4정단, 나아가 8성도지는 부정하다는 증어가 보살마하살인가?"

"아닙니다. 세존이시여."

"곧 4념주는 공하다는 증어가 보살마하살인가?"

"아닙니다. 세존이시여."

"곧 4정단, 나아가 8성도지는 공하다는 증어가 보살마하살인가?"

"아닙니다. 세존이시여."

"곧 4념주는 공하지 않다는 증어가 보살마하살인가?"

"아닙니다. 세존이시여."

"곧 4정단, 나아가 8성도지는 공하지 않다는 증어가 보살마하살인가?"

"아닙니다. 세존이시여."

"곧 4념주는 유상이라는 증어가 보살마하살인가?"

"아닙니다. 세존이시여."

"곧 4정단, 나아가 8성도지는 유상이라는 증어가 보살마하살인가?"

"아닙니다. 세존이시여."

"곧 4념주는 무상이라는 증어가 보살마하살인가?"

"아닙니다. 세존이시여."

"곧 4정단, 나아가 8성도지는 무상이라는 증어가 보살마하살인가?"

"아닙니다. 세존이시여."

"곧 4념주는 유원이라는 증어가 보살마하살인가?"

"아닙니다. 세존이시여."

"곧 4정단, 나아가 8성도지는 유원이라는 증어가 보살마하살인가?"

"아닙니다. 세존이시여."

"곧 4념주는 무원이라는 증어가 보살마하살인가?"

"아닙니다. 세존이시여."

"곧 4정단, 나아가 8성도지는 무원이라는 증어가 보살마하살인가?"

"아닙니다. 세존이시여."

"곧 4념주는 적정하다는 증어가 보살마하살인가?"

"아닙니다. 세존이시여."

"곧 4정단, 나아가 8성도지는 적정하다는 증어가 보살마하살인가?"

"아닙니다. 세존이시여."

"곧 4념주는 적정하지 않다는 증어가 보살마하살인가?"

"아닙니다. 세존이시여."

"곧 4정단, 나아가 8성도지는 적정하지 않다는 증어가 보살마하살인가?"

"아닙니다. 세존이시여."

"곧 4념주는 멀리 벗어난다는 증어가 보살마하살인가?"

"아닙니다. 세존이시여."

"곧 4정단, 나아가 8성도지는 멀리 벗어난다는 증어가 보살마하살인가?"

"아닙니다. 세존이시여."

"곧 4념주는 멀리 벗어나지 않는다는 증어가 보살마하살인가?"

"아닙니다. 세존이시여."

"곧 4정단, 나아가 8성도지는 멀리 벗어나지 않는다는 증어가 보살마하살인가?"

"아닙니다. 세존이시여."

"곧 4념주는 유위라는 증어가 보살마하살인가?"

"아닙니다. 세존이시여."

"곧 4정단, 나아가 8성도지는 유위라는 증어가 보살마하살인가?"

"아닙니다. 세존이시여."

"곧 4념주는 무위라는 증어가 보살마하살인가?"

"아닙니다. 세존이시여."

"곧 4정단, 나아가 8성도지는 무위라는 증어가 보살마하살인가?"

"아닙니다. 세존이시여."

"곧 4념주는 유루라는 증어가 보살마하살인가?"

"아닙니다. 세존이시여."

"곧 4정단, 나아가 8성도지는 유루라는 증어가 보살마하살인가?"

"아닙니다. 세존이시여."

"곧 4념주는 무루라는 증어가 보살마하살인가?"

"아닙니다. 세존이시여."

"곧 4정단, 나아가 8성도지는 무루라는 증어가 보살마하살인가?"

"아닙니다. 세존이시여."

"곧 4념주는 생겨나는 것이라는 증어가 보살마하살인가?"

"아닙니다. 세존이시여."

"곧 4정단, 나아가 8성도지는 생겨나는 것이라는 증어가 보살마하살인가?"

"아닙니다. 세존이시여."

"곧 4념주는 소멸하는 것이라는 증어가 보살마하살인가?"

"아닙니다. 세존이시여."

"곧 4정단, 나아가 8성도지는 소멸하는 것이라는 증어가 보살마하살인가?"

"아닙니다. 세존이시여."

"곧 4념주는 선하게 증장한다는 증어가 보살마하살인가?"

"아닙니다. 세존이시여."

"곧 4정단, 나아가 8성도지는 선하게 증장한다는 증어가 보살마하살인가?"

"아닙니다. 세존이시여."

"곧 4념주는 선하지 않게 증장한다는 증어가 보살마하살인가?"

"아닙니다. 세존이시여."

"곧 4정단, 나아가 8성도지는 선하지 않게 증장한다는 증어가 보살마하살인가?"

"아닙니다. 세존이시여."

"곧 4념주는 유죄라는 증어가 보살마하살인가?"

"아닙니다. 세존이시여."

"곧 4정단, 나아가 8성도지는 유죄라는 증어가 보살마하살인가?"

"아닙니다. 세존이시여."

"곧 4념주는 무죄라는 증어가 보살마하살인가?"

"아닙니다. 세존이시여."

"곧 4정단, 나아가 8성도지는 무죄라는 증어가 보살마하살인가?"

"아닙니다. 세존이시여."

"곧 4념주는 번뇌가 있다는 증어가 보살마하살인가?"

"아닙니다. 세존이시여."

"곧 4정단, 나아가 8성도지는 번뇌가 있다는 증어가 보살마하살인가?"

"아닙니다. 세존이시여."

"곧 4념주는 번뇌가 없다는 증어가 보살마하살인가?"

"아닙니다. 세존이시여."

"곧 4정단, 나아가 8성도지는 번뇌가 없다는 증어가 보살마하살인가?"

"아닙니다. 세존이시여."

"곧 4념주는 세간이라는 증어가 보살마하살인가?"

"아닙니다. 세존이시여."

"곧 4정단, 나아가 8성도지는 세간이라는 증어가 보살마하살인가?"

"아닙니다. 세존이시여."

"곧 4념주는 출세간이라는 증어가 보살마하살인가?"

"아닙니다. 세존이시여."

"곧 4정단, 나아가 8성도지는 출세간이라는 증어가 보살마하살인가?"

"아닙니다. 세존이시여."

"곧 4념주는 잡염이라는 증어가 보살마하살인가?"

"아닙니다. 세존이시여."

"곧 4정단, 나아가 8성도지는 잡염이라는 증어가 보살마하살인가?"

"아닙니다. 세존이시여."

"곧 4념주는 청정하다는 증어가 보살마하살인가?"

"아닙니다. 세존이시여."

"곧 4정단, 나아가 8성도지는 청정하다는 증어가 보살마하살인가?"

"아닙니다. 세존이시여."

"곧 4념주는 생사에 귀속된다는 증어가 보살마하살인가?"

"아닙니다. 세존이시여."

"곧 4정단, 나아가 8성도지는 생사에 귀속된다는 증어가 보살마하살인가?"

"아닙니다. 세존이시여."

"곧 4념주는 열반에 귀속된다는 증어가 보살마하살인가?"

"아닙니다. 세존이시여."

"곧 4정단, 나아가 8성도지는 열반에 귀속된다는 증어가 보살마하살인가?"

"아닙니다. 세존이시여."

"곧 4념주는 내신에 있다는 증어가 보살마하살인가?"

"아닙니다. 세존이시여."

"곧 4정단, 나아가 8성도지는 내신에 있다는 증어가 보살마하살인가?"

"아닙니다. 세존이시여."

"곧 4념주는 외신에 있다는 증어가 보살마하살인가?"

"아닙니다. 세존이시여."

"곧 4정단, 나아가 8성도지는 외신에 있다는 증어가 보살마하살인가?"

"아닙니다. 세존이시여."

"곧 4념주는 두 가지의 가운데에 있다는 증어가 보살마하살인가?"

"아닙니다. 세존이시여."

"곧 4정단, 나아가 8성도지는 두 가지의 가운데에 있다는 증어가 보살마하살인가?"

"아닙니다. 세존이시여."

"곧 4념주는 얻을 수 있다는 증어가 보살마하살인가?"

"아닙니다. 세존이시여."

"곧 4정단, 나아가 8성도지는 얻을 수 있다는 증어가 보살마하살인가?"

"아닙니다. 세존이시여."

"곧 4념주는 얻을 수 없다는 증어가 보살마하살인가?"

"아닙니다. 세존이시여."
"곧 4정단, 나아가 8성도지는 얻을 수 없다는 증어가 보살마하살인가?"
"아닙니다. 세존이시여."

"다시 다음으로 선현이여. 보살마하살이라고 말하는 것에 그대의 뜻은 어떠한가? 곧 고성제(苦聖諦)의 증어가 보살마하살인가?"
"아닙니다. 세존이시여."
"집(集)·멸(滅)·도성제(道聖諦)의 증어가 곧 보살마하살인가?"
"아닙니다. 세존이시여."
"곧 고성제는 항상하다는 증어가 보살마하살인가?"
"아닙니다. 세존이시여."
"곧 집·멸·도성제는 항상하다는 증어가 보살마하살인가?"
"아닙니다. 세존이시여."
"곧 고성제는 무상하다는 증어가 보살마하살인가?"
"아닙니다. 세존이시여."
"곧 집·멸·도성제는 무상하다는 증어가 보살마하살인가?"
"아닙니다. 세존이시여."
"곧 고성제는 즐겁다는 증어가 보살마하살인가?"
"아닙니다. 세존이시여."
"곧 집·멸·도성제는 즐겁다는 증어가 보살마하살인가?"
"아닙니다. 세존이시여."
"곧 고성제는 괴롭다는 증어가 보살마하살인가?"
"아닙니다. 세존이시여."
"곧 집·멸·도성제는 괴롭다는 증어가 보살마하살인가?"
"아닙니다. 세존이시여."
"곧 고성제는 나라는 증어가 보살마하살인가?"
"아닙니다. 세존이시여."
"곧 집·멸·도성제는 나라는 증어가 보살마하살인가?"

"아닙니다. 세존이시여."

"곧 고성제는 무아라는 증어가 보살마하살인가?"

"아닙니다. 세존이시여."

"곧 집·멸·도성제는 무아라는 증어가 보살마하살인가?"

"아닙니다. 세존이시여."

"곧 고성제는 청정하다는 증어가 보살마하살인가?"

"아닙니다. 세존이시여."

"곧 집·멸·도성제는 청정하다는 증어가 보살마하살인가?"

"아닙니다. 세존이시여."

"곧 고성제는 부정하다는 증어가 보살마하살인가?"

"아닙니다. 세존이시여."

"곧 집·멸·도성제는 부정하다는 증어가 보살마하살인가?"

"아닙니다. 세존이시여."

"곧 고성제는 공하다는 증어가 보살마하살인가?"

"아닙니다. 세존이시여."

"곧 집·멸·도성제는 공하다는 증어가 보살마하살인가?"

"아닙니다. 세존이시여."

"곧 고성제는 공하지 않다는 증어가 보살마하살인가?"

"아닙니다. 세존이시여."

"곧 집·멸·도성제는 공하지 않다는 증어가 보살마하살인가?"

"아닙니다. 세존이시여."

"곧 고성제는 유상이라는 증어가 보살마하살인가?"

"아닙니다. 세존이시여."

"곧 집·멸·도성제는 유상이라는 증어가 보살마하살인가?"

"아닙니다. 세존이시여."

"곧 고성제는 무상이라는 증어가 보살마하살인가?"

"아닙니다. 세존이시여."

"곧 집·멸·도성제는 무상이라는 증어가 보살마하살인가?"

"아닙니다. 세존이시여."

"곧 고성제는 유원이라는 증어가 보살마하살인가?"

"아닙니다. 세존이시여."

"곧 집·멸·도성제는 유원이라는 증어가 보살마하살인가?"

"아닙니다. 세존이시여."

"곧 고성제는 무원이라는 증어가 보살마하살인가?"

"아닙니다. 세존이시여."

"곧 집·멸·도성제는 무원이라는 증어가 보살마하살인가?"

"아닙니다. 세존이시여."

"곧 고성제는 적정하다는 증어가 보살마하살인가?"

"아닙니다. 세존이시여."

"곧 집·멸·도성제는 적정하다는 증어가 보살마하살인가?"

"아닙니다. 세존이시여."

"곧 고성제는 적정하지 않다는 증어가 보살마하살인가?"

"아닙니다. 세존이시여."

"곧 집·멸·도성제는 적정하지 않다는 증어가 보살마하살인가?"

"아닙니다. 세존이시여."

"곧 고성제는 멀리 벗어난다는 증어가 보살마하살인가?"

"아닙니다. 세존이시여."

"곧 집·멸·도성제는 멀리 벗어난다는 증어가 보살마하살인가?"

"아닙니다. 세존이시여."

"곧 고성제는 멀리 벗어나지 않는다는 증어가 보살마하살인가?"

"아닙니다. 세존이시여."

"곧 집·멸·도성제는 멀리 벗어나지 않는다는 증어가 보살마하살인가?"

"아닙니다. 세존이시여."

"곧 고성제는 유위라는 증어가 보살마하살인가?"

"아닙니다. 세존이시여."

"곧 집·멸·도성제는 유위라는 증어가 보살마하살인가?"

"아닙니다. 세존이시여."

"곧 고성제는 무위라는 증어가 보살마하살인가?"

"아닙니다. 세존이시여."

"곧 집·멸·도성제는 무위라는 증어가 보살마하살인가?"

"아닙니다. 세존이시여."

"곧 고성제는 유루라는 증어가 보살마하살인가?"

"아닙니다. 세존이시여."

"곧 집·멸·도성제 유루라는 증어가 보살마하살인가?"

"아닙니다. 세존이시여."

"곧 고성제는 무루라는 증어가 보살마하살인가?"

"아닙니다. 세존이시여."

"곧 집·멸·도성제는 무루라는 증어가 보살마하살인가?"

"아닙니다. 세존이시여."

"곧 고성제는 생겨나는 것이라는 증어가 보살마하살인가?"

"아닙니다. 세존이시여."

"곧 집·멸·도성제는 생겨나는 것이라는 증어가 보살마하살인가?"

"아닙니다. 세존이시여."

"곧 고성제는 소멸하는 것이라는 증어가 보살마하살인가?"

"아닙니다. 세존이시여."

"곧 집·멸·도성제는 소멸하는 것이라는 증어가 보살마하살인가?"

"아닙니다. 세존이시여."

"곧 고성제는 선하게 증장한다는 증어가 보살마하살인가?"

"아닙니다. 세존이시여."

"곧 집·멸·도성제는 선하게 증장한다는 증어가 보살마하살인가?"

"아닙니다. 세존이시여."

"곧 고성제는 선하지 않게 증장한다는 증어가 보살마하살인가?"

"아닙니다. 세존이시여."

"곧 집·멸·도성제는 선하지 않게 증장한다는 증어가 보살마하살인가?"

"아닙니다. 세존이시여."

"곧 고성제는 유죄라는 증어가 보살마하살인가?"

"아닙니다. 세존이시여."

"곧 집·멸·도성제 유죄라는 증어가 보살마하살인가?"

"아닙니다. 세존이시여."

"곧 고성제는 무죄라는 증어가 보살마하살인가?"

"아닙니다. 세존이시여."

"곧 집·멸·도성제는 무죄라는 증어가 보살마하살인가?"

"아닙니다. 세존이시여."

"곧 고성제는 번뇌가 있다는 증어가 보살마하살인가?"

"아닙니다. 세존이시여."

"곧 집·멸·도성제는 번뇌가 있다는 증어가 보살마하살인가?"

"아닙니다. 세존이시여."

"곧 고성제는 번뇌가 없다는 증어가 보살마하살인가?"

"아닙니다. 세존이시여."

"곧 집·멸·도성제는 번뇌가 없다는 증어가 보살마하살인가?"

"아닙니다. 세존이시여."

"곧 고성제는 세간이라는 증어가 보살마하살인가?"

"아닙니다. 세존이시여."

"곧 집·멸·도성제는 세간이라는 증어가 보살마하살인가?"

"아닙니다. 세존이시여."

"곧 고성제는 출세간이라는 증어가 보살마하살인가?"

"아닙니다. 세존이시여."

"곧 집·멸·도성제는 출세간이라는 증어가 보살마하살인가?"

"아닙니다. 세존이시여."

"곧 고성제는 잡염이라는 증어가 보살마하살인가?"

"아닙니다. 세존이시여."

"곧 집·멸·도성제는 잡염이라는 증어가 보살마하살인가?"

"아닙니다. 세존이시여."

"곧 고성제는 청정하다는 증어가 보살마하살인가?"

"아닙니다. 세존이시여."

"곧 집·멸·도성제는 청정하다는 증어가 보살마하살인가?"

"아닙니다. 세존이시여."

"곧 고성제는 생사에 속한다는 증어가 보살마하살인가?"

"아닙니다. 세존이시여."

"곧 집·멸·도성제는 생사에 속한다는 증어가 보살마하살인가?"

"아닙니다. 세존이시여."

"곧 고성제는 열반에 속한다는 증어가 보살마하살인가?"

"아닙니다. 세존이시여."

"곧 집·멸·도성제는 열반에 속한다는 증어가 보살마하살인가?"

"아닙니다. 세존이시여."

"곧 고성제는 내신에 있다는 증어가 보살마하살인가?"

"아닙니다. 세존이시여."

"곧 집·멸·도성제는 내신에 있다는 증어가 보살마하살인가?"

"아닙니다. 세존이시여."

"곧 고성제는 외신에 있다는 증어가 보살마하살인가?"

"아닙니다. 세존이시여."

"곧 집·멸·도성제는 외신에 있다는 증어가 보살마하살인가?"

"아닙니다. 세존이시여."

"곧 고성제는 두 가지의 가운데에 있다는 증어가 보살마하살인가?"

"아닙니다. 세존이시여."

"곧 집·멸·도성제는 두 가지의 가운데에 있다는 증어가 보살마하살인가?"

"아닙니다. 세존이시여."

"곧 고성제는 얻을 수 있다는 증어가 보살마하살인가?"

"아닙니다. 세존이시여."

"곧 집·멸·도성제는 얻을 수 있다는 증어가 보살마하살인가?"

"아닙니다. 세존이시여."
"곧 고성제는 얻을 수 없다는 증어가 보살마하살인가?"
"아닙니다. 세존이시여."
"곧 집·멸·도성제는 얻을 수 없다는 증어가 보살마하살인가?"
"아닙니다. 세존이시여."

"다시 다음으로 선현이여. 보살마하살이라고 말하는 것에 그대의 뜻은 어떠한가? 곧 4정려(四靜慮)의 증어가 보살마하살인가?"
"아닙니다. 세존이시여."
"4무량(四無量)·4무색정(四無色定)의 증어가 곧 보살마하살인가?"
"아닙니다. 세존이시여."
"곧 4정려는 항상하다는 증어가 보살마하살인가?"
"아닙니다. 세존이시여."
"곧 4무량·4무색정은 항상하다는 증어가 보살마하살인가?"
"아닙니다. 세존이시여."
"곧 4정려는 무상하다는 증어가 보살마하살인가?"
"아닙니다. 세존이시여."
"곧 4무량·4무색정은 무상하다는 증어가 보살마하살인가?"
"아닙니다. 세존이시여."
"곧 4정려는 즐겁다는 증어가 보살마하살인가?"
"아닙니다. 세존이시여."
"곧 4무량·4무색정은 즐겁다는 증어가 보살마하살인가?"
"아닙니다. 세존이시여."
"곧 4정려는 괴롭다는 증어가 보살마하살인가?"
"아닙니다. 세존이시여."
"곧 4무량·4무색정은 괴롭다는 증어가 보살마하살인가?"
"아닙니다. 세존이시여."
"곧 4정려는 나라는 증어가 보살마하살인가?"

"아닙니다. 세존이시여."

"곧 4무량·4무색정은 나라는 증어가 보살마하살인가?"

"아닙니다. 세존이시여."

"곧 4정려는 무아라는 증어가 보살마하살인가?"

"아닙니다. 세존이시여."

"곧 4무량·4무색정은 무아라는 증어가 보살마하살인가?"

"아닙니다. 세존이시여."

"곧 4정려는 청정하다는 증어가 보살마하살인가?"

"아닙니다. 세존이시여."

"곧 4무량·4무색정은 청정하다는 증어가 보살마하살인가?"

"아닙니다. 세존이시여."

"곧 4정려는 부정하다는 증어가 보살마하살인가?"

"아닙니다. 세존이시여."

"곧 4무량·4무색정은 부정하다는 증어가 보살마하살인가?"

"아닙니다. 세존이시여."

"곧 4정려는 공하다는 증어가 보살마하살인가?"

"아닙니다. 세존이시여."

"곧 4무량·4무색정은 공하다는 증어가 보살마하살인가?"

"아닙니다. 세존이시여."

"곧 4정려는 공하지 않다는 증어가 보살마하살인가?"

"아닙니다. 세존이시여."

"곧 4무량·4무색정은 공하지 않다는 증어가 보살마하살인가?"

"아닙니다. 세존이시여."

"곧 4정려는 유상이라는 증어가 보살마하살인가?"

"아닙니다. 세존이시여."

"곧 4무량·4무색정은 유상이라는 증어가 보살마하살인가?"

"아닙니다. 세존이시여."

"곧 4정려는 무상이라는 증어가 보살마하살인가?"

"아닙니다. 세존이시여."

"곧 4무량·4무색정은 무상이라는 증어가 보살마하살인가?"

"아닙니다. 세존이시여."

"곧 4정려는 유원이라는 증어가 보살마하살인가?"

"아닙니다. 세존이시여."

"곧 4무량·4무색정은 유원이라는 증어가 보살마하살인가?"

"아닙니다. 세존이시여."

"곧 4정려는 무원이라는 증어가 보살마하살인가?"

"아닙니다. 세존이시여."

"곧 4무량·4무색정은 무원이라는 증어가 보살마하살인가?"

"아닙니다. 세존이시여."

"곧 4정려는 적정하다는 증어가 보살마하살인가?"

"아닙니다. 세존이시여."

"곧 4무량·4무색정은 적정하다는 증어가 보살마하살인가?"

"아닙니다. 세존이시여."

"곧 4정려는 적정하지 않다는 증어가 보살마하살인가?"

"아닙니다. 세존이시여."

"곧 4무량·4무색정은 적정하지 않다는 증어가 보살마하살인가?"

"아닙니다. 세존이시여."

"곧 4정려는 멀리 벗어난다는 증어가 보살마하살인가?"

"아닙니다. 세존이시여."

"곧 4무량·4무색정은 멀리 벗어난다는 증어가 보살마하살인가?"

"아닙니다. 세존이시여."

"곧 4정려는 멀리 벗어나지 않는다는 증어가 보살마하살인가?"

"아닙니다. 세존이시여."

"곧 4무량·4무색정은 멀리 벗어나지 않는다는 증어가 보살마하살인가?"

"아닙니다. 세존이시여."

"곧 4정려는 유위라는 증어가 보살마하살인가?"

"아닙니다. 세존이시여."

"곧 4무량·4무색정은 유위라는 증어가 보살마하살인가?"

"아닙니다. 세존이시여."

"곧 4정려는 무위라는 증어가 보살마하살인가?"

"아닙니다. 세존이시여."

"곧 4무량·4무색정은 무위라는 증어가 보살마하살인가?"

"아닙니다. 세존이시여."

"곧 4정려는 유루라는 증어가 보살마하살인가?"

"아닙니다. 세존이시여."

"곧 4무량·4무색정은 유루라는 증어가 보살마하살인가?"

"아닙니다. 세존이시여."

"곧 4정려는 무루라는 증어가 보살마하살인가?"

"아닙니다. 세존이시여."

"곧 4무량·4무색정은 무루라는 증어가 보살마하살인가?"

"아닙니다. 세존이시여."

"곧 4정려는 생겨나는 것이라는 증어가 보살마하살인가?"

"아닙니다. 세존이시여."

"곧 4무량·4무색정은 생겨나는 것이라는 증어가 보살마하살인가?"

"아닙니다. 세존이시여."

"곧 4정려는 소멸하는 것이라는 증어가 보살마하살인가?"

"아닙니다. 세존이시여."

"곧 4무량·4무색정은 소멸하는 것이라는 증어가 보살마하살인가?"

"아닙니다. 세존이시여."

"곧 4정려는 선하게 증장한다는 증어가 보살마하살인가?"

"아닙니다. 세존이시여."

"곧 4무량·4무색정은 선하게 증장한다는 증어가 보살마하살인가?"

"아닙니다. 세존이시여."

"곧 4정려는 선하지 않게 증장한다는 증어가 보살마하살인가?"

"아닙니다. 세존이시여."

"곧 4무량·4무색정은 선하지 않게 증장한다는 증어가 보살마하살인가?"

"아닙니다. 세존이시여."

"곧 4정려는 유죄라는 증어가 보살마하살인가?"

"아닙니다. 세존이시여."

"곧 4무량·4무색정은 유죄라는 증어가 보살마하살인가?"

"아닙니다. 세존이시여."

"곧 4정려는 무죄라는 증어가 보살마하살인가?"

"아닙니다. 세존이시여."

"곧 4무량·4무색정은 무죄라는 증어가 보살마하살인가?"

"아닙니다. 세존이시여."

"곧 4정려는 번뇌가 있다는 증어가 보살마하살인가?"

"아닙니다. 세존이시여."

"곧 4무량·4무색정은 번뇌가 있다는 증어가 보살마하살인가?"

"아닙니다. 세존이시여."

"곧 4정려는 번뇌가 없다는 증어가 보살마하살인가?"

"아닙니다. 세존이시여."

"곧 4무량·4무색정은 번뇌가 없다는 증어가 보살마하살인가?"

"아닙니다. 세존이시여."

"곧 4정려는 세간이라는 증어가 보살마하살인가?"

"아닙니다. 세존이시여."

"곧 4무량·4무색정은 세간이라는 증어가 보살마하살인가?"

"아닙니다. 세존이시여."

"곧 4정려는 출세간이라는 증어가 보살마하살인가?"

"아닙니다. 세존이시여."

"곧 4무량·4무색정은 출세간이라는 증어가 보살마하살인가?"

"아닙니다. 세존이시여."

"곧 4정려는 잡염이라는 증어가 보살마하살인가?"

"아닙니다. 세존이시여."

"곧 4무량·4무색정은 잡염이라는 증어가 보살마하살인가?"

"아닙니다. 세존이시여."

"곧 4정려는 청정하다는 증어가 보살마하살인가?"

"아닙니다. 세존이시여."

"곧 4무량·4무색정은 청정하다는 증어가 보살마하살인가?"

"아닙니다. 세존이시여."

"곧 4정려는 생사에 속한다는 증어가 보살마하살인가?"

"아닙니다. 세존이시여."

"곧 4무량·4무색정은 생사에 속한다는 증어가 보살마하살인가?"

"아닙니다. 세존이시여."

"곧 4정려는 열반에 속한다는 증어가 보살마하살인가?"

"아닙니다. 세존이시여."

"곧 4무량·4무색정은 열반에 속한다는 증어가 보살마하살인가?"

"아닙니다. 세존이시여."

"곧 4정려는 내신에 있다는 증어가 보살마하살인가?"

"아닙니다. 세존이시여."

"곧 4무량·4무색정은 내신에 있다는 증어가 보살마하살인가?"

"아닙니다. 세존이시여."

"곧 4정려는 외신에 있다는 증어가 보살마하살인가?"

"아닙니다. 세존이시여."

"곧 4무량·4무색정은 외신에 있다는 증어가 보살마하살인가?"

"아닙니다. 세존이시여."

"곧 4정려는 두 가지의 가운데에 있다는 증어가 보살마하살인가?"

"아닙니다. 세존이시여."

"곧 4무량·4무색정은 두 가지의 가운데에 있다는 증어가 보살마하살인가?"

"아닙니다. 세존이시여."
"곧 4정려는 얻을 수 있다는 증어가 보살마하살인가?"
"아닙니다. 세존이시여."
"곧 4무량·4무색정은 얻을 수 있다는 증어가 보살마하살인가?"
"아닙니다. 세존이시여."
"곧 4정려는 얻을 수 없다는 증어가 보살마하살인가?"
"아닙니다. 세존이시여."
"곧 4무량·4무색정은 얻을 수 없다는 증어가 보살마하살인가?"
"아닙니다. 세존이시여."

마하반야바라밀다경 제21권

7. 교계교수품(教誡教授品)(11)

"다시 다음으로 선현이여. 보살마하살이라고 말하는 것에 그대의 뜻은 어떠한가? 곧 8해탈(八解脫)의 증어가 보살마하살인가?"

"아닙니다. 세존이시여."

"8승처(八勝處)·9차제정(九次第定)·10변처(十遍處)의 증어가 곧 보살마하살인가?"

"아닙니다. 세존이시여."

"곧 8해탈은 항상하다는 증어가 보살마하살인가?"

"아닙니다. 세존이시여."

"곧 8승처·9차제정·10변처는 항상하다는 증어가 보살마하살인가?"

"아닙니다. 세존이시여."

"곧 8해탈은 무상하다는 증어가 보살마하살인가?"

"아닙니다. 세존이시여."

"곧 8승처·9차제정·10변처는 무상하다는 증어가 보살마하살인가?"

"아닙니다. 세존이시여."

"곧 8해탈은 즐겁다는 증어가 보살마하살인가?"

"아닙니다. 세존이시여."

"곧 8승처·9차제정·10변처는 즐겁다는 증어가 보살마하살인가?"

"아닙니다. 세존이시여."

"곧 8해탈은 괴롭다는 증어가 보살마하살인가?"

"아닙니다. 세존이시여."

"곧 8승처·9차제정·10변처는 괴롭다는 증어가 보살마하살인가?"

"아닙니다. 세존이시여."

"곧 8해탈은 나라는 증어가 보살마하살인가?"

"아닙니다. 세존이시여."

"곧 8승처·9차제정·10변처는 나라는 증어가 보살마하살인가?"

"아닙니다. 세존이시여."

"곧 8해탈은 무아라는 증어가 보살마하살인가?"

"아닙니다. 세존이시여."

"곧 8승처·9차제정·10변처는 무아라는 증어가 보살마하살인가?"

"아닙니다. 세존이시여."

"곧 8해탈은 청정하다는 증어가 보살마하살인가?"

"아닙니다. 세존이시여."

"곧 8승처·9차제정·10변처는 청정하다는 증어가 보살마하살인가?"

"아닙니다. 세존이시여."

"곧 8해탈은 부정하다는 증어가 보살마하살인가?"

"아닙니다. 세존이시여."

"곧 8승처·9차제정·10변처는 부정하다는 증어가 보살마하살인가?"

"아닙니다. 세존이시여."

"곧 8해탈은 공하다는 증어가 보살마하살인가?"

"아닙니다. 세존이시여."

"곧 8승처·9차제정·10변처는 공하다는 증어가 보살마하살인가?"

"아닙니다. 세존이시여."

"곧 8해탈은 공하지 않다는 증어가 보살마하살인가?"

"아닙니다. 세존이시여."

"곧 8승처·9차제정·10변처는 공하지 않다는 증어가 보살마하살인가?"

"아닙니다. 세존이시여."

"곧 8해탈은 유상이라는 증어가 보살마하살인가?"

"아닙니다. 세존이시여."

"곧 8승처·9차제정·10변처는 유상이라는 증어가 보살마하살인가?"

"아닙니다. 세존이시여."

"곧 8해탈은 무상이라는 증어가 보살마하살인가?"

"아닙니다. 세존이시여."

"곧 8승처·9차제정·10변처는 무상이라는 증어가 보살마하살인가?"

"아닙니다. 세존이시여."

"곧 8해탈은 유원이라는 증어가 보살마하살인가?"

"아닙니다. 세존이시여."

"곧 8승처·9차제정·10변처는 유원이라는 증어가 보살마하살인가?"

"아닙니다. 세존이시여."

"곧 8해탈은 무원이라는 증어가 보살마하살인가?"

"아닙니다. 세존이시여."

"곧 8승처·9차제정·10변처는 무원이라는 증어가 보살마하살인가?"

"아닙니다. 세존이시여."

"곧 8해탈은 적정하다는 증어가 보살마하살인가?"

"아닙니다. 세존이시여."

"곧 8승처·9차제정·10변처는 적정하다는 증어가 보살마하살인가?"

"아닙니다. 세존이시여."

"곧 8해탈은 적정하지 않다는 증어가 보살마하살인가?"

"아닙니다. 세존이시여."

"곧 8승처·9차제정·10변처는 적정하지 않다는 증어가 보살마하살인가?"

"아닙니다. 세존이시여."

"곧 8해탈은 멀리 벗어난다는 증어가 보살마하살인가?"

"아닙니다. 세존이시여."

"곧 8승처·9차제정·10변처는 멀리 벗어난다는 증어가 보살마하살인가?"

"아닙니다. 세존이시여."

"곧 8해탈은 멀리 벗어나지 않는다는 증어가 보살마하살인가?"

"아닙니다. 세존이시여."

"곧 8승처·9차제정·10변처는 멀리 벗어나지 않는다는 증어가 보살마하살인가?"

"아닙니다. 세존이시여."

"곧 8해탈은 유위라는 증어가 보살마하살인가?"

"아닙니다. 세존이시여."

"곧 8승처·9차제정·10변처는 유위라는 증어가 보살마하살인가?"

"아닙니다. 세존이시여."

"곧 8해탈은 무위라는 증어가 보살마하살인가?"

"아닙니다. 세존이시여."

"곧 8승처·9차제정·10변처는 무위라는 증어가 보살마하살인가?"

"아닙니다. 세존이시여."

"곧 8해탈은 유루라는 증어가 보살마하살인가?"

"아닙니다. 세존이시여."

"곧 8승처·9차제정·10변처는 유루라는 증어가 보살마하살인가?"

"아닙니다. 세존이시여."

"곧 8해탈은 무루라는 증어가 보살마하살인가?"

"아닙니다. 세존이시여."

"곧 8승처·9차제정·10변처는 무루라는 증어가 보살마하살인가?"

"아닙니다. 세존이시여."

"곧 8해탈은 생겨나는 것이라는 증어가 보살마하살인가?"

"아닙니다. 세존이시여."

"곧 8승처·9차제정·10변처는 생겨나는 것이라는 증어가 보살마하살인가?"

"아닙니다. 세존이시여."

"곧 8해탈은 소멸하는 것이라는 증어가 보살마하살인가?"

"아닙니다. 세존이시여."

"곧 8승처·9차제정·10변처는 소멸하는 것이라는 증어가 보살마하살인가?"

"아닙니다. 세존이시여."

"곧 8해탈은 선하게 증장한다는 증어가 보살마하살인가?"

"아닙니다. 세존이시여."

"곧 8승처·9차제정·10변처는 선하게 증장한다는 증어가 보살마하살인가?"

"아닙니다. 세존이시여."

"곧 8해탈은 선하지 않게 증장한다는 증어가 보살마하살인가?"

"아닙니다. 세존이시여."

"곧 8승처·9차제정·10변처는 선하지 않게 증장한다는 증어가 보살마하살인가?"

"아닙니다. 세존이시여."

"곧 8해탈은 유죄라는 증어가 보살마하살인가?"

"아닙니다. 세존이시여."

"곧 8승처·9차제정·10변처는 유죄라는 증어가 보살마하살인가?"

"아닙니다. 세존이시여."

"곧 8해탈은 무죄라는 증어가 보살마하살인가?"

"아닙니다. 세존이시여."

"곧 8승처·9차제정·10변처는 무죄라는 증어가 보살마하살인가?"

"아닙니다. 세존이시여."

"곧 8해탈은 번뇌가 있다는 증어가 보살마하살인가?"

"아닙니다. 세존이시여."

"곧 8승처·9차제정·10변처는 번뇌가 있다는 증어가 보살마하살인가?"

"아닙니다. 세존이시여."

"곧 8해탈은 번뇌가 없다는 증어가 보살마하살인가?"

"아닙니다. 세존이시여."

"곧 8승처·9차제정·10변처는 번뇌가 없다는 증어가 보살마하살인가?"

"아닙니다. 세존이시여."

"곧 8해탈은 세간이라는 증어가 보살마하살인가?"
"아닙니다. 세존이시여."
"곧 8승처·9차제정·10변처는 세간이라는 증어가 보살마하살인가?"
"아닙니다. 세존이시여."
"곧 8해탈은 출세간이라는 증어가 보살마하살인가?"
"아닙니다. 세존이시여."
"곧 8승처·9차제정·10변처는 출세간이라는 증어가 보살마하살인가?"
"아닙니다. 세존이시여."
"곧 8해탈은 잡염이라는 증어가 보살마하살인가?"
"아닙니다. 세존이시여."
"곧 8승처·9차제정·10변처는 잡염이라는 증어가 보살마하살인가?"
"아닙니다. 세존이시여."
"곧 8해탈은 청정하다는 증어가 보살마하살인가?"
"아닙니다. 세존이시여."
"곧 8승처·9차제정·10변처는 청정하다는 증어가 보살마하살인가?"
"아닙니다. 세존이시여."
"곧 8해탈은 생사에 속한다는 증어가 보살마하살인가?"
"아닙니다. 세존이시여."
"곧 8승처·9차제정·10변처는 생사에 속한다는 증어가 보살마하살인가?"
"아닙니다. 세존이시여."
"곧 8해탈은 열반에 속한다는 증어가 보살마하살인가?"
"아닙니다. 세존이시여."
"곧 8승처·9차제정·10변처는 열반에 속한다는 증어가 보살마하살인가?"
"아닙니다. 세존이시여."
"곧 8해탈은 내신에 있다는 증어가 보살마하살인가?"
"아닙니다. 세존이시여."
"곧 8승처·9차제정·10변처는 내신에 있다는 증어가 보살마하살인가?"
"아닙니다. 세존이시여."

"곧 8해탈은 외신에 있다는 증어가 보살마하살인가?"

"아닙니다. 세존이시여."

"곧 8승처·9차제정·10변처는 외신에 있다는 증어가 보살마하살인가?"

"아닙니다. 세존이시여."

"곧 8해탈은 두 가지의 가운데에 있다는 증어가 보살마하살인가?"

"아닙니다. 세존이시여."

"곧 8승처·9차제정·10변처는 두 가지의 가운데에 있다는 증어가 보살마하살인가?"

"아닙니다. 세존이시여."

"곧 8해탈은 얻을 수 있다는 증어가 보살마하살인가?"

"아닙니다. 세존이시여."

"곧 8승처·9차제정·10변처는 얻을 수 있다는 증어가 보살마하살인가?"

"아닙니다. 세존이시여."

"곧 8해탈은 얻을 수 없다는 증어가 보살마하살인가?"

"아닙니다. 세존이시여."

"곧 8승처·9차제정·10변처는 얻을 수 없다는 증어가 보살마하살인가?"

"아닙니다. 세존이시여."

"다시 다음으로 선현이여. 보살마하살이라고 말하는 것에 그대의 뜻은 어떠한가? 곧 공해탈문(空解脫門)의 증어가 보살마하살인가?"

"아닙니다. 세존이시여."

"무상(無相)·무원해탈문(無願解脫門)의 증어가 곧 보살마하살인가?"

"아닙니다. 세존이시여."

"곧 공해탈문은 항상하다는 증어가 보살마하살인가?"

"아닙니다. 세존이시여."

"곧 무상·무원해탈문은 항상하다는 증어가 보살마하살인가?"

"아닙니다. 세존이시여."

"곧 공해탈문은 무상하다는 증어가 보살마하살인가?"

"아닙니다. 세존이시여."
"곧 무상·무원해탈문은 무상하다는 증어가 보살마하살인가?"
"아닙니다. 세존이시여."
"곧 공해탈문은 즐겁다는 증어가 보살마하살인가?"
"아닙니다. 세존이시여."
"곧 무상·무원해탈문은 즐겁다는 증어가 보살마하살인가?"
"아닙니다. 세존이시여."
"곧 공해탈문은 괴롭다는 증어가 보살마하살인가?"
"아닙니다. 세존이시여."
"곧 무상·무원해탈문은 괴롭다는 증어가 보살마하살인가?"
"아닙니다. 세존이시여."
"곧 공해탈문은 나라는 증어가 보살마하살인가?"
"아닙니다. 세존이시여."
"곧 무상·무원해탈문은 나라는 증어가 보살마하살인가?"
"아닙니다. 세존이시여."
"곧 공해탈문은 무아라는 증어가 보살마하살인가?"
"아닙니다. 세존이시여."
"곧 무상·무원해탈문은 무아라는 증어가 보살마하살인가?"
"아닙니다. 세존이시여."
"곧 공해탈문은 청정하다는 증어가 보살마하살인가?"
"아닙니다. 세존이시여."
"곧 무상·무원해탈문은 청정하다는 증어가 보살마하살인가?"
"아닙니다. 세존이시여."
"곧 공해탈문은 부정하다는 증어가 보살마하살인가?"
"아닙니다. 세존이시여."
"곧 무상·무원해탈문은 부정하다는 증어가 보살마하살인가?"
"아닙니다. 세존이시여."
"곧 공해탈문은 공하다는 증어가 보살마하살인가?"

"아닙니다. 세존이시여."

"곧 무상·무원해탈문은 공하다는 증어가 보살마하살인가?"

"아닙니다. 세존이시여."

"곧 공해탈문은 공하지 않다는 증어가 보살마하살인가?"

"아닙니다. 세존이시여."

"곧 무상·무원해탈문은 공하지 않다는 증어가 보살마하살인가?"

"아닙니다. 세존이시여."

"곧 공해탈문은 유상이라는 증어가 보살마하살인가?"

"아닙니다. 세존이시여."

"곧 무상·무원해탈문은 유상이라는 증어가 보살마하살인가?"

"아닙니다. 세존이시여."

"곧 공해탈문은 무상이라는 증어가 보살마하살인가?"

"아닙니다. 세존이시여."

"곧 무상·무원해탈문은 무상이라는 증어가 보살마하살인가?"

"아닙니다. 세존이시여."

"곧 공해탈문은 유원이라는 증어가 보살마하살인가?"

"아닙니다. 세존이시여."

"곧 무상·무원해탈문은 유원이라는 증어가 보살마하살인가?"

"아닙니다. 세존이시여."

"곧 공해탈문은 무원이라는 증어가 보살마하살인가?"

"아닙니다. 세존이시여."

"곧 무상·무원해탈문은 무원이라는 증어가 보살마하살인가?"

"아닙니다. 세존이시여."

"곧 공해탈문은 적정하다는 증어가 보살마하살인가?"

"아닙니다. 세존이시여."

"곧 무상·무원해탈문은 적정하다는 증어가 보살마하살인가?"

"아닙니다. 세존이시여."

"곧 공해탈문은 적정하지 않다는 증어가 보살마하살인가?"

"아닙니다. 세존이시여."
"곧 무상·무원해탈문은 적정하지 않다는 증어가 보살마하살인가?"
"아닙니다. 세존이시여."
"곧 공해탈문은 멀리 벗어난다는 증어가 보살마하살인가?"
"아닙니다. 세존이시여."
"곧 무상·무원해탈문은 멀리 벗어난다는 증어가 보살마하살인가?"
"아닙니다. 세존이시여."
"곧 공해탈문은 멀리 벗어나지 않는다는 증어가 보살마하살인가?"
"아닙니다. 세존이시여."
"곧 무상·무원해탈문은 멀리 벗어나지 않는다는 증어가 보살마하살인가?"
"아닙니다. 세존이시여."
"곧 공해탈문은 유위라는 증어가 보살마하살인가?"
"아닙니다. 세존이시여."
"곧 무상·무원해탈문은 유위라는 증어가 보살마하살인가?"
"아닙니다. 세존이시여."
"곧 공해탈문은 무위라는 증어가 보살마하살인가?"
"아닙니다. 세존이시여."
"곧 무상·무원해탈문은 무위라는 증어가 보살마하살인가?"
"아닙니다. 세존이시여."
"곧 공해탈문은 유루라는 증어가 보살마하살인가?"
"아닙니다. 세존이시여."
"곧 무상·무원해탈문은 유루라는 증어가 보살마하살인가?"
"아닙니다. 세존이시여."
"곧 공해탈문은 무루라는 증어가 보살마하살인가?"
"아닙니다. 세존이시여."
"곧 무상·무원해탈문은 무루라는 증어가 보살마하살인가?"
"아닙니다. 세존이시여."
"곧 공해탈문은 생겨나는 것이라는 증어가 보살마하살인가?"

"아닙니다. 세존이시여."

"곧 무상·무원해탈문은 생겨나는 것이라는 증어가 보살마하살인가?"

"아닙니다. 세존이시여."

"곧 공해탈문은 소멸하는 것이라는 증어가 보살마하살인가?"

"아닙니다. 세존이시여."

"곧 무상·무원해탈문은 소멸하는 것이라는 증어가 보살마하살인가?"

"아닙니다. 세존이시여."

"곧 공해탈문은 선하게 증장한다는 증어가 보살마하살인가?"

"아닙니다. 세존이시여."

"곧 무상·무원해탈문은 선하게 증장한다는 증어가 보살마하살인가?"

"아닙니다. 세존이시여."

"곧 공해탈문은 선하지 않게 증장한다는 증어가 보살마하살인가?"

"아닙니다. 세존이시여."

"곧 무상·무원해탈문은 선하지 않게 증장한다는 증어가 보살마하살인가?"

"아닙니다. 세존이시여."

"곧 공해탈문은 유죄라는 증어가 보살마하살인가?"

"아닙니다. 세존이시여."

"곧 무상·무원해탈문은 유죄라는 증어가 보살마하살인가?"

"아닙니다. 세존이시여."

"곧 공해탈문은 무죄라는 증어가 보살마하살인가?"

"아닙니다. 세존이시여."

"곧 무상·무원해탈문은 무죄라는 증어가 보살마하살인가?"

"아닙니다. 세존이시여."

"곧 공해탈문은 번뇌가 있다는 증어가 보살마하살인가?"

"아닙니다. 세존이시여."

"곧 무상·무원해탈문은 번뇌가 있다는 증어가 보살마하살인가?"

"아닙니다. 세존이시여."

"곧 공해탈문은 번뇌가 없다는 증어가 보살마하살인가?"

"아닙니다. 세존이시여."
"곧 무상·무원해탈문은 번뇌가 없다는 증어가 보살마하살인가?"
"아닙니다. 세존이시여."
"곧 공해탈문은 세간이라는 증어가 보살마하살인가?"
"아닙니다. 세존이시여."
"곧 무상·무원해탈문은 세간이라는 증어가 보살마하살인가?"
"아닙니다. 세존이시여."
"곧 공해탈문은 출세간이라는 증어가 보살마하살인가?"
"아닙니다. 세존이시여."
"곧 무상·무원해탈문은 출세간이라는 증어가 보살마하살인가?"
"아닙니다. 세존이시여."
"곧 공해탈문은 잡염이라는 증어가 보살마하살인가?"
"아닙니다. 세존이시여."
"곧 무상·무원해탈문은 잡염이라는 증어가 보살마하살인가?"
"아닙니다. 세존이시여."
"곧 공해탈문은 청정하다는 증어가 보살마하살인가?"
"아닙니다. 세존이시여."
"곧 무상·무원해탈문은 청정하다는 증어가 보살마하살인가?"
"아닙니다. 세존이시여."
"곧 공해탈문은 생사에 속한다는 증어가 보살마하살인가?"
"아닙니다. 세존이시여."
"곧 무상·무원해탈문은 생사에 속한다는 증어가 보살마하살인가?"
"아닙니다. 세존이시여."
"곧 공해탈문은 열반에 속한다는 증어가 보살마하살인가?"
"아닙니다. 세존이시여."
"곧 무상·무원해탈문은 열반에 속한다는 증어가 보살마하살인가?"
"아닙니다. 세존이시여."
"곧 공해탈문은 내신에 있다는 증어가 보살마하살인가?"

"아닙니다. 세존이시여."

"곧 무상·무원해탈문은 내신에 있다는 증어가 보살마하살인가?"

"아닙니다. 세존이시여."

"곧 공해탈문은 외신에 있다는 증어가 보살마하살인가?"

"아닙니다. 세존이시여."

"곧 무상·무원해탈문은 외신에 있다는 증어가 보살마하살인가?"

"아닙니다. 세존이시여."

"곧 공해탈문은 두 가지의 가운데에 있다는 증어가 보살마하살인가?"

"아닙니다. 세존이시여."

"곧 무상·무원해탈문은 두 가지의 가운데에 있다는 증어가 보살마하살인가?"

"아닙니다. 세존이시여."

"곧 공해탈문은 얻을 수 있다는 증어가 보살마하살인가?"

"아닙니다. 세존이시여."

"곧 무상·무원해탈문은 얻을 수 있다는 증어가 보살마하살인가?"

"아닙니다. 세존이시여."

"곧 공해탈문은 얻을 수 없다는 증어가 보살마하살인가?"

"아닙니다. 세존이시여."

"곧 무상·무원해탈문은 얻을 수 없다는 증어가 보살마하살인가?"

"아닙니다. 세존이시여."

"다시 다음으로 선현이여. 보살마하살이라고 말하는 것에 그대의 뜻은 어떠한가? 곧 다라니문(陀羅尼門)의 증어가 보살마하살인가?"

"아닙니다. 세존이시여."

"삼마지문(三摩地門)의 증어가 곧 보살마하살인가?"

"아닙니다. 세존이시여."

"곧 다라니문은 항상하다는 증어가 보살마하살인가?"

"아닙니다. 세존이시여."

"곧 삼마지문은 항상하다는 증어가 보살마하살인가?"
"아닙니다. 세존이시여."
"곧 다라니문은 무상하다는 증어가 보살마하살인가?"
"아닙니다. 세존이시여."
"곧 삼마지문은 무상하다는 증어가 보살마하살인가?"
"아닙니다. 세존이시여."
"곧 다라니문은 즐겁다는 증어가 보살마하살인가?"
"아닙니다. 세존이시여."
"곧 삼마지문은 즐겁다는 증어가 보살마하살인가?"
"아닙니다. 세존이시여."
"곧 다라니문은 괴롭다는 증어가 보살마하살인가?"
"아닙니다. 세존이시여."
"곧 삼마지문은 괴롭다는 증어가 보살마하살인가?"
"아닙니다. 세존이시여."
"곧 다라니문은 나라는 증어가 보살마하살인가?"
"아닙니다. 세존이시여."
"곧 삼마지문은 나라는 증어가 보살마하살인가?"
"아닙니다. 세존이시여."
"곧 다라니문은 무아라는 증어가 보살마하살인가?"
"아닙니다. 세존이시여."
"곧 삼마지문은 무아라는 증어가 보살마하살인가?"
"아닙니다. 세존이시여."
"곧 다라니문은 청정하다는 증어가 보살마하살인가?"
"아닙니다. 세존이시여."
"곧 삼마지문은 청정하다는 증어가 보살마하살인가?"
"아닙니다. 세존이시여."
"곧 다라니문은 부정하다는 증어가 보살마하살인가?"
"아닙니다. 세존이시여."

“곧 삼마지문은 부정하다는 증어가 보살마하살인가?”
“아닙니다. 세존이시여.”
“곧 다라니문은 공하다는 증어가 보살마하살인가?”
“아닙니다. 세존이시여.”
“곧 삼마지문은 공하다는 증어가 보살마하살인가?”
“아닙니다. 세존이시여.”
“곧 다라니문은 공하지 않다는 증어가 보살마하살인가?”
“아닙니다. 세존이시여.”
“곧 삼마지문은 공하지 않다는 증어가 보살마하살인가?”
“아닙니다. 세존이시여.”
“곧 다라니문은 유상이라는 증어가 보살마하살인가?”
“아닙니다. 세존이시여.”
“곧 삼마지문은 유상이라는 증어가 보살마하살인가?”
“아닙니다. 세존이시여.”
“곧 다라니문은 무상이라는 증어가 보살마하살인가?”
“아닙니다. 세존이시여.”
“곧 삼마지문은 무상이라는 증어가 보살마하살인가?”
“아닙니다. 세존이시여.”
“곧 다라니문은 유원이라는 증어가 보살마하살인가?”
“아닙니다. 세존이시여.”
“곧 삼마지문은 유원이라는 증어가 보살마하살인가?”
“아닙니다. 세존이시여.”
“곧 다라니문은 무원이라는 증어가 보살마하살인가?”
“아닙니다. 세존이시여.”
“곧 삼마지문은 무원이라는 증어가 보살마하살인가?”
“아닙니다. 세존이시여.”
“곧 다라니문은 적정하다는 증어가 보살마하살인가?”
“아닙니다. 세존이시여.”

"곧 삼마지문은 적정하다는 증어가 보살마하살인가?"
"아닙니다. 세존이시여."
"곧 다라니문은 적정하지 않다는 증어가 보살마하살인가?"
"아닙니다. 세존이시여."
"곧 삼마지문은 적정하지 않다는 증어가 보살마하살인가?"
"아닙니다. 세존이시여."
"곧 다라니문은 멀리 벗어난다는 증어가 보살마하살인가?"
"아닙니다. 세존이시여."
"곧 삼마지문은 멀리 벗어난다는 증어가 보살마하살인가?"
"아닙니다. 세존이시여."
"곧 다라니문은 멀리 벗어나지 않는다는 증어가 보살마하살인가?"
"아닙니다. 세존이시여."
"곧 삼마지문은 멀리 벗어나지 않는다는 증어가 보살마하살인가?"
"아닙니다. 세존이시여."
"곧 다라니문은 유위라는 증어가 보살마하살인가?"
"아닙니다. 세존이시여."
"곧 삼마지문은 유위라는 증어가 보살마하살인가?"
"아닙니다. 세존이시여."
"곧 다라니문은 무위라는 증어가 보살마하살인가?"
"아닙니다. 세존이시여."
"곧 삼마지문은 무위라는 증어가 보살마하살인가?"
"아닙니다. 세존이시여."
"곧 다라니문은 유루라는 증어가 보살마하살인가?"
"아닙니다. 세존이시여."
"곧 삼마지문은 유루라는 증어가 보살마하살인가?"
"아닙니다. 세존이시여."
"곧 다라니문은 무루라는 증어가 보살마하살인가?"
"아닙니다. 세존이시여."

"곧 삼마지문은 무루라는 증어가 보살마하살인가?"

"아닙니다. 세존이시여."

"곧 다라니문은 생겨나는 것이라는 증어가 보살마하살인가?"

"아닙니다. 세존이시여."

"곧 삼마지문은 생겨나는 것이라는 증어가 보살마하살인가?"

"아닙니다. 세존이시여."

"곧 다라니문은 소멸하는 것이라는 증어가 보살마하살인가?"

"아닙니다. 세존이시여."

"곧 삼마지문은 소멸하는 것이라는 증어가 보살마하살인가?"

"아닙니다. 세존이시여."

"곧 다라니문은 선하게 증장한다는 증어가 보살마하살인가?"

"아닙니다. 세존이시여."

"곧 삼마지문은 선하게 증장한다는 증어가 보살마하살인가?"

"아닙니다. 세존이시여."

"곧 다라니문은 선하지 않게 증장한다는 증어가 보살마하살인가?"

"아닙니다. 세존이시여."

"곧 삼마지문은 선하지 않게 증장한다는 증어가 보살마하살인가?"

"아닙니다. 세존이시여."

"곧 다라니문은 유죄라는 증어가 보살마하살인가?"

"아닙니다. 세존이시여."

"곧 삼마지문은 유죄라는 증어가 보살마하살인가?"

"아닙니다. 세존이시여."

"곧 다라니문은 무죄라는 증어가 보살마하살인가?"

"아닙니다. 세존이시여."

"곧 삼마지문은 무죄라는 증어가 보살마하살인가?"

"아닙니다. 세존이시여."

"곧 다라니문은 번뇌가 있다는 증어가 보살마하살인가?"

"아닙니다. 세존이시여."

"곧 삼마지문은 번뇌가 있다는 증어가 보살마하살인가?"
"아닙니다. 세존이시여."
"곧 다라니문은 번뇌가 없다는 증어가 보살마하살인가?"
"아닙니다. 세존이시여."
"곧 삼마지문은 번뇌가 없다는 증어가 보살마하살인가?"
"아닙니다. 세존이시여."
"곧 다라니문은 세간이라는 증어가 보살마하살인가?"
"아닙니다. 세존이시여."
"곧 삼마지문은 세간이라는 증어가 보살마하살인가?"
"아닙니다. 세존이시여."
"곧 다라니문은 출세간이라는 증어가 보살마하살인가?"
"아닙니다. 세존이시여."
"곧 삼마지문은 출세간이라는 증어가 보살마하살인가?"
"아닙니다. 세존이시여."
"곧 다라니문은 잡염이라는 증어가 보살마하살인가?"
"아닙니다. 세존이시여."
"곧 삼마지문은 잡염이라는 증어가 보살마하살인가?"
"아닙니다. 세존이시여."
"곧 다라니문은 청정하다는 증어가 보살마하살인가?"
"아닙니다. 세존이시여."
"곧 삼마지문은 청정하다는 증어가 보살마하살인가?"
"아닙니다. 세존이시여."
"곧 다라니문은 생사에 속한다는 증어가 보살마하살인가?"
"아닙니다. 세존이시여."
"곧 삼마지문은 생사에 속한다는 증어가 보살마하살인가?"
"아닙니다. 세존이시여."
"곧 다라니문은 열반에 속한다는 증어가 보살마하살인가?"
"아닙니다. 세존이시여."

"곧 삼마지문은 열반에 속한다는 증어가 보살마하살인가?"
"아닙니다. 세존이시여."
"곧 다라니문은 내신에 있다는 증어가 보살마하살인가?"
"아닙니다. 세존이시여."
"곧 삼마지문은 내신에 있다는 증어가 보살마하살인가?"
"아닙니다. 세존이시여."
"곧 다라니문은 외신에 있다는 증어가 보살마하살인가?"
"아닙니다. 세존이시여."
"곧 삼마지문은 외신에 있다는 증어가 보살마하살인가?"
"아닙니다. 세존이시여."
"곧 다라니문은 두 가지의 가운데에 있다는 증어가 보살마하살인가?"
"아닙니다. 세존이시여."
"곧 삼마지문은 두 가지의 가운데에 있다는 증어가 보살마하살인가?"
"아닙니다. 세존이시여."
"곧 다라니문은 얻을 수 있다는 증어가 보살마하살인가?"
"아닙니다. 세존이시여."
"곧 삼마지문은 얻을 수 있다는 증어가 보살마하살인가?"
"아닙니다. 세존이시여."
"곧 다라니문은 얻을 수 없다는 증어가 보살마하살인가?"
"아닙니다. 세존이시여."
"곧 삼마지문은 얻을 수 없다는 증어가 보살마하살인가?"
"아닙니다. 세존이시여."

"다시 다음으로 선현이여. 보살마하살이라고 말하는 것에 그대의 뜻은 어떠한가? 곧 극희지(極喜地)의 증어가 보살마하살인가?"
"아닙니다. 세존이시여."
"이구지(離垢地)·발광지(發光地)·염혜지(焰慧地)·극난승지(極難勝地)·현전지(現前地)·원행지(遠行地)·부동지(不動地)·선혜지(善慧地)·법운지

(法雲地)의 증어가 곧 보살마하살인가?"

"아닙니다. 세존이시여."

"곧 극희지는 항상하다는 증어가 보살마하살인가?"

"아닙니다. 세존이시여."

"곧 이구지, 나아가 법운지는 항상하다는 증어가 보살마하살인가?"

"아닙니다. 세존이시여."

"곧 극희지는 무상하다는 증어가 보살마하살인가?"

"아닙니다. 세존이시여."

"곧 이구지, 나아가 법운지는 무상하다는 증어가 보살마하살인가?"

"아닙니다. 세존이시여."

"곧 극희지는 즐겁다는 증어가 보살마하살인가?"

"아닙니다. 세존이시여."

"곧 이구지, 나아가 법운지는 즐겁다는 증어가 보살마하살인가?"

"아닙니다. 세존이시여."

"곧 극희지는 괴롭다는 증어가 보살마하살인가?"

"아닙니다. 세존이시여."

"곧 이구지, 나아가 법운지는 괴롭다는 증어가 보살마하살인가?"

"아닙니다. 세존이시여."

"곧 극희지는 나(我)라는 증어가 보살마하살인가?"

"아닙니다. 세존이시여."

"곧 이구지, 나아가 법운지는 나라는 증어가 보살마하살인가?"

"아닙니다. 세존이시여."

"곧 극희지는 무아라는 증어가 보살마하살인가?"

"아닙니다. 세존이시여."

"곧 이구지, 나아가 법운지는 무아라는 증어가 보살마하살인가?"

"아닙니다. 세존이시여."

"곧 극희지는 청정하다는 증어가 보살마하살인가?"

"아닙니다. 세존이시여."

"곧 이구지, 나아가 법운지는 청정하다는 증어가 보살마하살인가?"
"아닙니다. 세존이시여."
"곧 극희지는 부정하다는 증어가 보살마하살인가?"
"아닙니다. 세존이시여."
"곧 이구지, 나아가 법운지는 부정하다는 증어가 보살마하살인가?"
"아닙니다. 세존이시여."
"곧 극희지는 공하다는 증어가 보살마하살인가?"
"아닙니다. 세존이시여."
"곧 이구지, 나아가 법운지는 공하다는 증어가 보살마하살인가?"
"아닙니다. 세존이시여."
"곧 극희지는 공하지 않다는 증어가 보살마하살인가?"
"아닙니다. 세존이시여."
"곧 이구지, 나아가 법운지는 공하지 않다는 증어가 보살마하살인가?"
"아닙니다. 세존이시여."
"곧 극희지는 유상이라는 증어가 보살마하살인가?"
"아닙니다. 세존이시여."
"곧 이구지, 나아가 법운지는 유상이라는 증어가 보살마하살인가?"
"아닙니다. 세존이시여."
"곧 극희지는 무상이라는 증어가 보살마하살인가?"
"아닙니다. 세존이시여."
"곧 이구지, 나아가 법운지는 무상이라는 증어가 보살마하살인가?"
"아닙니다. 세존이시여."
"곧 극희지는 유원이라는 증어가 보살마하살인가?"
"아닙니다. 세존이시여."
"곧 이구지, 나아가 법운지는 유원이라는 증어가 보살마하살인가?"
"아닙니다. 세존이시여."
"곧 극희지는 무원이라는 증어가 보살마하살인가?"
"아닙니다. 세존이시여."

"곧 이구지, 나아가 법운지는 무원이라는 증어가 보살마하살인가?"

"아닙니다. 세존이시여."

"곧 극희지는 적정하다는 증어가 보살마하살인가?"

"아닙니다. 세존이시여."

"곧 이구지, 나아가 법운지는 적정하다는 증어가 보살마하살인가?"

"아닙니다. 세존이시여."

"곧 극희지는 적정하지 않다는 증어가 보살마하살인가?"

"아닙니다. 세존이시여."

"곧 이구지, 나아가 법운지는 적정하지 않다는 증어가 보살마하살인가?"

"아닙니다. 세존이시여."

"곧 극희지는 멀리 벗어난다는 증어가 보살마하살인가?"

"아닙니다. 세존이시여."

"곧 이구지, 나아가 법운지는 멀리 벗어난다는 증어가 보살마하살인가?"

"아닙니다. 세존이시여."

"곧 극희지는 멀리 벗어나지 않는다는 증어가 보살마하살인가?"

"아닙니다. 세존이시여."

"곧 이구지, 나아가 법운지는 멀리 벗어나지 않는다는 증어가 보살마하살인가?"

"아닙니다. 세존이시여."

"곧 극희지는 유위라는 증어가 보살마하살인가?"

"아닙니다. 세존이시여."

"곧 이구지, 나아가 법운지는 유위라는 증어가 보살마하살인가?"

"아닙니다. 세존이시여."

"곧 극희지는 무위라는 증어가 보살마하살인가?"

"아닙니다. 세존이시여."

"곧 이구지, 나아가 법운지는 무위라는 증어가 보살마하살인가?"

"아닙니다. 세존이시여."

"곧 극희지는 유루라는 증어가 보살마하살인가?"

"아닙니다. 세존이시여."

"곧 이구지, 나아가 법운지는 유루라는 증어가 보살마하살인가?"

"아닙니다. 세존이시여."

"곧 극희지는 무루라는 증어가 보살마하살인가?"

"아닙니다. 세존이시여."

"곧 이구지, 나아가 법운지는 무루라는 증어가 보살마하살인가?"

"아닙니다. 세존이시여."

"곧 극희지는 생겨나는 것이라는 증어가 보살마하살인가?"

"아닙니다. 세존이시여."

"곧 이구지, 나아가 법운지는 생겨나는 것이라는 증어가 보살마하살인가?"

"아닙니다. 세존이시여."

"곧 극희지는 소멸하는 것이라는 증어가 보살마하살인가?"

"아닙니다. 세존이시여."

"곧 이구지, 나아가 법운지는 소멸하는 것이라는 증어가 보살마하살인가?"

"아닙니다. 세존이시여."

"곧 극희지는 선하게 증장한다는 증어가 보살마하살인가?"

"아닙니다. 세존이시여."

"곧 이구지, 나아가 법운지는 선하게 증장한다는 증어가 보살마하살인가?"

"아닙니다. 세존이시여."

"곧 극희지는 선하지 않게 증장한다는 증어가 보살마하살인가?"

"아닙니다. 세존이시여."

"곧 이구지, 나아가 법운지는 선하지 않게 증장한다는 증어가 보살마하살인가?"

"아닙니다. 세존이시여."

"곧 극희지는 유죄라는 증어가 보살마하살인가?"

"아닙니다. 세존이시여."

"곧 이구지, 나아가 법운지는 유죄라는 증어가 보살마하살인가?"

"아닙니다. 세존이시여."

"곧 극희지는 무죄라는 증어가 보살마하살인가?"

"아닙니다. 세존이시여."

"곧 이구지, 나아가 법운지는 무죄라는 증어가 보살마하살인가?"

"아닙니다. 세존이시여."

"곧 극희지는 번뇌가 있다는 증어가 보살마하살인가?"

"아닙니다. 세존이시여."

"곧 이구지, 나아가 법운지는 번뇌가 있다는 증어가 보살마하살인가?"

"아닙니다. 세존이시여."

"곧 극희지는 번뇌가 없다는 증어가 보살마하살인가?"

"아닙니다. 세존이시여."

"곧 이구지, 나아가 법운지는 번뇌가 없다는 증어가 보살마하살인가?"

"아닙니다. 세존이시여."

"곧 극희지는 세간이라는 증어가 보살마하살인가?"

"아닙니다. 세존이시여."

"곧 이구지, 나아가 법운지는 세간이라는 증어가 보살마하살인가?"

"아닙니다. 세존이시여."

"곧 극희지는 출세간이라는 증어가 보살마하살인가?"

"아닙니다. 세존이시여."

"곧 이구지, 나아가 법운지는 출세간이라는 증어가 보살마하살인가?"

"아닙니다. 세존이시여."

"곧 극희지는 잡염이라는 증어가 보살마하살인가?"

"아닙니다. 세존이시여."

"곧 이구지, 나아가 법운지는 잡염이라는 증어가 보살마하살인가?"

"아닙니다. 세존이시여."

"곧 극희지는 청정하다는 증어가 보살마하살인가?"

"아닙니다. 세존이시여."

"곧 이구지, 나아가 법운지는 청정하다는 증어가 보살마하살인가?"

"아닙니다. 세존이시여."

"곧 극희지는 생사에 속한다는 증어가 보살마하살인가?"

"아닙니다. 세존이시여."

"곧 이구지, 나아가 법운지는 생사에 속한다는 증어가 보살마하살인가?"

"아닙니다. 세존이시여."

"곧 극희지는 열반에 속한다는 증어가 보살마하살인가?"

"아닙니다. 세존이시여."

"곧 이구지, 나아가 법운지는 열반에 있다는 증어가 보살마하살인가?"

"아닙니다. 세존이시여."

"곧 극희지는 내신에 있다는 증어가 보살마하살인가?"

"아닙니다. 세존이시여."

"곧 이구지, 나아가 법운지는 내신에 있다는 증어가 보살마하살인가?"

"아닙니다. 세존이시여."

"곧 극희지는 외신에 있다는 증어가 보살마하살인가?"

"아닙니다. 세존이시여."

"곧 이구지, 나아가 법운지는 외신에 있다는 증어가 보살마하살인가?"

"아닙니다. 세존이시여."

"곧 극희지는 두 가지의 가운데에 있다는 증어가 보살마하살인가?"

"아닙니다. 세존이시여."

"곧 이구지, 나아가 법운지는 두 가지의 가운데에 있다는 증어가 보살마하살인가?"

"아닙니다. 세존이시여."

"곧 극희지는 얻을 수 있다는 증어가 보살마하살인가?"

"아닙니다. 세존이시여."

"곧 이구지, 나아가 법운지는 얻을 수 있다는 증어가 보살마하살인가?"

"아닙니다. 세존이시여."

"곧 극희지는 얻을 수 없다는 증어가 보살마하살인가?"

"아닙니다. 세존이시여."

"곧 이구지, 나아가 법운지는 얻을 수 없다는 증어가 보살마하살인가?"

"아닙니다. 세존이시여."

"다시 다음으로 선현이여. 보살마하살이라고 말하는 것에 그대의 뜻은 어떠한가? 곧 5안(五眼)의 증어가 보살마하살인가?"

"아닙니다. 세존이시여."

"6신통(六神通)의 증어가 곧 보살마하살인가?"

"아닙니다. 세존이시여."

"곧 5안은 항상하다는 증어가 보살마하살인가?"

"아닙니다. 세존이시여."

"곧 6신통은 항상하다는 증어가 보살마하살인가?"

"아닙니다. 세존이시여."

"곧 5안은 무상하다는 증어가 보살마하살인가?"

"아닙니다. 세존이시여."

"곧 6신통은 무상하다는 증어가 보살마하살인가?"

"아닙니다. 세존이시여."

"곧 5안은 즐겁다는 증어가 보살마하살인가?"

"아닙니다. 세존이시여."

"곧 6신통은 즐겁다는 증어가 보살마하살인가?"

"아닙니다. 세존이시여."

"곧 5안은 괴롭다는 증어가 보살마하살인가?"

"아닙니다. 세존이시여."

"곧 6신통은 괴롭다는 증어가 보살마하살인가?"

"아닙니다. 세존이시여."

"곧 5안은 나(我)라는 증어가 보살마하살인가?"

"아닙니다. 세존이시여."

"곧 6신통은 나라는 증어가 보살마하살인가?"

"아닙니다. 세존이시여."

"곧 5안은 무아라는 증어가 보살마하살인가?"

"아닙니다. 세존이시여."

"곧 6신통은 무아라는 증어가 보살마하살인가?"

"아닙니다. 세존이시여."

"곧 5안은 청정하다는 증어가 보살마하살인가?"

"아닙니다. 세존이시여."

"곧 6신통은 청정하다는 증어가 보살마하살인가?"

"아닙니다. 세존이시여."

"곧 5안은 부정하다는 증어가 보살마하살인가?"

"아닙니다. 세존이시여."

"곧 6신통은 부정하다는 증어가 보살마하살인가?"

"아닙니다. 세존이시여."

"곧 5안은 공하다는 증어가 보살마하살인가?"

"아닙니다. 세존이시여."

"곧 6신통은 공하다는 증어가 보살마하살인가?"

"아닙니다. 세존이시여."

"곧 5안은 공하지 않다는 증어가 보살마하살인가?"

"아닙니다. 세존이시여."

"곧 6신통은 공하지 않다는 증어가 보살마하살인가?"

"아닙니다. 세존이시여."

"곧 5안은 유상이라는 증어가 보살마하살인가?"

"아닙니다. 세존이시여."

"곧 6신통은 유상이라는 증어가 보살마하살인가?"

"아닙니다. 세존이시여."
"곧 5안은 무상이라는 증어가 보살마하살인가?"
"아닙니다. 세존이시여."
"곧 6신통은 무상이라는 증어가 보살마하살인가?"
"아닙니다. 세존이시여."
"곧 5안은 유원이라는 증어가 보살마하살인가?"
"아닙니다. 세존이시여."
"곧 6신통은 유원이라는 증어가 보살마하살인가?"
"아닙니다. 세존이시여."
"곧 5안은 무원이라는 증어가 보살마하살인가?"
"아닙니다. 세존이시여."
"곧 6신통은 무원이라는 증어가 보살마하살인가?"
"아닙니다. 세존이시여."
"곧 5안은 적정하다는 증어가 보살마하살인가?"
"아닙니다. 세존이시여."
"곧 6신통은 적정하다는 증어가 보살마하살인가?"
"아닙니다. 세존이시여."
"곧 5안은 적정하지 않다는 증어가 보살마하살인가?"
"아닙니다. 세존이시여."
"곧 6신통은 적정하지 않다는 증어가 보살마하살인가?"
"아닙니다. 세존이시여."
"곧 5안은 멀리 벗어난다는 증어가 보살마하살인가?"
"아닙니다. 세존이시여."
"곧 6신통은 멀리 벗어난다는 증어가 보살마하살인가?"
"아닙니다. 세존이시여."
"곧 5안은 멀리 벗어나지 않는다는 증어가 보살마하살인가?"
"아닙니다. 세존이시여."
"곧 6신통은 멀리 벗어나지 않는다는 증어가 보살마하살인가?"

“아닙니다. 세존이시여.”
“곧 5안은 유위라는 증어가 보살마하살인가?”
“아닙니다. 세존이시여.”
“곧 6신통은 유위라는 증어가 보살마하살인가?”
“아닙니다. 세존이시여.”
“곧 5안은 무위라는 증어가 보살마하살인가?”
“아닙니다. 세존이시여.”
“곧 6신통은 무위라는 증어가 보살마하살인가?”
“아닙니다. 세존이시여.”
“곧 5안은 유루라는 증어가 보살마하살인가?”
“아닙니다. 세존이시여.”
“곧 6신통은 유루라는 증어가 보살마하살인가?”
“아닙니다. 세존이시여.”
“곧 5안은 무루라는 증어가 보살마하살인가?”
“아닙니다. 세존이시여.”
“곧 6신통은 무루라는 증어가 보살마하살인가?”
“아닙니다. 세존이시여.”
“곧 5안은 생겨나는 것이라는 증어가 보살마하살인가?”
“아닙니다. 세존이시여.”
“곧 6신통은 생겨나는 것이라는 증어가 보살마하살인가?”
“아닙니다. 세존이시여.”
“곧 5안은 소멸하는 것이라는 증어가 보살마하살인가?”
“아닙니다. 세존이시여.”
“곧 6신통은 소멸하는 것이라는 증어가 보살마하살인가?”
“아닙니다. 세존이시여.”
“곧 5안은 선이 증장한다는 증어가 보살마하살인가?”
“아닙니다. 세존이시여.”
“곧 6신통은 선이 증장한다는 증어가 보살마하살인가?”

"아닙니다. 세존이시여."
"곧 5안은 선이 아닌 것이 증장한다는 증어가 보살마하살인가?"
"아닙니다. 세존이시여."
"곧 6신통은 선이 아닌 것이 증장한다는 증어가 보살마하살인가?"
"아닙니다. 세존이시여."
"곧 5안은 유죄라는 증어가 보살마하살인가?"
"아닙니다. 세존이시여."
"곧 6신통은 유죄라는 증어가 보살마하살인가?"
"아닙니다. 세존이시여."
"곧 5안은 무죄라는 증어가 보살마하살인가?"
"아닙니다. 세존이시여."
"곧 6신통은 무죄라는 증어가 보살마하살인가?"
"아닙니다. 세존이시여."
"곧 5안은 번뇌가 있다는 증어가 보살마하살인가?"
"아닙니다. 세존이시여."
"곧 6신통은 번뇌가 있다는 증어가 보살마하살인가?"
"아닙니다. 세존이시여."
"곧 5안은 번뇌가 없다는 증어가 보살마하살인가?"
"아닙니다. 세존이시여."
"곧 6신통은 번뇌가 없다는 증어가 보살마하살인가?"
"아닙니다. 세존이시여."
"곧 5안은 세간이라는 증어가 보살마하살인가?"
"아닙니다. 세존이시여."
"곧 6신통은 세간이라는 증어가 보살마하살인가?"
"아닙니다. 세존이시여."
"곧 5안은 출세간이라는 증어가 보살마하살인가?"
"아닙니다. 세존이시여."
"곧 6신통은 출세간이라는 증어가 보살마하살인가?"

"아닙니다. 세존이시여."

"곧 5안은 잡염이라는 증어가 보살마하살인가?"

"아닙니다. 세존이시여."

"곧 6신통은 잡염이라는 증어가 보살마하살인가?"

"아닙니다. 세존이시여."

"곧 5안은 청정하다는 증어가 보살마하살인가?"

"아닙니다. 세존이시여."

"곧 6신통은 청정하다는 증어가 보살마하살인가?"

"아닙니다. 세존이시여."

"곧 5안은 생사에 속한다는 증어가 보살마하살인가?"

"아닙니다. 세존이시여."

"곧 6신통은 생사에 속한다는 증어가 보살마하살인가?"

"아닙니다. 세존이시여."

"곧 5안은 열반에 속한다는 증어가 보살마하살인가?"

"아닙니다. 세존이시여."

"곧 6신통은 열반에 속한다는 증어가 보살마하살인가?"

"아닙니다. 세존이시여."

"곧 5안은 내신에 있다는 증어가 보살마하살인가?"

"아닙니다. 세존이시여."

"곧 6신통은 내신에 있다는 증어가 보살마하살인가?"

"아닙니다. 세존이시여."

"곧 5안은 외신에 있다는 증어가 보살마하살인가?"

"아닙니다. 세존이시여."

"곧 6신통은 외신에 있다는 증어가 보살마하살인가?"

"아닙니다. 세존이시여."

"곧 5안은 두 가지의 가운데에 있다는 증어가 보살마하살인가?"

"아닙니다. 세존이시여."

"곧 6신통은 두 가지의 가운데에 있다는 증어가 보살마하살인가?"

"아닙니다. 세존이시여."

"곧 5안은 얻을 수 있다는 증어가 보살마하살인가?"

"아닙니다. 세존이시여."

"곧 6신통은 얻을 수 있다는 증어가 보살마하살인가?"

"아닙니다. 세존이시여."

"곧 5안은 얻을 수 없다는 증어가 보살마하살인가?"

"아닙니다. 세존이시여."

"곧 6신통은 얻을 수 없다는 증어가 보살마하살인가?"

"아닙니다. 세존이시여."

마하반야바라밀다경 제22권

7. 교계교수품(教誡教授品)(12)

"다시 다음으로 선현이여. 보살마하살이라고 말하는 것에 그대의 뜻은 어떠한가? 곧 여래의 10력(十力)의 증어가 보살마하살인가?"

"아닙니다. 세존이시여."

"4무소외(四無所畏)·4무애해(四無礙解)·18불불공법(十八佛不共法)의 증어가 곧 보살마하살인가?"

"아닙니다. 세존이시여."

"곧 여래의 10력은 항상하다는 증어가 보살마하살인가?"

"아닙니다. 세존이시여."

"곧 4무소외·4무애해·18불불공법은 항상하다는 증어가 보살마하살인가?"

"아닙니다. 세존이시여."

"곧 여래의 10력은 무상하다는 증어가 보살마하살인가?"

"아닙니다. 세존이시여."

"곧 4무소외·4무애해·18불불공법은 무상하다는 증어가 보살마하살인가?"

"아닙니다. 세존이시여."

"곧 여래의 10력은 즐겁다는 증어가 보살마하살인가?"

"아닙니다. 세존이시여."

"곧 4무소외·4무애해·18불불공법은 즐겁다는 증어가 보살마하살인가?"

"아닙니다. 세존이시여."

"곧 여래의 10력은 괴롭다는 증어가 보살마하살인가?"

"아닙니다. 세존이시여."

"곧 4무소외·4무애해·18불불공법은 괴롭다는 증어가 보살마하살인가?"

"아닙니다. 세존이시여."

"곧 여래의 10력은 나라는 증어가 보살마하살인가?"

"아닙니다. 세존이시여."

"곧 4무소외·4무애해·18불불공법은 나라는 증어가 보살마하살인가?"

"아닙니다. 세존이시여."

"곧 여래의 10력은 무아라는 증어가 보살마하살인가?"

"아닙니다. 세존이시여."

"곧 4무소외·4무애해·18불불공법은 무아라는 증어가 보살마하살인가?"

"아닙니다. 세존이시여."

"곧 여래의 10력은 청정하다는 증어가 보살마하살인가?"

"아닙니다. 세존이시여."

"곧 4무소외·4무애해·18불불공법은 청정하다는 증어가 보살마하살인가?"

"아닙니다. 세존이시여."

"곧 여래의 10력은 부정하다는 증어가 보살마하살인가?"

"아닙니다. 세존이시여."

"곧 4무소외·4무애해·18불불공법은 부정하다는 증어가 보살마하살인가?"

"아닙니다. 세존이시여."

"곧 여래의 10력은 공하다는 증어가 보살마하살인가?"

"아닙니다. 세존이시여."

"곧 4무소외·4무애해·18불불공법은 공하다는 증어가 보살마하살인가?"

"아닙니다. 세존이시여."

"곧 여래의 10력은 공하지 않다는 증어가 보살마하살인가?"

"아닙니다. 세존이시여."

"곧 4무소외·4무애해·18불불공법은 공하지 않다는 증어가 보살마하살인가?"

"아닙니다. 세존이시여."

"곧 여래의 10력은 유상이라는 증어가 보살마하살인가?"

"아닙니다. 세존이시여."

"곧 4무소외·4무애해·18불불공법은 유상이라는 증어가 보살마하살인가?"

"아닙니다. 세존이시여."

"곧 여래의 10력은 무상이라는 증어가 보살마하살인가?"

"아닙니다. 세존이시여."

"곧 4무소외·4무애해·18불불공법은 무상이라는 증어가 보살마하살인가?"

"아닙니다. 세존이시여."

"곧 여래의 10력은 유원이라는 증어가 보살마하살인가?"

"아닙니다. 세존이시여."

"곧 4무소외·4무애해·18불불공법은 유원이라는 증어가 보살마하살인가?"

"아닙니다. 세존이시여."

"곧 여래의 10력은 무원이라는 증어가 보살마하살인가?"

"아닙니다. 세존이시여."

"곧 4무소외·4무애해·18불불공법은 무원이라는 증어가 보살마하살인가?"

"아닙니다. 세존이시여."

"곧 여래의 10력은 적정하다는 증어가 보살마하살인가?"

"아닙니다. 세존이시여."

"곧 4무소외·4무애해·18불불공법은 적정하다는 증어가 보살마하살인가?"

"아닙니다. 세존이시여."

"곧 여래의 10력은 적정하지 않다는 증어가 보살마하살인가?"

"아닙니다. 세존이시여."

"곧 4무소외·4무애해·18불불공법은 적정하지 않다는 증어가 보살마하살인가?"

"아닙니다. 세존이시여."

"곧 여래의 10력은 멀리 벗어난다는 증어가 보살마하살인가?"

"아닙니다. 세존이시여."

"곧 4무소외·4무애해·18불불공법은 멀리 벗어난다는 증어가 보살마하살인가?"

"아닙니다. 세존이시여."

"곧 여래의 10력은 멀리 벗어나지 않는다는 증어가 보살마하살인가?"

"아닙니다. 세존이시여."

"곧 4무소외·4무애해·18불불공법은 멀리 벗어나지 않는다는 증어가 보살마하살인가?"

"아닙니다. 세존이시여."

"곧 여래의 10력은 유위라는 증어가 보살마하살인가?"

"아닙니다. 세존이시여."

"곧 4무소외·4무애해·18불불공법은 유위라는 증어가 보살마하살인가?"

"아닙니다. 세존이시여."

"곧 여래의 10력은 무위라는 증어가 보살마하살인가?"

"아닙니다. 세존이시여."

"곧 4무소외·4무애해·18불불공법은 무위라는 증어가 보살마하살인가?"

"아닙니다. 세존이시여."

"곧 여래의 10력은 유루라는 증어가 보살마하살인가?"

"아닙니다. 세존이시여."

"곧 4무소외·4무애해·18불불공법은 유루라는 증어가 보살마하살인가?"

"아닙니다. 세존이시여."

"곧 여래의 10력은 무루라는 증어가 보살마하살인가?"

"아닙니다. 세존이시여."

"곧 4무소외·4무애해·18불불공법은 무루라는 증어가 보살마하살인가?"

"아닙니다. 세존이시여."

"곧 여래의 10력은 생겨나는 것이라는 증어가 보살마하살인가?"

"아닙니다. 세존이시여."

"곧 4무소외·4무애해·18불불공법은 생겨나는 것이라는 증어가 보살마하살인가?"

"아닙니다. 세존이시여."

"곧 여래의 10력은 소멸하는 것이라는 증어가 보살마하살인가?"

"아닙니다. 세존이시여."

"곧 4무소외·4무애해·18불불공법은 소멸하는 것이라는 증어가 보살마하살인가?"

"아닙니다. 세존이시여."

"곧 여래의 10력은 선하게 증장한다는 증어가 보살마하살인가?"

"아닙니다. 세존이시여."

"곧 4무소외·4무애해·18불불공법은 선하게 증장한다는 증어가 보살마하살인가?"

"아닙니다. 세존이시여."

"곧 여래의 10력은 선하지 않게 증장한다는 증어가 보살마하살인가?"

"아닙니다. 세존이시여."

"곧 4무소외·4무애해·18불불공법은 선하지 않게 증장한다는 증어가 보살마하살인가?"

"아닙니다. 세존이시여."

"곧 여래의 10력은 유죄라는 증어가 보살마하살인가?"

"아닙니다. 세존이시여."

"곧 4무소외·4무애해·18불불공법은 유죄라는 증어가 보살마하살인가?"

"아닙니다. 세존이시여."

"곧 여래의 10력은 무죄라는 증어가 보살마하살인가?"

"아닙니다. 세존이시여."

"곧 4무소외·4무애해·18불불공법은 무죄라는 증어가 보살마하살인가?"

"아닙니다. 세존이시여."

"곧 여래의 10력은 번뇌가 있다는 증어가 보살마하살인가?"

"아닙니다. 세존이시여."

"곧 4무소외·4무애해·18불불공법은 번뇌가 있다는 증어가 보살마하살인가?"

"아닙니다. 세존이시여."

"곧 여래의 10력은 번뇌가 없다는 증어가 보살마하살인가?"

"아닙니다. 세존이시여."

"곧 4무소외·4무애해·18불불공법은 번뇌가 없다는 증어가 보살마하살인가?"

"아닙니다. 세존이시여."

"곧 여래의 10력은 세간이라는 증어가 보살마하살인가?"

"아닙니다. 세존이시여."

"곧 4무소외·4무애해·18불불공법은 세간이라는 증어가 보살마하살인가?"

"아닙니다. 세존이시여."

"곧 여래의 10력은 출세간이라는 증어가 보살마하살인가?"

"아닙니다. 세존이시여."

"곧 4무소외·4무애해·18불불공법은 출세간이라는 증어가 보살마하살인가?"

"아닙니다. 세존이시여."

"곧 여래의 10력은 잡염이라는 증어가 보살마하살인가?"

"아닙니다. 세존이시여."

"곧 4무소외·4무애해·18불불공법은 잡염이라는 증어가 보살마하살인가?"

"아닙니다. 세존이시여."

"곧 여래의 10력은 청정하다는 증어가 보살마하살인가?"

"아닙니다. 세존이시여."

"곧 4무소외·4무애해·18불불공법은 청정하다는 증어가 보살마하살인가?"

"아닙니다. 세존이시여."

"곧 여래의 10력은 생사에 속한다는 증어가 보살마하살인가?"

"아닙니다. 세존이시여."

"곧 4무소외·4무애해·18불불공법은 생사에 속한다는 증어가 보살마하살인가?"

"아닙니다. 세존이시여."

"곧 여래의 10력은 열반에 속한다는 증어가 보살마하살인가?"

"아닙니다. 세존이시여."

"곧 4무소외·4무애해·18불불공법은 열반에 속한다는 증어가 보살마하살인가?"

"아닙니다. 세존이시여."

"곧 여래의 10력은 내신에 있다는 증어가 보살마하살인가?"

"아닙니다. 세존이시여."

"곧 4무소외·4무애해·18불불공법은 내신에 있다는 증어가 보살마하살인가?"

"아닙니다. 세존이시여."

"곧 여래의 10력은 외신에 있다는 증어가 보살마하살인가?"

"아닙니다. 세존이시여."

"곧 4무소외·4무애해·18불불공법은 외신에 있다는 증어가 보살마하살인가?"

"아닙니다. 세존이시여."

"곧 여래의 10력은 두 가지의 가운데에 있다는 증어가 보살마하살인가?"

"아닙니다. 세존이시여."

"곧 4무소외·4무애해·18불불공법은 두 가지의 가운데에 있다는 증어가 보살마하살인가?"

"아닙니다. 세존이시여."

"곧 여래의 10력은 얻을 수 있다는 증어가 보살마하살인가?"

"아닙니다. 세존이시여."

"곧 4무소외·4무애해·18불불공법은 얻을 수 있다는 증어가 보살마하살인가?"

"아닙니다. 세존이시여."

"곧 여래의 10력은 얻을 수 없다는 증어가 보살마하살인가?"

"아닙니다. 세존이시여."

"곧 4무소외·4무애해·18불불공법은 얻을 수 없다는 증어가 보살마하살인가?"

"아닙니다. 세존이시여."

"다시 다음으로 선현이여. 보살마하살이라고 말하는 것에 그대의 뜻은 어떠한가? 곧 대자(大慈)의 증어가 보살마하살인가?"

"아닙니다. 세존이시여."

"대비(大悲)·대희(大喜)·대사(大捨)의 증어가 곧 보살마하살인가?"

"아닙니다. 세존이시여."

"곧 대자는 항상하다는 증어가 보살마하살인가?"

"아닙니다. 세존이시여."

"곧 대비·대희·대사는 항상하다는 증어가 보살마하살인가?"

"아닙니다. 세존이시여."

"곧 대자는 무상하다는 증어가 보살마하살인가?"

"아닙니다. 세존이시여."

"곧 대비·대희·대사는 무상하다는 증어가 보살마하살인가?"

"아닙니다. 세존이시여."

"곧 대자는 즐겁다는 증어가 보살마하살인가?"

"아닙니다. 세존이시여."

"곧 대비·대희·대사는 즐겁다는 증어가 보살마하살인가?"

"아닙니다. 세존이시여."

"곧 대자는 괴롭다는 증어가 보살마하살인가?"

"아닙니다. 세존이시여."

"곧 대비·대희·대사는 괴롭다는 증어가 보살마하살인가?"

"아닙니다. 세존이시여."

"곧 대자는 나라는 증어가 보살마하살인가?"

"아닙니다. 세존이시여."

"곧 대비·대희·대사는 나라는 증어가 보살마하살인가?"

"아닙니다. 세존이시여."

"곧 대자는 무아라는 증어가 보살마하살인가?"

"아닙니다. 세존이시여."

"곧 대비·대희·대사는 무아라는 증어가 보살마하살인가?"

"아닙니다. 세존이시여."

"곧 대자는 청정하다는 증어가 보살마하살인가?"

"아닙니다. 세존이시여."

"곧 대비·대희·대사는 청정하다는 증어가 보살마하살인가?"

"아닙니다. 세존이시여."

"곧 대자는 부정하다는 증어가 보살마하살인가?"

"아닙니다. 세존이시여."

"곧 대비·대희·대사는 부정하다는 증어가 보살마하살인가?"

"아닙니다. 세존이시여."

"곧 대자는 공하다는 증어가 보살마하살인가?"

"아닙니다. 세존이시여."

"곧 대비·대희·대사는 공하다는 증어가 보살마하살인가?"

"아닙니다. 세존이시여."

"곧 대자는 공하지 않다는 증어가 보살마하살인가?"

"아닙니다. 세존이시여."

"곧 대비·대희·대사는 공하지 않다는 증어가 보살마하살인가?"

"아닙니다. 세존이시여."

"곧 대자는 유상이라는 증어가 보살마하살인가?"

"아닙니다. 세존이시여."

"곧 대비·대희·대사는 유상이라는 증어가 보살마하살인가?"

"아닙니다. 세존이시여."

"곧 대자는 무상이라는 증어가 보살마하살인가?"

"아닙니다. 세존이시여."

"곧 대비·대희·대사는 무상이라는 증어가 보살마하살인가?"

"아닙니다. 세존이시여."

"곧 대자는 유원이라는 증어가 보살마하살인가?"

"아닙니다. 세존이시여."

"곧 대비·대희·대사는 유원이라는 증어가 보살마하살인가?"

"아닙니다. 세존이시여."

"곧 대자는 무원이라는 증어가 보살마하살인가?"

"아닙니다. 세존이시여."

"곧 대비·대희·대사는 무원이라는 증어가 보살마하살인가?"

"아닙니다. 세존이시여."

"곧 대자는 적정하다는 증어가 보살마하살인가?"

"아닙니다. 세존이시여."

"곧 대비·대희·대사는 적정하다는 증어가 보살마하살인가?"

"아닙니다. 세존이시여."

"곧 대자는 적정하지 않다는 증어가 보살마하살인가?"

"아닙니다. 세존이시여."

"곧 대비·대희·대사는 적정하지 않다는 증어가 보살마하살인가?"

"아닙니다. 세존이시여."

"곧 대자는 멀리 벗어난다는 증어가 보살마하살인가?"

"아닙니다. 세존이시여."

"곧 대비·대희·대사는 멀리 벗어난다는 증어가 보살마하살인가?"

"아닙니다. 세존이시여."

"곧 대자는 멀리 벗어나지 않는다는 증어가 보살마하살인가?"

"아닙니다. 세존이시여."

"곧 대비·대희·대사는 멀리 벗어나지 않는다는 증어가 보살마하살인가?"

"아닙니다. 세존이시여."

"곧 대자는 유위라는 증어가 보살마하살인가?"

"아닙니다. 세존이시여."

"곧 대비·대희·대사는 유위라는 증어가 보살마하살인가?"

"아닙니다. 세존이시여."

"곧 대자는 무위라는 증어가 보살마하살인가?"

"아닙니다. 세존이시여."

"곧 대비·대희·대사는 무위라는 증어가 보살마하살인가?"

"아닙니다. 세존이시여."

"곧 대자는 유루라는 증어가 보살마하살인가?"

"아닙니다. 세존이시여."

"곧 대비·대희·대사는 유루라는 증어가 보살마하살인가?"

"아닙니다. 세존이시여."

"곧 대자는 무루라는 증어가 보살마하살인가?"

"아닙니다. 세존이시여."

"곧 대비·대희·대사는 무루라는 증어가 보살마하살인가?"

"아닙니다. 세존이시여."

"곧 대자는 생겨나는 것이라는 증어가 보살마하살인가?"

"아닙니다. 세존이시여."

"곧 대비·대희·대사는 생겨나는 것이라는 증어가 보살마하살인가?"

"아닙니다. 세존이시여."

"곧 대자는 소멸하는 것이라는 증어가 보살마하살인가?"

"아닙니다. 세존이시여."

"곧 대비·대희·대사는 소멸하는 것이라는 증어가 보살마하살인가?"

"아닙니다. 세존이시여."

"곧 대자는 선하게 증장한다는 증어가 보살마하살인가?"

"아닙니다. 세존이시여."

"곧 대비·대희·대사는 선하게 증장한다는 증어가 보살마하살인가?"

"아닙니다. 세존이시여."

"곧 대자는 선하지 않게 증장한다는 증어가 보살마하살인가?"

"아닙니다. 세존이시여."

"곧 대비·대희·대사는 선하지 않게 증장한다는 증어가 보살마하살인가?"

"아닙니다. 세존이시여."

"곧 대자는 유죄라는 증어가 보살마하살인가?"

"아닙니다. 세존이시여."

"곧 대비·대희·대사는 유죄라는 증어가 보살마하살인가?"

"아닙니다. 세존이시여."

"곧 대자는 무죄라는 증어가 보살마하살인가?"

"아닙니다. 세존이시여."

"곧 대비·대희·대사는 무죄라는 증어가 보살마하살인가?"

"아닙니다. 세존이시여."

"곧 대자는 번뇌가 있다는 증어가 보살마하살인가?"

"아닙니다. 세존이시여."

"곧 대비·대희·대사는 번뇌가 있다는 증어가 보살마하살인가?"

"아닙니다. 세존이시여."

"곧 대자는 번뇌가 없다는 증어가 보살마하살인가?"

"아닙니다. 세존이시여."

"곧 대비·대희·대사는 번뇌가 없다는 증어가 보살마하살인가?"

"아닙니다. 세존이시여."

"곧 대자는 세간이라는 증어가 보살마하살인가?"

"아닙니다. 세존이시여."

"곧 대비·대희·대사는 세간이라는 증어가 보살마하살인가?"

"아닙니다. 세존이시여."

"곧 대자는 출세간이라는 증어가 보살마하살인가?"

"아닙니다. 세존이시여."

"곧 대비·대희·대사는 출세간이라는 증어가 보살마하살인가?"

"아닙니다. 세존이시여."

"곧 대자는 잡염이라는 증어가 보살마하살인가?"

"아닙니다. 세존이시여."

"곧 대비·대희·대사는 잡염이라는 증어가 보살마하살인가?"

"아닙니다. 세존이시여."

"곧 대자는 청정하다는 증어가 보살마하살인가?"

"아닙니다. 세존이시여."

"곧 대비·대희·대사는 청정하다는 증어가 보살마하살인가?"

"아닙니다. 세존이시여."

"곧 대자는 생사에 속한다는 증어가 보살마하살인가?"

"아닙니다. 세존이시여."

"곧 대비·대희·대사는 생사에 속한다는 증어가 보살마하살인가?"

"아닙니다. 세존이시여."

"곧 대자는 열반에 속한다는 증어가 보살마하살인가?"

"아닙니다. 세존이시여."

"곧 대비·대희·대사는 열반에 속한다는 증어가 보살마하살인가?"

"아닙니다. 세존이시여."

"곧 대자는 내신에 있다는 증어가 보살마하살인가?"

"아닙니다. 세존이시여."

"곧 대비·대희·대사는 내신에 있다는 증어가 보살마하살인가?"

"아닙니다. 세존이시여."

"곧 대자는 외신에 있다는 증어가 보살마하살인가?"

"아닙니다. 세존이시여."

"곧 대비·대희·대사는 외신에 있다는 증어가 보살마하살인가?"

"아닙니다. 세존이시여."

"곧 대자는 두 가지의 가운데에 있다는 증어가 보살마하살인가?"

"아닙니다. 세존이시여."

"곧 대비·대희·대사는 두 가지의 가운데에 있다는 증어가 보살마하살인가?"

"아닙니다. 세존이시여."

"곧 대자는 얻을 수 있다는 증어가 보살마하살인가?"

"아닙니다. 세존이시여."

"곧 대비·대희·대사는 얻을 수 있다는 증어가 보살마하살인가?"

"아닙니다. 세존이시여."

"곧 대자는 얻을 수 없다는 증어가 보살마하살인가?"

"아닙니다. 세존이시여."

"곧 대비·대희·대사는 얻을 수 없다는 증어가 보살마하살인가?"

"아닙니다. 세존이시여."

"다시 다음으로 선현이여. 보살마하살이라고 말하는 것에 그대의 뜻은 어떠한가? 곧 32대사상(三十二大士相)의 증어가 보살마하살인가?"

"아닙니다. 세존이시여."

"80수호(八十隨好)의 증어가 곧 보살마하살인가?"

"아닙니다. 세존이시여."

"곧 32대사상은 항상하다는 증어가 보살마하살인가?"

"아닙니다. 세존이시여."

"곧 80수호는 항상하다는 증어가 보살마하살인가?"

"아닙니다. 세존이시여."

"곧 32대사상은 무상하다는 증어가 보살마하살인가?"

"아닙니다. 세존이시여."

"곧 80수호는 무상하다는 증어가 보살마하살인가?"
"아닙니다. 세존이시여."
"곧 32대사상은 즐겁다는 증어가 보살마하살인가?"
"아닙니다. 세존이시여."
"곧 80수호는 즐겁다는 증어가 보살마하살인가?"
"아닙니다. 세존이시여."
"곧 32대사상은 괴롭다는 증어가 보살마하살인가?"
"아닙니다. 세존이시여."
"곧 80수호는 괴롭다는 증어가 보살마하살인가?"
"아닙니다. 세존이시여."
"곧 32대사상은 나라는 증어가 보살마하살인가?"
"아닙니다. 세존이시여."
"곧 80수호는 나라는 증어가 보살마하살인가?"
"아닙니다. 세존이시여."
"곧 32대사상은 무아라는 증어가 보살마하살인가?"
"아닙니다. 세존이시여."
"곧 80수호는 무아라는 증어가 보살마하살인가?"
"아닙니다. 세존이시여."
"곧 32대사상은 청정하다는 증어가 보살마하살인가?"
"아닙니다. 세존이시여."
"곧 80수호는 청정하다는 증어가 보살마하살인가?"
"아닙니다. 세존이시여."
"곧 32대사상은 부정하다는 증어가 보살마하살인가?"
"아닙니다. 세존이시여."
"곧 80수호는 부정하다는 증어가 보살마하살인가?"
"아닙니다. 세존이시여."
"곧 32대사상은 공하다는 증어가 보살마하살인가?"
"아닙니다. 세존이시여."

"곧 80수호는 공하다는 증어가 보살마하살인가?"

"아닙니다. 세존이시여."

"곧 32대사상은 공하지 않다는 증어가 보살마하살인가?"

"아닙니다. 세존이시여."

"곧 80수호는 공하지 않다는 증어가 보살마하살인가?"

"아닙니다. 세존이시여."

"곧 32대사상은 유상이라는 증어가 보살마하살인가?"

"아닙니다. 세존이시여."

"곧 80수호는 유상이라는 증어가 보살마하살인가?"

"아닙니다. 세존이시여."

"곧 32대사상은 무상이라는 증어가 보살마하살인가?"

"아닙니다. 세존이시여."

"곧 80수호는 무상이라는 증어가 보살마하살인가?"

"아닙니다. 세존이시여."

"곧 32대사상은 유원이라는 증어가 보살마하살인가?"

"아닙니다. 세존이시여."

"곧 80수호는 유원이라는 증어가 보살마하살인가?"

"아닙니다. 세존이시여."

"곧 32대사상은 무원이라는 증어가 보살마하살인가?"

"아닙니다. 세존이시여."

"곧 80수호는 무원이라는 증어가 보살마하살인가?"

"아닙니다. 세존이시여."

"곧 32대사상은 적정하다는 증어가 보살마하살인가?"

"아닙니다. 세존이시여."

"곧 80수호는 적정하다는 증어가 보살마하살인가?"

"아닙니다. 세존이시여."

"곧 32대사상은 적정하지 않다는 증어가 보살마하살인가?"

"아닙니다. 세존이시여."

"곧 80수호는 적정하지 않다는 증어가 보살마하살인가?"

"아닙니다. 세존이시여."

"곧 32대사상은 멀리 벗어난다는 증어가 보살마하살인가?"

"아닙니다. 세존이시여."

"곧 80수호는 멀리 벗어난다는 증어가 보살마하살인가?"

"아닙니다. 세존이시여."

"곧 32대사상은 멀리 벗어나지 않는다는 증어가 보살마하살인가?"

"아닙니다. 세존이시여."

"곧 80수호는 멀리 벗어나지 않는다는 증어가 보살마하살인가?"

"아닙니다. 세존이시여."

"곧 32대사상은 유위라는 증어가 보살마하살인가?"

"아닙니다. 세존이시여."

"곧 80수호는 유위라는 증어가 보살마하살인가?"

"아닙니다. 세존이시여."

"곧 32대사상은 무위라는 증어가 보살마하살인가?"

"아닙니다. 세존이시여."

"곧 80수호는 무위라는 증어가 보살마하살인가?"

"아닙니다. 세존이시여."

"곧 32대사상은 유루라는 증어가 보살마하살인가?"

"아닙니다. 세존이시여."

"곧 80수호는 유루라는 증어가 보살마하살인가?"

"아닙니다. 세존이시여."

"곧 32대사상은 무루라는 증어가 보살마하살인가?"

"아닙니다. 세존이시여."

"곧 80수호는 무루라는 증어가 보살마하살인가?"

"아닙니다. 세존이시여."

"곧 32대사상은 생겨나는 것이라는 증어가 보살마하살인가?"

"아닙니다. 세존이시여."

"곧 80수호는 생겨나는 것이라는 증어가 보살마하살인가?"
"아닙니다. 세존이시여."
"곧 32대사상은 소멸하는 것이라는 증어가 보살마하살인가?"
"아닙니다. 세존이시여."
"곧 80수호는 소멸하는 것이라는 증어가 보살마하살인가?"
"아닙니다. 세존이시여."
"곧 32대사상은 선하게 증장한다는 증어가 보살마하살인가?"
"아닙니다. 세존이시여."
"곧 80수호는 선하게 증장한다는 증어가 보살마하살인가?"
"아닙니다. 세존이시여."
"곧 32대사상은 선하지 않게 증장한다는 증어가 보살마하살인가?"
"아닙니다. 세존이시여."
"곧 80수호는 선하지 않게 증장한다는 증어가 보살마하살인가?"
"아닙니다. 세존이시여."
"곧 32대사상은 유죄라는 증어가 보살마하살인가?"
"아닙니다. 세존이시여."
"곧 80수호는 유죄라는 증어가 보살마하살인가?"
"아닙니다. 세존이시여."
"곧 32대사상은 무죄라는 증어가 보살마하살인가?"
"아닙니다. 세존이시여."
"곧 80수호는 무죄라는 증어가 보살마하살인가?"
"아닙니다. 세존이시여."
"곧 32대사상은 번뇌가 있다는 증어가 보살마하살인가?"
"아닙니다. 세존이시여."
"곧 80수호는 번뇌가 있다는 증어가 보살마하살인가?"
"아닙니다. 세존이시여."
"곧 32대사상은 번뇌가 없다는 증어가 보살마하살인가?"
"아닙니다. 세존이시여."

"곧 80수호는 번뇌가 없다는 증어가 보살마하살인가?"
"아닙니다. 세존이시여."
"곧 32대사상은 세간이라는 증어가 보살마하살인가?"
"아닙니다. 세존이시여."
"곧 80수호는 세간이라는 증어가 보살마하살인가?"
"아닙니다. 세존이시여."
"곧 32대사상은 출세간이라는 증어가 보살마하살인가?"
"아닙니다. 세존이시여."
"곧 80수호는 출세간이라는 증어가 보살마하살인가?"
"아닙니다. 세존이시여."
"곧 32대사상은 잡염이라는 증어가 보살마하살인가?"
"아닙니다. 세존이시여."
"곧 80수호는 잡염이라는 증어가 보살마하살인가?"
"아닙니다. 세존이시여."
"곧 32대사상은 청정하다는 증어가 보살마하살인가?"
"아닙니다. 세존이시여."
"곧 80수호는 청정하다는 증어가 보살마하살인가?"
"아닙니다. 세존이시여."
"곧 32대사상은 생사에 속한다는 증어가 보살마하살인가?"
"아닙니다. 세존이시여."
"곧 80수호는 생사에 속한다는 증어가 보살마하살인가?"
"아닙니다. 세존이시여."
"곧 32대사상은 열반에 속한다는 증어가 보살마하살인가?"
"아닙니다. 세존이시여."
"곧 80수호는 열반에 속한다는 증어가 보살마하살인가?"
"아닙니다. 세존이시여."
"곧 32대사상은 내신에 있다는 증어가 보살마하살인가?"
"아닙니다. 세존이시여."

"곧 80수호는 내신에 있다는 증어가 보살마하살인가?"

"아닙니다. 세존이시여."

"곧 32대사상은 외신에 있다는 증어가 보살마하살인가?"

"아닙니다. 세존이시여."

"곧 80수호는 외신에 있다는 증어가 보살마하살인가?"

"아닙니다. 세존이시여."

"곧 32대사상은 두 가지의 가운데에 있다는 증어가 보살마하살인가?"

"아닙니다. 세존이시여."

"곧 80수호는 두 가지의 가운데에 있다는 증어가 보살마하살인가?"

"아닙니다. 세존이시여."

"곧 32대사상은 얻을 수 있다는 증어가 보살마하살인가?"

"아닙니다. 세존이시여."

"곧 80수호는 얻을 수 있다는 증어가 보살마하살인가?"

"아닙니다. 세존이시여."

"곧 32대사상은 얻을 수 없다는 증어가 보살마하살인가?"

"아닙니다. 세존이시여."

"곧 80수호는 얻을 수 없다는 증어가 보살마하살인가?"

"아닙니다. 세존이시여."

"다시 다음으로 선현이여. 보살마하살이라고 말하는 것에 그대의 뜻은 어떠한가? 곧 무망실법(無忘失法)의 증어가 보살마하살인가?"

"아닙니다. 세존이시여."

"항주사성(恒住捨性)의 증어가 곧 보살마하살인가?"

"아닙니다. 세존이시여."

"곧 무망실법은 항상하다는 증어가 보살마하살인가?"

"아닙니다. 세존이시여."

"곧 항주사성은 항상하다는 증어가 보살마하살인가?"

"아닙니다. 세존이시여."

"곧 무망실법은 무상하다는 증어가 보살마하살인가?"
"아닙니다. 세존이시여."
"곧 항주사성은 무상하다는 증어가 보살마하살인가?"
"아닙니다. 세존이시여."
"곧 무망실법은 즐겁다는 증어가 보살마하살인가?"
"아닙니다. 세존이시여."
"곧 항주사성은 즐겁다는 증어가 보살마하살인가?"
"아닙니다. 세존이시여."
"곧 무망실법은 괴롭다는 증어가 보살마하살인가?"
"아닙니다. 세존이시여."
"곧 항주사성은 괴롭다는 증어가 보살마하살인가?"
"아닙니다. 세존이시여."
"곧 무망실법은 나라는 증어가 보살마하살인가?"
"아닙니다. 세존이시여."
"곧 항주사성은 나라는 증어가 보살마하살인가?"
"아닙니다. 세존이시여."
"곧 무망실법은 무아라는 증어가 보살마하살인가?"
"아닙니다. 세존이시여."
"곧 항주사성은 무아라는 증어가 보살마하살인가?"
"아닙니다. 세존이시여."
"곧 무망실법은 청정하다는 증어가 보살마하살인가?"
"아닙니다. 세존이시여."
"곧 항주사성은 청정하다는 증어가 보살마하살인가?"
"아닙니다. 세존이시여."
"곧 무망실법은 부정하다는 증어가 보살마하살인가?"
"아닙니다. 세존이시여."
"곧 항주사성은 부정하다는 증어가 보살마하살인가?"
"아닙니다. 세존이시여."

"곧 무망실법은 공하다는 증어가 보살마하살인가?"
"아닙니다. 세존이시여."
"곧 항주사성은 공하다는 증어가 보살마하살인가?"
"아닙니다. 세존이시여."
"곧 무망실법은 공하지 않다는 증어가 보살마하살인가?"
"아닙니다. 세존이시여."
"곧 항주사성은 공하지 않다는 증어가 보살마하살인가?"
"아닙니다. 세존이시여."
"곧 무망실법은 유상이라는 증어가 보살마하살인가?"
"아닙니다. 세존이시여."
"곧 항주사성은 유상이라는 증어가 보살마하살인가?"
"아닙니다. 세존이시여."
"곧 무망실법은 무상이라는 증어가 보살마하살인가?"
"아닙니다. 세존이시여."
"곧 항주사성은 무상이라는 증어가 보살마하살인가?"
"아닙니다. 세존이시여."
"곧 무망실법은 유원이라는 증어가 보살마하살인가?"
"아닙니다. 세존이시여."
"곧 항주사성은 유원이라는 증어가 보살마하살인가?"
"아닙니다. 세존이시여."
"곧 무망실법은 무원이라는 증어가 보살마하살인가?"
"아닙니다. 세존이시여."
"곧 항주사성은 무원이라는 증어가 보살마하살인가?"
"아닙니다. 세존이시여."
"곧 무망실법은 적정하다는 증어가 보살마하살인가?"
"아닙니다. 세존이시여."
"곧 항주사성은 적정하다는 증어가 보살마하살인가?"
"아닙니다. 세존이시여."

"곧 무망실법은 적정하지 않다는 증어가 보살마하살인가?"
"아닙니다. 세존이시여."
"곧 항주사성은 적정하지 않다는 증어가 보살마하살인가?"
"아닙니다. 세존이시여."
"곧 무망실법은 멀리 벗어난다는 증어가 보살마하살인가?"
"아닙니다. 세존이시여."
"곧 항주사성은 멀리 벗어난다는 증어가 보살마하살인가?"
"아닙니다. 세존이시여."
"곧 무망실법은 멀리 벗어나지 않는다는 증어가 보살마하살인가?"
"아닙니다. 세존이시여."
"곧 항주사성은 멀리 벗어나지 않는다는 증어가 보살마하살인가?"
"아닙니다. 세존이시여."
"곧 무망실법은 유위라는 증어가 보살마하살인가?"
"아닙니다. 세존이시여."
"곧 항주사성은 유위라는 증어가 보살마하살인가?"
"아닙니다. 세존이시여."
"곧 무망실법은 무위라는 증어가 보살마하살인가?"
"아닙니다. 세존이시여."
"곧 항주사성은 무위라는 증어가 보살마하살인가?"
"아닙니다. 세존이시여."
"곧 무망실법은 유루라는 증어가 보살마하살인가?"
"아닙니다. 세존이시여."
"곧 항주사성은 유루라는 증어가 보살마하살인가?"
"아닙니다. 세존이시여."
"곧 무망실법은 무루라는 증어가 보살마하살인가?"
"아닙니다. 세존이시여."
"곧 항주사성은 무루라는 증어가 보살마하살인가?"
"아닙니다. 세존이시여."

"곧 무망실법은 생겨나는 것이라는 증어가 보살마하살인가?"
"아닙니다. 세존이시여."
"곧 항주사성은 생겨나는 것이라는 증어가 보살마하살인가?"
"아닙니다. 세존이시여."
"곧 무망실법은 소멸하는 것이라는 증어가 보살마하살인가?"
"아닙니다. 세존이시여."
"곧 항주사성은 소멸하는 것이라는 증어가 보살마하살인가?"
"아닙니다. 세존이시여."
"곧 무망실법은 선하게 증장한다는 증어가 보살마하살인가?"
"아닙니다. 세존이시여."
"곧 항주사성은 선하게 증장한다는 증어가 보살마하살인가?"
"아닙니다. 세존이시여."
"곧 무망실법은 선하지 않게 증장한다는 증어가 보살마하살인가?"
"아닙니다. 세존이시여."
"곧 항주사성은 선하지 않게 증장한다는 증어가 보살마하살인가?"
"아닙니다. 세존이시여."
"곧 무망실법은 유죄라는 증어가 보살마하살인가?"
"아닙니다. 세존이시여."
"곧 항주사성은 유죄라는 증어가 보살마하살인가?"
"아닙니다. 세존이시여."
"곧 무망실법은 무죄라는 증어가 보살마하살인가?"
"아닙니다. 세존이시여."
"곧 항주사성은 무죄라는 증어가 보살마하살인가?"
"아닙니다. 세존이시여."
"곧 무망실법은 번뇌가 있다는 증어가 보살마하살인가?"
"아닙니다. 세존이시여."
"곧 항주사성은 번뇌가 있다는 증어가 보살마하살인가?"
"아닙니다. 세존이시여."

"곧 무망실법은 번뇌가 없다는 증어가 보살마하살인가?"
"아닙니다. 세존이시여."
"곧 항주사성은 번뇌가 없다는 증어가 보살마하살인가?"
"아닙니다. 세존이시여."
"곧 무망실법은 세간이라는 증어가 보살마하살인가?"
"아닙니다. 세존이시여."
"곧 항주사성은 세간이라는 증어가 보살마하살인가?"
"아닙니다. 세존이시여."
"곧 무망실법은 출세간이라는 증어가 보살마하살인가?"
"아닙니다. 세존이시여."
"곧 항주사성은 출세간이라는 증어가 보살마하살인가?"
"아닙니다. 세존이시여."
"곧 무망실법은 잡염이라는 증어가 보살마하살인가?"
"아닙니다. 세존이시여."
"곧 항주사성은 잡염이라는 증어가 보살마하살인가?"
"아닙니다. 세존이시여."
"곧 무망실법은 청정하다는 증어가 보살마하살인가?"
"아닙니다. 세존이시여."
"곧 항주사성은 청정하다는 증어가 보살마하살인가?"
"아닙니다. 세존이시여."
"곧 무망실법은 생사에 속한다는 증어가 보살마하살인가?"
"아닙니다. 세존이시여."
"곧 항주사성은 생사에 속한다는 증어가 보살마하살인가?"
"아닙니다. 세존이시여."
"곧 무망실법은 열반에 속한다는 증어가 보살마하살인가?"
"아닙니다. 세존이시여."
"곧 항주사성은 열반에 속한다는 증어가 보살마하살인가?"
"아닙니다. 세존이시여."

"곧 무망실법은 내신에 있다는 증어가 보살마하살인가?"

"아닙니다. 세존이시여."

"곧 항주사성은 내신에 있다는 증어가 보살마하살인가?"

"아닙니다. 세존이시여."

"곧 무망실법은 외신에 있다는 증어가 보살마하살인가?"

"아닙니다. 세존이시여."

"곧 항주사성은 외신에 있다는 증어가 보살마하살인가?"

"아닙니다. 세존이시여."

"곧 무망실법은 두 가지의 가운데에 있다는 증어가 보살마하살인가?"

"아닙니다. 세존이시여."

"곧 항주사성은 두 가지의 가운데에 있다는 증어가 보살마하살인가?"

"아닙니다. 세존이시여."

"곧 무망실법은 얻을 수 있다는 증어가 보살마하살인가?"

"아닙니다. 세존이시여."

"곧 항주사성은 얻을 수 있다는 증어가 보살마하살인가?"

"아닙니다. 세존이시여."

"곧 무망실법은 얻을 수 없다는 증어가 보살마하살인가?"

"아닙니다. 세존이시여."

"곧 항주사성은 얻을 수 없다는 증어가 보살마하살인가?"

"아닙니다. 세존이시여."

"다시 다음으로 선현이여. 보살마하살이라고 말하는 것에 그대의 뜻은 어떠한가? 곧 일체지(一切智)의 증어가 보살마하살인가?"

"아닙니다. 세존이시여."

"도상지(道相智)·일체상지(一切相智)의 증어가 곧 보살마하살인가?"

"아닙니다. 세존이시여."

"곧 일체지는 항상하다는 증어가 보살마하살인가?"

"아닙니다. 세존이시여."

"곧 도상지·일체상지는 항상하다는 증어가 보살마하살인가?"
"아닙니다. 세존이시여."
"곧 일체지는 무상하다는 증어가 보살마하살인가?"
"아닙니다. 세존이시여."
"곧 도상지·일체상지는 무상하다는 증어가 보살마하살인가?"
"아닙니다. 세존이시여."
"곧 일체지는 즐겁다는 증어가 보살마하살인가?"
"아닙니다. 세존이시여."
"곧 도상지·일체상지는 즐겁다는 증어가 보살마하살인가?"
"아닙니다. 세존이시여."
"곧 일체지는 괴롭다는 증어가 보살마하살인가?"
"아닙니다. 세존이시여."
"곧 도상지·일체상지는 괴롭다는 증어가 보살마하살인가?"
"아닙니다. 세존이시여."
"곧 일체지는 나라는 증어가 보살마하살인가?"
"아닙니다. 세존이시여."
"곧 도상지·일체상지는 나라는 증어가 보살마하살인가?"
"아닙니다. 세존이시여."
"곧 일체지는 무아라는 증어가 보살마하살인가?"
"아닙니다. 세존이시여."
"곧 도상지·일체상지는 무아라는 증어가 보살마하살인가?"
"아닙니다. 세존이시여."
"곧 일체지는 청정하다는 증어가 보살마하살인가?"
"아닙니다. 세존이시여."
"곧 도상지·일체상지는 청정하다는 증어가 보살마하살인가?"
"아닙니다. 세존이시여."
"곧 일체지는 부정하다는 증어가 보살마하살인가?"
"아닙니다. 세존이시여."

"곧 도상지·일체상지는 부정하다는 증어가 보살마하살인가?"

"아닙니다. 세존이시여."

"곧 일체지는 공하다는 증어가 보살마하살인가?"

"아닙니다. 세존이시여."

"곧 도상지·일체상지는 공하다는 증어가 보살마하살인가?"

"아닙니다. 세존이시여."

"곧 일체지는 공하지 않다는 증어가 보살마하살인가?"

"아닙니다. 세존이시여."

"곧 도상지·일체상지는 공하지 않다는 증어가 보살마하살인가?"

"아닙니다. 세존이시여."

"곧 일체지는 유상이라는 증어가 보살마하살인가?"

"아닙니다. 세존이시여."

"곧 도상지·일체상지는 유상이라는 증어가 보살마하살인가?"

"아닙니다. 세존이시여."

"곧 일체지는 무상이라는 증어가 보살마하살인가?"

"아닙니다. 세존이시여."

"곧 도상지·일체상지는 무상이라는 증어가 보살마하살인가?"

"아닙니다. 세존이시여."

"곧 일체지는 유원이라는 증어가 보살마하살인가?"

"아닙니다. 세존이시여."

"곧 도상지·일체상지는 유원이라는 증어가 보살마하살인가?"

"아닙니다. 세존이시여."

"곧 일체지는 무원이라는 증어가 보살마하살인가?"

"아닙니다. 세존이시여."

"곧 도상지·일체상지는 무원이라는 증어가 보살마하살인가?"

"아닙니다. 세존이시여."

"곧 일체지는 적정하다는 증어가 보살마하살인가?"

"아닙니다. 세존이시여."

"곧 도상지·일체상지는 적정하다는 증어가 보살마하살인가?"
"아닙니다. 세존이시여."
"곧 일체지는 적정하지 않다는 증어가 보살마하살인가?"
"아닙니다. 세존이시여."
"곧 도상지·일체상지는 적정하지 않다는 증어가 보살마하살인가?"
"아닙니다. 세존이시여."
"곧 일체지는 멀리 벗어난다는 증어가 보살마하살인가?"
"아닙니다. 세존이시여."
"곧 도상지·일체상지는 멀리 벗어난다는 증어가 보살마하살인가?"
"아닙니다. 세존이시여."
"곧 일체지는 멀리 벗어나지 않는다는 증어가 보살마하살인가?"
"아닙니다. 세존이시여."
"곧 도상지·일체상지는 멀리 벗어나지 않는다는 증어가 보살마하살인가?"
"아닙니다. 세존이시여."
"곧 일체지는 유위라는 증어가 보살마하살인가?"
"아닙니다. 세존이시여."
"곧 도상지·일체상지는 유위라는 증어가 보살마하살인가?"
"아닙니다. 세존이시여."
"곧 일체지는 무위라는 증어가 보살마하살인가?"
"아닙니다. 세존이시여."
"곧 도상지·일체상지는 무위라는 증어가 보살마하살인가?"
"아닙니다. 세존이시여."
"곧 일체지는 유루라는 증어가 보살마하살인가?"
"아닙니다. 세존이시여."
"곧 도상지·일체상지는 유루라는 증어가 보살마하살인가?"
"아닙니다. 세존이시여."
"곧 일체지는 무루라는 증어가 보살마하살인가?"
"아닙니다. 세존이시여."

"곧 도상지·일체상지는 무루라는 증어가 보살마하살인가?"

"아닙니다. 세존이시여."

"곧 일체지는 생겨나는 것이라는 증어가 보살마하살인가?"

"아닙니다. 세존이시여."

"곧 도상지·일체상지는 생겨나는 것이라는 증어가 보살마하살인가?"

"아닙니다. 세존이시여."

"곧 일체지는 소멸하는 것이라는 증어가 보살마하살인가?"

"아닙니다. 세존이시여."

"곧 도상지·일체상지는 소멸하는 것이라는 증어가 보살마하살인가?"

"아닙니다. 세존이시여."

"곧 일체지는 선하게 증장한다는 증어가 보살마하살인가?"

"아닙니다. 세존이시여."

"곧 도상지·일체상지는 선하게 증장한다는 증어가 보살마하살인가?"

"아닙니다. 세존이시여."

"곧 일체지는 선하지 않게 증장한다는 증어가 보살마하살인가?"

"아닙니다. 세존이시여."

"곧 도상지·일체상지는 선하지 않게 증장한다는 증어가 보살마하살인가?"

"아닙니다. 세존이시여."

"곧 일체지는 유죄라는 증어가 보살마하살인가?"

"아닙니다. 세존이시여."

"곧 도상지·일체상지는 유죄라는 증어가 보살마하살인가?"

"아닙니다. 세존이시여."

"곧 일체지는 무죄라는 증어가 보살마하살인가?"

"아닙니다. 세존이시여."

"곧 도상지·일체상지는 무죄라는 증어가 보살마하살인가?"

"아닙니다. 세존이시여."

"곧 일체지는 번뇌가 있다는 증어가 보살마하살인가?"

"아닙니다. 세존이시여."

"곧 도상지·일체상지는 번뇌가 있다는 증어가 보살마하살인가?"

"아닙니다. 세존이시여."

"곧 일체지는 번뇌가 없다는 증어가 보살마하살인가?"

"아닙니다. 세존이시여."

"곧 도상지·일체상지는 번뇌가 없다는 증어가 보살마하살인가?"

"아닙니다. 세존이시여."

"곧 일체지는 세간이라는 증어가 보살마하살인가?"

"아닙니다. 세존이시여."

"곧 도상지·일체상지는 세간이라는 증어가 보살마하살인가?"

"아닙니다. 세존이시여."

"곧 일체지는 출세간이라는 증어가 보살마하살인가?"

"아닙니다. 세존이시여."

"곧 도상지·일체상지는 출세간이라는 증어가 보살마하살인가?"

"아닙니다. 세존이시여."

"곧 일체지는 잡염이라는 증어가 보살마하살인가?"

"아닙니다. 세존이시여."

"곧 도상지·일체상지는 잡염이라는 증어가 보살마하살인가?"

"아닙니다. 세존이시여."

"곧 일체지는 청정하다는 증어가 보살마하살인가?"

"아닙니다. 세존이시여."

"곧 도상지·일체상지는 청정하다는 증어가 보살마하살인가?"

"아닙니다. 세존이시여."

"곧 일체지는 생사에 속한다는 증어가 보살마하살인가?"

"아닙니다. 세존이시여."

"곧 도상지·일체상지는 생사에 속한다는 증어가 보살마하살인가?"

"아닙니다. 세존이시여."

"곧 일체지는 열반에 속한다는 증어가 보살마하살인가?"

"아닙니다. 세존이시여."

"곧 도상지·일체상지는 열반에 속한다는 증어가 보살마하살인가?"

"아닙니다. 세존이시여."

"곧 일체지는 내신에 있다는 증어가 보살마하살인가?"

"아닙니다. 세존이시여."

"곧 도상지·일체상지는 내신에 있다는 증어가 보살마하살인가?"

"아닙니다. 세존이시여."

"곧 일체지는 외신에 있다는 증어가 보살마하살인가?"

"아닙니다. 세존이시여."

"곧 도상지·일체상지는 외신에 있다는 증어가 보살마하살인가?"

"아닙니다. 세존이시여."

"곧 일체지는 두 가지의 가운데에 있다는 증어가 보살마하살인가?"

"아닙니다. 세존이시여."

"곧 도상지·일체상지는 두 가지의 가운데에 있다는 증어가 보살마하살인가?"

"아닙니다. 세존이시여."

"곧 일체지는 얻을 수 있다는 증어가 보살마하살인가?"

"아닙니다. 세존이시여."

"곧 도상지·일체상지는 얻을 수 있다는 증어가 보살마하살인가?"

"아닙니다. 세존이시여."

"곧 일체지는 얻을 수 없다는 증어가 보살마하살인가?"

"아닙니다. 세존이시여."

"곧 도상지·일체상지는 얻을 수 없다는 증어가 보살마하살인가?"

"아닙니다. 세존이시여."

마하반야바라밀다경 제23권

7. 교계교수품(教誡教授品)(13)

"다시 다음으로 선현이여. 보살마하살이라고 말하는 것에 그대의 뜻은 어떠한가? 곧 예류과(預流果)의 증어가 보살마하살인가?"

"아닙니다. 세존이시여."

"일래(一來)·불환(不還)·아라한과(阿羅漢果)의 증어가 곧 보살마하살인가?"

"아닙니다. 세존이시여."

"곧 예류과는 항상하다는 증어가 보살마하살인가?"

"아닙니다. 세존이시여."

"곧 일래·불환·아라한과는 항상하다는 증어가 보살마하살인가?"

"아닙니다. 세존이시여."

"곧 예류과는 무상하다는 증어가 보살마하살인가?"

"아닙니다. 세존이시여."

"곧 일래·불환·아라한과는 무상하다는 증어가 보살마하살인가?"

"아닙니다. 세존이시여."

"곧 예류과는 즐겁다는 증어가 보살마하살인가?"

"아닙니다. 세존이시여."

"곧 일래·불환·아라한과는 즐겁다는 증어가 보살마하살인가?"

"아닙니다. 세존이시여."

"곧 예류과는 괴롭다는 증어가 보살마하살인가?"

"아닙니다. 세존이시여."
"곧 일래·불환·아라한과는 괴롭다는 증어가 보살마하살인가?"
"아닙니다. 세존이시여."
"곧 예류과는 나라는 증어가 보살마하살인가?"
"아닙니다. 세존이시여."
"곧 일래·불환·아라한과는 나라는 증어가 보살마하살인가?"
"아닙니다. 세존이시여."
"곧 예류과는 무아라는 증어가 보살마하살인가?"
"아닙니다. 세존이시여."
"곧 일래·불환·아라한과는 무아라는 증어가 보살마하살인가?"
"아닙니다. 세존이시여."
"곧 예류과는 청정하다는 증어가 보살마하살인가?"
"아닙니다. 세존이시여."
"곧 일래·불환·아라한과는 청정하다는 증어가 보살마하살인가?"
"아닙니다. 세존이시여."
"곧 예류과는 부정하다는 증어가 보살마하살인가?"
"아닙니다. 세존이시여."
"곧 일래·불환·아라한과는 부정하다는 증어가 보살마하살인가?"
"아닙니다. 세존이시여."
"곧 예류과는 공하다는 증어가 보살마하살인가?"
"아닙니다. 세존이시여."
"곧 일래·불환·아라한과는 공하다는 증어가 보살마하살인가?"
"아닙니다. 세존이시여."
"곧 예류과는 공하지 않다는 증어가 보살마하살인가?"
"아닙니다. 세존이시여."
"곧 일래·불환·아라한과는 공하지 않다는 증어가 보살마하살인가?"
"아닙니다. 세존이시여."
"곧 예류과는 유상이라는 증어가 보살마하살인가?"

"아닙니다. 세존이시여."

"곧 일래·불환·아라한과는 유상이라는 증어가 보살마하살인가?"

"아닙니다. 세존이시여."

"곧 예류과는 무상이라는 증어가 보살마하살인가?"

"아닙니다. 세존이시여."

"곧 일래·불환·아라한과는 무상이라는 증어가 보살마하살인가?"

"아닙니다. 세존이시여."

"곧 예류과는 유원이라는 증어가 보살마하살인가?"

"아닙니다. 세존이시여."

"곧 일래·불환·아라한과는 유원이라는 증어가 보살마하살인가?"

"아닙니다. 세존이시여."

"곧 예류과는 무원이라는 증어가 보살마하살인가?"

"아닙니다. 세존이시여."

"곧 일래·불환·아라한과는 무원이라는 증어가 보살마하살인가?"

"아닙니다. 세존이시여."

"곧 예류과는 적정하다는 증어가 보살마하살인가?"

"아닙니다. 세존이시여."

"곧 일래·불환·아라한과는 적정하다는 증어가 보살마하살인가?"

"아닙니다. 세존이시여."

"곧 예류과는 적정하지 않다는 증어가 보살마하살인가?"

"아닙니다. 세존이시여."

"곧 일래·불환·아라한과는 적정하지 않다는 증어가 보살마하살인가?"

"아닙니다. 세존이시여."

"곧 예류과는 멀리 벗어난다는 증어가 보살마하살인가?"

"아닙니다. 세존이시여."

"곧 일래·불환·아라한과는 멀리 벗어난다는 증어가 보살마하살인가?"

"아닙니다. 세존이시여."

"곧 예류과는 멀리 벗어나지 않는다는 증어가 보살마하살인가?"

"아닙니다. 세존이시여."

"곧 일래·불환·아라한과는 멀리 벗어나지 않는다는 증어가 보살마하살인가?"

"아닙니다. 세존이시여."

"곧 예류과는 유위라는 증어가 보살마하살인가?"

"아닙니다. 세존이시여."

"곧 일래·불환·아라한과는 유위라는 증어가 보살마하살인가?"

"아닙니다. 세존이시여."

"곧 예류과는 무위라는 증어가 보살마하살인가?"

"아닙니다. 세존이시여."

"곧 일래·불환·아라한과는 무위라는 증어가 보살마하살인가?"

"아닙니다. 세존이시여."

"곧 예류과는 유루라는 증어가 보살마하살인가?"

"아닙니다. 세존이시여."

"곧 일래·불환·아라한과는 유루라는 증어가 보살마하살인가?"

"아닙니다. 세존이시여."

"곧 예류과는 무루라는 증어가 보살마하살인가?"

"아닙니다. 세존이시여."

"곧 일래·불환·아라한과는 무루라는 증어가 보살마하살인가?"

"아닙니다. 세존이시여."

"곧 예류과는 생겨나는 것이라는 증어가 보살마하살인가?"

"아닙니다. 세존이시여."

"곧 일래·불환·아라한과는 생겨나는 것이라는 증어가 보살마하살인가?"

"아닙니다. 세존이시여."

"곧 예류과는 소멸하는 것이라는 증어가 보살마하살인가?"

"아닙니다. 세존이시여."

"곧 일래·불환·아라한과는 소멸하는 것이라는 증어가 보살마하살인가?"

"아닙니다. 세존이시여."

"곧 예류과는 선하게 증장한다는 증어가 보살마하살인가?"
"아닙니다. 세존이시여."
"곧 일래·불환·아라한과는 선하게 증장한다는 증어가 보살마하살인가?"
"아닙니다. 세존이시여."
"곧 예류과는 선하지 않게 증장한다는 증어가 보살마하살인가?"
"아닙니다. 세존이시여."
"곧 일래·불환·아라한과는 선하지 않게 증장한다는 증어가 보살마하살인가?"
"아닙니다. 세존이시여."
"곧 예류과는 유죄라는 증어가 보살마하살인가?"
"아닙니다. 세존이시여."
"곧 일래·불환·아라한과는 유죄라는 증어가 보살마하살인가?"
"아닙니다. 세존이시여."
"곧 예류과는 무죄라는 증어가 보살마하살인가?"
"아닙니다. 세존이시여."
"곧 일래·불환·아라한과는 무죄라는 증어가 보살마하살인가?"
"아닙니다. 세존이시여."
"곧 예류과는 번뇌가 있다는 증어가 보살마하살인가?"
"아닙니다. 세존이시여."
"곧 일래·불환·아라한과는 번뇌가 있다는 증어가 보살마하살인가?"
"아닙니다. 세존이시여."
"곧 예류과는 번뇌가 없다는 증어가 보살마하살인가?"
"아닙니다. 세존이시여."
"곧 일래·불환·아라한과는 번뇌가 없다는 증어가 보살마하살인가?"
"아닙니다. 세존이시여."
"곧 예류과는 세간이라는 증어가 보살마하살인가?"
"아닙니다. 세존이시여."
"곧 일래·불환·아라한과는 세간이라는 증어가 보살마하살인가?"

"아닙니다. 세존이시여."

"곧 예류과는 출세간이라는 증어가 보살마하살인가?"

"아닙니다. 세존이시여."

"곧 일래·불환·아라한과는 출세간이라는 증어가 보살마하살인가?"

"아닙니다. 세존이시여."

"곧 예류과는 잡염이라는 증어가 보살마하살인가?"

"아닙니다. 세존이시여."

"곧 일래·불환·아라한과는 잡염이라는 증어가 보살마하살인가?"

"아닙니다. 세존이시여."

"곧 예류과는 청정하다는 증어가 보살마하살인가?"

"아닙니다. 세존이시여."

"곧 일래·불환·아라한과는 청정하다는 증어가 보살마하살인가?"

"아닙니다. 세존이시여."

"곧 예류과는 생사에 속한다는 증어가 보살마하살인가?"

"아닙니다. 세존이시여."

"곧 일래·불환·아라한과는 생사에 속한다는 증어가 보살마하살인가?"

"아닙니다. 세존이시여."

"곧 예류과는 열반에 속한다는 증어가 보살마하살인가?"

"아닙니다. 세존이시여."

"곧 일래·불환·아라한과는 열반에 속한다는 증어가 보살마하살인가?"

"아닙니다. 세존이시여."

"곧 예류과는 내신에 있다는 증어가 보살마하살인가?"

"아닙니다. 세존이시여."

"곧 일래·불환·아라한과는 내신에 있다는 증어가 보살마하살인가?"

"아닙니다. 세존이시여."

"곧 예류과는 외신에 있다는 증어가 보살마하살인가?"

"아닙니다. 세존이시여."

"곧 일래·불환·아라한과는 외신에 있다는 증어가 보살마하살인가?"

"아닙니다. 세존이시여."

"곧 예류과는 두 가지의 가운데에 있다는 증어가 보살마하살인가?"

"아닙니다. 세존이시여."

"곧 일래·불환·아라한과는 두 가지의 가운데에 있다는 증어가 보살마하살인가?"

"아닙니다. 세존이시여."

"곧 예류과는 얻을 수 있다는 증어가 보살마하살인가?"

"아닙니다. 세존이시여."

"곧 일래·불환·아라한과는 얻을 수 있다는 증어가 보살마하살인가?"

"아닙니다. 세존이시여."

"곧 예류과는 얻을 수 없다는 증어가 보살마하살인가?"

"아닙니다. 세존이시여."

"곧 일래·불환·아라한과는 얻을 수 없다는 증어가 보살마하살인가?"

"아닙니다. 세존이시여."

"다시 다음으로 선현이여. 보살마하살이라고 말하는 것에 그대의 뜻은 어떠한가? 곧 독각(獨覺)의 보리(菩提)의 증어가 보살마하살인가?"

"아닙니다. 세존이시여."

"곧 독각의 보리는 항상하다는 증어가 보살마하살인가?"

"아닙니다. 세존이시여."

"곧 독각의 보리는 무상하다는 증어가 보살마하살인가?"

"아닙니다. 세존이시여."

"곧 독각의 보리는 즐겁다는 증어가 보살마하살인가?"

"아닙니다. 세존이시여."

"곧 독각의 보리는 괴롭다는 증어가 보살마하살인가?"

"아닙니다. 세존이시여."

"곧 독각의 보리는 나(我)라는 증어가 보살마하살인가?"

"아닙니다. 세존이시여."

"곧 독각의 보리는 무아라는 증어가 보살마하살인가?"
"아닙니다. 세존이시여."
"곧 독각의 보리는 청정하다는 증어가 보살마하살인가?"
"아닙니다. 세존이시여."
"곧 독각의 보리는 부정하다는 증어가 보살마하살인가?"
"아닙니다. 세존이시여."
"곧 독각의 보리는 공하다는 증어가 보살마하살인가?"
"아닙니다. 세존이시여."
"곧 독각의 보리는 공하지 않다는 증어가 보살마하살인가?"
"아닙니다. 세존이시여."
"곧 독각의 보리는 유상이라는 증어가 보살마하살인가?"
"아닙니다. 세존이시여."
"곧 독각의 보리는 무상이라는 증어가 보살마하살인가?"
"아닙니다. 세존이시여."
"곧 독각의 보리는 유원이라는 증어가 보살마하살인가?"
"아닙니다. 세존이시여."
"곧 독각의 보리는 무원이라는 증어가 보살마하살인가?"
"아닙니다. 세존이시여."
"곧 독각의 보리는 적정하다는 증어가 보살마하살인가?"
"아닙니다. 세존이시여."
"곧 독각의 보리는 적정하지 않다는 증어가 보살마하살인가?"
"아닙니다. 세존이시여."
"곧 독각의 보리는 멀리 벗어난다는 증어가 보살마하살인가?"
"아닙니다. 세존이시여."
"곧 독각의 보리는 멀리 벗어나지 않는다는 증어가 보살마하살인가?"
"아닙니다. 세존이시여."
"곧 독각의 보리는 유위라는 증어가 보살마하살인가?"
"아닙니다. 세존이시여."

"곧 독각의 보리는 무위라는 증어가 보살마하살인가?"

"아닙니다. 세존이시여."

"곧 독각의 보리는 유루라는 증어가 보살마하살인가?"

"아닙니다. 세존이시여."

"곧 독각의 보리는 무루라는 증어가 보살마하살인가?"

"아닙니다. 세존이시여."

"곧 독각의 보리는 생겨나는 것이라는 증어가 보살마하살인가?"

"아닙니다. 세존이시여."

"곧 독각의 보리는 소멸하는 것이라는 증어가 보살마하살인가?"

"아닙니다. 세존이시여."

"곧 독각의 보리는 선하게 증장한다는 증어가 보살마하살인가?"

"아닙니다. 세존이시여."

"곧 독각의 보리는 선하지 않게 증장한다는 증어가 보살마하살인가?"

"아닙니다. 세존이시여."

"곧 독각의 보리는 유죄라는 증어가 보살마하살인가?"

"아닙니다. 세존이시여."

"곧 독각의 보리는 무죄라는 증어가 보살마하살인가?"

"아닙니다. 세존이시여."

"곧 독각의 보리는 번뇌가 있다는 증어가 보살마하살인가?"

"아닙니다. 세존이시여."

"곧 독각의 보리는 번뇌가 없다는 증어가 보살마하살인가?"

"아닙니다. 세존이시여."

"곧 독각의 보리는 세간이라는 증어가 보살마하살인가?"

"아닙니다. 세존이시여."

"곧 독각의 보리는 출세간이라는 증어가 보살마하살인가?"

"아닙니다. 세존이시여."

"곧 독각의 보리는 잡염이라는 증어가 보살마하살인가?"

"아닙니다. 세존이시여."

"곧 독각의 보리는 청정하다는 증어가 보살마하살인가?"
"아닙니다. 세존이시여."
"곧 독각의 보리는 생사에 속한다는 증어가 보살마하살인가?"
"아닙니다. 세존이시여."
"곧 독각의 보리는 열반에 속한다는 증어가 보살마하살인가?"
"아닙니다. 세존이시여."
"곧 독각의 보리는 내신에 있다는 증어가 보살마하살인가?"
"아닙니다. 세존이시여."
"곧 독각의 보리는 외신에 있다는 증어가 보살마하살인가?"
"아닙니다. 세존이시여."
"곧 독각의 보리는 두 가지의 가운데에 있다는 증어가 보살마하살인가?"
"아닙니다. 세존이시여."
"곧 독각의 보리는 얻을 수 있다는 증어가 보살마하살인가?"
"아닙니다. 세존이시여."
"곧 독각의 보리는 얻을 수 없다는 증어가 보살마하살인가?"
"아닙니다. 세존이시여."

"다시 다음으로 선현이여. 보살마하살이라고 말하는 것에 그대의 뜻은 어떠한가? 곧 일체 보살마하살의 행(行)의 증어가 보살마하살인가?"
"아닙니다. 세존이시여."
"곧 제불의 무상정등보리(無上正等菩提) 증어가 곧 보살마하살인가?"
"아닙니다. 세존이시여."
"곧 일체 보살마하살의 행은 항상하다는 증어가 보살마하살인가?"
"아닙니다. 세존이시여."
"곧 제불의 무상정등보리는 항상하다는 증어가 보살마하살인가?"
"아닙니다. 세존이시여."
"곧 일체 보살마하살의 행은 무상하다는 증어가 보살마하살인가?"
"아닙니다. 세존이시여."

"곧 제불의 무상정등보리는 무상하다는 증어가 보살마하살인가?"
"아닙니다. 세존이시여."
"곧 일체 보살마하살의 행은 즐겁다는 증어가 보살마하살인가?"
"아닙니다. 세존이시여."
"곧 제불의 무상정등보리는 즐겁다는 증어가 보살마하살인가?"
"아닙니다. 세존이시여."
"곧 일체 보살마하살의 행은 괴롭다는 증어가 보살마하살인가?"
"아닙니다. 세존이시여."
"곧 제불의 무상정등보리는 괴롭다는 증어가 보살마하살인가?"
"아닙니다. 세존이시여."
"곧 일체 보살마하살의 행은 나라는 증어가 보살마하살인가?"
"아닙니다. 세존이시여."
"곧 제불의 무상정등보리는 나라는 증어가 보살마하살인가?"
"아닙니다. 세존이시여."
"곧 일체 보살마하살의 행은 무아라는 증어가 보살마하살인가?"
"아닙니다. 세존이시여."
"곧 제불의 무상정등보리는 무아라는 증어가 보살마하살인가?"
"아닙니다. 세존이시여."
"곧 일체 보살마하살의 행은 청정하다는 증어가 보살마하살인가?"
"아닙니다. 세존이시여."
"곧 제불의 무상정등보리는 청정하다는 증어가 보살마하살인가?"
"아닙니다. 세존이시여."
"곧 일체 보살마하살의 행은 부정하다는 증어가 보살마하살인가?"
"아닙니다. 세존이시여."
"곧 제불의 무상정등보리는 부정하다는 증어가 보살마하살인가?"
"아닙니다. 세존이시여."
"곧 일체 보살마하살의 행은 공하다는 증어가 보살마하살인가?"
"아닙니다. 세존이시여."

"곧 제불의 무상정등보리는 공하다는 증어가 보살마하살인가?"
"아닙니다. 세존이시여."
"곧 일체 보살마하살의 행은 공하지 않다는 증어가 보살마하살인가?"
"아닙니다. 세존이시여."
"곧 제불의 무상정등보리는 공하지 않다는 증어가 보살마하살인가?"
"아닙니다. 세존이시여."
"곧 일체 보살마하살의 행은 유상이라는 증어가 보살마하살인가?"
"아닙니다. 세존이시여."
"곧 제불의 무상정등보리는 유상이라는 증어가 보살마하살인가?"
"아닙니다. 세존이시여."
"곧 일체 보살마하살의 행은 무상이라는 증어가 보살마하살인가?"
"아닙니다. 세존이시여."
"곧 제불의 무상정등보리는 무상이라는 증어가 보살마하살인가?"
"아닙니다. 세존이시여."
"곧 일체 보살마하살의 행은 유원이라는 증어가 보살마하살인가?"
"아닙니다. 세존이시여."
"곧 제불의 무상정등보리는 유원이라는 증어가 보살마하살인가?"
"아닙니다. 세존이시여."
"곧 일체 보살마하살의 행은 무원이라는 증어가 보살마하살인가?"
"아닙니다. 세존이시여."
"곧 제불의 무상정등보리는 무원이라는 증어가 보살마하살인가?"
"아닙니다. 세존이시여."
"곧 일체 보살마하살의 행은 적정하다는 증어가 보살마하살인가?"
"아닙니다. 세존이시여."
"곧 제불의 무상정등보리는 적정하다는 증어가 보살마하살인가?"
"아닙니다. 세존이시여."
"곧 일체 보살마하살의 행은 적정하지 않다는 증어가 보살마하살인가?"
"아닙니다. 세존이시여."

"곧 제불의 무상정등보리는 적정하지 않다는 증어가 보살마하살인가?"

"아닙니다. 세존이시여."

"곧 일체 보살마하살의 행은 멀리 벗어난다는 증어가 보살마하살인가?"

"아닙니다. 세존이시여."

"곧 제불의 무상정등보리는 멀리 벗어난다는 증어가 보살마하살인가?"

"아닙니다. 세존이시여."

"곧 일체 보살마하살의 행은 멀리 벗어나지 않는다는 증어가 보살마하살인가?"

"아닙니다. 세존이시여."

"곧 제불의 무상정등보리는 멀리 벗어나지 않는다는 증어가 보살마하살인가?"

"아닙니다. 세존이시여."

"곧 일체 보살마하살의 행은 유위라는 증어가 보살마하살인가?"

"아닙니다. 세존이시여."

"곧 제불의 무상정등보리는 유위라는 증어가 보살마하살인가?"

"아닙니다. 세존이시여."

"곧 일체 보살마하살의 행은 무위라는 증어가 보살마하살인가?"

"아닙니다. 세존이시여."

"곧 제불의 무상정등보리는 무위라는 증어가 보살마하살인가?"

"아닙니다. 세존이시여."

"곧 일체 보살마하살의 행은 유루라는 증어가 보살마하살인가?"

"아닙니다. 세존이시여."

"곧 제불의 무상정등보리는 유루라는 증어가 보살마하살인가?"

"아닙니다. 세존이시여."

"곧 일체 보살마하살의 행은 무루라는 증어가 보살마하살인가?"

"아닙니다. 세존이시여."

"곧 제불의 무상정등보리는 무루라는 증어가 보살마하살인가?"

"아닙니다. 세존이시여."

"곧 일체 보살마하살의 행은 생겨나는 것이라는 증어가 보살마하살인가?"

"아닙니다. 세존이시여."

"곧 제불의 무상정등보리는 생겨나는 것이라는 증어가 보살마하살인가?"

"아닙니다. 세존이시여."

"곧 일체 보살마하살의 행은 소멸하는 것이라는 증어가 보살마하살인가?"

"아닙니다. 세존이시여."

"곧 제불의 무상정등보리는 소멸하는 것이라는 증어가 보살마하살인가?"

"아닙니다. 세존이시여."

"곧 일체 보살마하살의 행은 선하게 증장한다는 증어가 보살마하살인가?"

"아닙니다. 세존이시여."

"곧 제불의 무상정등보리는 선하게 증장한다는 증어가 보살마하살인가?"

"아닙니다. 세존이시여."

"곧 일체 보살마하살의 행은 선하지 않게 증장한다는 증어가 보살마하살인가?"

"아닙니다. 세존이시여."

"곧 제불의 무상정등보리는 선하지 않게 증장한다는 증어가 보살마하살인가?"

"아닙니다. 세존이시여."

"곧 일체 보살마하살의 행은 유죄라는 증어가 보살마하살인가?"

"아닙니다. 세존이시여."

"곧 제불의 무상정등보리는 유죄라는 증어가 보살마하살인가?"

"아닙니다. 세존이시여."

"곧 일체 보살마하살의 행은 무죄라는 증어가 보살마하살인가?"

"아닙니다. 세존이시여."

"곧 제불의 무상정등보리는 무죄라는 증어가 보살마하살인가?"

"아닙니다. 세존이시여."

"곧 일체 보살마하살의 행은 번뇌가 있다는 증어가 보살마하살인가?"

"아닙니다. 세존이시여."

"곧 제불의 무상정등보리는 번뇌가 있다는 증어가 보살마하살인가?"

"아닙니다. 세존이시여."

"곧 일체 보살마하살의 행은 번뇌가 없다는 증어가 보살마하살인가?"

"아닙니다. 세존이시여."

"곧 제불의 무상정등보리는 번뇌가 없다는 증어가 보살마하살인가?"

"아닙니다. 세존이시여."

"곧 일체 보살마하살의 행은 세간이라는 증어가 보살마하살인가?"

"아닙니다. 세존이시여."

"곧 제불의 무상정등보리는 세간이라는 증어가 보살마하살인가?"

"아닙니다. 세존이시여."

"곧 일체 보살마하살의 행은 출세간이라는 증어가 보살마하살인가?"

"아닙니다. 세존이시여."

"곧 제불의 무상정등보리는 출세간이라는 증어가 보살마하살인가?"

"아닙니다. 세존이시여."

"곧 일체 보살마하살의 행은 잡염이라는 증어가 보살마하살인가?"

"아닙니다. 세존이시여."

"곧 제불의 무상정등보리는 잡염이라는 증어가 보살마하살인가?"

"아닙니다. 세존이시여."

"곧 일체 보살마하살의 행은 청정하다는 증어가 보살마하살인가?"

"아닙니다. 세존이시여."

"곧 제불의 무상정등보리는 청정하다는 증어가 보살마하살인가?"

"아닙니다. 세존이시여."

"곧 일체 보살마하살의 행은 생사에 속한다는 증어가 보살마하살인가?"

"아닙니다. 세존이시여."

"곧 제불의 무상정등보리는 생사에 속한다는 증어가 보살마하살인가?"

"아닙니다. 세존이시여."

"곧 일체 보살마하살의 행은 열반에 속한다는 증어가 보살마하살인가?"

"아닙니다. 세존이시여."

"곧 제불의 무상정등보리는 열반에 속한다는 증어가 보살마하살인가?"

"아닙니다. 세존이시여."

"곧 일체 보살마하살의 행은 내신에 있다는 증어가 보살마하살인가?"

"아닙니다. 세존이시여."

"곧 제불의 무상정등보리는 내신에 있다는 증어가 보살마하살인가?"

"아닙니다. 세존이시여."

"곧 일체 보살마하살의 행은 외신에 있다는 증어가 보살마하살인가?"

"아닙니다. 세존이시여."

"곧 제불의 무상정등보리는 외신에 있다는 증어가 보살마하살인가?"

"아닙니다. 세존이시여."

"곧 일체 보살마하살의 행은 두 가지의 가운데에 있다는 증어가 보살마하살인가?"

"아닙니다. 세존이시여."

"곧 제불의 무상정등보리는 두 가지의 가운데에 있다는 증어가 보살마하살인가?"

"아닙니다. 세존이시여."

"곧 일체 보살마하살의 행은 얻을 수 있다는 증어가 보살마하살인가?"

"아닙니다. 세존이시여."

"곧 제불의 무상정등보리는 얻을 수 있다는 증어가 보살마하살인가?"

"아닙니다. 세존이시여."

"곧 일체 보살마하살의 행은 얻을 수 없다는 증어가 보살마하살인가?"

"아닙니다. 세존이시여."

"곧 제불의 무상정등보리는 얻을 수 없다는 증어가 보살마하살인가?"

"아닙니다. 세존이시여."

그때 세존께서는 구수 선현에게 알리셨다.

"선현이여. 그대는 다시 무슨 뜻으로 관찰하여 곧 색(色)의 증어(增語)는 곧 보살마하살이 아니고, 곧 수(受)·상(想)·행(行)·식(識)의 증어는 곧 보살마하살이 아니라고 말하는가?"

"세존이시여. 만약 색이거나, 만약 수·상·행·식이더라도 오히려 결국에는 얻을 수 없습니다. 자성이 있지 않은 까닭인데, 하물며 색의 증어와 수·상·행·식의 증어가 보살마하살이 있겠습니까? 이러한 증어는 이미 있지 않은데, 어찌 곧 색의 증어가 보살마하살이겠으며, 수·상·행·식의 진여가 보살마하살이라고 말할 수 있겠습니까?"

"선현이여. 그대는 다시 무슨 뜻으로 관찰하여 곧 색(色)이 만약 항상하거나, 만약 무상하다는 증어는 곧 보살마하살이 아니고, 수·상·행·식의 만약 항상하거나, 만약 무상하다는 증어는 곧 보살마하살이 아니라고 말하는가?"

구수 선현이 아뢰어 말하였다.

"세존이시여. 만약 색이 항상하거나, 무상하며, 만약 수·상·행·식이 항상하거나, 무상하더라도 오히려 결국에는 얻을 수 없습니다. 자성이 있지 않은 까닭인데, 하물며 곧 색이 만약 항상하거나, 무상하다는 증어와 수·상·행·식이 만약 항상하거나, 무상하다는 증어가 있겠습니까? 이러한 증어는 이미 있지 않은데, 어찌 곧 색이 만약 항상하거나, 만약 무상하다는 증어가 보살마하살이라고 말할 수 있겠으며, 곧 수·상·행·식이 만약 항상하거나, 만약 무상하다는 증어가 보살마하살이라고 말할 수 있겠습니까?"

"선현이여. 그대는 다시 무슨 뜻으로 관찰하여 곧 색이 만약 즐겁거나, 만약 괴롭다는 증어는 곧 보살마하살이 아니고, 곧 수·상·행·식이 만약 즐겁거나, 만약 괴롭다는 증어는 곧 보살마하살이 아니라고 말하는가?"

"세존이시여. 만약 색이 즐겁거나 만약 색이 괴롭거나, 만약 수·상·행·식이 즐겁거나 괴롭더라도 오히려 결국 얻을 수 없습니다. 자성이 있지 않은 까닭인데, 하물며 곧 색이 만약 즐겁거나, 괴롭다는 증어와 수·상·행·식이 만약 즐겁거나 괴롭다는 증어가 있겠습니까? 이러한 증어는 이미 있지 않은데, 어찌 곧 색이 만약 즐겁거나, 만약 괴롭다는 증어가 보살마하살이라고 말할 수 있겠으며, 곧 수·상·행·식이 만약 즐겁거나, 만약 괴롭다는 증어가 보살마하살이라고 말할 수 있겠습니까?"

"선현이여. 그대는 다시 무슨 뜻으로 관찰하여 곧 색이 만약 나(我)이거나, 만약 무아(無我)라는 증어는 곧 보살마하살이 아니고, 곧 수·상·행·식이 나이거나, 만약 무아라는 증어는 곧 보살마하살이 아니라고 말하는가?"

"세존이시여. 만약 색이 나이거나, 만약 무아이며, 만약 수·상·행·식이 나이거나, 만약 무아이더라도 오히려 결국에는 얻을 수 없습니다. 자성이 있지 않은 까닭인데, 하물며 곧 색이 만약 나이거나, 무아라는 증어와 수·상·행·식이 만약 나이거나, 무아라는 증어가 있겠습니까? 이러한 증어는 이미 있지 않은데, 어찌 곧 색이 만약 나이거나, 만약 무아라는 증어가 보살마하살이라고 말할 수 있겠으며, 곧 수·상·행·식이 만약 나이거나, 만약 무아라는 증어가 보살마하살이라고 말할 수 있겠습니까?"

"선현이여. 그대는 다시 무슨 뜻으로 관찰하여 곧 색이 만약 청정하거나, 만약 부정(不淨)하다는 증어는 곧 보살마하살이 아니고, 곧 수·상·행·식이 만약 청정하거나, 만약 부정하다는 증어는 곧 보살마하살이 아니라고 말하는가?"

"세존이시여. 만약 색이 청정하거나, 부정하며, 만약 수·상·행·식이 청정하거나, 부정하더라도 오히려 결국에는 얻을 수 없습니다. 자성이 있지 않은 까닭인데, 하물며 곧 색이 만약 청정하거나, 부정하다는 증어와 수·상·행·식이 만약 청정하거나, 부정하다는 증어가 있겠습니까? 이러한 증어는 이미 있지 않은데, 어찌 곧 색이 만약 청정하거나, 만약 부정하다는 증어가 보살마하살이라고 말할 수 있겠으며, 곧 수·상·행·식이 만약 청정하거나, 만약 부정하다는 증어가 보살마하살이라고 말할 수 있겠습니까?"

"선현이여. 그대는 다시 무슨 뜻으로 관찰하여 곧 색이 만약 공(空)하거나, 만약 공하지 않다는 증어는 곧 보살마하살이 아니고, 곧 수·상·행·식이의 만약 공하거나, 만약 공하지 않다는 증어는 곧 보살마하살이 아니라고 말하는가?"

"세존이시여. 만약 색이 공하거나, 공하지 않으며, 만약 수·상·행·식이 공하거나, 공하지 않더라도 오히려 결국에는 얻을 수 없습니다. 자성이 있지 않은 까닭인데, 하물며 곧 색이 만약 공하거나, 공하지 않다는 증어와 수·상·행·식이 만약 공하거나, 공하지 않다는 증어가 있겠습니까? 이러한 증어는 이미 있지 않은데, 어찌 곧 색이 만약 공하거나, 만약 공하지 않다는 증어가 보살마하살이라고 말할 수 있겠으며, 곧 수·상·행·식이 만약 공하거나, 만약 공하지 않다는 증어가 보살마하살이라고 말할 수 있겠습니까?"

"선현이여. 그대는 다시 무슨 뜻으로 관찰하여 곧 색이 만약 유상(有相)이거나, 만약 무상(無相)이라는 증어는 곧 보살마하살이 아니고, 곧 수·상·행·식이 만약 유상이거나, 만약 무상이라는 증어는 곧 보살마하살이 아니라고 말하는가?"

"세존이시여. 만약 색이 유상이거나, 무상이며, 만약 수·상·행·식의 유상이거나, 무상이더라도 오히려 결국에는 얻을 수 없습니다. 자성이 있지 않은 까닭인데, 하물며 곧 색의 만약 유상이거나, 무상이라는 증어와 수·상·행·식이 만약 유상이거나, 무상이라는 증어가 있겠습니까? 이러한 증어는 이미 있지 않은데, 어찌 곧 색이 만약 유상이거나, 만약 무상이라는 증어가 보살마하살이라고 말할 수 있겠으며, 곧 수·상·행·식이 만약 유상이거나, 만약 무상이라는 증어가 보살마하살이라고 말할 수 있겠습니까?"

"선현이여. 그대는 다시 무슨 뜻으로 관찰하여 곧 색이 만약 유원(有願)이거나, 만약 무원(無願)이라는 증어는 곧 보살마하살이 아니고, 곧 수·상·행·식이 만약 유원이거나, 만약 무원이라는 증어는 곧 보살마하살이 아니라고 말하는가?"

"세존이시여. 만약 색이 유원이거나, 무원이며, 만약 수·상·행·식이 유원이거나, 무원이더라도 오히려 결국에는 얻을 수 없습니다. 자성이 있지 않은 까닭인데, 하물며 곧 색이 만약 유원이거나, 무원이라는 증어와 수·상·행·식이 만약 유원이거나, 무원이라는 증어가 있겠습니까? 이러한 증어는 이미 있지 않은데, 어찌 곧 색이 만약 유원이거나, 만약 무원이라는 증어가 보살마하살이라고 말할 수 있겠으며, 곧 수·상·행·식이 만약 유원이거나, 만약 무원이라는 증어가 보살마하살이라고 말할 수 있겠습니까?”

“선현이여. 그대는 다시 무슨 뜻으로 관찰하여 곧 색이 만약 적정(寂靜)하거나, 만약 적정하지 않다는 증어는 곧 보살마하살이 아니고, 곧 수·상·행·식이 만약 적정하거나, 만약 적정하지 않다는 증어는 곧 보살마하살이 아니라고 말하는가?”

“세존이시여. 만약 색이 적정하거나, 적정하지 않으며, 만약 수·상·행·식이 적정하거나, 적정하지 않더라도 오히려 결국에는 얻을 수 없습니다. 자성이 있지 않은 까닭인데, 하물며 곧 색이 만약 적정하거나, 적정하지 않다는 증어와 수·상·행·식이 만약 적정하거나, 적정하지 않다는 증어가 있겠습니까? 이러한 증어는 이미 있지 않은데, 어찌 곧 색이 만약 적정하거나, 적정하지 않다는 증어가 보살마하살이라고 말할 수 있겠으며, 곧 수·상·행·식이 만약 적정하거나, 만약 적정하지 않다는 증어가 보살마하살이라고 말할 수 있겠습니까?”

“선현이여. 그대는 다시 무슨 뜻으로 관찰하여 곧 색이 만약 멀리 벗어나거나, 만약 멀리 벗어나지 않는다는 증어는 곧 보살마하살이 아니고, 곧 수·상·행·식이 만약 멀리 벗어나거나, 만약 멀리 벗어나지 않는다는 증어는 곧 보살마하살이 아니라고 말하는가?”

“세존이시여. 만약 색이 만약 멀리 벗어나거나, 멀리 벗어나지 않으며, 만약 수·상·행·식이 만약 멀리 벗어나거나, 멀리 벗어나지 않더라도 오히려 결국에는 얻을 수 없습니다. 자성이 있지 않은 까닭인데, 하물며 곧 색이 만약 멀리 벗어나거나, 멀리 벗어나지 않는다는 증어와 수·상·행·식이 만약 멀리 벗어나거나, 멀리 벗어나지 않는다는 증어가 있겠습니까? 이러한 증어는 이미 있지 않은데, 어찌 곧 색이 만약 멀리 벗어나거나, 만약 멀리 벗어나지 않는다는 증어가 보살마하살이라고 말할 수 있겠으며, 곧 수·상·행·식이 만약 멀리 벗어나거나, 만약 멀리 벗어나지 않는다는 증어가 보살마하살이라고 말할 수 있겠습니까?”

“선현이여. 그대는 다시 무슨 뜻으로 관찰하여 곧 색이 만약 유위(有爲)이거나, 만약 무위(無爲)라는 증어는 곧 보살마하살이 아니고, 곧 수·상·

행·식이 만약 유위이거나, 만약 무위라는 증어는 곧 보살마하살이 아니라고 말하는가?"

"세존이시여. 만약 색이 유위이거나, 무위이며, 만약 수·상·행·식이 유위이거나, 무위이더라도 오히려 결국에는 얻을 수 없습니다. 자성이 있지 않은 까닭인데, 하물며 곧 색이 만약 유위이거나, 무위라는 증어와 수·상·행·식이 만약 유위이거나, 무위라는 증어가 있겠습니까? 이러한 증어는 이미 있지 않은데, 어찌 곧 색이 만약 유위이거나, 만약 무위라는 증어가 보살마하살이라고 말할 수 있겠으며, 곧 수·상·행·식이 만약 유위이거나, 만약 무위라는 증어가 보살마하살이라고 말할 수 있겠습니까?"

"선현이여. 그대는 다시 무슨 뜻으로 관찰하여 곧 색이 만약 유루(有漏)이거나, 만약 무루(無漏)라는 증어는 곧 보살마하살이 아니고, 곧 수·상·행·식이 만약 유루이거나, 만약 무루라는 증어는 곧 보살마하살이 아니라고 말하는가?"

"세존이시여. 만약 색이 유루이거나, 무루이며, 만약 수·상·행·식이 유루이거나, 무루이더라도 오히려 결국에는 얻을 수 없습니다. 자성이 있지 않은 까닭인데, 하물며 곧 색이 만약 유루이거나, 무위라는 증어와 수·상·행·식이 만약 유루이거나, 무루라는 증어가 있겠습니까? 이러한 증어는 이미 있지 않은데, 어찌 곧 색이 만약 유루이거나, 만약 무루라는 증어가 보살마하살이라고 말할 수 있겠으며, 곧 수·상·행·식이 만약 유루이거나, 만약 무루라는 증어가 보살마하살이라고 말할 수 있겠습니까?"

"선현이여. 그대는 다시 무슨 뜻으로 관찰하여 곧 색이 만약 생겨나거나, 만약 소멸한다는 증어는 곧 보살마하살이 아니고, 곧 수·상·행·식이 만약 생겨나거나, 만약 소멸한다는 증어는 곧 보살마하살이 아니라고 말하는가?"

"세존이시여. 만약 색이 만약 생겨나거나, 소멸하며, 만약 수·상·행·식이 만약 생겨나거나, 소멸하더라도 오히려 결국에는 얻을 수 없습니다. 자성이 있지 않은 까닭인데, 하물며 곧 색이 만약 생겨나거나, 소멸한다는 증어와 수·상·행·식이 만약 생겨나거나, 소멸한다는 증어가 있겠습니까?

이러한 증어는 이미 있지 않은데, 어찌 곧 색이 만약 생겨나거나, 만약 소멸한다는 증어가 보살마하살이라고 말할 수 있겠으며, 곧 수·상·행·식이 만약 생겨나거나, 만약 소멸한다는 증어가 보살마하살이라고 말할 수 있겠습니까?”

“선현이여. 그대는 다시 무슨 뜻으로 관찰하여 곧 색이 만약 선하거나, 만약 선하지 않다는 증어는 곧 보살마하살이 아니고, 곧 수·상·행·식이 만약 선하거나, 선하지 않다는 증어는 곧 보살마하살이 아니라고 말하는가?”

“세존이시여. 만약 색이 만약 선하거나, 선하지 않으며, 만약 수·상·행·식이 만약 선하거나 만약 선하지 않더라도 오히려 결국에는 얻을 수 없습니다. 자성이 있지 않은 까닭인데, 하물며 곧 색이 만약 선하거나, 선하지 않다는 증어와 수·상·행·식이 만약 선하거나, 선하지 않다는 증어가 있겠습니까? 이러한 증어는 이미 있지 않은데, 어찌 곧 만약 색이 선하거나, 만약 선하지 않다는 증어가 보살마하살이라고 말할 수 있겠으며, 곧 만약 수·상·행·식이 선하거나, 만약 선하지 않다는 증어가 보살마하살이라고 말할 수 있겠습니까?”

“선현이여. 그대는 다시 무슨 뜻으로 관찰하여 곧 색이 만약 유죄(有罪)이거나, 만약 무죄(無罪)라는 증어는 곧 보살마하살이 아니고, 곧 수·상·행·식이 만약 유죄이거나, 만약 무죄라는 증어는 곧 보살마하살이 아니라고 말하는가?”

“세존이시여. 만약 색의 유죄이거나, 무죄이며, 만약 수·상·행·식의 유죄이거나, 무죄이더라도 오히려 결국에는 얻을 수 없습니다. 자성이 있지 않은 까닭인데, 하물며 곧 색이 만약 유죄이거나, 무죄라는 증어와 수·상·행·식이 만약 유죄이거나, 무죄라는 증어가 있겠습니까? 이러한 증어는 이미 있지 않은데, 어찌 곧 색이 만약 유죄이거나, 무죄라는 증어가 보살마하살이라고 말할 수 있겠으며, 곧 수·상·행·식이 만약 유죄이거나, 만약 무죄라는 증어가 보살마하살이라고 말할 수 있겠습니까?”

“선현이여. 그대는 다시 무슨 뜻으로 관찰하여 곧 색이 만약 번뇌가 있거나, 번뇌가 없다는 증어는 곧 보살마하살이 아니고, 곧 수·상·행·식이 만약 번뇌가 있거나, 번뇌가 없다는 증어는 곧 보살마하살이 아니라고 말하는가?"

"세존이시여. 색이 만약 번뇌가 있거나, 만약 번뇌가 없으며, 수·상·행·식이 만약 번뇌가 있거나, 만약 번뇌가 없더라도 오히려 결국에는 얻을 수 없습니다. 자성이 있지 않은 까닭인데, 하물며 곧 색이 만약 번뇌가 있거나, 만약 번뇌가 없다는 증어와 수·상·행·식이 만약 번뇌가 있거나, 만약 번뇌가 없다는 증어가 있겠습니까? 이러한 증어는 이미 있지 않은데, 어찌 곧 색이 만약 번뇌가 있거나, 만약 번뇌가 없다는 증어가 보살마하살이라고 말할 수 있겠으며, 곧 수·상·행·식이 만약 번뇌가 있거나, 만약 번뇌가 없다는 증어가 보살마하살이라고 말할 수 있겠습니까?"

"선현이여. 그대는 다시 무슨 뜻으로 관찰하여 곧 색이 만약 세간(世間)이거나, 만약 출세간(出世間)이라는 증어는 곧 보살마하살이 아니고, 곧 수·상·행·식이 만약 세간이거나, 만약 출세간이라는 증어는 곧 보살마하살이 아니라고 말하는가?"

"세존이시여. 만약 색이 세간이거나, 출세간이며, 만약 수·상·행·식이 세간이거나, 출세간이더라도 오히려 결국에는 얻을 수 없습니다. 자성이 있지 않은 까닭인데, 하물며 곧 색이 만약 세간이거나, 출세간이라는 증어와 수·상·행·식이 만약 세간이거나, 출세간이라는 증어가 있겠습니까? 이러한 증어는 이미 있지 않은데, 어찌 곧 색이 만약 세간이거나, 만약 출세간이라는 증어가 보살마하살이라고 말할 수 있겠으며, 곧 수·상·행·식이 만약 세간이거나, 만약 출세간이라는 증어가 보살마하살이라고 말할 수 있겠습니까?"

"선현이여. 그대는 다시 무슨 뜻으로 관찰하여 곧 색이 만약 잡염(雜染)이거나, 만약 청정(淸淨)하다는 증어는 곧 보살마하살이 아니고, 곧 수·상·행·식이 만약 잡염이거나, 만약 청정하다는 증어는 곧 보살마하살이 아니라고 말하는가?"

"세존이시여. 만약 색이 잡염이거나, 청정하며, 만약 수·상·행·식이 잡염이거나, 청정하더라도 오히려 결국에는 얻을 수 없습니다. 자성이 있지 않은 까닭인데, 하물며 곧 색이 만약 잡염이거나, 청정하다는 증어와 수·상·행·식이 만약 잡염이거나, 청정하다는 증어가 있겠습니까? 이러한 증어는 이미 있지 않은데, 어찌 곧 색이 만약 잡염이거나, 만약 청정하다는 증어가 보살마하살이라고 말할 수 있겠으며, 곧 수·상·행·식이 만약 잡염이거나, 만약 청정하다는 증어가 보살마하살이라고 말할 수 있겠습니까?"

"선현이여. 그대는 다시 무슨 뜻으로 관찰하여 곧 색이 만약 생사(生死)에 속하거나, 만약 열반(涅槃)에 속한다는 증어는 곧 보살마하살이 아니고, 곧 수·상·행·식이 만약 생사에 속하거나, 만약 열반에 속한다는 증어는 곧 보살마하살이 아니라고 말하는가?"

"세존이시여. 만약 색이 생사에 속하거나, 열반에 속하며, 만약 수·상·행·식이 생사에 속하거나, 열반에 속하더라도 오히려 결국에는 얻을 수 없습니다. 자성이 있지 않은 까닭인데, 하물며 곧 색이 만약 생사에 속하거나, 열반에 속한다는 증어와 수·상·행·식이 만약 생사에 속하거나, 열반에 속한다는 증어가 있겠습니까? 이러한 증어는 이미 있지 않은데, 어찌 곧 색이 만약 생사에 속하거나, 만약 열반에 속한다는 증어가 보살마하살이라고 말할 수 있겠으며, 곧 수·상·행·식이 만약 생사에 속하거나, 만약 열반에 속한다는 증어가 보살마하살이라고 말할 수 있겠습니까?"

"선현이여. 그대는 다시 무슨 뜻으로 관찰하여 곧 색이 만약 내신(內身)에 있거나, 만약 외신(外身)에 있거나, 만약 두 가지의 가운데(兩間)에 있다는 증어는 곧 보살마하살이 아니고, 곧 수·상·행·식이 만약 내신에 있거나, 만약 외신에 있거나, 만약 두 가지의 가운데에 있다는 증어는 곧 보살마하살이 아니라고 말하는가?"

"세존이시여. 만약 색이 내신에 있거나, 외신에 있거나, 두 가지의 가운데에 있으며, 만약 수·상·행·식이 내신에 있거나, 외신에 있거나, 두 가지의 가운데에 있더라도 오히려 결국에는 얻을 수 없습니다. 자성이 있지 않은 까닭인데, 하물며 곧 색이 만약 내신에 있거나, 외신에 있거나, 두 가지의 가운데에 있다는 증어와 수·상·행·식이 만약 내신에 있거나, 외신에 있거나, 두 가지의 가운데에 있다는 증어가 있겠습니까? 이러한 증어는 이미 있지 않은데, 어찌 곧 색이 만약 내신에 있거나, 만약 외신에 있거나, 만약 두 가지의 가운데에 있다는 증어가 보살마하살이라고 말할 수 있겠으며, 곧 수·상·행·식이 만약 내신에 있거나, 만약 외신에 있거나, 만약 두 가지의 가운데에 있다는 증어가 보살마하살이라고 말할 수 있겠습니까?"

"선현이여. 그대는 다시 무슨 뜻으로 관찰하여 곧 색이 만약 얻을 수 있거나, 만약 얻을 수 없다는 증어는 곧 보살마하살이 아니고, 곧 수·상·행·식이 만약 얻을 수 있거나, 만약 얻을 수 없다는 증어는 곧 보살마하살이 아니라고 말하는가?"

"세존이시여. 만약 색이 얻을 수 있거나, 얻을 수 없으며, 만약 수·상·행·식이 얻을 수 있거나, 얻을 수 없더라도 오히려 결국에는 얻을 수 없습니다. 자성이 있지 않은 까닭인데, 하물며 곧 색이 만약 얻을 수 있거나, 얻을 수 없다는 증어와 수·상·행·식이 만약 얻을 수 있거나 얻을 수 없다는 증어가 있겠습니까? 이러한 증어는 이미 있지 않은데, 어찌 곧 색이 만약 얻을 수 있거나, 만약 얻을 수 없다는 증어가 보살마하살이라고 말할 수 있겠으며, 곧 수·상·행·식이 만약 얻을 수 있거나, 만약 얻을 수 없다는 증어가 보살마하살이라고 말할 수 있겠습니까?"

마하반야바라밀다경 제24권

7. 교계교수품(敎誡敎授品)(14)

"다시 다음으로 선현이여. 그대는 무슨 뜻으로 관찰하여 곧 안처(眼處)의 증어는 곧 보살마하살이 아니고, 곧 이(耳)·비(鼻)·설(舌)·신(身)·의처(意處)의 증어는 곧 보살마하살이 아니라고 말하는가?"

구수 선현이 대답하여 말하였다.

"세존이시여. 만약 안처이거나, 만약 이·비·설·신·의처이라도 오히려 결국에는 얻을 수 없습니다. 자성이 있지 않은 까닭인데, 하물며 곧 안처의 증어와 이·비·설·신·의처의 증어가 있겠습니까? 이러한 증어는 이미 있지 않은데, 어찌 곧 안처의 증어가 보살마하살이라고 말할 수 있겠으며, 곧 이·비·설·신·의처의 증어가 보살마하살이라고 말할 수 있겠습니까?"

"선현이여. 그대는 다시 무슨 뜻으로 관찰하여 곧 안처가 만약 항상하거나, 만약 무상하다는 증어는 곧 보살마하살이 아니고, 이·비·설·신·의처가 만약 항상하거나, 만약 무상하다는 증어는 곧 보살마하살이 아니라고 말하는가?"

"세존이시여. 만약 안처가 항상하거나, 무상하며, 만약 이·비·설·신·의처가 항상하거나, 무상하더라도 오히려 결국에는 얻을 수 없습니다. 자성이 있지 않은 까닭인데, 하물며 곧 안처가 만약 항상하거나, 무상하다는 증어와 이·비·설·신·의처가 만약 항상하거나, 무상하다는 증어가 있겠습니까? 이러한 증어는 이미 있지 않은데, 어찌 곧 안처가 만약 항상하거나, 만약 무상하다는 증어가 보살마하살이라고 말할 수 있겠으며, 곧 이·비·설·신·의처가 만약 항상하거나, 만약 무상하다는 증어가 보살마하살이라고 말할 수 있겠습니까?"

"선현이여. 그대는 다시 무슨 뜻으로 관찰하여 곧 안처가 만약 즐겁거나, 만약 괴롭다는 증어는 곧 보살마하살이 아니고, 곧 이·비·설·신·의처가 만약 즐겁거나, 만약 괴롭다는 증어는 곧 보살마하살이 아니라고 말하는가?"

"세존이시여. 만약 안처가 즐겁거나, 만약 안처가 괴로우며, 만약 이·비·설·신·의처가 즐겁거나, 괴롭더라도 오히려 결국 얻을 수 없습니다. 자성이 있지 않은 까닭인데, 하물며 곧 안처가 만약 즐겁거나, 괴롭다는 증어와 이·비·설·신·의처가 만약 즐겁거나, 괴롭다는 증어가 있겠습니까? 이러한 증어는 이미 있지 않은데, 어찌 곧 안처가 만약 즐겁거나, 만약 괴롭다는 증어가 보살마하살이라고 말할 수 있겠으며, 곧 이·비·설·신·의처가 만약 즐겁거나, 만약 괴롭다는 증어가 보살마하살이라고 말할 수 있겠습니까?"

"선현이여. 그대는 다시 무슨 뜻으로 관찰하여 곧 안처가 만약 나(我)이거나, 만약 무아(無我)라는 증어는 곧 보살마하살이 아니고, 곧 이·비·설·신·의처가 나이거나, 만약 무아라는 증어는 곧 보살마하살이 아니라고 말하는가?"

"세존이시여. 만약 안처가 나이거나, 만약 무아이며, 만약 이·비·설·신·의처가 나이거나, 만약 무아이더라도 오히려 결국에는 얻을 수 없습니다. 자성이 있지 않은 까닭인데, 하물며 곧 안처가 만약 나이거나, 무아라는 증어와 이·비·설·신·의처가 만약 나이거나, 무아라는 증어가 있겠습니까? 이러한 증어는 이미 있지 않은데, 어찌 곧 안처가 만약 나이거나, 만약 무아라는 증어가 보살마하살이라고 말할 수 있겠으며, 곧 이·비·설·신·의처가 만약 나이거나, 만약 무아라는 증어가 보살마하살이라고 말할 수 있겠습니까?"

"선현이여. 그대는 다시 무슨 뜻으로 관찰하여 곧 안처가 만약 청정하거나, 만약 부정(不淨)하다는 증어는 곧 보살마하살이 아니고, 곧 이·비·설·

신·의처가 만약 청정하거나, 만약 부정하다는 증어는 곧 보살마하살이 아니라고 말하는가?"

"세존이시여. 만약 안처가 청정하거나 부정하며, 만약 이·비·설·신·의처가 청정하거나, 부정하더라도 오히려 결국에는 얻을 수 없습니다. 자성이 있지 않은 까닭인데, 하물며 곧 안처가 만약 청정하거나, 부정하다는 증어와 이·비·설·신·의처가 만약 청정하거나, 부정하다는 증어가 있겠습니까? 이러한 증어는 이미 있지 않은데, 어찌 곧 안처가 만약 청정하거나, 만약 부정하다는 증어가 보살마하살이라고 말할 수 있겠으며, 곧 이·비·설·신·의처가 만약 청정하거나, 만약 부정하다는 증어가 보살마하살이라고 말할 수 있겠습니까?"

"선현이여. 그대는 다시 무슨 뜻으로 관찰하여 곧 안처가 만약 공(空)하거나, 만약 공하지 않다는 증어는 곧 보살마하살이 아니고, 곧 이·비·설·신·의처가 만약 공하거나, 만약 공하지 않다는 증어는 곧 보살마하살이 아니라고 말하는가?"

"세존이시여. 만약 안처가 공하거나, 공하지 않으며 만약 이·비·설·신·의처가 공하거나, 공하지 않더라도 오히려 결국에는 얻을 수 없습니다. 자성이 있지 않은 까닭인데, 하물며 곧 안처가 만약 공하거나, 공하지 않다는 증어와 이·비·설·신·의처가 만약 공하거나, 공하지 않다는 증어가 있겠습니까? 이러한 증어는 이미 있지 않은데, 어찌 곧 안처가 만약 공하거나, 만약 공하지 않다는 증어가 보살마하살이라고 말할 수 있겠으며, 곧 이·비·설·신·의처가 만약 공하거나, 만약 공하지 않다는 증어가 보살마하살이라고 말할 수 있겠습니까?"

"선현이여. 그대는 다시 무슨 뜻으로 관찰하여 곧 안처가 만약 유상(有相)이거나, 만약 무상(無相)이라는 증어는 곧 보살마하살이 아니고, 곧 이·비·설·신·의처가 만약 유상이거나, 만약 무상이라는 증어는 곧 보살마하살이 아니라고 말하는가?"

"세존이시여. 만약 안처가 유상이거나, 무상이며, 만약 이·비·설·신·의처가 유상이거나, 무상이더라도 오히려 결국에는 얻을 수 없습니다.

자성이 있지 않은 까닭인데, 하물며 곧 안처가 만약 유상이거나, 무상이라
는 증어와 이·비·설·신·의처가 만약 유상이거나, 무상이라는 증어가
있겠습니까? 이러한 증어는 이미 있지 않은데, 어찌 곧 안처가 만약
유상이거나, 만약 무상이라는 증어가 보살마하살이라고 말할 수 있겠으
며, 곧 이·비·설·신·의처가 만약 유상이거나, 만약 무상이라는 증어가
보살마하살이라고 말할 수 있겠습니까?"

"선현이여. 그대는 다시 무슨 뜻으로 관찰하여 곧 안처가 만약 유원(有
願)이거나, 만약 무원(無願)이라는 증어는 곧 보살마하살이 아니고, 곧
이·비·설·신·의처가 만약 유원이거나, 만약 무원이라는 증어는 곧 보살마
하살이 아니라고 말하는가?"

"세존이시여. 만약 안처가 유원이거나, 무원이며, 만약 이·비·설·신·의
처가 유원이거나, 무원이더라도 오히려 결국에는 얻을 수 없습니다.
자성이 있지 않은 까닭인데, 하물며 곧 안처가 만약 유원이거나, 무원이라
는 증어와 이·비·설·신·의처가 만약 유원이거나, 무원이라는 증어가
있겠습니까? 이러한 증어는 이미 있지 않은데, 어찌 곧 안처가 만약
유원이거나, 만약 무원이라는 증어가 보살마하살이라고 말할 수 있겠으
며, 곧 이·비·설·신·의처가 만약 유원이거나, 만약 무원이라는 증어가
보살마하살이라고 말할 수 있겠습니까?"

"선현이여. 그대는 다시 무슨 뜻으로 관찰하여 곧 안처가 만약 적정(寂
靜)하거나, 만약 적정하지 않다는 증어는 곧 보살마하살이 아니고, 곧
이·비·설·신·의처가 만약 적정하거나, 만약 적정하지 않다는 증어는
곧 보살마하살이 아니라고 말하는가?"

"세존이시여. 만약 안처가 적정하거나, 적정하지 않으며, 만약 이·비·설
·신·의처가 적정하거나, 적정하지 않더라도 오히려 결국에는 얻을 수
없습니다. 자성이 있지 않은 까닭인데, 하물며 곧 안처가 만약 적정하거나,
적정하지 않다는 증어와 이·비·설·신·의처가 만약 적정하거나, 적정하지
않다는 증어가 있겠습니까? 이러한 증어는 이미 있지 않은데, 어찌 곧
안처가 만약 적정하거나, 만약 적정하지 않다는 증어가 보살마하살이라고

말할 수 있겠으며, 곧 이·비·설·신·의처가 만약 적정하거나, 만약 적정하지 않다는 증어가 보살마하살이라고 말할 수 있겠습니까?"

"선현이여. 그대는 다시 무슨 뜻으로 관찰하여 곧 안처가 만약 멀리 벗어나거나, 만약 멀리 벗어나지 않는다는 증어는 곧 보살마하살이 아니고, 곧 이·비·설·신·의처가 만약 멀리 벗어나거나, 만약 멀리 벗어나지 않는다는 증어는 곧 보살마하살이 아니라고 말하는가?"

"세존이시여. 만약 안처가 만약 멀리 벗어나거나, 멀리 벗어나지 않으며, 만약 이·비·설·신·의처가 만약 멀리 벗어나거나, 멀리 벗어나지 않더라도 오히려 결국에는 얻을 수 없습니다. 자성이 있지 않은 까닭인데, 하물며 곧 안처가 만약 멀리 벗어나거나, 멀리 벗어나지 않는다는 증어와 이·비·설·신·의처가 만약 멀리 벗어나거나, 멀리 벗어나지 않는다는 증어가 있겠습니까? 이러한 증어는 이미 있지 않은데, 어찌 곧 안처가 만약 멀리 벗어나거나, 만약 멀리 벗어나지 않는다는 증어가 보살마하살이라고 말할 수 있겠으며, 곧 이·비·설·신·의처가 만약 멀리 벗어나거나, 만약 멀리 벗어나지 않는다는 증어가 보살마하살이라고 말할 수 있겠습니까?"

"선현이여. 그대는 다시 무슨 뜻으로 관찰하여 곧 안처가 만약 유위(有爲)이거나, 만약 무위(無爲)라는 증어는 곧 보살마하살이 아니고, 곧 이·비·설·신·의처가 만약 유위이거나, 만약 무위라는 증어는 곧 보살마하살이 아니라고 말하는가?"

"세존이시여. 만약 안처가 유위이거나, 무위이며, 만약 이·비·설·신·의처가 유위이거나, 무위이더라도 오히려 결국에는 얻을 수 없습니다. 자성이 있지 않은 까닭인데, 하물며 곧 안처가 만약 유위이거나, 무위라는 증어와 이·비·설·신·의처가 만약 유원이거나, 무위라는 증어가 있겠습니까? 이러한 증어는 이미 있지 않은데, 어찌 곧 안처가 만약 유위이거나, 만약 무위라는 증어가 보살마하살이라고 말할 수 있겠으며, 곧 이·비·설·신·의처가 만약 유위이거나, 만약 무위라는 증어가 보살마하살이라고 말할 수 있겠습니까?"

"선현이여. 그대는 다시 무슨 뜻으로 관찰하여 곧 안처가 만약 유루(有

漏)이거나, 만약 무루(無漏)라는 증어는 곧 보살마하살이 아니고, 곧 이·비·설·신·의처가 만약 유루이거나, 만약 무루라는 증어는 곧 보살마하살이 아니라고 말하는가?"

"세존이시여. 만약 안처가 유루이거나, 무루이며, 만약 이·비·설·신·의처가 유루이거나, 무루이더라도 오히려 결국에는 얻을 수 없습니다. 자성이 있지 않은 까닭인데, 하물며 곧 안처가 만약 유루이거나, 무루라는 증어와 이·비·설·신·의처가 만약 유루이거나, 무루라는 증어가 있겠습니까? 이러한 증어는 이미 있지 않은데, 어찌 곧 안처가 만약 유루이거나, 만약 무루라는 증어가 보살마하살이라고 말할 수 있겠으며, 곧 이·비·설·신·의처가 만약 유루이거나, 만약 무루라는 증어가 보살마하살이라고 말할 수 있겠습니까?"

"선현이여. 그대는 다시 무슨 뜻으로 관찰하여 곧 안처가 만약 생겨나거나, 만약 소멸한다는 증어는 곧 보살마하살이 아니고, 곧 이·비·설·신·의처가 만약 생겨나거나, 만약 소멸한다는 증어는 곧 보살마하살이 아니라고 말하는가?"

"세존이시여. 만약 안처가 만약 생겨나거나, 소멸하며, 만약 이·비·설·신·의처가 만약 생겨나거나, 소멸하더라도 오히려 결국에는 얻을 수 없습니다. 자성이 있지 않은 까닭인데, 하물며 곧 안처가 만약 생겨나거나, 소멸한다는 증어와 이·비·설·신·의처가 만약 생겨나거나, 소멸한다는 증어가 있겠습니까? 이러한 증어는 이미 있지 않은데, 어찌 곧 안처가 만약 생겨나거나, 만약 소멸한다는 증어가 보살마하살이라고 말할 수 있겠으며, 곧 이·비·설·신·의처가 만약 생겨나거나, 만약 소멸한다는 증어가 보살마하살이라고 말할 수 있겠습니까?"

"선현이여. 그대는 다시 무슨 뜻으로 관찰하여 곧 안처가 만약 선하거나, 만약 선하지 않다는 증어는 곧 보살마하살이 아니고, 곧 이·비·설·신·의처가 만약 선하거나, 선하지 않다는 증어는 곧 보살마하살이 아니라고 말하는가?"

"세존이시여. 만약 안처가 선하거나, 선하지 않으며, 만약 이·비·설·신·

의처가 선하거나, 하지 않더라도 오히려 결국에는 얻을 수 없습니다. 자성이 있지 않은 까닭인데, 하물며 곧 안처가 만약 선하거나, 선하지 않다는 증어와 이·비·설·신·의처가 만약 선하거나, 선하지 않다는 증어가 있겠습니까? 이러한 증어는 이미 있지 않은데, 어찌 곧 만약 안처가 선하거나, 만약 선하지 않다는 증어가 보살마하살이라고 말할 수 있겠으며, 곧 이·비·설·신·의처가 만약 선하거나, 만약 선하지 않다는 증어가 보살마하살이라고 말할 수 있겠습니까?"

"선현이여. 그대는 다시 무슨 뜻으로 관찰하여 곧 안처가 만약 유죄(有罪)이거나, 만약 무죄(無罪)라는 증어는 곧 보살마하살이 아니고, 곧 이·비·설·신·의처가 만약 유죄이거나, 만약 무죄라는 증어는 곧 보살마하살이 아니라고 말하는가?"

"세존이시여. 만약 안처가 유죄이거나, 무죄이며, 만약 이·비·설·신·의처가 유죄이거나 무죄이더라도 오히려 결국에는 얻을 수 없습니다. 자성이 있지 않은 까닭인데, 하물며 곧 안처가 만약 유죄이거나, 무죄라는 증어와 이·비·설·신·의처가 만약 유죄이거나, 무죄라는 증어가 있겠습니까? 이러한 증어는 이미 있지 않은데, 어찌 곧 안처가 만약 유죄이거나, 만약 무죄라는 증어가 보살마하살이라고 말할 수 있겠으며, 곧 이·비·설·신·의처가 만약 유죄이거나, 만약 무죄라는 증어가 보살마하살이라고 말할 수 있겠습니까?"

"선현이여. 그대는 다시 무슨 뜻으로 관찰하여 곧 안처가 만약 번뇌가 있거나, 번뇌가 없다는 증어는 곧 보살마하살이 아니고, 곧 이·비·설·신·의처가 만약 번뇌가 있거나, 번뇌가 없다는 증어는 곧 보살마하살이 아니라고 말하는가?"

"세존이시여. 안처가 만약 번뇌가 있거나, 만약 번뇌가 없으며, 이·비·설·신·의처가 만약 번뇌가 있거나, 만약 번뇌가 없더라도 오히려 결국에는 얻을 수 없습니다. 자성이 있지 않은 까닭인데, 하물며 곧 안처가 만약 번뇌가 있거나, 만약 번뇌가 없다는 증어와 이·비·설·신·의처가 만약 번뇌가 있거나, 만약 번뇌가 없다는 증어가 있겠습니까? 이러한 증어는 이미 있지 않은데, 어찌 곧 안처가 만약 번뇌가 있거나, 만약 번뇌가 없다는 증어가 보살마하살이라고 말할 수 있겠으며, 곧 이·비·설·신·의처가 만약 번뇌가 있거나, 만약 번뇌가 없다는 증어가 보살마하살이라고 말할 수 있겠습니까?"

"선현이여. 그대는 다시 무슨 뜻으로 관찰하여 곧 안처가 만약 세간(世間)이거나, 만약 출세간(出世間)이라는 증어는 곧 보살마하살이 아니고, 곧 이·비·설·신·의처가 만약 세간이거나, 만약 출세간이라는 증어는 곧 보살마하살이 아니라고 말하는가?"

"세존이시여. 만약 안처가 세간이거나, 출세간이며, 만약 이·비·설·신·의처가 세간이거나 출세간이더라도 오히려 결국에는 얻을 수 없습니다. 자성이 있지 않은 까닭인데, 하물며 곧 안처가 만약 세간이거나, 출세간이라는 증어와 이·비·설·신·의처가 만약 세간이거나, 출세간이라는 증어가 있겠습니까? 이러한 증어는 이미 있지 않은데, 어찌 곧 안처가 만약 세간이거나, 만약 출세간이라는 증어가 보살마하살이라고 말할 수 있겠으며, 곧 이·비·설·신·의처가 만약 세간이거나, 만약 출세간이라는 증어가 보살마하살이라고 말할 수 있겠습니까?"

"선현이여. 그대는 다시 무슨 뜻으로 관찰하여 곧 안처가 만약 잡염(雜染)이거나, 만약 청정(淸淨)하다는 증어는 곧 보살마하살이 아니고, 곧 이·비·설·신·의처가 만약 잡염이거나, 만약 청정하다는 증어는 곧 보살마하살이 아니라고 말하는가?"

"세존이시여. 만약 안처가 잡염이거나, 청정하며, 만약 이·비·설·신·의처가 잡염이거나, 청정하더라도 오히려 결국에는 얻을 수 없습니다. 자성이 있지 않은 까닭인데, 하물며 곧 안처가 만약 잡염이거나, 청정하다는 증어와 이·비·설·신·의처가 만약 잡염이거나, 청정하다는 증어가 있겠습니까? 이러한 증어는 이미 있지 않은데, 어찌 곧 안처가 만약 잡염이거나, 만약 청정하다는 증어가 보살마하살이라고 말할 수 있겠으며, 곧 이·비·설·신·의처가 만약 잡염이거나, 만약 청정하다는 증어가 보살마하살이라고 말할 수 있겠습니까?"

　"선현이여. 그대는 다시 무슨 뜻으로 관찰하여 곧 안처가 만약 생사(生死)에 속하거나, 만약 열반(涅槃)에 속한다는 증어는 곧 보살마하살이 아니고, 곧 이·비·설·신·의처가 만약 생사에 속하거나, 만약 열반에 속한다는 증어는 곧 보살마하살이 아니라고 말하는가?"

　"세존이시여. 만약 안처가 생사에 속하거나, 열반에 속하며, 만약 이·비·설·신·의처가 생사에 속하거나, 열반에 속하더라도 오히려 결국에는 얻을 수 없습니다. 자성이 있지 않은 까닭인데, 하물며 곧 안처가 만약 생사에 속하거나, 열반에 속한다는 증어와 이·비·설·신·의처가 만약 생사에 속하거나, 열반에 속한다는 증어가 있겠습니까? 이러한 증어는 이미 있지 않은데, 어찌 곧 안처가 만약 생사에 속하거나, 만약 열반에 속한다는 증어가 보살마하살이라고 말할 수 있겠으며, 곧 이·비·설·신·의처가 만약 생사에 속하거나, 만약 열반에 속한다는 증어가 보살마하살이라고 말할 수 있겠습니까?"

　"선현이여. 그대는 다시 무슨 뜻으로 관찰하여 곧 안처가 만약 내신에 있거나, 만약 외신에 있거나, 만약 두 가지의 가운데에 있다는 증어는 곧 보살마하살이 아니고, 곧 이·비·설·신·의처가 만약 내신에 있거나, 만약 외신에 있거나, 만약 두 가지의 가운데에 있다는 증어는 곧 보살마하살이 아니라고 말하는가?"

　"세존이시여. 만약 안처가 내신에 있거나, 외신에 있거나, 두 가지의 가운데에 있으며, 만약 이·비·설·신·의처가 내신에 있거나, 외신에 있거나, 두 가지의 가운데에 있더라도 오히려 결국에는 얻을 수 없습니다. 자성이 있지 않은 까닭인데, 하물며 곧 안처가 만약 내신에 있거나, 외신에 있거나, 두 가지의 가운데에 있다는 증어와 이·비·설·신·의처가 만약 내신에 있거나, 외신에 있거나, 두 가지의 가운데에 있다는 증어가 있겠습니까? 이러한 증어는 이미 있지 않은데, 어찌 곧 안처가 만약 내신에 있거나, 만약 외신에 있거나, 만약 두 가지의 가운데에 있다는 증어가 보살마하살이라고 말할 수 있겠으며, 곧 이·비·설·신·의처가 만약 내신에 있거나, 만약 외신에 있거나, 만약 두 가지의 가운데에 있다는 증어가 보살마하살이라고 말할 수 있겠습니까?"

"선현이여. 그대는 다시 무슨 뜻으로 관찰하여 곧 안처가 만약 얻을 수 있거나, 만약 얻을 수 없다는 증어는 곧 보살마하살이 아니고, 곧 이·비·설·신·의처가 만약 얻을 수 있거나, 만약 얻을 수 없다는 증어는 곧 보살마하살이 아니라고 말하는가?"

"세존이시여. 만약 안처가 얻을 수 있거나 얻을 수 없으며, 만약 이·비·설·신·의처가 얻을 수 있거나, 얻을 수 없더라도 오히려 결국에는 얻을 수 없습니다. 자성이 있지 않은 까닭인데, 하물며 곧 안처가 만약 얻을 수 있거나, 얻을 수 없다는 증어와 이·비·설·신·의처가 만약 얻을 수 있거나, 얻을 수 없다는 증어가 있겠습니까? 이러한 증어는 이미 있지 않은데, 어찌 곧 안처가 만약 얻을 수 있거나, 만약 얻을 수 없다는 증어가 보살마하살이라고 말할 수 있겠으며, 곧 이·비·설·신·의처가 만약 얻을 수 있거나, 만약 얻을 수 없다는 증어가 보살마하살이라고 말할 수 있겠습니까?"

"다시 다음으로 선현이여. 그대는 무슨 뜻으로 관찰하여 곧 색처(色處)의 증어는 곧 보살마하살이 아니고, 곧 성(聲)·향(香)·미(味)·촉(觸)·법처(法處)의 증어는 곧 보살마하살이 아니라고 말하는가?"

구수 선현이 대답하여 말하였다.

"세존이시여. 만약 색처이거나, 만약 성·향·미·촉·법처라도 오히려 결국에는 얻을 수 없습니다. 자성이 있지 않은 까닭인데, 하물며 곧 색처의 증어와 성·향·미·촉·법처의 증어가 있겠습니까? 이러한 증어는 이미 있지 않은데, 어찌 곧 색처의 증어가 보살마하살이라고 말할 수 있겠으며, 곧 성·향·미·촉·법처의 증어가 보살마하살이라고 말할 수 있겠습니까?"

"선현이여. 그대는 다시 무슨 뜻으로 관찰하여 곧 안처가 만약 항상하거나, 만약 무상하다는 증어는 곧 보살마하살이 아니고, 성·향·미·촉·법처가 만약 항상하거나, 만약 무상하다는 증어는 곧 보살마하살이 아니라고 말하는가?"

"세존이시여. 만약 색처가 항상하거나, 무상하며, 만약 성·향·미·촉·법처가 항상하거나, 무상하더라도 오히려 결국에는 얻을 수 없습니다. 자성이 있지 않은 까닭인데, 하물며 곧 색처가 만약 항상하거나, 무상하다는 증어와 성·향·미·촉·법처가 만약 항상하거나, 무상하다는 증어가 있겠습니까? 이러한 증어는 이미 있지 않은데, 어찌 곧 색처가 만약 항상하거나, 만약 무상하다는 증어가 보살마하살이라고 말할 수 있겠으며, 곧 이·비·설·신·의처가 만약 항상하거나, 만약 무상하다는 증어가 보살마하살이라고 말할 수 있겠습니까?"

"선현이여. 그대는 다시 무슨 뜻으로 관찰하여 곧 색처가 만약 즐겁거나, 만약 괴롭다는 증어는 곧 보살마하살이 아니고, 곧 성·향·미·촉·법처가 만약 즐겁거나, 만약 괴롭다는 증어는 곧 보살마하살이 아니라고 말하는가?"

"세존이시여. 만약 색처가 즐겁거나, 만약 안처가 괴로우며, 만약 성·향·미·촉·법처가 즐겁거나, 괴롭더라도 오히려 결국 얻을 수 없습니다. 자성이 있지 않은 까닭인데, 하물며 곧 색처가 만약 즐겁거나, 괴롭다는 증어와 성·향·미·촉·법처가 만약 즐겁거나, 괴롭다는 증어가 있겠습니까? 이러한 증어는 이미 있지 않은데, 어찌 곧 색처가 만약 즐겁거나, 만약 괴롭다는 증어가 보살마하살이라고 말할 수 있겠으며, 곧 성·향·미·촉·법처가 만약 즐겁거나, 만약 괴롭다는 증어가 보살마하살이라고 말할 수 있겠습니까?"

"선현이여. 그대는 다시 무슨 뜻으로 관찰하여 곧 색처가 만약 나이거나, 만약 무아라는 증어는 곧 보살마하살이 아니고, 곧 성·향·미·촉·법처가 나이거나, 만약 무아라는 증어는 곧 보살마하살이 아니라고 말하는가?"

"세존이시여. 만약 색처가 나이거나, 만약 무아라는 만약 성·향·미·촉·법처가 나이거나, 만약 무아이더라도 오히려 결국에는 얻을 수 없습니다. 자성이 있지 않은 까닭인데, 하물며 곧 색처가 만약 나이거나, 무아라는 증어와 성·향·미·촉·법처가 만약 나이거나, 무아라는 증어가 있겠습니까? 이러한 증어는 이미 있지 않은데, 어찌 곧 색처가 만약 나이거나, 만약 무아라는 증어가 보살마하살이라고 말할 수 있겠으며, 곧 성·향·미·

촉·법처가 만약 나이거나, 만약 무아라는 증어가 보살마하살이라고 말할
수 있겠습니까?"

"선현이여. 그대는 다시 무슨 뜻으로 관찰하여 곧 색처가 만약 청정(淸
淨)하거나, 만약 부정(不淨)하다는 증어는 곧 보살마하살이 아니고, 곧
성·향·미·촉·법처가 만약 청정하거나, 만약 부정하다는 증어는 곧 보살마
하살이 아니라고 말하는가?"

"세존이시여. 만약 색처가 청정하거나, 부정하며, 만약 성·향·미·촉·법
처가 청정하거나, 부정하더라도 오히려 결국에는 얻을 수 없습니다.
자성이 있지 않은 까닭인데, 하물며 곧 색처가 만약 청정하거나, 부정하다
는 증어와 성·향·미·촉·법처가 만약 청정하거나, 부정하다는 증어가
있겠습니까? 이러한 증어는 이미 있지 않은데, 어찌 곧 색처가 만약
청정하거나, 만약 부정하다는 증어가 보살마하살이라고 말할 수 있겠으
며, 곧 성·향·미·촉·법처가 만약 청정하거나, 만약 부정하다는 증어가
보살마하살이라고 말할 수 있겠습니까?"

"선현이여. 그대는 다시 무슨 뜻으로 관찰하여 곧 색처가 만약 공하거나,
만약 공하지 않다는 증어는 곧 보살마하살이 아니고, 곧 성·향·미·촉·법처
가 만약 공하거나, 만약 공하지 않다는 증어는 곧 보살마하살이 아니라고
말하는가?"

"세존이시여. 만약 색처가 공하거나, 공하지 않으며, 만약 성·향·미·촉·
법처가 공하거나 공하지 않더라도 오히려 결국에는 얻을 수 없습니다.
자성이 있지 않은 까닭인데, 하물며 곧 색처가 만약 공하거나, 공하지
않다는 증어와 성·향·미·촉·법처가 만약 공하거나, 공하지 않다는 증어가
있겠습니까? 이러한 증어는 이미 있지 않은데, 어찌 곧 색처가 만약
공하거나, 만약 공하지 않다는 증어가 보살마하살이라고 말할 수 있겠으
며, 곧 성·향·미·촉·법처가 만약 공하거나, 만약 공하지 않다는 증어가
보살마하살이라고 말할 수 있겠습니까?"

"선현이여. 그대는 다시 무슨 뜻으로 관찰하여 곧 색처가 만약 유상이거
나, 만약 무상이라는 증어는 곧 보살마하살이 아니고, 곧 성·향·미·촉·법

처가 만약 유상이거나, 만약 무상이라는 증어는 곧 보살마하살이 아니라고 말하는가?"

"세존이시여. 만약 색처가 유상이거나, 무상이며, 만약 성·향·미·촉·법처가 유상이거나, 무상이더라도 오히려 결국에는 얻을 수 없습니다. 자성이 있지 않은 까닭인데, 하물며 곧 색처가 만약 유상이거나, 무상이라는 증어와 성·향·미·촉·법처가 만약 유상이거나, 무상이라는 증어가 있겠습니까? 이러한 증어는 이미 있지 않은데, 어찌 곧 색처가 만약 유상이거나, 만약 무상이라는 증어가 보살마하살이라고 말할 수 있겠으며, 곧 성·향·미·촉·법처가 만약 유상이거나, 만약 무상이라는 증어가 보살마하살이라고 말할 수 있겠습니까?"

"선현이여. 그대는 다시 무슨 뜻으로 관찰하여 곧 색처가 만약 유원이거나, 만약 무원이라는 증어는 곧 보살마하살이 아니고, 곧 성·향·미·촉·법처가 만약 유원이거나, 만약 무원이라는 증어는 곧 보살마하살이 아니라고 말하는가?"

"세존이시여. 만약 색처가 유원이거나, 무원이며, 만약 성·향·미·촉·법처가 유원이거나, 무원이더라도 오히려 결국에는 얻을 수 없습니다. 자성이 있지 않은 까닭인데, 하물며 곧 색처가 만약 유원이거나, 무원이라는 증어와 성·향·미·촉·법처가 만약 유원이거나, 무원이라는 증어가 있겠습니까? 이러한 증어는 이미 있지 않은데, 어찌 곧 색처가 만약 유원이거나, 만약 무원이라는 증어가 보살마하살이라고 말할 수 있겠으며, 곧 성·향·미·촉·법처가 만약 유원이거나, 만약 무원이라는 증어가 보살마하살이라고 말할 수 있겠습니까?"

"선현이여. 그대는 다시 무슨 뜻으로 관찰하여 곧 색처가 만약 적정하거나, 만약 적정하지 않다는 증어는 곧 보살마하살이 아니고, 곧 성·향·미·촉·법처가 만약 적정하거나, 만약 적정하지 않다는 증어는 곧 보살마하살이 아니라고 말하는가?"

"세존이시여. 만약 색처가 적정하거나, 적정하지 않으며, 만약 성·향·미·촉·법처가 적정하거나, 적정하지 않더라도 오히려 결국에는 얻을 수 없습니다. 자성이 있지 않은 까닭인데, 하물며 곧 색처가 만약 적정하거나, 적정하지 않다는 증어와 성·향·미·촉·법처가 만약 적정하거나, 적정하지 않다는 증어가 있겠습니까? 이러한 증어는 이미 있지 않은데, 어찌 곧 색처가 만약 적정하거나, 만약 적정하지 않다는 증어가 보살마하살이라고 말할 수 있겠으며, 곧 성·향·미·촉·법처가 만약 적정하거나, 만약 적정하지 않다는 증어가 보살마하살이라고 말할 수 있겠습니까?"

"선현이여. 그대는 다시 무슨 뜻으로 관찰하여 곧 색처가 만약 멀리 벗어나거나, 만약 멀리 벗어나지 않는다는 증어는 곧 보살마하살이 아니고, 곧 성·향·미·촉·법처가 만약 멀리 벗어나거나, 만약 멀리 벗어나지 않는다는 증어는 곧 보살마하살이 아니라고 말하는가?"

"세존이시여. 만약 색처가 만약 멀리 벗어나거나, 멀리 벗어나지 않으며, 만약 성·향·미·촉·법처가 만약 멀리 벗어나거나, 멀리 벗어나지 않더라도 오히려 결국에는 얻을 수 없습니다. 자성이 있지 않은 까닭인데, 하물며 곧 색처가 만약 멀리 벗어나거나, 멀리 벗어나지 않는다는 증어와 성·향·미·촉·법처가 만약 멀리 벗어나거나, 멀리 벗어나지 않는다는 증어가 있겠습니까? 이러한 증어는 이미 있지 않은데, 어찌 곧 색처가 만약 멀리 벗어나거나, 만약 멀리 벗어나지 않는다는 증어가 보살마하살이라고 말할 수 있겠으며, 곧 성·향·미·촉·법처가 만약 멀리 벗어나거나, 만약 멀리 벗어나지 않는다는 증어가 보살마하살이라고 말할 수 있겠습니까?"

"선현이여. 그대는 다시 무슨 뜻으로 관찰하여 곧 색처가 만약 유위이거나, 만약 무위라는 증어는 곧 보살마하살이 아니고, 곧 성·향·미·촉·법처가 만약 유위이거나, 만약 무위라는 증어는 곧 보살마하살이 아니라고 말하는가?"

"세존이시여. 만약 색처가 유위이거나, 무위이며, 만약 성·향·미·촉·법처가 유위이거나, 무위이더라도 오히려 결국에는 얻을 수 없습니다. 자성이 있지 않은 까닭인데, 하물며 곧 색처가 만약 유위이거나, 무위라는 증어와 성·향·미·촉·법처가 만약 유원이거나, 무위라는 증어가 있겠습니까? 이러한 증어는 이미 있지 않은데, 어찌 곧 색처가 만약 유위이거나,

만약 무위라는 증어가 보살마하살이라고 말할 수 있겠으며, 곧 성·향·미·촉·법처가 만약 유위이거나, 만약 무위라는 증어가 보살마하살이라고 말할 수 있겠습니까?”

“선현이여. 그대는 다시 무슨 뜻으로 관찰하여 곧 색처가 만약 유루이거나, 만약 무루라는 증어는 곧 보살마하살이 아니고, 곧 성·향·미·촉·법처가 만약 유루이거나, 만약 무루라는 증어는 곧 보살마하살이 아니라고 말하는가?”

“세존이시여. 만약 색처가 유루이거나, 무루이며, 만약 성·향·미·촉·법처가 유루이거나, 무루이더라도 오히려 결국에는 얻을 수 없습니다. 자성이 있지 않은 까닭인데, 하물며 곧 색처가 만약 유루이거나, 무루라는 증어와 성·향·미·촉·법처가 만약 유루이거나, 무루라는 증어가 있겠습니까? 이러한 증어는 이미 있지 않은데, 어찌 곧 색처가 만약 유루이거나, 만약 무루라는 증어가 보살마하살이라고 말할 수 있겠으며, 곧 성·향·미·촉·법처가 만약 유루이거나, 만약 무루라는 증어가 보살마하살이라고 말할 수 있겠습니까?”

“선현이여. 그대는 다시 무슨 뜻으로 관찰하여 곧 색처가 만약 생겨나거나, 만약 소멸한다는 증어는 곧 보살마하살이 아니고, 곧 성·향·미·촉·법처가 만약 생겨나거나, 만약 소멸한다는 증어는 곧 보살마하살이 아니라고 말하는가?”

“세존이시여. 만약 색처가 만약 생겨나거나, 소멸하며, 만약 성·향·미·촉·법처가 만약 생겨나거나, 소멸하더라도 오히려 결국에는 얻을 수 없습니다. 자성이 있지 않은 까닭인데, 하물며 곧 색처가 만약 생겨나거나, 소멸한다는 증어와 성·향·미·촉·법처가 만약 생겨나거나, 소멸한다는 증어가 있겠습니까? 이러한 증어는 이미 있지 않은데, 어찌 곧 색처가 만약 생겨나거나, 만약 소멸한다는 증어가 보살마하살이라고 말할 수 있겠으며, 곧 성·향·미·촉·법처가 만약 생겨나거나, 만약 소멸한다는 증어가 보살마하살이라고 말할 수 있겠습니까?”

“선현이여. 그대는 다시 무슨 뜻으로 관찰하여 곧 색처가 만약 선하거나,

만약 선하지 않다는 증어는 곧 보살마하살이 아니고, 곧 성·향·미·촉·법처가 만약 선하거나, 선하지 않다는 증어는 곧 보살마하살이 아니라고 말하는가?"

"세존이시여. 만약 색처가 만약 선하거나, 선하지 않으며, 만약 성·향·미·촉·법처가 만약 선하거나, 만약 선하지 않더라도 오히려 결국에는 얻을 수 없습니다. 자성이 있지 않은 까닭인데, 하물며 곧 색처가 만약 선하거나, 선하지 않다는 증어와 성·향·미·촉·법처가 만약 선하거나, 선하지 않다는 증어가 있겠습니까? 이러한 증어는 이미 있지 않은데, 어찌 곧 색처가 선하거나, 만약 선하지 않다는 증어가 보살마하살이라고 말할 수 있겠으며, 곧 성·향·미·촉·법처가 만약 선하거나, 만약 선하지 않다는 증어가 보살마하살이라고 말할 수 있겠습니까?"

"선현이여. 그대는 다시 무슨 뜻으로 관찰하여 곧 색처가 만약 유죄이거나, 만약 무죄라는 증어는 곧 보살마하살이 아니고, 곧 성·향·미·촉·법처가 만약 유죄이거나, 만약 무죄라는 증어는 곧 보살마하살이 아니라고 말하는가?"

"세존이시여. 만약 색처가 유죄이거나, 무죄이며, 만약 성·향·미·촉·법처가 유죄이거나 무죄이더라도 오히려 결국에는 얻을 수 없습니다. 자성이 있지 않은 까닭인데, 하물며 곧 색처가 만약 유죄이거나, 무죄라는 증어와 성·향·미·촉·법처가 만약 유죄이거나 무죄라는 증어가 있겠습니까? 이러한 증어는 이미 있지 않은데, 어찌 곧 색이 색처가 유죄이거나, 만약 무죄라는 증어가 보살마하살이라고 말할 수 있겠으며, 곧 성·향·미·촉·법처가 만약 유죄이거나, 만약 무죄라는 증어가 보살마하살이라고 말할 수 있겠습니까?"

"선현이여. 그대는 다시 무슨 뜻으로 관찰하여 곧 색처가 만약 번뇌가 있거나, 번뇌가 없다는 증어는 곧 보살마하살이 아니고, 곧 성·향·미·촉·법처가 만약 번뇌가 있거나, 번뇌가 없다는 증어는 곧 보살마하살이 아니라고 말하는가?"

"세존이시여. 만약 색처가 만약 번뇌가 있거나, 만약 번뇌가 없으며,

만약 성·향·미·촉·법처가 만약 번뇌가 있거나, 만약 번뇌가 없더라도 오히려 결국에는 얻을 수 없습니다. 자성이 있지 않은 까닭인데, 하물며 곧 색처가 만약 번뇌가 있거나, 만약 번뇌가 없다는 증어와 성·향·미·촉·법처가 만약 번뇌가 있거나, 만약 번뇌가 없다는 증어가 있겠습니까? 이러한 증어는 이미 있지 않은데, 어찌 곧 색처가 만약 번뇌가 있거나, 만약 번뇌가 없다는 증어가 보살마하살이라고 말할 수 있겠으며, 곧 성·향·미·촉·법처가 만약 번뇌가 있거나, 만약 번뇌가 없다는 증어가 보살마하살이라고 말할 수 있겠습니까?"

"선현이여. 그대는 다시 무슨 뜻으로 관찰하여 곧 색처가 만약 세간이거나, 만약 출세간이라는 증어는 곧 보살마하살이 아니고, 곧 성·향·미·촉·법처가 만약 세간이거나, 만약 출세간이라는 증어는 곧 보살마하살이 아니라고 말하는가?"

"세존이시여. 만약 색처가 세간이거나, 출세간이며, 만약 성·향·미·촉·법처가 세간이거나 출세간이더라도 오히려 결국에는 얻을 수 없습니다. 자성이 있지 않은 까닭인데, 하물며 곧 색처가 만약 세간이거나, 출세간이라는 증어와 성·향·미·촉·법처가 만약 세간이거나, 출세간이라는 증어가 있겠습니까? 이러한 증어는 이미 있지 않은데, 어찌 곧 색처가 만약 세간이거나, 만약 출세간이라는 증어가 보살마하살이라고 말할 수 있겠으며, 곧 성·향·미·촉·법처가 만약 세간이거나, 만약 출세간이라는 증어가 보살마하살이라고 말할 수 있겠습니까?"

"선현이여. 그대는 다시 무슨 뜻으로 관찰하여 곧 색처가 만약 잡염이거나, 만약 청정하다는 증어는 곧 보살마하살이 아니고, 곧 성·향·미·촉·법처가 만약 잡염이거나 만약 청정하다는 증어는 곧 보살마하살이 아니라고 말하는가?"

"세존이시여. 만약 색처가 잡염이거나 청정하며, 만약 성·향·미·촉·법처가 잡염이거나 청정하더라도 오히려 결국에는 얻을 수 없습니다. 자성이 있지 않은 까닭인데, 하물며 곧 색처가 만약 잡염이거나, 청정하다는 증어와 성·향·미·촉·법처가 만약 잡염이거나, 청정하다는 증어가 있겠습니까? 이러한 증어는 이미 있지 않은데, 어찌 곧 색처가 만약 잡염이거나, 만약 청정하다는 증어가 보살마하살이라고 말할 수 있겠으며, 곧 성·향·미·촉·법처가 만약 잡염이거나, 만약 청정하다는 증어가 보살마하살이라고 말할 수 있겠습니까?"

"선현이여. 그대는 다시 무슨 뜻으로 관찰하여 곧 색처가 만약 생사에 속하거나, 만약 열반에 속한다는 증어는 곧 보살마하살이 아니고, 곧 성·향·미·촉·법처가 만약 생사에 속하거나, 만약 열반에 속한다는 증어는 곧 보살마하살이 아니라고 말하는가?"

"세존이시여. 만약 색처가 생사에 속하거나, 열반에 속하며, 만약 성·향·미·촉·법처가 생사에 속하거나, 열반에 속하더라도 오히려 결국에는 얻을 수 없습니다. 자성이 있지 않은 까닭인데, 하물며 곧 색처가 만약 생사에 속하거나, 열반에 속한다는 증어와 성·향·미·촉·법처가 만약 생사에 속하거나, 열반에 속한다는 증어가 있겠습니까? 이러한 증어는 이미 있지 않은데, 어찌 곧 색처가 만약 생사에 속하거나, 만약 열반에 속한다는 증어가 보살마하살이라고 말할 수 있겠으며, 곧 성·향·미·촉·법처가 만약 생사에 속하거나, 만약 열반에 속한다는 증어가 보살마하살이라고 말할 수 있겠습니까?"

"선현이여. 그대는 다시 무슨 뜻으로 관찰하여 곧 색처가 만약 내신에 있거나, 만약 외신에 있거나, 만약 두 가지의 가운데에 있다는 증어는 곧 보살마하살이 아니고, 곧 성·향·미·촉·법처가 만약 내신에 있거나, 만약 외신에 있거나, 만약 두 가지의 가운데에 있다는 증어는 곧 보살마하살이 아니라고 말하는가?"

"세존이시여. 만약 색처가 내신에 있거나, 외신에 있거나, 두 가지의 가운데에 있으며, 만약 성·향·미·촉·법처가 내신에 있거나, 외신에 있거나, 두 가지의 가운데에 있더라도 오히려 결국에는 얻을 수 없습니다. 자성이 있지 않은 까닭인데, 하물며 곧 색처가 만약 내신에 있거나, 외신에 있거나, 두 가지의 가운데에 있다는 증어와 성·향·미·촉·법처가 만약 내신에 있거나, 외신에 있거나, 두 가지의 가운데에 있다는 증어가 있겠습니까? 이러한 증어는 이미 있지 않은데, 어찌 곧 색처가 만약 내신에 있거나, 만약 외신에 있거나, 만약 두 가지의 가운데에 있다는 증어가 보살마하살이라고 말할 수 있겠으며, 곧 성·향·미·촉·법처가 만약 내신에 있거나, 만약 외신에 있거나, 만약 두 가지의 가운데에 있다는 증어가 보살마하살이라고 말할 수 있겠습니까?"

"선현이여. 그대는 다시 무슨 뜻으로 관찰하여 곧 색처가 만약 얻을 수 있거나, 만약 얻을 수 없다는 증어는 곧 보살마하살이 아니고, 곧 성·향·미·촉·법처가 만약 얻을 수 있거나 만약 얻을 수 없다는 증어는 곧 보살마하살이 아니라고 말하는가?"

"세존이시여. 만약 색처가 얻을 수 있거나, 얻을 수 없으며, 만약 성·향·미·촉·법처가 얻을 수 있거나, 얻을 수 없더라도 오히려 결국에는 얻을 수 없습니다. 자성이 있지 않은 까닭인데, 하물며 곧 색처가 만약 얻을 수 있거나, 얻을 수 없다는 증어와 성·향·미·촉·법처가 만약 얻을 수 있거나, 얻을 수 없다는 증어가 있겠습니까? 이러한 증어는 이미 있지 않은데, 어찌 곧 색처가 만약 얻을 수 있거나, 만약 얻을 수 없다는 증어가 보살마하살이라고 말할 수 있겠으며, 곧 성·향·미·촉·법처가 만약 얻을 수 있거나, 만약 얻을 수 없다는 증어가 보살마하살이라고 말할 수 있겠습니까?"

"다시 다음으로 선현이여. 그대는 무슨 뜻으로 관찰하여 곧 안계(眼界)의 증어는 곧 보살마하살이 아니고, 곧 이(耳)·비(鼻)·설(舌)·신(身)·의계(意界)의 증어는 곧 보살마하살이 아니라고 말하는가?"

구수 선현이 대답하여 말하였다.

"세존이시여. 만약 안계이거나, 만약 이·비·설·신·의계이라도 오히려 결국에는 얻을 수 없습니다. 자성이 있지 않은 까닭인데, 하물며 곧 안계의 증어와 이·비·설·신·의계의 증어가 있겠습니까? 이러한 증어는 이미 있지 않은데, 어찌 곧 안계의 증어가 보살마하살이라고 말할 수 있겠으며, 곧 이·비·설·신·의계의 증어가 보살마하살이라고 말할 수 있겠습니까?"

"선현이여. 그대는 다시 무슨 뜻으로 관찰하여 곧 안계가 만약 항상하거나, 만약 무상하다는 증어는 곧 보살마하살이 아니고, 이·비·설·신·의계가 만약 항상하거나, 만약 무상하다는 증어는 곧 보살마하살이 아니라고 말하는가?"

"세존이시여. 만약 안계가 항상하거나, 무상하며, 만약 이·비·설·신·의계가 항상하거나, 무상하더라도 오히려 결국에는 얻을 수 없습니다. 자성이 있지 않은 까닭인데, 하물며 곧 안계가 만약 항상하거나, 무상하다는 증어와 이·비·설·신·의계가 만약 항상하거나, 무상하다는 증어가 있겠습니까? 이러한 증어는 이미 있지 않은데, 어찌 곧 안계가 만약 항상하거나, 만약 무상하다는 증어가 보살마하살이라고 말할 수 있겠으며, 곧 이·비·설·신·의계가 만약 항상하거나, 만약 무상하다는 증어가 보살마하살이라고 말할 수 있겠습니까?"

"선현이여. 그대는 다시 무슨 뜻으로 관찰하여 곧 안계가 만약 즐겁거나, 만약 괴롭다는 증어는 곧 보살마하살이 아니고, 곧 이·비·설·신·의계가 만약 즐겁거나, 만약 괴롭다는 증어는 곧 보살마하살이 아니라고 말하는가?"

"세존이시여. 만약 안계가 즐겁거나, 만약 안계가 괴로우며, 만약 이·비·설·신·의계가 즐겁거나, 괴롭더라도 오히려 결국 얻을 수 없습니다. 자성이 있지 않은 까닭인데, 하물며 곧 안계가 만약 즐겁거나, 괴롭다는 증어와 이·비·설·신·의계가 만약 즐겁거나, 괴롭다는 증어가 있겠습니까? 이러한 증어는 이미 있지 않은데, 어찌 곧 안계가 만약 즐겁거나, 만약 괴롭다는 증어가 보살마하살이라고 말할 수 있겠으며, 곧 이·비·설·신·의계가 만약 즐겁거나, 만약 괴롭다는 증어가 보살마하살이라고 말할 수 있겠습니까?"

"선현이여. 그대는 다시 무슨 뜻으로 관찰하여 곧 안계가 만약 나이거나, 만약 무아라는 증어는 곧 보살마하살이 아니고, 곧 이·비·설·신·의계가 나이거나, 만약 무아라는 증어는 곧 보살마하살이 아니라고 말하는가?"

"세존이시여. 만약 안계가 나이거나, 만약 무아이며, 만약 이·비·설·신·

의계가 나이거나, 만약 무아이더라도 오히려 결국에는 얻을 수 없습니다. 자성이 있지 않은 까닭인데, 하물며 곧 안계가 만약 나이거나, 무아라는 증어와 이·비·설·신·의계가 만약 나이거나, 무아라는 증어가 있겠습니까? 이러한 증어는 이미 있지 않은데, 어찌 곧 안계가 만약 나이거나, 만약 무아라는 증어가 보살마하살이라고 말할 수 있겠으며, 곧 이·비·설·신·의계가 만약 나이거나, 만약 무아라는 증어가 보살마하살이라고 말할 수 있겠습니까?"

"선현이여. 그대는 다시 무슨 뜻으로 관찰하여 곧 안계가 만약 청정하거나, 만약 부정하다는 증어는 곧 보살마하살이 아니고, 곧 이·비·설·신·의계가 만약 청정하거나, 만약 부정하다는 증어는 곧 보살마하살이 아니라고 말하는가?"

"세존이시여. 만약 안계가 청정하거나, 부정하며, 만약 이·비·설·신·의계가 청정하거나, 부정하더라도 오히려 결국에는 얻을 수 없습니다. 자성이 있지 않은 까닭인데, 하물며 곧 안계가 만약 청정하거나, 부정하다는 증어와 이·비·설·신·의계가 만약 청정하거나, 부정하다는 증어가 있겠습니까? 이러한 증어는 이미 있지 않은데, 어찌 곧 안계가 만약 청정하거나, 만약 부정하다는 증어가 보살마하살이라고 말할 수 있겠으며, 곧 이·비·설·신·의계가 만약 청정하거나, 만약 부정하다는 증어가 보살마하살이라고 말할 수 있겠습니까?"

"선현이여. 그대는 다시 무슨 뜻으로 관찰하여 곧 안계가 만약 공하거나, 만약 공하지 않다는 증어는 곧 보살마하살이 아니고, 곧 이·비·설·신·의계가 만약 공하거나, 만약 공하지 않다는 증어는 곧 보살마하살이 아니라고 말하는가?"

"세존이시여. 만약 안계가 공하거나, 공하지 않으며, 만약 ·비·설·신·의계가 공하거나, 공하지 않더라도 오히려 결국에는 얻을 수 없습니다. 자성이 있지 않은 까닭인데, 하물며 곧 안계가 만약 공하거나, 공하지 않다는 증어와 이·비·설·신·의계가 만약 공하거나, 공하지 않다는 증어가 있겠습니까? 이러한 증어는 이미 있지 않은데, 어찌 곧 안계가 만약 공하거나, 만약 공하지 않다는 증어가 보살마하살이라고 말할 수 있겠으며, 곧 이·비·설·신·의계가 만약 공하거나, 만약 공하지 않다는 증어가 보살마하살이라고 말할 수 있겠습니까?"

"선현이여. 그대는 다시 무슨 뜻으로 관찰하여 곧 안계가 만약 유상이거나, 만약 무상이라는 증어는 곧 보살마하살이 아니고, 곧 이·비·설·신·의계가 만약 유상이거나, 만약 무상이라는 증어는 곧 보살마하살이 아니라고 말하는가?"

"세존이시여. 만약 안계가 유상이거나, 무상이며, 만약 이·비·설·신·의계가 유상이거나, 무상이더라도 오히려 결국에는 얻을 수 없습니다. 자성이 있지 않은 까닭인데, 하물며 곧 안계가 만약 유상이거나, 무상이라는 증어와 이·비·설·신·의계가 만약 유상이거나, 무상이라는 증어가 있겠습니까? 이러한 증어는 이미 있지 않은데, 어찌 곧 안계가 만약 유상이거나, 만약 무상이라는 증어가 보살마하살이라고 말할 수 있겠으며, 곧 이·비·설·신·의계가 만약 유상이거나, 만약 무상이라는 증어가 보살마하살이라고 말할 수 있겠습니까?"

"선현이여. 그대는 다시 무슨 뜻으로 관찰하여 곧 안계가 만약 유원이거나, 만약 무원이라는 증어는 곧 보살마하살이 아니고, 곧 이·비·설·신·의계가 만약 유원이거나, 만약 무원이라는 증어는 곧 보살마하살이 아니라고 말하는가?"

"세존이시여. 만약 안계가 유원이거나, 무원이며, 만약 이·비·설·신·의계가 유원이거나, 무원이더라도 오히려 결국에는 얻을 수 없습니다. 자성이 있지 않은 까닭인데, 하물며 곧 안계가 만약 유원이거나, 무원이라는 증어와 이·비·설·신·의계가 만약 유원이거나, 무원이라는 증어가 있겠습니까? 이러한 증어는 이미 있지 않은데, 어찌 곧 안계가 만약 유원이거나, 만약 무원이라는 증어가 보살마하살이라고 말할 수 있겠으며, 곧 이·비·설·신·의계가 만약 유원이거나, 만약 무원이라는 증어가 보살마하살이라고 말할 수 있겠습니까?"

"선현이여. 그대는 다시 무슨 뜻으로 관찰하여 곧 안계가 만약 적정(寂

靜)하거나, 만약 적정하지 않다는 증어는 곧 보살마하살이 아니고, 곧 이·비·설·신·의계가 만약 적정하거나, 만약 적정하지 않다는 증어는 곧 보살마하살이 아니라고 말하는가?”

“세존이시여. 만약 안계가 적정하거나, 적정하지 않으며, 만약 이·비·설·신·의계가 적정하거나, 적정하지 않더라도 오히려 결국에는 얻을 수 없습니다. 자성이 있지 않은 까닭인데, 하물며 곧 안계가 만약 적정하거나, 적정하지 않다는 증어와 이·비·설·신·의계가 만약 적정하거나, 적정하지 않다는 증어가 있겠습니까? 이러한 증어는 이미 있지 않은데, 어찌 곧 안계가 만약 적정하거나, 만약 적정하지 않다는 증어가 보살마하살이라고 말할 수 있겠으며, 곧 이·비·설·신·의계가 만약 적정하거나, 만약 적정하지 않다는 증어가 보살마하살이라고 말할 수 있겠습니까?”

“선현이여. 그대는 다시 무슨 뜻으로 관찰하여 곧 안계가 만약 멀리 벗어나거나, 만약 멀리 벗어나지 않는다는 증어는 곧 보살마하살이 아니고, 곧 이·비·설·신·의계가 만약 멀리 벗어나거나, 만약 멀리 벗어나지 않는다는 증어는 곧 보살마하살이 아니라고 말하는가?”

“세존이시여. 만약 안계가 만약 멀리 벗어나거나, 멀리 벗어나지 않으며, 만약 이·비·설·신·의계가 만약 멀리 벗어나거나, 멀리 벗어나지 않더라도 오히려 결국에는 얻을 수 없습니다. 자성이 있지 않은 까닭인데, 하물며 곧 안계가 만약 멀리 벗어나거나, 멀리 벗어나지 않는다는 증어와 이·비·설·신·의계가 만약 멀리 벗어나거나, 멀리 벗어나지 않는다는 증어가 있겠습니까? 이러한 증어는 이미 있지 않은데, 어찌 곧 안계가 만약 멀리 벗어나거나, 만약 멀리 벗어나지 않는다는 증어가 보살마하살이라고 말할 수 있겠으며, 곧 이·비·설·신·의계가 만약 멀리 벗어나거나, 만약 멀리 벗어나지 않는다는 증어가 보살마하살이라고 말할 수 있겠습니까?”

마하반야바라밀다경 제25권

7. 교계교수품(教誡教授品)(15)

"선현이여. 그대는 다시 무슨 뜻으로 관찰하여 곧 안계가 만약 유위이거나, 만약 무위라는 증어는 곧 보살마하살이 아니고, 곧 이·비·설·신·의계가 만약 유위이거나, 만약 무위라는 증어는 곧 보살마하살이 아니라고 말하는가?"

"세존이시여. 만약 안계가 유위이거나, 무위이며, 만약 이·비·설·신·의계가 유위이거나, 무위이더라도 오히려 결국에는 얻을 수 없습니다. 자성이 있지 않은 까닭인데, 하물며 곧 안계가 만약 유위이거나, 무위라는 증어와 이·비·설·신·의계가 만약 유원이거나, 무위라는 증어가 있겠습니까? 이러한 증어는 이미 있지 않은데, 어찌 곧 안계가 만약 유위이거나, 만약 무위라는 증어가 보살마하살이라고 말할 수 있겠으며, 곧 이·비·설·신·의계가 만약 유위이거나, 만약 무위라는 증어가 보살마하살이라고 말할 수 있겠습니까?"

"선현이여. 그대는 다시 무슨 뜻으로 관찰하여 곧 안계가 만약 유루이거나, 만약 무루라는 증어는 곧 보살마하살이 아니고, 곧 이·비·설·신·의계가 만약 유루이거나, 만약 무루라는 증어는 곧 보살마하살이 아니라고 말하는가?"

"세존이시여. 만약 안계가 유루이거나, 무루이며, 만약 이·비·설·신·의계가 유루이거나, 무루이더라도 오히려 결국에는 얻을 수 없습니다. 자성이 있지 않은 까닭인데, 하물며 곧 안계가 만약 유루이거나, 무루라는 증어와 이·비·설·신·의계가 만약 유루이거나, 무루라는 증어가 있겠습니까? 이러한 증어는 이미 있지 않은데, 어찌 곧 안계가 만약 유루이거나, 만약 무루라는 증어가 보살마하살이라고 말할 수 있겠으며, 곧 이·비·설·신·의계가 만약 유루이거나, 만약 무루라는 증어가 보살마하살이라고 말할 수 있겠습니까?"

"선현이여. 그대는 다시 무슨 뜻으로 관찰하여 곧 안계가 만약 생겨나거나, 만약 소멸한다는 증어는 곧 보살마하살이 아니고, 곧 이·비·설·신·의계가 만약 생겨나거나, 만약 소멸한다는 증어는 곧 보살마하살이 아니라고 말하는가?"

"세존이시여. 만약 안계가 만약 생겨나거나, 소멸하며, 만약 이·비·설·신·의계가 만약 생겨나거나, 소멸하더라도 오히려 결국에는 얻을 수 없습니다. 자성이 있지 않은 까닭인데, 하물며 곧 안계가 만약 생겨나거나, 소멸한다는 증어와 이·비·설·신·의계가 만약 생겨나거나, 소멸한다는 증어가 있겠습니까? 이러한 증어는 이미 있지 않은데, 어찌 곧 안계가 만약 생겨나거나, 만약 소멸한다는 증어가 보살마하살이라고 말할 수 있겠으며, 곧 이·비·설·신·의계가 만약 생겨나거나, 만약 소멸한다는 증어가 보살마하살이라고 말할 수 있겠습니까?"

"선현이여. 그대는 다시 무슨 뜻으로 관찰하여 곧 안계가 만약 선하거나, 만약 선하지 않다는 증어는 곧 보살마하살이 아니고, 곧 이·비·설·신·의계가 만약 선하거나, 선하지 않다는 증어는 곧 보살마하살이 아니라고 말하는가?"

"세존이시여. 만약 안계가 만약 선하거나, 선하지 않으며, 만약 이·비·설·신·의계가 만약 선하거나, 만약 선하지 않더라도 오히려 결국에는 얻을 수 없습니다. 자성이 있지 않은 까닭인데, 하물며 곧 안계가 만약 선하거나, 선하지 않다는 증어와 이·비·설·신·의계가 만약 선하거나, 선하지 않다는 증어가 있겠습니까? 이러한 증어는 이미 있지 않은데, 어찌 곧 안계가 선하거나, 만약 선하지 않다는 증어가 보살마하살이라고 말할 수 있겠으며, 곧 이·비·설·신·의계가 만약 선하거나, 만약 선하지 않다는 증어가 보살마하살이라고 말할 수 있겠습니까?"

"선현이여. 그대는 다시 무슨 뜻으로 관찰하여 곧 안계가 만약 유죄이거나, 만약 무죄라는 증어는 곧 보살마하살이 아니고, 곧 이·비·설·신·의계가 만약 유죄이거나, 만약 무죄라는 증어는 곧 보살마하살이 아니라고 말하는가?"

"세존이시여. 만약 안계가 유죄이거나, 무죄이며, 만약 이·비·설·신·의계가 유죄이거나, 무죄이더라도 오히려 결국에는 얻을 수 없습니다. 자성이 있지 않은 까닭인데, 하물며 곧 안계가 만약 유죄이거나, 무죄라는 증어와 이·비·설·신·의계가 만약 유죄이거나 무죄라는 증어가 있겠습니까? 이러한 증어는 이미 있지 않은데, 어찌 곧 안계가 유죄이거나, 만약 무죄라는 증어가 보살마하살이라고 말할 수 있겠으며, 곧 이·비·설·신·의계가 만약 유죄이거나, 만약 무죄라는 증어가 보살마하살이라고 말할 수 있겠습니까?"

"선현이여. 그대는 다시 무슨 뜻으로 관찰하여 곧 안계가 만약 번뇌가 있거나, 번뇌가 없다는 증어는 곧 보살마하살이 아니고, 곧 이·비·설·신·의계가 만약 번뇌가 있거나, 번뇌가 없다는 증어는 곧 보살마하살이 아니라고 말하는가?"

"세존이시여. 만약 안계가 만약 번뇌가 있거나, 만약 번뇌가 없으며, 만약 이·비·설·신·의계가 만약 번뇌가 있거나, 만약 번뇌가 없더라도 오히려 결국에는 얻을 수 없습니다. 자성이 있지 않은 까닭인데, 하물며 곧 안계가 만약 번뇌가 있거나, 만약 번뇌가 없다는 증어와 이·비·설·신·의계가 만약 번뇌가 있거나, 만약 번뇌가 없다는 증어가 있겠습니까? 이러한 증어는 이미 있지 않은데, 어찌 곧 안계가 만약 번뇌가 있거나, 만약 번뇌가 없다는 증어가 보살마하살이라고 말할 수 있겠으며, 곧 이·비·설·신·의계가 만약 번뇌가 있거나, 만약 번뇌가 없다는 증어가 보살마하살이라고 말할 수 있겠습니까?"

"선현이여. 그대는 다시 무슨 뜻으로 관찰하여 곧 안계가 만약 세간이거나 만약 출세간이라는 증어는 곧 보살마하살이 아니고, 곧 이·비·설·신·의

계가 만약 세간이거나, 만약 출세간이라는 증어는 곧 보살마하살이 아니
라고 말하는가?"

"세존이시여. 만약 안계가 세간이거나, 출세간이며, 만약 이·비·설·신·
의계가 세간이거나, 출세간이더라도 오히려 결국에는 얻을 수 없습니다.
자성이 있지 않은 까닭인데, 하물며 곧 안계가 만약 세간이거나, 출세간이
라는 증어와 이·비·설·신·의계가 만약 세간이거나, 출세간이라는 증어가
있겠습니까? 이러한 증어는 이미 있지 않은데, 어찌 곧 안계가 만약
세간이거나, 만약 출세간이라는 증어가 보살마하살이라고 말할 수 있겠으
며, 곧 이·비·설·신·의계가 만약 세간이거나, 만약 출세간이라는 증어가
보살마하살이라고 말할 수 있겠습니까?"

"선현이여. 그대는 다시 무슨 뜻으로 관찰하여 곧 안계가 만약 잡염이거
나, 만약 청정하다는 증어는 곧 보살마하살이 아니고, 곧 이·비·설·신·의
계가 만약 잡염이거나, 만약 청정하다는 증어는 곧 보살마하살이 아니라
고 말하는가?"

"세존이시여. 만약 안계가 잡염이거나 청정하며, 만약 이·비·설·신·의
계가 잡염이거나, 청정하더라도 오히려 결국에는 얻을 수 없습니다.
자성이 있지 않은 까닭인데, 하물며 곧 안계가 만약 잡염이거나, 청정하다
는 증어와 이·비·설·신·의계가 만약 잡염이거나, 청정하다는 증어가
있겠습니까? 이러한 증어는 이미 있지 않은데, 어찌 곧 안계가 만약
잡염이거나, 만약 청정하다는 증어가 보살마하살이라고 말할 수 있겠으
며, 곧 이·비·설·신·의계가 만약 잡염이거나, 만약 청정하다는 증어가
보살마하살이라고 말할 수 있겠습니까?"

"선현이여. 그대는 다시 무슨 뜻으로 관찰하여 곧 안계가 만약 생사에
속하거나, 만약 열반에 속한다는 증어는 곧 보살마하살이 아니고, 곧
이·비·설·신·의계가 만약 생사에 속하거나, 만약 열반에 속한다는 증어는
곧 보살마하살이 아니라고 말하는가?"

"세존이시여. 만약 안계가 생사에 속하거나, 열반에 속하며, 만약 이·비
·설·신·의계가 생사에 속하거나, 열반에 속하더라도 오히려 결국에는

얻을 수 없습니다. 자성이 있지 않은 까닭인데, 하물며 곧 안계가 만약 생사에 속하거나, 열반에 속한다는 증어와 이·비·설·신·의계가 만약 생사에 속하거나, 열반에 속한다는 증어가 있겠습니까? 이러한 증어는 이미 있지 않은데, 어찌 곧 안계가 만약 생사에 속하거나, 만약 열반에 속한다는 증어가 보살마하살이라고 말할 수 있겠으며, 곧 이·비·설·신·의계가 만약 생사에 속하거나, 만약 열반에 속한다는 증어가 보살마하살이라고 말할 수 있겠습니까?"

"선현이여. 그대는 다시 무슨 뜻으로 관찰하여 곧 안계가 만약 내신에 있거나, 만약 외신에 있거나, 만약 두 가지의 가운데에 있다는 증어는 곧 보살마하살이 아니고, 곧 이·비·설·신·의계가 만약 내신에 있거나, 만약 외신에 있거나, 만약 두 가지의 가운데에 있다는 증어는 곧 보살마하살이 아니라고 말하는가?"

"세존이시여. 만약 안계가 내신에 있거나, 외신에 있거나, 두 가지의 가운데에 있으며, 만약 이·비·설·신·의계가 내신에 있거나, 외신에 있거나, 두 가지의 가운데에 있더라도 오히려 결국에는 얻을 수 없습니다. 자성이 있지 않은 까닭인데, 하물며 곧 안계가 만약 내신에 있거나, 외신에 있거나, 두 가지의 가운데에 있다는 증어와 이·비·설·신·의계가 만약 내신에 있거나, 외신에 있거나, 두 가지의 가운데에 있다는 증어가 있겠습니까? 이러한 증어는 이미 있지 않은데, 어찌 곧 안계가 만약 내신에 있거나, 만약 외신에 있거나, 만약 두 가지의 가운데에 있다는 증어가 보살마하살이라고 말할 수 있겠으며, 곧 이·비·설·신·의계가 만약 내신에 있거나, 만약 외신에 있거나, 만약 두 가지의 가운데에 있다는 증어가 보살마하살이라고 말할 수 있겠습니까?"

"선현이여. 그대는 다시 무슨 뜻으로 관찰하여 곧 안계가 만약 얻을 수 있거나, 만약 얻을 수 없다는 증어는 곧 보살마하살이 아니고, 곧 이·비·설·신·의계가 만약 얻을 수 있거나, 만약 얻을 수 없다는 증어는 곧 보살마하살이 아니라고 말하는가?"

"세존이시여. 만약 안계가 얻을 수 있거나, 얻을 수 없으며, 만약 이·비·

설·신·의계가 얻을 수 있거나, 얻을 수 없더라도 오히려 결국에는 얻을 수 없습니다. 자성이 있지 않은 까닭인데, 하물며 곧 안계가 만약 얻을 수 있거나, 얻을 수 없다는 증어와 이·비·설·신·의계가 만약 얻을 수 있거나, 얻을 수 없다는 증어가 있겠습니까? 이러한 증어는 이미 있지 않은데, 어찌 곧 안계가 만약 얻을 수 있거나, 만약 얻을 수 없다는 증어가 보살마하살이라고 말할 수 있겠으며, 곧 이·비·설·신·의계가 만약 얻을 수 있거나, 만약 얻을 수 없다는 증어가 보살마하살이라고 말할 수 있겠습니까?"

  "다시 다음으로 선현이여. 그대는 무슨 뜻으로 관찰하여 곧 색계(色界)의 증어는 곧 보살마하살이 아니고, 곧 성(聲)·향(香)·미(味)·촉(觸)·법계(法界)의 증어는 곧 보살마하살이 아니라고 말하는가?"
  구수 선현이 대답하여 말하였다.
  "세존이시여. 만약 색계이거나, 만약 성·향·미·촉·법계라도 오히려 결국에는 얻을 수 없습니다. 자성이 있지 않은 까닭인데, 하물며 곧 안계의 증어와 성·향·미·촉·법계의 증어가 있겠습니까? 이러한 증어는 이미 있지 않은데, 어찌 곧 안계의 증어가 보살마하살이라고 말할 수 있겠으며, 곧 성·향·미·촉·법계의 증어가 보살마하살이라고 말할 수 있겠습니까?"
  "선현이여. 그대는 다시 무슨 뜻으로 관찰하여 곧 색계가 만약 항상하거나, 만약 무상하다는 증어는 곧 보살마하살이 아니고, 성·향·미·촉·법계가 만약 항상하거나, 만약 무상하다는 증어는 곧 보살마하살이 아니라고 말하는가?"
  "세존이시여. 만약 색계가 항상하거나, 무상하며, 만약 성·향·미·촉·법계가 항상하거나, 무상하더라도 오히려 결국에는 얻을 수 없습니다. 자성이 있지 않은 까닭인데, 하물며 곧 색계가 만약 항상하거나, 무상하다는 증어와 성·향·미·촉·법계가 만약 항상하거나, 무상하다는 증어가 있겠습니까? 이러한 증어는 이미 있지 않은데, 어찌 곧 색계가 만약 항상하거나, 만약 무상하다는 증어가 보살마하살이라고 말할 수 있겠으며, 곧 성·향·미·촉·법계가 만약 항상하거나, 만약 무상하다는 증어가 보살마하살이라고 말할 수 있겠습니까?"

"선현이여. 그대는 다시 무슨 뜻으로 관찰하여 곧 색계가 만약 즐겁거나, 만약 괴롭다는 증어는 곧 보살마하살이 아니고, 곧 성·향·미·촉·법계가 만약 즐겁거나, 만약 괴롭다는 증어는 곧 보살마하살이 아니라고 말하는가?"

"세존이시여. 만약 색계가 즐겁거나, 만약 색계가 괴로우며, 만약 성·향·미·촉·법계가 즐겁거나, 괴롭더라도 오히려 결국 얻을 수 없습니다. 자성이 있지 않은 까닭인데, 하물며 곧 색계가 만약 즐겁거나, 괴롭다는 증어와 성·향·미·촉·법계가 만약 즐겁거나, 괴롭다는 증어가 있겠습니까? 이러한 증어는 이미 있지 않은데, 어찌 곧 색계가 만약 즐겁거나, 만약 괴롭다는 증어가 보살마하살이라고 말할 수 있겠으며, 곧 성·향·미·촉·법계가 만약 즐겁거나, 만약 괴롭다는 증어가 보살마하살이라고 말할 수 있겠습니까?"

"선현이여. 그대는 다시 무슨 뜻으로 관찰하여 곧 색계가 만약 나이거나, 만약 무아라는 증어는 곧 보살마하살이 아니고, 곧 성·향·미·촉·법계가 나이거나, 만약 무아라는 증어는 곧 보살마하살이 아니라고 말하는가?"

"세존이시여. 만약 색계가 나이거나, 만약 무아이며, 만약 성·향·미·촉·법계가 나이거나, 만약 무아이더라도 오히려 결국에는 얻을 수 없습니다. 자성이 있지 않은 까닭인데, 하물며 곧 색계 만약 나이거나, 무아라는 증어와 성·향·미·촉·법계가 만약 나이거나, 무아라는 증어가 있겠습니까? 이러한 증어는 이미 있지 않은데, 어찌 곧 색계가 만약 나이거나, 만약 무아라는 증어가 보살마하살이라고 말할 수 있겠으며, 곧 성·향·미·촉·법계가 만약 나이거나, 만약 무아라는 증어가 보살마하살이라고 말할 수 있겠습니까?"

"선현이여. 그대는 다시 무슨 뜻으로 관찰하여 곧 색계가 만약 청정하거나, 만약 부정하다는 증어는 곧 보살마하살이 아니고, 곧 성·향·미·촉·법계가 만약 청정하거나, 만약 부정하다는 증어는 곧 보살마하살이 아니라고 말하는가?”

“세존이시여. 만약 색계가 청정하거나, 부정하며, 만약 성·향·미·촉·법계가 청정하거나, 부정하더라도 오히려 결국에는 얻을 수 없습니다. 자성이 있지 않은 까닭인데, 하물며 곧 색계가 만약 청정하거나, 부정하다는 증어와 성·향·미·촉·법계가 만약 청정하거나, 부정하다는 증어가 있겠습니까? 이러한 증어는 이미 있지 않은데, 어찌 곧 색계가 만약 청정하거나, 만약 부정하다는 증어가 보살마하살이라고 말할 수 있겠으며, 곧 성·향·미·촉·법계가 만약 청정하거나, 만약 부정하다는 증어가 보살마하살이라고 말할 수 있겠습니까?”

“선현이여. 그대는 다시 무슨 뜻으로 관찰하여 곧 색계가 만약 공하거나, 만약 공하지 않다는 증어는 곧 보살마하살이 아니고, 곧 성·향·미·촉·법계가 만약 공하거나, 만약 공하지 않다는 증어는 곧 보살마하살이 아니라고 말하는가?”

“세존이시여. 만약 색계가 공하거나, 공하지 않으며, 만약 성·향·미·촉·법계가 공하거나, 공하지 않더라도 오히려 결국에는 얻을 수 없습니다. 자성이 있지 않은 까닭인데, 하물며 곧 색계가 만약 공하거나, 공하지 않다는 증어와 성·향·미·촉·법계가 만약 공하거나, 공하지 않다는 증어가 있겠습니까? 이러한 증어는 이미 있지 않은데, 어찌 곧 색계가 만약 공하거나, 만약 공하지 않다는 증어가 보살마하살이라고 말할 수 있겠으며, 곧 성·향·미·촉·법계가 만약 공하거나, 만약 공하지 않다는 증어가 보살마하살이라고 말할 수 있겠습니까?”

“선현이여. 그대는 다시 무슨 뜻으로 관찰하여 곧 색계가 만약 유상이거나, 만약 무상이라는 증어는 곧 보살마하살이 아니고, 곧 성·향·미·촉·법계가 만약 유상이거나, 만약 무상이라는 증어는 곧 보살마하살이 아니라고 말하는가?”

“세존이시여. 만약 색계가 유상이거나, 무상이며, 만약 성·향·미·촉·법계가 유상이거나, 무상이더라도 오히려 결국에는 얻을 수 없습니다. 자성이 있지 않은 까닭인데, 하물며 곧 색계가 만약 유상이거나, 무상이라는 증어와 성·향·미·촉·법계가 만약 유상이거나, 무상이라는 증어가 있겠습니까? 이러한 증어는 이미 있지 않은데, 어찌 곧 색계가 만약 유상이거나, 만약 무상이라는 증어가 보살마하살이라고 말할 수 있겠으며, 곧 성·향·미·촉·법계가 만약 유상이거나, 만약 무상이라는 증어가 보살마하살이라고 말할 수 있겠습니까?"

"선현이여. 그대는 다시 무슨 뜻으로 관찰하여 곧 색계가 만약 유원이거나, 만약 무원이라는 증어는 곧 보살마하살이 아니고, 곧 성·향·미·촉·법계가 만약 유원이거나, 만약 무원이라는 증어는 곧 보살마하살이 아니라고 말하는가?"

"세존이시여. 만약 색계가 유원이거나, 무원이며, 만약 성·향·미·촉·법계가 유원이거나, 무원이더라도 오히려 결국에는 얻을 수 없습니다. 자성이 있지 않은 까닭인데, 하물며 곧 색계가 만약 유원이거나, 무원이라는 증어와 성·향·미·촉·법계가 만약 유원이거나, 무원이라는 증어가 있겠습니까? 이러한 증어는 이미 있지 않은데, 어찌 곧 색계가 만약 유원이거나, 만약 무원이라는 증어가 보살마하살이라고 말할 수 있겠으며, 곧 성·향·미·촉·법계가 만약 유원이거나, 만약 무원이라는 증어가 보살마하살이라고 말할 수 있겠습니까?"

"선현이여. 그대는 다시 무슨 뜻으로 관찰하여 곧 색계가 만약 적정하거나, 만약 적정하지 않다는 증어는 곧 보살마하살이 아니고, 곧 성·향·미·촉·법계가 만약 적정하거나, 만약 적정하지 않다는 증어는 곧 보살마하살이 아니라고 말하는가?"

"세존이시여. 만약 색계가 적정하거나, 적정하지 않으며, 만약 성·향·미·촉·법계가 적정하거나, 적정하지 않더라도 오히려 결국에는 얻을 수 없습니다. 자성이 있지 않은 까닭인데, 하물며 곧 색계가 만약 적정하거나, 적정하지 않다는 증어와 성·향·미·촉·법계가 만약 적정하거나, 적정하지 않다는 증어가 있겠습니까? 이러한 증어는 이미 있지 않은데, 어찌 곧 색계가 만약 적정하거나, 만약 적정하지 않다는 증어가 보살마하살이라고 말할 수 있겠으며, 곧 성·향·미·촉·법계가 만약 적정하거나, 만약 적정하지 않다는 증어가 보살마하살이라고 말할 수 있겠습니까?"

"선현이여. 그대는 다시 무슨 뜻으로 관찰하여 곧 색계가 만약 멀리 벗어나거나, 만약 멀리 벗어나지 않는다는 증어는 곧 보살마하살이 아니고, 곧 성·향·미·촉·법계가 만약 멀리 벗어나거나, 만약 멀리 벗어나지 않는다는 증어는 곧 보살마하살이 아니라고 말하는가?"

"세존이시여. 만약 색계가 만약 멀리 벗어나거나, 멀리 벗어나지 않으며, 만약 성·향·미·촉·법계가 만약 멀리 벗어나거나, 멀리 벗어나지 않더라도 오히려 결국에는 얻을 수 없습니다. 자성이 있지 않은 까닭인데, 하물며 곧 색계가 만약 멀리 벗어나거나, 멀리 벗어나지 않는다는 증어와 성·향·미·촉·법계가 만약 멀리 벗어나거나, 멀리 벗어나지 않는다는 증어가 있겠습니까? 이러한 증어는 이미 있지 않은데, 어찌 곧 색계가 만약 멀리 벗어나거나, 만약 멀리 벗어나지 않는다는 증어가 보살마하살이라고 말할 수 있겠으며, 곧 성·향·미·촉·법계가 만약 멀리 벗어나거나, 만약 멀리 벗어나지 않는다는 증어가 보살마하살이라고 말할 수 있겠습니까?"

"선현이여. 그대는 다시 무슨 뜻으로 관찰하여 곧 색계가 만약 유위이거나, 만약 무위라는 증어는 곧 보살마하살이 아니고, 곧 성·향·미·촉·법계가 만약 유위이거나, 만약 무위라는 증어는 곧 보살마하살이 아니라고 말하는가?"

"세존이시여. 만약 색계가 유위이거나, 무위이며, 만약 성·향·미·촉·법계가 유위이거나, 무위이더라도 오히려 결국에는 얻을 수 없습니다. 자성이 있지 않은 까닭인데, 하물며 곧 색계가 만약 유위이거나, 무위라는 증어와 성·향·미·촉·법계가 만약 유위이거나, 무위라는 증어가 있겠습니까? 이러한 증어는 이미 있지 않은데, 어찌 곧 색계가 만약 유위이거나, 만약 무위라는 증어가 보살마하살이라고 말할 수 있겠으며, 곧 성·향·미·촉·법계가 만약 유위이거나, 만약 무위라는 증어가 보살마하살이라고 말할 수 있겠습니까?"

"선현이여. 그대는 다시 무슨 뜻으로 관찰하여 곧 색계가 만약 유루이거나, 만약 무루라는 증어는 곧 보살마하살이 아니고, 곧 성·향·미·촉·법계가 만약 유루이거나, 만약 무루라는 증어는 곧 보살마하살이 아니라고 말하는가?"

"세존이시여. 만약 색계가 유루이거나, 무루이며, 만약 성·향·미·촉·법계가 유루이거나, 무루이더라도 오히려 결국에는 얻을 수 없습니다. 자성이 있지 않은 까닭인데, 하물며 곧 색계가 만약 유루이거나, 무루라는 증어와 성·향·미·촉·법계가 만약 유루이거나, 무루라는 증어가 있겠습니까? 이러한 증어는 이미 있지 않은데, 어찌 곧 색계가 만약 유루이거나, 만약 무루라는 증어가 보살마하살이라고 말할 수 있겠으며, 곧 성·향·미·촉·법계가 만약 유루이거나, 만약 무루라는 증어가 보살마하살이라고 말할 수 있겠습니까?"

"선현이여. 그대는 다시 무슨 뜻으로 관찰하여 곧 색계가 만약 생겨나거나, 만약 소멸한다는 증어는 곧 보살마하살이 아니고, 곧 성·향·미·촉·법계가 만약 생겨나거나, 만약 소멸한다는 증어는 곧 보살마하살이 아니라고 말하는가?"

"세존이시여. 만약 색계가 만약 생겨나거나, 소멸하며, 만약 성·향·미·촉·법계가 만약 생겨나거나, 소멸하더라도 오히려 결국에는 얻을 수 없습니다. 자성이 있지 않은 까닭인데, 하물며 곧 색계가 만약 생겨나거나, 소멸한다는 증어와 성·향·미·촉·법계가 만약 생겨나거나, 소멸한다는 증어가 있겠습니까? 이러한 증어는 이미 있지 않은데, 어찌 곧 색계가 만약 생겨나거나, 만약 소멸한다는 증어가 보살마하살이라고 말할 수 있겠으며, 곧 성·향·미·촉·법계가 만약 생겨나거나, 만약 소멸한다는 증어가 보살마하살이라고 말할 수 있겠습니까?"

"선현이여. 그대는 다시 무슨 뜻으로 관찰하여 곧 색계가 만약 선하거나, 만약 선하지 않다는 증어는 곧 보살마하살이 아니고, 곧 성·향·미·촉·법계가 만약 선하거나, 선하지 않다는 증어는 곧 보살마하살이 아니라고 말하는가?"

"세존이시여. 만약 색계가 만약 선하거나, 선하지 않으며, 만약 성·향·미·촉·법계가 만약 선하거나, 만약 선하지 않더라도 오히려 결국에는 얻을 수 없습니다. 자성이 있지 않은 까닭인데, 하물며 곧 색계가 만약 선하거나, 선하지 않다는 증어와 성·향·미·촉·법계가 만약 선하거나, 선하지 않다는 증어가 있겠습니까? 이러한 증어는 이미 있지 않은데, 어찌 곧 색계가 만약 선하거나, 만약 선하지 않다는 증어가 보살마하살이라고 말할 수 있겠으며, 곧 성·향·미·촉·법계가 만약 선하거나, 만약 선하지 않다는 증어가 보살마하살이라고 말할 수 있겠습니까?”

“선현이여. 그대는 다시 무슨 뜻으로 관찰하여 곧 색계가 만약 유죄이거나, 만약 무죄라는 증어는 곧 보살마하살이 아니고, 곧 성·향·미·촉·법계가 만약 유죄이거나, 만약 무죄라는 증어는 곧 보살마하살이 아니라고 말하는가?”

“세존이시여. 만약 색계가 유죄이거나, 무죄이며, 만약 성·향·미·촉·법계가 유죄이거나 무죄이더라도 오히려 결국에는 얻을 수 없습니다. 자성이 있지 않은 까닭인데, 하물며 곧 색계가 만약 유죄이거나, 무죄라는 증어와 성·향·미·촉·법계가 만약 유죄이거나 무죄라는 증어가 있겠습니까? 이러한 증어는 이미 있지 않은데, 어찌 곧 색계가 유죄이거나, 만약 무죄라는 증어가 보살마하살이라고 말할 수 있겠으며, 곧 성·향·미·촉·법계가 만약 유죄이거나, 만약 무죄라는 증어가 보살마하살이라고 말할 수 있겠습니까?”

“선현이여. 그대는 다시 무슨 뜻으로 관찰하여 곧 색계가 만약 번뇌가 있거나, 번뇌가 없다는 증어는 곧 보살마하살이 아니고, 곧 성·향·미·촉·법계가 만약 번뇌가 있거나, 번뇌가 없다는 증어는 곧 보살마하살이 아니라고 말하는가?”

“세존이시여. 만약 색계가 만약 번뇌가 있거나, 만약 번뇌가 없으며, 만약 성·향·미·촉·법계가 만약 번뇌가 있거나, 만약 번뇌가 없더라도 오히려 결국에는 얻을 수 없습니다. 자성이 있지 않은 까닭인데, 하물며 곧 색계가 만약 번뇌가 있거나, 만약 번뇌가 없다는 증어와 성·향·미·촉·법계가 만약 번뇌가 있거나, 만약 번뇌가 없다는 증어가 있겠습니까? 이러한 증어는 이미 있지 않은데, 어찌 곧 색계가 만약 번뇌가 있거나,

만약 번뇌가 없다는 증어가 보살마하살이라고 말할 수 있겠으며, 곧 성·향·미·촉·법계가 만약 번뇌가 있거나, 만약 번뇌가 없다는 증어가 보살마하살이라고 말할 수 있겠습니까?"

"선현이여. 그대는 다시 무슨 뜻으로 관찰하여 곧 색계가 만약 세간이거나, 만약 출세간이라는 증어는 곧 보살마하살이 아니고, 곧 성·향·미·촉·법계가 만약 세간이거나, 만약 출세간이라는 증어는 곧 보살마하살이 아니라고 말하는가?"

"세존이시여. 만약 색계가 세간이거나, 출세간이며, 만약 성·향·미·촉·법계가 세간이거나, 출세간이더라도 오히려 결국에는 얻을 수 없습니다. 자성이 있지 않은 까닭인데, 하물며 곧 색계가 만약 세간이거나, 출세간이라는 증어와 성·향·미·촉·법계가 만약 세간이거나, 출세간이라는 증어가 있겠습니까? 이러한 증어는 이미 있지 않은데, 어찌 곧 색계가 만약 세간이거나, 만약 출세간이라는 증어가 보살마하살이라고 말할 수 있겠으며, 곧 성·향·미·촉·법계가 만약 세간이거나, 만약 출세간이라는 증어가 보살마하살이라고 말할 수 있겠습니까?"

"선현이여. 그대는 다시 무슨 뜻으로 관찰하여 곧 색계가 만약 잡염이거나, 만약 청정하다는 증어는 곧 보살마하살이 아니고, 곧 성·향·미·촉·법계가 만약 잡염이거나, 만약 청정하다는 증어는 곧 보살마하살이 아니라고 말하는가?"

"세존이시여. 만약 색계가 잡염이거나, 청정하며, 만약 성·향·미·촉·법계가 잡염이거나 청정하더라도 오히려 결국에는 얻을 수 없습니다. 자성이 있지 않은 까닭인데, 하물며 곧 색계가 만약 잡염이거나, 청정하다는 증어와 성·향·미·촉·법계가 만약 잡염이거나, 청정하다는 증어가 있겠습니까? 이러한 증어는 이미 있지 않은데, 어찌 곧 색계가 만약 잡염이거나, 만약 청정하다는 증어가 보살마하살이라고 말할 수 있겠으며, 곧 성·향·미·촉·법계가 만약 잡염이거나, 만약 청정하다는 증어가 보살마하살이라고 말할 수 있겠습니까?"

"선현이여. 그대는 다시 무슨 뜻으로 관찰하여 곧 색계가 만약 생사에 속하거나, 만약 열반에 속한다는 증어는 곧 보살마하살이 아니고, 곧 성·향·미·촉·법계가 만약 생사에 속하거나, 만약 열반에 속한다는 증어는 곧 보살마하살이 아니라고 말하는가?"

"세존이시여. 만약 색계가 생사에 속하거나, 열반에 속하며, 만약 이·비·설·신·의계가 생사에 속하거나, 열반에 속하더라도 오히려 결국에는 얻을 수 없습니다. 자성이 있지 않은 까닭인데, 하물며 곧 색계가 만약 생사에 속하거나, 열반에 속한다는 증어와 성·향·미·촉·법계가 만약 생사에 속하거나, 열반에 속한다는 증어가 있겠습니까? 이러한 증어는 이미 있지 않은데, 어찌 곧 색계가 만약 생사에 속하거나, 만약 열반에 속한다는 증어가 보살마하살이라고 말할 수 있겠으며, 곧 성·향·미·촉·법계가 만약 생사에 속하거나, 만약 열반에 속한다는 증어가 보살마하살이라고 말할 수 있겠습니까?"

"선현이여. 그대는 다시 무슨 뜻으로 관찰하여 곧 색계가 만약 내신에 있거나, 만약 외신에 있거나, 만약 두 가지의 가운데에 있다는 증어는 곧 보살마하살이 아니고, 곧 성·향·미·촉·법계가 만약 내신에 있거나, 만약 외신에 있거나, 만약 두 가지의 가운데에 있다는 증어는 곧 보살마하살이 아니라고 말하는가?"

"세존이시여. 만약 색계가 내신에 있거나, 외신에 있거나, 두 가지의 가운데에 있으며, 만약 성·향·미·촉·법계가 내신에 있거나, 외신에 있거나, 두 가지의 가운데에 있더라도 오히려 결국에는 얻을 수 없습니다. 자성이 있지 않은 까닭인데, 하물며 곧 색계가 만약 내신에 있거나, 외신에 있거나, 두 가지의 가운데에 있다는 증어와 성·향·미·촉·법계가 만약 내신에 있거나, 외신에 있거나, 두 가지의 가운데에 있다는 증어가 있겠습니까? 이러한 증어는 이미 있지 않은데, 어찌 곧 색계가 만약 내신에 있거나, 만약 외신에 있거나, 만약 두 가지의 가운데에 있다는 증어가 보살마하살이라고 말할 수 있겠으며, 곧 성·향·미·촉·법계가 만약 내신에 있거나, 만약 외신에 있거나, 만약 두 가지의 가운데에 있다는 증어가 보살마하살이라고 말할 수 있겠습니까?"

"선현이여. 그대는 다시 무슨 뜻으로 관찰하여 곧 색계가 만약 얻을 수 있거나, 만약 얻을 수 없다는 증어는 곧 보살마하살이 아니고, 곧 성·향·미·촉·법계가 만약 얻을 수 있거나, 만약 얻을 수 없다는 증어는 곧 보살마하살이 아니라고 말하는가?"

"세존이시여. 만약 색계가 얻을 수 있거나, 얻을 수 없다는 만약 성·향·미·촉·법계가 얻을 수 있거나, 얻을 수 없더라도 오히려 결국에는 얻을 수 없습니다. 자성이 있지 않은 까닭인데, 하물며 곧 색계가 만약 얻을 수 있거나, 얻을 수 없다는 증어와 성·향·미·촉·법계가 만약 얻을 수 있거나, 얻을 수 없다는 증어가 있겠습니까? 이러한 증어는 이미 있지 않은데, 어찌 곧 색계가 만약 얻을 수 있거나, 만약 얻을 수 없다는 증어가 보살마하살이라고 말할 수 있겠으며, 곧 성·향·미·촉·법계가 만약 얻을 수 있거나, 만약 얻을 수 없다는 증어가 보살마하살이라고 말할 수 있겠습니까?"

"다시 다음으로 선현이여. 그대는 무슨 뜻으로 관찰하여 곧 안식계(眼識界)의 증어는 곧 보살마하살이 아니고, 곧 이(耳)·비(鼻)·설(舌)·신(身)·의식계(意識界)의 증어는 곧 보살마하살이 아니라고 말하는가?"

구수 선현이 대답하여 말하였다.

"세존이시여. 만약 안식계이거나, 만약 이·비·설·신·의식계이라도 오히려 결국에는 얻을 수 없습니다. 자성이 있지 않은 까닭인데, 하물며 곧 안식계의 증어와 이·비·설·신·의식계의 증어가 있겠습니까? 이러한 증어는 이미 있지 않은데, 어찌 곧 안식계의 증어가 보살마하살이라고 말할 수 있겠으며, 곧 이·비·설·신·의식계의 증어가 보살마하살이라고 말할 수 있겠습니까?"

"선현이여. 그대는 다시 무슨 뜻으로 관찰하여 곧 안식계가 만약 항상하거나, 만약 무상하다는 증어는 곧 보살마하살이 아니고, 이·비·설·신·의식계가 만약 항상하거나, 만약 무상하다는 증어는 곧 보살마하살이 아니라고 말하는가?"

"세존이시여. 만약 안식계가 항상하거나, 무상하며, 만약 이·비·설·신·의식계가 항상하거나, 무상하더라도 오히려 결국에는 얻을 수 없습니다. 자성이 있지 않은 까닭인데, 하물며 곧 안식계가 만약 항상하거나, 무상하다는 증어와 이·비·설·신·의식계가 만약 항상하거나, 무상하다는 증어가 있겠습니까? 이러한 증어는 이미 있지 않은데, 어찌 곧 안식계가 만약 항상하거나, 만약 무상하다는 증어가 보살마하살이라고 말할 수 있겠으며, 곧 이·비·설·신·의식계가 만약 항상하거나, 만약 무상하다는 증어가 보살마하살이라고 말할 수 있겠습니까?"

"선현이여. 그대는 다시 무슨 뜻으로 관찰하여 곧 안식계가 만약 즐겁거나, 만약 괴롭다는 증어는 곧 보살마하살이 아니고, 곧 이·비·설·신·의식계가 만약 즐겁거나, 만약 괴롭다는 증어는 곧 보살마하살이 아니라고 말하는가?"

"세존이시여. 만약 안식계가 즐겁거나, 만약 안식계가 괴로우며, 만약 이·비·설·신·의식계가 즐겁거나, 괴롭더라도 오히려 결국 얻을 수 없습니다. 자성이 있지 않은 까닭인데, 하물며 곧 안식계가 만약 즐겁거나, 괴롭다는 증어와 이·비·설·신·의식계가 만약 즐겁거나, 괴롭다는 증어가 있겠습니까? 이러한 증어는 이미 있지 않은데, 어찌 곧 안식계가 만약 즐겁거나, 만약 괴롭다는 증어가 보살마하살이라고 말할 수 있겠으며, 곧 이·비·설·신·의식계가 만약 즐겁거나, 만약 괴롭다는 증어가 보살마하살이라고 말할 수 있겠습니까?"

"선현이여. 그대는 다시 무슨 뜻으로 관찰하여 곧 안식계가 만약 나이거나, 만약 무아라는 증어는 곧 보살마하살이 아니고, 곧 이·비·설·신·의식계가 나이거나, 만약 무아라는 증어는 곧 보살마하살이 아니라고 말하는가?"

"세존이시여. 만약 안식계가 나이거나, 만약 무아이며, 만약 이·비·설·신·의식계가 나이거나 만약 무아이더라도 오히려 결국에는 얻을 수 없습니다. 자성이 있지 않은 까닭인데, 하물며 곧 안식계가 만약 나이거나, 무아라는 증어와 이·비·설·신·의식계가 만약 나이거나, 무아라는 증어가 있겠습니까? 이러한 증어는 이미 있지 않은데, 어찌 곧 안식계가 만약 나이거나, 만약 무아라는 증어가 보살마하살이라고 말할 수 있겠으며, 곧 이·비·설·신·의식계가 만약 나이거나, 만약 무아라는 증어가 보살마하살이라고 말할 수 있겠습니까?"

"선현이여. 그대는 다시 무슨 뜻으로 관찰하여 곧 안식계가 만약 청정하거나, 만약 부정하다는 증어는 곧 보살마하살이 아니고, 곧 이·비·설·신·의식계가 만약 청정하거나, 만약 부정하다는 증어는 곧 보살마하살이 아니라고 말하는가?"

"세존이시여. 만약 안식계가 청정하거나, 부정하며, 만약 이·비·설·신·의식계가 청정하거나, 부정하더라도 오히려 결국에는 얻을 수 없습니다. 자성이 있지 않은 까닭인데, 하물며 곧 안식계가 만약 청정하거나, 부정하다는 증어와 이·비·설·신·의식계가 만약 청정하거나, 부정하다는 증어가 있겠습니까? 이러한 증어는 이미 있지 않은데, 어찌 곧 안식계가 만약 청정하거나, 만약 부정하다는 증어가 보살마하살이라고 말할 수 있겠으며, 곧 이·비·설·신·의식계가 만약 청정하거나, 만약 부정하다는 증어가 보살마하살이라고 말할 수 있겠습니까?"

"선현이여. 그대는 다시 무슨 뜻으로 관찰하여 곧 안식계가 만약 공하거나, 만약 공하지 않다는 증어는 곧 보살마하살이 아니고, 곧 이·비·설·신·의식계가 만약 공하거나, 만약 공하지 않다는 증어는 곧 보살마하살이 아니라고 말하는가?"

"세존이시여. 만약 안식계가 공하거나, 공하지 않으며, 만약 ·비·설·신·의식계가 공하거나, 공하지 않더라도 오히려 결국에는 얻을 수 없습니다. 자성이 있지 않은 까닭인데, 하물며 곧 안식계가 만약 공하거나, 공하지 않다는 증어와 이·비·설·신·의식계가 만약 공하거나, 공하지 않다는 증어가 있겠습니까? 이러한 증어는 이미 있지 않은데, 어찌 곧 안식계가 만약 공하거나, 만약 공하지 않다는 증어가 보살마하살이라고 말할 수 있겠으며, 곧 이·비·설·신·의식계가 만약 공하거나, 만약 공하지 않다는 증어가 보살마하살이라고 말할 수 있겠습니까?"

"선현이여. 그대는 다시 무슨 뜻으로 관찰하여 곧 안식계가 만약 유상이거나, 만약 무상이라는 증어는 곧 보살마하살이 아니고, 곧 이·비·설·신·의식계가 만약 유상이거나, 만약 무상이라는 증어는 곧 보살마하살이 아니라고 말하는가?"

"세존이시여. 만약 안식계가 유상이거나, 무상이며, 만약 이·비·설·신·의식계가 유상이거나, 무상이더라도 오히려 결국에는 얻을 수 없습니다. 자성이 있지 않은 까닭인데, 하물며 곧 안식계가 만약 유상이거나, 무상이라는 증어와 이·비·설·신·의식계가 만약 유상이거나, 무상이라는 증어가 있겠습니까? 이러한 증어는 이미 있지 않은데, 어찌 곧 안식계가 만약 유상이거나, 만약 무상이라는 증어가 보살마하살이라고 말할 수 있겠으며, 곧 이·비·설·신·의식계가 만약 유상이거나, 만약 무상이라는 증어가 보살마하살이라고 말할 수 있겠습니까?"

"선현이여. 그대는 다시 무슨 뜻으로 관찰하여 곧 안식계가 만약 유원이거나, 만약 무원이라는 증어는 곧 보살마하살이 아니고, 곧 이·비·설·신·의식계가 만약 유원이거나, 만약 무원이라는 증어는 곧 보살마하살이 아니라고 말하는가?"

"세존이시여. 만약 안식계가 유원이거나, 무원이며, 만약 이·비·설·신·의식계가 유원이거나, 무원이더라도 오히려 결국에는 얻을 수 없습니다. 자성이 있지 않은 까닭인데, 하물며 곧 안식계가 만약 유원이거나, 무원이라는 증어와 이·비·설·신·의식계가 만약 유원이거나, 무원이라는 증어가 있겠습니까? 이러한 증어는 이미 있지 않은데, 어찌 곧 안식계가 만약 유원이거나, 만약 무원이라는 증어가 보살마하살이라고 말할 수 있겠으며, 곧 이·비·설·신·의식계가 만약 유원이거나, 만약 무원이라는 증어가 보살마하살이라고 말할 수 있겠습니까?"

"선현이여. 그대는 다시 무슨 뜻으로 관찰하여 곧 안식계가 만약 적정하거나, 만약 적정하지 않다는 증어는 곧 보살마하살이 아니고, 곧 이·비·설·신·의식계가 만약 적정하거나, 만약 적정하지 않다는 증어는 곧 보살마하살이 아니라고 말하는가?"

"세존이시여. 만약 안식계가 적정하거나, 적정하지 않으며, 만약 이·비·

설·신·의식계가 적정하거나, 적정하지 않더라도 오히려 결국에는 얻을
수 없습니다. 자성이 있지 않은 까닭인데, 하물며 곧 안식계가 만약
적정하거나, 적정하지 않다는 증어와 이·비·설·신·의식계가 만약 적정하
거나, 적정하지 않다는 증어가 있겠습니까? 이러한 증어는 이미 있지
않은데, 어찌 곧 안식계가 만약 적정하거나, 만약 적정하지 않다는 증어가
보살마하살이라고 말할 수 있겠으며, 곧 이·비·설·신·의식계가 만약
적정하거나, 만약 적정하지 않다는 증어가 보살마하살이라고 말할 수
있겠습니까?"

"선현이여. 그대는 다시 무슨 뜻으로 관찰하여 곧 안식계가 만약 멀리
벗어나거나, 만약 멀리 벗어나지 않는다는 증어는 곧 보살마하살이 아니
고, 곧 이·비·설·신·의식계가 만약 멀리 벗어나거나, 만약 멀리 벗어나지
않는다는 증어는 곧 보살마하살이 아니라고 말하는가?"

"세존이시여. 만약 안식계가 만약 멀리 벗어나거나, 멀리 벗어나지
않으며, 만약 이·비·설·신·의식계가 만약 멀리 벗어나거나, 멀리 벗어나
지 않더라도 오히려 결국에는 얻을 수 없습니다. 자성이 있지 않은 까닭인
데, 하물며 곧 안식계가 만약 멀리 벗어나거나, 멀리 벗어나지 않는다는
증어와 이·비·설·신·의식계가 만약 멀리 벗어나거나, 멀리 벗어나지
않는다는 증어가 있겠습니까? 이러한 증어는 이미 있지 않은데, 어찌
곧 안식계가 만약 멀리 벗어나거나, 만약 멀리 벗어나지 않는다는 증어가
보살마하살이라고 말할 수 있겠으며, 곧 이·비·설·신·의식계가 만약
멀리 벗어나거나, 만약 멀리 벗어나지 않는다는 증어가 보살마하살이라고
말할 수 있겠습니까?"

"선현이여. 그대는 다시 무슨 뜻으로 관찰하여 곧 안식계가 만약 유위이
거나, 만약 무위라는 증어는 곧 보살마하살이 아니고, 곧 이·비·설·신·의
식계가 만약 유위이거나, 만약 무위라는 증어는 곧 보살마하살이 아니라
고 말하는가?"

"세존이시여. 만약 안식계가 유위이거나, 무위이며, 만약 이·비·설·신·
의식계가 유위이거나, 무위이더라도 오히려 결국에는 얻을 수 없습니다.

자성이 있지 않은 까닭인데, 하물며 곧 안식계가 만약 유위이거나, 무위라는 증어와 이·비·설·신·의식계가 만약 유위이거나, 무위라는 증어가 있겠습니까? 이러한 증어는 이미 있지 않은데, 어찌 곧 안식계가 만약 유위이거나, 만약 무위라는 증어가 보살마하살이라고 말할 수 있겠으며, 곧 이·비·설·신·의식계가 만약 유위이거나, 만약 무위라는 증어가 보살마하살이라고 말할 수 있겠습니까?"

"선현이여. 그대는 다시 무슨 뜻으로 관찰하여 곧 안식계가 만약 유루이거나, 만약 무루라는 증어는 곧 보살마하살이 아니고, 곧 이·비·설·신·의식계가 만약 유루이거나, 만약 무루라는 증어는 곧 보살마하살이 아니라고 말하는가?"

"세존이시여. 만약 안식계가 유루이거나, 무루인 것과 만약 이·비·설·신·의식계가 유루이거나, 무루이더라도 오히려 결국에는 얻을 수 없습니다. 자성이 있지 않은 까닭인데, 하물며 곧 안식계가 만약 유루이거나, 무루라는 증어와 이·비·설·신·의식계가 만약 유루이거나, 무루라는 증어가 있겠습니까? 이러한 증어는 이미 있지 않은데, 어찌 곧 안식계가 만약 유루이거나, 만약 무루라는 증어가 보살마하살이라고 말할 수 있겠으며, 곧 이·비·설·신·의식계가 만약 유루이거나, 만약 무루라는 증어가 보살마하살이라고 말할 수 있겠습니까?"

"선현이여. 그대는 다시 무슨 뜻으로 관찰하여 곧 안식계가 만약 생겨나거나, 만약 소멸한다는 증어는 곧 보살마하살이 아니고, 곧 이·비·설·신·의식계가 만약 생겨나거나, 만약 소멸한다는 증어는 곧 보살마하살이 아니라고 말하는가?"

"세존이시여. 만약 안식계가 만약 생겨나거나, 소멸하며, 만약 이·비·설·신·의식계가 만약 생겨나거나, 소멸하더라도 오히려 결국에는 얻을 수 없습니다. 자성이 있지 않은 까닭인데, 하물며 곧 안식계가 만약 생겨나거나, 소멸한다는 증어와 이·비·설·신·의식계가 만약 생겨나거나, 소멸한다는 증어가 있겠습니까? 이러한 증어는 이미 있지 않은데, 어찌 곧 안식계가 만약 생겨나거나, 만약 소멸한다는 증어가 보살마하살이라고 말할 수 있겠으며, 곧 이·비·설·신·의식계가 만약 생겨나거나, 만약 소멸한다는 증어가 보살마하살이라고 말할 수 있겠습니까?”

“선현이여. 그대는 다시 무슨 뜻으로 관찰하여 곧 안식계가 만약 선하거나, 만약 선하지 않다는 증어는 곧 보살마하살이 아니고, 곧 이·비·설·신·의식계가 만약 선하거나, 선하지 않다는 증어는 곧 보살마하살이 아니라고 말하는가?”

“세존이시여. 만약 안식계가 만약 선하거나, 선하지 않으며, 만약 이·비·설·신·의식계가 만약 선하거나, 만약 선하지 않더라도 오히려 결국에는 얻을 수 없습니다. 자성이 있지 않은 까닭인데, 하물며 곧 안식계가 만약 선하거나, 선하지 않다는 증어와 이·비·설·신·의식계가 만약 선하거나, 선하지 않다는 증어가 있겠습니까? 이러한 증어는 이미 있지 않은데, 어찌 곧 안식계가 만약 선하거나, 만약 선하지 않다는 증어가 보살마하살이라고 말할 수 있겠으며, 곧 이·비·설·신·의식계가 만약 선하거나, 만약 선하지 않다는 증어가 보살마하살이라고 말할 수 있겠습니까?”

“선현이여. 그대는 다시 무슨 뜻으로 관찰하여 곧 안식계가 만약 유죄이거나, 만약 무죄라는 증어는 곧 보살마하살이 아니고, 곧 이·비·설·신·의식계가 만약 유죄이거나, 만약 무죄라는 증어는 곧 보살마하살이 아니라고 말하는가?”

“세존이시여. 만약 안식계가 유죄이거나, 무죄이며, 만약 이·비·설·신·의식계가 유죄이거나, 무죄이더라도 오히려 결국에는 얻을 수 없습니다. 자성이 있지 않은 까닭인데, 하물며 곧 안식계가 만약 유죄이거나, 무죄라는 증어와 이·비·설·신·의식계가 만약 유죄이거나, 무죄라는 증어가 있겠습니까? 이러한 증어는 이미 있지 않은데, 어찌 곧 안식계가 유죄이거나, 만약 무죄라는 증어가 보살마하살이라고 말할 수 있겠으며, 곧 이·비·설·신·의식계가 만약 유죄이거나, 만약 무죄라는 증어가 보살마하살이라고 말할 수 있겠습니까?”

“선현이여. 그대는 다시 무슨 뜻으로 관찰하여 곧 안식계가 만약 번뇌가 있거나, 번뇌가 없다는 증어는 곧 보살마하살이 아니고, 곧 이·비·설·신·

의식계가 만약 번뇌가 있거나, 번뇌가 없다는 증어는 곧 보살마하살이 아니라고 말하는가?”

“세존이시여. 만약 안식계가 만약 번뇌가 있거나, 만약 번뇌가 없으며, 만약 이·비·설·신·의식계가 만약 번뇌가 있거나, 만약 번뇌가 없더라도 오히려 결국에는 얻을 수 없습니다. 자성이 있지 않은 까닭인데, 하물며 곧 안식계가 만약 번뇌가 있거나, 만약 번뇌가 없다는 증어와 이·비·설·신·의식계가 만약 번뇌가 있거나, 만약 번뇌가 없다는 증어가 있겠습니까? 이러한 증어는 이미 있지 않은데, 어찌 곧 안식계가 만약 번뇌가 있거나, 만약 번뇌가 없다는 증어가 보살마하살이라고 말할 수 있겠으며, 곧 이·비·설·신·의식계가 만약 번뇌가 있거나, 만약 번뇌가 없다는 증어가 보살마하살이라고 말할 수 있겠습니까?”

“선현이여. 그대는 다시 무슨 뜻으로 관찰하여 곧 안식계가 만약 세간이거나 만약 출세간이라는 증어는 곧 보살마하살이 아니고, 곧 이·비·설·신·의식계가 만약 세간이거나, 만약 출세간이라는 증어는 곧 보살마하살이 아니라고 말하는가?”

“세존이시여. 만약 안식계가 세간이거나, 출세간이라도, 만약 이·비·설·신·의식계가 세간이거나, 출세간이더라도 오히려 결국에는 얻을 수 없습니다. 자성이 있지 않은 까닭인데, 하물며 곧 안식계가 만약 세간이거나, 출세간이라는 증어와 이·비·설·신·의식계가 만약 세간이거나, 출세간이라는 증어가 있겠습니까? 이러한 증어는 이미 있지 않은데, 어찌 곧 안식계가 만약 세간이거나, 만약 출세간이라는 증어가 보살마하살이라고 말할 수 있겠으며, 곧 이·비·설·신·의식계가 만약 세간이거나, 만약 출세간이라는 증어가 보살마하살이라고 말할 수 있겠습니까?”

“선현이여. 그대는 다시 무슨 뜻으로 관찰하여 곧 안식계가 만약 잡염이거나, 만약 청정하다는 증어는 곧 보살마하살이 아니고, 곧 이·비·설·신·의식계가 만약 잡염이거나, 만약 청정하다는 증어는 곧 보살마하살이 아니라고 말하는가?”

“세존이시여. 만약 안식계가 잡염이거나, 청정하며 만약 이·비·설·신·

의식계가 잡염이거나, 청정하더라도 오히려 결국에는 얻을 수 없습니다. 자성이 있지 않은 까닭인데, 하물며 곧 안식계가 만약 잡염이거나, 청정하다는 증어와 이·비·설·신·의식계가 만약 잡염이거나, 청정하다는 증어가 있겠습니까? 이러한 증어는 이미 있지 않은데, 어찌 곧 안식계가 만약 잡염이거나, 만약 청정하다는 증어가 보살마하살이라고 말할 수 있겠으며, 곧 이·비·설·신·의식계가 만약 잡염이거나, 만약 청정하다는 증어가 보살마하살이라고 말할 수 있겠습니까?"

"선현이여. 그대는 다시 무슨 뜻으로 관찰하여 곧 안식계가 만약 생사에 속하거나, 만약 열반에 속한다는 증어는 곧 보살마하살이 아니고, 곧 이·비·설·신·의식계가 만약 생사에 속하거나, 만약 열반에 속한다는 증어는 곧 보살마하살이 아니라고 말하는가?"

"세존이시여. 만약 안식계가 생사에 속하거나, 열반에 속하며, 만약 이·비·설·신·의식계가 생사에 속하거나, 열반에 속하더라도 오히려 결국에는 얻을 수 없습니다. 자성이 있지 않은 까닭인데, 하물며 곧 안식계가 만약 생사에 속하거나 열반에 속한다는 증어와 이·비·설·신·의식계가 만약 생사에 속하거나, 열반에 속한다는 증어가 있겠습니까? 이러한 증어는 이미 있지 않은데, 어찌 곧 안식계가 만약 생사에 속하거나, 만약 열반에 속한다는 증어가 보살마하살이라고 말할 수 있겠으며, 곧 이·비·설·신·의식계가 만약 생사에 속하거나, 만약 열반에 속한다는 증어가 보살마하살이라고 말할 수 있겠습니까?"

"선현이여. 그대는 다시 무슨 뜻으로 관찰하여 곧 안식계가 만약 내신에 있거나, 만약 외신에 있거나, 만약 두 가지의 가운데에 있다는 증어는 곧 보살마하살이 아니고, 곧 이·비·설·신·의식계가 만약 내신에 있거나, 만약 외신에 있거나, 만약 두 가지의 가운데에 있다는 증어는 곧 보살마하살이 아니라고 말하는가?"

"세존이시여. 만약 안식계가 내신에 있거나, 외신에 있거나, 두 가지의 가운데에 있으며, 만약 이·비·설·신·의식계가 내신에 있거나, 외신에 있거나, 두 가지의 가운데에 있더라도 오히려 결국에는 얻을 수 없습니다.

자성이 있지 않은 까닭인데, 하물며 곧 안식계가 만약 내신에 있거나, 외신에 있거나, 두 가지의 가운데에 있다는 증어와 이·비·설·신·의식계가 만약 내신에 있거나, 외신에 있거나, 두 가지의 가운데에 있다는 증어가 있겠습니까? 이러한 증어는 이미 있지 않은데, 어찌 곧 안식계가 만약 내신에 있거나, 만약 외신에 있거나, 만약 두 가지의 가운데에 있다는 증어가 보살마하살이라고 말할 수 있겠으며, 곧 이·비·설·신·의식계가 만약 내신에 있거나, 만약 외신에 있거나, 만약 두 가지의 가운데에 있다는 증어가 보살마하살이라고 말할 수 있겠습니까?"

"선현이여. 그대는 다시 무슨 뜻으로 관찰하여 곧 안식계가 만약 얻을 수 있거나, 만약 얻을 수 없다는 증어는 곧 보살마하살이 아니고, 곧 이·비·설·신·의식계가 만약 얻을 수 있거나, 만약 얻을 수 없다는 증어는 곧 보살마하살이 아니라고 말하는가?"

"세존이시여. 만약 안식계가 얻을 수 있거나, 얻을 수 없는 것과 만약 이·비·설·신·의식계가 얻을 수 있거나, 얻을 수 없더라도 오히려 결국에는 얻을 수 없습니다. 자성이 있지 않은 까닭인데, 하물며 곧 안식계가 만약 얻을 수 있거나, 얻을 수 없다는 증어와 이·비·설·신·의식계가 만약 얻을 수 있거나, 얻을 수 없다는 증어가 있겠습니까? 이러한 증어는 이미 있지 않은데, 어찌 곧 안식계가 만약 얻을 수 있거나, 만약 얻을 수 없다는 증어가 보살마하살이라고 말할 수 있겠으며, 곧 이·비·설·신·의식계가 만약 얻을 수 있거나, 만약 얻을 수 없다는 증어가 보살마하살이라고 말할 수 있겠습니까?"

마하반야바라밀다경 제26권

7. 교계교수품(敎誡敎授品)(16)

"다시 다음으로 선현이여. 그대는 무슨 뜻으로 관찰하여 곧 안촉(眼觸)의 증어는 곧 보살마하살이 아니고, 곧 이(耳)·비(鼻)·설(舌)·신(身)·의촉(意觸)의 증어는 곧 보살마하살이 아니라고 말하는가?"

구수 선현이 대답하여 말하였다.

"세존이시여. 만약 안촉이거나, 만약 이·비·설·신·의촉이라도 오히려 결국에는 얻을 수 없습니다. 자성이 있지 않은 까닭인데, 하물며 곧 안촉의 증어와 이·비·설·신·의촉의 증어가 있겠습니까? 이러한 증어는 이미 있지 않은데, 어찌 곧 안촉의 증어가 보살마하살이라고 말할 수 있겠으며, 곧 이·비·설·신·의촉의 증어가 보살마하살이라고 말할 수 있겠습니까?"

"선현이여. 그대는 다시 무슨 뜻으로 관찰하여 곧 안촉이 만약 항상하거나, 만약 무상하다는 증어는 곧 보살마하살이 아니고, 이·비·설·신·의촉이 만약 항상하거나, 만약 무상하다는 증어는 곧 보살마하살이 아니라고 말하는가?"

"세존이시여. 만약 안촉이 항상하거나, 무상하며, 만약 이·비·설·신·의촉이 항상하거나, 무상하더라도 오히려 결국에는 얻을 수 없습니다. 자성이 있지 않은 까닭인데, 하물며 곧 안촉이 만약 항상하거나, 무상하다는 증어와 이·비·설·신·의촉이 만약 항상하거나, 무상하다는 증어가 있겠습니까? 이러한 증어는 이미 있지 않은데, 어찌 곧 안촉이 만약 항상하거나, 만약 무상하다는 증어가 보살마하살이라고 말할 수 있겠으며, 곧 이·비·설·신·의촉이 만약 항상하거나, 만약 무상하다는 증어가 보살마하살이라고 말할 수 있겠습니까?"

"선현이여. 그대는 다시 무슨 뜻으로 관찰하여 곧 안촉이 만약 즐겁거나, 만약 괴롭다는 증어는 곧 보살마하살이 아니고, 곧 이·비·설·신·의촉이 만약 즐겁거나, 만약 괴롭다는 증어는 곧 보살마하살이 아니라고 말하는가?"

"세존이시여. 만약 안촉이 즐겁거나, 만약 안촉이 괴로우며, 만약 이·비·설·신·의촉이 즐겁거나, 괴롭더라도 오히려 결국 얻을 수 없습니다. 자성이 있지 않은 까닭인데, 하물며 곧 안촉이 만약 즐겁거나, 괴롭다는 증어와 이·비·설·신·의촉이 만약 즐겁거나, 괴롭다는 증어가 있겠습니까? 이러한 증어는 이미 있지 않은데, 어찌 곧 안촉이 만약 즐겁거나, 만약 괴롭다는 증어가 보살마하살이라고 말할 수 있겠으며, 곧 이·비·설·신·의촉이 만약 즐겁거나, 만약 괴롭다는 증어가 보살마하살이라고 말할 수 있겠습니까?"

"선현이여. 그대는 다시 무슨 뜻으로 관찰하여 곧 안촉이 만약 나이거나, 만약 무아라는 증어는 곧 보살마하살이 아니고, 곧 이·비·설·신·의촉이 나이거나, 만약 무아라는 증어는 곧 보살마하살이 아니라고 말하는가?"

"세존이시여. 만약 안촉이 나이거나, 만약 무아이며, 만약 이·비·설·신·의촉이 나이거나 만약 무아이더라도 오히려 결국에는 얻을 수 없습니다. 자성이 있지 않은 까닭인데, 하물며 곧 안촉이 만약 나이거나, 무아라는 증어와 이·비·설·신·의촉이 만약 나이거나, 무아라는 증어가 있겠습니까? 이러한 증어는 이미 있지 않은데, 어찌 곧 안촉이 만약 나이거나, 만약 무아라는 증어가 보살마하살이라고 말할 수 있겠으며, 곧 이·비·설·신·의촉이 만약 나이거나, 만약 무아라는 증어가 보살마하살이라고 말할 수 있겠습니까?"

"선현이여. 그대는 다시 무슨 뜻으로 관찰하여 곧 안촉이 만약 청정하거나, 만약 부정하다는 증어는 곧 보살마하살이 아니고, 곧 이·비·설·신·의촉이 만약 청정하거나, 만약 부정하다는 증어는 곧 보살마하살이 아니라고 말하는가?"

 "세존이시여. 만약 안촉이 청정하거나, 부정하며, 만약 이·비·설·신·의촉이 청정하거나, 부정하더라도 오히려 결국에는 얻을 수 없습니다. 자성이 있지 않은 까닭인데, 하물며 곧 안촉이 만약 청정하거나, 부정하다는 증어와 이·비·설·신·의촉이 만약 청정하거나, 부정하다는 증어가 있겠습니까? 이러한 증어는 이미 있지 않은데, 어찌 곧 안촉이 만약 청정하거나, 만약 부정하다는 증어가 보살마하살이라고 말할 수 있겠으며, 곧 이·비·설·신·의촉이 만약 청정하거나, 만약 부정하다는 증어가 보살마하살이라고 말할 수 있겠습니까?"

 "선현이여. 그대는 다시 무슨 뜻으로 관찰하여 곧 안촉이 만약 공하거나, 만약 공하지 않다는 증어는 곧 보살마하살이 아니고, 곧 이·비·설·신·의촉이 만약 공하거나, 만약 공하지 않다는 증어는 곧 보살마하살이 아니라고 말하는가?"

 "세존이시여. 만약 안촉이 공하거나, 공하지 않으며, 없습니다. 자성이 있지 않은 까닭인데, 하물며 곧 안촉이 만약 공하거나, 공하지 않다는 증어와 이·비·설·신·의촉이 만약 공하거나, 공하지 않다는 증어가 있겠습니까? 이러한 증어는 이미 있지 않은데, 어찌 곧 안촉이 만약 공하거나, 만약 공하지 않다는 증어가 보살마하살이라고 말할 수 있겠으며, 곧 이·비·설·신·의촉이 만약 공하거나, 만약 공하지 않다는 증어가 보살마하살이라고 말할 수 있겠습니까?"

 "선현이여. 그대는 다시 무슨 뜻으로 관찰하여 곧 안촉이 만약 유상이거나, 만약 무상이라는 증어는 곧 보살마하살이 아니고, 곧 이·비·설·신·의촉이 만약 유상이거나, 만약 무상이라는 증어는 곧 보살마하살이 아니라고 말하는가?"

 "세존이시여. 만약 안촉이 유상이거나, 무상이며, 만약 이·비·설·신·의촉이 유상이거나, 무상이더라도 오히려 결국에는 얻을 수 없습니다. 자성이 있지 않은 까닭인데, 하물며 곧 안촉이 만약 유상이거나, 무상이라는 증어와 이·비·설·신·의촉이 만약 유상이거나, 무상이라는 증어가 있겠습니까? 이러한 증어는 이미 있지 않은데, 어찌 곧 안촉이 만약 유상이거나, 만약 무상이라는 증어가 보살마하살이라고 말할 수 있겠으며, 곧 이·비·설·신·의촉이 만약 유상이거나, 만약 무상이라는 증어가 보살마하살이라고 말할 수 있겠습니까?"

"선현이여. 그대는 다시 무슨 뜻으로 관찰하여 곧 안촉이 만약 유원이거나, 만약 무원이라는 증어는 곧 보살마하살이 아니고, 곧 이·비·설·신·의촉이 만약 유원이거나, 만약 무원이라는 증어는 곧 보살마하살이 아니라고 말하는가?"

"세존이시여. 만약 안촉이 유원이거나, 무원인 것과 만약 이·비·설·신·의촉이 유원이거나, 무원이더라도 오히려 결국에는 얻을 수 없습니다. 자성이 있지 않은 까닭인데, 하물며 곧 안촉이 만약 유원이거나, 만약 무원이라는 증어와 이·비·설·신·의촉이 만약 유원이거나, 무원이라는 증어가 있겠습니까? 이러한 증어는 이미 있지 않은데, 어찌 곧 안촉이 만약 유원이거나, 무원이라는 증어가 보살마하살이라고 말할 수 있겠으며, 곧 이·비·설·신·의촉이 만약 유원이거나, 만약 무원이라는 증어가 보살마하살이라고 말할 수 있겠습니까?"

"선현이여. 그대는 다시 무슨 뜻으로 관찰하여 곧 안촉이 만약 적정하거나, 만약 적정하지 않다는 증어는 곧 보살마하살이 아니고, 곧 이·비·설·신·의촉이 만약 적정하거나, 만약 적정하지 않다는 증어는 곧 보살마하살이 아니라고 말하는가?"

"세존이시여. 만약 안촉이 적정하거나, 적정하지 않으며, 만약 이·비·설·신·의촉이 적정하거나, 적정하지 않더라도 오히려 결국에는 얻을 수 없습니다. 자성이 있지 않은 까닭인데, 하물며 곧 안촉이 만약 적정하거나, 적정하지 않다는 증어와 이·비·설·신·의촉이 만약 적정하거나, 적정하지 않다는 증어가 있겠습니까? 이러한 증어는 이미 있지 않은데, 어찌 곧 안촉이 만약 적정하거나, 만약 적정하지 않다는 증어가 보살마하살이라고 말할 수 있겠으며, 곧 이·비·설·신·의촉이 만약 적정하거나, 만약 적정하지 않다는 증어가 보살마하살이라고 말할 수 있겠습니까?"

　"선현이여. 그대는 다시 무슨 뜻으로 관찰하여 곧 안촉이 만약 멀리 벗어나거나, 만약 멀리 벗어나지 않는다는 증어는 곧 보살마하살이 아니고, 곧 이·비·설·신·의촉이 만약 멀리 벗어나거나, 만약 멀리 벗어나지 않는다는 증어는 곧 보살마하살이 아니라고 말하는가?"

　"세존이시여. 만약 안촉이 만약 멀리 벗어나거나, 멀리 벗어나지 않으며, 만약 이·비·설·신·의촉이 만약 멀리 벗어나거나, 멀리 벗어나지 않더라도 오히려 결국에는 얻을 수 없습니다. 자성이 있지 않은 까닭인데, 하물며 곧 안촉이 만약 멀리 벗어나거나, 멀리 벗어나지 않는다는 증어와 이·비·설·신·의촉이 만약 멀리 벗어나거나, 멀리 벗어나지 않는다는 증어가 있겠습니까? 이러한 증어는 이미 있지 않은데, 어찌 곧 안촉이 만약 멀리 벗어나거나, 만약 멀리 벗어나지 않는다는 증어가 보살마하살이라고 말할 수 있겠으며, 곧 이·비·설·신·의촉이 만약 멀리 벗어나거나, 만약 멀리 벗어나지 않는다는 증어가 보살마하살이라고 말할 수 있겠습니까?"

　"선현이여. 그대는 다시 무슨 뜻으로 관찰하여 곧 안촉이 만약 유위이거나, 만약 무위라는 증어는 곧 보살마하살이 아니고, 곧 이·비·설·신·의촉이 만약 유위이거나, 만약 무위라는 증어는 곧 보살마하살이 아니라고 말하는가?"

　"세존이시여. 만약 안촉이 유위이거나, 무위이며, 만약 이·비·설·신·의촉이 유위이거나, 무위이더라도 오히려 결국에는 얻을 수 없습니다. 자성이 있지 않은 까닭인데, 하물며 곧 안촉이 만약 유위이거나, 무위라는 증어와 이·비·설·신·의촉이 만약 유위이거나, 무위라는 증어가 있겠습니까? 이러한 증어는 이미 있지 않은데, 어찌 곧 안촉이 만약 유위이거나, 만약 무위라는 증어가 보살마하살이라고 말할 수 있겠으며, 곧 이·비·설·신·의촉이 만약 유위이거나, 만약 무위라는 증어가 보살마하살이라고 말할 수 있겠습니까?"

　"선현이여. 그대는 다시 무슨 뜻으로 관찰하여 곧 안촉이 만약 유루이거나, 만약 무루라는 증어는 곧 보살마하살이 아니고, 곧 이·비·설·신·의촉이 만약 유루이거나, 만약 무루라는 증어는 곧 보살마하살이 아니라고 말하는가?"

"세존이시여. 만약 안촉이 유루이거나, 무루이며, 만약 이·비·설·신·의촉이 유루이거나, 무루이더라도 오히려 결국에는 얻을 수 없습니다. 자성이 있지 않은 까닭인데, 하물며 곧 안촉이 만약 유루이거나, 무루라는 증어와 이·비·설·신·의촉이 만약 유루이거나, 무루라는 증어가 있겠습니까? 이러한 증어는 이미 있지 않은데, 어찌 곧 안촉이 만약 유루이거나, 만약 무루라는 증어가 보살마하살이라고 말할 수 있겠으며, 곧 이·비·설·신·의촉이 만약 유루이거나, 만약 무루라는 증어가 보살마하살이라고 말할 수 있겠습니까?"

"선현이여. 그대는 다시 무슨 뜻으로 관찰하여 곧 안촉이 만약 생겨나거나, 만약 소멸한다는 증어는 곧 보살마하살이 아니고, 곧 이·비·설·신·의촉이 만약 생겨나거나, 만약 소멸한다는 증어는 곧 보살마하살이 아니라고 말하는가?"

"세존이시여. 만약 안촉이 만약 생겨나거나, 소멸하며, 만약 이·비·설·신·의촉이 만약 생겨나거나, 소멸하더라도 오히려 결국에는 얻을 수 없습니다. 자성이 있지 않은 까닭인데, 하물며 곧 안촉이 만약 생겨나거나, 소멸한다는 증어와 이·비·설·신·의촉이 만약 생겨나거나, 소멸한다는 증어가 있겠습니까? 이러한 증어는 이미 있지 않은데, 어찌 곧 안촉이 만약 생겨나거나, 만약 소멸한다는 증어가 보살마하살이라고 말할 수 있겠으며, 곧 이·비·설·신·의촉이 만약 생겨나거나, 만약 소멸한다는 증어가 보살마하살이라고 말할 수 있겠습니까?"

"선현이여. 그대는 다시 무슨 뜻으로 관찰하여 곧 안촉이 만약 선하거나, 만약 선하지 않다는 증어는 곧 보살마하살이 아니고, 곧 이·비·설·신·의촉이 만약 선하거나, 선하지 않다는 증어는 곧 보살마하살이 아니라고 말하는가?"

"세존이시여. 만약 안촉이 만약 선하거나, 선하지 않으며, 만약 이·비·설·신·의촉이 만약 선하거나, 만약 선하지 않더라도 오히려 결국에는 얻을 수 없습니다. 자성이 있지 않은 까닭인데, 하물며 곧 안촉이 만약 선하거나, 선하지 않다는 증어와 이·비·설·신·의촉이 만약 선하거나, 선하지 않다는 증어가 있겠습니까? 이러한 증어는 이미 있지 않은데, 어찌 곧 안촉이 만약 선하거나, 만약 선하지 않다는 증어가 보살마하살이라고 말할 수 있겠으며, 곧 이·비·설·신·의촉이 만약 선하거나, 만약 선하지 않다는 보살마하살이라고 말할 수 있겠습니까?"

"선현이여. 그대는 다시 무슨 뜻으로 관찰하여 곧 안촉이 만약 유죄이거나, 만약 무죄라는 증어는 곧 보살마하살이 아니고, 곧 이·비·설·신·의촉이 만약 유죄이거나, 만약 무죄라는 증어는 곧 보살마하살이 아니라고 말하는가?"

"세존이시여. 만약 안촉이 유죄이거나, 무죄이며, 만약 이·비·설·신·의촉이 유죄이거나, 무죄이더라도 오히려 결국에는 얻을 수 없습니다. 자성이 있지 않은 까닭인데, 하물며 곧 안촉이 만약 유죄이거나, 무죄라는 증어와 이·비·설·신·의촉이 만약 유죄이거나, 무죄라는 증어가 있겠습니까? 이러한 증어는 이미 있지 않은데, 어찌 곧 안촉이 유죄이거나, 만약 무죄라는 증어가 보살마하살이라고 말할 수 있겠으며, 곧 이·비·설·신·의촉이 만약 유죄이거나, 만약 무죄라는 증어가 보살마하살이라고 말할 수 있겠습니까?"

"선현이여. 그대는 다시 무슨 뜻으로 관찰하여 곧 안촉이 만약 번뇌가 있거나, 번뇌가 없다는 증어는 곧 보살마하살이 아니고, 곧 이·비·설·신·의촉이 만약 번뇌가 있거나, 번뇌가 없다는 증어는 곧 보살마하살이 아니라고 말하는가?"

"세존이시여. 안촉이 만약 번뇌가 있거나, 만약 번뇌가 없으며, 이·비·설·신·의촉이 만약 번뇌가 있거나, 만약 번뇌가 없더라도 오히려 결국에는 얻을 수 없습니다. 자성이 있지 않은 까닭인데, 하물며 곧 안촉이 만약 번뇌가 있거나, 만약 번뇌가 없다는 증어와 이·비·설·신·의촉이 만약 번뇌가 있거나, 만약 번뇌가 없다는 증어가 있겠습니까? 이러한 증어는 이미 있지 않은데, 어찌 곧 안촉이 만약 번뇌가 있거나, 만약 번뇌가 없다는 증어가 보살마하살이라고 말할 수 있겠으며, 곧 이·비·설·신·의촉이 만약 번뇌가 있거나, 만약 번뇌가 없다는 증어가 보살마하살이라고 말할 수 있겠습니까?”

“선현이여. 그대는 다시 무슨 뜻으로 관찰하여 곧 안촉이 만약 세간이거나, 만약 출세간이라는 증어는 곧 보살마하살이 아니고, 곧 이·비·설·신·의촉이 만약 세간이거나, 만약 출세간이라는 증어는 곧 보살마하살이 아니라고 말하는가?”

“세존이시여. 만약 안촉이 세간이거나, 출세간이며, 만약 이·비·설·신·의촉이 세간이거나, 출세간이더라도 오히려 결국에는 얻을 수 없습니다. 자성이 있지 않은 까닭인데, 하물며 곧 안촉이 만약 세간이거나, 출세간이라는 증어와 이·비·설·신·의촉이 만약 세간이거나, 출세간이라는 증어가 있겠습니까? 이러한 증어는 이미 있지 않은데, 어찌 곧 안촉이 만약 세간이거나, 만약 출세간이라는 증어가 보살마하살이라고 말할 수 있겠으며, 곧 이·비·설·신·의촉이 만약 세간이거나, 만약 출세간이라는 증어가 보살마하살이라고 말할 수 있겠습니까?”

“선현이여. 그대는 다시 무슨 뜻으로 관찰하여 곧 안촉이 만약 잡염이거나, 만약 청정하다는 증어는 곧 보살마하살이 아니고, 곧 이·비·설·신·의촉이 만약 잡염이거나, 만약 청정하다는 증어는 곧 보살마하살이 아니라고 말하는가?”

“세존이시여. 만약 안촉이 잡염이거나, 청정하며, 만약 이·비·설·신·의촉이 잡염이거나, 청정하더라도 오히려 결국에는 얻을 수 없습니다. 자성이 있지 않은 까닭인데, 하물며 곧 안촉이 만약 잡염이거나, 청정하다는 증어와 이·비·설·신·의촉이 만약 잡염이거나, 청정하다는 증어가 있겠습니까? 이러한 증어는 이미 있지 않은데, 어찌 곧 안촉이 만약 잡염이거나, 만약 청정하다는 증어가 보살마하살이라고 말할 수 있겠으며, 곧 이·비·설·신·의촉이 만약 잡염이거나, 만약 청정하다는 증어가 보살마하살이라고 말할 수 있겠습니까?”

“선현이여. 그대는 다시 무슨 뜻으로 관찰하여 곧 안촉이 만약 생사에 속하거나, 만약 열반에 속한다는 증어는 곧 보살마하살이 아니고, 곧 이·비·설·신·의촉이 만약 생사에 속하거나, 만약 열반에 속한다는 증어는 곧 보살마하살이 아니라고 말하는가?"

"세존이시여. 만약 안촉이 생사에 속하거나, 열반에 속하며, 만약 이·비·설·신·의촉이 생사에 속하거나, 열반에 속하더라도 오히려 결국에는 얻을 수 없습니다. 자성이 있지 않은 까닭인데, 하물며 곧 안촉이 만약 생사에 속하거나 열반에 속한다는 증어와 이·비·설·신·의촉이 만약 생사에 속하거나, 열반에 속한다는 증어가 있겠습니까? 이러한 증어는 이미 있지 않은데, 어찌 곧 안촉이 만약 생사에 속하거나, 만약 열반에 속한다는 증어가 보살마하살이라고 말할 수 있겠으며, 곧 이·비·설·신·의촉이 만약 생사에 속하거나, 만약 열반에 속한다는 증어가 보살마하살이라고 말할 수 있겠습니까?"

"선현이여. 그대는 다시 무슨 뜻으로 관찰하여 곧 안촉이 만약 내신에 있거나, 만약 외신에 있거나, 만약 두 가지의 가운데에 있다는 증어는 곧 보살마하살이 아니고, 곧 이·비·설·신·의촉이 만약 내신에 있거나, 만약 외신에 있거나, 만약 두 가지의 가운데에 있다는 증어는 곧 보살마하살이 아니라고 말하는가?"

"세존이시여. 만약 안촉이 내신에 있거나, 외신에 있거나, 두 가지의 가운데에 있으며, 만약 이·비·설·신·의촉이 내신에 있거나, 외신에 있거나, 두 가지의 가운데에 있더라도 오히려 결국에는 얻을 수 없습니다. 자성이 있지 않은 까닭인데, 하물며 곧 안촉이 만약 내신에 있거나, 외신에 있거나, 두 가지의 가운데에 있다는 증어와 이·비·설·신·의촉이 만약 내신에 있거나, 외신에 있거나, 두 가지의 가운데에 있다는 증어가 있겠습니까? 이러한 증어는 이미 있지 않은데, 어찌 곧 안촉이 만약 내신에 있거나, 만약 외신에 있거나, 만약 두 가지의 가운데에 있다는 증어가 보살마하살이라고 말할 수 있겠으며, 곧 이·비·설·신·의촉이 만약 내신에 있거나, 만약 외신에 있거나, 만약 두 가지의 가운데에 있다는 증어가 보살마하살이라고 말할 수 있겠습니까?"

"선현이여. 그대는 다시 무슨 뜻으로 관찰하여 곧 안촉이 만약 얻을 수 있거나, 만약 얻을 수 없다는 증어는 곧 보살마하살이 아니고, 곧 이·비·설·신·의촉이 만약 얻을 수 있거나, 만약 얻을 수 없다는 증어는 곧 보살마하살이 아니라고 말하는가?"

"세존이시여. 만약 안촉이 얻을 수 있거나, 얻을 수 없으며, 만약 이·비·설·신·의촉이 얻을 수 있거나, 얻을 수 없더라도 오히려 결국에는 얻을 수 없습니다. 자성이 있지 않은 까닭인데, 하물며 곧 안촉이 만약 얻을 수 있거나, 얻을 수 없다는 증어와 이·비·설·신·의촉이 만약 얻을 수 있거나, 얻을 수 없다는 증어가 있겠습니까? 이러한 증어는 이미 있지 않은데, 어찌 곧 안촉이 만약 얻을 수 있거나, 만약 얻을 수 없다는 증어가 보살마하살이라고 말할 수 있겠으며, 곧 이·비·설·신·의촉이 만약 얻을 수 있거나, 만약 얻을 수 없다는 증어가 보살마하살이라고 말할 수 있겠습니까?"

"다시 다음으로 선현이여. 그대는 무슨 뜻으로 관찰하여 곧 안촉을 인연으로 생겨나는 여러 수(受)의 증어는 곧 보살마하살이 아니고, 곧 이·비·설·신·의촉을 인연으로 생겨나는 여러 수의 증어는 곧 보살마하살이 아니라고 말하는가?"

구수 선현이 대답하여 말하였다.

"세존이시여. 만약 안촉을 인연으로 생겨나는 여러 수이거나, 만약 이·비·설·신·의촉을 인연으로 생겨나는 여러 수이라도 오히려 결국에는 얻을 수 없습니다. 자성이 있지 않은 까닭인데, 하물며 곧 안촉을 인연으로 생겨나는 여러 수의 증어와 이·비·설·신·의촉을 인연으로 생겨나는 여러 수의 증어가 있겠습니까? 이러한 증어는 이미 있지 않은데, 어찌 곧 안촉을 인연으로 생겨나는 여러 수의 증어가 보살마하살이라고 말할 수 있겠으며, 곧 이·비·설·신·의촉을 인연으로 생겨나는 여러 수의 증어가 보살마하살이라고 말할 수 있겠습니까?"

"선현이여. 그대는 다시 무슨 뜻으로 관찰하여 곧 안촉을 인연으로

생겨나는 여러 수가 만약 항상하거나, 만약 무상하다는 증어는 곧 보살마
하살이 아니고, 이·비·설·신·의촉을 인연으로 생겨나는 여러 수가 만약
항상하거나, 만약 무상하다는 증어는 곧 보살마하살이 아니라고 말하는가?"

"세존이시여. 만약 안촉을 인연으로 생겨나는 여러 수가 항상하거나,
무상하며, 만약 이·비·설·신·의촉을 인연으로 생겨나는 여러 수가 항상하
거나, 무상하더라도 오히려 결국에는 얻을 수 없습니다. 자성이 있지
않은 까닭인데, 하물며 곧 안촉을 인연으로 생겨나는 여러 수가 만약
항상하거나, 무상하다는 증어와 이·비·설·신·의촉을 인연으로 생겨나는
여러 수가 만약 항상하거나, 무상하다는 증어가 있겠습니까? 이러한
증어는 이미 있지 않은데, 어찌 곧 안촉을 인연으로 생겨나는 여러 수가
만약 항상하거나, 만약 무상하다는 증어가 보살마하살이라고 말할 수
있겠으며, 곧 이·비·설·신·의촉을 인연으로 생겨나는 여러 수가 만약 항상하
거나, 만약 무상하다는 증어가 보살마하살이라고 말할 수 있겠습니까?"

"선현이여. 그대는 다시 무슨 뜻으로 관찰하여 곧 안촉을 인연으로
생겨나는 여러 수가 만약 즐겁거나, 만약 괴롭다는 증어는 곧 보살마하살
이 아니고, 곧 이·비·설·신·의촉을 인연으로 생겨나는 여러 수가 만약
즐겁거나, 만약 괴롭다는 증어는 곧 보살마하살이 아니라고 말하는가?"

"세존이시여. 만약 안촉이 즐겁거나 만약 안촉을 인연으로 생겨나는
여러 수가 괴롭거나, 만약 이·비·설·신·의촉을 인연으로 생겨나는 여러
수가 즐겁거나, 괴롭더라도 오히려 결국 얻을 수 없습니다. 자성이 있지
않은 까닭인데, 하물며 곧 안촉을 인연으로 생겨나는 여러 수가 만약
즐겁거나, 괴롭다는 증어와 이·비·설·신·의촉을 인연으로 생겨나는 여러
수가 만약 즐겁거나, 괴롭다는 증어가 있겠습니까? 이러한 증어는 이미
있지 않은데, 어찌 곧 안촉을 인연으로 생겨나는 여러 수가 만약 즐겁거나,
만약 괴롭다는 증어가 보살마하살이라고 말할 수 있겠으며, 곧 이·비·설·
신·의촉을 인연으로 생겨나는 여러 수가 만약 즐겁거나, 만약 괴롭다는
증어가 보살마하살이라고 말할 수 있겠습니까?"

"선현이여. 그대는 다시 무슨 뜻으로 관찰하여 곧 안촉을 인연으로

생겨나는 여러 수가 만약 나이거나, 만약 무아라는 증어는 곧 보살마하살이 아니고, 곧 이·비·설·신·의촉을 인연으로 생겨나는 여러 수가 나이거나, 만약 무아라는 증어는 곧 보살마하살이 아니라고 말하는가?”

“세존이시여. 만약 안촉을 인연으로 생겨나는 여러 수가 나이거나, 만약 무아이며, 만약 이·비·설·신·의촉을 인연으로 생겨나는 여러 수가 나이거나 만약 무아이더라도 오히려 결국에는 얻을 수 없습니다. 자성이 있지 않은 까닭인데, 하물며 곧 안촉이 만약 나이거나, 무아라는 증어와 이·비·설·신·의촉을 인연으로 생겨나는 여러 수가 만약 나이거나, 무아라는 증어가 있겠습니까? 이러한 증어는 이미 있지 않은데, 어찌 곧 안촉을 인연으로 생겨나는 여러 수가 만약 나이거나, 만약 무아라는 증어가 보살마하살이라고 말할 수 있겠으며, 곧 이·비·설·신·의촉을 인연으로 생겨나는 여러 수가 만약 나이거나, 만약 무아라는 증어가 보살마하살이라고 말할 수 있겠습니까?”

“선현이여. 그대는 다시 무슨 뜻으로 관찰하여 곧 안촉을 인연으로 생겨나는 여러 수가 만약 청정하거나, 만약 부정하다는 증어는 곧 보살마하살이 아니고, 곧 이·비·설·신·의촉을 인연으로 생겨나는 여러 수가 만약 청정하거나, 만약 부정하다는 증어는 곧 보살마하살이 아니라고 말하는가?”

“세존이시여. 만약 안촉을 인연으로 생겨나는 여러 수가 청정하거나 부정하며, 만약 이·비·설·신·의촉을 인연으로 생겨나는 여러 수가 청정하거나, 부정하더라도 오히려 결국에는 얻을 수 없습니다. 자성이 있지 않은 까닭인데, 하물며 곧 안촉을 인연으로 생겨나는 여러 수가 만약 청정하거나, 부정하다는 증어와 이·비·설·신·의촉을 인연으로 생겨나는 여러 수가 만약 청정하거나, 부정하다는 증어가 있겠습니까? 이러한 증어는 이미 있지 않은데, 어찌 곧 안촉을 인연으로 생겨나는 여러 수가 만약 청정하거나, 만약 부정하다는 증어가 보살마하살이라고 말할 수 있겠으며, 곧 이·비·설·신·의촉을 인연으로 생겨나는 여러 수가 만약 청정하거나, 만약 부정하다는 증어가 보살마하살이라고 말할 수 있겠습니까?”

"선현이여. 그대는 다시 무슨 뜻으로 관찰하여 곧 안촉을 인연으로 생겨나는 여러 수가 만약 공하거나, 만약 공하지 않다는 증어는 곧 보살마하살이 아니고, 곧 이·비·설·신·의촉을 인연으로 생겨나는 여러 수가 만약 공하거나, 만약 공하지 않다는 증어는 곧 보살마하살이 아니라고 말하는가?"

"세존이시여. 만약 안촉을 인연으로 생겨나는 여러 수가 공하거나, 공하지 않으며, 만약 ·비·설·신·의촉을 인연으로 생겨나는 여러 수가 공하거나, 공하지 않더라도 오히려 결국에는 얻을 수 없습니다. 자성이 있지 않은 까닭인데, 하물며 곧 안촉을 인연으로 생겨나는 여러 수가 만약 공하거나, 공하지 않다는 증어와 이·비·설·신·의촉을 인연으로 생겨나는 여러 수가 만약 공하거나, 공하지 않다는 증어가 있겠습니까? 이러한 증어는 이미 있지 않은데, 어찌 곧 안촉을 인연으로 생겨나는 여러 수가 만약 공하거나, 만약 공하지 않다는 증어가 보살마하살이라고 말할 수 있겠으며, 곧 이·비·설·신·의촉을 인연으로 생겨나는 여러 수가 만약 공하거나, 만약 공하지 않다는 증어가 보살마하살이라고 말할 수 있겠습니까?"

"선현이여. 그대는 다시 무슨 뜻으로 관찰하여 곧 안촉을 인연으로 생겨나는 여러 수가 만약 유상이거나, 만약 무상이라는 증어는 곧 보살마하살이 아니고, 곧 이·비·설·신·의촉을 인연으로 생겨나는 여러 수가 만약 유상이거나, 만약 무상이라는 증어는 곧 보살마하살이 아니라고 말하는가?"

"세존이시여. 만약 안촉을 인연으로 생겨나는 여러 수가 유상이거나, 무상이며, 만약 이·비·설·신·의촉을 인연으로 생겨나는 여러 수가 유상이거나, 무상이더라도 오히려 결국에는 얻을 수 없습니다. 자성이 있지 않은 까닭인데, 하물며 곧 안촉을 인연으로 생겨나는 여러 수가 만약 유상이거나, 무상이라는 증어와 이·비·설·신·의촉을 인연으로 생겨나는 여러 수가 만약 유상이거나, 무상이라는 증어가 있겠습니까? 이러한 증어는 이미 있지 않은데, 어찌 곧 안촉을 인연으로 생겨나는 여러 수가 만약 유상이거나, 만약 무상이라는 증어가 보살마하살이라고 말할 수 있겠으며, 곧 이·비·설·신·의촉을 인연으로 생겨나는 여러 수가 만약 유상이거나, 만약 무상이라는 증어가 보살마하살이라고 말할 수 있겠습니까?"

"선현이여. 그대는 다시 무슨 뜻으로 관찰하여 곧 안촉을 인연으로 생겨나는 여러 수가 만약 유원이거나, 만약 무원이라는 증어는 곧 보살마하살이 아니고, 곧 이·비·설·신·의촉을 인연으로 생겨나는 여러 수가 만약 유원이거나, 만약 무원이라는 증어는 곧 보살마하살이 아니라고 말하는가?"

"세존이시여. 만약 안촉을 인연으로 생겨나는 여러 수가 유원이거나, 무원이며, 만약 이·비·설·신·의촉을 인연으로 생겨나는 여러 수가 유원이거나, 무원이더라도 오히려 결국에는 얻을 수 없습니다. 자성이 있지 않은 까닭인데, 하물며 곧 안촉을 인연으로 생겨나는 여러 수가 만약 유원이거나, 무원이라는 증어와 이·비·설·신·의촉을 인연으로 생겨나는 여러 수가 만약 유원이거나, 무원이라는 증어가 있겠습니까? 이러한 증어는 이미 있지 않은데, 어찌 곧 안촉을 인연으로 생겨나는 여러 수가 만약 유원이거나, 만약 무원이라는 증어가 보살마하살이라고 말할 수 있겠으며, 곧 이·비·설·신·의촉을 인연으로 생겨나는 여러 수가 만약 유원이거나, 만약 무원이라는 증어가 보살마하살이라고 말할 수 있겠습니까?"

"선현이여. 그대는 다시 무슨 뜻으로 관찰하여 곧 안촉을 인연으로 생겨나는 여러 수가 만약 적정하거나, 만약 적정하지 않다는 증어는 곧 보살마하살이 아니고, 곧 이·비·설·신·의촉을 인연으로 생겨나는 여러 수가 만약 적정하거나, 만약 적정하지 않다는 증어는 곧 보살마하살이 아니라고 말하는가?"

"세존이시여. 만약 안촉을 인연으로 생겨나는 여러 수가 적정하거나, 적정하지 않으며, 만약 이·비·설·신·의촉을 인연으로 생겨나는 여러 수가 적정하거나, 적정하지 않더라도 오히려 결국에는 얻을 수 없습니다. 자성이 있지 않은 까닭인데, 하물며 곧 안촉을 인연으로 생겨나는 여러 수가 만약 적정하거나, 적정하지 않다는 증어와 이·비·설·신·의촉을 인연으로 생겨나는 여러 수가 만약 적정하거나, 적정하지 않다는 증어가 있겠습니까? 이러한 증어는 이미 있지 않은데, 어찌 곧 안촉을 인연으로 생겨나는 여러 수가 만약 적정하거나, 만약 적정하지 않다는 증어가 보살마하살이라고 말할 수 있겠으며, 곧 이·비·설·신·의촉을 인연으로 생겨나는 여러 수가 만약 적정하거나, 만약 적정하지 않다는 증어가 보살마하살이라고 말할 수 있겠습니까?"

"선현이여. 그대는 다시 무슨 뜻으로 관찰하여 곧 안촉을 인연으로 생겨나는 여러 수가 만약 멀리 벗어나거나, 만약 멀리 벗어나지 않는다는 증어는 곧 보살마하살이 아니고, 곧 이·비·설·신·의촉을 인연으로 생겨나는 여러 수가 만약 멀리 벗어나거나, 만약 멀리 벗어나지 않는다는 증어는 곧 보살마하살이 아니라고 말하는가?"

"세존이시여. 만약 안촉을 인연으로 생겨나는 여러 수가 만약 멀리 벗어나거나, 멀리 벗어나지 않으며, 만약 이·비·설·신·의촉을 인연으로 생겨나는 여러 수가 만약 멀리 벗어나거나, 멀리 벗어나지 않더라도 오히려 결국에는 얻을 수 없습니다. 자성이 있지 않은 까닭인데, 하물며 곧 안촉을 인연으로 생겨나는 여러 수가 만약 멀리 벗어나거나, 멀리 벗어나지 않는다는 증어와 이·비·설·신·의촉을 인연으로 생겨나는 여러 수가 만약 멀리 벗어나거나, 멀리 벗어나지 않는다는 증어가 있겠습니까? 이러한 증어는 이미 있지 않은데, 어찌 곧 안촉을 인연으로 생겨나는 여러 수가 만약 멀리 벗어나거나, 만약 멀리 벗어나지 않는다는 증어가 보살마하살이라고 말할 수 있겠으며, 곧 이·비·설·신·의촉을 인연으로 생겨나는 여러 수가 만약 멀리 벗어나거나, 만약 멀리 벗어나지 않는다는 증어가 보살마하살이라고 말할 수 있겠습니까?"

"선현이여. 그대는 다시 무슨 뜻으로 관찰하여 곧 안촉을 인연으로 생겨나는 여러 수가 만약 유위이거나, 만약 무위라는 증어는 곧 보살마하살이 아니고, 곧 이·비·설·신·의촉을 인연으로 생겨나는 여러 수가 만약 유위이거나, 만약 무위라는 증어는 곧 보살마하살이 아니라고 말하는가?"

"세존이시여. 만약 안촉을 인연으로 생겨나는 여러 수가 유위이거나,

무위인 것과 만약 이·비·설·신·의촉을 인연으로 생겨나는 여러 수가 유위이거나, 무위이더라도 오히려 결국에는 얻을 수 없습니다. 자성이 있지 않은 까닭인데, 하물며 곧 안촉을 인연으로 생겨나는 여러 수가 만약 유위이거나, 무위라는 증어와 이·비·설·신·의촉을 인연으로 생겨나는 여러 수가 만약 유원이거나, 무위라는 증어가 있겠습니까? 이러한 증어는 이미 있지 않은데, 어찌 곧 안촉을 인연으로 생겨나는 여러 수가 만약 유위이거나, 만약 무위라는 증어가 보살마하살이라고 말할 수 있겠으며, 곧 이·비·설·신·의촉을 인연으로 생겨나는 여러 수가 만약 유위이거나, 만약 무위라는 증어가 보살마하살이라고 말할 수 있겠습니까?"

"선현이여. 그대는 다시 무슨 뜻으로 관찰하여 곧 안촉을 인연으로 생겨나는 여러 수가 만약 유루이거나, 만약 무루라는 증어는 곧 보살마하살이 아니고, 곧 이·비·설·신·의촉을 인연으로 생겨나는 여러 수가 만약 유루이거나, 만약 무루라는 증어는 곧 보살마하살이 아니라고 말하는가?"

"세존이시여. 만약 안촉을 인연으로 생겨나는 여러 수가 유루이거나, 무루이며, 만약 이·비·설·신·의촉을 인연으로 생겨나는 여러 수가 유루이거나, 무루이더라도 오히려 결국에는 얻을 수 없습니다. 자성이 있지 않은 까닭인데, 하물며 곧 안촉을 인연으로 생겨나는 여러 수가 만약 유루이거나, 무위라는 증어와 이·비·설·신·의촉을 인연으로 생겨나는 여러 수가 만약 유루이거나, 무루라는 증어가 있겠습니까? 이러한 증어는 이미 있지 않은데, 어찌 곧 안촉을 인연으로 생겨나는 여러 수가 만약 유루이거나, 만약 무루라는 증어가 보살마하살이라고 말할 수 있겠으며, 곧 이·비·설·신·의촉을 인연으로 생겨나는 여러 수가 만약 유루이거나, 만약 무루라는 증어가 보살마하살이라고 말할 수 있겠습니까?"

"선현이여. 그대는 다시 무슨 뜻으로 관찰하여 곧 안촉을 인연으로 생겨나는 여러 수가 만약 생겨나거나, 만약 소멸한다는 증어는 곧 보살마하살이 아니고, 곧 이·비·설·신·의촉을 인연으로 생겨나는 여러 수가 만약 생겨나거나, 만약 소멸한다는 증어는 곧 보살마하살이 아니라고 말하는가?"

　　"세존이시여. 만약 안촉을 인연으로 생겨나는 여러 수가 만약 생겨나거나, 소멸하며, 만약 이·비·설·신·의촉을 인연으로 생겨나는 여러 수가 만약 생겨나거나, 소멸하더라도 오히려 결국에는 얻을 수 없습니다. 자성이 있지 않은 까닭인데, 하물며 곧 안촉을 인연으로 생겨나는 여러 수가 만약 생겨나거나, 소멸한다는 증어와 이·비·설·신·의촉을 인연으로 생겨나는 여러 수가 만약 생겨나거나, 소멸한다는 증어가 있겠습니까? 이러한 증어는 이미 있지 않은데, 어찌 곧 안촉을 인연으로 생겨나는 여러 수가 만약 생겨나거나, 만약 소멸한다는 증어가 보살마하살이라고 말할 수 있겠으며, 곧 이·비·설·신·의촉을 인연으로 생겨나는 여러 수가 만약 생겨나거나, 만약 소멸한다는 증어가 보살마하살이라고 말할 수 있겠습니까?"

　　"선현이여. 그대는 다시 무슨 뜻으로 관찰하여 곧 안촉을 인연으로 생겨나는 여러 수가 만약 선하거나, 만약 선하지 않다는 증어는 곧 보살마하살이 아니고, 곧 이·비·설·신·의촉을 인연으로 생겨나는 여러 수가 만약 선하거나, 선하지 않다는 증어는 곧 보살마하살이 아니라고 말하는가?"

　　"세존이시여. 만약 안촉을 인연으로 생겨나는 여러 수가 만약 선하거나, 선하지 않으며, 만약 이·비·설·신·의촉을 인연으로 생겨나는 여러 수가 만약 선하거나, 만약 선하지 않더라도 오히려 결국에는 얻을 수 없습니다. 자성이 있지 않은 까닭인데, 하물며 곧 안촉을 인연으로 생겨나는 여러 수가 만약 선하거나, 선하지 않다는 증어와 이·비·설·신·의촉을 인연으로 생겨나는 여러 수가 만약 선하거나, 선하지 않다는 증어가 있겠습니까? 이러한 증어는 이미 있지 않은데, 어찌 곧 안촉을 인연으로 생겨나는 여러 수가 만약 선하거나, 만약 선하지 않다는 증어가 보살마하살이라고 말할 수 있겠으며, 곧 이·비·설·신·의촉을 인연으로 생겨나는 여러 수가 만약 선하거나, 만약 선하지 않다는 증어가 보살마하살이라고 말할 수 있겠습니까?"

　　"선현이여. 그대는 다시 무슨 뜻으로 관찰하여 곧 안촉을 인연으로 생겨나는 여러 수가 만약 유죄이거나, 만약 무죄라는 증어는 곧 보살마하살이 아니고, 곧 이·비·설·신·의촉을 인연으로 생겨나는 여러 수가 만약 유죄이거나, 만약 무죄라는 증어는 곧 보살마하살이 아니라고 말하는가?"

"세존이시여. 만약 안촉을 인연으로 생겨나는 여러 수가 유죄이거나, 무죄이며, 만약 이·비·설·신·의촉을 인연으로 생겨나는 여러 수가 유죄이거나, 무죄이더라도 오히려 결국에는 얻을 수 없습니다. 자성이 있지 않은 까닭인데, 하물며 곧 안촉을 인연으로 생겨나는 여러 수가 만약 유죄이거나, 무죄라는 증어와 이·비·설·신·의촉을 인연으로 생겨나는 여러 수가 만약 유죄이거나 무죄라는 증어가 있겠습니까? 이러한 증어는 이미 있지 않은데, 어찌 곧 안촉을 인연으로 생겨나는 여러 수가 유죄이거나, 만약 무죄라는 증어가 보살마하살이라고 말할 수 있겠으며, 곧 이·비·설·신·의촉을 인연으로 생겨나는 여러 수가 만약 유죄이거나, 만약 무죄라는 증어가 보살마하살이라고 말할 수 있겠습니까?"

"선현이여. 그대는 다시 무슨 뜻으로 관찰하여 곧 안촉을 인연으로 생겨나는 여러 수가 만약 번뇌가 있거나, 번뇌가 없다는 증어는 곧 보살마하살이 아니고, 곧 이·비·설·신·의촉을 인연으로 생겨나는 여러 수가 만약 번뇌가 있거나, 번뇌가 없다는 증어는 곧 보살마하살이 아니라고 말하는가?"

"세존이시여. 만약 안촉을 인연으로 생겨나는 여러 수가 만약 번뇌가 있거나, 만약 번뇌가 없으며, 만약 이·비·설·신·의촉을 인연으로 생겨나는 여러 수가 만약 번뇌가 있거나, 만약 번뇌가 없더라도 오히려 결국에는 얻을 수 없습니다. 자성이 있지 않은 까닭인데, 하물며 곧 안촉을 인연으로 생겨나는 여러 수가 만약 번뇌가 있거나, 만약 번뇌가 없다는 증어와 이·비·설·신·의촉을 인연으로 생겨나는 여러 수가 만약 번뇌가 있거나, 만약 번뇌가 없다는 증어가 있겠습니까? 이러한 증어는 이미 있지 않은데, 어찌 곧 안촉을 인연으로 생겨나는 여러 수가 만약 번뇌가 있거나, 만약 번뇌가 없다는 증어가 보살마하살이라고 말할 수 있겠으며, 곧 이·비·설·신·의촉을 인연으로 생겨나는 여러 수가 만약 번뇌가 있거나, 만약 번뇌가 없다는 증어가 보살마하살이라고 말할 수 있겠습니까?"

  "선현이여. 그대는 다시 무슨 뜻으로 관찰하여 곧 안촉을 인연으로 생겨나는 여러 수가 만약 세간이거나, 만약 출세간이라는 증어는 곧 보살마하살이 아니고, 곧 이·비·설·신·의촉을 인연으로 생겨나는 여러 수가 만약 세간이거나 만약 출세간이라는 증어는 곧 보살마하살이 아니라고 말하는가?"

  "세존이시여. 만약 안촉을 인연으로 생겨나는 여러 수가 세간이거나, 출세간이며, 만약 이·비·설·신·의촉을 인연으로 생겨나는 여러 수가 세간이거나, 출세간이더라도 오히려 결국에는 얻을 수 없습니다. 자성이 있지 않은 까닭인데, 하물며 곧 안촉을 인연으로 생겨나는 여러 수가 만약 세간이거나, 출세간이라는 증어와 이·비·설·신·의촉을 인연으로 생겨나는 여러 수가 만약 세간이거나, 출세간다는 증어가 있겠습니까? 이러한 증어는 이미 있지 않은데, 어찌 곧 안촉을 인연으로 생겨나는 여러 수가 만약 세간이거나, 만약 출세간이라는 증어가 보살마하살이라고 말할 수 있겠으며, 곧 이·비·설·신·의촉을 인연으로 생겨나는 여러 수가 만약 세간이거나, 만약 출세간이라는 증어가 보살마하살이라고 말할 수 있겠습니까?"

  "선현이여. 그대는 다시 무슨 뜻으로 관찰하여 곧 안촉을 인연으로 생겨나는 여러 수가 만약 잡염이거나, 만약 청정하다는 증어는 곧 보살마하살이 아니고, 곧 이·비·설·신·의촉을 인연으로 생겨나는 여러 수가 만약 잡염이거나, 만약 청정하다는 증어는 곧 보살마하살이 아니라고 말하는가?"

  "세존이시여. 만약 안촉을 인연으로 생겨나는 여러 수가 잡염이거나, 청정하며, 만약 이·비·설·신·의촉을 인연으로 생겨나는 여러 수가 잡염이거나, 청정하더라도 오히려 결국에는 얻을 수 없습니다. 자성이 있지 않은 까닭인데, 하물며 곧 안촉을 인연으로 생겨나는 여러 수가 만약 잡염이거나, 청정하다는 증어와 이·비·설·신·의촉을 인연으로 생겨나는 여러 수가 만약 잡염이거나, 청정하다는 증어가 있겠습니까? 이러한 증어는 이미 있지 않은데, 어찌 곧 안촉을 인연으로 생겨나는 여러 수가 만약 잡염이거나, 만약 청정하다는 증어가 보살마하살이라고 말할 수 있겠으며, 곧 이·비·설·신·의촉을 인연으로 생겨나는 여러 수가 만약 잡염이거나, 만약 청정하다는 증어가 보살마하살이라고 말할 수 있겠습니까?"

"선현이여. 그대는 다시 무슨 뜻으로 관찰하여 곧 안촉을 인연으로 생겨나는 여러 수가 만약 생사에 속하거나, 만약 열반에 속한다는 증어는 곧 보살마하살이 아니고, 곧 이·비·설·신·의촉을 인연으로 생겨나는 여러 수가 만약 생사에 속하거나, 만약 열반에 속한다는 증어는 곧 보살마하살이 아니라고 말하는가?"

"세존이시여. 만약 안촉을 인연으로 생겨나는 여러 수가 생사에 속하거나, 열반에 속하며, 만약 이·비·설·신·의촉을 인연으로 생겨나는 여러 수가 생사에 속하거나, 열반에 속하더라도 오히려 결국에는 얻을 수 없습니다. 자성이 있지 않은 까닭인데, 하물며 곧 안촉을 인연으로 생겨나는 여러 수가 만약 생사에 속하거나 열반에 속한다는 증어와 이·비·설·신·의촉을 인연으로 생겨나는 여러 수가 만약 생사에 속하거나, 열반에 속한다는 증어가 있겠습니까? 이러한 증어는 이미 있지 않은데, 어찌 곧 안촉을 인연으로 생겨나는 여러 수가 만약 생사에 속하거나, 만약 열반에 속한다는 증어가 보살마하살이라고 말할 수 있겠으며, 곧 이·비·설·신·의촉을 인연으로 생겨나는 여러 수가 만약 생사에 속하거나, 만약 열반에 속한다는 증어가 보살마하살이라고 말할 수 있겠습니까?"

"선현이여. 그대는 다시 무슨 뜻으로 관찰하여 곧 안촉을 인연으로 생겨나는 여러 수가 만약 내신에 있거나, 만약 외신에 있거나, 만약 두 가지의 가운데에 있다는 증어는 곧 보살마하살이 아니고, 곧 이·비·설·신·의촉을 인연으로 생겨나는 여러 수가 만약 내신에 있거나, 만약 외신에 있거나, 만약 두 가지의 가운데에 있다는 증어는 곧 보살마하살이 아니라고 말하는가?"

"세존이시여. 만약 안촉을 인연으로 생겨나는 여러 수가 내신에 있거나, 외신에 있거나, 두 가지의 가운데에 있으며, 만약 이·비·설·신·의촉을 인연으로 생겨나는 여러 수가 내신에 있거나, 외신에 있거나, 두 가지의 가운데에 있더라도 오히려 결국에는 얻을 수 없습니다. 자성이 있지 않은 까닭인데, 하물며 곧 안촉을 인연으로 생겨나는 여러 수가 만약 내신에 있거나, 외신에 있거나, 두 가지의 가운데에 있다는 증어와 이·비·설·신·의촉을 인연으로 생겨나는 여러 수가 만약 내신에 있거나, 외신에 있거나, 두 가지의 가운데에 있다는 증어가 있겠습니까? 이러한 증어는 이미 있지 않은데, 어찌 곧 안촉을 인연으로 생겨나는 여러 수가 만약 내신에 있거나, 만약 외신에 있거나, 만약 두 가지의 가운데에 있다는 증어가 보살마하살이라고 말할 수 있겠으며, 곧 이·비·설·신·의촉을 인연으로 생겨나는 여러 수가 만약 내신에 있거나, 만약 외신에 있거나, 만약 두 가지의 가운데에 있다는 증어가 보살마하살이라고 말할 수 있겠습니까?”

 “선현이여. 그대는 다시 무슨 뜻으로 관찰하여 곧 안촉을 인연으로 생겨나는 여러 수가 만약 얻을 수 있거나, 만약 얻을 수 없다는 증어는 곧 보살마하살이 아니고, 곧 이·비·설·신·의촉을 인연으로 생겨나는 여러 수가 만약 얻을 수 있거나, 만약 얻을 수 없다는 증어는 곧 보살마하살이 아니라고 말하는가?”

 “세존이시여. 만약 안촉을 인연으로 생겨나는 여러 수가 얻을 수 있거나, 얻을 수 없으며, 만약 이·비·설·신·의촉을 인연으로 생겨나는 여러 수가 얻을 수 있거나, 얻을 수 없더라도 오히려 결국에는 얻을 수 없습니다. 자성이 있지 않은 까닭인데, 하물며 곧 안촉을 인연으로 생겨나는 여러 수가 만약 얻을 수 있거나, 얻을 수 없다는 증어와 이·비·설·신·의촉을 인연으로 생겨나는 여러 수가 만약 얻을 수 있거나, 얻을 수 없다는 증어가 있겠습니까? 이러한 증어는 이미 있지 않은데, 어찌 곧 안촉을 인연으로 생겨나는 여러 수가 만약 얻을 수 있거나, 만약 얻을 수 없다는 증어가 보살마하살이라고 말할 수 있겠으며, 곧 이·비·설·신·의촉을 인연으로 생겨나는 여러 수가 만약 얻을 수 있거나, 만약 얻을 수 없다는 증어가 보살마하살이라고 말할 수 있겠습니까?”

 “다시 다음으로 선현이여. 그대는 무슨 뜻으로 관찰하여 곧 지계(地界)

의 증어는 곧 보살마하살이 아니고, 곧 수(水)·화(火)·풍(風)·공(空)·식계(識界)의 증어는 곧 보살마하살이 아니라고 말하는가?"

구수 선현이 대답하여 말하였다.

"세존이시여. 만약 지계이거나 만약 수·화·풍·공·식계이라도 오히려 결국에는 얻을 수 없습니다. 자성이 있지 않은 까닭인데, 하물며 곧 지계의 증어와 ·화·풍·공·식계의 증어가 있겠습니까? 이러한 증어는 이미 있지 않은데, 어찌 곧 지계의 증어가 보살마하살이라고 말할 수 있겠으며, 곧 수·화·풍·공·식계의 증어가 보살마하살이라고 말할 수 있겠습니까?"

"선현이여. 그대는 다시 무슨 뜻으로 관찰하여 곧 지계가 만약 항상하거나, 만약 무상하다는 증어는 곧 보살마하살이 아니고, 수·화·풍·공·식계가 만약 항상하거나, 만약 무상하다는 증어는 곧 보살마하살이 아니라고 말하는가?"

"세존이시여. 만약 지계가 항상하거나, 무상하며, 만약 수·화·풍·공·식계가 항상하거나 무상하더라도 오히려 결국에는 얻을 수 없습니다. 자성이 있지 않은 까닭인데, 하물며 곧 지계가 만약 항상하거나, 무상하다는 증어와 수·화·풍·공·식계가 만약 항상하거나, 무상하다는 증어가 있겠습니까? 이러한 증어는 이미 있지 않은데, 어찌 곧 지계가 만약 항상하거나, 만약 무상하다는 증어가 보살마하살이라고 말할 수 있겠으며, 곧 수·화·풍·공·식계가 만약 항상하거나, 만약 무상하다는 증어가 보살마하살이라고 말할 수 있겠습니까?"

"선현이여. 그대는 다시 무슨 뜻으로 관찰하여 곧 지계가 만약 즐겁거나, 만약 괴롭다는 증어는 곧 보살마하살이 아니고, 곧 수·화·풍·공·식계가 만약 즐겁거나, 만약 괴롭다는 증어는 곧 보살마하살이 아니라고 말하는가?"

"세존이시여. 만약 지계가 즐겁거나 만약 지계가 괴롭거나, 만약 수·화·풍·공·식계가 즐겁거나, 괴롭더라도 오히려 결국 얻을 수 없습니다. 자성이 있지 않은 까닭인데, 하물며 곧 지계가 만약 즐겁거나 괴로운 것의 증어와 수·화·풍·공·식계가 만약 즐겁거나, 괴롭다는 증어가 있겠습니까? 이러한 증어는 이미 있지 않은데, 어찌 곧 지계가 만약 즐겁거나, 만약 괴롭다는 증어가 보살마하살이라고 말할 수 있겠으며, 곧 수·화·풍·공·식계가 만약 즐겁거나, 만약 괴롭다는 증어가 보살마하살이라고 말할 수 있겠습니까?"

"선현이여. 그대는 다시 무슨 뜻으로 관찰하여 곧 지계가 만약 나이거나, 만약 무아라는 증어는 곧 보살마하살이 아니고, 곧 수·화·풍·공·식계가 나이거나, 만약 무아라는 증어는 곧 보살마하살이 아니라고 말하는가?"

"세존이시여. 만약 지계가 나이거나, 만약 무아이며, 만약 수·화·풍·공·식계가 나이거나 만약 무아이더라도 오히려 결국에는 얻을 수 없습니다. 자성이 있지 않은 까닭인데, 하물며 곧 지계가 만약 나이거나, 무아라는 증어와 수·화·풍·공·식계가 만약 나이거나, 무아라는 증어가 있겠습니까? 이러한 증어는 이미 있지 않은데, 어찌 곧 지계가 만약 나이거나, 만약 무아라는 증어가 보살마하살이라고 말할 수 있겠으며, 곧 수·화·풍·공·식계가 만약 나이거나 ,만약 무아라는 증어가 보살마하살이라고 말할 수 있겠습니까?"

마하반야바라밀다경 제27권

7. 교계교수품(教誡教授品)(17)

"선현이여. 그대는 다시 무슨 뜻으로 관찰하여 곧 지계가 만약 청정하거나, 만약 부정하다는 증어는 곧 보살마하살이 아니고, 곧 수·화·풍·공·식계가 만약 청정하거나 만약 부정하다는 증어는 곧 보살마하살이 아니라고 말하는가?"

"세존이시여. 만약 지계가 청정하거나, 부정하며, 만약 수·화·풍·공·식계가 청정하거나, 부정하더라도 오히려 결국에는 얻을 수 없습니다. 자성이 있지 않은 까닭인데, 하물며 곧 지계가 만약 청정하거나, 부정하다는 증어와 수·화·풍·공·식계가 만약 청정하거나, 부정하다는 증어가 있겠습니까? 이러한 증어는 이미 있지 않은데, 어찌 곧 지계가 만약 청정하거나, 만약 부정하다는 증어가 보살마하살이라고 말할 수 있겠으며, 곧 수·화·풍·공·식계가 만약 청정하거나, 만약 부정하다는 증어가 보살마하살이라고 말할 수 있겠습니까?"

"선현이여. 그대는 다시 무슨 뜻으로 관찰하여 곧 지계가 만약 공하거나, 만약 공하지 않다는 증어는 곧 보살마하살이 아니고, 곧 수·화·풍·공·식계가 만약 공하거나, 만약 공하지 않다는 증어는 곧 보살마하살이 아니라고 말하는가?"

"세존이시여. 만약 지계가 공하거나, 공하지 않으며, 만약 수·화·풍·공·식계가 공하거나, 공하지 않더라도 오히려 결국에는 얻을 수 없습니다. 자성이 있지 않은 까닭인데, 하물며 곧 지계가 만약 공하거나, 공하지 않다는 증어와 수·화·풍·공·식계가 만약 공하거나, 공하지 않다는 증어가 있겠습니까? 이러한 증어는 이미 있지 않은데, 어찌 곧 지계가 만약 공하거나, 만약 공하지 않다는 증어가 보살마하살이라고 말할 수 있겠으며, 곧 수·화·풍·공·식계가 만약 공하거나, 만약 공하지 않다는 증어가 보살마하살이라고 말할 수 있겠습니까?"

"선현이여. 그대는 다시 무슨 뜻으로 관찰하여 곧 지계가 만약 유상이거나, 만약 무상이라는 증어는 곧 보살마하살이 아니고, 곧 수·화·풍·공·식계가 만약 유상이거나, 만약 무상이라는 증어는 곧 보살마하살이 아니라고 말하는가?"

"세존이시여. 만약 지계가 유상이거나, 무상이며, 만약 수·화·풍·공·식계가 유상이거나, 무상이더라도 오히려 결국에는 얻을 수 없습니다. 자성이 있지 않은 까닭인데, 하물며 곧 지계가 만약 유상이거나, 무상이라는 증어와 수·화·풍·공·식계가 만약 유상이거나, 무상이라는 증어가 있겠습니까? 이러한 증어는 이미 있지 않은데, 어찌 곧 지계가 만약 유상이거나, 만약 무상이라는 증어가 보살마하살이라고 말할 수 있겠으며, 곧 수·화·풍·공·식계가 만약 유상이거나, 만약 무상이라는 증어가 보살마하살이라고 말할 수 있겠습니까?"

"선현이여. 그대는 다시 무슨 뜻으로 관찰하여 곧 지계가 만약 유원이거나, 만약 무원이라는 증어는 곧 보살마하살이 아니고, 곧 수·화·풍·공·식계가 만약 유원이거나, 만약 무원이라는 증어는 곧 보살마하살이 아니라고 말하는가?"

"세존이시여. 만약 지계가 유원이거나, 무원이며, 만약 수·화·풍·공·식계가 유원이거나, 무원이더라도 오히려 결국에는 얻을 수 없습니다. 자성이 있지 않은 까닭인데, 하물며 곧 지계가 만약 유원이거나, 무원이라는 증어와 수·화·풍·공·식계가 만약 유원이거나, 무원이라는 증어가 있겠습니까? 이러한 증어는 이미 있지 않은데, 어찌 곧 지계가 만약 유원이거나, 만약 무원이라는 증어가 보살마하살이라고 말할 수 있겠으며, 곧 수·화·풍·공·식계가 만약 유원이거나, 만약 무원이라는 증어가 보살마하살이라고 말할 수 있겠습니까?"

"선현이여. 그대는 다시 무슨 뜻으로 관찰하여 곧 지계가 만약 적정하거나, 만약 적정하지 않다는 증어는 곧 보살마하살이 아니고, 곧 수·화·풍·공·식계가 만약 적정하거나, 만약 적정하지 않다는 증어는 곧 보살마하살이 아니라고 말하는가?"

"세존이시여. 만약 지계가 적정하거나, 적정하지 않으며, 만약 수·화·풍·공·식계가 적정하거나, 적정하지 않더라도 오히려 결국에는 얻을 수 없습니다. 자성이 있지 않은 까닭인데, 하물며 곧 지계가 만약 적정하거나, 적정하지 않다는 증어와 수·화·풍·공·식계가 만약 적정하거나, 적정하지 않다는 증어가 있겠습니까? 이러한 증어는 이미 있지 않은데, 어찌 곧 지계가 만약 적정하거나, 만약 적정하지 않다는 증어가 보살마하살이라고 말할 수 있겠으며, 곧 수·화·풍·공·식계가 만약 적정하거나, 만약 적정하지 않다는 증어가 보살마하살이라고 말할 수 있겠습니까?"

"선현이여. 그대는 다시 무슨 뜻으로 관찰하여 곧 지계가 만약 멀리 벗어나거나, 만약 멀리 벗어나지 않는다는 증어는 곧 보살마하살이 아니고, 곧 수·화·풍·공·식계가 만약 멀리 벗어나거나, 만약 멀리 벗어나지 않는다는 증어는 곧 보살마하살이 아니라고 말하는가?"

"세존이시여. 만약 지계가 만약 멀리 벗어나거나, 멀리 벗어나지 않으며, 만약 수·화·풍·공·식계가 만약 멀리 벗어나거나, 멀리 벗어나지 않더라도 오히려 결국에는 얻을 수 없습니다. 자성이 있지 않은 까닭인데, 하물며 곧 지계가 만약 멀리 벗어나거나, 멀리 벗어나지 않는다는 증어와 수·화·풍·공·식계가 만약 멀리 벗어나거나, 멀리 벗어나지 않는다는 증어가 있겠습니까? 이러한 증어는 이미 있지 않은데, 어찌 곧 지계가 만약 멀리 벗어나거나, 만약 멀리 벗어나지 않는다는 증어가 보살마하살이라고 말할 수 있겠으며, 곧 수·화·풍·공·식계가 만약 멀리 벗어나거나, 만약 멀리 벗어나지 않는다는 증어가 보살마하살이라고 말할 수 있겠습니까?"

"선현이여. 그대는 다시 무슨 뜻으로 관찰하여 곧 지계가 만약 유위이거나, 만약 무위라는 증어는 곧 보살마하살이 아니고, 곧 수·화·풍·공·식계가 만약 유위이거나, 만약 무위라는 증어는 곧 보살마하살이 아니라고 말하는가?"

"세존이시여. 만약 지계가 유위이거나, 무위인 것과 만약 수·화·풍·공·식계가 유위이거나, 무위이더라도 오히려 결국에는 얻을 수 없습니다. 자성이 있지 않은 까닭인데, 하물며 곧 지계가 만약 유위이거나, 무위라는 증어와 수·화·풍·공·식계가 만약 유원이거나, 무위라는 증어가 있겠습니까? 이러한 증어는 이미 있지 않은데, 어찌 곧 지계가 만약 유위이거나, 만약 무위라는 증어가 보살마하살이라고 말할 수 있겠으며, 곧 수·화·풍·공·식계가 만약 유위이거나, 만약 무위라는 증어가 보살마하살이라고 말할 수 있겠습니까?"

"선현이여. 그대는 다시 무슨 뜻으로 관찰하여 곧 지계가 만약 유루이거나, 만약 무루라는 증어는 곧 보살마하살이 아니고, 곧 수·화·풍·공·식계가 만약 유루이거나, 만약 무루라는 증어는 곧 보살마하살이 아니라고 말하는가?"

"세존이시여. 만약 지계가 유루이거나, 무루인 것과 만약 수·화·풍·공·식계가 유루이거나, 무루이더라도 오히려 결국에는 얻을 수 없습니다. 자성이 있지 않은 까닭인데, 하물며 곧 지계가 만약 유루이거나, 무루라는 증어와 수·화·풍·공·식계가 만약 유루이거나, 무루라는 증어가 있겠습니까? 이러한 증어는 이미 있지 않은데, 어찌 곧 지계가 만약 유루이거나, 만약 무루라는 증어가 보살마하살이라고 말할 수 있겠으며, 곧 수·화·풍·공·식계가 만약 유루이거나, 만약 무루라는 증어가 보살마하살이라고 말할 수 있겠습니까?"

"선현이여. 그대는 다시 무슨 뜻으로 관찰하여 곧 지계가 만약 생겨나거나, 만약 소멸한다는 증어는 곧 보살마하살이 아니고, 곧 수·화·풍·공·식계가 만약 생겨나거나, 만약 소멸한다는 증어는 곧 보살마하살이 아니라고 말하는가?"

"세존이시여. 만약 지계가 만약 생겨나거나, 소멸하며, 만약 수·화·풍·

공·식계가 만약 생겨나거나, 소멸하더라도 오히려 결국에는 얻을 수 없습니다. 자성이 있지 않은 까닭인데, 하물며 곧 지계가 만약 생겨나거나, 소멸한다는 증어와 수·화·풍·공·식계가 만약 생겨나거나, 소멸한다는 증어가 있겠습니까? 이러한 증어는 이미 있지 않은데, 어찌 곧 지계가 만약 생겨나거나, 만약 소멸한다는 증어가 보살마하살이라고 말할 수 있겠으며, 곧 수·화·풍·공·식계가 만약 생겨나거나, 만약 소멸한다는 증어가 보살마하살이라고 말할 수 있겠습니까?"

"선현이여. 그대는 다시 무슨 뜻으로 관찰하여 곧 지계가 만약 선하거나, 만약 선하지 않다는 증어는 곧 보살마하살이 아니고, 곧 수·화·풍·공·식계가 만약 선하거나, 선하지 않다는 증어는 곧 보살마하살이 아니라고 말하는가?"

"세존이시여. 만약 지계가 만약 선하거나, 선하지 않으며, 만약 수·화·풍·공·식계가 만약 선하거나, 만약 선하지 않더라도 오히려 결국에는 얻을 수 없습니다. 자성이 있지 않은 까닭인데, 하물며 곧 지계가 만약 선하거나, 선하지 않다는 증어와 수·화·풍·공·식계가 만약 선하거나, 선하지 않다는 증어가 있겠습니까? 이러한 증어는 이미 있지 않은데, 어찌 곧 지계가 만약 선하거나, 만약 선하지 않다는 증어가 보살마하살이라고 말할 수 있겠으며, 곧 수·화·풍·공·식계가 만약 선하거나, 만약 선하지 않다는 증어가 보살마하살이라고 말할 수 있겠습니까?"

"선현이여. 그대는 다시 무슨 뜻으로 관찰하여 곧 지계가 만약 유죄이거나, 만약 무죄라는 증어는 곧 보살마하살이 아니고, 곧 수·화·풍·공·식계가 만약 유죄이거나, 만약 무죄라는 증어는 곧 보살마하살이 아니라고 말하는가?"

"세존이시여. 만약 지계가 유죄이거나, 무죄인 것과 만약 수·화·풍·공·식계가 유죄이거나 무죄이더라도 오히려 결국에는 얻을 수 없습니다. 성자성이 있지 않은 까닭인데, 하물며 곧 지계가 만약 유죄이거나, 무죄라는 증어와 수·화·풍·공·식계가 만약 유죄이거나 무죄라는 증어가 있겠습니까? 이러한 증어는 이미 있지 않은데, 어찌 곧 지계가 유죄이거나,

만약 무죄라는 증어가 보살마하살이라고 말할 수 있겠으며, 곧 수·화·풍·공·식계가 만약 유죄이거나, 만약 무죄라는 증어가 보살마하살이라고 말할 수 있겠습니까?"

"선현이여. 그대는 다시 무슨 뜻으로 관찰하여 곧 지계가 만약 번뇌가 있거나, 번뇌가 없다는 증어는 곧 보살마하살이 아니고, 곧 수·화·풍·공·식계가 만약 번뇌가 있거나, 번뇌가 없다는 증어는 곧 보살마하살이 아니라고 말하는가?"

"세존이시여. 만약 지계가 만약 번뇌가 있거나, 만약 번뇌가 없으며, 만약 수·화·풍·공·식계가 만약 번뇌가 있거나, 만약 번뇌가 없더라도 오히려 결국에는 얻을 수 없습니다. 자성이 있지 않은 까닭인데, 하물며 곧 지계가 만약 번뇌가 있거나, 만약 번뇌가 없다는 증어와 수·화·풍·공·식계가 만약 번뇌가 있거나, 만약 번뇌가 없다는 증어가 있겠습니까? 이러한 증어는 이미 있지 않은데, 어찌 곧 지계가 만약 번뇌가 있거나, 만약 번뇌가 없다는 증어가 보살마하살이라고 말할 수 있겠으며, 곧 수·화·풍·공·식계가 만약 번뇌가 있거나, 만약 번뇌가 없다는 증어가 보살마하살이라고 말할 수 있겠습니까?"

"선현이여. 그대는 다시 무슨 뜻으로 관찰하여 곧 지계가 만약 세간이거나, 만약 출세간이라는 증어는 곧 보살마하살이 아니고, 곧 수·화·풍·공·식계가 만약 세간이거나, 만약 출세간이라는 증어는 곧 보살마하살이 아니라고 말하는가?"

"세존이시여. 만약 지계가 세간이거나, 출세간이며, 만약 수·화·풍·공·식계가 세간이거나, 출세간이더라도 오히려 결국에는 얻을 수 없습니다. 자성이 있지 않은 까닭인데, 하물며 곧 지계가 만약 세간이거나, 출세간이라는 증어와 수·화·풍·공·식계가 만약 세간이거나, 출세간이라는 증어가 있겠습니까? 이러한 증어는 이미 있지 않은데, 어찌 곧 지계가 만약 세간이거나, 만약 출세간이라는 증어가 보살마하살이라고 말할 수 있겠으며, 곧 수·화·풍·공·식계가 만약 세간이거나, 만약 출세간이라는 증어가 보살마하살이라고 말할 수 있겠습니까?"

"선현이여. 그대는 다시 무슨 뜻으로 관찰하여 곧 지계가 만약 잡염이거나, 만약 청정하다는 증어는 곧 보살마하살이 아니고, 곧 수·화·풍·공·식계가 만약 잡염이거나, 만약 청정하다는 증어는 곧 보살마하살이 아니라고 말하는가?"

"세존이시여. 만약 지계가 잡염이거나 청정하며 만약 수·화·풍·공·식계가 잡염이거나, 청정하더라도 오히려 결국에는 얻을 수 없습니다. 자성이 있지 않은 까닭인데, 하물며 곧 안계가 만약 잡염이거나, 청정하다는 증어와 수·화·풍·공·식계가 만약 잡염이거나, 청정하다는 증어가 있겠습니까? 이러한 증어는 이미 있지 않은데, 어찌 곧 지계가 만약 잡염이거나, 만약 청정하다는 증어가 보살마하살이라고 말할 수 있겠으며, 곧 수·화·풍·공·식계가 만약 잡염이거나, 만약 청정하다는 증어가 보살마하살이라고 말할 수 있겠습니까?"

"선현이여. 그대는 다시 무슨 뜻으로 관찰하여 곧 지계가 만약 생사에 속하거나, 만약 열반에 속한다는 증어는 곧 보살마하살이 아니고, 곧 수·화·풍·공·식계가 만약 생사에 속하거나, 만약 열반에 속한다는 증어는 곧 보살마하살이 아니라고 말하는가?"

"세존이시여. 만약 지계가 생사에 속하거나, 열반에 속하며, 만약 수·화·풍·공·식계가 생사에 속하거나, 열반에 속하더라도 오히려 결국에는 얻을 수 없습니다. 자성이 있지 않은 까닭인데, 하물며 곧 지계가 만약 생사에 속하거나, 열반에 속한다는 증어와 수·화·풍·공·식계가 만약 생사에 속하거나, 열반에 속한다는 증어가 있겠습니까? 이러한 증어는 이미 있지 않은데, 어찌 곧 지계가 만약 생사에 속하거나, 만약 열반에 속한다는 증어가 보살마하살이라고 말할 수 있겠으며, 곧 수·화·풍·공·식계가 만약 생사에 속하거나, 만약 열반에 속한다는 증어가 보살마하살이라고 말할 수 있겠습니까?"

"선현이여. 그대는 다시 무슨 뜻으로 관찰하여 곧 지계가 만약 내신에 있거나, 만약 외신에 있거나, 만약 두 가지의 가운데에 있다는 증어는 곧 보살마하살이 아니고, 곧 수·화·풍·공·식계가 만약 내신에 있거나,

만약 외신에 있거나, 만약 두 가지의 가운데에 있다는 증어는 곧 보살마하살이 아니라고 말하는가?"

"세존이시여. 만약 지계가 내신에 있거나, 외신에 있거나, 두 가지의 가운데에 있으며, 만약 수·화·풍·공·식계가 내신에 있거나, 외신에 있거나, 두 가지의 가운데에 있더라도 오히려 결국에는 얻을 수 없습니다. 자성이 있지 않은 까닭인데, 하물며 곧 지계가 만약 내신에 있거나, 외신에 있거나, 두 가지의 가운데에 있다는 증어와 수·화·풍·공·식계가 만약 내신에 있거나, 외신에 있거나, 두 가지의 가운데에 있다는 증어가 있겠습니까? 이러한 증어는 이미 있지 않은데, 어찌 곧 지계가 만약 내신에 있거나, 만약 외신에 있거나, 만약 두 가지의 가운데에 있다는 증어가 보살마하살이라고 말할 수 있겠으며, 곧 수·화·풍·공·식계가 만약 내신에 있거나, 만약 외신에 있거나, 만약 두 가지의 가운데에 있다는 증어가 보살마하살이라고 말할 수 있겠습니까?"

"선현이여. 그대는 다시 무슨 뜻으로 관찰하여 곧 지계가 만약 얻을 수 있거나, 만약 얻을 수 없다는 증어는 곧 보살마하살이 아니고, 곧 수·화·풍·공·식계가 만약 얻을 수 있거나 만약 얻을 수 없다는 증어는 곧 보살마하살이 아니라고 말하는가?"

"세존이시여. 만약 지계가 얻을 수 있거나 얻을 수 없으며, 만약 수·화·풍·공·식계가 얻을 수 있거나, 얻을 수 없더라도 오히려 결국에는 얻을 수 없습니다. 자성이 있지 않은 까닭인데, 하물며 곧 지계가 만약 얻을 수 있거나, 얻을 수 없다는 증어와 수·화·풍·공·식계가 만약 얻을 수 있거나, 얻을 수 없다는 증어가 있겠습니까? 이러한 증어는 이미 있지 않은데, 어찌 곧 지계가 만약 얻을 수 있거나, 만약 얻을 수 없다는 증어가 보살마하살이라고 말할 수 있겠으며, 곧 수·화·풍·공·식계가 만약 얻을 수 있거나, 만약 얻을 수 없다는 증어가 보살마하살이라고 말할 수 있겠습니까?"

"다시 다음으로 선현이여. 그대는 무슨 뜻으로 관찰하여 곧 인연(因緣)

의 증어는 곧 보살마하살이 아니고, 곧 등무간연(等無間緣)·소연연(所緣緣)·증상연(增上緣)의 증어는 곧 보살마하살이 아니라고 말하는가?"

구수 선현이 대답하여 말하였다.

"세존이시여. 만약 인연이거나, 만약 등무간연·소연연·증상연이라도 오히려 결국에는 얻을 수 없습니다. 자성이 있지 않은 까닭인데, 하물며 곧 인연의 증어와 등무간연·소연연·증상연의 증어가 있겠습니까? 이러한 증어는 이미 있지 않은데, 어찌 곧 인연의 증어가 보살마하살이라고 말할 수 있겠으며, 곧 등무간연·소연연·증상연의 증어가 보살마하살이라고 말할 수 있겠습니까?"

"선현이여. 그대는 다시 무슨 뜻으로 관찰하여 곧 인연이 만약 항상하거나, 만약 무상하다는 증어는 곧 보살마하살이 아니고, 등무간연·소연연·증상연이 만약 항상하거나, 만약 무상하다는 증어는 곧 보살마하살이 아니라고 말하는가?"

"세존이시여. 만약 인연이 항상하거나, 무상하며, 만약 등무간연·소연연·증상연이 항상하거나 무상하더라도 오히려 결국에는 얻을 수 없습니다. 자성이 있지 않은 까닭인데, 하물며 곧 인연이 만약 항상하거나, 무상하다는 증어와 등무간연·소연연·증상연이 만약 항상하거나, 무상하다는 증어가 있겠습니까? 이러한 증어는 이미 있지 않은데, 어찌 곧 인연이 만약 항상하거나, 만약 무상하다는 증어가 보살마하살이라고 말할 수 있겠으며, 곧 등무간연·소연연·증상연이 만약 항상하거나, 만약 무상하다는 증어가 보살마하살이라고 말할 수 있겠습니까?"

"선현이여. 그대는 다시 무슨 뜻으로 관찰하여 곧 인연이 만약 즐겁거나, 만약 괴롭다는 증어는 곧 보살마하살이 아니고, 곧 등무간연·소연연·증상연이 만약 즐겁거나, 만약 괴롭다는 증어는 곧 보살마하살이 아니라고 말하는가?"

"세존이시여. 만약 인연이 즐겁거나, 만약 인연이 괴로우며, 만약 등무간연·소연연·증상연이 즐겁거나, 괴롭더라도 오히려 결국 얻을 수 없습니다. 자성이 있지 않은 까닭인데, 하물며 곧 인연이 만약 즐겁거나, 괴롭다는 증어와 등무간연·소연연·증상연이 만약 즐겁거나, 괴롭다는 증어가 있겠습니까? 이러한 증어는 이미 있지 않은데, 어찌 곧 인연이 만약 즐겁거나, 만약 괴롭다는 증어가 보살마하살이라고 말할 수 있겠으며, 곧 등무간연·소연연·증상연이 만약 즐겁거나, 만약 괴롭다는 증어가 보살마하살이라고 말할 수 있겠습니까?"

"선현이여. 그대는 다시 무슨 뜻으로 관찰하여 곧 인연이 만약 나이거나, 만약 무아라는 증어는 곧 보살마하살이 아니고, 곧 등무간연·소연연·증상연이 나이거나, 만약 무아라는 증어는 곧 보살마하살이 아니라고 말하는가?"

"세존이시여. 만약 인연이 나이거나, 만약 무아이며, 만약 등무간연·소연연·증상연이 나이거나 만약 무아이더라도 오히려 결국에는 얻을 수 없습니다. 자성이 있지 않은 까닭인데, 하물며 곧 인연이 만약 나이거나, 무아라는 증어와 등무간연·소연연·증상연이 만약 나이거나, 무아라는 증어가 있겠습니까? 이러한 증어는 이미 있지 않은데, 어찌 곧 인연이 만약 나이거나, 만약 무아라는 증어가 보살마하살이라고 말할 수 있겠으며, 곧 등무간연·소연연·증상연이 만약 나이거나, 만약 무아라는 증어가 보살마하살이라고 말할 수 있겠습니까?"

"선현이여. 그대는 다시 무슨 뜻으로 관찰하여 곧 인연이 만약 청정하거나, 만약 부정하다는 증어는 곧 보살마하살이 아니고, 곧 등무간연·소연연·증상연이 만약 청정하거나 만약 부정하다는 증어는 곧 보살마하살이 아니라고 말하는가?"

"세존이시여. 만약 인연이 청정하거나, 부정하며, 만약 등무간연·소연연·증상연이 청정하거나, 부정하더라도 오히려 결국에는 얻을 수 없습니다. 자성이 있지 않은 까닭인데, 하물며 곧 인연이 만약 청정하거나, 부정하다는 증어와 등무간연·소연연·증상연이 만약 청정하거나, 부정하다는 증어가 있겠습니까? 이러한 증어는 이미 있지 않은데, 어찌 곧 인연이 만약 청정하거나, 만약 부정하다는 증어가 보살마하살이라고 말할 수 있겠으며, 곧 등무간연·소연연·증상연이 만약 청정하거나, 만약 부정하다는 증어가 보살마하살이라고 말할 수 있겠습니까?"

"선현이여. 그대는 다시 무슨 뜻으로 관찰하여 곧 인연이 만약 공하거나, 만약 공하지 않다는 증어는 곧 보살마하살이 아니고, 곧 등무간연·소연연·증상연이 만약 공하거나, 만약 공하지 않다는 증어는 곧 보살마하살이 아니라고 말하는가?"

"세존이시여. 만약 인연이 공하거나, 공하지 않으며, 만약 등무간연·소연연·증상연이 공하거나, 공하지 않더라도 오히려 결국에는 얻을 수 없습니다. 자성이 있지 않은 까닭인데, 하물며 곧 인연이 만약 공하거나, 공하지 않다는 증어와 등무간연·소연연·증상연이 만약 공하거나, 공하지 않다는 증어가 있겠습니까? 이러한 증어는 이미 있지 않은데, 어찌 곧 인연이 만약 공하거나, 만약 공하지 않다는 증어가 보살마하살이라고 말할 수 있겠으며, 곧 등무간연·소연연·증상연이 만약 공하거나, 만약 공하지 않다는 증어가 보살마하살이라고 말할 수 있겠습니까?"

"선현이여. 그대는 다시 무슨 뜻으로 관찰하여 곧 인연이 만약 유상이거나, 만약 무상이라는 증어는 곧 보살마하살이 아니고, 곧 등무간연·소연연·증상연이 만약 유상이거나, 만약 무상이라는 증어는 곧 보살마하살이 아니라고 말하는가?"

"세존이시여. 만약 인연이 유상이거나, 무상이며, 만약 등무간연·소연연·증상연이 유상이거나, 무상이더라도 오히려 결국에는 얻을 수 없습니다. 자성이 있지 않은 까닭인데, 하물며 곧 인연이 만약 유상이거나, 무상이라는 증어와 등무간연·소연연·증상연이 만약 유상이거나, 무상이라는 증어가 있겠습니까? 이러한 증어는 이미 있지 않은데, 어찌 곧 인연이 만약 유상이거나, 만약 무상이라는 증어가 보살마하살이라고 말할 수 있겠으며, 곧 등무간연·소연연·증상연이 만약 유상이거나, 만약 무상이라는 증어가 보살마하살이라고 말할 수 있겠습니까?"

"선현이여. 그대는 다시 무슨 뜻으로 관찰하여 곧 인연이 만약 유원이거나, 만약 무원이라는 증어는 곧 보살마하살이 아니고, 곧 등무간연·소연연·증상연이 만약 유원이거나, 만약 무원이라는 증어는 곧 보살마하살이 아니라고 말하는가?"

"세존이시여. 만약 인연이 유원이거나, 무원이며, 만약 등무간연·소연연·증상연이 유원이거나, 무원이더라도 오히려 결국에는 얻을 수 없습니다. 자성이 있지 않은 까닭인데, 하물며 곧 인연이 만약 유원이거나, 무원이라는 증어와 등무간연·소연연·증상연이 만약 유원이거나, 무원이라는 증어가 있겠습니까? 이러한 증어는 이미 있지 않은데, 어찌 곧 인연이 만약 유원이거나, 만약 무원이라는 증어가 보살마하살이라고 말할 수 있겠으며, 곧 등무간연·소연연·증상연이 만약 유원이거나, 만약 무원이라는 증어가 보살마하살이라고 말할 수 있겠습니까?"

"선현이여. 그대는 다시 무슨 뜻으로 관찰하여 곧 인연이 만약 적정하거나, 만약 적정하지 않다는 증어는 곧 보살마하살이 아니고, 곧 등무간연·소연연·증상연이 만약 적정하거나, 만약 적정하지 않다는 증어는 곧 보살마하살이 아니라고 말하는가?"

"세존이시여. 만약 인연이 적정하거나, 적정하지 않으며, 만약 등무간연·소연연·증상연이 적정하거나, 적정하지 않더라도 오히려 결국에는 얻을 수 없습니다. 자성이 있지 않은 까닭인데, 하물며 곧 인연이 만약 적정하거나, 적정하지 않다는 증어와 등무간연·소연연·증상연이 만약 적정하거나, 적정하지 않다는 증어가 있겠습니까? 이러한 증어는 이미 있지 않은데, 어찌 곧 인연이 만약 적정하거나, 만약 적정하지 않다는 증어가 보살마하살이라고 말할 수 있겠으며, 곧 등무간연·소연연·증상연이 만약 적정하거나, 만약 적정하지 않다는 증어가 보살마하살이라고 말할 수 있겠습니까?"

"선현이여. 그대는 다시 무슨 뜻으로 관찰하여 곧 인연이 만약 멀리 벗어나거나, 만약 멀리 벗어나지 않는다는 증어는 곧 보살마하살이 아니고, 곧 등무간연·소연연·증상연이 만약 멀리 벗어나거나, 만약 멀리 벗어나지 않는다는 증어는 곧 보살마하살이 아니라고 말하는가?"

"세존이시여. 만약 인연이 만약 멀리 벗어나거나, 멀리 벗어나지 않으며, 만약 등무간연·소연연·증상연이 만약 멀리 벗어나거나, 멀리 벗어나지 않더라도 오히려 결국에는 얻을 수 없습니다. 자성이 있지 않은 까닭인

데, 하물며 곧 인연이 만약 멀리 벗어나거나, 멀리 벗어나지 않는다는
증어와 등무간연·소연연·증상연이 만약 멀리 벗어나거나, 멀리 벗어나지
않는다는 증어가 있겠습니까? 이러한 증어는 이미 있지 않은데, 어찌
곧 인연이 만약 멀리 벗어나거나, 만약 멀리 벗어나지 않는다는 증어가
보살마하살이라고 말할 수 있겠으며, 곧 등무간연·소연연·증상연이 만약
멀리 벗어나거나, 만약 멀리 벗어나지 않는다는 증어가 보살마하살이라고
말할 수 있겠습니까?"

"선현이여. 그대는 다시 무슨 뜻으로 관찰하여 곧 인연이 만약 유위이거
나, 만약 무위라는 증어는 곧 보살마하살이 아니고, 곧 등무간연·소연연·
증상연이 만약 유위이거나, 만약 무위라는 증어는 곧 보살마하살이 아니
라고 말하는가?"

"세존이시여. 만약 인연이 유위이거나, 무위이며, 만약 등무간연·소연
연·증상연이 유위이거나, 무위이더라도 오히려 결국에는 얻을 수 없습니
다. 자성이 있지 않은 까닭인데, 하물며 곧 인연이 만약 유위이거나,
무위라는 증어와 등무간연·소연연·증상연이 만약 유위이거나, 무위라는
증어가 있겠습니까? 이러한 증어는 이미 있지 않은데, 어찌 곧 인연이
만약 유위이거나, 만약 무위라는 증어가 보살마하살이라고 말할 수 있겠
으며, 곧 등무간연·소연연·증상연이 만약 유위이거나, 만약 무위라는
증어가 보살마하살이라고 말할 수 있겠습니까?"

"선현이여. 그대는 다시 무슨 뜻으로 관찰하여 곧 인연이 만약 유루이거
나, 만약 무루라는 증어는 곧 보살마하살이 아니고, 곧 등무간연·소연연·
증상연이 만약 유루이거나, 만약 무루라는 증어는 곧 보살마하살이 아니
라고 말하는가?"

"세존이시여. 만약 인연이 유루이거나, 무루이며, 만약 등무간연·소연
연·증상연이 유루이거나, 무루이더라도 오히려 결국에는 얻을 수 없습니
다. 자성이 있지 않은 까닭인데, 하물며 곧 인연이 만약 유루이거나,
무루라는 증어와 등무간연·소연연·증상연이 만약 유루이거나, 무루라는
증어가 있겠습니까? 이러한 증어는 이미 있지 않은데, 어찌 곧 인연이

만약 유루이거나, 만약 무루라는 증어가 보살마하살이라고 말할 수 있겠으며, 곧 등무간연·소연연·증상연이 만약 유루이거나, 만약 무루라는 증어가 보살마하살이라고 말할 수 있겠습니까?"

"선현이여. 그대는 다시 무슨 뜻으로 관찰하여 곧 인연이 만약 생겨나거나, 만약 소멸한다는 증어는 곧 보살마하살이 아니고, 곧 등무간연·소연연·증상연이 만약 생겨나거나, 만약 소멸한다는 증어는 곧 보살마하살이 아니라고 말하는가?"

"세존이시여. 만약 인연이 만약 생겨나거나, 소멸하며, 만약 등무간연·소연연·증상연이 만약 생겨나거나, 소멸하더라도 오히려 결국에는 얻을 수 없습니다. 자성이 있지 않은 까닭인데, 하물며 곧 인연이 만약 생겨나거나, 소멸한다는 증어와 등무간연·소연연·증상연이 만약 생겨나거나, 소멸한다는 증어가 있겠습니까? 이러한 증어는 이미 있지 않은데, 어찌 곧 인연이 만약 생겨나거나, 만약 소멸한다는 증어가 보살마하살이라고 말할 수 있겠으며, 곧 등무간연·소연연·증상연이 만약 생겨나거나, 만약 소멸한다는 증어가 보살마하살이라고 말할 수 있겠습니까?"

"선현이여. 그대는 다시 무슨 뜻으로 관찰하여 곧 인연이 만약 선하거나, 만약 선하지 않다는 증어는 곧 보살마하살이 아니고, 곧 등무간연·소연연·증상연이 만약 선하거나, 선하지 않다는 증어는 곧 보살마하살이 아니라고 말하는가?"

"세존이시여. 만약 인연이 만약 선하거나, 선하지 않으며, 만약 등무간연·소연연·증상연이 만약 선하거나, 만약 선하지 않더라도 오히려 결국에는 얻을 수 없습니다. 자성이 있지 않은 까닭인데, 하물며 곧 인연이 만약 선하거나, 선하지 않다는 증어와 등무간연·소연연·증상연이 만약 선하거나, 선하지 않다는 증어가 있겠습니까? 이러한 증어는 이미 있지 않은데, 어찌 곧 인연이 만약 선하거나, 만약 선하지 않다는 증어가 보살마하살이라고 말할 수 있겠으며, 곧 등무간연·소연연·증상연이 만약 선하거나, 만약 선하지 않다는 증어가 보살마하살이라고 말할 수 있겠습니까?"

"선현이여. 그대는 다시 무슨 뜻으로 관찰하여 곧 인연이 만약 유죄이거나, 만약 무죄라는 증어는 곧 보살마하살이 아니고, 곧 등무간연·소연연·증상연이 만약 유죄이거나, 만약 무죄라는 증어는 곧 보살마하살이 아니라고 말하는가?"

"세존이시여. 만약 인연이 유죄이거나, 무죄이며, 만약 등무간연·소연연·증상연이 유죄이거나 무죄이더라도 오히려 결국에는 얻을 수 없습니다. 자성이 있지 않은 까닭인데, 하물며 곧 인연이 만약 유죄이거나, 무죄라는 증어와 등무간연·소연연·증상연이 만약 유죄이거나, 무죄라는 증어가 있겠습니까? 이러한 증어는 이미 있지 않은데, 어찌 곧 인연이 유죄이거나, 만약 무죄라는 증어가 보살마하살이라고 말할 수 있겠으며, 곧 등무간연·소연연·증상연이 만약 유죄이거나, 만약 무죄라는 증어가 보살마하살이라고 말할 수 있겠습니까?"

"선현이여. 그대는 다시 무슨 뜻으로 관찰하여 곧 인연이 만약 번뇌가 있거나, 번뇌가 없다는 증어는 곧 보살마하살이 아니고, 곧 등무간연·소연연·증상연이 만약 번뇌가 있거나, 번뇌가 없다는 증어는 곧 보살마하살이 아니라고 말하는가?"

"세존이시여. 만약 인연이 만약 번뇌가 있거나, 만약 번뇌가 없으며, 만약 등무간연·소연연·증상연이 만약 번뇌가 있거나, 만약 번뇌가 없더라도 오히려 결국에는 얻을 수 없습니다. 자성이 있지 않은 까닭인데, 하물며 곧 인연이 만약 번뇌가 있거나, 만약 번뇌가 없다는 증어와 등무간연·소연연·증상연이 만약 번뇌가 있거나, 만약 번뇌가 없다는 증어가 있겠습니까? 이러한 증어는 이미 있지 않은데, 어찌 곧 인연이 만약 번뇌가 있거나, 만약 번뇌가 없다는 증어가 보살마하살이라고 말할 수 있겠으며, 곧 등무간연·소연연·증상연이 만약 번뇌가 있거나, 만약 번뇌가 없다는 증어가 보살마하살이라고 말할 수 있겠습니까?"

"선현이여. 그대는 다시 무슨 뜻으로 관찰하여 곧 인연이 만약 세간이거나, 만약 출세간이라는 증어는 곧 보살마하살이 아니고, 곧 등무간연·소연연·증상연이 만약 세간이거나 만약 출세간이라는 증어는 곧 보살마하살이 아니라고 말하는가?"

"세존이시여. 만약 인연이 세간이거나, 출세간이며, 만약 등무간연·소
연연·증상연이 세간이거나, 출세간이더라도 오히려 결국에는 얻을 수
없습니다. 자성이 있지 않은 까닭인데, 하물며 곧 인연이 만약 세간이거나,
출세간이라는 증어와 등무간연·소연연·증상연이 만약 세간이거나, 출세
간이라는 증어가 있겠습니까? 이러한 증어는 이미 있지 않은데, 어찌
곧 인연이 만약 세간이거나, 만약 출세간이라는 증어가 보살마하살이라고
말할 수 있겠으며, 곧 등무간연·소연연·증상연이 만약 세간이거나, 만약
출세간이라는 증어가 보살마하살이라고 말할 수 있겠습니까?"

"선현이여. 그대는 다시 무슨 뜻으로 관찰하여 곧 인연이 만약 잡염이거
나, 만약 청정하다는 증어는 곧 보살마하살이 아니고, 곧 등무간연·소연연
·증상연이 만약 잡염이거나, 만약 청정하다는 증어는 곧 보살마하살이
아니라고 말하는가?"

"세존이시여. 만약 인연이 잡염이거나, 청정하며, 만약 등무간연·소연
연·증상연이 잡염이거나, 청정하더라도 오히려 결국에는 얻을 수 없습니
다. 자성이 있지 않은 까닭인데, 하물며 곧 인연이 만약 잡염이거나,
청정하다는 증어와 등무간연·소연연·증상연이 만약 잡염이거나, 청정하
다는 증어가 있겠습니까? 이러한 증어는 이미 있지 않은데, 어찌 곧
인연이 만약 잡염이거나, 만약 청정하다는 증어가 보살마하살이라고
말할 수 있겠으며, 곧 등무간연·소연연·증상연이 만약 잡염이거나, 만약
청정하다는 증어가 보살마하살이라고 말할 수 있겠습니까?"

"선현이여. 그대는 다시 무슨 뜻으로 관찰하여 곧 인연이 만약 생사에
속하거나, 만약 열반에 속한다는 증어는 곧 보살마하살이 아니고, 곧
등무간연·소연연·증상연이 만약 생사에 속하거나, 만약 열반에 속한다는
증어는 곧 보살마하살이 아니라고 말하는가?"

"세존이시여. 만약 인연이 생사에 속하거나, 열반에 속하며, 만약 등무
간연·소연연·증상연이 생사에 속하거나, 열반에 속하더라도 오히려 결국
에는 얻을 수 없습니다. 자성이 있지 않은 까닭인데, 하물며 곧 인연이

만약 생사에 속하거나 열반에 속한다는 증어와 등무간연·소연연·증상연이 만약 생사에 속하거나, 열반에 속한다는 증어가 있겠습니까? 이러한 증어는 이미 있지 않은데, 어찌 곧 인연이 만약 생사에 속하거나, 만약 열반에 속한다는 증어가 보살마하살이라고 말할 수 있겠으며, 곧 등무간연·소연연·증상연이 만약 생사에 속하거나, 만약 열반에 속한다는 증어가 보살마하살이라고 말할 수 있겠습니까?"

"선현이여. 그대는 다시 무슨 뜻으로 관찰하여 곧 인연이 만약 내신에 있거나, 만약 외신에 있거나, 만약 두 가지의 가운데에 있다는 증어는 곧 보살마하살이 아니고, 곧 등무간연·소연연·증상연이 만약 내신에 있거나, 만약 외신에 있거나, 만약 두 가지의 가운데에 있다는 증어는 곧 보살마하살이 아니라고 말하는가?"

"세존이시여. 만약 인연이 내신에 있거나, 외신에 있거나, 두 가지의 가운데에 있으며, 만약 등무간연·소연연·증상연이 내신에 있거나, 외신에 있거나, 두 가지의 가운데에 있더라도 오히려 결국에는 얻을 수 없습니다. 자성이 있지 않은 까닭인데, 하물며 곧 인연이 만약 내신에 있거나, 외신에 있거나, 두 가지의 가운데에 있다는 증어와 등무간연·소연연·증상연이 만약 내신에 있거나, 외신에 있거나, 두 가지의 가운데에 있다는 증어가 있겠습니까? 이러한 증어는 이미 있지 않은데, 어찌 곧 인연이 만약 내신에 있거나, 만약 외신에 있거나, 만약 두 가지의 가운데에 있다는 증어가 보살마하살이라고 말할 수 있겠으며, 곧 등무간연·소연연·증상연이 만약 내신에 있거나, 만약 외신에 있거나, 만약 두 가지의 가운데에 있다는 증어가 보살마하살이라고 말할 수 있겠습니까?"

"선현이여. 그대는 다시 무슨 뜻으로 관찰하여 곧 인연이 만약 얻을 수 있거나, 만약 얻을 수 없다는 증어는 곧 보살마하살이 아니고, 곧 등무간연·소연연·증상연이 만약 얻을 수 있거나, 만약 얻을 수 없다는 증어는 곧 보살마하살이 아니라고 말하는가?"

"세존이시여. 만약 인연이 얻을 수 있거나 얻을 수 없으며, 만약 등무간연·소연연·증상연이 얻을 수 있거나, 얻을 수 없더라도 오히려 결국에는 얻을 수 없습니다. 자성이 있지 않은 까닭인데, 하물며 곧 인연이 만약 얻을 수 있거나, 얻을 수 없다는 증어와 등무간연·소연연·증상연이 만약 얻을 수 있거나, 얻을 수 없다는 증어가 있겠습니까? 이러한 증어는 이미 있지 않은데, 어찌 곧 인연이 만약 얻을 수 있거나, 만약 얻을 수 없다는 증어가 보살마하살이라고 말할 수 있겠으며, 곧 등무간연·소연연·증상연이 만약 얻을 수 있거나, 만약 얻을 수 없다는 증어가 보살마하살이라고 말할 수 있겠습니까?"

"다시 다음으로 선현이여. 그대는 무슨 뜻으로 관찰하여 곧 연(緣)에서 생겨난 법의 증어는 곧 보살마하살이 아니라고 말하는가?"
구수 선현이 대답하여 말하였다.
"세존이시여. 연에서 생겨난 법이더라도 오히려 결국에는 얻을 수 없습니다. 자성이 있지 않은 까닭인데, 하물며 곧 인연의 증어가 있겠습니까? 이러한 증어는 이미 있지 않은데, 어찌 곧 연에서 생겨난 법의 증어가 보살마하살이라고 말할 수 있겠습니까?"
"선현이여. 그대는 다시 무슨 뜻으로 관찰하여 곧 연에서 생겨난 법이 만약 항상하거나, 만약 무상하다는 증어는 곧 보살마하살이 아니라고 말하는가?"
"세존이시여. 연에서 생겨난 법이 만약 항상하거나, 만약 무상하더라도 오히려 결국에는 얻을 수 없습니다. 자성이 있지 않은 까닭인데, 하물며 곧 연에서 생겨난 법이 만약 항상하거나, 무상하다는 증어가 있겠습니까? 이러한 증어는 이미 있지 않은데, 어찌 곧 연에서 생겨난 법이 만약 항상하거나, 만약 무상하다는 증어가 보살마하살이라고 말할 수 있겠습니까?"
"선현이여. 그대는 다시 무슨 뜻으로 관찰하여 곧 연에서 생겨난 법이 만약 즐겁거나, 만약 괴롭다는 증어는 곧 보살마하살이 아니라고 말하는가?"
"세존이시여. 연에서 생겨난 법이 만약 즐겁거나, 만약 괴롭더라도 오히려 결국 얻을 수 없습니다. 자성이 있지 않은 까닭인데, 하물며 곧 연에서 생겨난 법이 즐겁거나, 괴롭다는 증어가 있겠습니까? 이러한 증어는 이미 있지 않은데, 어찌 곧 연에서 생겨난 법이 만약 즐겁거나, 만약 괴롭다는 증어가 보살마하살이라고 말할 수 있겠습니까?"

"선현이여. 그대는 다시 무슨 뜻으로 관찰하여 곧 연에서 생겨난 법이 만약 나이거나, 만약 무아라는 증어는 곧 보살마하살이 아니라고 말하는가?"

"세존이시여. 연에서 생겨난 법이 만약 나이거나, 만약 무아이더라도 오히려 결국에는 얻을 수 없습니다. 자성이 있지 않은 까닭인데, 하물며 곧 연에서 생겨난 법이 나이거나, 무아라는 증어가 있겠습니까? 이러한 증어는 이미 있지 않은데, 어찌 곧 연에서 생겨난 법이 만약 나이거나, 만약 무아라는 증어가 보살마하살이라고 말할 수 있겠습니까?"

"선현이여. 그대는 다시 무슨 뜻으로 관찰하여 곧 연에서 생겨난 법이 만약 청정하거나, 만약 부정하다는 증어는 곧 보살마하살이 아니라고 말하는가?"

"세존이시여. 연에서 생겨난 법이 만약 청정하거나, 만약 부정하더라도 오히려 결국에는 얻을 수 없습니다. 자성이 있지 않은 까닭인데, 하물며 곧 인연이 청정하거나, 부정하다는 증어가 있겠습니까? 이러한 증어는 이미 있지 않은데, 어찌 곧 연에서 생겨난 법이 만약 청정하거나, 만약 부정하다는 증어가 보살마하살이라고 말할 수 있겠습니까?"

"선현이여. 그대는 다시 무슨 뜻으로 관찰하여 곧 인연이 만약 공하거나, 만약 공하지 않다는 증어는 곧 보살마하살이 아니라고 말하는가?"

"세존이시여. 연에서 생겨난 법이 만약 공하거나, 만약 공하지 않더라도 오히려 결국에는 얻을 수 없습니다. 자성이 있지 않은 까닭인데, 하물며 곧 연에서 생겨난 법이 공하거나, 공하지 않다는 증어가 있겠습니까? 이러한 증어는 이미 있지 않은데, 어찌 곧 인연이 만약 공하거나, 만약 공하지 않다는 증어가 보살마하살이라고 말할 수 있겠습니까?"

"선현이여. 그대는 다시 무슨 뜻으로 관찰하여 곧 연에서 생겨난 법이 만약 유상이거나, 만약 무상이라는 증어는 곧 보살마하살이 아니라고 말하는가?"

"세존이시여. 연에서 생겨난 법이 만약 유상이거나, 만약 무상이더라도 오히려 결국에는 얻을 수 없습니다. 자성이 있지 않은 까닭인데, 하물며 곧 연에서 생겨난 법이 유상이거나, 무상이라는 증어가 있겠습니까? 이러한 증어는 이미 있지 않은데, 어찌 곧 인연이 만약 유상이거나, 만약 무상이라는 증어가 보살마하살이라고 말할 수 있겠습니까?"

"선현이여. 그대는 다시 무슨 뜻으로 관찰하여 곧 연에서 생겨난 법이 만약 유원이거나, 만약 무원이라는 증어는 곧 보살마하살이 아니라고 말하는가?"

"세존이시여. 연에서 생겨난 법이 만약 유원이거나, 만약 무원이더라도 오히려 결국에는 얻을 수 없습니다. 자성이 있지 않은 까닭인데, 하물며 곧 인연이 유원이거나, 무원이라는 증어가 있겠습니까? 이러한 증어는 이미 있지 않은데, 어찌 곧 연에서 생겨난 법이 만약 유원이거나, 만약 무원이라는 증어가 보살마하살이라고 말할 수 있겠습니까?"

"선현이여. 그대는 다시 무슨 뜻으로 관찰하여 곧 연에서 생겨난 법이 만약 적정하거나, 만약 적정하지 않다는 증어는 곧 보살마하살이 아니라고 말하는가?"

"세존이시여. 연에서 생겨난 법이 만약 적정하거나, 만약 적정하지 않더라도 오히려 결국에는 얻을 수 없습니다. 자성이 있지 않은 까닭인데, 하물며 곧 연에서 생겨난 법이 적정하거나, 적정하지 않다는 증어가 있겠습니까? 이러한 증어는 이미 있지 않은데, 어찌 곧 연에서 생겨난 법이 만약 적정하거나, 만약 적정하지 않다는 증어가 보살마하살이라고 말할 수 있겠습니까?"

"선현이여. 그대는 다시 무슨 뜻으로 관찰하여 곧 연에서 생겨난 법이 만약 멀리 벗어나거나, 만약 멀리 벗어나지 않는다는 증어는 곧 보살마하살이 아니라고 말하는가?"

"세존이시여. 인연이 만약 멀리 벗어나거나, 만약 멀리 벗어나지 않더라도 오히려 결국에는 얻을 수 없습니다. 자성이 있지 않은 까닭인데, 하물며 곧 연에서 생겨난 법이 멀리 벗어나거나, 멀리 벗어나지 않는다는 증어가 있겠습니까? 이러한 증어는 이미 있지 않은데, 어찌 곧 연에서 생겨난 법이 만약 멀리 벗어나거나, 만약 멀리 벗어나지 않는다는 증어가 곧 보살마하살이라고 말할 수 있겠습니까?"

"선현이여. 그대는 다시 무슨 뜻으로 관찰하여 곧 연에서 생겨난 법이 만약 유위이거나, 만약 무위라는 증어는 곧 보살마하살이 아니라고 말하는가?"

"세존이시여. 인연이 유위이거나, 만약 무위이더라도 오히려 결국에는 얻을 수 없습니다. 자성이 있지 않은 까닭인데, 하물며 곧 연에서 생겨난 법이 유위이거나, 무위라는 증어가 있겠습니까? 이러한 증어는 이미 있지 않은데, 어찌 곧 연에서 생겨난 법이 만약 유위이거나, 만약 무위라는 증어가 보살마하살이라고 말할 수 있겠습니까?"

"선현이여. 그대는 다시 무슨 뜻으로 관찰하여 곧 연에서 생겨난 법이 만약 유루이거나, 만약 무루라는 증어는 곧 보살마하살이 아니라고 말하는가?"

"세존이시여. 연에서 생겨난 법이 만약 유루이거나, 만약 무루이더라도 오히려 결국에는 얻을 수 없습니다. 자성이 있지 않은 까닭인데, 하물며 곧 연에서 생겨난 법이 유루이거나, 무루라는 증어가 있겠습니까? 이러한 증어는 이미 있지 않은데, 어찌 곧 연에서 생겨난 법이 만약 유루이거나, 만약 무루라는 증어가 보살마하살이라고 말할 수 있겠습니까?"

"선현이여. 그대는 다시 무슨 뜻으로 관찰하여 곧 연에서 생겨난 법이 만약 생겨나거나, 만약 소멸한다는 증어는 곧 보살마하살이 아니라고 말하는가?"

"세존이시여. 연에서 생겨난 법이 만약 생겨나거나, 만약 소멸하더라도 오히려 결국에는 얻을 수 없습니다. 자성이 있지 않은 까닭인데, 하물며 곧 연에서 생겨난 법이 생겨나거나, 소멸한다는 증어가 있겠습니까? 이러한 증어는 이미 있지 않은데, 어찌 곧 연에서 생겨난 법이 만약 생겨나거나, 만약 소멸한다는 증어가 보살마하살이라고 말할 수 있겠습니까?"

"선현이여. 그대는 다시 무슨 뜻으로 관찰하여 곧 연에서 생겨난 법이 만약 선하거나, 만약 선하지 않다는 증어는 곧 보살마하살이 아니라고 말하는가?"

"세존이시여. 연에서 생겨난 법이 만약 선하거나, 만약 선하지 않더라도 오히려 결국에는 얻을 수 없습니다. 자성이 있지 않은 까닭인데, 하물며 곧 인연이 만약 선하거나, 선하지 않다는 증어가 있겠습니까? 이러한 증어는 이미 있지 않은데, 어찌 곧 인연이 만약 선하거나, 만약 선하지 않다는 증어가 보살마하살이라고 말할 수 있겠습니까?"

"선현이여. 그대는 다시 무슨 뜻으로 관찰하여 곧 연에서 생겨난 법이 만약 유죄이거나, 만약 무죄라는 증어는 곧 보살마하살이 아니라고 말하는가?"

"세존이시여. 연에서 생겨난 법이 만약 유죄이거나, 만약 무죄이더라도 오히려 결국에는 얻을 수 없습니다. 자성이 있지 않은 까닭인데, 하물며 곧 인연이 유죄이거나, 무죄라는 증어가 있겠습니까? 이러한 증어는 이미 있지 않은데, 어찌 곧 연에서 생겨난 법이 유죄이거나, 만약 무죄라는 증어가 보살마하살이라고 말할 수 있겠습니까?"

"선현이여. 그대는 다시 무슨 뜻으로 관찰하여 곧 연에서 생겨난 법이 만약 번뇌가 있거나, 번뇌가 없다는 증어는 곧 보살마하살이 아니라고 말하는가?"

"세존이시여. 연에서 생겨난 법이 만약 번뇌가 있거나, 만약 번뇌가 없더라도 오히려 결국에는 얻을 수 없습니다. 자성이 있지 않은 까닭인데, 하물며 곧 연에서 생겨난 법이 번뇌가 있거나, 만약 번뇌가 없다는 증어가 있겠습니까? 이러한 증어는 이미 있지 않은데, 어찌 곧 연에서 생겨난 법이 번뇌가 있거나, 만약 번뇌가 없다는 증어가 보살마하살이라고 말할 수 있겠습니까?"

"선현이여. 그대는 다시 무슨 뜻으로 관찰하여 곧 인연이 만약 세간이거나, 만약 출세간이라는 증어는 곧 보살마하살이 아니라고 말하는가?"

"세존이시여. 연에서 생겨난 법이 만약 세간이거나, 만약 출세간이더라도 오히려 결국에는 얻을 수 없습니다. 자성이 있지 않은 까닭인데, 하물며 곧 연에서 생겨난 법이 세간이거나, 출세간이라는 증어가 있겠습니까? 이러한 증어는 이미 있지 않은데, 어찌 곧 연에서 생겨난 법이 만약 세간이거나, 만약 출세간이라는 증어가 보살마하살이라고 말할 수 있겠습니까?"

"선현이여. 그대는 다시 무슨 뜻으로 관찰하여 곧 연에서 생겨난 법이 만약 잡염이거나, 만약 청정하다는 증어는 곧 보살마하살이 아니라고 말하는가?"

"세존이시여. 연에서 생겨난 법이 만약 잡염이거나, 만약 청정하더라도 오히려 결국에는 얻을 수 없습니다. 자성이 있지 않은 까닭인데, 하물며 곧 연에서 생겨난 법이 잡염이거나, 청정하다는 증어가 있겠습니까? 이러한 증어는 이미 있지 않은데, 어찌 곧 연에서 생겨난 법이 만약 잡염이거나, 만약 청정하다는 증어가 보살마하살이라고 말할 수 있겠습니까?"

"선현이여. 그대는 다시 무슨 뜻으로 관찰하여 곧 연에서 생겨난 법이 만약 생사에 속하거나, 만약 열반에 속한다는 증어는 곧 보살마하살이 아니라고 말하는가?"

"세존이시여. 연에서 생겨난 법이 만약 생사에 속하거나, 만약 열반에 속하더라도 오히려 결국에는 얻을 수 없습니다. 자성이 있지 않은 까닭인데, 하물며 곧 인연이 생사에 속하거나, 열반에 속한다는 증어가 있겠습니까? 이러한 증어는 이미 있지 않은데, 어찌 곧 연에서 생겨난 법이 만약 생사에 속하거나, 만약 열반에 속한다는 증어가 보살마하살이라고 말할 수 있겠습니까?"

"선현이여. 그대는 다시 무슨 뜻으로 관찰하여 곧 연에서 생겨난 법이 만약 내신에 있거나, 만약 외신에 있거나, 만약 두 가지의 가운데에 있다는 증어는 곧 보살마하살이 아니라고 말하는가?"

"세존이시여. 연에서 생겨난 법이 내신에 있거나, 외신에 있거나, 두 가지의 가운데에 있더라도 오히려 결국에는 얻을 수 없습니다. 자성이 있지 않은 까닭인데, 하물며 곧 연에서 생겨난 법이 내신에 있거나, 외신에 있거나, 두 가지의 가운데에 있다는 증어가 있겠습니까? 이러한 증어는 이미 있지 않은데, 어찌 곧 연에서 생겨난 법이 만약 내신에 있거나, 만약 외신에 있거나, 만약 두 가지의 가운데에 있다는 증어가 보살마하살이라고 말할 수 있겠습니까?"

"선현이여. 그대는 다시 무슨 뜻으로 관찰하여 곧 연에서 생겨난 법이 만약 얻을 수 있거나, 만약 얻을 수 없다는 증어는 곧 보살마하살이 아니라고 말하는가?"

"세존이시여. 연에서 생겨난 법이 만약 얻을 수 있거나, 얻을 수 없더라도 오히려 결국에는 얻을 수 없습니다. 자성이 있지 않은 까닭인데, 하물며 곧 연에서 생겨난 법이 얻을 수 있거나, 얻을 수 없다는 증어가 있겠습니까? 이러한 증어는 이미 있지 않은데, 어찌 곧 연에서 생겨난 법이 만약 얻을 수 있거나, 만약 얻을 수 없다는 증어가 보살마하살이라고 말할 수 있겠습니까?"

마하반야바라밀다경 제28권

7. 교계교수품(教誡教授品)(18)

"다시 다음으로 선현이여. 그대는 무슨 뜻으로 관찰하여 곧 무명(無明)의 증어는 곧 보살마하살이 아니고, 곧 행(行)·식(識)·명색(名色)·육처(六處)·촉(觸)·수(受)·애(愛)·취(取)·유(有)·생(生)·노사(老死)의 증어는 곧 보살마하살이 아니라고 말하는가?"

구수 선현이 대답하여 말하였다.

"세존이시여. 만약 무명이거나, 만약 행, 나아가 노사라도 오히려 결국에는 얻을 수 없습니다. 자성이 있지 않은 까닭인데, 하물며 곧 무명의 증어와 행, 나아가 노사의 증어가 있겠습니까? 이러한 증어는 이미 있지 않은데, 어찌 곧 무명의 증어가 보살마하살이라고 말할 수 있겠으며, 곧 행, 나아가 노사의 증어가 보살마하살이라고 말할 수 있겠습니까?"

"선현이여. 그대는 다시 무슨 뜻으로 관찰하여 곧 무명이 만약 항상하거나, 만약 무상하다는 증어는 곧 보살마하살이 아니고, 행, 나아가 노사가 만약 항상하거나, 만약 무상하다는 증어는 곧 보살마하살이 아니라고 말하는가?"

"세존이시여. 무명이 만약 항상하거나, 무상하며, 행, 나아가 노사가 만약 항상하거나, 무상하더라도 오히려 결국에는 얻을 수 없습니다. 자성이 있지 않은 까닭인데, 하물며 무명이 항상하거나, 무상하다는 증어와 행, 나아가 노사가 항상하거나 무상하다는 증어가 있겠습니까? 이러한 증어는 이미 있지 않은데, 어찌 곧 무명이 만약 항상하거나, 만약 무상하다는 증어가 보살마하살이라고 말할 수 있겠으며, 곧 행, 나아가 노사가 만약 항상하거나, 만약 무상하다는 증어가 보살마하살이라고 말할 수 있겠습니까?"

"선현이여. 그대는 다시 무슨 뜻으로 관찰하여 곧 무명이 만약 즐겁거나, 만약 괴롭다는 증어는 곧 보살마하살이 아니고, 곧 행, 나아가 노사가 만약 즐겁거나, 만약 괴롭다는 증어는 곧 보살마하살이 아니라고 말하는가?"

"세존이시여. 무명이 만약 즐겁거나, 괴로우며, 행, 나아가 노사가 만약 즐겁거나, 괴롭더라도 오히려 결국 얻을 수 없습니다. 자성이 있지 않은 까닭인데, 하물며 무명이 즐겁거나, 괴롭다는 증어와 행, 나아가 노사가 즐겁거나, 괴롭다는 증어가 있겠습니까? 이러한 증어는 이미 있지 않은데, 어찌 곧 무명이 만약 즐겁거나, 만약 괴롭다는 증어가 보살마하살이라고 말할 수 있겠으며, 곧 행, 나아가 노사가 만약 즐겁거나, 만약 괴롭다는 증어가 보살마하살이라고 말할 수 있겠습니까?"

"선현이여. 그대는 다시 무슨 뜻으로 관찰하여 곧 무명이 만약 나이거나, 만약 무아라는 증어는 곧 보살마하살이 아니고, 곧 행, 나아가 노사가 나이거나, 만약 무아라는 증어는 곧 보살마하살이 아니라고 말하는가?"

"세존이시여. 인연이 만약 나이거나, 무아이며, 행, 나아가 노사가 만약 나이거나, 무아이더라도 오히려 결국에는 얻을 수 없습니다. 자성이 있지 않은 까닭인데, 하물며 무명이 나이거나, 무아라는 증어와 행, 나아가 노사가 나이거나, 무아라는 증어가 있겠습니까? 이러한 증어는 이미 있지 않은데, 어찌 곧 무명이 만약 나이거나, 만약 무아라는 증어가 보살마하살이라고 말할 수 있겠으며, 곧 행, 나아가 노사가 만약 나이거나, 만약 무아라는 증어가 보살마하살이라고 말할 수 있겠습니까?"

"선현이여. 그대는 다시 무슨 뜻으로 관찰하여 곧 무명이 만약 청정하거나, 만약 부정하다는 증어는 곧 보살마하살이 아니고, 곧 행, 나아가 노사가 만약 청정하거나, 만약 부정하다는 증어는 곧 보살마하살이 아니라고 말하는가?"

"세존이시여. 무명이 만약 청정하거나, 부정하며, 행, 나아가 노사가 만약 청정하거나, 부정하더라도 오히려 결국에는 얻을 수 없습니다. 자성이 있지 않은 까닭인데, 하물며 무명이 청정하거나, 부정하다는 증어와 행, 나아가 노사가 청정하거나, 부정하다는 증어가 있겠습니까? 이러한 증어는 이미 있지 않은데, 어찌 곧 무명이 만약 청정하거나, 만약 부정하다는 증어가 보살마하살이라고 말할 수 있겠으며, 곧 행, 나아가 노사가 만약 청정하거나, 만약 부정하다는 증어가 보살마하살이라고 말할 수 있겠습니까?"

"선현이여. 그대는 다시 무슨 뜻으로 관찰하여 곧 무명이 만약 공하거나, 만약 공하지 않다는 증어는 곧 보살마하살이 아니고, 곧 행, 나아가 노사가 만약 공하거나, 만약 공하지 않다는 증어는 곧 보살마하살이 아니라고 말하는가?"

"세존이시여. 무명이 만약 공하거나, 공하지 않으며, 행, 나아가 노사가 만약 공하거나, 공하지 않더라도 오히려 결국에는 얻을 수 없습니다. 자성이 있지 않은 까닭인데, 하물며 무명이 공하거나, 공하지 않다는 증어와 행, 나아가 노사가 공하거나, 공하지 않다는 증어가 있겠습니까? 이러한 증어는 이미 있지 않은데, 어찌 곧 무명이 만약 공하거나, 만약 공하지 않다는 증어가 보살마하살이라고 말할 수 있겠으며, 곧 행, 나아가 노사가 만약 공하거나, 만약 공하지 않다는 증어가 보살마하살이라고 말할 수 있겠습니까?"

"선현이여. 그대는 다시 무슨 뜻으로 관찰하여 곧 무명이 만약 유상이거나, 만약 무상이라는 증어는 곧 보살마하살이 아니고, 곧 행, 나아가 노사가 만약 유상이거나, 만약 무상이라는 증어는 곧 보살마하살이 아니라고 말하는가?"

"세존이시여. 무명이 만약 유상이거나, 무상이며, 행, 나아가 노사가 만약 유상이거나, 무상이더라도 오히려 결국에는 얻을 수 없습니다. 자성이 있지 않은 까닭인데, 하물며 무명이 유상이거나, 무상이라는 증어와 행, 나아가 노사가 유상이거나, 무상이라는 증어가 있겠습니까? 이러한 증어는 이미 있지 않은데, 어찌 곧 무명이 만약 유상이거나, 만약 무상이라는 증어가 보살마하살이라고 말할 수 있겠으며, 곧 행, 나아가 노사가 만약 유상이거나, 만약 무상이라는 증어가 보살마하살이라고 말할 수 있겠습니까?"

"선현이여. 그대는 다시 무슨 뜻으로 관찰하여 곧 무명이 만약 유원이거나, 만약 무원이라는 증어는 곧 보살마하살이 아니고, 곧 행, 나아가 노사가 만약 유원이거나, 만약 무원이라는 증어는 곧 보살마하살이 아니라고 말하는가?"

"세존이시여. 무명이 만약 유원이거나, 무원이며, 행, 나아가 노사가 만약 유원이거나, 무원이더라도 오히려 결국에는 얻을 수 없습니다. 자성이 있지 않은 까닭인데, 하물며 무명이 유원이거나, 무원이라는 증어와 행, 나아가 노사가 유원이거나, 무원이라는 증어가 있겠습니까? 이러한 증어는 이미 있지 않은데, 어찌 곧 무명이 만약 유원이거나, 만약 무원이라는 증어가 보살마하살이라고 말할 수 있겠으며, 곧 행, 나아가 노사가 만약 유원이거나, 만약 무원이라는 증어가 보살마하살이라고 말할 수 있겠습니까?"

"선현이여. 그대는 다시 무슨 뜻으로 관찰하여 곧 무명이 만약 적정하거나, 만약 적정하지 않다는 증어는 곧 보살마하살이 아니고, 곧 행, 나아가 노사가 만약 적정하거나, 만약 적정하지 않다는 증어는 곧 보살마하살이 아니라고 말하는가?"

"세존이시여. 무명이 만약 적정하거나, 적정하지 않으며, 행, 나아가 노사가 만약 적정하거나, 적정하지 않더라도 오히려 결국에는 얻을 수 없습니다. 자성이 있지 않은 까닭인데, 하물며 무명이 적정하거나, 적정하지 않다는 증어와 행, 나아가 노사가 적정하거나, 적정하지 않다는 증어가 있겠습니까? 이러한 증어는 이미 있지 않은데, 어찌 곧 무명이 만약 적정하거나, 만약 적정하지 않다는 증어가 보살마하살이라고 말할 수 있겠으며, 곧 행, 나아가 노사가 만약 적정하거나, 만약 적정하지 않다는 증어가 보살마하살이라고 말할 수 있겠습니까?"

"선현이여. 그대는 다시 무슨 뜻으로 관찰하여 곧 무명이 만약 멀리 벗어나거나, 만약 멀리 벗어나지 않는다는 증어는 곧 보살마하살이 아니고, 곧 행, 나아가 노사가 만약 멀리 벗어나거나, 만약 멀리 벗어나지 않는다는 증어는 곧 보살마하살이 아니라고 말하는가?"

"세존이시여. 무명이 만약 멀리 벗어나거나, 멀리 벗어나지 않으며, 만약 행, 나아가 노사가 만약 멀리 벗어나거나, 멀리 벗어나지 않더라도 오히려 결국에는 얻을 수 없습니다. 자성이 있지 않은 까닭인데, 하물며 무명이 만약 멀리 벗어나거나, 멀리 벗어나지 않는다는 증어와 행, 나아가 노사가 만약 멀리 벗어나거나, 멀리 벗어나지 않는다는 증어가 있겠습니까? 이러한 증어는 이미 있지 않은데, 어찌 곧 무명이 만약 멀리 벗어나거나, 만약 멀리 벗어나지 않는다는 증어가 보살마하살이라고 말할 수 있겠으며, 곧 행, 나아가 노사가 만약 멀리 벗어나거나, 만약 멀리 벗어나지 않는다는 증어가 보살마하살이라고 말할 수 있겠습니까?"

"선현이여. 그대는 다시 무슨 뜻으로 관찰하여 곧 무명이 만약 유위이거나, 만약 무위라는 증어는 곧 보살마하살이 아니고, 곧 행, 나아가 노사가 만약 유위이거나, 만약 무위라는 증어는 곧 보살마하살이 아니라고 말하는가?"

"세존이시여. 무명이 만약 유위이거나, 무위이며, 행, 나아가 노사가 만약 유위이거나, 무위이더라도 오히려 결국에는 얻을 수 없습니다. 자성이 있지 않은 까닭인데, 하물며 무명이 유위이거나, 무위라는 증어와 행, 나아가 노사가 유원이거나, 무위라는 증어가 있겠습니까? 이러한 증어는 이미 있지 않은데, 어찌 곧 무명이 만약 유위이거나, 만약 무위라는 증어가 보살마하살이라고 말할 수 있겠으며, 곧 행, 나아가 노사가 만약 유위이거나, 만약 무위라는 증어가 보살마하살이라고 말할 수 있겠습니까?"

"선현이여. 그대는 다시 무슨 뜻으로 관찰하여 곧 무명이 만약 유루이거나, 만약 무루라는 증어는 곧 보살마하살이 아니고, 곧 행, 나아가 노사가 만약 유루이거나, 만약 무루라는 증어는 곧 보살마하살이 아니라고 말하는가?"

"세존이시여. 무명이 만약 유루이거나, 무루이며, 행, 나아가 노사가 만약 유루이거나, 무루이더라도 오히려 결국에는 얻을 수 없습니다. 자성이 있지 않은 까닭인데, 하물며 무명이 유루이거나, 무루라는 증어와 행, 나아가 노사가 유루이거나, 무루라는 증어가 있겠습니까? 이러한 증어는 이미 있지 않은데, 어찌 곧 무명이 만약 유루이거나, 만약 무루라는 증어가 보살마하살이라고 말할 수 있겠으며, 곧 행, 나아가 노사가 만약 유루이거나, 만약 무루라는 증어가 보살마하살이라고 말할 수 있겠습니까?"

"선현이여. 그대는 다시 무슨 뜻으로 관찰하여 곧 무명이 만약 생겨나거나, 만약 소멸한다는 증어는 곧 보살마하살이 아니고, 곧 행, 나아가 노사가 만약 생겨나거나, 만약 소멸한다는 증어는 곧 보살마하살이 아니라고 말하는가?"

"세존이시여. 무명이 만약 생겨나거나, 소멸하며, 행, 나아가 노사가 만약 생겨나거나, 소멸하더라도 오히려 결국에는 얻을 수 없습니다. 자성이 있지 않은 까닭인데, 하물며 무명이 생겨나거나, 소멸한다는 증어와 행, 나아가 노사가 만약 생겨나거나, 소멸한다는 증어가 있겠습니까? 이러한 증어는 이미 있지 않은데, 어찌 곧 무명이 만약 생겨나거나, 만약 소멸한다는 증어가 보살마하살이라고 말할 수 있겠으며, 곧 행, 나아가 노사가 만약 생겨나거나, 만약 소멸한다는 증어가 보살마하살이라고 말할 수 있겠습니까?"

"선현이여. 그대는 다시 무슨 뜻으로 관찰하여 곧 무명이 만약 선하거나, 만약 선하지 않다는 증어는 곧 보살마하살이 아니고, 곧 행, 나아가 노사가 만약 선하거나, 만약 선하지 않다는 증어는 곧 보살마하살이 아니라고 말하는가?"

"세존이시여. 무명이 만약 선하거나, 선하지 않으며, 행, 나아가 노사가 만약 선하거나, 만약 선하지 않더라도 오히려 결국에는 얻을 수 없습니다. 자성이 있지 않은 까닭인데, 하물며 무명이 선하거나, 선하지 않다는 증어와 행, 나아가 노사가 선하거나, 선하지 않다는 증어가 있겠습니까? 이러한 증어는 이미 있지 않은데, 어찌 곧 무명이 만약 선하거나, 만약 선하지 않다는 증어가 보살마하살이라고 말할 수 있겠으며, 곧 행, 나아가 노사가 만약 선하거나, 만약 선하지 않다는 증어가 보살마하살이라고 말할 수 있겠습니까?”

“선현이여. 그대는 다시 무슨 뜻으로 관찰하여 곧 무명이 만약 유죄이거나, 만약 무죄라는 증어는 곧 보살마하살이 아니고, 곧 행, 나아가 노사가 만약 유죄이거나, 만약 무죄라는 증어는 곧 보살마하살이 아니라고 말하는가?”

“세존이시여. 무명이 만약 유죄이거나, 무죄이며, 만약 행, 나아가 노사가 만약 유죄이거나 무죄이더라도 오히려 결국에는 얻을 수 없습니다. 자성이 있지 않은 까닭인데, 하물며 무명이 유죄이거나, 무죄라는 증어와 행, 나아가 노사가 만약 유죄이거나 무죄라는 증어가 있겠습니까? 이러한 증어는 이미 있지 않은데, 어찌 곧 무명이 유죄이거나, 만약 무죄라는 증어가 보살마하살이라고 말할 수 있겠으며, 곧 행, 나아가 노사가 만약 유죄이거나, 만약 무죄라는 증어가 보살마하살이라고 말할 수 있겠습니까?”

“선현이여. 그대는 다시 무슨 뜻으로 관찰하여 곧 무명이 만약 번뇌가 있거나, 만약 번뇌가 없다는 증어는 곧 보살마하살이 아니고, 곧 행, 나아가 노사가 만약 번뇌가 있거나, 만약 번뇌가 없다는 증어는 곧 보살마하살이 아니라고 말하는가?”

“세존이시여. 무명이 만약 번뇌가 있거나, 번뇌가 없으며, 행, 나아가 노사가 만약 번뇌가 있거나, 번뇌가 없더라도 오히려 결국에는 얻을 수 없습니다. 자성이 있지 않은 까닭인데, 하물며 무명이 번뇌가 있거나, 번뇌가 없다는 증어와 행, 나아가 노사가 번뇌가 있거나, 번뇌가 없다는 증어가 있겠습니까? 이러한 증어는 이미 있지 않은데, 어찌 곧 무명이 만약 번뇌가 있거나, 만약 번뇌가 없다는 증어가 보살마하살이라고 말할 수 있겠으며, 곧 행, 나아가 노사가 만약 번뇌가 있거나, 만약 번뇌가 없다는 증어가 보살마하살이라고 말할 수 있겠습니까?"

"선현이여. 그대는 다시 무슨 뜻으로 관찰하여 곧 무명이 만약 세간이거나, 만약 출세간이라는 증어는 곧 보살마하살이 아니고, 곧 행, 나아가 노사가 만약 세간이거나, 만약 출세간이라는 증어는 곧 보살마하살이 아니라고 말하는가?"

"세존이시여. 무명이 만약 세간이거나, 출세간이며, 행, 나아가 노사가 만약 세간이거나, 출세간이더라도 오히려 결국에는 얻을 수 없습니다. 자성이 있지 않은 까닭인데, 하물며 무명이 세간이거나, 출세간이라는 증어와 행, 나아가 노사가 세간이거나, 출세간이라는 증어가 있겠습니까? 이러한 증어는 이미 있지 않은데, 어찌 곧 인연이 만약 세간이거나, 만약 출세간이라는 증어가 보살마하살이라고 말할 수 있겠으며, 곧 행, 나아가 노사가 만약 세간이거나, 만약 출세간이라는 증어가 보살마하살이라고 말할 수 있겠습니까?"

"선현이여. 그대는 다시 무슨 뜻으로 관찰하여 곧 무명이 만약 잡염이거나, 만약 청정하다는 증어는 곧 보살마하살이 아니고, 곧 행, 나아가 노사가 만약 잡염이거나, 만약 청정하다는 증어는 곧 보살마하살이 아니라고 말하는가?"

"세존이시여. 무명이 만약 잡염이거나, 청정하며, 행, 나아가 노사가 만약 잡염이거나, 청정하더라도 오히려 결국에는 얻을 수 없습니다. 자성이 있지 않은 까닭인데, 하물며 곧 무명이 잡염이거나, 청정하다는 증어와 행, 나아가 노사가 잡염이거나, 청정하다는 증어가 있겠습니까? 이러한 증어는 이미 있지 않은데, 어찌 곧 무명이 만약 잡염이거나, 만약 청정하다는 증어가 보살마하살이라고 말할 수 있겠으며, 곧 행, 나아가 노사가 만약 잡염이거나, 만약 청정하다는 증어가 보살마하살이라고 말할 수 있겠습니까?"

"선현이여. 그대는 다시 무슨 뜻으로 관찰하여 곧 무명이 만약 생사에 속하거나, 만약 열반에 속한다는 증어는 곧 보살마하살이 아니고, 곧 행, 나아가 노사가 만약 생사에 속하거나, 만약 열반에 속한다는 증어는 곧 보살마하살이 아니라고 말하는가?”

“세존이시여. 무명이 만약 생사에 속하거나, 열반에 속하며, 행, 나아가 노사가 만약 생사에 속하거나, 열반에 속하더라도 오히려 결국에는 얻을 수 없습니다. 자성이 있지 않은 까닭인데, 하물며 무명이 생사에 속하거나, 열반에 속한다는 행, 나아가 노사가 생사에 속하거나, 열반에 속한다는 증어가 있겠습니까? 이러한 증어는 이미 있지 않은데, 어찌 곧 무명이 만약 생사에 속하거나, 만약 열반에 속한다는 증어가 보살마하살이라고 말할 수 있겠으며, 곧 행, 나아가 노사가 만약 생사에 속하거나, 만약 열반에 속한다는 증어가 보살마하살이라고 말할 수 있겠습니까?”

“선현이여. 그대는 다시 무슨 뜻으로 관찰하여 곧 무명이 만약 내신에 있거나, 만약 외신에 있거나, 만약 두 가지의 가운데에 있다는 증어는 곧 보살마하살이 아니고, 곧 행, 나아가 노사가 만약 내신에 있거나, 만약 외신에 있거나, 만약 두 가지의 가운데에 있다는 증어는 곧 보살마하살이 아니라고 말하는가?”

“세존이시여. 무명이 만약 내신에 있거나, 외신에 있거나, 두 가지의 가운데에 있으며, 행, 나아가 노사가 만약 내신에 있거나, 외신에 있거나, 두 가지의 가운데에 있더라도 오히려 결국에는 얻을 수 없습니다. 자성이 있지 않은 까닭인데, 하물며 무명이 내신에 있거나, 외신에 있거나, 두 가지의 가운데에 있다는 증어와 행, 나아가 노사가 내신에 있거나, 외신에 있거나, 두 가지의 가운데에 있다는 증어가 있겠습니까? 이러한 증어는 이미 있지 않은데, 어찌 곧 무명이 만약 내신에 있거나, 만약 외신에 있거나, 만약 두 가지의 가운데에 있다는 증어가 보살마하살이라고 말할 수 있겠으며, 곧 행, 나아가 노사가 만약 내신에 있거나, 만약 외신에 있거나, 만약 두 가지의 가운데에 있다는 증어가 보살마하살이라고 말할 수 있겠습니까?”

“선현이여. 그대는 다시 무슨 뜻으로 관찰하여 곧 무명이 만약 얻을 수 있거나, 만약 얻을 수 없다는 증어는 곧 보살마하살이 아니고, 곧 행, 나아가 노사가 만약 얻을 수 있거나 만약 얻을 수 없다는 증어는 곧 보살마하살이 아니라고 말하는가?"

"세존이시여. 무명이 만약 얻을 수 있거나 얻을 수 없으며, 행, 나아가 노사가 만약 얻을 수 있거나 얻을, 수 없더라도 오히려 결국에는 얻을 수 없습니다. 자성이 있지 않은 까닭인데, 하물며 무명이 얻을 수 있거나, 얻을 수 없다는 증어와 행, 나아가 노사가 얻을 수 있거나, 얻을 수 없다는 증어가 있겠습니까? 이러한 증어는 이미 있지 않은데, 어찌 곧 무명이 만약 얻을 수 있거나, 만약 얻을 수 없다는 증어가 보살마하살이라고 말할 수 있겠으며, 곧 행, 나아가 노사가 만약 얻을 수 있거나, 만약 얻을 수 없다는 증어가 보살마하살이라고 말할 수 있겠습니까?"

"다시 다음으로 선현이여. 그대는 무슨 뜻으로 관찰하여 곧 보시바라밀다(布施波羅蜜多)의 증어는 곧 보살마하살이 아니고, 곧 정계(淨戒)·안인(安忍)·정진(精進)·정려(靜慮)·반야바라밀다(般若波羅蜜多)의 증어는 곧 보살마하살이 아니라고 말하는가?"

구수 선현이 대답하여 말하였다.

"세존이시여. 만약 보시바라밀다이거나, 만약 정계·안인·정진·정려·반야바라밀다라도 오히려 결국에는 얻을 수 없습니다. 자성이 있지 않은 까닭인데, 하물며 곧 보시바라밀다의 증어와 정계·안인·정진·정려·반야바라밀다의 증어가 있겠습니까? 이러한 증어는 이미 있지 않은데, 어찌 곧 보시바라밀다의 증어가 보살마하살이라고 말할 수 있겠으며, 곧 정계·안인·정진·정려·반야바라밀다의 증어가 보살마하살이라고 말할 수 있겠습니까?"

"선현이여. 그대는 다시 무슨 뜻으로 관찰하여 곧 보시바라밀다가 만약 항상하거나, 만약 무상하다는 증어는 곧 보살마하살이 아니고, 정계·안인·정진·정려·반야바라밀다가 만약 항상하거나, 만약 무상하다는 증어는 곧 보살마하살이 아니라고 말하는가?"

"세존이시여. 보시바라밀다가 만약 항상하거나, 무상하며, 정계·안인·정진·정려·반야바라밀다가 만약 항상하거나, 무상하더라도 오히려 결국에는 얻을 수 없습니다. 자성이 있지 않은 까닭인데, 하물며 보시바라밀다가 항상하거나 무상하다는 증어와 정계·안인·정진·정려·반야바라밀다가 항상하거나, 무상하다는 증어가 있겠습니까? 이러한 증어는 이미 있지 않은데, 어찌 곧 보시바라밀다가 만약 항상하거나, 만약 무상하다는 증어가 보살마하살이라고 말할 수 있겠으며, 곧 정계·안인·정진·정려·반야바라밀다가 만약 항상하거나, 만약 무상하다는 증어가 보살마하살이라고 말할 수 있겠습니까?"

"선현이여. 그대는 다시 무슨 뜻으로 관찰하여 곧 보시바라밀다가 만약 즐겁거나, 만약 괴롭다는 증어는 곧 보살마하살이 아니고, 곧 정계·안인·정진·정려·반야바라밀다가 만약 즐겁거나, 만약 괴롭다는 증어는 곧 보살마하살이 아니라고 말하는가?"

"세존이시여. 보시바라밀다가 만약 즐겁거나, 괴로우며, 정계·안인·정진·정려·반야바라밀다가 만약 즐겁거나, 괴롭더라도 오히려 결국 얻을 수 없습니다. 자성이 있지 않은 까닭인데, 하물며 보시바라밀다가 즐겁거나, 괴롭다는 증어와 정계·안인·정진·정려·반야바라밀다가 즐겁거나, 괴로운 것의 증어가 있겠습니까? 이러한 증어는 이미 있지 않은데, 어찌 곧 보시바라밀다가 만약 즐겁거나, 만약 괴롭다는 증어가 보살마하살이라고 말할 수 있겠으며, 곧 정계·안인·정진·정려·반야바라밀다가 만약 즐겁거나, 만약 괴롭다는 증어가 보살마하살이라고 말할 수 있겠습니까?"

"선현이여. 그대는 다시 무슨 뜻으로 관찰하여 곧 보시바라밀다가 만약 나이거나, 만약 무아라는 증어는 곧 보살마하살이 아니고, 곧 정계·안인·정진·정려·반야바라밀다가 나이거나, 만약 무아라는 증어는 곧 보살마하살이 아니라고 말하는가?"

"세존이시여. 보시바라밀다가 만약 나이거나, 무아이며, 정계·안인·정진·정려·반야바라밀다가 만약 나이거나, 무아이더라도 오히려 결국에는 얻을 수 없습니다. 자성이 있지 않은 까닭인데, 하물며 보시바라밀다가 나이거나, 무아라는 증어와 정계·안인·정진·정려·반야바라밀다가 나이거나, 무아라는 증어가 있겠습니까? 이러한 증어는 이미 있지 않은데,

어찌 곧 보시바라밀다가 만약 나이거나, 만약 무아라는 증어가 보살마하살이라고 말할 수 있겠으며, 곧 정계·안인·정진·정려·반야바라밀다가 만약 나이거나, 만약 무아라는 증어가 보살마하살이라고 말할 수 있겠습니까?"

"선현이여. 그대는 다시 무슨 뜻으로 관찰하여 곧 보시바라밀다가 만약 청정하거나, 만약 부정하다는 증어는 곧 보살마하살이 아니고, 곧 정계·안인·정진·정려·반야바라밀다가 만약 청정하거나, 만약 부정하다는 증어는 곧 보살마하살이 아니라고 말하는가?"

"세존이시여. 보시바라밀다가 만약 청정하거나, 부정하며, 정계·안인·정진·정려·반야바라밀다가 만약 청정하거나, 부정하더라도 오히려 결국에는 얻을 수 없습니다. 자성이 있지 않은 까닭인데, 하물며 보시바라밀다가 청정하거나, 부정하다는 증어와 정계·안인·정진·정려·반야바라밀다가 청정하거나, 부정하다는 증어가 있겠습니까? 이러한 증어는 이미 있지 않은데, 어찌 곧 보시바라밀다가 만약 청정하거나, 만약 부정하다는 증어가 보살마하살이라고 말할 수 있겠으며, 곧 정계·안인·정진·정려·반야바라밀다가 만약 청정하거나, 만약 부정하다는 증어가 보살마하살이라고 말할 수 있겠습니까?"

"선현이여. 그대는 다시 무슨 뜻으로 관찰하여 곧 보시바라밀다가 만약 공하거나, 만약 공하지 않다는 증어는 곧 보살마하살이 아니고, 곧 정계·안인·정진·정려·반야바라밀다가 만약 공하거나, 만약 공하지 않다는 증어는 곧 보살마하살이 아니라고 말하는가?"

"세존이시여. 보시바라밀다가 만약 공하거나, 공하지 않으며, 정계·안인·정진·정려·반야바라밀다가 만약 공하거나, 공하지 않더라도 오히려 결국에는 얻을 수 없습니다. 자성이 있지 않은 까닭인데, 하물며 보시바라밀다가 공하거나, 공하지 않다는 증어와 정계·안인·정진·정려·반야바라밀다가 공하거나, 공하지 않다는 증어가 있겠습니까? 이러한 증어는 이미 있지 않은데, 어찌 곧 보시바라밀다가 만약 공하거나, 만약 공하지 않다는 증어가 보살마하살이라고 말할 수 있겠으며, 곧 정계·안인·정진·

정려·반야바라밀다가 만약 공하거나, 만약 공하지 않다는 증어가 보살마하살이라고 말할 수 있겠습니까?”

“선현이여. 그대는 다시 무슨 뜻으로 관찰하여 곧 보시바라밀다가 만약 유상이거나, 만약 무상이라는 증어는 곧 보살마하살이 아니고, 곧 정계·안인·정진·정려·반야바라밀다가 만약 유상이거나, 만약 무상이라는 증어는 곧 보살마하살이 아니라고 말하는가?”

“세존이시여. 보시바라밀다가 만약 유상이거나, 무상이며, 정계·안인·정진·정려·반야바라밀다가 만약 유상이거나, 무상이더라도 오히려 결국에는 얻을 수 없습니다. 자성이 있지 않은 까닭인데, 하물며 보시바라밀다가 유상이거나, 무상이라는 증어와 정계·안인·정진·정려·반야바라밀다가 유상이거나, 무상이라는 증어가 있겠습니까? 이러한 증어는 이미 있지 않은데, 어찌 곧 보시바라밀다가 만약 유상이거나, 만약 무상이라는 증어가 보살마하살이라고 말할 수 있겠으며, 곧 정계·안인·정진·정려·반야바라밀다가 만약 유상이거나, 만약 무상이라는 증어가 보살마하살이라고 말할 수 있겠습니까?”

“선현이여. 그대는 다시 무슨 뜻으로 관찰하여 곧 보시바라밀다가 만약 유원이거나, 만약 무원이라는 증어는 곧 보살마하살이 아니고, 곧 정계·안인·정진·정려·반야바라밀다가 만약 유원이거나, 만약 무원이라는 증어는 곧 보살마하살이 아니라고 말하는가?”

“세존이시여. 보시바라밀다가 만약 유원이거나, 무원이며, 정계·안인·정진·정려·반야바라밀다가 만약 유원이거나, 무원이더라도 오히려 결국에는 얻을 수 없습니다. 자성이 있지 않은 까닭인데, 하물며 보시바라밀다가 유원이거나, 무원이라는 증어와 정계·안인·정진·정려·반야바라밀다가 유원이거나, 무원이라는 증어가 있겠습니까? 이러한 증어는 이미 있지 않은데, 어찌 곧 보시바라밀다가 만약 유원이거나, 만약 무원이라는 증어가 보살마하살이라고 말할 수 있겠으며, 곧 정계·안인·정진·정려·반야바라밀다가 만약 유원이거나, 만약 무원이라는 증어가 보살마하살이라고 말할 수 있겠습니까?”

"선현이여. 그대는 다시 무슨 뜻으로 관찰하여 곧 보시바라밀다가 만약 적정하거나, 만약 적정하지 않다는 증어는 곧 보살마하살이 아니고, 곧 정계·안인·정진·정려·반야바라밀다가 만약 적정하거나, 만약 적정하지 않다는 증어는 곧 보살마하살이 아니라고 말하는가?"

"세존이시여. 보시바라밀다가 만약 적정하거나, 적정하지 않으며, 정계·안인·정진·정려·반야바라밀다가 만약 적정하거나, 적정하지 않더라도 오히려 결국에는 얻을 수 없습니다. 자성이 있지 않은 까닭인데, 하물며 보시바라밀다가 적정하거나, 적정하지 않다는 증어와 정계·안인·정진·정려·반야바라밀다가 적정하거나, 적정하지 않다는 증어가 있겠습니까? 이러한 증어는 이미 있지 않은데, 어찌 곧 보시바라밀다가 만약 적정하거나, 만약 적정하지 않다는 증어가 보살마하살이라고 말할 수 있겠으며, 곧 정계·안인·정진·정려·반야바라밀다가 만약 적정하거나, 만약 적정하지 않다는 증어가 보살마하살이라고 말할 수 있겠습니까?"

"선현이여. 그대는 다시 무슨 뜻으로 관찰하여 곧 보시바라밀다가 만약 멀리 벗어나거나, 만약 멀리 벗어나지 않는다는 증어는 곧 보살마하살이 아니고, 곧 정계·안인·정진·정려·반야바라밀다가 만약 멀리 벗어나거나, 만약 멀리 벗어나지 않는다는 증어는 곧 보살마하살이 아니라고 말하는가?"

"세존이시여. 보시바라밀다가 만약 멀리 벗어나거나, 멀리 벗어나지 않으며, 만약 정계·안인·정진·정려·반야바라밀다가 만약 멀리 벗어나거나, 멀리 벗어나지 않더라도 오히려 결국에는 얻을 수 없습니다. 자성이 있지 않은 까닭인데, 하물며 보시바라밀다가 만약 멀리 벗어나거나, 멀리 벗어나지 않는다는 증어와 정계·안인·정진·정려·반야바라밀다가 만약 멀리 벗어나거나, 멀리 벗어나지 않는다는 증어가 있겠습니까? 이러한 증어는 이미 있지 않은데, 어찌 곧 보시바라밀다가 만약 멀리 벗어나거나, 만약 멀리 벗어나지 않는다는 증어가 보살마하살이라고 말할 수 있겠으며, 곧 정계·안인·정진·정려·반야바라밀다가 만약 멀리 벗어나거나, 만약 멀리 벗어나지 않는다는 증어가 보살마하살이라고 말할 수 있겠습니까?"

"선현이여. 그대는 다시 무슨 뜻으로 관찰하여 곧 보시바라밀다가 만약 유위이거나, 만약 무위라는 증어는 곧 보살마하살이 아니고, 곧 정계·안인·정진·정려·반야바라밀다가 만약 유위이거나, 만약 무위라는 증어는 곧 보살마하살이 아니라고 말하는가?"

"세존이시여. 보시바라밀다가 만약 유위이거나, 무위이며, 정계·안인·정진·정려·반야바라밀다가 만약 유위이거나, 무위이더라도 오히려 결국에는 얻을 수 없습니다. 자성이 있지 않은 까닭인데, 하물며 보시바라밀다가 유위이거나, 무위라는 증어와 정계·안인·정진·정려·반야바라밀다가 유위이거나, 무위라는 증어가 있겠습니까? 이러한 증어는 이미 있지 않은데, 어찌 곧 보시바라밀다가 만약 유위이거나, 만약 무위라는 증어가 보살마하살이라고 말할 수 있겠으며, 곧 정계·안인·정진·정려·반야바라밀다가 만약 유위이거나, 만약 무위라는 증어가 보살마하살이라고 말할 수 있겠습니까?"

"선현이여. 그대는 다시 무슨 뜻으로 관찰하여 곧 보시바라밀다가 만약 유루이거나, 만약 무루라는 증어는 곧 보살마하살이 아니고, 곧 정계·안인·정진·정려·반야바라밀다가 만약 유루이거나, 만약 무루라는 증어는 곧 보살마하살이 아니라고 말하는가?"

"세존이시여. 보시바라밀다가 만약 유루이거나, 무루이며, 정계·안인·정진·정려·반야바라밀다가 만약 유루이거나, 무루이더라도 오히려 결국에는 얻을 수 없습니다. 자성이 있지 않은 까닭인데, 하물며 보시바라밀다가 유루이거나, 무루라는 증어와 정계·안인·정진·정려·반야바라밀다가 유루이거나, 무루라는 증어가 있겠습니까? 이러한 증어는 이미 있지 않은데, 어찌 곧 보시바라밀다가 만약 유루이거나, 만약 무루라는 증어가 보살마하살이라고 말할 수 있겠으며, 곧 정계·안인·정진·정려·반야바라밀다가 만약 유루이거나, 만약 무루라는 증어가 보살마하살이라고 말할 수 있겠습니까?"

"선현이여. 그대는 다시 무슨 뜻으로 관찰하여 곧 보시바라밀다가 만약 생겨나거나, 만약 소멸한다는 증어는 곧 보살마하살이 아니고, 곧 정계·안인·정진·정려·반야바라밀다가 만약 생겨나거나, 만약 소멸한다는 증어는 곧 보살마하살이 아니라고 말하는가?"

"세존이시여. 보시바라밀다가 만약 생겨나거나, 소멸하며, 정계·안인·정진·정려·반야바라밀다가 만약 생겨나거나, 소멸하더라도 오히려 결국에는 얻을 수 없습니다. 자성이 있지 않은 까닭인데, 하물며 보시바라밀다가 생겨나거나, 소멸한다는 증어와 정계·안인·정진·정려·반야바라밀다가 만약 생겨나거나, 소멸한다는 증어가 있겠습니까? 이러한 증어는 이미 있지 않은데, 어찌 곧 보시바라밀다가 만약 생겨나거나, 만약 소멸한다는 증어가 보살마하살이라고 말할 수 있겠으며, 곧 정계·안인·정진·정려·반야바라밀다가 만약 생겨나거나, 만약 소멸한다는 증어가 보살마하살이라고 말할 수 있겠습니까?"

"선현이여. 그대는 다시 무슨 뜻으로 관찰하여 곧 보시바라밀다가 만약 선하거나, 만약 선하지 않다는 증어는 곧 보살마하살이 아니고, 곧 정계·안인·정진·정려·반야바라밀다가 만약 선하거나, 선하지 않다는 증어는 곧 보살마하살이 아니라고 말하는가?"

"세존이시여. 보시바라밀다가 만약 선하거나, 선하지 않으며, 정계·안인·정진·정려·반야바라밀다가 만약 선하거나, 만약 선하지 않더라도 오히려 결국에는 얻을 수 없습니다. 자성이 있지 않은 까닭인데, 하물며 보시바라밀다가 선하거나, 선하지 않다는 증어와 정계·안인·정진·정려·반야바라밀다가 선하거나, 선하지 않다는 증어가 있겠습니까? 이러한 증어는 이미 있지 않은데, 어찌 곧 보시바라밀다가 만약 선하거나, 만약 선하지 않다는 증어가 보살마하살이라고 말할 수 있겠으며, 곧 정계·안인·정진·정려·반야바라밀다가 만약 선하거나, 만약 선하지 않다는 증어가 보살마하살이라고 말할 수 있겠습니까?"

"선현이여. 그대는 다시 무슨 뜻으로 관찰하여 곧 보시바라밀다가 만약 유죄이거나, 만약 무죄라는 증어는 곧 보살마하살이 아니고, 곧 정계·안인·정진·정려·반야바라밀다가 만약 유죄이거나, 만약 무죄라는 증어는 곧 보살마하살이 아니라고 말하는가?"

"세존이시여. 보시바라밀다가 만약 유죄이거나, 무죄이며, 만약 정계·안인·정진·정려·반야바라밀다가 만약 유죄이거나 무죄이더라도 오히려 결국에는 얻을 수 없습니다. 자성이 있지 않은 까닭인데, 하물며 보시바라밀다가 유죄이거나, 무죄라는 증어와 정계·안인·정진·정려·반야바라밀다가 만약 유죄이거나 무죄라는 증어가 있겠습니까? 이러한 증어는 이미 있지 않은데, 어찌 곧 보시바라밀다가 유죄이거나, 만약 무죄라는 증어가 보살마하살이라고 말할 수 있겠으며, 곧 정계·안인·정진·정려·반야바라밀다가 만약 유죄이거나, 만약 무죄라는 증어가 보살마하살이라고 말할 수 있겠습니까?"

"선현이여. 그대는 다시 무슨 뜻으로 관찰하여 곧 보시바라밀다가 만약 번뇌가 있거나, 만약 번뇌가 없다는 증어는 곧 보살마하살이 아니고, 곧 정계·안인·정진·정려·반야바라밀다가 만약 번뇌가 있거나, 만약 번뇌가 없다는 증어는 곧 보살마하살이 아니라고 말하는가?"

"세존이시여. 보시바라밀다가 만약 번뇌가 있거나, 번뇌가 없으며, 정계·안인·정진·정려·반야바라밀다가 만약 번뇌가 있거나, 번뇌가 없더라도 오히려 결국에는 얻을 수 없습니다. 자성이 있지 않은 까닭인데, 하물며 보시바라밀다가 번뇌가 있거나, 번뇌가 없다는 증어와 정계·안인·정진·정려·반야바라밀다가 번뇌가 있거나, 번뇌가 없다는 증어가 있겠습니까? 이러한 증어는 이미 있지 않은데, 어찌 곧 보시바라밀다가 만약 번뇌가 있거나, 만약 번뇌가 없다는 증어가 보살마하살이라고 말할 수 있겠으며, 곧 정계·안인·정진·정려·반야바라밀다가 만약 번뇌가 있거나, 만약 번뇌가 없다는 증어가 보살마하살이라고 말할 수 있겠습니까?"

"선현이여. 그대는 다시 무슨 뜻으로 관찰하여 곧 보시바라밀다가 만약 세간이거나, 만약 출세간이라는 증어는 곧 보살마하살이 아니고, 곧 정계·안인·정진·정려·반야바라밀다가 만약 세간이거나, 만약 출세간이라는 증어는 곧 보살마하살이 아니라고 말하는가?"

"세존이시여. 보시바라밀다가 만약 세간이거나, 출세간이며, 정계·안인·정진·정려·반야바라밀다가 만약 세간이거나, 출세간이더라도 오히려 결국에는 얻을 수 없습니다. 자성이 있지 않은 까닭인데, 하물며 보시바라밀다가 세간이거나, 출세간이라는 증어와 정계·안인·정진·정려·반야바라밀다가 세간이거나, 출세간이라는 증어가 있겠습니까? 이러한 증어는 이미 있지 않은데, 어찌 곧 보시바라밀다가 만약 세간이거나, 만약 출세간이라는 증어가 보살마하살이라고 말할 수 있겠으며, 곧 정계·안인·정진·정려·반야바라밀다가 만약 세간이거나, 만약 출세간이라는 증어가 보살마하살이라고 말할 수 있겠습니까?"

"선현이여. 그대는 다시 무슨 뜻으로 관찰하여 곧 보시바라밀다가 만약 잡염이거나, 만약 청정하다는 증어는 곧 보살마하살이 아니고, 곧 정계·안인·정진·정려·반야바라밀다가 만약 잡염이거나, 만약 청정하다는 증어는 곧 보살마하살이 아니라고 말하는가?"

"세존이시여. 보시바라밀다가 만약 잡염이거나, 청정하며, 정계·안인·정진·정려·반야바라밀다가 만약 잡염이거나, 청정하더라도 오히려 결국에는 얻을 수 없습니다. 자성이 있지 않은 까닭인데, 하물며 곧 보시바라밀다가 잡염이거나, 청정하다는 증어와 정계·안인·정진·정려·반야바라밀다가 잡염이거나, 청정하다는 증어가 있겠습니까? 이러한 증어는 이미 있지 않은데, 어찌 곧 보시바라밀다가 만약 잡염이거나, 만약 청정하다는 증어가 보살마하살이라고 말할 수 있겠으며, 곧 정계·안인·정진·정려·반야바라밀다가 만약 잡염이거나, 만약 청정하다는 증어가 보살마하살이라고 말할 수 있겠습니까?"

"선현이여. 그대는 다시 무슨 뜻으로 관찰하여 곧 보시바라밀다가 만약 생사에 속하거나, 만약 열반에 속한다는 증어는 곧 보살마하살이 아니고, 곧 정계·안인·정진·정려·반야바라밀다가 만약 생사에 속하거나, 만약 열반에 속한다는 증어는 곧 보살마하살이 아니라고 말하는가?"

"세존이시여. 보시바라밀다가 만약 생사에 속하거나, 열반에 속하며, 정계·안인·정진·정려·반야바라밀다가 만약 생사에 속하거나, 열반에 속하더라도 오히려 결국에는 얻을 수 없습니다. 자성이 있지 않은 까닭인데, 하물며 보시바라밀다가 생사에 속하거나, 열반에 속한다는 증어와

정계·안인·정진·정려·반야바라밀다가 생사에 속하거나, 열반에 속한다
는 증어가 있겠습니까? 이러한 증어는 이미 있지 않은데, 어찌 곧 보시바라
밀다가 만약 생사에 속하거나, 만약 열반에 속한다는 증어가 보살마하살
이라고 말할 수 있겠으며, 곧 정계·안인·정진·정려·반야바라밀다가 만약
생사에 속하거나, 만약 열반에 속한다는 증어가 보살마하살이라고 말할
수 있겠습니까?"

"선현이여. 그대는 다시 무슨 뜻으로 관찰하여 곧 보시바라밀다가
만약 내신에 있거나, 만약 외신에 있거나, 만약 두 가지의 가운데에
있다는 증어는 곧 보살마하살이 아니고, 곧 정계·안인·정진·정려·반야바
라밀다가 만약 내신에 있거나, 만약 외신에 있거나, 만약 두 가지의
가운데에 있다는 증어는 곧 보살마하살이 아니라고 말하는가?"

"세존이시여. 보시바라밀다가 만약 내신에 있거나, 외신에 있거나,
두 가지의 가운데에 있으며, 정계·안인·정진·정려·반야바라밀다가 만약
내신에 있거나, 외신에 있거나, 두 가지의 가운데에 있더라도 오히려
결국에는 얻을 수 없습니다. 자성이 있지 않은 까닭인데, 하물며 보시바라
밀다가 내신에 있거나, 외신에 있거나, 두 가지의 가운데에 있다는 증어와
정계·안인·정진·정려·반야바라밀다가 내신에 있거나, 외신에 있거나,
두 가지의 가운데에 있다는 증어가 있겠습니까? 이러한 증어는 이미
있지 않은데, 어찌 곧 보시바라밀다가 만약 내신에 있거나, 만약 외신에
있거나, 만약 두 가지의 가운데에 있다는 증어가 보살마하살이라고 말할
수 있겠으며, 곧 정계·안인·정진·정려·반야바라밀다가 만약 내신에 있거
나, 만약 외신에 있거나, 만약 두 가지의 가운데에 있다는 증어가 보살마하
살이라고 말할 수 있겠습니까?"

"선현이여. 그대는 다시 무슨 뜻으로 관찰하여 곧 보시바라밀다가
만약 얻을 수 있거나, 만약 얻을 수 없다는 증어는 곧 보살마하살이
아니고, 곧 정계·안인·정진·정려·반야바라밀다가 만약 얻을 수 있거나
만약 얻을 수 없다는 증어는 곧 보살마하살이 아니라고 말하는가?"

"세존이시여. 보시바라밀다가 만약 얻을 수 있거나, 얻을 수 없으며,

정계·안인·정진·정려·반야바라밀다가 만약 얻을 수 있거나, 얻을 수 없더라도 오히려 결국에는 얻을 수 없습니다. 자성이 있지 않은 까닭인데, 하물며 보시바라밀다가 얻을 수 있거나, 얻을 수 없다는 증어와 정계·안인·정진·정려·반야바라밀다가 얻을 수 있거나, 얻을 수 없다는 증어가 있겠습니까? 이러한 증어는 이미 있지 않은데, 어찌 곧 보시바라밀다가 만약 얻을 수 있거나, 만약 얻을 수 없다는 증어가 보살마하살이라고 말할 수 있겠으며, 곧 정계·안인·정진·정려·반야바라밀다가 만약 얻을 수 있거나, 만약 얻을 수 없다는 증어가 보살마하살이라고 말할 수 있겠습니까?"

"다시 다음으로 선현이여. 그대는 무슨 뜻으로 관찰하여 곧 내공(內空)의 증어는 곧 보살마하살이 아니고, 곧 외공(外空)·내외공(內外空)·공공(空空)·대공(大空)·승의공(勝義空)·유위공(有爲空)·무위공(無爲空)·필경공(畢竟空)·무제공(無際空)·산공(散空)·무변이공(無變異空)·본성공(本性空)·자상공(自相空)·공상공(空相空)·일체법공(一切法空)·불가득공(不可得空)·무성공(無性空)·자성공(自性空)·무성자성공(無性自性空)의 증어는 곧 보살마하살이 아니라고 말하는가?"

구수 선현이 대답하여 말하였다.

"세존이시여. 만약 내공이거나, 만약 외공, 나아가 무성자성공이라도 오히려 결국에는 얻을 수 없습니다. 자성이 있지 않은 까닭인데, 하물며 곧 내공의 증어와 외공, 나아가 무성자성공의 증어가 있겠습니까? 이러한 증어는 이미 있지 않은데, 어찌 곧 내공의 증어가 보살마하살이라고 말할 수 있겠으며, 곧 외공, 나아가 무성자성공의 증어가 보살마하살이라고 말할 수 있겠습니까?"

"선현이여. 그대는 다시 무슨 뜻으로 관찰하여 곧 내공이 만약 항상하거나, 만약 무상한 증어는 곧 보살마하살이 아니고, 외공, 나아가 무성자성공이 만약 항상하거나, 만약 무상하다는 증어는 곧 보살마하살이 아니라고 말하는가?"

"세존이시여. 내공이 만약 항상하거나, 무상하며, 외공, 나아가 무성자성공이 만약 항상하거나, 무상하더라도 오히려 결국에는 얻을 수 없습니다. 자성이 있지 않은 까닭인데, 하물며 내공이 항상하거나, 무상하다는 증어와 외공, 나아가 무성자성공이 항상하거나, 무상하다는 증어가 있겠습니까? 이러한 증어는 이미 있지 않은데, 어찌 곧 내공이 만약 항상하거나, 만약 무상하다는 증어가 보살마하살이라고 말할 수 있겠으며, 곧 외공, 나아가 무성자성공이 만약 항상하거나, 만약 무상하다는 증어가 보살마하살이라고 말할 수 있겠습니까?"

"선현이여. 그대는 다시 무슨 뜻으로 관찰하여 곧 내공이 만약 즐겁거나, 만약 괴롭다는 증어는 곧 보살마하살이 아니고, 곧 외공, 나아가 무성자성공이 만약 즐겁거나, 만약 괴롭다는 증어는 곧 보살마하살이 아니라고 말하는가?"

"세존이시여. 내공이 만약 즐겁거나, 괴로우며, 외공, 나아가 무성자성공이 만약 즐겁거나, 괴롭더라도 오히려 결국 얻을 수 없습니다. 자성이 있지 않은 까닭인데, 하물며 내공이 즐겁거나, 괴롭다는 증어와 외공, 나아가 무성자성공이 즐겁거나, 괴로운 것의 증어가 있겠습니까? 이러한 증어는 이미 있지 않은데, 어찌 곧 내공이 만약 즐겁거나, 만약 괴롭다는 증어가 보살마하살이라고 말할 수 있겠으며, 곧 외공, 나아가 무성자성공이 만약 즐겁거나, 만약 괴롭다는 증어가 보살마하살이라고 말할 수 있겠습니까?"

"선현이여. 그대는 다시 무슨 뜻으로 관찰하여 곧 내공이 만약 나이거나, 만약 무아라는 증어는 곧 보살마하살이 아니고, 곧 외공, 나아가 무성자성공이 나이거나, 만약 무아라는 증어는 곧 보살마하살이 아니라고 말하는가?"

"세존이시여. 내공이 만약 나이거나, 무아이며, 외공, 나아가 무성자성공이 만약 나이거나, 무아이더라도 오히려 결국에는 얻을 수 없습니다. 자성이 있지 않은 까닭인데, 하물며 내공이 나이거나, 무아라는 증어와 외공, 나아가 무성자성공이 나이거나, 무아라는 증어가 있겠습니까?

이러한 증어는 이미 있지 않은데, 어찌 곧 내공이 만약 나이거나 만약 무아라는 증어가 보살마하살이라고 말할 수 있겠으며, 곧 외공, 나아가 무성자성공이 만약 나이거나, 만약 무아라는 증어가 보살마하살이라고 말할 수 있겠습니까?"

"선현이여. 그대는 다시 무슨 뜻으로 관찰하여 곧 내공이 만약 청정하거나, 만약 부정하다는 증어는 곧 보살마하살이 아니고, 곧 외공, 나아가 무성자성공이 만약 청정하거나, 만약 부정하다는 증어는 곧 보살마하살이 아니라고 말하는가?"

"세존이시여. 내공이 만약 청정하거나, 부정하며, 외공, 나아가 무성자성공이 만약 청정하거나, 부정하더라도 오히려 결국에는 얻을 수 없습니다. 자성이 있지 않은 까닭인데, 하물며 내공이 청정하거나, 부정하다는 증어와 외공, 나아가 무성자성공이 청정하거나, 부정하다는 증어가 있겠습니까? 이러한 증어는 이미 있지 않은데, 어찌 곧 내공이 만약 청정하거나, 만약 부정하다는 증어가 보살마하살이라고 말할 수 있겠으며, 곧 외공, 나아가 무성자성공이 만약 청정하거나, 만약 부정하다는 증어가 보살마하살이라고 말할 수 있겠습니까?"

"선현이여. 그대는 다시 무슨 뜻으로 관찰하여 곧 내공이 만약 공하거나, 만약 공하지 않다는 증어는 곧 보살마하살이 아니고, 곧 외공, 나아가 무성자성공이 만약 공하거나, 만약 공하지 않다는 증어는 곧 보살마하살이 아니라고 말하는가?"

"세존이시여. 내공이 만약 공하거나, 공하지 않으며, 외공, 나아가 무성자성공이 만약 공하거나, 공하지 않더라도 오히려 결국에는 얻을 수 없습니다. 자성이 있지 않은 까닭인데, 하물며 내공이 공하거나, 공하지 않다는 증어와 외공, 나아가 무성자성공이 공하거나, 공하지 않다는 증어가 있겠습니까? 이러한 증어는 이미 있지 않은데, 어찌 곧 내공이 만약 공하거나, 만약 공하지 않다는 증어가 보살마하살이라고 말할 수 있겠으며, 곧 외공, 나아가 무성자성공이 만약 공하거나, 만약 공하지 않다는 증어가 보살마하살이라고 말할 수 있겠습니까?"

　"선현이여. 그대는 다시 무슨 뜻으로 관찰하여 곧 내공이 만약 유상이거나, 만약 무상이라는 증어는 곧 보살마하살이 아니고, 곧 외공, 나아가 무성자성공이 만약 유상이거나, 만약 무상이라는 증어는 곧 보살마하살이 아니라고 말하는가?"

　"세존이시여. 내공이 만약 유상이거나, 무상이며, 외공, 나아가 무성자성공이 만약 유상이거나, 무상이더라도 오히려 결국에는 얻을 수 없습니다. 자성이 있지 않은 까닭인데, 하물며 내공이 유상이거나, 무상이라는 증어와 외공, 나아가 무성자성공이 유상이거나, 무상이라는 증어가 있겠습니까? 이러한 증어는 이미 있지 않은데, 어찌 곧 내공이 만약 유상이거나, 만약 무상이라는 증어가 보살마하살이라고 말할 수 있겠으며, 곧 외공, 나아가 무성자성공이 만약 유상이거나, 만약 무상이라는 증어가 보살마하살이라고 말할 수 있겠습니까?"

마하반야바라밀다경 제29권

7. 교계교수품(敎誡敎授品)(19)

"선현이여. 그대는 다시 무슨 뜻으로 관찰하여 곧 내공이 만약 유원이거나, 만약 무원이라는 증어는 곧 보살마하살이 아니고, 곧 외공, 나아가 무성자성공이 만약 유원이거나, 만약 무원이라는 증어는 곧 보살마하살이 아니라고 말하는가?"

"세존이시여. 내공이 만약 유원이거나, 무원이며, 외공, 나아가 무성자성공이 만약 유원이거나, 무원이더라도 오히려 결국에는 얻을 수 없습니다. 자성이 있지 않은 까닭인데, 하물며 내공이 유원이거나, 무원이라는 증어와 외공, 나아가 무성자성공이 유원이거나, 무원이라는 증어가 있겠습니까? 이러한 증어는 이미 있지 않은데, 어찌 곧 내공이 만약 유원이거나, 만약 무원이라는 증어가 보살마하살이라고 말할 수 있겠으며, 곧 외공, 나아가 무성자성공이 만약 유원이거나, 만약 무원이라는 증어가 보살마하살이라고 말할 수 있겠습니까?"

"선현이여. 그대는 다시 무슨 뜻으로 관찰하여 곧 내공이 만약 적정하거나, 만약 적정하지 않다는 증어는 곧 보살마하살이 아니고, 곧 외공, 나아가 무성자성공이 만약 적정하거나, 만약 적정하지 않다는 증어는 곧 보살마하살이 아니라고 말하는가?"

"세존이시여. 내공이 만약 적정하거나, 적정하지 않으며, 외공, 나아가 무성자성공이 만약 적정하거나, 적정하지 않더라도 오히려 결국에는 얻을 수 없습니다. 자성이 있지 않은 까닭인데, 하물며 내공이 적정하거나,

적정하지 않다는 증어와 외공, 나아가 무성자성공이 적정하거나, 적정하지 않다는 증어가 있겠습니까? 이러한 증어는 이미 있지 않은데, 어찌 곧 내공이 만약 적정하거나, 만약 적정하지 않다는 증어가 보살마하살이라고 말할 수 있겠으며, 곧 외공, 나아가 무성자성공이 만약 적정하거나, 만약 적정하지 않다는 증어가 보살마하살이라고 말할 수 있겠습니까?"

"선현이여. 그대는 다시 무슨 뜻으로 관찰하여 곧 내공이 만약 멀리 벗어나거나, 만약 멀리 벗어나지 않는다는 증어는 곧 보살마하살이 아니고, 곧 외공, 나아가 무성자성공이 만약 멀리 벗어나거나, 만약 멀리 벗어나지 않는다는 증어는 곧 보살마하살이 아니라고 말하는가?"

"세존이시여. 내공이 만약 멀리 벗어나거나, 멀리 벗어나지 않으며, 만약 외공, 나아가 무성자성공이 만약 멀리 벗어나거나, 멀리 벗어나지 않더라도 오히려 결국에는 얻을 수 없습니다. 자성이 있지 않은 까닭인데, 하물며 내공이 만약 멀리 벗어나거나, 멀리 벗어나지 않는다는 증어와 외공, 나아가 무성자성공이 만약 멀리 벗어나거나, 멀리 벗어나지 않는다는 증어가 있겠습니까? 이러한 증어는 이미 있지 않은데, 어찌 곧 내공이 만약 멀리 벗어나거나, 만약 멀리 벗어나지 않는다는 증어가 보살마하살이라고 말할 수 있겠으며, 곧 외공, 나아가 무성자성공이 만약 멀리 벗어나거나, 만약 멀리 벗어나지 않는다는 증어가 보살마하살이라고 말할 수 있겠습니까?"

"선현이여. 그대는 다시 무슨 뜻으로 관찰하여 곧 내공이 만약 유위이거나, 만약 무위라는 증어는 곧 보살마하살이 아니고, 곧 외공, 나아가 무성자성공이 만약 유위이거나, 만약 무위라는 증어는 곧 보살마하살이 아니라고 말하는가?"

"세존이시여. 내공이 만약 유위이거나, 무위이며, 외공, 나아가 무성자성공이 만약 유위이거나, 무위이더라도 오히려 결국에는 얻을 수 없습니다. 자성이 있지 않은 까닭인데, 하물며 내공이 유위이거나, 무위라는 증어와 외공, 나아가 무성자성공이 유원이거나, 무위라는 증어가 있겠습니까? 이러한 증어는 이미 있지 않은데, 어찌 곧 내공이 만약 유위이거나,

만약 무위라는 증어가 보살마하살이라고 말할 수 있겠으며, 곧 외공, 나아가 무성자성공이 만약 유위이거나, 만약 무위라는 증어가 보살마하살이라고 말할 수 있겠습니까?"

"선현이여. 그대는 다시 무슨 뜻으로 관찰하여 곧 내공이 만약 유루이거나, 만약 무루라는 증어는 곧 보살마하살이 아니고, 곧 외공, 나아가 무성자성공이 만약 유루이거나, 만약 무루라는 증어는 곧 보살마하살이 아니라고 말하는가?"

"세존이시여. 내공이 만약 유루이거나, 무루이며, 외공, 나아가 무성자성공이 만약 유루이거나, 무루이더라도 오히려 결국에는 얻을 수 없습니다. 자성이 있지 않은 까닭인데, 하물며 내공이 유루이거나, 무루라는 증어와 외공, 나아가 무성자성공이 유루이거나, 무루라는 증어가 있겠습니까? 이러한 증어는 이미 있지 않은데, 어찌 곧 내공이 만약 유루이거나, 만약 무루라는 증어가 보살마하살이라고 말할 수 있겠으며, 곧 외공, 나아가 무성자성공이 만약 유루이거나, 만약 무루라는 증어가 보살마하살이라고 말할 수 있겠습니까?"

"선현이여. 그대는 다시 무슨 뜻으로 관찰하여 곧 내공이 만약 생겨나거나, 만약 소멸한다는 증어는 곧 보살마하살이 아니고, 곧 외공, 나아가 무성자성공이 만약 생겨나거나, 만약 소멸한다는 증어는 곧 보살마하살이 아니라고 말하는가?"

"세존이시여. 내공이 만약 생겨나거나, 소멸하며, 외공, 나아가 무성자성공이 만약 생겨나거나, 소멸하더라도 오히려 결국에는 얻을 수 없습니다. 자성이 있지 않은 까닭인데, 하물며 내공이 생겨나거나, 소멸한다는 증어와 외공, 나아가 무성자성공이 만약 생겨나거나, 소멸한다는 증어가 있겠습니까? 이러한 증어는 이미 있지 않은데, 어찌 곧 내공이 만약 생겨나거나, 만약 소멸한다는 증어가 보살마하살이라고 말할 수 있겠으며, 곧 외공, 나아가 무성자성공이 만약 생겨나거나, 만약 소멸한다는 증어가 보살마하살이라고 말할 수 있겠습니까?"

"선현이여. 그대는 다시 무슨 뜻으로 관찰하여 곧 내공이 만약 선하거나,

만약 선하지 않다는 증어는 곧 보살마하살이 아니고, 곧 외공, 나아가 무성자성공이 만약 선하거나, 만약 선하지 않다는 증어는 곧 보살마하살이 아니라고 말하는가?"

"세존이시여. 내공이 만약 선하거나, 선하지 않으며, 외공, 나아가 무성자성공이 만약 선하거나, 만약 선하지 않더라도 오히려 결국에는 얻을 수 없습니다. 자성이 있지 않은 까닭인데, 하물며 내공이 선하거나, 선하지 않다는 증어와 외공, 나아가 무성자성공이 선하거나, 선하지 않다는 증어가 있겠습니까? 이러한 증어는 이미 있지 않은데, 어찌 곧 내공이 만약 선하거나, 만약 선하지 않다는 증어가 보살마하살이라고 말할 수 있겠으며, 곧 외공, 나아가 무성자성공이 만약 선하거나, 만약 선하지 않다는 증어가 보살마하살이라고 말할 수 있겠습니까?"

"선현이여. 그대는 다시 무슨 뜻으로 관찰하여 곧 내공이 만약 유죄이거나, 만약 무죄라는 증어는 곧 보살마하살이 아니고, 곧 외공, 나아가 무성자성공이 만약 유죄이거나, 만약 무죄라는 증어는 곧 보살마하살이 아니라고 말하는가?"

"세존이시여. 내공이 만약 유죄이거나, 무죄이며, 만약 외공, 나아가 무성자성공이 만약 유죄이거나, 무죄이더라도 오히려 결국에는 얻을 수 없습니다. 자성이 있지 않은 까닭인데, 하물며 내공이 유죄이거나, 무죄라는 증어와 외공, 나아가 무성자성공이 만약 유죄이거나 무죄라는 증어가 있겠습니까? 이러한 증어는 이미 있지 않은데, 어찌 곧 내공이 유죄이거나, 만약 무죄라는 증어가 보살마하살이라고 말할 수 있겠으며, 곧 외공, 나아가 무성자성공이 만약 유죄이거나, 만약 무죄라는 증어가 보살마하살이라고 말할 수 있겠습니까?"

"선현이여. 그대는 다시 무슨 뜻으로 관찰하여 곧 내공이 만약 번뇌가 있거나, 만약 번뇌가 없다는 증어는 곧 보살마하살이 아니고, 곧 외공, 나아가 무성자성공이 만약 번뇌가 있거나, 만약 번뇌가 없다는 증어는 곧 보살마하살이 아니라고 말하는가?"

"세존이시여. 내공이 만약 번뇌가 있거나, 번뇌가 없으며, 외공, 나아가 무성자성공이 만약 번뇌가 있거나, 번뇌가 없더라도 오히려 결국에는 얻을 수 없습니다. 자성이 있지 않은 까닭인데, 하물며 내공이 번뇌가 있거나, 번뇌가 없다는 증어와 외공, 나아가 무성자성공이 번뇌가 있거나, 번뇌가 없다는 증어가 있겠습니까? 이러한 증어는 이미 있지 않은데, 어찌 곧 내공이 만약 번뇌가 있거나, 만약 번뇌가 없다는 증어가 보살마하살이라고 말할 수 있겠으며, 곧 외공, 나아가 무성자성공이 만약 번뇌가 있거나, 만약 번뇌가 없다는 증어가 보살마하살이라고 말할 수 있겠습니까?"

"선현이여. 그대는 다시 무슨 뜻으로 관찰하여 곧 내공이 만약 세간이거나, 만약 출세간이라는 증어는 곧 보살마하살이 아니고, 곧 외공, 나아가 무성자성공이 만약 세간이거나, 만약 출세간이라는 증어는 곧 보살마하살이 아니라고 말하는가?"

"세존이시여. 내공이 만약 세간이거나, 출세간이며, 외공, 나아가 무성자성공이 만약 세간이거나, 출세간이더라도 오히려 결국에는 얻을 수 없습니다. 자성이 있지 않은 까닭인데, 하물며 내공이 세간이거나, 출세간이라는 증어와 외공, 나아가 무성자성공이 세간이거나, 출세간이라는 증어가 있겠습니까? 이러한 증어는 이미 있지 않은데, 어찌 곧 내공이 만약 세간이거나, 만약 출세간이라는 증어가 보살마하살이라고 말할 수 있겠으며, 곧 외공, 나아가 무성자성공이 만약 세간이거나, 만약 출세간이라는 증어가 보살마하살이라고 말할 수 있겠습니까?"

"선현이여. 그대는 다시 무슨 뜻으로 관찰하여 곧 내공이 만약 잡염이거나, 만약 청정하다는 증어는 곧 보살마하살이 아니고, 곧 외공, 나아가 무성자성공이 만약 잡염이거나, 만약 청정하다는 증어는 곧 보살마하살이 아니라고 말하는가?"

"세존이시여. 내공이 만약 잡염이거나, 청정하며, 외공, 나아가 무성자성공이 만약 잡염이거나, 청정하더라도 오히려 결국에는 얻을 수 없습니다. 자성이 있지 않은 까닭인데, 하물며 곧 내공이 잡염이거나, 청정하다는 증어와 외공, 나아가 무성자성공이 잡염이거나, 청정하다는 증어가 있겠습니까? 이러한 증어는 이미 있지 않은데, 어찌 곧 내공이 만약 잡염이거나, 만약 청정하다는 증어가 보살마하살이라고 말할 수 있겠으며, 곧 외공, 나아가 무성자성공이 만약 잡염이거나, 만약 청정하다는 증어가 보살마하살이라고 말할 수 있겠습니까?"

"선현이여. 그대는 다시 무슨 뜻으로 관찰하여 곧 내공이 만약 생사에 속하거나, 만약 열반에 속한다는 증어는 곧 보살마하살이 아니고, 곧 외공, 나아가 무성자성공이 만약 생사에 속하거나, 만약 열반에 속한다는 증어는 곧 보살마하살이 아니라고 말하는가?"

"세존이시여. 내공이 만약 생사에 속하거나, 열반에 속하며, 외공, 나아가 무성자성공이 만약 생사에 속하거나, 열반에 속하더라도 오히려 결국에는 얻을 수 없습니다. 자성이 있지 않은 까닭인데, 하물며 내공이 생사에 속하거나, 열반에 속한다는 증어와 외공, 나아가 무성자성공이 생사에 속하거나, 열반에 속한다는 증어가 있겠습니까? 이러한 증어는 이미 있지 않은데, 어찌 곧 내공이 만약 생사에 속하거나, 만약 열반에 속한다는 증어가 보살마하살이라고 말할 수 있겠으며, 곧 외공, 나아가 무성자성공이 만약 생사에 속하거나, 만약 열반에 속한다는 증어가 보살마하살이라고 말할 수 있겠습니까?"

"선현이여. 그대는 다시 무슨 뜻으로 관찰하여 곧 내공이 만약 내신에 있거나, 만약 외신에 있거나, 만약 두 가지의 가운데에 있다는 증어는 곧 보살마하살이 아니고, 곧 외공, 나아가 무성자성공이 만약 내신에 있거나, 만약 외신에 있거나, 만약 두 가지의 가운데에 있다는 증어는 곧 보살마하살이 아니라고 말하는가?"

"세존이시여. 내공이 만약 내신에 있거나, 외신에 있거나, 두 가지의 가운데에 있으며, 외공, 나아가 무성자성공이 만약 내신에 있거나, 외신에 있거나, 두 가지의 가운데에 있더라도 오히려 결국에는 얻을 수 없습니다. 자성이 있지 않은 까닭인데, 하물며 내공이 내신에 있거나, 외신에 있거나, 두 가지의 가운데에 있다는 증어와 외공, 나아가 무성자성공이 내신에 있거나, 외신에 있거나, 두 가지의 가운데에 있다는 증어가 있겠습니까?

이러한 증어는 이미 있지 않은데, 어찌 곧 내공이 만약 내신에 있거나, 만약 외신에 있거나, 만약 두 가지의 가운데에 있다는 증어가 보살마하살이라고 말할 수 있겠으며, 곧 외공, 나아가 무성자성공이 만약 내신에 있거나, 만약 외신에 있거나, 만약 두 가지의 가운데에 있다는 증어가 보살마하살이라고 말할 수 있겠습니까?"

"선현이여. 그대는 다시 무슨 뜻으로 관찰하여 곧 내공이 만약 얻을 수 있거나, 만약 얻을 수 없다는 증어는 곧 보살마하살이 아니고, 곧 외공, 나아가 무성자성공이 만약 얻을 수 있거나 만약 얻을 수 없다는 증어는 곧 보살마하살이 아니라고 말하는가?"

"세존이시여. 내공이 만약 얻을 수 있거나, 얻을 수 없으며, 외공, 나아가 무성자성공이 만약 얻을 수 있거나, 얻을 수 없더라도 오히려 결국에는 얻을 수 없습니다. 자성이 있지 않은 까닭인데, 하물며 내공이 얻을 수 있거나, 얻을 수 없다는 증어와 외공, 나아가 무성자성공이 얻을 수 있거나, 얻을 수 없다는 증어가 있겠습니까? 이러한 증어는 이미 있지 않은데, 어찌 곧 내공이 만약 얻을 수 있거나, 만약 얻을 수 없다는 증어가 보살마하살이라고 말할 수 있겠으며, 곧 외공, 나아가 무성자성공이 만약 얻을 수 있거나, 만약 얻을 수 없다는 증어가 보살마하살이라고 말할 수 있겠습니까?"

"다시 다음으로 선현이여. 그대는 무슨 뜻으로 관찰하여 곧 진여(眞如)의 증어는 곧 보살마하살이 아니고, 법계(法界)·법성(法性)·불허망성(不虛妄性)·불변이성(不變異性)·평등성(平等性)·이생성(離生性)·법정(法定)·법주(法住)·실제(實際)·허공계(虛空界)·부사의계(不思議界)의 증어는 곧 보살마하살이 아니라고 말하는가?"

구수 선현이 대답하여 말하였다.

"세존이시여. 만약 진여이거나, 만약 법계, 나아가 부사의계라도 오히려 결국에는 얻을 수 없습니다. 자성이 있지 않은 까닭인데, 하물며 곧 진여의 증어와 법계, 나아가 부사의계의 증어가 있겠습니까? 이러한 증어는 이미 있지 않은데, 어찌 곧 진여의 증어가 보살마하살이라고 말할 수 있겠으며, 곧 법계, 나아가 부사의계의 증어가 보살마하살이라고 말할 수 있겠습니까?"

"선현이여. 그대는 다시 무슨 뜻으로 관찰하여 곧 진여가 만약 항상하거나, 만약 무상한 증어는 곧 보살마하살이 아니고, 법계, 나아가 부사의계가 만약 항상하거나, 만약 무상하다는 증어는 곧 보살마하살이 아니라고 말하는가?"

"세존이시여. 진여가 만약 항상하거나, 무상하며, 법계, 나아가 부사의계가 만약 항상하거나 무상하더라도 오히려 결국에는 얻을 수 없습니다. 자성이 있지 않은 까닭인데, 하물며 진여가 항상하거나, 무상하다는 증어와 법계, 나아가 부사의계가 항상하거나, 무상하다는 증어가 있겠습니까? 이러한 증어는 이미 있지 않은데, 어찌 곧 진여가 만약 항상하거나, 만약 무상하다는 증어가 보살마하살이라고 말할 수 있겠으며, 곧 법계, 나아가 부사의계가 만약 항상하거나, 만약 무상하다는 증어가 보살마하살이라고 말할 수 있겠습니까?"

"선현이여. 그대는 다시 무슨 뜻으로 관찰하여 곧 진여가 만약 즐겁거나, 만약 괴롭다는 증어는 곧 보살마하살이 아니고, 곧 법계, 나아가 부사의계가 만약 즐겁거나, 만약 괴롭다는 증어는 곧 보살마하살이 아니라고 말하는가?"

"세존이시여. 진여가 만약 즐겁거나, 괴로우며, 법계, 나아가 부사의계가 만약 즐겁거나, 괴롭더라도 오히려 결국 얻을 수 없습니다. 자성이 있지 않은 까닭인데, 하물며 진여가 즐겁거나, 괴롭다는 증어와 법계, 나아가 부사의계가 즐겁거나, 괴롭다는 증어가 있겠습니까? 이러한 증어는 이미 있지 않은데, 어찌 곧 진여가 만약 즐겁거나, 만약 괴롭다는 증어가 보살마하살이라고 말할 수 있겠으며, 곧 법계, 나아가 부사의계가 만약 즐겁거나, 만약 괴롭다는 증어가 보살마하살이라고 말할 수 있겠습니까?"

"선현이여. 그대는 다시 무슨 뜻으로 관찰하여 곧 진여가 만약 나이거나,

만약 무아라는 증어는 곧 보살마하살이 아니고, 곧 법계, 나아가 부사의계가 나이거나, 만약 무아라는 증어는 곧 보살마하살이 아니라고 말하는가?"

"세존이시여. 진여가 만약 나이거나, 무아이며, 법계, 나아가 부사의계가 만약 나이거나, 무아이더라도 오히려 결국에는 얻을 수 없습니다. 자성이 있지 않은 까닭인데, 하물며 진여가 나이거나, 무아라는 증어와 법계, 나아가 부사의계가 나이거나, 무아라는 증어가 있겠습니까? 이러한 증어는 이미 있지 않은데, 어찌 곧 진여가 만약 나이거나, 만약 무아라는 증어가 보살마하살이라고 말할 수 있겠으며, 곧 법계, 나아가 부사의계가 만약 나이거나, 만약 무아라는 증어가 보살마하살이라고 말할 수 있겠습니까?"

"선현이여. 그대는 다시 무슨 뜻으로 관찰하여 곧 진여가 만약 청정하거나, 만약 부정하다는 증어는 곧 보살마하살이 아니고, 곧 법계, 나아가 부사의계가 만약 청정하거나 만약 부정하다는 증어는 곧 보살마하살이 아니라고 말하는가?"

"세존이시여. 진여가 만약 청정하거나, 부정하며, 법계, 나아가 부사의계가 만약 청정하거나, 부정하더라도 오히려 결국에는 얻을 수 없습니다. 자성이 있지 않은 까닭인데, 하물며 진여가 청정하거나, 부정하다는 증어와 법계, 나아가 부사의계가 청정하거나, 부정하다는 증어가 있겠습니까? 이러한 증어는 이미 있지 않은데, 어찌 곧 진여가 만약 청정하거나, 만약 부정하다는 증어가 보살마하살이라고 말할 수 있겠으며, 곧 법계, 나아가 부사의계가 만약 청정하거나, 만약 부정하다는 증어가 보살마하살이라고 말할 수 있겠습니까?"

"선현이여. 그대는 다시 무슨 뜻으로 관찰하여 곧 진여가 만약 공하거나, 만약 공하지 않다는 증어는 곧 보살마하살이 아니고, 곧 법계, 나아가 부사의계가 만약 공하거나, 만약 공하지 않다는 증어는 곧 보살마하살이 아니라고 말하는가?"

"세존이시여. 진여가 만약 공하거나, 공하지 않으며, 법계, 나아가 부사의계가 만약 공하거나, 공하지 않더라도 오히려 결국에는 얻을 수 없습니다. 자성이 있지 않은 까닭인데, 하물며 진여가 공하거나, 공하지 않다는 증어와 법계, 나아가 부사의계가 공하거나, 공하지 않다는 증어가 있겠습니까? 이러한 증어는 이미 있지 않은데, 어찌 곧 진여가 만약 공하거나, 만약 공하지 않다는 증어가 보살마하살이라고 말할 수 있겠으며, 곧 법계, 나아가 부사의계가 만약 공하거나, 만약 공하지 않다는 증어가 보살마하살이라고 말할 수 있겠습니까?"

"선현이여. 그대는 다시 무슨 뜻으로 관찰하여 곧 진여가 만약 유상이거나, 만약 무상이라는 증어는 곧 보살마하살이 아니고, 곧 법계, 나아가 부사의계가 만약 유상이거나, 만약 무상이라는 증어는 곧 보살마하살이 아니라고 말하는가?"

"세존이시여. 진여가 만약 유상이거나, 무상이며, 법계, 나아가 부사의계가 만약 유상이거나, 무상이더라도 오히려 결국에는 얻을 수 없습니다. 자성이 있지 않은 까닭인데, 하물며 진여가 유상이거나, 무상이라는 증어와 법계, 나아가 부사의계가 유상이거나, 무상이라는 증어가 있겠습니까? 이러한 증어는 이미 있지 않은데, 어찌 곧 진여가 만약 유상이거나, 만약 무상이라는 증어가 보살마하살이라고 말할 수 있겠으며, 곧 법계, 나아가 부사의계가 만약 유상이거나, 만약 무상이라는 증어가 보살마하살이라고 말할 수 있겠습니까?"

"선현이여. 그대는 다시 무슨 뜻으로 관찰하여 곧 진여가 만약 유원이거나, 만약 무원이라는 증어는 곧 보살마하살이 아니고, 곧 법계, 나아가 부사의계가 만약 유원이거나, 만약 무원이라는 증어는 곧 보살마하살이 아니라고 말하는가?"

"세존이시여. 진여가 만약 유원이거나, 무원이며, 법계, 나아가 부사의계가 만약 유원이거나, 무원이더라도 오히려 결국에는 얻을 수 없습니다. 자성이 있지 않은 까닭인데, 하물며 진여가 유원이거나, 무원이라는 증어와 법계, 나아가 부사의계가 유원이거나, 무원이라는 증어가 있겠습니까? 이러한 증어는 이미 있지 않은데, 어찌 곧 진여가 만약 유원이거나, 만약 무원이라는 증어가 보살마하살이라고 말할 수 있겠으며, 곧 법계,

나아가 부사의계가 만약 유원이거나, 만약 무원이라는 증어가 보살마하살이라고 말할 수 있겠습니까?"

"선현이여. 그대는 다시 무슨 뜻으로 관찰하여 곧 진여가 만약 적정하거나, 만약 적정하지 않다는 증어는 곧 보살마하살이 아니고, 곧 법계, 나아가 부사의계가 만약 적정하거나, 만약 적정하지 않다는 증어는 곧 보살마하살이 아니라고 말하는가?"

"세존이시여. 진여가 만약 적정하거나, 적정하지 않으며, 법계, 나아가 부사의계가 만약 적정하거나, 적정하지 않더라도 오히려 결국에는 얻을 수 없습니다. 자성이 있지 않은 까닭인데, 하물며 진여가 적정하거나, 적정하지 않다는 증어와 법계, 나아가 부사의계가 적정하거나, 적정하지 않다는 증어가 있겠습니까? 이러한 증어는 이미 있지 않은데, 어찌 곧 진여가 만약 적정하거나, 만약 적정하지 않다는 증어가 보살마하살이라고 말할 수 있겠으며, 곧 법계, 나아가 부사의계가 만약 적정하거나, 만약 적정하지 않다는 증어가 보살마하살이라고 말할 수 있겠습니까?"

"선현이여. 그대는 다시 무슨 뜻으로 관찰하여 곧 진여가 만약 멀리 벗어나거나, 만약 멀리 벗어나지 않는다는 증어는 곧 보살마하살이 아니고, 곧 법계, 나아가 부사의계가 만약 멀리 벗어나거나, 만약 멀리 벗어나지 않는다는 증어는 곧 보살마하살이 아니라고 말하는가?"

"세존이시여. 진여가 만약 멀리 벗어나거나, 멀리 벗어나지 않으며, 만약 법계, 나아가 부사의계가 만약 멀리 벗어나거나, 멀리 벗어나지 않더라도 오히려 결국에는 얻을 수 없습니다. 자성이 있지 않은 까닭인데, 하물며 진여가 만약 멀리 벗어나거나, 멀리 벗어나지 않는다는 증어와 법계, 나아가 부사의계가 만약 멀리 벗어나거나, 멀리 벗어나지 않는다는 증어가 있겠습니까? 이러한 증어는 이미 있지 않은데, 어찌 곧 진여가 만약 멀리 벗어나거나, 만약 멀리 벗어나지 않는다는 증어가 보살마하살이라고 말할 수 있겠으며, 곧 법계, 나아가 부사의계가 만약 멀리 벗어나거나, 만약 멀리 벗어나지 않는다는 증어가 보살마하살이라고 말할 수 있겠습니까?"

"선현이여. 그대는 다시 무슨 뜻으로 관찰하여 곧 진여가 만약 유위이거나, 만약 무위라는 증어는 곧 보살마하살이 아니고, 곧 법계, 나아가 부사의계가 만약 유위이거나, 만약 무위라는 증어는 곧 보살마하살이 아니라고 말하는가?"

"세존이시여. 진여가 만약 유위이거나, 무위이며, 법계, 나아가 부사의계가 만약 유위이거나, 무위이더라도 오히려 결국에는 얻을 수 없습니다. 자성이 있지 않은 까닭인데, 하물며 진여가 유위이거나, 무위라는 증어와 법계, 나아가 부사의계가 유위이거나, 무위라는 증어가 있겠습니까? 이러한 증어는 이미 있지 않은데, 어찌 곧 진여가 만약 유위이거나, 만약 무위라는 증어가 보살마하살이라고 말할 수 있겠으며, 곧 법계, 나아가 부사의계가 만약 유위이거나, 만약 무위라는 증어가 보살마하살이라고 말할 수 있겠습니까?"

"선현이여. 그대는 다시 무슨 뜻으로 관찰하여 곧 진여가 만약 유루이거나, 만약 무루라는 증어는 곧 보살마하살이 아니고, 곧 법계, 나아가 부사의계가 만약 유루이거나, 만약 무루라는 증어는 곧 보살마하살이 아니라고 말하는가?"

"세존이시여. 진여가 만약 유루이거나, 무루이며, 법계, 나아가 부사의계가 만약 유루이거나, 무루이더라도 오히려 결국에는 얻을 수 없습니다. 자성이 있지 않은 까닭인데, 하물며 진여가 유루이거나, 무루라는 증어와 법계, 나아가 부사의계가 유루이거나, 무루라는 증어가 있겠습니까? 이러한 증어는 이미 있지 않은데, 어찌 곧 진여가 만약 유루이거나, 만약 무루라는 증어가 보살마하살이라고 말할 수 있겠으며, 곧 법계, 나아가 부사의계가 만약 유루이거나, 만약 무루라는 증어가 보살마하살이라고 말할 수 있겠습니까?"

"선현이여. 그대는 다시 무슨 뜻으로 관찰하여 곧 진여가 만약 생겨나거나, 만약 소멸한다는 증어는 곧 보살마하살이 아니고, 곧 법계, 나아가 부사의계가 만약 생겨나거나, 만약 소멸한다는 증어는 곧 보살마하살이 아니라고 말하는가?"

"세존이시여. 진여가 만약 생겨나거나, 소멸하며, 법계, 나아가 부사의계가 만약 생겨나거나, 소멸하더라도 오히려 결국에는 얻을 수 없습니다. 자성이 있지 않은 까닭인데, 하물며 진여가 생겨나거나, 소멸한다는 증어와 법계, 나아가 부사의계가 만약 생겨나거나, 소멸한다는 증어가 있겠습니까? 이러한 증어는 이미 있지 않은데, 어찌 곧 진여가 만약 생겨나거나, 만약 소멸한다는 증어가 보살마하살이라고 말할 수 있겠으며, 곧 법계, 나아가 부사의계가 만약 생겨나거나, 만약 소멸한다는 증어가 보살마하살이라고 말할 수 있겠습니까?"

"선현이여. 그대는 다시 무슨 뜻으로 관찰하여 곧 진여가 만약 선하거나, 만약 선하지 않다는 증어는 곧 보살마하살이 아니고, 곧 법계, 나아가 부사의계가 만약 선하거나, 선하지 않다는 증어는 곧 보살마하살이 아니라고 말하는가?"

"세존이시여. 진여가 만약 선하거나, 선하지 않으며, 법계, 나아가 부사의계가 만약 선하거나, 만약 선하지 않더라도 오히려 결국에는 얻을 수 없습니다. 자성이 있지 않은 까닭인데, 하물며 진여가 선하거나, 선하지 않다는 증어와 법계, 나아가 부사의계가 선하거나, 선하지 않다는 증어가 있겠습니까? 이러한 증어는 이미 있지 않은데, 어찌 곧 진여가 만약 선하거나, 만약 선하지 않다는 증어가 보살마하살이라고 말할 수 있겠으며, 곧 법계, 나아가 부사의계가 만약 선하거나, 만약 선하지 않다는 증어가 보살마하살이라고 말할 수 있겠습니까?"

"선현이여. 그대는 다시 무슨 뜻으로 관찰하여 곧 진여가 만약 유죄이거나, 만약 무죄라는 증어는 곧 보살마하살이 아니고, 곧 법계, 나아가 부사의계가 만약 유죄이거나, 만약 무죄라는 증어는 곧 보살마하살이 아니라고 말하는가?"

"세존이시여. 진여가 만약 유죄이거나, 무죄이며, 만약 법계, 나아가 부사의계가 만약 유죄이거나, 무죄이더라도 오히려 결국에는 얻을 수 없습니다. 자성이 있지 않은 까닭인데, 하물며 진여가 유죄이거나, 무죄라는 증어와 법계, 나아가 부사의계가 만약 유죄이거나, 무죄라는 증어가 있겠습니까? 이러한 증어는 이미 있지 않은데, 어찌 곧 진여가 유죄이거나, 만약 무죄라는 증어가 보살마하살이라고 말할 수 있겠으며, 곧 법계, 나아가 부사의계가 만약 유죄이거나, 만약 무죄라는 증어가 보살마하살이라고 말할 수 있겠습니까?"

"선현이여. 그대는 다시 무슨 뜻으로 관찰하여 곧 진여가 만약 번뇌가 있거나, 만약 번뇌가 없다는 증어는 곧 보살마하살이 아니고, 곧 법계, 나아가 부사의계가 만약 번뇌가 있거나, 만약 번뇌가 없다는 증어는 곧 보살마하살이 아니라고 말하는가?"

"세존이시여. 진여가 만약 번뇌가 있거나, 번뇌가 없으며, 법계, 나아가 부사의계가 만약 번뇌가 있거나, 번뇌가 없더라도 오히려 결국에는 얻을 수 없습니다. 자성이 있지 않은 까닭인데, 하물며 진여가 번뇌가 있거나, 번뇌가 없다는 증어와 법계, 나아가 부사의계가 번뇌가 있거나, 번뇌가 없다는 증어가 있겠습니까? 이러한 증어는 이미 있지 않은데, 어찌 곧 진여가 만약 번뇌가 있거나, 만약 번뇌가 없다는 증어가 보살마하살이라고 말할 수 있겠으며, 곧 법계, 나아가 부사의계가 만약 번뇌가 있거나, 만약 번뇌가 없다는 증어가 보살마하살이라고 말할 수 있겠습니까?"

"선현이여. 그대는 다시 무슨 뜻으로 관찰하여 곧 진여가 만약 세간이거나, 만약 출세간이라는 증어는 곧 보살마하살이 아니고, 곧 법계, 나아가 부사의계가 만약 세간이거나, 만약 출세간이라는 증어는 곧 보살마하살이 아니라고 말하는가?"

"세존이시여. 진여가 만약 세간이거나, 출세간이며, 법계, 나아가 부사의계가 만약 세간이거나, 출세간이더라도 오히려 결국에는 얻을 수 없습니다. 자성이 있지 않은 까닭인데, 하물며 진여가 세간이거나, 출세간이라는 증어와 법계, 나아가 부사의계가 세간이거나, 출세간이라는 증어가 있겠습니까? 이러한 증어는 이미 있지 않은데, 어찌 곧 진여가 만약 세간이거나, 만약 출세간이라는 증어가 보살마하살이라고 말할 수 있겠으며, 곧 법계, 나아가 부사의계가 만약 세간이거나, 만약 출세간이라는 증어가 보살마하살이라고 말할 수 있겠습니까?"

　"선현이여. 그대는 다시 무슨 뜻으로 관찰하여 곧 진여가 만약 잡염이거
나, 만약 청정하다는 증어는 곧 보살마하살이 아니고, 곧 법계, 나아가
부사의계가 만약 잡염이거나, 만약 청정하다는 증어는 곧 보살마하살이
아니라고 말하는가?"

　"세존이시여. 진여가 만약 잡염이거나, 청정하며, 법계, 나아가 부사의
계가 만약 잡염이거나, 청정하더라도 오히려 결국에는 얻을 수 없습니다.
자성이 있지 않은 까닭인데, 하물며 곧 진여가 잡염이거나, 청정하다는
증어와 법계, 나아가 부사의계가 잡염이거나, 청정하다는 증어가 있겠습
니까? 이러한 증어는 이미 있지 않은데, 어찌 곧 진여가 만약 잡염이거나,
만약 청정하다는 증어가 보살마하살이라고 말할 수 있겠으며, 곧 법계,
나아가 부사의계가 만약 잡염이거나, 만약 청정하다는 증어가 보살마하살
이라고 말할 수 있겠습니까?"

　"선현이여. 그대는 다시 무슨 뜻으로 관찰하여 곧 진여가 만약 생사에
속하거나, 만약 열반에 속한다는 증어는 곧 보살마하살이 아니고, 곧
법계, 나아가 부사의계가 만약 생사에 속하거나, 만약 열반에 속한다는
증어는 곧 보살마하살이 아니라고 말하는가?"

　"세존이시여. 진여가 만약 생사에 속하거나, 열반에 속하며, 법계,
나아가 부사의계가 만약 생사에 속하거나, 열반에 속하더라도 오히려
결국에는 얻을 수 없습니다. 자성이 있지 않은 까닭인데, 하물며 진여가
생사에 속하거나, 열반에 속한다는 증어와 법계, 나아가 부사의계가 생사
에 속하거나, 열반에 속한다는 증어가 있겠습니까? 이러한 증어는 이미
있지 않은데, 어찌 곧 진여가 만약 생사에 속하거나, 만약 열반에 속한다는
증어가 보살마하살이라고 말할 수 있겠으며, 곧 법계, 나아가 부사의계가
만약 생사에 속하거나, 만약 열반에 속한다는 증어가 보살마하살이라고
말할 수 있겠습니까?"

　"선현이여. 그대는 다시 무슨 뜻으로 관찰하여 곧 진여가 만약 내신에
있거나, 만약 외신에 있거나, 만약 두 가지의 가운데에 있다는 증어는
곧 보살마하살이 아니고, 곧 법계, 나아가 부사의계가 만약 내신에 있거나,

만약 외신에 있거나, 만약 두 가지의 가운데에 있다는 증어는 곧 보살마하
살이 아니라고 말하는가?"

"세존이시여. 진여가 만약 내신에 있거나, 외신에 있거나, 두 가지의
가운데에 있으며, 법계, 나아가 부사의계가 만약 내신에 있거나, 외신에
있거나, 두 가지의 가운데에 있더라도 오히려 결국에는 얻을 수 없습니다.
자성이 있지 않은 까닭인데, 하물며 진여가 내신에 있거나, 외신에 있거나,
두 가지의 가운데에 있다는 증어와 법계, 나아가 부사의계가 내신에
있거나, 외신에 있거나, 두 가지의 가운데에 있다는 증어가 있겠습니까?
이러한 증어는 이미 있지 않은데, 어찌 곧 진여가 만약 내신에 있거나,
만약 외신에 있거나, 만약 두 가지의 가운데에 있다는 증어가 보살마하살
이라고 말할 수 있겠으며, 곧 법계, 나아가 부사의계가 만약 내신에
있거나, 만약 외신에 있거나, 만약 두 가지의 가운데에 있다는 증어가
보살마하살이라고 말할 수 있겠습니까?"

"선현이여. 그대는 다시 무슨 뜻으로 관찰하여 곧 진여가 만약 얻을
수 있거나, 만약 얻을 수 없다는 증어는 곧 보살마하살이 아니고, 곧
법계, 나아가 부사의계가 만약 얻을 수 있거나, 만약 얻을 수 없다는
증어는 곧 보살마하살이 아니라고 말하는가?"

"세존이시여. 진여가 만약 얻을 수 있거나, 얻을 수 없으며, 법계,
나아가 부사의계가 만약 얻을 수 있거나, 얻을 수 없더라도 오히려 결국에
는 얻을 수 없습니다. 자성이 있지 않은 까닭인데, 하물며 진여가 얻을
수 있거나, 얻을 수 없다는 증어와 법계, 나아가 부사의계가 얻을 수
있거나, 얻을 수 없다는 증어가 있겠습니까? 이러한 증어는 이미 있지
않은데, 어찌 곧 진여가 만약 얻을 수 있거나, 만약 얻을 수 없다는
증어가 보살마하살이라고 말할 수 있겠으며, 곧 법계 나아가 부사의계가
만약 얻을 수 있거나, 만약 얻을 수 없다는 증어가 보살마하살이라고
말할 수 있겠습니까?"

"다시 다음으로 선현이여. 그대는 무슨 뜻으로 관찰하여 곧 4념주(四念

住)의 증어는 곧 보살마하살이 아니고, 4정단(四正斷)·4신족(四神足)·5근 (五根)·5력(五力)·7등각지(七等覺支)·8성도지(八聖道支)의 증어는 곧 보살 마하살이 아니라고 말하는가?"

구수 선현이 대답하여 말하였다.

"세존이시여. 만약 4념주이거나, 만약 4정단, 나아가 8성도지라도 오히 려 결국에는 얻을 수 없습니다. 자성이 있지 않은 까닭인데, 하물며 곧 4념주의 증어와 4정단, 나아가 8성도지의 증어가 있겠습니까? 이러한 증어는 이미 있지 않은데, 어찌 곧 4념주의 증어가 보살마하살이라고 말할 수 있겠으며, 곧 4정단, 나아가 8성도지의 증어가 보살마하살이라고 말할 수 있겠습니까?"

"선현이여. 그대는 다시 무슨 뜻으로 관찰하여 곧 4념주가 만약 항상하 거나, 만약 무상하다는 증어는 곧 보살마하살이 아니고, 4정단, 나아가 8성도지가 만약 항상하거나, 만약 무상하다는 증어는 곧 보살마하살이 아니라고 말하는가?"

"세존이시여. 4념주가 만약 항상하거나, 무상하며, 4정단, 나아가 8성도 지가 만약 항상하거나, 무상하더라도 오히려 결국에는 얻을 수 없습니다. 자성이 있지 않은데, 하물며 4념주가 항상하거나, 무상하다는 증어와 4정단, 나아가 8성도지가 항상하거나, 무상하다는 증어가 있겠습니까? 이러한 증어는 이미 있지 않은데, 어찌 곧 4념주가 만약 항상하거나, 만약 무상하다는 증어가 보살마하살이라고 말할 수 있겠으며, 곧 4정단, 나아가 8성도지가 만약 항상하거나, 만약 무상하다는 증어가 보살마하살 이라고 말할 수 있겠습니까?"

"선현이여. 그대는 다시 무슨 뜻으로 관찰하여 곧 4념주가 만약 즐겁거 나, 만약 괴롭다는 증어는 곧 보살마하살이 아니고, 곧 4정단, 나아가 8성도지가 만약 즐겁거나, 만약 괴롭다는 증어는 곧 보살마하살이 아니라 고 말하는가?"

"세존이시여. 4념주가 만약 즐겁거나, 괴로우며, 4정단, 나아가 8성도지 가 만약 즐겁거나, 괴롭더라도 오히려 결국 얻을 수 없습니다. 자성이 있지 않은 까닭인데, 하물며 4념주가 즐겁거나, 괴롭다는 증어와 4정단, 나아가 8성도지가 즐겁거나, 괴롭다는 증어가 있겠습니까? 이러한 증어는 이미 있지 않은데, 어찌 곧 4념주가 만약 즐겁거나, 만약 괴롭다는 증어가 보살마하살이라고 말할 수 있겠으며, 곧 4정단, 나아가 8성도지가 만약 즐겁거나, 만약 괴롭다는 증어가 보살마하살이라고 말할 수 있겠습니까?"

"선현이여. 그대는 다시 무슨 뜻으로 관찰하여 곧 4념주가 만약 나이거나, 만약 무아라는 증어는 곧 보살마하살이 아니고, 곧 4정단, 나아가 8성도지가 나이거나, 만약 무아라는 증어는 곧 보살마하살이 아니라고 말하는가?"

"세존이시여. 4념주가 만약 나이거나, 무아이며, 4정단, 나아가 8성도지가 만약 나이거나, 무아이더라도 오히려 결국에는 얻을 수 없습니다. 자성이 있지 않은 까닭인데, 하물며 4념주가 나이거나, 무아라는 증어와 4정단, 나아가 8성도지가 나이거나, 무아라는 증어가 있겠습니까? 이러한 증어는 이미 있지 않은데, 어찌 곧 4념주가 만약 나이거나, 만약 무아라는 증어가 보살마하살이라고 말할 수 있겠으며, 곧 4정단, 나아가 8성도지가 만약 나이거나, 만약 무아라는 증어가 보살마하살이라고 말할 수 있겠습니까?"

"선현이여. 그대는 다시 무슨 뜻으로 관찰하여 곧 4념주가 만약 청정하거나, 만약 부정하다는 증어는 곧 보살마하살이 아니고, 곧 4정단, 나아가 8성도지가 만약 청정하거나, 만약 부정하다는 증어는 곧 보살마하살이 아니라고 말하는가?"

"세존이시여. 4념주가 만약 청정하거나, 부정하며, 4정단, 나아가 8성도지가 만약 청정하거나, 부정하더라도 오히려 결국에는 얻을 수 없습니다. 자성이 있지 않은 까닭인데, 하물며 4념주가 청정하거나, 부정하다는 증어와 4정단, 나아가 8성도지가 청정하거나, 부정하다는 증어가 있겠습니까? 이러한 증어는 이미 있지 않은데, 어찌 곧 4념주가 만약 청정하거나, 만약 부정하다는 증어가 보살마하살이라고 말할 수 있겠으며, 곧 4정단,

나아가 8성도지가 만약 청정하거나, 만약 부정하다는 증어가 보살마하살이라고 말할 수 있겠습니까?"

"선현이여. 그대는 다시 무슨 뜻으로 관찰하여 곧 4념주가 만약 공하거나, 만약 공하지 않다는 증어는 곧 보살마하살이 아니고, 곧 4정단, 나아가 8성도지가 만약 공하거나, 만약 공하지 않다는 증어는 곧 보살마하살이 아니라고 말하는가?"

"세존이시여. 4념주가 만약 공하거나, 공하지 않으며, 4정단, 나아가 8성도지가 만약 공하거나, 공하지 않더라도 오히려 결국에는 얻을 수 없습니다. 자성이 있지 않은 까닭인데, 하물며 4념주가 공하거나, 공하지 않다는 증어와 4정단, 나아가 8성도지가 공하거나, 공하지 않다는 증어가 있겠습니까? 이러한 증어는 이미 있지 않은데, 어찌 곧 4념주가 만약 공하거나, 만약 공하지 않다는 증어가 보살마하살이라고 말할 수 있겠으며, 곧 4정단, 나아가 8성도지가 만약 공하거나, 만약 공하지 않다는 증어가 보살마하살이라고 말할 수 있겠습니까?"

"선현이여. 그대는 다시 무슨 뜻으로 관찰하여 곧 4념주가 만약 유상이거나, 만약 무상이라는 증어는 곧 보살마하살이 아니고, 곧 4정단, 나아가 8성도지가 만약 유상이거나, 만약 무상이라는 증어는 곧 보살마하살이 아니라고 말하는가?"

"세존이시여. 4념주가 만약 유상이거나, 무상이며, 4정단, 나아가 8성도지가 만약 유상이거나, 무상이더라도 오히려 결국에는 얻을 수 없습니다. 자성이 있지 않은 까닭인데, 하물며 4념주가 유상이거나, 무상이라는 증어와 4정단, 나아가 8성도지가 유상이거나, 무상이라는 증어가 있겠습니까? 이러한 증어는 이미 있지 않은데, 어찌 곧 4념주가 만약 유상이거나, 만약 무상이라는 증어가 보살마하살이라고 말할 수 있겠으며, 곧 4정단, 나아가 8성도지가 만약 유상이거나, 만약 무상이라는 증어가 보살마하살이라고 말할 수 있겠습니까?"

"선현이여. 그대는 다시 무슨 뜻으로 관찰하여 곧 4념주가 만약 유원이거나, 만약 무원이라는 증어는 곧 보살마하살이 아니고, 곧 4정단, 나아가

8성도지가 만약 유원이거나, 만약 무원이라는 증어는 곧 보살마하살이
아니라고 말하는가?"

"세존이시여. 4념주가 만약 유원이거나, 무원이며, 4정단, 나아가 8성도
지가 만약 유원이거나, 무원이더라도 오히려 결국에는 얻을 수 없습니다.
자성이 있지 않은 까닭인데, 하물며 4념주가 유원이거나, 무원이라는
증어와 4정단, 나아가 8성도지가 유원이거나, 무원이라는 증어가 있겠습
니까? 이러한 증어는 이미 있지 않은데, 어찌 곧 4념주가 만약 유원이거나,
만약 무원이라는 증어가 보살마하살이라고 말할 수 있겠으며, 곧 4정단,
나아가 8성도지가 만약 유원이거나, 만약 무원이라는 증어가 보살마하살
이라고 말할 수 있겠습니까?"

"선현이여. 그대는 다시 무슨 뜻으로 관찰하여 곧 4념주가 만약 적정하
거나, 만약 적정하지 않다는 증어는 곧 보살마하살이 아니고, 곧 4정단,
나아가 8성도지가 만약 적정하거나, 만약 적정하지 않다는 증어는 곧
보살마하살이 아니라고 말하는가?"

"세존이시여. 4념주가 만약 적정하거나, 적정하지 않으며, 4정단, 나아
가 8성도지가 만약 적정하거나, 적정하지 않더라도 오히려 결국에는
얻을 수 없습니다. 자성이 있지 않은 까닭인데, 하물며 4념주가 적정하거
나, 적정하지 않다는 증어와 4정단, 나아가 8성도지가 적정하거나, 적정하
지 않다는 증어가 있겠습니까? 이러한 증어는 이미 있지 않은데, 어찌
곧 4념주가 만약 적정하거나, 만약 적정하지 않다는 증어가 보살마하살이
라고 말할 수 있겠으며, 곧 4정단, 나아가 8성도지가 만약 적정하거나,
만약 적정하지 않다는 증어가 보살마하살이라고 말할 수 있겠습니까?"

"선현이여. 그대는 다시 무슨 뜻으로 관찰하여 곧 4념주가 만약 멀리
벗어나거나, 만약 멀리 벗어나지 않는다는 증어는 곧 보살마하살이 아니
고, 곧 4정단, 나아가 8성도지가 만약 멀리 벗어나거나, 만약 멀리 벗어나지
않는다는 증어는 곧 보살마하살이 아니라고 말하는가?"

"세존이시여. 4념주가 만약 멀리 벗어나거나, 멀리 벗어나지 않으며,
만약 4정단, 나아가 8성도지가 만약 멀리 벗어나거나, 멀리 벗어나지

않더라도 오히려 결국에는 얻을 수 없습니다. 자성이 있지 않은 까닭인데, 하물며 4념주가 멀리 벗어나거나, 멀리 벗어나지 않는다는 증어와 4정단, 나아가 8성도지가 멀리 벗어나거나, 멀리 벗어나지 않는다는 증어가 있겠습니까? 이러한 증어는 이미 있지 않은데, 어찌 곧 4념주가 만약 멀리 벗어나거나, 만약 멀리 벗어나지 않 증어가 보살마하살이라고 말할 수 있겠으며, 곧 4정단, 나아가 8성도지가 만약 멀리 벗어나거나, 만약 멀리 벗어나지 않는다는 증어가 보살마하살이라고 말할 수 있겠습니까?"

"선현이여. 그대는 다시 무슨 뜻으로 관찰하여 곧 4념주가 만약 유위이거나, 만약 무위라는 증어는 곧 보살마하살이 아니고, 곧 4정단, 나아가 8성도지가 만약 유위이거나, 만약 무위라는 증어는 곧 보살마하살이 아니라고 말하는가?"

"세존이시여. 4념주가 만약 유위이거나, 무위이며, 4정단, 나아가 8성도지가 만약 유위이거나, 무위이더라도 오히려 결국에는 얻을 수 없습니다. 자성이 있지 않은 까닭인데, 하물며 4념주가 유위이거나, 무위라는 증어와 4정단, 나아가 8성도지가 유위이거나, 무위라는 증어가 있겠습니까? 이러한 증어는 이미 있지 않은데, 어찌 곧 4념주가 만약 유위이거나, 만약 무위라는 증어가 보살마하살이라고 말할 수 있겠으며, 곧 4정단, 나아가 8성도지가 만약 유위이거나, 만약 무위라는 증어가 보살마하살이라고 말할 수 있겠습니까?"

"선현이여. 그대는 다시 무슨 뜻으로 관찰하여 곧 4념주가 만약 유루이거나, 만약 무루라는 증어는 곧 보살마하살이 아니고, 곧 4정단, 나아가 8성도지가 만약 유루이거나, 만약 무루라는 증어는 곧 보살마하살이 아니라고 말하는가?"

"세존이시여. 4념주가 만약 유루이거나, 무루이며, 4정단, 나아가 8성도지가 만약 유루이거나, 무루이더라도 오히려 결국에는 얻을 수 없습니다. 자성이 있지 않은 까닭인데, 하물며 4념주가 유루이거나, 무루라는 증어와 4정단, 나아가 8성도지가 유루이거나, 무루라는 증어가 있겠습니까? 이러한 증어는 이미 있지 않은데, 어찌 곧 4념주가 만약 유루이거나,

만약 무루라는 증어가 보살마하살이라고 말할 수 있겠으며, 곧 4정단, 나아가 8성도지가 만약 유루이거나, 만약 무루라는 증어가 보살마하살이라고 말할 수 있겠습니까?"

"선현이여. 그대는 다시 무슨 뜻으로 관찰하여 곧 4념주가 만약 생겨나거나, 만약 소멸한다는 증어는 곧 보살마하살이 아니고, 곧 4정단, 나아가 8성도지가 만약 생겨나거나, 만약 소멸한다는 증어는 곧 보살마하살이 아니라고 말하는가?"

"세존이시여. 4념주가 만약 생겨나거나, 소멸하며, 4정단 나아가 8성도지가 만약 생겨나거나, 소멸하더라도 오히려 결국에는 얻을 수 없습니다. 자성이 있지 않은 까닭인데, 하물며 4념주가 생겨나거나, 소멸한다는 증어와 4정단, 나아가 8성도지가 만약 생겨나거나, 소멸한다는 증어가 있겠습니까? 이러한 증어는 이미 있지 않은데, 어찌 곧 4념주가 만약 생겨나거나, 만약 소멸한다는 증어가 보살마하살이라고 말할 수 있겠으며, 곧 4정단, 나아가 8성도지가 만약 생겨나거나, 만약 소멸한다는 증어가 보살마하살이라고 말할 수 있겠습니까?"

"선현이여. 그대는 다시 무슨 뜻으로 관찰하여 곧 4념주가 만약 선하거나, 만약 선하지 않다는 증어는 곧 보살마하살이 아니고, 곧 4정단, 나아가 8성도지가 만약 선하거나, 만약 선하지 않다는 증어는 곧 보살마하살이 아니라고 말하는가?"

"세존이시여. 4념주가 만약 선하거나, 선하지 않으며, 4정단, 나아가 8성도지가 만약 선하거나, 만약 선하지 않더라도 오히려 결국에는 얻을 수 없습니다. 자성이 있지 않은 까닭인데, 하물며 4념주가 선하거나, 선하지 않다는 증어와 4정단, 나아가 8성도지가 선하거나, 선하지 않다는 증어가 있겠습니까? 이러한 증어는 이미 있지 않은데, 어찌 곧 4념주가 만약 선하거나, 만약 선하지 않다는 증어가 보살마하살이라고 말할 수 있겠으며, 곧 4정단, 나아가 8성도지가 만약 선하거나, 만약 선하지 않다는 증어가 보살마하살이라고 말할 수 있겠습니까?"

"선현이여. 그대는 다시 무슨 뜻으로 관찰하여 곧 4념주가 만약 유죄이거나, 만약 무죄라는 증어는 곧 보살마하살이 아니고, 곧 4정단, 나아가 8성도지가 만약 유죄이거나, 만약 무죄라는 증어는 곧 보살마하살이 아니라고 말하는가?"

"세존이시여. 4념주가 만약 유죄이거나, 무죄이며, 만약 4정단, 나아가 8성도지가 만약 유죄이거나, 무죄이더라도 오히려 결국에는 얻을 수 없습니다. 자성이 있지 않은 까닭인데, 하물며 4념주가 유죄이거나, 무죄라는 증어와 4정단, 나아가 8성도지가 만약 유죄이거나 무죄라는 증어가 있겠습니까? 이러한 증어는 이미 있지 않은데, 어찌 곧 4념주가 만약 유죄이거나, 만약 무죄라는 증어가 보살마하살이라고 말할 수 있겠으며, 곧 4정단, 나아가 8성도지가 만약 유죄이거나, 만약 무죄라는 증어가 보살마하살이라고 말할 수 있겠습니까?"

"선현이여. 그대는 다시 무슨 뜻으로 관찰하여 곧 4념주가 만약 번뇌가 있거나, 만약 번뇌가 없다는 증어는 곧 보살마하살이 아니고, 곧 4정단, 나아가 8성도지가 만약 번뇌가 있거나, 만약 번뇌가 없다는 증어는 곧 보살마하살이 아니라고 말하는가?"

"세존이시여. 4념주가 만약 번뇌가 있거나, 번뇌가 없으며, 4정단, 나아가 8성도지가 만약 번뇌가 있거나, 번뇌가 없더라도 오히려 결국에는 얻을 수 없습니다. 자성이 있지 않은 까닭인데, 하물며 4념주가 번뇌가 있거나, 번뇌가 없다는 증어와 4정단, 나아가 8성도지가 번뇌가 있거나, 번뇌가 없다는 증어가 있겠습니까? 이러한 증어는 이미 있지 않은데, 어찌 곧 4념주가 만약 번뇌가 있거나, 만약 번뇌가 없다는 증어가 보살마하살이라고 말할 수 있겠으며, 곧 4정단, 나아가 8성도지가 만약 번뇌가 있거나, 만약 번뇌가 없다는 증어가 보살마하살이라고 말할 수 있겠습니까?"

"선현이여. 그대는 다시 무슨 뜻으로 관찰하여 곧 4념주가 만약 세간이거나, 만약 출세간이라는 증어는 곧 보살마하살이 아니고, 곧 4정단, 나아가 8성도지가 만약 세간이거나, 만약 출세간이라는 증어는 곧 보살마하살이 아니라고 말하는가?"

"세존이시여. 4념주가 만약 세간이거나, 출세간이며, 4정단, 나아가 8성도지가 만약 세간이거나, 출세간이더라도 오히려 결국에는 얻을 수 없습니다. 자성이 있지 않은 까닭인데, 하물며 4념주가 세간이거나, 출세간이라는 증어와 4정단, 나아가 8성도지가 세간이거나, 출세간이라는 증어가 있겠습니까? 이러한 증어는 이미 있지 않은데, 어찌 곧 4념주가 만약 세간이거나, 만약 출세간이라는 증어가 보살마하살이라고 말할 수 있겠으며, 곧 4정단, 나아가 8성도지가 만약 세간이거나, 만약 출세간이라는 증어가 보살마하살이라고 말할 수 있겠습니까?"

마하반야바라밀다경 제30권

7. 교계교수품(教誡教授品)(20)

"선현이여. 그대는 다시 무슨 뜻으로 관찰하여 곧 4념주가 만약 잡염이 거나, 만약 청정하다는 증어는 곧 보살마하살이 아니고, 곧 4정단, 나아가 8성도지가 만약 잡염이거나, 만약 청정하다는 증어는 곧 보살마하살이 아니라고 말하는가?"

"세존이시여. 4념주가 만약 잡염이거나, 청정하며, 4정단, 나아가 8성도 지가 만약 잡염이거나, 청정하더라도 오히려 결국에는 얻을 수 없습니다. 자성이 있지 않은 까닭인데, 하물며 곧 4념주가 잡염이거나, 청정하다는 증어와 4정단, 나아가 8성도지가 잡염이거나, 청정하다는 증어가 있겠습 니까? 이러한 증어는 이미 있지 않은데, 어찌 곧 4념주가 만약 잡염이거나, 만약 청정하다는 증어가 보살마하살이라고 말할 수 있겠으며, 곧 4정단, 나아가 8성도지가 만약 잡염이거나, 만약 청정하다는 증어가 보살마하살 이라고 말할 수 있겠습니까?"

"선현이여. 그대는 다시 무슨 뜻으로 관찰하여 곧 4념주가 만약 생사에 속하거나, 만약 열반에 속한다는 증어는 곧 보살마하살이 아니고, 곧 4정단, 나아가 8성도지가 만약 생사에 속하거나, 만약 열반에 속한다는 증어는 곧 보살마하살이 아니라고 말하는가?"

"세존이시여. 4념주가 만약 생사에 속하거나, 열반에 속하며, 4정단, 나아가 8성도지가 만약 생사에 속하거나, 열반에 속하더라도 오히려 결국에는 얻을 수 없습니다. 자성이 있지 않은 까닭인데, 하물며 4념주가 생사에 속하거나, 열반에 속한다는 증어와 4정단, 나아가 8성도지가 생사에 속하거나, 열반에 속한다는 증어가 있겠습니까? 이러한 증어는 이미 있지 않은데, 어찌 곧 4념주가 만약 생사에 속하거나, 만약 열반에 속한다는 증어가 보살마하살이라고 말할 수 있겠으며, 곧 4정단, 나아가 8성도지가 만약 생사에 속하거나, 만약 열반에 속한다는 증어가 보살마하살이라고 말할 수 있겠습니까?"

"선현이여. 그대는 다시 무슨 뜻으로 관찰하여 곧 4념주가 만약 내신에 있거나, 만약 외신에 있거나, 만약 두 가지의 가운데에 있다는 증어는 곧 보살마하살이 아니고, 곧 4정단, 나아가 8성도지가 만약 내신에 있거나, 만약 외신에 있거나, 만약 두 가지의 가운데에 있다는 증어는 곧 보살마하살이 아니라고 말하는가?"

"세존이시여. 4념주가 만약 내신에 있거나, 외신에 있거나, 두 가지의 가운데에 있으며, 4정단, 나아가 8성도지가 만약 내신에 있거나, 외신에 있거나, 두 가지의 가운데에 있더라도 오히려 결국에는 얻을 수 없습니다. 자성이 있지 않은 까닭인데, 하물며 4념주가 내신에 있거나, 외신에 있거나, 두 가지의 가운데에 있다는 증어와 4정단, 나아가 8성도지가 내신에 있거나, 외신에 있거나, 두 가지의 가운데에 있다는 증어가 있겠습니까? 이러한 증어는 이미 있지 않은데, 어찌 곧 4념주가 만약 내신에 있거나, 만약 외신에 있거나, 만약 두 가지의 가운데에 있다는 증어가 보살마하살이라고 말할 수 있겠으며, 곧 4정단, 나아가 8성도지가 만약 내신에 있거나, 만약 외신에 있거나, 만약 두 가지의 가운데에 있다는 증어가 보살마하살이라고 말할 수 있겠습니까?"

"선현이여. 그대는 다시 무슨 뜻으로 관찰하여 곧 4념주가 만약 얻을 수 있거나, 만약 얻을 수 없다는 증어는 곧 보살마하살이 아니고, 곧 4정단, 나아가 8성도지가 만약 얻을 수 있거나, 만약 얻을 수 없다는 증어는 곧 보살마하살이 아니라고 말하는가?"

"세존이시여. 4념주가 만약 얻을 수 있거나, 얻을 수 없으며, 4정단, 나아가 8성도지가 만약 얻을 수 있거나, 얻을 수 없더라도 오히려 결국에는

얻을 수 없습니다. 자성이 있지 않은 까닭인데, 하물며 4념주가 얻을
수 있거나, 얻을 수 없다는 증어와 4정단, 나아가 8성도지가 얻을 수
있거나, 얻을 수 없다는 증어가 있겠습니까? 이러한 증어는 이미 있지
않은데, 어찌 곧 4념주가 만약 얻을 수 있거나, 만약 얻을 수 없다는
증어가 보살마하살이라고 말할 수 있겠으며, 곧 4정단, 나아가 8성도지가
만약 얻을 수 있거나, 만약 얻을 수 없다는 증어가 보살마하살이라고
말할 수 있겠습니까?"

"다시 다음으로 선현이여. 그대는 무슨 뜻으로 관찰하여 곧 고성제(苦聖
諦)의 증어는 곧 보살마하살이 아니고, 집(集)·멸(滅)·도성제(道聖諦)의
증어는 곧 보살마하살이 아니라고 말하는가?"

구수 선현이 대답하여 말하였다.

"세존이시여. 만약 고성제이거나, 만약 집·멸·도성제이라도 오히려
결국에는 얻을 수 없습니다. 자성이 있지 않은 까닭인데, 하물며 곧
고성제의 증어와 집·멸·도성제의 증어가 있겠습니까? 이러한 증어는
이미 있지 않은데, 어찌 곧 고성제의 증어가 보살마하살이라고 말할
수 있겠으며, 곧 집·멸·도성제의 증어가 보살마하살이라고 말할 수 있겠습
니까?"

"선현이여. 그대는 다시 무슨 뜻으로 관찰하여 곧 고성제가 만약 항상하
거나, 만약 무상하다는 증어는 곧 보살마하살이 아니고, 집·멸·도성제가
만약 항상하거나, 만약 무상하다는 증어는 곧 보살마하살이 아니라고
말하는가?"

"세존이시여. 고성제가 만약 항상하거나, 무상하며, 집·멸·도성제가
만약 항상하거나 무상하더라도 오히려 결국에는 얻을 수 없습니다. 자성
이 있지 않은 까닭인데, 하물며 고성제가 항상하거나, 무상하다는 증어와
집·멸·도성제가 항상하거나, 무상하다는 증어가 있겠습니까? 이러한
증어는 이미 있지 않은데, 어찌 곧 고성제가 만약 항상하거나, 만약
무상하다는 증어가 보살마하살이라고 말할 수 있겠으며, 곧 집·멸·도성제

가 만약 항상하거나, 만약 무상하다는 증어가 보살마하살이라고 말할 수 있겠습니까?"

"선현이여. 그대는 다시 무슨 뜻으로 관찰하여 곧 고성제가 만약 즐겁거나, 만약 괴롭다는 증어는 곧 보살마하살이 아니고, 곧 집·멸·도성제가 만약 즐겁거나, 만약 괴롭다는 증어는 곧 보살마하살이 아니라고 말하는가?"

"세존이시여. 고성제가 만약 즐겁거나, 괴로우며, 집·멸·도성제가 만약 즐겁거나, 괴롭더라도 오히려 결국 얻을 수 없습니다. 자성이 있지 않은 까닭인데, 하물며 고성제가 즐겁거나, 괴롭다는 증어와 집·멸·도성제가 즐겁거나, 괴롭다는 증어가 있겠습니까? 이러한 증어는 이미 있지 않은데, 어찌 곧 고성제가 만약 즐겁거나, 만약 괴롭다는 증어가 보살마하살이라고 말할 수 있겠으며, 곧 집·멸·도성제가 만약 즐겁거나, 만약 괴롭다는 증어가 보살마하살이라고 말할 수 있겠습니까?"

"선현이여. 그대는 다시 무슨 뜻으로 관찰하여 곧 고성제가 만약 나이거나, 만약 무아라는 증어는 곧 보살마하살이 아니고, 곧 집·멸·도성제가 나이거나, 만약 무아라는 증어는 곧 보살마하살이 아니라고 말하는가?"

"세존이시여. 고성제가 만약 나이거나, 무아이며, 집·멸·도성제가 만약 나이거나, 무아이더라도 오히려 결국에는 얻을 수 없습니다. 자성이 있지 않은 까닭인데, 하물며 고성제가 나이거나, 무아라는 증어와 집·멸·도성제가 나이거나, 무아라는 증어가 있겠습니까? 이러한 증어는 이미 있지 않은데, 어찌 곧 고성제가 만약 나이거나 만약 무아라는 증어가 보살마하살이라고 말할 수 있겠으며, 곧 집·멸·도성제가 만약 나이거나, 만약 무아라는 증어가 보살마하살이라고 말할 수 있겠습니까?"

"선현이여. 그대는 다시 무슨 뜻으로 관찰하여 곧 고성제가 만약 청정하거나, 만약 부정하다는 증어는 곧 보살마하살이 아니고, 곧 집·멸·도성제가 만약 청정하거나 만약 부정하다는 증어는 곧 보살마하살이 아니라고 말하는가?"

"세존이시여. 고성제가 만약 청정하거나, 부정하며, 집·멸·도성제가 만약 청정하거나, 부정하더라도 오히려 결국에는 얻을 수 없습니다.

자성이 있지 않은 까닭인데, 하물며 고성제가 청정하거나, 부정하다는 증어와 집·멸·도성제가 청정하거나, 부정하다는 증어가 있겠습니까? 이러한 증어는 이미 있지 않은데, 어찌 곧 고성제가 만약 청정하거나, 만약 부정하다는 증어가 보살마하살이라고 말할 수 있겠으며, 곧 집·멸·도성제가 만약 청정하거나, 만약 부정하다는 증어가 보살마하살이라고 말할 수 있겠습니까?"

"선현이여. 그대는 다시 무슨 뜻으로 관찰하여 곧 고성제가 만약 공하거나, 만약 공하지 않다는 증어는 곧 보살마하살이 아니고, 곧 집·멸·도성제가 만약 공하거나, 만약 공하지 않다는 증어는 곧 보살마하살이 아니라고 말하는가?"

"세존이시여. 고성제가 만약 공하거나, 공하지 않으며, 집·멸·도성제가 만약 공하거나, 공하지 않더라도 오히려 결국에는 얻을 수 없습니다. 자성이 있지 않은 까닭인데, 하물며 고성제가 공하거나, 공하지 않다는 증어와 집·멸·도성제가 공하거나, 공하지 않다는 증어가 있겠습니까? 이러한 증어는 이미 있지 않은데, 어찌 곧 고성제가 만약 공하거나, 만약 공하지 않다는 증어가 보살마하살이라고 말할 수 있겠으며, 곧 집·멸·도성제가 만약 공하거나, 만약 공하지 않다는 증어가 보살마하살이라고 말할 수 있겠습니까?"

"선현이여. 그대는 다시 무슨 뜻으로 관찰하여 곧 고성제가 만약 유상이거나, 만약 무상이라는 증어는 곧 보살마하살이 아니고, 곧 집·멸·도성제가 만약 유상이거나, 만약 무상이라는 증어는 곧 보살마하살이 아니라고 말하는가?"

"세존이시여. 고성제가 만약 유상이거나, 무상이며, 집·멸·도성제가 만약 유상이거나, 무상이더라도 오히려 결국에는 얻을 수 없습니다. 자성이 있지 않은 까닭인데, 하물며 고성제가 유상이거나, 무상이라는 증어와 집·멸·도성제가 유상이거나, 무상이라는 증어가 있겠습니까? 이러한 증어는 이미 있지 않은데, 어찌 곧 고성제가 만약 유상이거나, 만약 무상이라는 증어가 보살마하살이라고 말할 수 있겠으며, 곧 집·멸·도성제가 만약 유상이거나, 만약 무상이라는 증어가 보살마하살이라고 말할 수 있겠습니까?"

"선현이여. 그대는 다시 무슨 뜻으로 관찰하여 곧 고성제가 만약 유원이거나, 만약 무원이라는 증어는 곧 보살마하살이 아니고, 곧 집·멸·도성제가 만약 유원이거나, 만약 무원이라는 증어는 곧 보살마하살이 아니라고 말하는가?"

"세존이시여. 고성제가 만약 유원이거나, 무원이며, 집·멸·도성제가 만약 유원이거나, 무원이더라도 오히려 결국에는 얻을 수 없습니다. 자성이 있지 않은 까닭인데, 하물며 고성제가 유원이거나, 무원이라는 증어와 집·멸·도성제가 유원이거나, 무원이라는 증어가 있겠습니까? 이러한 증어는 이미 있지 않은데, 어찌 곧 고성제가 만약 유원이거나, 만약 무원이라는 증어가 보살마하살이라고 말할 수 있겠으며, 곧 집·멸·도성제가 만약 유원이거나, 만약 무원이라는 증어가 보살마하살이라고 말할 수 있겠습니까?"

"선현이여. 그대는 다시 무슨 뜻으로 관찰하여 곧 고성제가 만약 적정하거나, 만약 적정하지 않다는 증어는 곧 보살마하살이 아니고, 곧 집·멸·도성제가 만약 적정하거나, 만약 적정하지 않다는 증어는 곧 보살마하살이 아니라고 말하는가?"

"세존이시여. 고성제가 만약 적정하거나, 적정하지 않으며, 집·멸·도성제가 만약 적정하거나, 적정하지 않더라도 오히려 결국에는 얻을 수 없습니다. 자성이 있지 않은 까닭인데, 하물며 고성제가 적정하거나, 적정하지 않다는 증어와 집·멸·도성제가 적정하거나, 적정하지 않다는 증어가 있겠습니까? 이러한 증어는 이미 있지 않은데, 어찌 곧 고성제가 만약 적정하거나, 만약 적정하지 않다는 증어가 보살마하살이라고 말할 수 있겠으며, 곧 집·멸·도성제가 만약 적정하거나, 만약 적정하지 않다는 증어가 보살마하살이라고 말할 수 있겠습니까?"

"선현이여. 그대는 다시 무슨 뜻으로 관찰하여 곧 고성제가 만약 멀리 벗어나거나, 만약 멀리 벗어나지 않는다는 증어는 곧 보살마하살이 아니고, 곧 집·멸·도성제가 만약 멀리 벗어나거나, 만약 멀리 벗어나지 않는다는 증어는 곧 보살마하살이 아니라고 말하는가?"

"세존이시여. 고성제가 만약 멀리 벗어나거나, 멀리 벗어나지 않으며, 만약 집·멸·도성제가 만약 멀리 벗어나거나, 멀리 벗어나지 않더라도 오히려 결국에는 얻을 수 없습니다. 자성이 있지 않은 까닭인데, 하물며 고성제가 만약 멀리 벗어나거나, 멀리 벗어나지 않는다는 증어와 집·멸·도성제가 만약 멀리 벗어나거나, 멀리 벗어나지 않는다는 증어가 있겠습니까? 이러한 증어는 이미 있지 않은데, 어찌 곧 고성제가 만약 멀리 벗어나거나, 만약 멀리 벗어나지 않는다는 증어가 보살마하살이라고 말할 수 있겠으며, 곧 집·멸·도성제가 만약 멀리 벗어나거나, 만약 멀리 벗어나지 않는다는 증어가 보살마하살이라고 말할 수 있겠습니까?"

"선현이여. 그대는 다시 무슨 뜻으로 관찰하여 곧 고성제가 만약 유위이거나, 만약 무위라는 증어는 곧 보살마하살이 아니고, 곧 집·멸·도성제가 만약 유위이거나, 만약 무위라는 증어는 곧 보살마하살이 아니라고 말하는가?"

"세존이시여. 고성제가 만약 유위이거나, 무위이며, 집·멸·도성제가 만약 유위이거나, 무위이더라도 오히려 결국에는 얻을 수 없습니다. 자성이 있지 않은 까닭인데, 하물며 고성제가 유위이거나, 무위라는 증어와 집·멸·도성제가 유위이거나, 무위라는 증어가 있겠습니까? 이러한 증어는 이미 있지 않은데, 어찌 곧 고성제가 만약 유위이거나, 만약 무위라는 증어가 보살마하살이라고 말할 수 있겠으며, 곧 집·멸·도성제가 만약 유위이거나, 만약 무위라는 증어가 보살마하살이라고 말할 수 있겠습니까?"

"선현이여. 그대는 다시 무슨 뜻으로 관찰하여 곧 고성제가 만약 유루이거나, 만약 무루라는 증어는 곧 보살마하살이 아니고, 곧 집·멸·도성제가 만약 유루이거나, 만약 무루라는 증어는 곧 보살마하살이 아니라고 말하는가?"

"세존이시여. 고성제가 만약 유루이거나, 무루이며, 집·멸·도성제가 만약 유루이거나, 무루이더라도 오히려 결국에는 얻을 수 없습니다. 자성이 있지 않은 까닭인데, 하물며 고성제가 유루이거나, 무루라는 증어와 집·멸·도성제가 유루이거나, 무루라는 증어가 있겠습니까? 이러한 증어는 이미 있지 않은데, 어찌 곧 고성제가 만약 유루이거나, 만약 무루라는 증어가 보살마하살이라고 말할 수 있겠으며, 곧 집·멸·도성제가 만약 유루이거나, 만약 무루라는 증어가 보살마하살이라고 말할 수 있겠습니까?"

"선현이여. 그대는 다시 무슨 뜻으로 관찰하여 곧 고성제가 만약 생겨나거나, 만약 소멸한다는 증어는 곧 보살마하살이 아니고, 곧 집·멸·도성제가 만약 생겨나거나, 만약 소멸한다는 증어는 곧 보살마하살이 아니라고 말하는가?"

"세존이시여. 고성제가 만약 생겨나거나, 소멸하며, 집·멸·도성제가 만약 생겨나거나, 소멸하더라도 오히려 결국에는 얻을 수 없습니다. 자성이 있지 않은 까닭인데, 하물며 고성제가 생겨나거나, 소멸한다는 증어와 집·멸·도성제가 만약 생겨나거나, 소멸한다는 증어가 있겠습니까? 이러한 증어는 이미 있지 않은데, 어찌 곧 고성제가 만약 생겨나거나, 만약 소멸한다는 증어가 보살마하살이라고 말할 수 있겠으며, 곧 집·멸·도성제가 만약 생겨나거나, 만약 소멸한다는 증어가 보살마하살이라고 말할 수 있겠습니까?"

"선현이여. 그대는 다시 무슨 뜻으로 관찰하여 곧 고성제가 만약 선하거나, 만약 선하지 않다는 증어는 곧 보살마하살이 아니고, 곧 집·멸·도성제가 만약 선하거나, 선하지 않다는 증어는 곧 보살마하살이 아니라고 말하는가?"

"세존이시여. 고성제가 만약 선하거나, 선하지 않으며, 집·멸·도성제가 만약 선하거나, 만약 선하지 않더라도 오히려 결국에는 얻을 수 없습니다. 자성이 있지 않은 까닭인데, 하물며 고성제가 선하거나, 선하지 않다는 증어와 집·멸·도성제가 선하거나, 선하지 않다는 증어가 있겠습니까? 이러한 증어는 이미 있지 않은데, 어찌 곧 고성제가 만약 선하거나,

만약 선하지 않다는 증어가 보살마하살이라고 말할 수 있겠으며, 곧 집·멸·도성제가 만약 선하거나, 만약 선하지 않다는 증어가 보살마하살이라고 말할 수 있겠습니까?"

"선현이여. 그대는 다시 무슨 뜻으로 관찰하여 곧 고성제가 만약 유죄이거나, 만약 무죄라는 증어는 곧 보살마하살이 아니고, 곧 집·멸·도성제가 만약 유죄이거나, 만약 무죄라는 증어는 곧 보살마하살이 아니라고 말하는가?"

"세존이시여. 고성제가 만약 유죄이거나, 무죄이며, 만약 집·멸·도성제가 만약 유죄이거나, 무죄이더라도 오히려 결국에는 얻을 수 없습니다. 자성이 있지 않은 까닭인데, 하물며 고성제가 유죄이거나, 무죄라는 증어와 집·멸·도성제가 만약 유죄이거나 무죄라는 증어가 있겠습니까? 이러한 증어는 이미 있지 않은데, 어찌 곧 고성제가 유죄이거나, 만약 무죄라는 증어가 보살마하살이라고 말할 수 있겠으며, 곧 집·멸·도성제가 만약 유죄이거나, 만약 무죄라는 증어가 보살마하살이라고 말할 수 있겠습니까?"

"선현이여. 그대는 다시 무슨 뜻으로 관찰하여 곧 고성제가 만약 번뇌가 있거나, 만약 번뇌가 없다는 증어는 곧 보살마하살이 아니고, 곧 집·멸·도성제가 만약 번뇌가 있거나, 만약 번뇌가 없다는 증어는 곧 보살마하살이 아니라고 말하는가?"

"세존이시여. 고성제가 만약 번뇌가 있거나, 번뇌가 없으며, 집·멸·도성제가 만약 번뇌가 있거나, 번뇌가 없더라도 오히려 결국에는 얻을 수 없습니다. 자성이 있지 않은 까닭인데, 하물며 고성제가 번뇌가 있거나, 번뇌가 없다는 증어와 집·멸·도성제가 번뇌가 있거나, 번뇌가 없다는 증어가 있겠습니까? 이러한 증어는 이미 있지 않은데, 어찌 곧 고성제가 만약 번뇌가 있거나, 만약 번뇌가 없다는 증어가 보살마하살이라고 말할 수 있겠으며, 곧 집·멸·도성제가 만약 번뇌가 있거나, 만약 번뇌가 없다는 증어가 보살마하살이라고 말할 수 있겠습니까?"

"선현이여. 그대는 다시 무슨 뜻으로 관찰하여 곧 고성제가 만약 세간이거나, 만약 출세간이라는 증어는 곧 보살마하살이 아니고, 곧 집·멸·도성제가 만약 세간이거나 만약 출세간이라는 증어는 곧 보살마하살이 아니라고 말하는가?"

"세존이시여. 고성제가 만약 세간이거나, 출세간이며, 집·멸·도성제가 만약 세간이거나, 출세간이더라도 오히려 결국에는 얻을 수 없습니다. 자성이 있지 않은 까닭인데, 하물며 고성제가 세간이거나, 출세간이라는 증어와 집·멸·도성제가 세간이거나, 출세간이라는 증어가 있겠습니까? 이러한 증어는 이미 있지 않은데, 어찌 곧 고성제가 만약 세간이거나, 만약 출세간이라는 증어가 보살마하살이라고 말할 수 있겠으며, 곧 집·멸·도성제가 만약 세간이거나, 만약 출세간이라는 증어가 보살마하살이라고 말할 수 있겠습니까?"

"선현이여. 그대는 다시 무슨 뜻으로 관찰하여 곧 고성제가 만약 잡염이거나, 만약 청정하다는 증어는 곧 보살마하살이 아니고, 곧 집·멸·도성제가 만약 잡염이거나, 만약 청정하다는 증어는 곧 보살마하살이 아니라고 말하는가?"

"세존이시여. 고성제가 만약 잡염이거나, 청정하며, 집·멸·도성제가 만약 잡염이거나, 청정하더라도 오히려 결국에는 얻을 수 없습니다. 자성이 있지 않은 까닭인데, 하물며 곧 고성제가 잡염이거나, 청정하다는 증어와 집·멸·도성제가 잡염이거나, 청정하다는 증어가 있겠습니까? 이러한 증어는 이미 있지 않은데, 어찌 곧 고성제가 만약 잡염이거나, 만약 청정하다는 증어가 보살마하살이라고 말할 수 있겠으며, 곧 집·멸·도성제가 만약 잡염이거나, 만약 청정하다는 증어가 보살마하살이라고 말할 수 있겠습니까?"

"선현이여. 그대는 다시 무슨 뜻으로 관찰하여 곧 고성제가 만약 생사에 속하거나, 만약 열반에 속한다는 증어는 곧 보살마하살이 아니고, 곧 집·멸·도성제가 만약 생사에 속하거나, 만약 열반에 속한다는 증어는 곧 보살마하살이 아니라고 말하는가?"

"세존이시여. 고성제가 만약 생사에 속하거나, 열반에 속하며, 집·멸·도성제가 만약 생사에 속하거나, 열반에 속하더라도 오히려 결국에는 얻을 수 없습니다. 자성이 있지 않은 까닭인데, 하물며 고성제가 생사에 속하거나, 열반에 속한다는 집·멸·도성제가 생사에 속하거나, 열반에 속한다는 증어가 있겠습니까? 이러한 증어는 이미 있지 않은데, 어찌 곧 고성제가 만약 생사에 속하거나, 만약 열반에 속한다는 증어가 보살마하살이라고 말할 수 있겠으며, 곧 집·멸·도성제가 만약 생사에 속하거나, 만약 열반에 속한다는 증어가 보살마하살이라고 말할 수 있겠습니까?"

"선현이여. 그대는 다시 무슨 뜻으로 관찰하여 곧 고성제가 만약 내신에 있거나, 만약 외신에 있거나, 만약 두 가지의 가운데에 있다는 증어는 곧 보살마하살이 아니고, 곧 집·멸·도성제가 만약 내신에 있거나, 만약 외신에 있거나, 만약 두 가지의 가운데에 있다는 증어는 곧 보살마하살이 아니라고 말하는가?"

"세존이시여. 고성제가 만약 내신에 있거나, 외신에 있거나, 두 가지의 가운데에 있으며, 집·멸·도성제가 만약 내신에 있거나, 외신에 있거나, 두 가지의 가운데에 있더라도 오히려 결국에는 얻을 수 없습니다. 자성이 있지 않은 까닭인데, 하물며 고성제가 내신에 있거나, 외신에 있거나, 두 가지의 가운데에 있다는 증어와 집·멸·도성제가 내신에 있거나, 외신에 있거나, 두 가지의 가운데에 있다는 증어가 있겠습니까? 이러한 증어는 이미 있지 않은데, 어찌 곧 고성제가 만약 내신에 있거나, 만약 외신에 있거나, 만약 두 가지의 가운데에 있다는 증어가 보살마하살이라고 말할 수 있겠으며, 곧 집·멸·도성제가 만약 내신에 있거나, 만약 외신에 있거나, 만약 두 가지의 가운데에 있다는 증어가 보살마하살이라고 말할 수 있겠습니까?"

"선현이여. 그대는 다시 무슨 뜻으로 관찰하여 곧 고성제가 만약 얻을 수 있거나, 만약 얻을 수 없다는 증어는 곧 보살마하살이 아니고, 곧 집·멸·도성제가 만약 얻을 수 있거나 만약 얻을 수 없다는 증어는 곧 보살마하살이 아니라고 말하는가?"

"세존이시여. 고성제가 만약 얻을 수 있거나, 얻을 수 없으며, 집·멸·도성제가 만약 얻을 수 있거나, 얻을 수 없더라도 오히려 결국에는 얻을 수 없습니다. 자성이 있지 않은 까닭인데, 하물며 고성제가 얻을 수 있거나, 얻을 수 없다는 증어와 집·멸·도성제가 얻을 수 있거나, 만약 얻을 수 없다는 증어가 있겠습니까? 이러한 증어는 이미 있지 않은데, 어찌 곧 고성제가 만약 얻을 수 있거나, 만약 얻을 수 없다는 증어가 보살마하살이라고 말할 수 있겠으며, 곧 집·멸·도성제가 만약 얻을 수 있거나, 만약 얻을 수 없다는 증어가 보살마하살이라고 말할 수 있겠습니까?"

"다시 다음으로 선현이여. 그대는 무슨 뜻으로 관찰하여 곧 4정려(四靜慮)의 증어는 곧 보살마하살이 아니고, 4무량(四無量)·4무색정(四無色定)의 증어는 곧 보살마하살이 아니라고 말하는가?"

구수 선현이 대답하여 말하였다.

"세존이시여. 만약 4정려이거나, 만약 4무량·4무색정이라도 오히려 결국에는 얻을 수 없습니다. 자성이 있지 않은 까닭인데, 하물며 곧 4정려의 증어와 4무량·4무색정의 증어가 있겠습니까? 이러한 증어는 이미 있지 않은데, 어찌 곧 4정려의 증어가 보살마하살이라고 말할 수 있겠으며, 곧 4무량·4무색정의 증어가 보살마하살이라고 말할 수 있겠습니까?"

"선현이여. 그대는 다시 무슨 뜻으로 관찰하여 곧 4정려가 만약 항상하거나, 만약 무상하다는 증어는 곧 보살마하살이 아니고, 4무량·4무색정이 만약 항상하거나, 만약 무상하다는 증어는 곧 보살마하살이 아니라고 말하는가?"

"세존이시여. 4정려가 만약 항상하거나, 무상하며, 4무량·4무색정이 만약 항상하거나, 무상하더라도 오히려 결국에는 얻을 수 없습니다. 자성이 있지 않은 까닭인데, 하물며 4정려가 항상하거나, 무상하다는 4무량·4무색정이 항상하거나, 무상하다는 증어가 있겠습니까? 이러한 증어는 이미 있지 않은데, 어찌 곧 4정려가 만약 항상하거나, 만약 무상하다는 증어가 보살마하살이라고 말할 수 있겠으며, 곧 4무량·4무색정이 만약 항상하거나, 만약 무상하다는 증어가 보살마하살이라고 말할 수 있겠습니까?"

"선현이여. 그대는 다시 무슨 뜻으로 관찰하여 곧 4정려가 만약 즐겁거나, 만약 괴롭다는 증어는 곧 보살마하살이 아니고, 곧 4무량·4무색정이 만약 즐겁거나, 만약 괴롭다는 증어는 곧 보살마하살이 아니라고 말하는가?"

"세존이시여. 4정려가 만약 즐겁거나, 괴로우며, 4무량·4무색정이 만약 즐겁거나, 괴롭더라도 오히려 결국 얻을 수 없습니다. 자성이 있지 않은 까닭인데, 하물며 4정려가 즐겁거나, 괴롭다는 증어와 4무량·4무색정이 즐겁거나, 괴롭다는 증어가 있겠습니까? 이러한 증어는 이미 있지 않은데, 어찌 곧 4정려가 만약 즐겁거나, 만약 괴롭다는 증어가 보살마하살이라고 말할 수 있겠으며, 곧 4무량·4무색정이 만약 즐겁거나, 만약 괴롭다는 증어가 보살마하살이라고 말할 수 있겠습니까?"

"선현이여. 그대는 다시 무슨 뜻으로 관찰하여 곧 4정려가 만약 나이거나, 만약 무아라는 증어는 곧 보살마하살이 아니고, 곧 4무량·4무색정이 나이거나, 만약 무아라는 증어는 곧 보살마하살이 아니라고 말하는가?"

"세존이시여. 4정려가 만약 나이거나, 무아이며, 4무량·4무색정이 만약 나이거나, 무아이더라도 오히려 결국에는 얻을 수 없습니다. 자성이 있지 않은 까닭인데, 하물며 4정려가 나이거나, 무아라는 증어와 집·멸·도성제가 나이거나, 무아라는 증어가 있겠습니까? 이러한 증어는 이미 있지 않은데, 어찌 곧 4정려가 만약 나이거나, 만약 무아라는 증어가 보살마하살이라고 말할 수 있겠으며, 곧 4무량·4무색정이 만약 나이거나, 만약 무아라는 증어가 보살마하살이라고 말할 수 있겠습니까?"

"선현이여. 그대는 다시 무슨 뜻으로 관찰하여 곧 4정려가 만약 청정하거나, 만약 부정하다는 증어는 곧 보살마하살이 아니고, 곧 4무량·4무색정이 만약 청정하거나, 만약 부정하다는 증어는 곧 보살마하살이 아니라고 말하는가?"

"세존이시여. 4정려가 만약 청정하거나, 부정하며, 4무량·4무색정이 만약 청정하거나, 부정하더라도 오히려 결국에는 얻을 수 없습니다. 자성이 있지 않은 까닭인데, 하물며 4정려가 청정하거나, 부정하다는 증어와 4무량·4무색정이 청정하거나, 부정하다는 증어가 있겠습니까?

이러한 증어는 이미 있지 않은데, 어찌 곧 4정려가 만약 청정하거나, 만약 부정하다는 증어가 보살마하살이라고 말할 수 있겠으며, 곧 4무량·4무색정이 만약 청정하거나, 만약 부정하다는 증어가 보살마하살이라고 말할 수 있겠습니까?"

"선현이여. 그대는 다시 무슨 뜻으로 관찰하여 곧 4정려가 만약 공하거나, 만약 공하지 않다는 증어는 곧 보살마하살이 아니고, 곧 4무량·4무색정이 만약 공하거나, 만약 공하지 않다는 증어는 곧 보살마하살이 아니라고 말하는가?"

"세존이시여. 4정려가 만약 공하거나, 공하지 않으며, 4무량·4무색정이 만약 공하거나, 공하지 않더라도 오히려 결국에는 얻을 수 없습니다. 자성이 있지 않은 까닭인데, 하물며 4정려가 공하거나, 공하지 않다는 증어와 4무량·4무색정이 공하거나, 공하지 않다는 증어가 있겠습니까? 이러한 증어는 이미 있지 않은데, 어찌 곧 4정려가 만약 공하거나, 만약 공하지 않다는 증어가 보살마하살이라고 말할 수 있겠으며, 곧 4무량·4무색정이 만약 공하거나, 만약 공하지 않다는 증어가 보살마하살이라고 말할 수 있겠습니까?"

"선현이여. 그대는 다시 무슨 뜻으로 관찰하여 곧 4정려가 만약 유상이거나, 만약 무상이라는 증어는 곧 보살마하살이 아니고, 곧 4무량·4무색정이 만약 유상이거나, 만약 무상이라는 증어는 곧 보살마하살이 아니라고 말하는가?"

"세존이시여. 4정려가 만약 유상이거나, 무상이며, 4무량·4무색정이 만약 유상이거나, 무상이더라도 오히려 결국에는 얻을 수 없습니다. 자성이 있지 않은 까닭인데, 하물며 4정려가 유상이거나, 무상이라는 증어와 4무량·4무색정이 유상이거나, 무상이라는 증어가 있겠습니까? 이러한 증어는 이미 있지 않은데, 어찌 곧 4정려가 만약 유상이거나, 만약 무상이라는 증어가 보살마하살이라고 말할 수 있겠으며, 곧 4무량·4무색정이 만약 유상이거나, 만약 무상이라는 증어가 보살마하살이라고 말할 수 있겠습니까?"

"선현이여. 그대는 다시 무슨 뜻으로 관찰하여 곧 4정려가 만약 유원이거나, 만약 무원이라는 증어는 곧 보살마하살이 아니고, 곧 4무량·4무색정이 만약 유원이거나, 만약 무원이라는 증어는 곧 보살마하살이 아니라고 말하는가?"

"세존이시여. 4정려가 만약 유원이거나, 무원이며, 4무량·4무색정이 만약 유원이거나, 무원이더라도 오히려 결국에는 얻을 수 없습니다. 자성이 있지 않은 까닭인데, 하물며 4정려가 유원이거나, 무원이라는 증어와 4무량·4무색정이 유원이거나, 무원이라는 증어가 있겠습니까? 이러한 증어는 이미 있지 않은데, 어찌 곧 4정려가 만약 유원이거나, 만약 무원이라는 증어가 보살마하살이라고 말할 수 있겠으며, 곧 4무량·4무색정이 만약 유원이거나, 만약 무원이라는 증어가 보살마하살이라고 말할 수 있겠습니까?"

"선현이여. 그대는 다시 무슨 뜻으로 관찰하여 곧 4정려가 만약 적정하거나, 만약 적정하지 않다는 증어는 곧 보살마하살이 아니고, 곧 4무량·4무색정이 만약 적정하거나, 만약 적정하지 않다는 증어는 곧 보살마하살이 아니라고 말하는가?"

"세존이시여. 4정려가 만약 적정하거나, 적정하지 않으며, 4무량·4무색정이 만약 적정하거나, 적정하지 않더라도 오히려 결국에는 얻을 수 없습니다. 자성이 있지 않은 까닭인데, 하물며 4정려가 적정하거나, 적정하지 않다는 증어와 4무량·4무색정이 적정하거나, 적정하지 않다는 증어가 있겠습니까? 이러한 증어는 이미 있지 않은데, 어찌 곧 4정려가 만약 적정하거나, 만약 적정하지 않다는 증어가 보살마하살이라고 말할 수 있겠으며, 곧 4무량·4무색정이 만약 적정하거나, 만약 적정하지 않다는 증어가 보살마하살이라고 말할 수 있겠습니까?"

"선현이여. 그대는 다시 무슨 뜻으로 관찰하여 곧 4정려가 만약 멀리 벗어나거나, 만약 멀리 벗어나지 않는다는 증어는 곧 보살마하살이 아니고, 곧 4무량·4무색정이 만약 멀리 벗어나거나, 만약 멀리 벗어나지 않는다는 증어는 곧 보살마하살이 아니라고 말하는가?"

"세존이시여. 4정려가 만약 멀리 벗어나거나, 멀리 벗어나지 않으며, 만약 4무량·4무색정이 만약 멀리 벗어나거나, 멀리 벗어나지 않더라도 오히려 결국에는 얻을 수 없습니다. 자성이 있지 않은 까닭인데, 하물며 4정려가 만약 멀리 벗어나거나, 멀리 벗어나지 않는다는 증어와 4무량·4무색정이 만약 멀리 벗어나거나, 멀리 벗어나지 않는다는 증어가 있겠습니까? 이러한 증어는 이미 있지 않은데, 어찌 곧 4정려가 만약 멀리 벗어나거나, 만약 멀리 벗어나지 않는다는 증어가 보살마하살이라고 말할 수 있겠으며, 곧 4무량·4무색정이 만약 멀리 벗어나거나, 만약 멀리 벗어나지 않는다는 증어가 보살마하살이라고 말할 수 있겠습니까?"

"선현이여. 그대는 다시 무슨 뜻으로 관찰하여 곧 4정려가 만약 유위이거나, 만약 무위라는 증어는 곧 보살마하살이 아니고, 곧 4무량·4무색정이 만약 유위이거나, 만약 무위라는 증어는 곧 보살마하살이 아니라고 말하는가?"

"세존이시여. 4정려가 만약 유위이거나, 무위이며, 4무량·4무색정이 만약 유위이거나, 무위이더라도 오히려 결국에는 얻을 수 없습니다. 자성이 있지 않은 까닭인데, 하물며 4정려가 유위이거나, 무위라는 증어와 4무량·4무색정이 유위이거나, 무위라는 증어가 있겠습니까? 이러한 증어는 이미 있지 않은데, 어찌 곧 4정려가 만약 유위이거나, 만약 무위라는 증어가 보살마하살이라고 말할 수 있겠으며, 곧 4무량·4무색정이 만약 유위이거나, 만약 무위라는 증어가 보살마하살이라고 말할 수 있겠습니까?"

"선현이여. 그대는 다시 무슨 뜻으로 관찰하여 곧 4정려가 만약 유루이거나, 만약 무루라는 증어는 곧 보살마하살이 아니고, 곧 4무량·4무색정이 만약 유루이거나, 만약 무루라는 증어는 곧 보살마하살이 아니라고 말하는가?"

"세존이시여. 4정려가 만약 유루이거나, 무루이며, 4무량·4무색정이 만약 유루이거나, 무루이더라도 오히려 결국에는 얻을 수 없습니다. 자성이 있지 않은 까닭인데, 하물며 4정려가 유루이거나, 무루라는 증어와 4무량·4무색정이 유루이거나, 무루라는 증어가 있겠습니까? 이러한 증어는 이미 있지 않은데, 어찌 곧 4정려가 만약 유루이거나, 만약 무루라는 증어가 보살마하살이라고 말할 수 있겠으며, 곧 4무량·4무색정이 만약 유루이거나, 만약 무루라는 증어가 보살마하살이라고 말할 수 있겠습니까?"

"선현이여. 그대는 다시 무슨 뜻으로 관찰하여 곧 4정려가 만약 생겨나거나, 만약 소멸한다는 증어는 곧 보살마하살이 아니고, 곧 4무량·4무색정이 만약 생겨나거나, 만약 소멸한다는 증어는 곧 보살마하살이 아니라고 말하는가?"

"세존이시여. 4정려가 만약 생겨나거나, 소멸하며, 4무량·4무색정이 만약 생겨나거나, 소멸하더라도 오히려 결국에는 얻을 수 없습니다. 자성이 있지 않은 까닭인데, 하물며 4정려가 생겨나거나, 소멸한다는 증어와 4무량·4무색정이 만약 생겨나거나, 소멸한다는 증어가 있겠습니까? 이러한 증어는 이미 있지 않은데, 어찌 곧 4정려가 만약 생겨나거나, 만약 소멸한다는 증어가 보살마하살이라고 말할 수 있겠으며, 곧 4무량·4무색정이 만약 생겨나거나, 만약 소멸한다는 증어가 보살마하살이라고 말할 수 있겠습니까?"

"선현이여. 그대는 다시 무슨 뜻으로 관찰하여 곧 4정려가 만약 선하거나, 만약 선하지 않다는 증어는 곧 보살마하살이 아니고, 곧 4무량·4무색정이 만약 선하거나, 선하지 않다는 증어는 곧 보살마하살이 아니라고 말하는가?"

"세존이시여. 4정려가 만약 선하거나, 선하지 않으며, 4무량·4무색정이 만약 선하거나, 만약 선하지 않더라도 오히려 결국에는 얻을 수 없습니다. 자성이 있지 않은 까닭인데, 하물며 4정려가 선하거나, 선하지 않다는 증어와 4무량·4무색정이 선하거나, 선하지 않다는 증어가 있겠습니까? 이러한 증어는 이미 있지 않은데, 어찌 곧 4정려가 만약 선하거나, 만약 선하지 않다는 증어가 보살마하살이라고 말할 수 있겠으며, 곧 4무량·4무색정이 만약 선하거나, 만약 선하지 않다는 증어가 보살마하살이라고 말할 수 있겠습니까?"

"선현이여. 그대는 다시 무슨 뜻으로 관찰하여 곧 4정려가 만약 유죄이거나, 만약 무죄라는 증어는 곧 보살마하살이 아니고, 곧 4무량·4무색정이 만약 유죄이거나, 만약 무죄라는 증어는 곧 보살마하살이 아니라고 말하는가?"

"세존이시여. 4정려가 만약 유죄이거나, 무죄이며, 만약 4무량·4무색정이 만약 유죄이거나, 무죄이더라도 오히려 결국에는 얻을 수 없습니다. 자성이 있지 않은 까닭인데, 하물며 4정려가 유죄이거나, 무죄라는 증어와 4무량·4무색정이 만약 유죄이거나 무죄라는 증어가 있겠습니까? 이러한 증어는 이미 있지 않은데, 어찌 곧 4정려가 유죄이거나, 만약 무죄라는 증어가 보살마하살이라고 말할 수 있겠으며, 곧 4무량·4무색정이 만약 유죄이거나, 만약 무죄라는 증어가 보살마하살이라고 말할 수 있겠습니까?"

"선현이여. 그대는 다시 무슨 뜻으로 관찰하여 곧 4정려가 만약 번뇌가 있거나, 만약 번뇌가 없다는 증어는 곧 보살마하살이 아니고, 곧 4무량·4무색정이 만약 번뇌가 있거나, 만약 번뇌가 없다는 증어는 곧 보살마하살이 아니라고 말하는가?"

"세존이시여. 4정려가 만약 번뇌가 있거나, 번뇌가 없으며, 4무량·4무색정이 만약 번뇌가 있거나, 번뇌가 없더라도 오히려 결국에는 얻을 수 없습니다. 자성이 있지 않은 까닭인데, 하물며 4정려가 번뇌가 있거나, 번뇌가 없다는 증어와 4무량·4무색정이 번뇌가 있거나, 번뇌가 없다는 증어가 있겠습니까? 이러한 증어는 이미 있지 않은데, 어찌 곧 4정려가 만약 번뇌가 있거나, 만약 번뇌가 없다는 증어가 보살마하살이라고 말할 수 있겠으며, 곧 4무량·4무색정이 만약 번뇌가 있거나, 만약 번뇌가 없다는 증어가 보살마하살이라고 말할 수 있겠습니까?"

"선현이여. 그대는 다시 무슨 뜻으로 관찰하여 곧 4정려가 만약 세간이거나, 만약 출세간이라는 증어는 곧 보살마하살이 아니고, 곧 4무량·4무색정이 만약 세간이거나 만약 출세간이라는 증어는 곧 보살마하살이 아니라고 말하는가?"

"세존이시여. 4정려가 만약 세간이거나, 출세간이며, 4무량·4무색정이 만약 세간이거나, 출세간이더라도 오히려 결국에는 얻을 수 없습니다.

자성이 있지 않은 까닭인데, 하물며 4정려가 세간이거나, 출세간이라는
증어와 4무량·4무색정이 세간이거나, 출세간이라는 증어가 있겠습니까?
이러한 증어는 이미 있지 않은데, 어찌 곧 4정려가 만약 세간이거나,
만약 출세간이라는 증어가 보살마하살이라고 말할 수 있겠으며, 곧 4무량·
4무색정이 만약 세간이거나, 만약 출세간이라는 증어가 보살마하살이라
고 말할 수 있겠습니까?"

"선현이여. 그대는 다시 무슨 뜻으로 관찰하여 곧 4정려가 만약 잡염이
거나, 만약 청정하다는 증어는 곧 보살마하살이 아니고, 곧 4무량·4무색정
이 만약 잡염이거나, 만약 청정하다는 증어는 곧 보살마하살이 아니라고
말하는가?"

"세존이시여. 4정려가 만약 잡염이거나, 청정하며, 4무량·4무색정이
만약 잡염이거나, 청정하더라도 오히려 결국에는 얻을 수 없습니다.
자성이 있지 않은 까닭인데, 하물며 곧 4정려가 잡염이거나, 청정하다는
증어와 4무량·4무색정이 잡염이거나, 청정하다는 증어가 있겠습니까?
이러한 증어는 이미 있지 않은데, 어찌 곧 4정려가 만약 잡염이거나,
만약 청정하다는 증어가 보살마하살이라고 말할 수 있겠으며, 곧 4무량·4
무색정이 만약 잡염이거나, 만약 청정하다는 증어가 보살마하살이라고
말할 수 있겠습니까?"

"선현이여. 그대는 다시 무슨 뜻으로 관찰하여 곧 4정려가 만약 생사에
속하거나, 만약 열반에 속한다는 증어는 곧 보살마하살이 아니고, 곧
4무량·4무색정이 만약 생사에 속하거나, 만약 열반에 속한다는 증어는
곧 보살마하살이 아니라고 말하는가?"

"세존이시여. 4정려가 만약 생사에 속하거나, 열반에 속하며, 4무량·4
무색정이 만약 생사에 속하거나, 열반에 속하더라도 오히려 결국에는
얻을 수 없습니다. 자성이 있지 않은 까닭인데, 하물며 4정려가 생사에
속하거나, 열반에 속한다는 증어와 4무량·4무색정이 생사에 속하거나,
열반에 속한다는 증어가 있겠습니까? 이러한 증어는 이미 있지 않은데,
어찌 곧 4정려가 만약 생사에 속하거나, 만약 열반에 속한다는 증어가

보살마하살이라고 말할 수 있겠으며, 곧 4무량·4무색정이 만약 생사에 속하거나, 만약 열반에 속한다는 증어가 보살마하살이라고 말할 수 있겠습니까?"

"선현이여. 그대는 다시 무슨 뜻으로 관찰하여 곧 4정려가 만약 내신에 있거나, 만약 외신에 있거나, 만약 두 가지의 가운데에 있다는 증어는 곧 보살마하살이 아니고, 곧 4무량·4무색정이 만약 내신에 있거나, 만약 외신에 있거나, 만약 두 가지의 가운데에 있다는 증어는 곧 보살마하살이 아니라고 말하는가?"

"세존이시여. 4정려가 만약 내신에 있거나, 외신에 있거나, 두 가지의 가운데에 있으며, 4무량·4무색정이 만약 내신에 있거나, 외신에 있거나, 두 가지의 가운데에 있더라도 오히려 결국에는 얻을 수 없습니다. 자성이 있지 않은 까닭인데, 하물며 4정려가 내신에 있거나, 외신에 있거나, 두 가지의 가운데에 있다는 증어와 4무량·4무색정이 내신에 있거나, 외신에 있거나, 두 가지의 가운데에 있다는 증어가 있겠습니까? 이러한 증어는 이미 있지 않은데, 어찌 곧 4정려가 만약 내신에 있거나, 만약 외신에 있거나, 만약 두 가지의 가운데에 있다는 증어가 보살마하살이라고 말할 수 있겠으며, 곧 4무량·4무색정이 만약 내신에 있거나, 만약 외신에 있거나, 만약 두 가지의 가운데에 있다는 증어가 보살마하살이라고 말할 수 있겠습니까?"

"선현이여. 그대는 다시 무슨 뜻으로 관찰하여 곧 4정려가 만약 얻을 수 있거나, 만약 얻을 수 없다는 증어는 곧 보살마하살이 아니고, 곧 4무량·4무색정이 만약 얻을 수 있거나 만약 얻을 수 없다는 증어는 곧 보살마하살이 아니라고 말하는가?"

"세존이시여. 4정려가 만약 얻을 수 있거나, 얻을 수 없으며, 4무량·4무색정이 만약 얻을 수 있거나, 얻을 수 없더라도 오히려 결국에는 얻을 수 없습니다. 자성이 있지 않은 까닭인데, 하물며 4정려가 얻을 수 있거나, 얻을 수 없다는 증어와 4무량·4무색정이 얻을 수 있거나, 만약 얻을 수 없다는 증어가 있겠습니까? 이러한 증어는 이미 있지 않은데, 어찌 곧 4정려가 만약 얻을 수 있거나, 만약 얻을 수 없다는 증어가 보살마하살이라고 말할 수 있겠으며, 곧 4무량·4무색정이 만약 얻을 수 있거나, 만약 얻을 수 없다는 증어가 보살마하살이라고 말할 수 있겠습니까?"

"다시 다음으로 선현이여. 그대는 무슨 뜻으로 관찰하여 곧 8해탈(八解脫)의 증어는 곧 보살마하살이 아니고, 8승처(八勝處)·9차제정(九次第定)·10변처(十遍處)의 증어는 곧 보살마하살이 아니라고 말하는가?"

구수 선현이 대답하여 말하였다.

"세존이시여. 만약 8해탈이거나, 만약 4무량·4무색정이라도 오히려 결국에는 얻을 수 없습니다. 자성이 있지 않은 까닭인데, 하물며 곧 8해탈의 증어와 8승처·9차제정·10변처의 증어가 있겠습니까? 이러한 증어는 이미 있지 않은데, 어찌 곧 8해탈의 증어가 보살마하살이라고 말할 수 있겠으며, 곧 8승처·9차제정·10변처의 증어가 보살마하살이라고 말할 수 있겠습니까?"

"선현이여. 그대는 다시 무슨 뜻으로 관찰하여 곧 8해탈이 만약 항상하거나, 만약 무상하다는 증어는 곧 보살마하살이 아니고, 8승처·9차제정·10변처가 만약 항상하거나, 만약 무상하다는 증어는 곧 보살마하살이 아니라고 말하는가?"

"세존이시여. 8해탈이 만약 항상하거나, 무상하며, 8승처·9차제정·10변처가 만약 항상하거나, 무상하더라도 오히려 결국에는 얻을 수 없습니다. 자성이 있지 않은 까닭인데, 하물며 8해탈이 항상하거나, 무상하다는 증어와 8승처·9차제정·10변처가 항상하거나, 무상하다는 증어가 있겠습니까? 이러한 증어는 이미 있지 않은데, 어찌 곧 8해탈이 만약 항상하거나, 만약 무상하다는 증어가 보살마하살이라고 말할 수 있겠으며, 곧 8승처·9차제정·10변처가 만약 항상하거나, 만약 무상하다는 증어가 보살마하살이라고 말할 수 있겠습니까?"

"선현이여. 그대는 다시 무슨 뜻으로 관찰하여 곧 8해탈이 만약 즐겁거나, 만약 괴롭다는 증어는 곧 보살마하살이 아니고, 곧 8승처·9차제정·10

변처가 만약 즐겁거나, 만약 괴롭다는 증어는 곧 보살마하살이 아니라고 말하는가?”

“세존이시여. 8해탈이 만약 즐겁거나, 괴로우며, 8승처·9차제정·10변처가 만약 즐겁거나, 괴롭더라도 오히려 결국 얻을 수 없습니다. 자성이 있지 않은 까닭인데, 하물며 8해탈이 즐겁거나, 괴롭다는 증어와 8승처·9차제정·10변처가 즐겁거나, 괴롭다는 증어가 있겠습니까? 이러한 증어는 이미 있지 않은데, 어찌 곧 8해탈이 만약 즐겁거나, 만약 괴롭다는 증어가 보살마하살이라고 말할 수 있겠으며, 곧 8승처·9차제정·10변처가 만약 즐겁거나, 만약 괴롭다는 증어가 보살마하살이라고 말할 수 있겠습니까?”

“선현이여. 그대는 다시 무슨 뜻으로 관찰하여 곧 8해탈이 만약 나이거나, 만약 무아라는 증어는 곧 보살마하살이 아니고, 곧 8승처·9차제정·10변처가 나이거나, 만약 무아라는 증어는 곧 보살마하살이 아니라고 말하는가?”

“세존이시여. 8해탈이 만약 나이거나, 무아이며, 8승처·9차제정·10변처가 만약 나이거나, 무아이더라도 오히려 결국에는 얻을 수 없습니다. 자성이 있지 않은 까닭인데, 하물며 8해탈이 나이거나, 무아라는 증어와 8승처·9차제정·10변처가 나이거나, 무아라는 증어가 있겠습니까? 이러한 증어는 이미 있지 않은데, 어찌 곧 8해탈이 만약 나이거나, 만약 무아라는 증어가 보살마하살이라고 말할 수 있겠으며, 곧 8승처·9차제정·10변처가 만약 나이거나, 만약 무아라는 증어가 보살마하살이라고 말할 수 있겠습니까?”

漢譯 | 현장(玄奘)

중국 당나라 사문으로 하남성(河南省) 낙양(洛陽) 구씨현(緱氏縣)에서 출생하였고, 속성은 진씨(陳氏), 이름은 위(褘)이다. 10세에 낙양 정토사(淨土寺)에 귀의하였고, 경(經)·율(律)·논(論) 삼장(三藏)에 밝아서 삼장법사라고 불린다. 627년 인도로 구법을 떠나서 나란다사(那爛陀寺)에 들어가 계현(戒賢)에게 수학하였다. 641년 520질 657부(部)에 달하는 불경들을 가지고 귀국길에 올라 645년 정월 장안으로 돌아왔으며, 인도 여행기인『대당서역기(大唐西域記)』12권을 저술하였다. 번역한 삼장으로는 경장인 『대반야바라밀다경(大般若波羅蜜多經)』600권, 율장인『보살계본(菩薩戒本)』2권, 논장인『유가사지론(瑜伽師地論)』100권,『아비달마대비바사론(阿毘達磨大毘婆沙論)』200권 등이 있다. 번역한 경전은 76부 1,347권에 이르고 매우 중요한 대승불교 경전들이 상당수 포함되어 있으며, 문장과 단어에 충실하여 문장의 우아함은 부족하더라도 어휘의 정확도는 매우 진전되었다. 구마라집 등의 구역(舊譯)과 차별을 보여주고 있어 신역(新譯)이라 불리고 있다.

國譯 | 釋 普雲(宋法燁)

대한불교조계종 제2교구본사 용주사에서 출가하였고, 문학박사이다. 현재 대한불교조계종 교육아사리(계율)이고, 죽림불교문화연구원에서 연구와 번역을 병행하고 있다.

논저 | 논문으로 「통합종단 이후 불교의례의 변천과 향후 과제」 등 다수. 저술로『신편 승가의범』, 『승가의궤』가 있으며, 번역서로『팔리율』(Ⅰ·Ⅱ·Ⅲ·Ⅳ·Ⅴ),『마하승기율』(상·중·하),『십송율』(상·중·하),『보살계본소』,『근본설일체유부비나야』(상·하),『근본설일체유부비나야약사』,『근본설일체유부비나야파승사』,『근본설일체유부비나야잡사』(상·하),『근본설일체유부필추니비나야』,『근본설일체유부백일갈마 외』,『안락집』등이 있다.

마하반야바라밀다경 1 摩訶般若波羅蜜多經 1

三藏法師 玄奘 漢譯 | 釋 普雲 國譯

2024년 3월 10일 초판 1쇄 발행

펴낸이 · 오일주
펴낸곳 · 도서출판 혜안
등록번호 · 제22-471호
등록일자 · 1993년 7월 30일

주   소 · ⑩ 04052 서울시 마포구 와우산로 35길3(서교동) 102호
전   화 · 3141-3711~2 / 팩시밀리 · 3141-3710
E-Mail · hyeanpub@daum.net

ISBN 978-89-8494-721-4 03220

값 48,000 원